本 课 题 为

教育部人文社会科学重点研究基地重大项目

河南经济通史
程民生　主编

近代河南经济史（下）

黄正林 张艳 宿志刚 著

河南大学出版社
·郑州·

图书在版编目(CIP)数据

近代河南经济史(下)/黄正林,张艳,宿志刚著. —郑州:河南大学出版社,2012.5

(河南经济通史/程民生主编)

ISBN 978-7-5649-0638-2

Ⅰ.①民… Ⅱ.①黄… ②张… ③宿… Ⅲ.①经济史—河南省—民国 Ⅳ.①F129.6

中国版本图书馆 CIP 数据核字(2012)第 005059 号

责任编辑 贾怀廷 陈林涛

责任校对 田 园

封面设计 马 龙

出 版 河南大学出版社

地址:郑州市郑东新区商务外环中华大厦 2401 号 邮编:450046

电话:0371—86059701(营销部) 网址:www.hupress.com

排 版 郑州市今日文教印制有限公司

印 刷 河南省瑞光印务股份有限公司

版 次 2012 年 8 月第 1 版 **印 次** 2012 年 8 月第 1 次印刷

开 本 720mm×1000mm 1/16 **印 张** 36.25

字 数 539 千字 **定 价** 72.00 元

(本书如有印装质量问题,请与河南大学出版社营销部联系调换)

目　　录

总　　序

程民生

河南是中华民族和中华文明发展的渊薮，在五千多年的文明史中有三千年是全国的政治、经济、文化中心。河南经济的变迁历史，无疑是中国经济史尤其是中国古代经济史中极为重要的组成部分，关系到国家的强弱盛衰和历史走向。其曲折复杂的历史，在某种程度上讲是中国经济发展史的缩影。在以经济建设为中心、经济史研究空前活跃的当今，全面系统地研究河南经济史，深入探究河南经济发展轨迹，探索河南经济演变的规律，总结河南人民建设河南的成败得失，展望河南经济可持续发展的前景，客观评价河南经济在中国经济发展中的历史地位与重要作用，是解读中国经济发展史的一把钥匙，是完善中国经济通史乃至中国史的必要环节，对深化中国经济史研究和河南历史研究具有重要的学术价值，也是深入剖析中国政治史、思想史、文化史等上层建筑层面诸问题所急需的。同时，可以为当代河南经济的发展、实现中原崛起、建设中原经济区提供历史坐标和经验教训，也具有重要的现实意义。

一

历史是现实的基础，现实是历史的延续。在了解河南经济历史之前，有必要首先认识河南自然地理的基本概况。

河南省地处亚热带的中国中东部，周边由安徽、湖北、陕西、山西、河北、山东6省环绕相邻。因其大部分地区在黄河以南，所以叫“河南”；又因为其古代位于中部平原地带，所以称为“中州”、“中原”，简称“豫”。它位于黄河中下游及黄淮海平原的西南部,界于北纬31°23′与36°22′、东经110°21′与116°39′之间。全省总面积约16.7万平方公里,在全国各省、市、自治区中居第17位。

河南地势宛如中国的缩影:总体上西高东低,北、西、南三面由太行山、伏牛山、桐柏山、大别山4大山脉环绕,间有陷落盆地,中部和东部为平坦辽阔的黄淮海冲积大平原。豫北山地为太行山南段东麓,北起漳河谷地,南至黄河北岸,山势陡峭,多为海拔1500米左右的单面山,山前为300～400米的丘陵,山间有林州、沁阳盆地。豫北山地有卫河,流经豫北14个县市,境内长400多公里。豫西山脉是秦岭的东延部分,秦岭进入豫西向东呈扇状展布,由崤山、熊耳山和伏牛山等组成,伏牛山是豫西山地的主体,山势雄伟高耸,海拔1000～2000米。在豫南有桐柏山、大别山,为长江、淮河的分水岭。豫东地区为黄淮平原,是华北平原的西南部,由黄河、淮河冲积而成,海拔多在100米以下,呈现出由西北向东南倾斜之势,北部多沙丘和黄土岗地。西南的南阳盆地,地形为东、北、西部是山地,南部低下平坦,海拔50～150米。全省山区丘岭面积占44.3%,平原面积占55.7%。

河南境内有1500多条河流,分属黄河、淮河、海河、长江四大水系,尤以黄河、淮河最为重要。黄河干流由灵宝市进入河南省境内,流经三门峡、洛阳、郑州、焦作、新乡、开封、濮阳7个市中的24个县(市、区),横贯全省长达711公里,省内流域面积3.62万平方公里。黄河在孟津以下泥沙淤积,形成悬河,并经常决口,影响深远。其支流南有洛河、伊河,北有沁河、丹河等。横贯中原腹地的淮河,在河南境内拥有最大的流域面积。淮河发源于河南桐柏县桐柏山太白顶,向东流经信阳、罗山、息县、潢川、淮滨、固始,河长417公里,在河南的流域面积为8.61万平方公里。淮河对河南社会经济历史的作用,仅次于黄河。学术界以淮河为南北方的界限,河南的东南部属于南方。

地理位置处于九州之中,正是河南作为中州的独特所在;地理环境兼跨南北,正是河南作为中原的独特所在。

二

接着，我们试对4000年河南经济历史演变的基本趋势作个概括。简单地说，大致可以分为以下六个阶段。

第一阶段是原始社会末期至夏、商时期，有1000余年。原始社会末期，河南在中华大地率先告别蒙昧时代，进入文明时代。继之的夏、商两代，处于绝对的经济重心地位，一直是最发达地区，代表着当时社会经济发展的高度，奠定了我国早期历史的基础，并扩散着中原文明，增强着周边地区的向心力，为中华民族物质文明的发展作出了重大贡献。就河南境内而言，在史前时期，河南的中西部经济的发展速度和水平明显要高于东部和南部的经济发展水平。

第二阶段是西周至战国中期，有600余年。西周兴起后，关中农业的发展超过了中原地区，河南丧失了政治中心和经济中心地位，但保持着整个东部广大地区经济中心的地位。春秋时期的政治中心回到河南，政治优势带动了河南的经济发展和地位的提高，经济中心再次回到河南。从西周至春秋时期，河南经济在许多方面居于前列。战国前期的100多年中，主要领土在河南的魏国社会经济又一次处于领先地位。魏国的霸业衰落后，河南仍是7国中魏、赵、韩、楚4国的中心地区。河南大部地区的社会经济已经完成了开发阶段，但由于周边地区尤其是秦国的关中地区经济的奋起直追，战国后期河南的经济地位下降了。

第三阶段是战国末期至北宋，有1450余年。在此期间的大部分时间内，东汉、曹魏、西晋、五代、北宋等朝代均以河南为政治中心，河南社会经济保持强势发展，许多经济领域位居前列或先进行列，与河北、陕西、山东同是国家的经济重心地区，创造出灿烂的物质文明，支撑着古代社会历史迈进鼎盛时期。

第四阶段是金朝到清末，有780余年。这是一巨变时期。由于自然环境的急剧恶化，天灾人祸频繁，主要是南方经济的崛起和东南地区经济的强势发展，河南经济的整体地位逐渐下降，自北宋以后丧失了经济重心地位和主导作用，政治中心也北移。金朝、元朝、明朝虽都有发展时期和增长点,清代乾隆盛世时期甚至出现了恢复性增长,恢复到宋以来最好状况,但与东南先进地区相比,无论是在经济总量还是经济质量方面都有不小的差距。到了晚清,随着西方殖民和先进生产工具、方式等的传入,由传统型经济向具有西方元素的近代经济的转型成为河南经济的主要特点。在这一过程中,经济增长的动力更主要的不是来自于农业,而是工商业;经济增长的方式更主要的不是量的积累,而是质的飞跃,如科技的介入即为典型的要素。近代河南经济就其趋势而言,可谓是曲折中的前行,之所以说其曲折,是因为与近代列强入侵、国内阶级矛盾激化所导致的连绵战争有关;之所以说其前行,是因为无论是经济总量、财政收入、新经济因素、科技手段等诸多方面,均有相当的进步。但与沿海等地相比,这种进步慢得多,河南经济地位也进一步下降,由中心逐渐被边缘化。明代章潢早就指出:"故今之中原,非古之中原。今日之中原,已与古偏方无异。而古之中原,乃在今东南偏方之域矣。徇名而责实,必有轻重之当,议者可不深考云。"①河南地理位置居中的区位不再是优势,至少与沿海地区相比显得闭塞,没有拓展的余地和开阔的眼界。嘉庆十八年(1813 年)姚文田的疏陈,给我们展示了鲜明的对比:"大江以南,地不如中原之广,每岁漕储正供,为京畿所仰给者,无他,人力尽也。兖州以北,古称沃衍。河南一省,皆殷、周畿内。燕、赵之间,亦夙称富国。今则地成旷土,人尽惰民,安得不穷困而为盗贼?"②就历史事实而言,华北平原未必"地成旷土,人尽惰民",但与历史上和当时的南方相比,由于人口流亡、劳动生产积极性低落等原因,穷困面貌十分明显。清政府在清后期各省驻防军官品级的设置,也反映了河南战略地位的低下。各省驻防军官分从一品的将军、都统,正二品的专城副都统,以及正三品的城守尉等级别,河南排在最后,品级最低,仅设城守尉 1 人。③ 相应的是,驻军也是各省最少者之一。以清末绿营兵为例,河南有 10468 人,仅多于安徽的 9364 人和台湾的 8268 人。④ 显然,在清政

① 章潢:《图书编》卷 34《论西北古今盛衰》。

② 《清史稿》卷 374《姚文田传》。

③ 《清史稿》卷 117《职官志》4。

④ 《清史稿》卷 131《兵志》2。

府的心目中，河南的地位属于最低下的省份之一。中原战略地位的边缘化，是经济地位边缘化的继续和深化。

第五阶段是最为复杂的民国时期的河南经济，凡 38 年。在现代化的进程中，由于政治、军事等原因，不同地区、不同时期的经济类型差异很大。河南社会经济由此开启了现代化的步伐，工业、农业、商业、金融业等都有了诸多现代化的因素，但日本帝国主义的侵略，打断了河南经济发展的步伐。由于特殊的历史原因，民国时期河南经济形成了中国共产党开辟的根据地的新民主主义经济、日伪占领区的沦陷区经济和国民党统治区经济三种体系，随着抗日战争和解放战争的胜利，新民主主义经济成为河南经济的主流，奠定了当代河南经济的物质和性质基础。整体上看，民国时期的河南社会经济处于一种在破坏中缓慢发展的状态。

第六阶段就是现代河南经济，约 60 年。河南现代经济发展呈现两大特征：一是现代科学技术推动了生产力发展，工业经济发展靠科学技术推动，农业生产技术进步则促进了农业经济的发展；二是制度模式转换对经济发展的影响尤为关键：新中国成立后社会主义计划经济体制的确立使河南经济发生了翻天覆地的变化，改革开放和社会主义市场经济建设促进了社会经济快速发展。河南现代经济的发展在全国具有重要的地位，特别是制造业、农业及农产品加工业、旅游业发展在全国地位举足轻重。河南现代经济呈现出工业化加速发展趋势，传统制造业技术改造和新型工业化同时发展，这对于改变河南产业结构具有重要的影响。经过改革开放 30 年的发展，河南经济大省地位逐步确立，总量增长，但人均数量落后。中原崛起战略则表明了力图重振雄风的意向。

站在更高的角度审视宏观的河南经济变迁曲线，我发现，从原始时期的中原崛起，河南经济在全国的地位阶段性变化是：绝对文明核心区（政治中心、经济腹心）→ 相对文明核心区（主要政治中心、经济重心）→

边缘化区(远离政治经济中心,沦为战争区、黄泛区、贫困区)→“塌陷区”①。在有史以来的5000年历史中,河南有着长期领先和发达的社会经济,为我国历史的发展作出了不可取代的极其重要的贡献;而从880多年前的北宋以后虽然一直在不断发展,但与历史和周边尤其是东南地区相比,经济地位却不断下降。本书尽可能真实地将不同历史时期河南经济的状况告诉大家,以便清醒地看到河南的变化轨迹和优势与缺陷、光荣与尴尬,从而探讨现实问题与未来历史的走向。

三

在进入本书之前,有必要将本书的一些体例作一交代。其一,经济史有多种写法,主要有历史学的经济史和经济学的经济史,本书作者全部是历史学出身,自然属于历史学的经济史。本书的经济史主要以物质经济层面为主,不涉及全国大体一致的经济制度,对于从其他论著中可以了解到的社会背景、社会生产关系等,也不作讨论。其二,为了让我们自己和读者了解学术界以往关于河南经济史的研究状况,也为了学术规范,每卷前均有学术史回顾。其三,本着古为今用的原则,本书以现今省区为界,古代区划与今省区出入者,文中予以说明。历史上属于河南而现在改隶他省的地方,在书中一般不予论述。其四,既然是从地域角度研究经济,就应讲究定位。所有文中出现古代具体的地名,除了地名和地点与现今相同者以外,一般注出现今地名,以便对照。凡河南省内的地名,不出省名,其他省份者出省名。所注现今地名一般以县级为下限,均指治所。为行文简便起见,在同一自然段内,再次出现的地名则一般

① 这是伴随着2004年12月中央经济工作会议首次把“中部崛起”列入2005年经济工作的六项任务之后,2010年新提出的概念,即首先要承认“中部塌陷”。国务院发展研究中心“中部崛起”课题组认为,中部崛起战略虽然已经明确提出,但还缺乏推进的具体目标、思路和政策,特别是对“中部塌陷”的理性认识不够深入。他们给出的“中部塌陷”理论界定为:中部地区相对于全国总体水平或平均水平,特别是相对于东部沿海地区,在经济总量、发展水平、发展速度、“三化”进程及结构变动等方面存在的明显差距。参见李跃的《“中部塌陷”的两重性与“中部崛起”的战略取向》(《中国经济时报》2007年7月10日)。

不注。其五，具体的历史纪年，注公元年代，在同一自然段内，再次出现的同一年号不同年代也不再加注。

学术界对河南经济历史的研究，可以说成果十分丰富，主要集中于断代的经济门类研究和贯通的专史研究。但至今却没有一部贯通古今的经济通史学术著作，老实说，这与河南作为传统的史学大省、现实的经济大省地位是不相称的。前贤的相关研究提供了雄厚的基础，这是我们敢于担当此举的前提。本书起自原始社会，截至现代。共分5卷：古代2卷，近代2卷，现代1卷。从2007年初组织作者队伍开始，至今已4年。如果这4年大家全力专心研究此事，当然不算短；问题是各自都有自己的教学、科研任务和行政工作，时间就显得比较紧张，对大多数作者而言简直是业余研究。好在大家都能克服种种困难，终于完成了任务。其敬业精神、严谨态度以及顾全大局的胸怀，尤其是道义的担当，令人感叹。由于每个作者的水平、爱好、风格差别很大，各个时段的经济历史以及资料状况也大不相同，原来的许多设想和要求无法实现，统一起来既不可能，也没有必要，因而这部书允许每卷有自己的特色。为了协调并集思广益，我们开了两次审稿会，大家从宏观到微观，互相提出了许多建议和意见，使本书完善不少。这就是说，每卷都有其他作者的心血在内。

编书的甘苦，只有亲身经历才知。作为主编，工作主要是选定作者、拟定基本理念和体例以及大纲，在质量等方面把关。也就是说，这些方面我应负全部责任。换句话说，本书的学术价值和亮点，是具体作者的功劳；而本书的缺陷，自然是我的水平低下、精力投入不够、协调能力有限所致。在此，我向我的伙伴们致以敬意和歉意，并恳请读者诸君多加批评指正，殷切盼望着不远的将来，在这堆砖块的基础上，有高人推出玉砌的“河南经济通史”！

2010年12月12日于河南大学

绪　言

一、民国时期河南经济的地理基础

河南位于黄河中下游地区，华北平原的南部和江淮平原的北部，秦岭山余脉的东段和太行山余脉的东南部。《大中华河南省地理志》对民国初年河南的地形做了如此概括："地势斜成三角，北东南三面，支出如股，南凭大岭，北凭太行，中包嵩岳，黄河如带，分河南、河北二部。淮水流经，灌于河南，江汉支流，灌于西南，卫河经流，灌于河北。川平原广，田野漫衍。西北负河山重险，东南居江淮上游，古来被兵最重，受敌最重，四战之地，不利于守。然平原遍野，沃土宜农，山脉萦回，林矿并富，黄河泛溢，为患最久也。"①民国时期的河南，"极南为北纬三十一度零八分，极北为北纬三十六度五十七分……极西之处在东经一百一十度零十分，极东之处在东经一百一十六度五十分"②。民国时期河南省面积约172155平方公里。③ 新中国成立后，随着行政区划的重新划分，河南地理范围发生了变化，经纬度也发生了变化，在北纬31度23分和36度22分，东经110度21分和116度39分之间，全省土地总面积16.7万平方

① 林传甲：《大中华河南省地理志》，北京武学书馆1920年版，第15页。

② 刘景向总纂：《河南新志》卷1，舆地，上册，中州古籍出版社1990年版，第20页。

③ 杨文洵等编：《中国地理新志》，中华书局1940年版，第155页。

公里,占全国总面积的1.74%。① 经济的发展离不开地理环境因素的作用,地理环境主要包括地貌、气候、水利、行政区划等方面。

(一)地形与地貌

河南地貌体现出多样化的特征,东西地貌差异很大,“西部为丘陵地,黄河之北有太行山脉,它的倾斜面海拔在六百公尺以上。黄河之南有伏牛、熊耳、嵩、崤诸山,海拔在三四百公尺上下……淮水流域之南有大别山脉,横亘豫鄂界上,西接桐柏、伏牛诸脉,但拔海面也不到三百公尺”②。不仅有高峻起伏的山地,也有地平广阔的平原,既有波状起伏的丘陵,也有山岭环绕的盆地。山地主要分布在豫北、豫西和豫南地区,面积约为4.4万平方公里,占全省土地面积的26.6%。平原主要分布在豫东地区,西起豫西山地东麓和太行山边缘,大致沿200米等高线与山地接连,东部和北部一直到达省界;南至大别山北麓,大致以120米等高线与丘陵分界,南北长达500多公里,东西宽100~260公里,面积占全省总面积的45%左右。河南盆地主要散布在太行山地、豫西山地及桐柏—大别山地之中,面积最大盆地为南阳盆地,长约150公里,宽约110公里,面积约为11900平方公里,海拔高度为80~200米。③ 河南平原、盆地面积所占比例较大,而山地面积比例较小,有利于农业经济的发展。

黄河从河南穿流而过,因黄河不断泛滥,从上游携带来的大量泥沙堆积在沿黄河两岸地区。因此,民国时期,河南有大面积的盐碱地,主要分布在豫东、豫北和豫南三个地区,豫东最重,豫北次之④,全部面积几乎占河南省的三分之一,就豫东23县调查,不能种植作物的盐碱地“有

---

① 李永文、马建华主编:《新编河南地理》,河南大学出版社2006年版,第4页。

② 杨文洵等编:《中国地理新志》,第156页。

③ 毛继周主编:《河南经济地理概论》,测绘出版社1988年版,第21页;李永文、马建华主编:《新编河南地理》,第13、17、21页。

④ 周锡桢:《河南碱地利用之研究》,萧铮主编:《中国地政研究丛刊:民国二十年代中国大陆土地问题资料》,成文出版有限公司、(美国)中文资料中心1977年印行,第24921、24932、24935页。

十七万三千七百余亩之多”①。盐碱地的存在,对民国时期河南农村经济的发展产生了较大影响。

(二)气候及灾害性天气

河南位于由亚热带向暖温带过渡地带,又远离海洋,因此气候总体上讲具有四季分明,雨热同期,复杂多样,气象灾害频繁的特点。由于河南南北纬度跨度比较大,因此气候南北差异比较大,大致以伏牛山脉和淮河干流为界,此线以南为亚热带湿润地区,以北属于暖温带半湿润地区。据民国时期记载:“全年平均气温,全省大部皆在百度表十四度至十六度之间,惟西北嵴山、太行山一带,低于十四度,南部信阳一带,超过十六度。北部除田亩外,草木缺乏,土壤外露,故大风起时,尘土飞扬,与河北省大致相同。南部气候较为温润,及至东南隅,所产植物,大都类于长江流域。”②据当代气候测量,全省年平均气温绝大部分地区在12～15℃,全年日平均气温稳定通过10℃的活动积温为4000℃～5000℃。从伏牛山脉到淮河干流以南地区,大部分地区1月平均温度在0℃以上,7月份平均气温在28℃左右,年平均气温在15℃左右。该线以北地区,东西两半部因地形条件的不同,热量条件有明显的差异,东部平原区1月平均气温在－3℃～0℃之间,7月平均气温为27℃～28℃,年平均气温为12℃～15℃;西部山地,因地势原因,气温较同纬度地区低,年平均温度在21.1℃～12.7℃,活动积温也只有3500℃～3700℃,是全省热量资源最少的地区。③

河南年平均降水量在600～1300毫米,自东南向西北逐渐减少。嵩县、鲁山、叶县、项城一线为800毫米,此线以南降水量在800毫米以上,南阳盆地及淮河以南达到900～1200米以上;此线以北,年降水量多在800毫米以下,其中黄河沿岸地区为700毫米左右,往北、往西逐渐降低到600毫米。降水的季节分布也不均衡,夏、秋季多雨,春、冬季干旱少雨,全年降水量主要集中在夏季,占到45%～60%,其余各季节冬季占

① 河南省整理水道改良土壤委员会:《整理水道改良土壤会刊》第2期,1936年6月出版,第160页。

② 崔宗埙:《河南省经济调查报告》,京华印书馆1945年版,第3页。

③ 毛继周主编:《河南经济地理概论》,第23～24页。

3%～10%,春季占15%～25%,秋季占20%。① 夏季雨量集中,常常造成洪涝灾害。据民国时期记载,河南"夏季连降大雨,辄致泛滥为灾。西南部汉水上流,开启湿润,雨泽亦富。夏季五六月时谓之谷雨,雨量最多,但每至水涨,亦有溃决堤防的灾患"②。

霜期的长短决定着农作物的生长季的长短,河南南北气候差异较大,因此霜期长短不一,对农业耕作制度影响很大。淮河以南地区,无霜期多在220～240天之间,作物可以一年两熟;豫西山区是全省热量最少的地方,无霜期较短,作物一年一熟或两年三熟。全省其他"大部分地区均可一年二熟"③。

（三）水资源分布

河南的水资源由地表水和地下水构成。地表水以河流为主,由四大水系构成,即黄河、淮河、卫河和汉水,其中黄河与淮河最为重要,即所谓"河南诸水,北以河为纲,南以淮为纲"④。(1)黄河水系。黄河出陕西潼关后进入河南境内,流经三门峡、洛阳、郑州、开封等地,全长711公里,流域面积3.62万平方公里,占黄河总流域面积的5.1%。在流经区域注入黄河的支流有洛河、沁河、汜水等;洛河水系又有涧水、瀍水和伊河。这些构成了豫西和豫西北的主要水系。(2)淮河水系。淮河发源于桐柏山,自西向东流经河南、湖北和安徽,注入洪泽湖。在河南境内流经桐柏、信阳、罗山、息县、潢川等县域,长417公里,流域面积8.83万平方公里,占流域总面积的32%,占河南土地面积的52.8%。淮河的主要支流有浉河、竹竿河、史灌河、白露河、南汝河等。(3)卫河水系。卫河发源于辉县百泉东南,经新乡、卫辉、滑县、浚县、汤阴、内黄等地,出河南境内经河北注入海河,省内全长388公里,流域面积1.4万平方公里。民国以前,卫河是豫北地区通向天津的主要水上运输通道。(4)汉水水系。汉水是长江的主要支流,发源于伏牛山的唐河、白河是汉水的主要支流,丹江发源于陕西秦岭南麓,在荆紫关入河南,3条河流构成了豫西南和豫

①③　毛继周主编:《河南经济地理概论》,第24页。

②　杨文洵等编:《中国地理新志》,第158页。

④　刘景向总纂:《河南新志》卷1,上册,水道,第41页。

南的主要水系，流域面积 2.72 万平方公里，占全省土地面积的 16.2%。① 以上四条水系构成了河南主要水资源，为灌溉农业的发展和航运提供了便利。

地下水是河南水资源的主要组成部分。河南的浅层地下水（深层在 60 米以内）资源主要分布在黄淮平原、南阳和洛阳盆地；深层地下水（在 60 米以下）60%分布在平原和河谷盆地，40%分布于山冈。据专家估算，河南地下水资源比较丰富，可满足农业灌溉的需要。② 民国时期，为了开发和利用地下水资源，1933 年 11 月至 1934 年 1 月，国民政府组织专家对豫北安阳、林县、淇县、浚县一带地下水资源及其利用情况进行了调查。③ 这次调查为豫北凿井灌溉提供了科学依据。

二、政权和行政区划的演变

民国时期，河南经历了北洋政府时期、南京国民政府时期，抗战时期河南出现了日伪沦陷区、中共敌后抗日根据地和国民党统治区数个政权并存的局面；抗战胜利后，河南建立有中共政权和国民党政权。随着政局动荡，政权更迭，行政区划也在不断变化之中。

北京政府建立后，在地方行政方面进行了变革。1913 年 1 月，北京政府颁布了《划一现行各省地方行政官厅组织令》和《划一现行各道地方行政组织令》，规定地方行政实行省、道、县三级。裁撤府，改州、厅为县，全省下辖 108 县；并设豫东、豫北、豫西、豫南 4 观察使公署。④ 1914 年 5 月，取消观察使，将河南划分为 4 道。开封道，下辖开封等 38 县；河北道，下辖 24 县；河洛道，下辖 19 县；汝阳道，下辖 27 县。冯玉祥执政河南时期，1927 年 6 月，裁撤道，设立豫东、豫西、豫南、豫北四行政区，继而增至七区。次年，增至十四区，随即全部裁撤，省政府直辖县，全省共

① 李永文、马建华主编：《新编河南地理》，第 51～52 页。

② 毛继周主编：《河南经济地理概论》，第 27 页。

③ 《河南安阳林县淇县浚县一带地下水调查简报》，《农村复兴委员会会报》1934 年第 9 号。

④ 吴世勋：《河南》，中华书局 1927 年版，第 3 页。

112县。①

中原大战后,刘峙任河南省政府主席,河南省纳入南京政府的统治范围。1932年8月,国民政府行政院颁布《行政督察专员公署暂行条例》,规定省以下设行政督察专员公署。根据国民政府的规定,河南省设立了11个专员公署,下辖111个县。如表1。

表1 南京国民政府时期河南督察专员公署及辖县一览表

专署	所辖县	数目	公署治地
第一专署	郑县、开封、广武(今属荥阳市)②、荥阳、汜水(今属荥阳市)、密县(今新密)、新郑、通许、尉氏、洧川(今属尉氏县)、长葛、中牟、禹县(今禹州市)	13	郑县(今郑州市)
第二专署	商丘、杞县、兰封(今属兰考)、考城(今属兰考)、陈留(今属开封市)、宁陵、民权、永城、夏邑、虞城、睢县、柘城	12	归德(今商丘市)
第三专署	安阳、汤阴、林县(今林州市)、临漳(今属河北省)、武安(今属河北省)、涉县(今属河北省)、内黄、汲县、淇县、滑县、浚县	11	彰德(今安阳市)
第四专署	新乡、沁阳、博爱、修武、武陟、温县、孟县(今孟州市)、济源、获嘉、辉县、原武(今属原阳)、阳武(今属原阳)、延津、封丘	14	新乡
第五专署	许昌、临颍、襄城、鄢陵、郾城、临汝、鲁山、郏县、宝丰	9	许昌
第六专署	南阳、方城、新野、桐柏、唐河、南召、邓县(今邓州市)、内乡、淅川、镇平、泌阳、舞阳、叶县	13	南阳
第七专署	淮阳、沈丘、项城、鹿邑、扶沟、太康、西华、商水	8	淮阳
第八专署	汝南、正阳、确山、西平、遂平、新蔡、上蔡	7	汝南
第九专署	潢川、光山、固始、信阳、息县、罗山、商城、经扶(今新县)	8	潢川
第十专署	洛阳、偃师、巩县(今巩义市)、登封、孟津、宜阳、伊川、伊阳、嵩县	9	洛阳
第十一专署	陕县、灵宝、阌乡(今属灵宝)、卢氏、新安、渑池、洛宁	7	陕县

资料来源:崔宗埙:《河南省经济调查报告》,京华印书馆1945年版,第4页。

① 刘景向总纂:《河南新志》卷1,沿革,上册,第58页。

② 民国时期河南各县在新中国成立后有的更名,有的撤并,均在此表中进行说明,下文出现民国时期县名不再做注释,特此说明。

在南京国民政府统治的前10年，中共建立了鄂豫皖革命根据地，1930年6月，建立了鄂豫皖边工农民主政府，次年2月，改为鄂豫皖特区苏维埃政府。鄂豫皖苏维埃政府共辖26个县和1个市苏维埃政府，其中河南有8个，即光山、罗山、商城、固始、息县、新集市、商固边、商光边。① 鄂豫皖革命根据地首府设于光山县新集，使豫东南成为根据地的中心区域。1932年10月，红四方面军在反围剿斗争中失利撤出了鄂豫皖，1934年11月，中共红25军撤出鄂豫皖后，除了游击队在这里活动外，国民党政权重新控制了这一地区。

抗日战争时期，河南出现了中共、国民党和日伪三个政权分割统治的局面。从1937年11月初日军沿平汉铁路侵入河南境内，到1938年10月，豫北、平汉路以东的豫东、豫东南先后被日军占领，河南有50多个县成为沦陷区。为了加强对沦陷区的统治，1937年11月，日伪在安阳成立了伪河南省自治政府，1939年3月将伪省公署(1938年5月将伪政府改为省公署)迁到开封。日伪在沦陷区建立了伪道、县政权，豫北道辖24个伪县政府，豫东道辖18个伪县政权。开封沦陷后，日伪成立了伪开封市公署，1938年10月在固始、商城、潢川、罗山建立了治安维持会。信阳维持会(1939年改为县政府)属于武汉地区伪政权管辖。②

1938年6月，省会开封沦陷后，国民党河南省政府成为"流亡"政府，可以管理的行政区域不断缩小。河南省政府可以直接控制的地盘仅限于平汉线以西、陇海线以南的豫西和豫西南以及豫北部分地区，其余地区为沦陷区或半沦陷区。据1940年国民参政会调查："河南省一百一十县，并分十三行政督察区，先后沦入游击战区者五十四县，郑县、广武、汜水三县在河北岸之辖境，亦不断有小股敌伪串扰，其余除夏邑、柘城、延津三县不能行使职权外，其他五十一县，有前曾沦陷已全部恢复完整者，有县境仅有小部分沦陷，而县长犹驻城办公者；有县城沦陷，而县长

① 参看《鄂豫皖苏区历史简编》(湖北人民出版社1983年版)第108～113页相关内容。

② 河南省地方志编纂委员会:《河南省志》第16卷《政府志》，河南人民出版社1997年版，第27～29页。

仍在县境办公者,有县长暂移驻邻县,但仍能执行职权,推行政令者。"①1944年,日军发动打通大陆交通线战役(即豫湘桂战役)后,"仅在一个月之内就丢掉了大半个河南"②,国民党政权能直接控制的范围更为狭小。

抗战时期,中共在河南省及其周边地区建立了6块敌后抗日根据地,在豫北地区有晋冀豫(后改名太行)、冀鲁豫、晋豫边(后并入太岳)根据地,豫东地区有豫皖苏根据地,豫南有豫鄂根据地,1944年日军打通大陆交通线战役期间,中共建立了豫西根据地。表2是1945年春河南各抗日根据地资料统计。

表2 抗战时期八路军、新四军在河南活动地区面积人口统计

地区	在河南省内面积(km^2)	占全省面积比例	人口数量	占全省人口比例
晋冀豫根据地	22100	12.9%	3600000	10.7%
冀鲁豫根据地	21000	12.4%	3600000	10.7%
豫西根据地	20000	11.9%	3360000	10.6%
豫鄂皖湘赣根据地	11000	6.5%	2087000	6.2%
淮北(包括豫皖苏)	2000	1.2%	604900	1.8%
合　　计	76100	44%	13252800	39.4%

资料来源:《河南省的今昔比较研究》,《新华日报》1945年4月3日。

据不完全统计,到1945年4月,各抗日根据地河南部分的总面积达7.6万平方公里,占全省总面积的44%;人口1325余万人,占全省总人口的39.4%。抗战胜利后,国共两党在重庆进行了谈判,中共作出了一些让步,其中将包括河南(不包括豫北)的8个根据地的军队撤出来。9月,中共中央确立了"向北发展,向南防御"的战略方针,原豫东、豫南的根据地逐渐丧失。③ 1946年6月,内战爆发后,国民党将其统治区域划

① 《国民参政会华北慰劳视察团报告书》,国民参政会华北慰劳视察团1940年4月印行,第63页。

② 张宪文主编:《抗日战争的正面战场》,河南人民出版社1987年版,第334页。

③ 程有为、王天奖主编:《河南通史》第4卷,河南人民出版社2005年版,第479页。

分为 12 个行政督察区，111 个县。① 但实际控制区域没有这么多，豫北和豫西一些地方仍为中共政权所控制。随着南京政府的节节失败，国民党河南政府可控制的地区越来越小，直至 1949 年 6 月，国民党失去了对河南所有地区的控制。②

第三次国内战争时期，由于河南属于不同的根据地，行政区划变化比较频繁，简要叙述如下：(1)太岳行政公署。公署成立于抗战时期，原属于冀鲁豫根据地，1947 年 9 月，河南洛阳、新安、宜阳北、偃师、孟津、渑池等划归太岳公署第五专署。次年 11 月，济源、孟县划归第三专署。(2)太行行政公署。1945 年 11 月，成立太行行署，机关设在涉县(今属河北)，将统辖的地区划分为 6 个专署及军分区，其中第四、五、六专署基本上是由豫北各县组成，大部分是从日伪军手中新收复的地区。次年 6 月，太行区又合并为 4 个专署。1947 年 3 月，太行区将原来的 4 个专署改为 5 个专署，其中第四、五专署基本是由豫北的县市组成。1948 年 3 月，又恢复为 6 个专署。(3)冀鲁豫行政公署。抗战胜利后，原冀鲁豫根据地调整了 8 个专署，其中河南范县属第二专署，濮阳、高陵、长垣、滑县、延津等县属第四专署，豫东的考城、民权、虞城属第五专署，南乐、清丰、内黄等县属第八专署。1949 年 8 月，华北人民政府成立后，华北行政区划和机构也作了调整，并成立平原省(1952 年撤销)，省府设在新乡，下设 6 个专区，太岳、太行、冀鲁豫行政公署相继撤销，所辖河南各县划归平原省。(4)豫皖苏边区行政公署。在豫皖苏根据地的基础上，1946 年 12 月成立豫皖苏边区行政委员会，次年建立行政公署。豫东各县分别属于其第一、二、三、四、五专署。1948 年 8 月，豫皖苏公署撤销，成立中原行政委员会豫皖苏分会，下辖 8 个专署，今河南豫东、豫南部分县市归其辖区。(5)豫西行政主任公署。在豫西抗日根据地的基础上建立，1945 年春在登封建立，辖豫西 5 个专署，30 余县。1947 年 8 月，陈(赓)谢(富治)兵团挺进豫西后，11 月建立了豫陕鄂行政公署，辖 8 个专署 51 个县 1 个市政府，其中包括河南境内的 6 个专署、38 个县和 1 个市

① 河南省地方志编纂委员会：《河南省志》第 16 卷《政府志》，第 24 页。

② 程有为、王天奖主编：《河南通史》第 4 卷，第 539 页。

政府。次年5月,中原局决定将该公署分别建立陕南和豫西行政公署。豫西行政主任公署辖境有本省38个县和洛阳市政府。(6)桐柏区行政公署。1947年12月建立,共辖4个督察专员公署,32个县和3个市政府。(7)豫鄂行政公署。1947年,刘邓率领的中原野战军进入大别山区后,11月建立了豫鄂行政公署,辖豫南固始、商城、潢川、光山、新县、罗山等县。1949年3月,中原临时政府成立,上述豫皖苏、豫西、桐柏、豫鄂行政公署撤销,所属河南各划归该政府。5月,河南省人民政府成立,原豫西解放区全部、豫皖苏、豫鄂、桐柏解放区各一部分归河南省管辖,下设郑州、开封两个直辖市,陕州、洛阳、郑州、陈留、商丘、淮阳、潢川、确山、许昌、南阳10个专区,共计86个县,8个专区辖市,人口3017万。①

三、民国时期河南人口

人口是构成社会经济史的主要内容。1912～1949年是河南人口变化比较大的时期,如表3。

表3 民国时期河南人口统计表 单位:千万

年份	1912	1914	1931	1936	1937	1938	1939	1940	1941	1943	1944	1946	1947	1948
人口	2851.8	3062.0	3284.4	3430.0	3429.3	3340.9	2960.0	3066.6	2930.9	2595.0	2471.0	2699.4	2847.3	2965.4

资料来源:1912～1944年来源于《中国人口·河南分册》,中国财政经济出版社1989年版,第45～46页;1946～1948年来源于侯杨方:《中国人口史·1910～1953年》第6卷,复旦大学出版社2001年版,第126页。

从表3来看,民国时期河南人口发展大致经历了三个比较大的阶段:第一阶段从民国初年到抗战前(1936年),是河南人口增长较快的阶段,全省人口增加了578.14万,平均每年增长24.1万人,年均增长率为8.45‰;特别是1931年到1936年,人口增长速度比较快,平均年增加36.38万人,平均年增长率为11.08‰。② 第二阶段为抗日战争时期,河南人口呈下降趋势,1944年人口比1937年减少了958.3万人,平均每

① 河南省地方志编纂委员会:《河南省志》第16卷《政府志》,第31～51页。

② 貊琦主编:《中国人口·河南分册》,中国财政经济出版社1989年版,第44页。

年减少 136.89 万人，年减少率为 39.92%。导致抗战时期人口减少的原因主要是三个因素：一是日本帝国主义的侵略，给河南人民带来了深重的灾难，大量人口死亡、迁徙和逃散。二是 1938 年 6 月黄河决口后，造成了豫皖苏黄泛区，其中河南泛区范围达 20 余县，淹没农田 651.6 万亩；这场灾难也给河南人口带来巨大损失，逃离人口 117.3 万人，死亡人口 32.6 万人①，共计损失人口达 150 万。三是自然灾害造成河南人口的减少。1940 年，河南发生大水灾，淹没农田 467 万亩，冲毁房屋 38 万多间，死亡人口近万人；1942～1943 年河南发生特大旱灾，接着发生了蝗灾，在这场灾难中，估计有 300 万人口丧生。② 在整个抗战期间，除了因日军烧杀掠抢和自然灾害死亡的人口外，外流西北、西南的灾民达到 500 万人，加之在战争中死亡的人口有 80 多万，共计使河南损失了 900 多万的人口。第三阶段是抗战胜利后到新中国成立前夕，河南人口缓慢恢复时期，1948 年的人口比 1944 年增加了 494.4 万。尤其是 1949 年河南人口急速增长到了 4174 万，平均年增长率达到 130‰。③ 人口增长的原因是：首先，战争结束后，大批逃难的河南居民返回原籍，特别是黄河堵口工程完成后，黄泛区的人口返乡，使人口增加。其次，社会稳定，经济发展，尤其是中共解放区进行了土地改革，农民获得了土地和其他生产资料。所有这些均为河南人口的恢复和增长提供了保障。

四、民国时期河南经济研究现状

民国时期河南经济研究主要开始于 1980 年代以来，据不完全统计，出版的专著（包括涉及民国时期河南经济的专著）近 10 部。刘永世、解学东主编的《河南近代经济》（河南大学出版社 1988 年版）是新中国成立后第一部全面论述近代河南经济的专著，其中论述了民国时期河南农业、工业、商业、金融、财政、交通以及中共建立的根据地和解放区经济。河南交通史志编纂委员会组织编写的《河南公路史》（第 1 册，人民交通

① 韩启桐、南钟万：《黄泛区的损害与善后救济》，行政院善后救济总署 1948 年印行，第 12、33 页。

② 宋致新：《1942：河南大饥荒》，湖北人民出版社 2005 年版，第 9 页。

③ 貊琦主编：《中国人口·河南分册》，第 47 页。

出版社1992年版)、《河南公路运输史》(第1册,人民交通出版社1991年版)均论述了民国时期河南公路建设与公路运输的问题。刘书五的《二十世纪二三十年代中原农民负担研究》(中国财政经济出版社2003年版)研究了民国时期河南的租佃、田赋及田赋附加、高利贷等问题。曹世禄、王景尊的《河南矿业史》(武汉大学出版社1992年版)涉及民国时期河南采矿业的问题。王守谦的《煤炭与政治:晚清民国福公司矿案研究》(社会科学文献出版社2009年版)是关于福公司与河南煤炭工业的个案研究,梳理了福公司在河南煤炭开采过程中与党派、军阀以及地方政府的各种复杂的关系。"豫商"是近几年来河南政府和学术界提出的一个重要概念,学术界围绕豫商做了一些研究,如徐有礼主编的《近代豫商列传》、张民服主编的《豫商发展史》(河南人民出版社2007年版)等都涉及民国时期河南的商业与社会经济活动。一些研究华北社会经济的著作也涉及民国时期河南经济问题,如从翰香主编的《近代冀鲁豫乡村》(中国社会科学出版社1995年版)、郑起东的《转型期的华北农村社会》(上海书店出版社2004年版)等。这些专著的出版为研究民国时期河南经济提供了基础和方法。值得一提的是,近些年来,民国时期河南社会经济也是河南大学、郑州大学等高校的硕士研究生毕业论文的重要选题,尽管这些研究显得稚嫩,但毕竟作出了一些创新性的研究。

民国时期河南政局动荡不安,多种政权在河南活动,经济成分复杂。下面我们从三个方面来看民国时期河南经济状况。

(一)北京政府与南京政府时期的经济研究

自1980年代以来,民国时期河南的社会经济越来越多地受到关注,不仅发表了大量的论文,而且一些研究生的毕业论文选题也涉及了民国时期河南经济问题。总括起来,关于民国时期河南经济研究主要取得以下几个方面的成就。

(1)农业与农村经济研究。农业产量是农业发展的主要标志之一,民国时期农业是发展还是衰落也是学术界讨论的主要话题之一。王天奖认为从晚清到民国时期河南农业单产量不断下降,农业处于衰退状态。[①] 徐秀丽对华北平原的农业做了考察，其中专门论述了河南亩产量的问题，认为20世纪头30年华北农业生产形势较好，粮食总产量有所提高，亩产也有所回升，大致恢复到清盛世的水平，或许还略有提高。[②] 黄正林认为南京国民政府前十年，河南的农业与之前相比，出现了缓慢向前发展的势头。[③] 侯普惠的硕士论文《1927～1937年河南农田水利事业研究》（河南大学，2007）论述了南京国民政府时期的河南农田水利。

农业商品化是民国时期我国农业发展的一个特点，河南的农业商品化也受到了学术界的关注。台湾学者沈松侨认为随着铁路交通的出现、国内经济的发展以及对外贸易的增长，以专业化及地域分工为特色，并主要为市场而生产的棉花、烟草等经济作物在河南的农业经营中俟见普及，逐步加深了其农业商品化程度。同时，这种商品化与农业经营的内卷化互为表里，因河南农业商品化完全缺乏现代的资本投资相配合，新技术根本未能发生任何重大作用。[④] 贾贵浩也论述了河南农业种植结构的变化和农业商品化的问题。[⑤] 近代河南种植结构的调整和变化以及商品化主要表现在棉花、烟草和花生的种植方面，学者对此也给予了一定的关注。邢振、陈松峰、贾滕、徐有礼、陈珂等发表文章对此进行了论述。[⑥]

---

① 王天奖：《从单产看近代河南的农业生产》，《史学月刊》1991年第1期。

② 徐秀丽：《中国近代粮食亩产的估计——以华北平原为例》，《近代史研究》1996年第1期。

③ 黄正林：《制度创新、技术变革与农业发展——以1927～1937年河南为中心》，《史学月刊》2010年第5期。

④ 沈颂侨：《经济作物与近代河南农村经济（1906～1937）——以棉花与烟草为中心》，载《近代中国农村经济史论文集》，（台湾）中央研究院近代史研究所1989年印行。

⑤ 贾贵浩：《河南近代农作物种植结构的调整与商品化发展》，《南都学刊》2005年第3期。

⑥ 邢振：《民国豫北植棉业的增长及其特点》，《今日湖北》2007年第5期；陈松峰：《河南烤烟种植时间及地点新考》，《中国农史》1985年第1期；贾滕：《试论二十世纪前三十年华北的棉花商品化发展》，河南大学中国近现代史硕士论文，2004年；徐有礼等：《河南植棉发展考略》，《中州古今》2001年第3期；陈珂：《从地方志书看20世纪10～30年代华北的植棉业》，《平原大学学报》2005年第6期。

地权和租佃关系对农村经济影响颇大,是研究民国农村经济的切入点。王天奖认为民国时期河南的地权分配是比较分散的;①王全营也研究了民国中期河南的地权与农业经营的问题。②王天奖对近代河南租佃关系的形式、地租等问题做了论述,认为分成租在河南租佃关系中占优势。③ 贾贵浩认为1912～1937年河南的租佃制度呈现谷租开始占主导地位、租佃关系以直租立约为主、租期缩短、地租率高和隐性剥削加重等新的特点。④

(2)近代工业的研究。刘世永、解学东主编的《河南近代经济》在半殖民地半封建社会的框架下论述了民国时期河南工业的总体情况。解学东认为民国时期河南工业是落后的,主要表现在部门结构不合理、地区分布不平衡、技术设备和经营管理落后等方面;⑤他还认为发展速度慢、进程曲折、产品产量所占份额低是民国时期河南工业的特点。⑥ 陈珂研究了晚清到民国时期豫北工业的投资环境问题和区域特色问题。⑦烟草工业是民国时期河南新兴的工业部门,蒋晔、叶春风、张红峰论述了民国时期河南的烟草业。⑧ 另外,民国时期河南的矿业、军事工业也有学者关注。

(3)财政赋税的研究。田赋是民国时期政府税收的主要内容,刘五

---

① 王天奖:《民国时期河南的地权分配》,《中州学刊》1993年第5期。

② 王全营:《民国中期的地权分配与农业经营——以中原地区为例》,《信阳师范学院学报》2004年第6期。

③ 王天奖:《近代河南租佃制度述略》,《史学月刊》1989年第4期。

④ 贾贵浩:《论1912～1937年河南租佃制度的特点》,《河南大学学报》2006年第3期。

⑤ 解学东:《试析民国时期河南的工业》,《河南大学学报》1992年第5期。

⑥ 解学东:《试论民国时期河南工业经营发展的特点》,《史学月刊》1992年第1期。

⑦ 陈珂:《二十世纪前期豫北近代工业投资环境研究(1900～1936)》,华中师范大学中国近现代史硕士论文,2006年;《近代北京政府时期豫北民族实业区域特色》,《天中学刊》2005年第8期。

⑧ 蒋晔、叶春风:《抗战前的河南烟草业》,《河南经济》1985年第4期;张红峰:《1912～1937年的河南烟草业》,河南大学中国近现代史硕士论文,2007年。

书对河南田赋的沿革、征收和积弊以及田赋附加做了论述。① 董建新的硕士论文《1927～1937年河南田赋研究》认为田赋是当时河南省财政、县财政收入的主要来源。② 李宁的硕士论文《1927～1937年河南县级财政研究》主要论述了南京租房时期河南县级财政体系的建立、财政收入与支出的问题。③

（4）交通研究。民国时期河南的交通发生了很大的变化，一是铁路和公路的建设，二是铁路和公路在社会经济中发挥的作用越来越大，这两个方面都受到了学者的关注。袁中金对铁路建设与河南经济问题作了论述，认为铁路的出现一方面便利了帝国主义对河南经济的掠夺，加深了河南半殖民地化程度；一方面促进了河南新式工业的发展和农业商品化程度的提高，改变了河南市场结构和城市布局。④ 宋谦的硕士论文《铁路与郑州城市的兴起（1904～1954）》⑤和张春艳的硕士论文《抗战前陇海铁路沿线河南段的经济变迁》论述了陇海铁路贯通后河南段经济结构变迁的问题。在公路和公路运输方面，除了前文提到的两本通史外，黄正林、刘常凡的《公路建设、汽车运输与社会变迁——以1927～1937年的河南省为中心》论述了南京国民政府时期河南公路规划、建设、成就、不足以及公路运输给社会经济带来的变化。⑥ 在另一篇论文中论述了河南公路法规建设，认为南京政府时期河南形成了相对比较完整、系统的公路法规体系。⑦ 在前人研究的基础上对河南公路研究有所深化。

① 刘五书：《二十世纪二三十年代中原农民负担研究》，中国财政经济出版社2003年版。

② 董建新：《1927～1937年河南田赋研究》，河南大学中国近现代史硕士论文，2007年。

③ 李宁：《1927～1937年河南县级财政研究》，河南大学中国近现代史硕士论文，2009年。

④ 袁中金：《河南近代铁路建设与经济发展》，《史学月刊》1993年第4期。

⑤ 宋谦：《铁路与郑州城市的兴起（1904～1954）》，郑州大学中国近现代史专业硕士论文，2007年。

⑥ 黄正林、刘常凡：《公路建设、汽车运输与社会变迁——以1927～1937年的河南省为中心》，《河南大学学报》2010年第1期。

⑦ 刘常凡：《南京国民政府时期河南公路法规研究（1927～1937）》，《三门峡职业技术学院学报》2008年第4期。

(5) 金融业的研究。民国时期是河南金融业新旧交替的时期,旧式金融机构在消退,新式银行在建立。王新峰的硕士论文《河南农工银行研究》论述了民国时期河南农工银行的问题。① 黄正林对1912～1937年河南地方金融体制做了研究,认为这个时期河南金融业存在着现代金融业与传统金融业并存的局面。一方面,不论传统金融业还是现代金融业都无法独立承担市场发展对金融业的需要;另一方面,由于民间惯性对现代金融业的排斥而延续了传统金融机关的生存能力。在现代金融业渗入乡村社会的过程中,信用合作社起了重要作用,成为新式银行和农村联系的桥梁,由于其借贷利率较低较快地被农民所接受,成为农村一种新型的融资和借贷组织。在河南广大农村,即使合作社发展比较深入的地方,也存在合作社与传统融资组织并存的局面。②

(二)对列强对河南经济的掠夺的研究

英福公司是近代以来英国在河南建立的最大的煤矿,对此学者研究得比较深入。王守谦的《煤炭与政治:晚清民国福公司矿案研究》利用大量的档案资料对英福公司对河南煤炭资源的开采以及与地方的关系做了比较深入的探讨。黄天弘、薛世孝等论述了英国福公司建立与豫北经济社会的变迁和福公司对河南矿产资源的掠夺。③ 近代河南烟草业的种植也是西方列强对河南进行经济侵略的产物,学者也给予关注。徐有礼论述了五卅运动前后英美烟公司在河南的活动状况及对河南烟草业的影响。④ 朱兰兰的硕士论文比较完全地考察了英美烟公司在河南的

---

① 王新峰:《河南农工银行研究》,河南大学中国近现代史专业硕士论文,2008年。

② 黄正林:《二元经济:社会转型时期的地方金融体制研究——以1912～1937年的河南省为例》,《史学月刊》2009年第9期。

③ 黄天弘:《英国福公司对豫北近代经济的影响》,《郑州轻工业学院学报》2006年第2期;薛世孝:《论英国福公司在中国的投资经营活动》,《河南理工大学学报》2005年第5期。

④ 徐有礼:《"五卅"前后英美烟公司在河南的活动及其影响》,《商丘师院学报》2004年第6期。

活动。① 还有一些论文涉及河南民众收回矿权等经济斗争的问题。

关于日伪对河南沦陷区经济掠夺是学术界研究的主要课题，而且取得了丰厚的成果。刘世永论述了日本对河南沦陷区的经济掠夺。农业方面，日本侵略者不仅掠夺农民的土地和农村劳动力，而且通过组建合作社、粮食配给制等手段掠夺农产品，日军的掠夺造成了农作物种植面积下降，农民收入明显减少，农民生活空前恶化。工业方面，主要是霸占和掠夺沦陷区的工矿交通事业，日本对河南工矿业的掠夺主要是由华北开发社和华中振兴会社所属子公司直接进行，河南沦陷区的一些重要工矿企业几乎都被日军以“军管理”的形式进行掠夺，从1937～1943年河南沦陷区工业损失就达955.8万元。金融方面，主要是发行军用票和通过伪政权发行的伪币来实现，日军所到之处，强迫人民使用其军用票和各种伪币，又通过贬值法币和禁止流通的方式使伪币占领金融市场。② 由于日伪的掠夺与破坏，河南沦陷区农民负担十分沉重，张俊英从日军对农民经济的掠夺、日伪公开抢劫、苛捐杂税及劳役负担等几个方面论述了河南沦陷区农民的经济负担。③ 刘世永、解学东主编的《河南近代经济》从掠夺土地和劳力、榨取农产品、霸占工矿企业、控制交通运输和搜刮金融等几个方面论述日本对河南经济的掠夺。④ 河南北部是华北沦陷区的主要组成部分，一些学者对日军对华北沦陷区经济掠夺作了深刻的研究，如曾业英、张利民、王士花论述了日伪在华北的经济掠夺，也

① 朱兰兰：《20世纪初至30年代英美烟公司与河南烟草业》，郑州大学专门史专业硕士论文，2004年。

② 刘世永：《日本侵略者对河南沦陷区的经济掠夺》，《河南大学学报》1988年第1期。

③ 张俊英：《抗日战争时期河南沦陷区农民徭役负担考》，《平顶山师专学报》1999年第3期；张俊英：《河南沦陷区农民负担浅析》，《平顶山师专学报》2003年第6期。

④ 刘世永、解学东主编：《河南近代经济》，河南大学出版社1988年版，第344～366页。

涉及河南。①

（三）对中共政权控制地区经济研究

民国时期中共在河南建立的政权经历了鄂豫皖苏区、抗日根据地和解放区三个时期，不同时期都有一些研究论著。关于鄂豫皖苏区的研究主要在土地、合作社、金融等方面有所涉猎。出版的专著主要有周质澄、吴少海著《鄂豫皖革命根据地财政志》(湖北人民出版社 1987 年版)、谭克绳等主编的《鄂豫皖革命根据地财政经济史》(华中师大出版社 1989 年版)、范立新主编的《红色税收的足迹——鄂豫皖革命根据地税收纪事》(中国税务出版社 2008 年版)；胡菊莲主编的《鄂豫皖革命根据地货币史》(中国金融出版社 1998 年版)。

朱正业、杨立红论述了鄂豫皖土地改革的问题，通过土地改革，基本上消灭了封建剥削制度，改变了原来的地权关系。② 许庆贺评述了鄂豫皖根据地的粮食政策，认为该政策有效地保证了根据地的粮食供给。③刘森论述了鄂豫皖根据地的货币种类、铸造、货币发行的准备金、货币兑换和流通等问题。④ 刘华实论述了鄂豫皖根据地的合作社运动，认为合作社是集体经济组织，在配合国有经济和协调私有经济方面发挥了作用。⑤ 庞良举、刘华实、薛毅探讨了鄂豫皖经济公社的体制和作用。⑥

金融独立自主是抗战时期各个根据地经济建设和反封锁的主要内容，该问题受到学者的关注。如赵学禹讨论豫鄂边区建设银行与经济建

---

① 曾业英：《日伪统治下的华北农村经济》，《近代史研究》1998 年第 3 期；曾业英：《日本对华北沦陷区的金融统制与掠夺》，《抗日战争研究》1994 年第 1 期；张利民：《日本对华北铁路的统制》，《抗日战争研究》1998 年第 4 期；王士花：《华北沦陷区棉花的生产与流通》，《清华大学学报》2008 年第 5 期；王士花：《华北沦陷区粮食的生产和流通》，《史学月刊》2006 年第 11 期。

② 朱正业、杨立红：《鄂豫皖革命根据地的土地改革及其历史经验》，《农业考古》2007 年第 6 期。

③ 许庆贺：《鄂豫皖革命根据地粮食政策评述》，《许昌学院学报》2008 年第 4 期。

④ 刘森：《鄂豫皖根据地货币论略》，《中国钱币》1988 年第 4 期。

⑤ 刘华实：《鄂豫皖苏区合作社及其运动》，《档案管理》2008 年第 2 期。

⑥ 庞良举：《鄂豫皖苏区经济公社刍议》，《安徽史学》1988 年第 4 期；刘华实、薛毅：《鄂豫皖苏区经济公社初探》，《河南社会科学》2008 年第 5 期。

设的问题，指出豫鄂边区建设银行成立后，建立了独立自主的货币市场。① 熊科也论述该银行建立的背景、分支机构及在经济建设中的作用。② 程丕祯等人考察了豫皖苏货币发行的历史背景和原因，各县抗日民主政府流通券、豫皖苏边区流通券和淮北地方银号币的发行过程和流通情况。③ 王流海也探讨了豫皖苏根据地货币问题，论述了流通券的种类、式样、面额、发行时间等问题。④

毛锡学对抗战时期晋冀鲁豫根据地对敌经济斗争进行了论述，认为对敌斗争取得了重大成就，为边区军民进入反攻和取得抗日战争的最后胜利做出了贡献。⑤ 张文杰从民生的角度对减租减息和增资斗争、清查黑地和实行合理负担、反贪污、反恶霸和改造村政权等问题做了论述，指出通过这些斗争既调动了广大农民的抗日和生产积极性，又巩固和扩大了抗日民族统一战线，从而在政治、经济、军事、组织上为边区军民夺取抗日战争的最后胜利创造了条件。⑥ 项斌对晋冀鲁豫的对敌贸易、粮食、货币斗争做了论述，认为经过贸易斗争根据地到 1943 年就实现了进出口贸易的大体平衡。⑦ 花瑜考察了晋冀鲁豫减租减息运动的背景、三个阶段和意义。⑧

除了晋冀鲁豫根据地外，其他根据地经济研究也有涉及。如李占才讨论了豫皖苏的经济财政建设问题，抗日民主政府通过提倡开垦、改良耕地，改善工具和组建各种合作社来发展农业生产，鼓励农民发展农业副业，促进农业生产；在发展军事工业的同时，保护并鼓励发展私人工商

---

① 赵学禹：《鄂豫边区建设银行与边区经济建设》，《武汉大学学报》1985 年第 3 期。

② 熊科：《红色堡垒的金融明珠——记鄂豫边区建设银行》，

③ 程丕祯等：《谈豫皖苏边区货币》，《中国钱币》1991 年第 1 期。

④ 王流海：《豫皖苏革命根据地货币探疑》，《中国钱币》1999 年第 4 期。

⑤ 毛锡学：《抗战时期晋冀鲁豫边区的对敌经济斗争》，《许昌师专学报》1986 年第 4 期。

⑥ 张文杰：《冀鲁豫抗日根据地的民主民生斗争》，《中州学刊》1986 年第 5 期。

⑦ 项斌：《晋冀鲁豫抗日根据地的对敌经济斗争》，《经济经纬》1985 年第 4 期。

⑧ 花瑜：《晋冀鲁豫抗日根据地的减租减息运动》，《平原大学学报》1994 年第 2 期。

业;在财经方面,主要保障粮食供应,根据地的粮食增产是开源节流,合理负担,统筹统拨,赏罚并用。根据地财政的主要来源是田赋,此外还征收盐税、烟酒税、屠宰税和“进出口贸易税”等。① 任峰论述了鄂豫边区发展农业的环境、意义、经过和经验。② 刘世永、解学东主编的《河南近代经济》一书涉及抗战时期根据地的减租减息、农业互助、大生产运动、工商业、财政与金融等问题。③

关于第三次内战时期河南解放区经济研究,发表的论文和探讨的问题都不多。王礼琦较为全面地论述了中原解放区的货币斗争和金融问题。④ 马俊林从国共两党斗争的角度论述了抗战后中原解放区善后救济的问题。⑤ 程少明论述了中原解放区的财政来源、财政管理和支出。⑥ 他还论述了该根据地的减租减息的政策、减租和减息的标准等问题,认为它对调动农民支援解放战争发挥了重要的作用。⑦ 程少明还论述了中原解放区的税务与税收问题。⑧ 杨科对解放战争时期豫西、桐柏地区流通券问题作了论述。⑨ 可以看出,对河南解放区经济研究是比较薄弱的。

从上面的论述可以看出,呈现以下特点:(1)对根据地的总体研究较多,但具体涉及根据地在河南省的区域的专题研究较少。(2)在某些领域内取得了丰硕的成果,但还有很多研究薄弱之处,如鄂豫皖根据地多,

---

① 李占才:《豫皖苏边抗日民主根据地的经济财政建设》,《铁道师院学报》1995年第2期。

② 任峰:《抗日战争时期鄂豫边区的农业生产》,《河南大学学报》1984年第6期。

③ 刘世永、解学东主编:《河南近代经济》,第384～410页。

④ 王礼琦:《中州钞与中原解放区的金融建设》,《中国社会科学院经济研究所集刊》第7集,中国社会科学出版社1984年版。

⑤ 马俊林:《战后中原解放区的善后救济》,《理论月刊》2004年第10期。

⑥ 程少明:《中原解放区的财政建设》,《黄冈师专学报》1996年第2期。

⑦ 程少明:《中原解放区的减租减息运动》,《黄冈师范学院学报》2005年第5期。

⑧ 程少明:《中原解放区税收初论》,《黄冈师专学报》1995年第1期。

⑨ 杨科:《中原解放区豫西、桐柏、皖西地方流通券初探》,《中国钱币》1992年第3期。

中原解放区少；中原解放区的工商业、农业状况等研究几乎还是空白，需要深入研究。(3)随着学术界对整个民国经济史研究的不断深入，有关河南民国经济的一些相关问题的研究也应该有所深化。

第一章 北京政府时期的河南经济

第一节 农业商品化区域的初步形成

一、农政机关与农业团体

（一）农政机关

北京政府时期，省级农业主管机关是实业厅。县级农业主管机关为实业局，涉农机关有水利局（有的是在水利会的基础上建立的）、农事试验场、苗圃（有的后改为林业局）等，有的实业局是在农事试验场的基础上建立起来的。如 1916 年，封丘"知县姚礼坤于城内东北隅筹划公地二十亩，以办苗圃，六年添置农事试验场，十三年合并为实业局"①。上蔡实业局"民国十三年成立，当设局长一人，劝业员二人，事务员一人，经常费每月二百千文，专司本县农工商及道路、水利等兴革事宜"。该县水利会"设立于民国七年，设会长一人，事务员一人，每月经常费三十八千文，专司兴水利，除水害事项，民国十二年改为水利局，每月经常费增至六十千文"②。长葛县实业局成立于 1924 年，设于农林试验场内，经费"由自治项下月支钱三十八串五百文，常年共支钱四百六十二钱文"，"以推广

① 封丘县地方史志编纂委员会：《明清民国封丘县志》（整理本），中州古籍出版 1999 年版，第 143 页。

② 翟爱之纂修：《重修上蔡县志》卷 7，实业志，实业机关，1944 年石印本。

农、林、牧、工、商、矿各业为宗旨”①。林县实业局于1924年设立，“内设局长一人，劝业员一人，事务员一人，后加农事试验场场长一人；以戏捐收入为常年经费”②。1924年信阳“以原有之农事试验场及劝农员经费改设实业局，以旧农场为局址，在税契项下月支一百元”③。各县实业局以振兴实业为宗旨，经费来源于地方收入如自治经费、戏捐、税契等。

农事试验场是农政机关的主要组成部分，以此为基础扩展为林业、棉业、蚕桑等试验场。河南省农事试验总场设于1909年，位于开封南关外吹台东侧，由河南农工商局长何廷俊创办。1914年，河南巡按使田文烈从农事试验场划出36亩土地创办了森林局；次年购民地100余亩，扩大规模，“是为农、林二场所托始”；1919年，实业厅长陈善同根据省议会议案，于全省四道各设立蚕桑局1处。开封道蚕桑局为推广棉业，附设棉场，随着棉花推广，棉场独立出来。1924年，实业厅长任文斌将开封蚕桑局改为实业厅第一蚕桑局，1927年又改为河南省蚕桑局。截至1927年，河南省级农政机关主要有农业试验场、林业试验场、模范苗圃、蚕桑局、棉场等。

各县也设有农事试验场和苗圃，成为县级推广农林生产的主要机关。如阌乡农事试验场1916年设立，地20亩，常年经费初为银259两2钱，后改为洋348元，由公款局支付，试验种类有棉花、大豆、白菜、萝卜、德国槐等；苗圃1918年1月成立，面积30亩，1923年扩充为54亩，最初常年经费339两2钱，1923年常年经费由公款局每年筹足600元，新造及固有各林木25600余株。④ 确山“农事试验场在北门外演武厅故址，面积十有余亩。民国六年县知事韦联棣经始成立，设场长一人，历年试验各项物产，均属繁茂丰盛”，取得了一定的成效；1918年10月，县知事林肇煌设立苗圃，面积30余亩，育木为黄金树、美国梓、德国槐及本地各种树木。⑤ 内黄“民国六年，就城郭外东北隅演武厅旧址创设苗圃，置

① 陈鸿畴修、刘盼遂纂：《长葛县志·政务志》，1931年铅印本。

② 王泽溥修、李见全纂：《林县志》卷4，民政，1932年石印本。

③ 方廷汉修、陈善同纂：《重修信阳县志》卷7，建设，实业，1934年铅印本。

④ 黄觉修、韩嘉会纂：《阌乡县志》卷4，实业，1932年铅印本。

⑤ 张缙璜纂修：《确山县志》卷13，实业，1931年铅印本。

圃长一人,计地二十六亩有奇。十年,改林务局。十四年,改实业局"①。

农事试验场和苗圃是晚清以来到民国初期的农业经济中的新生事物,在从事农林试验方面存在一些问题,如经费问题,政府对农林试验场经费来源没有统一规定,是由各县自行筹措,多寡不一,而且主要是人头费,实际上用于试验的经费十分稀缺;另外缺乏农林试验技术人员。因此许多农林试验场几乎形同虚设。如封丘县农事试验场创办于1917年,但"农民又墨守旧法,不知改良种植,倡导水利虽不惜血汗,以图生活。偶遇旱潦则束手听天。民国以来,设立农会、水利会及农事试验场,官绅极力提倡,奈风气不开,殊鲜功效也"②。陕县苗圃"仅有其名"③。农事试验场和苗圃没有发挥应有的作用,是民国初年全国农林实验机构普遍存在的问题。

(二)农会

农会是北京政府时期的主要农业团体。中华民国政府成立后,不论南京临时政府还是北京政府,对各地农会的建立和发展都比较重视。1912年9月26日,南京临时政府颁布了《农会暂行规程》、《农会规程施行细则》等法规。根据北京政府关于农会制度及法规,河南省农会成立于1912年9月④,到1916年,共有评议员16人,会员301人,经费每年400元,会长韩东岱⑤。河南省各县也设立了农会。阳武(1919年与原武县合并,名原阳)农会建立于1917年,县知事金绎熙"奉令开办,成立地址在儒学署内,有会长及职员,全年经费二百〇四串"⑥。襄城农会成立于1918年,1925年改组,"正副会长,各区职员廿余人,分设五区办事

① 内黄县志办公室整理:《内黄县志》卷8,实业志,苗圃,中州古籍出版1987年标点本。

② 姚家望、黄荫枏:《封丘县续志》卷5,建置志,实业,开封新豫印刷所1937年版。

③ 欧阳珍修,韩嘉会纂:《陕县志》卷13,实业,1936年铅印本。

④ 《河南省农业情形》,全国农会联合会:《全国农会联合会第一次纪事》,1913年5月印行,第31页。

⑤ 农商部总务厅统计科编:《中华民国五年第五次农商统计表》,上海中华书局1919年版,第119页。

⑥ 窦经魁、耿愔:《阳武县志》卷1,农林志,农会,1936年铅印本。

处，东门外有官产园二十余亩，由农会管理，未几，该归实业局”①。长葛农会成立于1919年3月，设农林会长各1名，评议员8名，调查员8名。会长为有农林事业学识经验者；经费由公款局在自治项下每年拨给津贴200缗，后增加为360缗；“以图农林事业改良、发达”为宗旨。② 修武农会建于1916年4月，宗旨为“发达农业，改良农事”。但相当部分农会只是表明成立了，在农业经济中并不发挥多大作用，如宜阳“农会有名无实”③。襄城劝农员“成绩无多，即行裁撤”④。这种情形在当时不在少数，也就是说农会的设立并没有实现政府的初衷。

二、农业商品化区域的出现

北京政府时期，河南农业商品化程度得到比较快的发展，主要出现了以豫北和豫西为中心的棉花种植区，以豫中许昌为中心的烟草种植区和以豫东开封为中心的花生种植区。

（一）棉花种植

北京政府时期是河南棉花产业发展的主要时期。晚清到民国初年，平汉、陇海铁路修筑通车，使河南的运输条件大为改善，使上海、汉口、天津等通商口岸的腹地扩大到河南，缩短了河南市场与口岸市场的距离，提高了商品的运输能力和运输速度，使棉花市场比以前有了较大的拓展，促进了河南棉花种植区域的扩大和产量的提高。民国以来，河南棉花种植区域和面积继续扩大，棉花的种植在农业生产中所占比例日益提高。为了扩大棉花种植面积，北京政府农商部采取措施引进新的棉种，免费发给棉农种植。⑤ 根据农商部的规定，1919年，河南省实业厅也规定了奖励植棉的政策，规定“凡增加本地棉田一亩，奖银二角，用美国棉种改良植棉者，奖三角”。实业厅还购买美国棉种，“发给各县农会，转给

---

① 李峰修，胡元学、刘文林纂：《重修襄城县志》卷18，实业志，农林工商矿，1936年抄本。

② 陈鸿畴修，刘盼遂纂：《长葛县志·政务志》，1931年铅印本。

③ 林传甲：《大中华河南省地理志》，第240页。

④ 李峰修，胡元学、刘文林纂：《重修襄城县志》卷18，实业志，农林工商矿。

⑤ 章有义：《中国近代农业史资料》第2辑，三联书店1957年版，第178页。

农人,年终由各县农会报告一次,择其增田最多,成绩最良者,再给以奖品或奖洋”①。

民国初年,对北京政府及地方政府的植棉政策尤其是引种美棉,民间反应十分积极。政府“散发棉种,农民请领者为数甚巨,其成绩之优以河洛道属为最,如孟津、渑池、陕县、阌乡等县,所有棉田概行改种,本地土棉几无形消失矣”②。安阳“自民国八年河南实业厅发放美棉种子,实业局设棉业试验场于南关,第二区大寒村白璧集亦先后组织棉公司就地实验,均获成效”③。有的公司也参与到美棉的推广中来,如“广益纱厂经理袁心臣及邑人马绍庭,二人曾集资十万元,购地五十顷,设植棉公司于白璧集,凿井百余,购水车三十余架,而本县种棉之风于是大开”④。1919 年,受华商纱厂联合会的资助,郑州设立了棉业试验场,场地 500 余亩,取得了良好的成绩。⑤ 另外,县政府也推广植棉,如杞县“石炳南知事竭力劝导,改种美棉,成绩颇佳,呈请当轴核验,实大绒厚,并较土棉收获额超过三倍以上”⑥。说明北京政府时期河南省执行了比较积极的植棉政策。

政府推广和农民积极配合,促进了河南棉区不断扩大。1920 年,“河南产棉区达四十余县”,产量“较去岁增加十五万余担”⑦。1923 年调查,全省植棉区域达到 98 县。⑧ 又据地方志记载,河南“总计百十余县中,产棉者达九十县,而以河北之安阳为最,各县次之。……自民国八年以来,官厅始提倡改种,设场试验,每年春季散发种子,并不取价,农民

---

① 《河南近年之植棉业》,《大公报》(天津)1920 年 11 月 11 日。

② 河南省实业厅:《河南全省棉业调查报告书》,河南官印局 1925 年印行,第 1 页。

③ 方策、王幼侨修,裴希度、董作宾纂:《续安阳县志》卷 3,地理志,物产,1933 年铅印本。

④ 方策、王幼侨修,裴希度、董作宾纂:《续安阳县志》卷 7,实业志,农业。

⑤ 《郑州棉业试验场之成绩》,《申报》1922 年 12 月 8 日。

⑥ 《杞县开办美棉场》,《申报》1919 年 10 月 24 日。

⑦ 《河南近年之植棉业》,《大公报》(天津)1920 年 11 月 11 日。

⑧ 河南省实业厅:《河南全省棉业调查报告》,河南官印局 1925 年印行,第 1 页。

领者甚众。其成绩之优，以旧河洛道一带为最。如孟津、渑池、陕县、阌乡诸邑，所有棉田，概已改种美棉。本省土棉几至绝迹矣”①。一方面说明北京政府时期河南棉花种植区域不断扩大，全省90%以上的县份都植棉，棉花生产成为河南最主要的产业；另一方面说明美棉在河南的推广取得了很大的成功。表1—1是北京政府时期河南棉产统计表。

表1—1　1914～1927年河南棉产统计表

年份	1914年	1915年	1916年	1919年	1920年	1921年	1922年	1923年	1924年	1925年	1926年	1927年
亩数	1608	1610	1808	1312	—	793	2822	2494	2479	2765	2667	2608
占全国比例	—	—	—	4.29%	—	3.03%	9.11%	9.11%	9.30%	10.62%	10.53%	10.20%
皮棉产量	282	282	831	500.3	—	257	649	781	669	637	652	691
占全国比例	—	—	—	4.74%	—	4.04%	6.68%	9.34%	7.33%	7.23%	8.93%	8.78%
产额	18	18	46	38.1	—	32.4	23.0	31.3	27.0	23.0	24.4	26.5

单位：亩数，千市亩；产量，千市担；产额，市斤/市亩。

资料来源：1914～1916年资料见许道夫的《中国近代农业生产及贸易统计资料》，上海人民出版社1983年版，第204页；1919～1927年资料见沈颂侨的《经济作物与近代河南农村经济，1906～1937》，《近代中国农村经济史论文集》，第350页。其中1919～1927年是皮棉的产量和产额。

从表1—1来看，尽管北京政府时期河南棉产种植面积和产量不稳定，但就总趋势而言是处于上升状态，从1919年以前的1300～1800千亩增加到1922年以后的2400～2800千亩。占全国棉田面积的比例也在不断提高，如1919～1920年植棉亩数占全国的4.3%，1922～1923年提高到9.1%，1925～1927年提高到10%以上。随着棉花的推广和种植面积的扩大，河南出现了以棉作为主的农业区域，如1920年，河南各县中棉田面积“以偃师为最广，共十二万五千八百六十亩；次为灵宝、阌乡二县，各十一万亩；再次汜水九万九千亩，陕州八万五千亩，新乡七万余亩，临漳、武安各六万余亩，阳武、渑池、原武、洛阳、获嘉、新安六县，各四万余亩，其余内黄、涉县、沁阳、辉县、修武、商水二十余县，数千亩至三万亩不等”②。又据1923年冬调查，植棉面积在1万亩以上的县43

① 刘景向总纂：《河南新志》卷4，物产，上册，第188～189页。

② 《河南近年之植棉业》，《大公报》（天津）1920年11月11日。

个,占被调查县的43.9%。1920年的调查发现植棉面积超过10万亩的只有3个县,1923年达到了12个县,即尉氏、太康、武安、新乡、洛阳、偃师、巩县、登封、灵宝、阌乡、临汝、新野,①这些县份成为河南棉产的主要区域。同时棉花生产的商品化程度有了很大的提高,据地方志记载,河南棉产"全省每年净棉产额约达八千万斤左右。除民间销用并供本省纱厂外,输出约达二千万斤"②。全省棉花的输出率为25%,有的产棉重点地区高达70%以上。③ 表明北京政府时期,河南棉花种植转变为卖而种的商品性生产,而且形成了区域性规模种植。

(二)烟草种植

为了在河南推广种植烟草,1905年、1909年和1910年,英美烟公司就曾到河南邓州、确山、泌阳、南阳、通许等地进行调查,在调查中认为河南西南部生产的"烟叶色泽好,柄梗小,大部分体型轻柔,出筋梗后的产量为75%~80%……有很多土地适宜于种植这类烟叶,而目前是种植其它作物的"④。1913年襄城种植烟草获得成功,1915年,在美国旧金山举办的"巴拿马万国博览会"上,襄城烟叶获奖⑤,使河南烟叶一举成名。英美烟公司看到了许昌烟草巨大的潜力,就到河南"襄城、叶县去调查烟叶的生产状况,并且用较高的价钱收买了许多烟叶,作为农民种植烟叶的兴奋剂"⑥。为了引诱农民种烟,英美烟公司还"无偿散发烟种,预付高额烤烟收购订金,传授烤烟种植和栽培技术等办法鼓励农民种烟。同时,他们又通过无偿散发纸烟、提高烤烟收购价格等手段,使人获

① 河南省实业厅:《河南全省棉业调查报告》,河南官印局1925年印行,第2~6页。

② 刘景向总纂:《河南新志》卷4,物产,上册,第188~189页。

③ 河南省实业厅:《河南全省棉业调查报告》,河南官印局1925年印行,第2~6页。

④ 上海社会科学院经济研究所:《英美烟公司在华企业资料汇编》第1册,中华书局1983年版,第240、243页。

⑤ 包书亮:《英美烟公司对许昌烟市的垄断及烟行街的形成》,《许昌文史资料》第7辑,第240页。

⑥ 明洁:《英美烟公司和豫中农民》,《中国农村》第2卷第7期,1936年7月1日,第69页。

得了连想都不敢想的好处”①。这种“有计划的暗示给农民改用英美种子,告诉肥料的改良,熏烟的方法,以及其他增加烟叶产量,改良烟叶本质的道理和设计。因此,烟叶的种植马上就扩大了”②。同时,南阳兄弟烟草公司也在河南许昌推广种植烟草。③

英美烟公司的大力倡导,使河南烟草种植范围不断扩张,1917年至1920年,河南“种植面积猛增至10万多亩,烟叶上市量由1917年的250万磅上升到1920年的1433万磅。许昌开始成为英美烟公司的主要原料来源地之一”④。表1-2是北京政府时期河南烟草产量统计表。

表1-2　1917～1927年河南烟草产量统计表　单位:千磅

年度	1917年	1918年	1919年	1920年	1921年	1922年	1923年	1924年	1925年	1926年	1927年
产量	2500	2500	10000	16000	9000	6500	11000	32000	11000	4500	5000

资料来源:章有义:《中国近代农业史资料》第2辑,第201页。

自从美国烟草在河南推广以来,烟草产量呈上升趋势。1919年为10000磅,1924年高达32000磅,5年之内增加了3倍多。据有学者研究,1925年至1935年,上海纸烟生产量占全国一半,其所用原料有20%来自许昌。⑤ 烟草成为产地的主要农产,对粮食作物的种植产生了很大的影响,出现了烟草侵占粮食耕地的情形。禹县“一亩之烟其工本抵数亩之禾,今夺种谷之地以种烟,谷以地隘而获少;分种谷之力以种烟,谷以力绌而获又少;谷少而草亦少,少则贵矣。今谷价十倍于昔年,草加更数十倍于昔年,而人与牲畜遂交病”⑥。烟草的种植导致了粮食作物及其副产品的减少,引起了粮价与草价的暴涨。可见,农作物种植商品化

① 包书亮:《英美烟公司对许昌烟市的垄断及烟行街的形成》,《许昌文史资料》第7辑,第241页。

② 明洁:《英美烟公司和豫中农民》,《中国农村》第2卷第7期,1936年7月1日,第69页。

③ 章有义:《中国近代农业史资料》第2辑,第171页。

④ 包书亮:《英美烟公司对许昌烟市的垄断及烟行街的形成》,《许昌文史资料》第7辑,第241页。

⑤ 沈颂侨:《经济作物与近代河南农村经济,1906～1937》,《近代中国农村经济史论文集》,第363页。

⑥ 车云、王琴林:《禹县志》卷7,物产志,1931年铅印本。

过程中也有着一定的负面影响。

(三)花生种植

河南种植花生历史比较悠久,但长期受运输条件和市场的限制,花生种植“仅供本地榨油及茶食之用,无贩运出口之利”①。民国以来,花生逐渐出口土货之大宗物产,花生种植扩大了,“出产花生之区域,自郑州以东归德以西皆有之;惟开封附近一带,约三百英方里之面积,出产为最多,中牟、开封、兰封三县,尤为特色……三数年前,商人之营运此业者,盈余甚厚,每致骤富。官府以此项交易既丰,亦随设局征收捐税,每年收入不下400万余元”②。花生的推广和种植,使豫东原来的不毛之地成为花生产区。每年“秋末收获,上海、汉口等处商人纷纷来汴趸购。以去壳之花生米为输出大宗。新郑、薛店、谢庄、小李庄、郑州,皆花生米输出必经之路也。由新郑输出者,每年约九十余万斤。财政厅特设税局征收花生税,三县中兰封所产约居其半数也”③。开封、中牟、兰封(与仪封合并为兰考)3县成为河南花生生产的主要基地,据有关资料记载,河南花生种植面积和产量分别是1914年为270000市亩和255000担,1915年为364000市亩和356000担,1916年为1390000市亩和1357000担,1924年至1929年平均为2119000市亩和5192000担。④1924～1929年的种植面积和产量分别比1914年增加了7.8与20.4倍。北京政府时期是河南花生种植增长比较快的时期。

总之,北京政府时期,由于美棉、烟草和花生的推广和种植,河南农业商品化程度有了很大的提高,形成了以种植棉花、烟草、花生为主的商品化区域。

---

① 中美新闻社开封通信:《河南之花生生产》,《申报》1919年10月30日,第7版。

② 章有义:《中国近代农业史资料》第2辑,第207页。

③ 刘景向总纂:《河南新志》卷4,物产·农产,(上),第168页。

④ 许道夫:《中国近代农业生产及贸易统计资料》,上海人民出版社1983年版,第162页。

三、农作物的种植

河南是中国主要的粮食生产区，据民国初年报告，主要粮食作物"以小麦为大宗，谷与玉子、高粱次之，其他豆类、芝麻，所产亦多，而芝麻尤为河南特产，所榨麻油，行销甚广，香味为油类之冠。大米以光州、固始、信阳、罗山等处为最多，郑州、辉县两属，其大米为河南特别嘉品"①。据《河南新志》记载，本省农作物主要有稻、麦、高粱、豆类、薯。② 表1—3是北京政府期间河南主要农作物统计表。

表1—3　北京政府时期河南各种主要粮食作物统计表

项目	1914年			1915年			1916年			1918年			1924～1929年		
名称	面积	产量	产额	面积	产量	产额	面积	产量	产额	面积	产量	产额	面积	产量	产额
稻米	7538	～	56	7512	4563	56	4186	6353	140	6972	8603	112	3714	8066	235.5
小麦	8576	4170	45	8576	4185	45	—	—	—	—	—	—	54885	74199	135
玉米	489	329	62	508	341	62	3086	1686	50	19715	43092	202	7953	11794	148
大麦	7980	5191	48	7989	4129	48	7799	12582	149	—	—	—	9564	14238	149
燕麦	139	71	48	141	73	48	1574	1015	59	7672	6932	83	198	290	146
高粱	7563	9006	109	7654	6434	78	7471	4145	51	—	—	—	14235	23470	165
谷子	～	—	—	—	—	—	—	—	—	87423	161667	171	17721	27897	157
糜子	～	—	—	—	—	—	—	—	—	—	—	—	—	—	—
甘薯	～	—	—	—	—	—	—	—	—	—	—	—	2016	28229	1430
豌豆	～	—	—	—	—	—	—	—	—	—	—	—	1669	2400	144
蚕豆	～	—	—	—	—	—	—	—	—	—	—	—	4181	5074	121

说明：1.单位，面积：千市亩；产量：千市担；产额：市斤/每亩。2.原资料有疑问的数字本表未列。

资料来源：许道夫：《中国近代农业生产及贸易统计资料》，第19～22页。

从表1—3来看，北京政府时期河南粮食作物种植中，以小麦、高粱、水稻、大麦4种作物为主，以1913年耕地面积114945千亩为标准计

---

① 全国农会联合会：《全国农会联合会第一次纪事》，1913年5月印行，第30页。

② 刘景向总纂：《河南新志》卷4，物产·农产，（上），第179～182页。

算①,4 种粮食 1914 年占总耕地面积的 27.5%,1915 年占 27.6%,1924~1929年占 71.7%。4 种主要粮食作物种植面积占农田面积的比例处于上升状态。粮食作物亩产量也在不断提高,如水稻民初只有 56 斤,提到 1920 年代后期的 235.5 斤;小麦由 45 斤提高到 135 斤,大麦由 48 斤提高到 149 斤,高粱由 109 斤提高到 165 斤。这些都说明北京政府时期河南农业有了一定程度的发展。

第二节 近代工矿业与手工业

一、北京政府时期河南工矿业

北京政府建立后,在晚清"新政"的基础上,继续采取鼓励发展实业的政策,北京政府颁布的有关工矿业的法规 20 余种,包括了关于工矿业的设立及其地位、工矿业的奖励、矿商资格、工矿业登记、商标等多个方面。② 这些法规对推动民国初年工矿业的发展有着一定的作用。

由于北京政府在政策上的引导,1912 年至 1926 年河南建立了一系列不同层次的近代工矿企业。有学者研究指出:"由于工商界人士的积极努力,并乘帝国主义忙于世界大战之机,新开办了不少企业,比民国建立前的企业总数增加了两倍。特别是全省较大的一批工矿企业,如孝义兵工厂和中原煤矿公司,豫丰、华新、成兴等纱厂,以及益丰、通丰面粉公司等等,都是这个期间开办的。"③可见,北京时期河南近代工矿业有了明显的发展。

北京政府棉纱厂主要有晚清成立的广益纱厂(在安阳),1919 年成立的成兴纱厂(在武陟),1920 年成立的豫丰纱厂(在郑州),1922 年成立的华新纱厂(在卫辉);织布业新乡有中益、鸿兴、振兴、华兴、新民、德

① 许道夫:《中国近代农业生产及贸易统计资料》,第 8 页。

② 徐建生:《民国时期经济政策的沿袭与变异(1912~1937)》,福建人民出版社 2006 年版,第 328 页。

③ 解学东:《试论民国时期河南工业经营发展的特点》,《史学月刊》1992 年第 1 期。

记、民生等7个棉布工厂。另有火柴、煤矿、纸烟、蛋粉等多个行业。① 据有关学者的研究，北京政府时期，河南工业共有15个行业，140家企业，其中纺织业(包括织布、纺纱、丝织)11家，占7.8%；制蛋业30家，占21.4%；火柴业10家(包括改组后的)，占7.1%；煤矿43家，占30.7%；面粉业13家，占9.3%；电业12家，占8.6%；机械5家，占3.6%；军工4家，占2.9%；其余打包业两家，烟草3家，印刷业3家，铁矿、医药、玻璃各1家，其他1家，占8.6%。② 说明近代河南工矿业有了一定的发展，但存在着行业发展不平衡，煤矿、制蛋、面粉、火柴、电业发展比较多，而其他行业发展比较少的状况。从工矿企业成立的时间来看，北京政府时期河南工矿业发展经历了两个高峰时期，第一个时期是在第一次世界大战期间和战争结束后两年，列强忙于欧战放松了对中国的经济侵略，使中国民族工业发展有较大的空间，就河南而言1914～1920年成立工矿企业71家，占1912～1927年成立的所有工矿企业的51.1%；第二个高峰期是1925～1926年，成立工矿企业26家，占18.7%。说明国际国内局势对近代河南工矿业的发展产生着深刻的影响。

在河南近代工矿业发展过程中，出现了规模较大的企业。如豫丰纱厂是一个规模比较大的纺纱企业，1919年筹建，1920年投产，固定资产有美造电机4座，共3500kW，纱锭56448枚，织布机234台，国产紧线机5600锭，按装机先后顺序分为一、二、三、四、五个纺纱工厂和一个织布工厂，附设有发电厂1座和1个造纸厂；共有员工4170人，其中男工1270人，女工2900人，日产从棉纱120包。③ 另外小企业开始走联合经营的道路，组建企业集团，1915年组建的中原煤矿公司就是由中州、豫

① 《豫省各项工业概况》，《中行月刊》第5卷第5期，1932年11月出版，第119～121页。

② 根据徐有礼、程淑英：《一九〇二年至一九三五年河南工矿企业资料》(《河南文史资料》2002年第2辑(总第74辑)，第4～19页)、王天奖：《清末至民国年间河南民族资本主义工矿企业》(《河南文史资料》2001年第3辑(总第79辑)，第173～188页)有关统计计算。

③ 张名金：《郑州第二棉纺织厂》，《郑州文史资料》第16辑，1994年，第121页。

泰、明德3家公司联合起来的煤矿集团。[①] 这些企业逐渐形成了河南工业中的龙头,为纺织、煤炭工业的发展奠定了基础。

河南近代工业经营方式出现了现代企业组织形式。公司制度是晚清时期引入中国,北京政府时期进一步规范了公司制度,1914年颁布了《公司条例》和《公司保息条例》,推动了我国公司制度的发展。因此,民国初年河南建立的一些工矿企业也采取了公司制度。如华新纺织厂由周学熙、陈光远、田中玉等创办,1915年筹建,1916年获得农商部批准华新纺织股份公司正式成立,股本为银币1000万元,其中四成由政府拨款(为官股),六成为商人集资(为商股)。股份以银币100元为1股,共计10万股,以最先收入之商股300万元为优先股,每10股加红股1股,其余为普通股,均自交款之次日计息,所有股份正利均常年8厘。[②] 豫丰和记纱厂,由著名实业家穆藕初集资创办,初有纱锭51400余枚,1926年添5000枚,织布机201台,规定原资本为300万两,分作6万股,每股银50两。[③] 另外,新华纺织厂[④]、开封宏豫铁矿公司、中原公司等均属股份制企业[⑤]。股份制度的引入是河南近代企业制度的一大变革。

河南还出现了中外合资的企业。1919年,日商与华商合资开办了新乡通丰机器面粉公司,资本额为100万元,有大小引擎4部,共355马力,各种机械69台,男女职工230名,日产面粉5000袋[⑥],是当时河南省最大的面粉企业。1915年,通过谈判,英福公司与中原公司合资建立了福中公司,也是一个合资企业。

根据北京政府颁布的《商标法》,河南少数有影响的工业产品进行了

---

① 胡荣铨:《中国煤矿》,商务印书馆1935年版,第324～327页。

② 李福辰:《河南省华新棉纺织厂的创建》,《卫辉文史资料》第3辑,1991年印行,第53页。

③ 本会统计室:《全国棉纺织厂调查报告》,《棉业月刊》第1卷第7期,1937年7月。

④ 《农商部布告第三号》(1919年4月29日),《政府公报》第1164号,1919年5月2日,第270页。

⑤ 《宏豫铁矿公司收股展期广告》、《中原公司董事会启事》,《政府公报》第1069号,1919年1月14日,第720页。

⑥ 刘世永、解学东主编:《河南近代经济》,第24页。

注册登记。如孟津的裕源机器公司发明的“弹花机价六十两，纺纱机十四两至三十五两，行销直隶、山东，此项机器已在农商部注册，不准仿制”①。该产品在1915年3月于美国旧金山举办的万国博览会上获奖②，为河南赢得了声誉。

北京政府时期，随着工矿业的兴起，河南铁路沿线还出现了一些新兴工业城市。郑州本是豫中一普通小县，两铁路兴建后显示出了其巨大的区位地理优势，“地滨黄河，又居平汉与汴洛两铁路之焦点，故为全省产棉最大之集散市场”③。1920年代，郑州已经发展成为河南工业、金融和商业中心。焦作是因煤矿而兴起的工业城市。焦作原为修武县西部一个偏僻的村庄，自英福公司在焦作开设煤矿和道清铁路建成通车后，“地利开发，工商发达，与时俱进，俨然为豫省西北之重镇”④。新乡不仅是煤的集散地，还设立了一些近代工矿企业。“车站旁之煤栈商人，凡四十余家，由福中公司运来，于此分发。祥记公司资本二万元，规模较大；宏豫铁矿公司，资本四十万元，最为雄厚；通丰机械面粉公司，资本五万元；新华火柴公司，资本六万元；蛋厂五家，资本皆五万元以上。”⑤洛阳古城也是拥有机械、食品、煤炭、电业、纺织、火柴等行业的工业城市。

二、平民工厂

民国初年，大开兴办实业之风气，不仅商人热心创办实业，地方政府也在创办实业方面做出了努力，各县相继开办平民工厂，如1915年，临颍县知事陈俊主持开办贫民工厂，建厂房20间，购置木制织布机10余张，招收徒工30名，学习织平布、毛巾。⑥ 有的县平民工厂由慈善机构

---

① 林传甲：《大中华河南省地理志》，第238页。

② 陆衣波：《“巴拿马万国赛会”获奖者——秀才实业家梁子期先生》，《孟津文史资料》第1辑，1987年印行，第43页。

③ 周志骅：《中国重要商品》，上海华通书局1931年版，第8页。

④ 道清铁路管理局总务处文书课：《道清铁路旅行指南》，1933年印行，第74页。

⑤ 林传甲：《大中华河南省地理志》，第200页。

⑥ 临颍县史志编纂委员会：《临颍县志》，中州古籍出版社1996年版，第374页。

所办,如1914年,虞城县慈善局在县城开办“民生工厂”,生产棉布、毛巾、毛毯等。① 有的工厂始于传教组织,如民国初年,英国“中华圣公会”在永城县城开办保罗织布厂,“经理王少卿,工人四五十名,机器系鲁产脚踏铁机,用日、英产洋纱,日产布30匹,毛巾30打,制服若干。后改为平民工厂”②。

民国初期,由于政府倡导,河南各地开始筹办平民工厂。北京政府时期,河南平民工厂以1920年为界大致经历了两个阶段。如有调查所言:“各县于民国元年设平民工厂,实其萌芽。民国六年,实业厅成立,故推行较易。历任厅长,如曹宝江、陈善同等,均积极催办,雷厉风行,故大有一日千里之势。各县成立者,共七十余处。”可见,北京政府时期河南大多数县设立了平民工厂。1920年由于北方大旱,“豫北旱魃为灾,豫北各县工厂乃悉数倒闭,而豫东、豫南、豫西,相继倒闭者亦甚多”③。1925年,冯玉祥国民军再次占据河南后,在开封设立惠民工厂,有铁机30张,毛巾机30张,工徒百余人。④使河南平民工厂再度兴起,“民十六年革命军到豫后,提倡工业,不遗余力,各县工厂勃然复起”⑤。

河南平民工厂规模都比较小,设备、资本、产量、从业工人都不足。生产方式是半手工业半机器,资本最多不过数千元,少者仅有100余元;产品以织布、袜子、带子为主,产量也较低,以布匹为例,月产量超过100匹的极少,且产品比较粗劣。如陈留“有织毛巾、爱国布、纺纱等工厂,均系小本营业,出品不堪精良。因之销路未广,往往亏折本金”⑥。泌阳的官设织布工厂“资本未充,仅织花素爱国布、毛巾”⑦,品种和产量都十分

① 虞城县志编纂委员会:《虞城县志》,三联书店1991年版,第204页。

② 永城县地方史志编纂委员会:《永城县志》,新华出版社1991年版,第165页。

③ 《豫省各项工业概况》,《中行月刊》第5卷第5期,1932年11月出版,第120页。

④ 《开封市工商业调查统计汇编》,1951年元旦出版,第37页。

⑤ 《豫省各项工业概况》,《中行月刊》第5卷第5期,1932年11月出版,第120页。

⑥ 林传甲:《大中华河南省地理志》,第108页。

⑦ 林传甲:《大中华河南省地理志》,第278页。

有限。部分官营平民工厂经营不善而亏本，如正阳“平民工厂为地方公款设立，但贫民多而工厂少，经理者素无工商经验，动辄亏本。徒征集捐款，重富民之负担，绅士不免责言，往往工作品价目、成本昂于洋货”①。一些工厂因资本不足而停业，如“民国以来，始有组织，然人才缺乏，如裕民工厂，五年成立，设在东关，资本钱三百千；华严惠民工厂，十年成立，设在城内红堂，资本系佛教会工账余款资本一千三百三十五元，钱一百千，由邑令梁友庚呈请该会开办，均以资本消耗先后停止”。对于汜水官办工厂的停业，时人评论说：“独于工厂工业由官府提倡，委绅经营者恒一蹶弗振，何公德不如私德之盛乎？”②这些都说明平民工厂的设立并没有实现设立者的初衷。

三、手工业

北京政府时期河南各地都有手工业，产品繁多，主要有土布、丝绸、瓷器、竹器、漆器、编织、皮革、农具、日用品、酿造以及农产品加工等。各县都有一些具有地域特色的手工业，如杞县手工业以丝绸、丝带、竹布、花布以及牛马皮革为主。③ 密县产密绸，“民间养山蚕，取丝织就。较鲁山绸略见纯熟，价亦较昂，外人有以作西服者”④。柘城“以农产制造为大宗，乡间居民皆能纺织，因而出布特盛。钞丝厂城市、集镇皆有之，因而出丝尤夥，每年由德元、协广、昇顺等各丝行运售于外境之丝，价值约二十万元。其余酿酒、制烟者甚多，惟工业皆用人力，不知进步，商人不能合资共进也”⑤。淮阳“城外南北各乡间有织蒲席、编蒲包、编草席、编蒲扇以为生活者”⑥。安阳出粗瓷，“各家土窑，制成粗具，售之直晋，岁获四五十万元”⑦。洛宁的手工业主要是农副产品加工业，“有麻油，油

① 林传甲：《大中华河南省地理志》，第296页。

② 田金祺修，赵东阶、张登云纂：《汜水县志》卷7，实业志，1928年上海世界书局铅印本。

③ 林传甲：《大中华河南省地理志》，第110页。

④ 林传甲：《大中华河南省地理志》，第125页。

⑤ 林传甲：《大中华河南省地理志》，第146页。

⑥ 林传甲：《大中华河南省地理志》，第148页。

⑦ 林传甲：《大中华河南省地理志》，第186页。

坊规模甚小;其次为麻绳,资本尤薄;惟竹器颇精,各式竹篓作工[原文为工作]甚细,小鸟笼、虫笼亦运销洛阳等处,大抵小本经营"①。郏县手工业以石槽为大宗,另县西产布匹、县东产苇席。② 南阳盛产柞蚕,因此丝绸为手工业大宗,"城关织绸机三百余家,山绸工厂数十家"③。南召也生产柞蚕,"养蚕之家居十六七,能自制丝,无特别工厂,丝绸商号以李青店为最,次留山,次白土岗。商号之大者,有男女工二百余名。家丝本地可销,山绸之大销场则为恰克图及上海"④。又据1921年统计,南召全县年产丝20余万公斤,占全省65万公斤的30.09%。有机坊近3000家,织绸机4550张,其中70%生产二六绸,次为二二绸和一六绸,年产量达20201米。⑤ 新野"农产制造物有信成、协成、恒太、同心各油坊"⑥。汝南的手工业以制铁和粮食加工为主,1912年,全县有铁匠60户,从业人员220余人;铸造业8户,从业人员130余人;粮油加工作坊49户,从业人员216人。⑦ 由此可以看出,北京政府时期河南各地的手工业生产比较普遍,手工业部门涵盖的门类比较广泛,各县都有一些具有一定特色的手工业,甚至成为本县经济的支柱,如荥阳的草辫业、南阳的丝织业等。

河南一些手工业产品还参加了1915年2月在美国旧金山市举办的"巴拿马太平洋万国博览会"。沁阳出产陶器十分精良,"巴拿马赛会时,该窑主张君曾捐输鼎瓦瓶,皆异常精致,获有银质奖章"⑧。参展此博览

---

① 林传甲:《大中华河南省地理志》,第244页。

② 林传甲:《大中华河南省地理志》,第262页。

③ 林传甲:《大中华河南省地理志》,第270页。

④ 林传甲:《大中华河南省地理志》,第272页。

⑤ 南召县史志编纂委员会:《南召县志》,中州古籍出版社1995年版,第31页。

⑥ 林传甲:《大中华河南省地理志》,第286页。

⑦ 汝南县地方史志编纂委员会:《汝南县志》,中州古籍出版社1997年版,第412页。

⑧ 林传甲:《大中华河南省地理志》,第216页(原书页码错标为126页)。

会的手工业产品还有南召县的上等山丝绸和次等山丝绸①，汝南的彩色纺织提包、彩编童帽、彩编枕头②，光山的土产蓝白交织的柳条花布③，反映出民国初年河南省工业已经与世界市场有了较强的联系，河南的手工业产品开始走进了世界市场。

河南的手工业经营形式主要有两种：一种是家庭内经营，一种是工厂、作坊经营。家庭内经营的手工业主要在农村，以纺织、编制、酿造为主，如西华“工人有善制线毯、床毯、桌毡者，不堪发达，农产制造如造酱、造油，多以农隙为之”④。项城“农产制造，农隙为之……酪醯酒、粉条、麻油、谷糖等物皆裨日用”⑤。获嘉农村“妇女皆能织布，销于山西泽潞一带”⑥。滑县“各集镇之买卖本布极多，皆出于乡村妇女之手，并无工厂公司等名目”⑦。新野“乡农于农隙时大半织布，及工作头绳、腿带者，亦复不少。妇女力作刺绣品，亦精致”⑧。临颍手工业以生产土布为主，遍及城乡，“城东的黄土岗上农村最多，不仅妇女纺织花布，男子在农闲也织布，组织有织布机坊，城东无里头、七里头、十里头、双庙、上坡庙、中岳庙……等村都有织布机坊”⑨。鹿邑农闲时间，妇女多从事草帽辫，“岁输七八十万斤”⑩。上蔡手工业以家庭织布业为主，“普通之过也莫如妇女纺织与缝纫……今则市廛间之布缕仍为妇女之手工”。其次，农副产品加工是最主要的家庭副业，“有以绿豆、或豌豆、或红芋制为粉条、粉皮或粉面以出售，以粉渣养牛马，可省饲畜之料，故农人兢为之；有以

① 南召县史志编纂委员会：《南召县志》，中州古籍出版社1995年版，第29页。

② 汝南县地方史志编纂委员会：《汝南县志》，第412页。

③ 光山县税务局税务志编辑室：《光山县税务志》，内部发行1986年，第7页。

④ 林传甲：《大中华河南省地理志》，第152页。

⑤ 林传甲：《大中华河南省地理志》，第154页。

⑥ 林传甲：《大中华河南省地理志》，第202页。

⑦ 林传甲：《大中华河南省地理志》，第212页。

⑧ 林传甲：《大中华河南省地理志》，第286页。

⑨ 阎理之：《从颍布颍绸谈到竹木柳金铁》，《漯河文史资料》第5辑，1993年印行，第90页。

⑩ 时经训：《河南地志》，商务印书馆出版年不详，第80页。

造糖为业者,以谷子、大麦制为饴糖及糖稀,平时出售,至年终则制龟糖,家家必备,故销售甚多,且可以糖渣喂猪,亦大利也;其余造油者甚多,惟需资本较大,故不若粉、糖业普及;其他农村副业,编造业亦盛行,多于农隙编造篮筐等物,或以竹为之,或以白蜡条,如朱里店东北一带村庄平素隙地种白蜡木,至冬刈其条编为粪筐粪篮等物,甚耐用"①。家庭作坊经营手工业在河南比较普遍,各县不同程度都有。从上述资料来看,这时期河南家庭手工业与市场有了紧密的联系。

民国建立后,河南各地兴起了手工业工厂,以工厂的方式经营手工业。如新安县第三区"梁庄村旧有铸铁车轮、铧、大垆、钟、鼎等铁工厂,购铁制器颇为发达,行销于孟、洛、陕等处"。第四区西北山中每年"开设铸犁面厂者……每于冬初始业,于来年春仲歇业,以夏季不便工作也。每厂一所需工人三十名左右,一日夜需矿炭各万斤左右,每个犁面成本约需银二角五分左右,可售三角左右"②。与家庭手工业和各县官办平民工厂比较,商办手工业规模一般比较大,除了少数外,资本大都在1000元以上,产额也比较高。部分手工业工厂的产品在社会上有良好的声誉,如汜水县的新文工厂生产的粉笔"销路甚广,曾经教育部门审定适用,财政部特予免税,福建省长直隶实业观摩会各给奖状"③。以工厂方式经营手工业是民国以来河南市镇手工业发展的主要趋势。

四、列强在河南设立的工厂

(一)英福公司

英福公司(Peking Syndicate)成立于1896年,在英国注册,股本2万英镑。光绪二十四年(1898年)福公司与皮包公司"豫丰公司"签订了《河南开矿制铁以及转运各色矿产章程》,通过该章程,福公司取得了在河南的采矿权。④ 为了运输煤炭,福公司于1903年开始修建铁路,1905

---

① 翟爱之纂修:《重修上蔡县志》卷7,实业志,工业。

② 李庚白、李希白纂:《新安县志》卷7,实业,工业,1938年石印本。

③ 田金祺修,赵东阶、张登云纂:《汜水县志》卷7,实业志。

④ 汪敬虞主编:《中国近代经济史(1895～1927)》上册,人民出版社2000年版,第613～614页。

年道口码头至柏山之干路及游家坟至新乡站的支路一并竣工，长 146 公里，1906 年展修至清华镇。道清铁路全线贯通，长 150 公里。①

福公司修筑道清铁路的目的是为了运输焦作地区的煤。1906 年至 1915 年，道清铁路的煤炭运输完全由福公司所垄断②，附近民营煤窑如李河、常口、柏山等地的小煤窑也通过道清铁路运出。民国以来，福公司与附近民营煤矿冲突不断。按照最初划定的界限，福公司开采范围分红黄两界，“黄界面积六十方里，红界面积一百二十(方)里。规定先开黄界，于煤尽后，呈请另给开采凭单，续开红界……至民国二年间，该公司复要求红界开采凭单，并于是年秋与附近之中州煤矿公司，发生争界问题”③。又有文献记载：“福公司总理堪睿克，以中州公司之产煤富饶，而又昌利行销，心甚嫉妒，思设法倾陷，遂电请北京英使馆，电阻道清铁路总局，禁载桐树沟中州公司及各民窑运出之煤斤，车务处总管英人巴白，遂有谢绝华煤之宣示。一时沁修两县人民，以矿业为生者，闻此恶耗，无不痛心疾首，争相号召，思起而为福公司为难。”④为了打压河南民营煤矿，福公司经过外交途径停止了道清铁路对民营煤矿中州、豫泰、明德 3 公司原煤的运输。在双方冲突不断升级的情况下，河南省都督张镇芳派胡石青、王敬芳前往北京与福公司代表会商解决。为了与福公司争利原来民营的中州、明德、豫泰三个煤矿公司合并，成立“中原煤矿股份有限公司”，股本除原 3 公司以财产做股之外，另由河南省政府指拨地方某项税收充作公司部分股份。⑤ 中原煤矿公司既有商股又有官股，是一个官商合营的企业。

---

① 岁有生、张雷：《论道清铁路对沿线社会经济的影响》，《华北水利水电学院学报》(社科版)2005 年第 3 期。

② 孙樾崎：《中福煤矿的坎坷道路》，《焦作文史资料》第 3 辑，1991 年 12 月，第 62 页。

③ 杨训渠：《河南中福两公司合资之经过》，《河南政治》第 3 卷第 7 期，1933 年 8 月。

④ 李文浩：《河南中原煤矿公司之过去现在与将来》，《河南中原煤矿公司汇刊》第 1 期，1931 年 2 月 1 日出版。

⑤ 许继彬：《焦作中福煤矿简史》，《河南文史资料》1992 年第 1 辑(总第 16 辑)，第 57 页。

从1913年12月至1914年3月,双方商谈会议40余次,双方签订了草合同43条,正合同7条。一是将福公司“原订合同,及售煤专条,作为取消”;二是1915年6月将中原公司与福公司“合组一福中公司,采分产合销制,以泯竞争”①。即两公司分别划定矿区进行开采,所产煤炭交由福中公司统一销售。因此,福中公司不过是中原、福公司的专销机构,其主要职能是按比例销售中原、福公司的煤炭。经过这次谈判,双方均获得了很大的利益,煤产量都有一定程度的提高。但福公司在开采过程中,不断强占民窑,侵害当地民众,使其利益获得最大化。

根据《议结英商福公司矿务交涉草合同》第10条规定:“福公司矿界内如有现开之民窑,得仍旧继续开采,但旧有之窑已停闭者,窑主应请福公司公平给价收买;如福公司不愿收买时,窑主得自由重开。”②但是,1922年,英福公司将博爱县李封村旧民窑136井强行占据,其中给价收买者仅38井,“尚多非直接买自窑主”,其余98井,“并未给价收买”③,属于强占。福公司强占和强买行为践踏了《议结英商福公司矿务交涉草合同》以及《议结英商福公司矿务交涉正合同》的相关内容,构成了对国家矿权的破坏。正如时人所言:福公司“变本加厉,较前更烈,豫人闻讯之下,莫不痛心疾首,愿与偕亡。乃该公司犹贪心未已,即此不平等条约中些许有利于我方者,百法推诿,不肯履行。甚且为轨外行动,蔑视我国法,苛虐我人民”④。福公司的经济掠夺引起了河南人民的不满。加之福公司一切重要职员均为外国人,“上自总工程师,下至侍役,无不贪污舞弊。工头包工,工匠欲进厂作工,均须先纳若干贿赂,例如开高车工人每月工资不足10元,欲进工厂作工,必须先纳数十元于外人,然伊辈又转向包工头敲诈,否则提煤时故意延碍,而包工实则又压榨工人之血汗

① 李文浩:《河南中原煤矿公司之过去现在与将来》,《河南中原煤矿公司汇刊》第1期,1931年2月1日出版。

② 李文浩:《河南中原煤矿公司之过去现在与将来》,《河南中原煤矿公司汇刊》第1期,1931年2月1日出版。

③ 杨训渠:《河南中福两公司合资之经过》,《河南政治》第3卷第7期,1933年8月。

④ 杨训渠:《河南中福两公司合资之经过》,《河南政治》第3卷第7期,1933年8月。

以自肥”①。外商、包工头的压迫，工人对此积怨很深。

1925年5月，上海爆发了五卅运动，消息传到河南后，河南各地也掀起了反帝爱国运动。在五卅运动的影响下，7月6日，焦作英商雇用的厨师、花工、翻译、女佣等200余人，一律罢工。8日，福公司焦作煤矿数千人实行总罢工，提出了“打到英帝国主义”、“废除不平等条约”、“收回福公司矿权”等口号。② 因此，五卅运动成为福公司工人反对剥削的导火线，如时人所言：“五卅惨案发生，于是工人十余年之积怨一泻不可复制，乃全体罢工一年余。”③冯玉祥的国民军占领河南后，福公司人“闻风而逃”，福公司随之停产。随着福公司因工人罢工和国民军进豫而停产，原来统一销售煤炭的“福中总公司”也随之解体。

（二）英美烟公司

英美烟公司成立于1902年，总行设立于英国伦敦和美国纽约。主要从事“烟草种植和烟草、雪茄、卷烟、鼻烟的制造、销售业务，以及任何从这些商品产生的或与之有关的任何业务”；“在任何地方，建立、维护或改建任何工厂、烘房、烤房、仓库、堆栈，或为继续进行业务用的，或用于与公司业务有关的一切建筑”④。该公司一建立，就开始拓展海外市场。从1902年开始，经过30年的经营，逐渐垄断了中国的烟草市场。据1932年估计，华商烟公司60家的总资本是1546万元，英美烟公司一家的资本有3600磅，合国币1亿元左右。在汉口、天津、青岛、沈阳、香港等地都有它的分厂和分公司。英美烟托拉斯在中国卷烟业中已占着垄断地位。⑤

英美烟公司涉足河南是从种植烟草开始的，前文已有论述。为了转

① 陈真、姚洛等：《中国近代工业史料》第2辑，生活·读书·新知三联书店1958年版，第189页。

② 许继彬：《焦作中福煤矿简史》，《河南文史资料》第16辑，第59页；聂长宏：《许昌烟草简述》，《许昌文史资料》第7辑，第2页。

③ 陈真、姚洛等：《中国近代工业史料》第2辑，第189页。

④ 上海社会科学院经济研究所：《英美烟公司在华企业资料汇编》第1册，第3页。

⑤ 希超：《英美烟公司对于中国国民经济的侵蚀》，中国经济情报社编：《中国经济论文集》，生活书店1934年版，第92～93页。

运收购的烟叶,英美烟公司在许昌公兴存转运公司设立了中转仓库,并委托该公司为其大量收购烟叶。1917年,英美烟公司委托任伯彦以"永安堂"的名义在许昌城西、京汉铁路东侧购买土地近百亩,建立"英美烟公司许昌收购站"、烤烟厂。① 1920年建成了烤烟厂,有复烤设备2座,每月复烤能力为4032000磅。② 表1—4是北京政府时期英美烟公司在河南收购烟草数量统计表。

表1—4 1918～1925年英美烟公司在河南烟草收购统计表 单位:磅

年份	1918年	1919年	1920年	1921年	1922年	1923年	1924年	1925年
数量	1940383	7578819	14330545	8305574	5598178	9468246	23508736	7635690
指数	100	390.6	738.5	428.0	288.5	488.0	1211.6	393.5

资料来源:陈真、姚洛等合编:《中国近代工业史资料》第2辑,第123页。指数为笔者计算,以1918年为100。

从表1—4来看,英美烟公司在许昌建立收购站和烤烟厂后,其收购量比以前有了很大的增加。

英美烟公司在河南建立收购站和复烤厂后,采取各种手段打击华商南洋兄弟烟公司。随着许昌烟草种植的扩大,1920年南洋兄弟烟草公司在许昌建立了烟厂,收购和复烤烟叶。③ 英美烟公司"凭借自己雄厚的财力,采用提高烟叶收购价的办法,妄图一举把南洋公司挤垮"。1922年烟叶收购季节,双方又展开了价格大战,市场上的烟价从每斤0.2元(银元)提高到0.5元。经过这样的竞价,加之英美烟公司通过最惠国待遇等特权和贿赂地方士绅,南洋烟公司最终被挤垮,1925年,英美烟公司垄断了许昌烤烟市场。在挤垮了南洋公司后,一是"把原来的加一大磅改成了加二五大磅,即把11斤只能称100斤的大磅改成125斤才能称100斤的大磅。再加上他们以扣除水分为名,每100斤按90斤付款,农民卖100斤烟还得不到70斤烟的钱"。二是采取拖延收购办法,迫使

① 包书亮:《英美烟公司对许昌烟市的垄断及烟行街的形成》,《许昌文史资料》第7辑,第241页。

② 陈真、姚洛等:《中国近代工业史料》第2辑,第123页。

③ 中国科学院上海经济研究所:《南洋兄弟烟草公司史料》,上海人民出版社1960年版,第196页。

农民贱价卖烟。1926年新烟上市，英美烟公司迟迟不予收购。“不少烟农由于把地都种成了烟，没有种粮，是依靠卖烟买粮度日，这时烟卖不出，只好困苦待毙。直到严冬，英美公司才贴出告示，宣布开磅收烟……英美烟公司把烟价杀得更低，上等烟跌到8分钱，下等烟只给3分钱。烟农个个有苦难言，有的烟农看着一年辛苦的劳动果实还不如一捆草，值不了一顿饭钱，干脆扔掉烟捆，愤愤而去。不少烟农被逼得家破人亡，妻离子散。”①

英美烟公司对工人的剥削是很残酷的。许昌烤烟厂是“劳动强度最高，工时最长，工资最低的殖民企业。工人每天劳动都在10个小时以上，中间也不许休息，工资却低得可怜。重体力劳动的打包工人，每天只有1角钱的工资（可买5斤小麦），拣烟叶的工人每天最多可拿7分钱，一般只能拿5分钱”。工厂里的女工受到更残酷的压迫和剥削，一些女工遭到工头、监工的打骂甚至奸污，她们一旦患病就被赶出工厂，一些女工怀孕后怕被辞工，就用布条勒紧腹部。英美烟公司还大量使用童工，全厂工人近千人，童工就有三四百人，大多是十一二岁的孩子，他们干的工种、工时和大人一样，却只拿大人工资的一半。②

由于英美烟公司对农民、对工人残酷地剥削，引起了当地民众的愤恨。1920年英美烟公司工人举行了第一次罢工，提出增加工资，“烟公司考虑到自己的利益，不得不答应工人要求，每人增加工资二分”。同年冬天，工人举行了第二次全体大罢工，当时英美烟公司与南洋公司竞争正激烈，“所以答应了工人们的要求，同意增加工资两角”③。1927年4、5月份，北伐军逼近许昌时，英美烟公司的外国人离开许昌逃到上海。在北伐军的支持下，许昌工农各界群众包围了英美烟公司，并将“四十八间大仓库存放的烟包放火焚烧了，一直烧了四十多天”，英美烟公司的房

---

① 包书亮：《英美烟公司对许昌烟市的垄断及烟行街的形成》，《许昌文史资料》第7辑，第241～242页。

② 杨恒珊：《许昌人民遭受英美烟公司盘剥二三事》，《许昌文史资料》第7辑，第209页。

③ 李耕五：《许昌英美烟公司与许昌烟区》，《河南文史资料》第13辑，1985年印行，第147页。

屋、家具、器材全部化为灰烬①,英美烟公司在许昌受到重创,也使民族烟草业的发展获得了空间。

第三节 商业与市场变迁

一、商业政策与商人组织

中国传统社会的商人组织主要是行会,一般都是以"会馆"来命名,是利用地域观念把商埠中的同乡商人联合起来,凡是商业繁荣之地都有会馆,以会馆为核心形成了一些行会组织或商帮组织。如南阳有铁货、木铁、时货(百货)、丝绸等帮。经营铁货的大部分是怀庆(今沁阳)人,称为怀邦。杂货帮在东关设有办公机构,这里有大王庙,每年农历九月初一,唱戏3天,全体帮会成员聚餐活动。丝绸行与丝绸作坊有150余家,常设机构在南关三皇庙内,农历九月十九日唱戏。② 同一省、府或县域的商人,在外地建立的会馆以省、府或县名命名,如汜水商人在开封建的会馆称"汜水会馆",是清时汜水商人在开封南京巷"集资购地基三亩余,民国三年春建筑正院瓦房十二间,后院瓦房五十间,为邑人会集公所"③。说明传统商人建立的会馆在民国时期仍然发挥着原来的作用。

商会制度创设于晚清时期。近代以来,随着西方文化的传播,西方商人的组织形式也传入中国,晚清新政中要求各级地方官员组织商会,打破了原来"会馆"的地域观念,商会逐渐成为新的商人团体。北京政府时期,河南省会及商务比较发达的地方设立商务总会或商会。"开封省会及郑州商埠与商水县周口镇,各有总商会一处,其余各县以设一分会者居多。亦有因外镇商务较县城繁盛,一县设至数处。如淮阳县城内及水寨二处;郾城县城内及漯河、五沟营、车站共四处;浚县城内及道口镇

① 李耕五:《许昌英美烟公司与许昌烟区》,《河南文史资料》第13辑,第145页。

② 王炳申:《南阳解放前的行帮与商会会长》,《南阳文史资料》第5辑,1989年印行,第1页。

③ 田金祺修,赵东阶、张登云纂:《汜水县志》卷2,实业,汜水会馆。

二处；淅川县城内及荆紫关、李关桥三处；确山县城内及驻马店二处。”①商会可以分为三个层次，在商业都市设商务总会，如开封、郑州、周家口（今周口市）等，在县城设商会或商务分会，在商业比较繁荣的市镇也设立商会。民国时期，河南各地商会大多是在晚清商会的基础上改革、沿袭下来的。如太康商会“创于清宣统二年，原名商务会，至民国改为商会，其组织有会长、会员、文牍、会计、董事会、商事公断处，经费由会员捐助”②。也有部分商会创办于民国初期，如林县“商会成立于民国三年，注册农工商部，以南关山西会馆为会址，正副会长各一人，无常年经费，皆名誉职。自民国十七年始，会长以下所有开支由商人摊派”③。自晚清“商会”作为新政的一部分产生以来，到北京政府时期，河南省会、商埠、县城和较大的市镇均有商会设立。

民国时期的商会多由政府出面建立，会长主要是那些有功名的前清绅士或商人充任，具有半官方的性质。洛阳商会成立于1907年，1914年县政府委任原候补道台张豪主持商会。商会有会长、委员、办事人员，并设有商警。④ 新野商会成立于1912年，由县知事刘文祥兼任会长，部分行业各自经营。⑤ 民国初期，临颍商会会长为和泰昌的老板李锡爵，是临颍县城首屈一指的杂货店，资本雄厚，五间门面，兼营铁货、糕点、酱园等；1919年任商会会长的是粮行老板李佐卿；1923年会长是永顺祥染坊老板耿元三。商会下按行业分同业公会，如杂货同业公会、京货同业公会等。⑥ 南阳商会1917年成立，第一任会长杨松岑，开设有瑞丰酿酒厂和1个小煤窑，资本约7000元；第二任商会会长谢章甫，曾任商水县长，卸任后开了裕发恒杂货店，资本约5000银元；第三任、第四任商会会

① 刘景向总纂：《河南新志》卷5，实业，商业，上册，第271页。

② 林鸿宾修，刘盼遂纂：《太康县志》卷3，政务志，商业，1933年铅印本。

③ 王泽溥修，李见全纂：《林县志》卷4，民政。

④ 董纯熙：《洛阳商会概述》，《洛阳文史资料》第15辑，第41～42页。

⑤ 陶连生：《新野商会及商业片段》，《新野文史资料》第7辑，1991年印行，第69页。

⑥ 阎理之：《清末、民国时期的临颍商会》，《漯河文史资料》第5辑，第95页。

长均为绸缎庄商人。①

商会的职责是管理商务以及处理商人与商人、商人与政府之间的关系。1920年内黄县楚旺镇商会建立,下设文书、会计、行政等,会址在原山陕会馆旧址,统管全镇商业布局、入户注册、远商洽谈、商户纠葛。②滑县商务分会在城乡商号每行设有董事、评议和查账员。③阌乡县商务会组织形式是"按年由各商家互推代表二人办理公益事件",商会无固定办公地址,谁当选为年度商界代表,"凡遇公益事项,即召集在该商号会议"④。完全是商人的民间组织。修武商会成立于1913年,主要"处理及调和全县商务事件"⑤。襄城商务会"民国三年成立,由商人组织团体,以联络商情,开通商智,发达商业,保护商权为宗旨"⑥。商会在税收等方面代表商会与政府交涉,如临颍商会代表商家与征收机关交涉,确定税额,分配给各同业公会,再分配给各商号。⑦ 有的商会还发行串票,如1920年代,"河南铜钱不敷使用,只有当二十文、十文制钱不足市场交易找零",新野出现了"门市冷落,经营萧条现象",于是商会"发行一串文及五百文钞票二十四万串,付诸市面流通"⑧。商会的作为,对稳定本地区商贸活动发挥了一定的作用。

二、乡村市场及其类型

集市和庙会都是中国传统市场的主要类型,北京政府时期的河南乡村市场主要由这两种类型构成。

---

① 王炳申:《南阳解放前的行帮与商会会长》,《南阳文史资料》第5辑,第2页。

② 刘静轩:《旧商会与工商业联合会》,《内黄文史资料》第3辑,1989年印行,第228~229页。

③ 马子宽修,王蒲園纂:《重修滑县志》实业志,商业,1932年铅印本。

④ 黄觉修,韩嘉会纂:《阌乡县志》实业,县商务会,1932年铅印本。

⑤ 萧国桢、蕉封桐:《修武县志》卷6,实业,实业表,1931年铅印本。

⑥ 李峰修,胡元学、刘文林纂:《重修襄城县志》卷18,实业志,农林工商矿。

⑦ 阎理之:《清末、民国时期的临颍商会》,《漯河文史资料》第5辑,第95页。

⑧ 陶连生:《新野商会及商业片段》,《新野文史资料》第7辑,第70页。

（一）集镇

集镇是中国乡村以定期举行交易为核心的商品流通网络。民国时期，市镇在河南各地普遍存在。安阳有集市42处，"各集市多以粮食、棉花、牲畜等物为交易大宗，其余百货杂陈，色色具备，亦为赴市者所取给焉。集期有间日逐日之分，逐日举行者，为城关集，向由四关轮替举行，由南关而东关、而北关、西关，周而复始。乡民计算集期，有甲子辰出南门，己酉丑东门口，寅午戌北门集，亥卯未西关会。四句口诀，流传已久"①。光山县"东乡之集十三，南乡之集二十一，西乡之集二十三，北乡之集二十六，共八十三集"②。长葛有集市20处。③ 淮阳县集市126处。④ 商水县集市36处。⑤ 汝南有集市22处。⑥ 鄢陵东部的半家集、张桥集，南部的马兰镇，"每年有农事古会，三月起，四月底止"，陶城、屯沟、望田等集"均为巨镇"，西部的陈化店、黄龙店、漆井集，北部的慕家寨、丁桥集、彭祖店"均为乡民交易之所"⑦。汜水县集市11处，县城为每日集，其余10处双日集、单日集各占半数。⑧ 荥阳集市14处，其中双日集6次，单日集8次。⑨ 上蔡有集镇45处。⑩ 从开市日期来看，大多数县城为"日日集"，其他集镇以隔日集为主，如鄢陵"在城日日集，余皆间日集，集之日附近居民持物交易"⑪。中牟有集市21处，其中县城、李

---

① 方策、王幼侨修，裴希度、董作宾纂：《续安阳县志》卷7，实业志，商业，1933年铅印本。

② 晏兆平编：《光山县志续稿》，市集，1936年铅印本。

③ 陈鸿畴修，刘盼遂纂：《长葛县志》卷2，镇集。

④ 郑康侯、朱撰卿：《淮阳县志》卷1，舆地上，集市，1934年铅印本。

⑤ 徐家璘修，杨凌阁纂：《商水县志》卷5，地理志，集镇，1918年刻本。

⑥ 陈伯嘉修，李成钧纂：《重修汝南县志》卷2，地理，县区较大集市，1938年石印本。

⑦ 林传甲：《大中华河南省地理志》，第118页。

⑧ 田金祺修，赵东阶、张登云纂：《汜水县志》卷2，建置，集镇。

⑨ 张县、张晨、张炘、卢以洽纂：《续荥阳县志》卷3，建置志，集镇，1914年铅印本。

⑩ 翟爱之纂修：《重修上蔡县志》卷3，建置志，集市。

⑪ 靳蓉镜、土介：《鄢陵县志》卷5，地理志，集会，1936年铅印本。

店口镇与韩庄集为“每日集”,间日集 15 处,其他 3 处。①

民国时期,河南的集市比以前有所增加,如西华县乾隆时期有集镇 36 处,民国时期增加到 47 处②,比原来增加 11 处。夏邑旧志记载有集市 19 处,民国时期新增集市 57 处。③ 民国时期河南的集市在数量上比晚清以前有了比较大的增加,有人推算 1644～1840 年河南有集市 2786 处,1841～1911 年有 3405 处,1912～1937 年达 4157 处。④ 可见,集市是河南农村最主要的交易市场。

“镇”是规模比较大的集市,是比集市高一级的市场,即“中心市场”,包括县城和市镇。1920 年代前后,河南的大多数县城既是专业市场,又是中转市场。如鄢陵县城居民 3 万人,“每年棉布、棉花、纱线市为各县冠,粮市如芝麻、黄米,地省商贩多来粜者”⑤。开封县城“居民万人,北门内花生行林立,蛋厂有豫丰等号,南门外煤炭、山货各厂,及转运公司在焉”⑥。该县城是花生集散市场和煤炭、山货的中转市场。滑县县城居民 2 万人,“有质库、银行、粮店、煤厂等商号,最便乡民交易。西门外马路通接道口,通铁道,负贩之往来,络绎不绝”⑦。鲁山县城居民 3 万人,“商务辐辏,山茧丝绸市,为全省中枢,外人争购之”,为河南山茧丝绸集散市场,“丝商有三晋川、长盛蔚、长顺水、通盛祥各行号,其零星丝商不下百余家。客商坐购,则有久成、大丰,茧成由各户自行缫丝,或由行商雇各机户制造”⑧。南召县城居民 14000 余人,“绸市、丝市足以流通金融;次布市、花、柴、硷,为城关特产,销路颇旺。东兴门外,商业繁盛,

① 萧德馨修,熊绍龙纂:《中牟县志》,镇集,1936 年石印本。

② 凌甲烺、吕应南修,张嘉谋纂:《西华县续志》卷 7,建设志,商业,1938 年铅印本。

③ 韩世勋、黎德芬:《夏邑县志》卷 1,地理志,集市,1920 年石印本。

④ 贾贵浩:《1895～1937 年河南集市研究》,河南大学硕士论文,2006 年,第 11 页。

⑤ 林传甲:《大中华河南省地理志》,第 118 页。

⑥ 林传甲:《大中华河南省地理志》,第 122 页。

⑦ 林传甲:《大中华河南省地理志》,第 212 页。

⑧ 林传甲:《大中华河南省地理志》,第 260 页。

杂货店占多数"①。邓县县城居民7000人，是烟草中转市场，"南关有烟行五六十家，佣钱五分，买客三分，卖客二分……钱店约二十家，兼棉花杂货"②。新野县城"每年豆市为大宗，平时麦米为附近诸县冠，棉布于秋冬时特盛"。该县城是农产品集散市场。西平县城居民7万人，是农产品及副业集散市场，"每年麻、豆、草帽市冠邻封，香油、棉布及鸡蛋市亦盛市，每行派一人或数人从中议价，交易公平"③。潢川县城位于豫鄂皖三省交界处，既是粮食专业市场，又是棉花的转运市场，"每年米市为各县冠，光、固大米，尤驰名全省。棉市北通许昌，南济武汉，每届秋令，车马辐辏。余如布市，当年徽皖贩运之客，络绎不绝"④。固始县城"商业机关有米行、麻行、布行、油行、斗行、竹木行及京货、药店，而钱业实操纵之。每岁秋成，神富用贱价收粮，以备外运。麻销汉口，岁三十万斤；豆运镇江，岁二万余石；米销颍、亳，岁四万余石；花生岁百万斤，分销各处"⑤。该县城是麻、豆、米、花生的中转市场。禹县城"东起和尚堂，西至大王庙，则为繁华闹市。期间银楼(金银首饰店)、钱庄、京广杂货、绸缎布匹、颜料(染料)、针织、酱菜副食、烟酒糖果、生熟药材、膏丹丸散、笔墨纸张等一应俱全。店铺鳞次栉比，人流熙攘往来。此时全县尚好约有一千余家，小商贩则难以数计"⑥。

新式交通的兴起对河南市场产生了很大的影响，如夏邑方志记载："邑人安土重迁，老死不出境外者，至梯山航海，奔竞商途者，得未曾有也。所谓商日中为市，交易而已，受物而鬻，贾术而已。今则铁路开通，交通利便，懋迁变化，月异而戚不同。"⑦许多县城因现代交通和工业的建立，市场结构发生了变化，除了传统商品如农副产品、手工业产品等外，发展起了第三产业，如旅馆、货栈、金融等行业。修武县城居民2万

---

① 林传甲：《大中华河南省地理志》，第272页。
② 林传甲：《大中华河南省地理志》，第282页。
③ 林传甲：《大中华河南省地理志》，第302页。
④ 林传甲：《大中华河南省地理志》，第310页。
⑤ 林传甲：《大中华河南省地理志》，第314页。
⑥ 禹州市志编纂委员会：《禹州市志》，中州古籍出版社1989年版，第454页。
⑦ 韩世勋、黎德芬：《夏邑县志》卷1，地理志，商业。

人,“平时米市最盛,布市次之。近因福中公司采运煤炭,而钱行形发达。”①该县因煤炭开采而发展起了金融资本。渑池县城居民3500人,“平时麦米市颇盛。南城之外,车站在焉,旅馆堆栈日盛”②。偃师县城以往“东西大道,商业数十家”,“铁路通后,生意较前发达”,商品主要来源也发生了变化,“洋纱贩自郑州,杂货贩洛阳,麦粉由火车来”③。新式交通业的出现改变了偃师的商品构成。确山“自铁道行驶,交通便利,富商大贾云集城关,贸迁有无,商业顿为发达”④,该县城因铁路兴建而成为集散市场。泌阳县城居民5000余人,“小麦、麻豆市甚盛,皮市、布棉市亦发达。近设街市清道工,修筑街道,清扫污秽,利于交通卫生者甚大”⑤。该县具有现代市镇建设和管理的初步理念。

明清时期兴起的著名市镇,民国初年仍然保持了往日的繁荣,如时人所言:“河南各市镇繁盛状况,每有超越县城之上者,多因其地势交通便于商务之发达。”⑥这些市镇大多交通便利,成为专业市镇,如浚县道口镇(1946年改属滑县)是明朝兴起的集市,乾隆年间日渐繁盛,光绪年间居民已达1754户,10300人,肉食、糕点、制鞋、铁木器加工等手工业作坊已有相当发展,同治年间就粮行颇多,是小麦集散地。民国时期,道口人口剧增至3万余人,不仅是手工业行业多,而且商业继续保持了往日的繁盛,仍然是粮食集散市场,有“金盛店”、“源隆店”、“同盛店”、“聚昌店”4大粮行,其他小粮行有40余家。酒店有“泰泉宫”、“荣茂文”、“庆成合”、“协全”等四大酒家,另有小商号30余家。⑦ 这些市镇从形成到民国时期一直担负着集散市场的地位,是河南对外贸易的主要港口。如道口镇“为天津卫河上游之销场,舟车交汇”;清化镇“为山西泽、潞货物所集地,且土沃民富,百工尚勤”;周家口“为镇江商品由运(河)入淮

① 林传甲:《大中华河南省地理志》,第222页。

② 林传甲:《大中华河南省地理志》,第248页。

③ 乔荣筠等:《偃师县风土志略》,市镇表,1934年石印本。

④ 张缙璜纂修:《确山县志》卷13,实业志,商业,1931年铅印本。

⑤ 林传甲:《大中华河南省地理志》,第278页。

⑥ 刘景向总纂:《河南省志》第3卷,商埠,繁盛市镇,第47页。

⑦ 徐怀民:《称道口为“小天津”的由来》,《滑县文史资料》第1辑,1986年,第60～67页。

(河)之集散场,分河南、河北、河西三部";赊旗镇"为汉口老河口货物上行之销路,今少衰,仍为附近各县集中地";荆紫关镇"为陕西汉中、兴安土产之出口,秦楚关键,街长二里,廛市殷阗";漯河湾"为汉口吸收中原农产之中心,芝麻甚丰"。① 这些明清时期兴起的市镇,即使在民国时期,仍然发挥着应有的作用。

(二)赛会与庙会

为了农业生产需要,或购买农具或购买粮食种子,或出售农产品,河南各地举办不同类型的赛会或庙会,进行商品交易,即贸易赛会或庙会。汤阴县除正月外,各月均有庙会,二月 20 处,三月 30 处,四月 19 处,五月 2 处,六月 10 处,七月 10 处,八月 4 处,十月 10 处,十一月、十二月各 1 处。② 方城各种会名目较多,如春会、庙会、小满会、年会、行业会等,有 73 处(次)。③ 李鸿亮对淮阳、鹿邑、夏邑、内乡、嵩县、洛宁、濮阳 7 县的庙会进行了统计,共有 481 个庙会,每县一年当中每月平均有 5～8 次庙会,平均每 4～6 天就有一个庙会起会。如果每个庙会的会期以 3 天计算,各县每年进行庙会的总天数淮阳为 159 天,鹿邑为 264 天,夏邑为 180 天,内乡为 267 天,嵩县为 198 天,洛宁为 219 天,濮阳为 156 天。④ 鄢陵全年有各种会 18 次,"城乡之有会,犹江浙之有集,闽广之有墟也"⑤。各种会也是市场的一种形式,不同季节举办的赛会,其目的与交易的内容是不一样的,如封丘贸易赛会有两种:一种是农忙会:以买卖农产品及农业生产资料为主;一种是伦布会,以办置年货为主,"旧俗在浴佛、小满等节,或在关厢,或在乡镇辏集,杈、帚、锄、镰等农具,开日中之市,曰农忙会,至九月九日在县内,十月初五日在留光镇,十一月二十五日在冯村镇,十二月初十日仍在留光;外商座贾,百货云屯,贸易数日。

① 林传甲:《大中华河南省地理志》,第 94 页。

② 殷时学:《汤阴庙会今昔》,《安阳文史资料》第 5 辑,第 179 页。

③ 周道隆、李天德:《方城的春会、庙会、行业会》,《方城文史资料》第 8 辑,1991 年印行,第 179 页。

④ 李鸿亮:《1895～1937 年河南庙会研究》,河南大学硕士论文,2008 年,第 9 页。

⑤ 靳蓉镜、王介:《鄢陵县志》卷 5,地理志下,风俗。

曰伦布会,入进腊月,县及各镇年货林列,连延及于除夕,名曰乱市。县市则起于十五,乡集则起于二十”①。可以看出前一种赛会专门为农业生产服务,后一种专门为农民过春节提供年货服务。

太康县各乡镇的会称轮堡会,代表了河南最典型的赛会形式。在市镇里,既有集市也有轮堡会,如新太镇,会期6月6日(农历,下同),8月23日,10月11日,11月15日;新华镇,9月15日,10月28日,12月8日;朱口镇,双日集,会期3月18日,4月小满会,9月15日,10月15日,11月25日,12月10日;马头镇,单日集,会期2月15日,4月4日,6月23日,11月19日;马厂镇,单日集,会期4月11日,9月27日,11月27日;新安镇,双日集,会期9月22日,10月22日;秋冈镇,11月20日,12月20日;五权镇,单日集,会期9月7日,12月17日;四权镇,会期9月3日,11月9日,12月13日;常营镇,单日集,会期4月4日,6月1日,9月23日,11月3日,12月10日;大陆镇,单日集,会期9月19日,11月15日;双凌镇,会期4月16日,6月8日,8月28日,11月2日,12月2、20日;方城镇,单日集,会期3月2日,4月11日,6月22日,9月26日,11月7日,12月13日;高鲜镇,双日集,会期4月24日,9月15日,10月26日,11月22日,12月8日;中山镇,单日集,会期10月7日,11月7日,12月7日;杨庙镇,每日集,会期9月22～23日。大多数乡里集市与轮堡会不重复,有集市的无会,有会的无集市。乡的轮堡会每年仅1次,但会期一般在3天左右,如北安乡,11月13日至15日;齐河村,12月7日至9日;和东乡,10月1日至4日;新义乡,10月28日至30日;安仁乡,3月3日古庙会;为善乡,6月10日;重民乡,8月27日;诚信乡,4月4日等。该县一些户口在500户以上的大乡,既有集市,也有轮堡会,只是次数不及市镇的多,如大同乡579户,双日集,会期10月24日,12月12日;自由乡630户,单日集,会期10月13日,11月15日;扶乐乡579户,双日集,会期4月8日。② 从太康的资料来看,轮堡会完全是对集市的一种补充,在商业发达的市镇,不仅集市数量多,而

① 姚家望、黄荫柟:《封丘县续志》卷2,地理志,风俗。

② 林鸿宾修、刘盼遂:《太康县志》卷2,舆地志,九区乡镇一览表。

且轮堡会举行的次数也比较多。集市是一种定期的交易方式，不论农忙农闲，都如期进行，而轮堡会主要集中在每年的农事结束后举行，为农产品交易提供方便。

一些庙会的会期比较密集。如河阴（今孟津县）各种寺会中，农历一月2次，二月7次，三月14次，四月6次，五月1次，六月5次，七月1次，八月无，九月2次，十月4次，十一月4次，十二月2次。① 寺会分布最密集是在春耕时期的2～3月份，3月多达14次，每月开市的次数和隔日集市的数量差不多。从上面的各种庙会来看，农村庙会大多数是在一年的秋收之后到次年的春季举行，一则农民较闲，一则秋收后农民手中有钱，可以买需要的东西。

和集市相比，庙会的会期比较长，市场腹地也比集市大。各种会的会期大多数为3～5天，如方城的春会3～5天，小满会3天，庙会3～5天，只有个别庙会仅有1天。② 也有会期长达30天以上的庙会。如淮阳太昊陵庙会会期从阴历二月初一日至三月初三日，共33天，“时期又正是春初，农民正要准备一年家具的时候，需要交易正为殷切，其附带有极繁旺的商业，不问可知”。太昊陵庙会的商业贸易主要是日用品的交易，“只要是农间常用的或不常用而可能用的，都可以是那里买卖的标的。所以妇女用的剪刀、针、衣扣、布匹、手套，固然都可以买得到；即使农事用的斗、犁、锄、耙、镰、钩，小儿玩具如刀枪、剑戟、口笛、皮球，甚至医药所用的灰鼠、苇根等等也都可以买得到”③。太昊陵庙会的商业活动主要与农民的日常生活紧密相关。各地庙会与农事活动紧密相关，从汤阴庙会来看，农历二、三、四月，每月平均20余次；六、七、九、十每月平均10次；五、八月正值夏收、秋收农忙时间，平均只有1次；十一、十二月次数虽少，但会期长达半月。就庙会交易的商品而言主要是农具、耕畜与农副产品，如耕畜、小猪秧，夏秋农业生产所需要的镰刀、桑杈、筐、篓

① 高延璋、胡荃修，蒋藩纂：《河阴县志》卷8，风俗，物产考，1924年石印本。

② 周道隆、李天德：《方城的春会、庙会、行业会》，《方城文史资料》第8辑，第180～183页。

③ 郑合成：《淮阳太昊陵庙会概况》，出版年不详，第36、37页。

和一般家庭生活用品如风箱、锅帽、簸箩、簸箕等。① 方城的春会时间多在农历三、四月间,交易的商品主要是杈、耙、扫帚、牛笼嘴和牲畜,另有京广杂货、干鲜水果、烟酒等副食。

和传统庙会不同,晚清以来随着社会经济发展和商品化程度的提高,一些庙会逐渐发展成为物资交流大会。使部分庙会的规模相当大,商业腹地也非常广阔,成为著名的集散市场和专业市场。新野县地处豫西南边缘,唐、白、湍3条河流汇聚穿境南下,水上运输十分方便,各个码头船只停泊,装卸货物,络绎不绝。县城"乾明寺的四月初八日庙会,持续至七月间落棚,川、广、云、贵、陕、甘、青、宁竞相赶会,会期之长,来货之多,具极一时之盛举"②。浚县丘山古庙会每年正月十五至月底举行,庙会期间各地商贾云集,"商户经营的商品,既有传统特产,又有新颖百货"。庙会商客来自晋、冀、豫3省。③ 内乡的马山口火神庙会,会期最初为3日,民国初年增加到15日,"上会的人数可达五六万人,每天卖出的王店火烧馍就有三百多担",庙会还带动了附近农村产业的发展,一些农家组成各种各样的运输队为客商服务,"马山口附近就有二十多个骡马队和三四百人组成的挑夫队,方圆三五十里的农家牛车,也被预订一空。届时,各地药商云集,交易数额惊人,中药材购销量达六七万斤,桐油、生漆也达万斤。默河滩上,南北三四里,尽是药棚"④。这是一个以药材为中心的庙会。可见,河南部分庙会具有会期长、市场腹地大、专业性强的特点,是农村市场的主要形式。

三、商业都市的兴起和市镇的变迁

民国时期河南市镇的变迁与铁路的兴起紧密相关。1895年甲午中日战争后,西方列强加紧了对中国的资本输入,投资的重点之一是修筑铁路。晚清到北京政府时期河南境内修建了3条铁路。第一条是平汉

---

① 殷时学:《汤阴庙会今昔》,《安阳文史资料》第5辑,第181页。

② 陶连生:《新野商会及商业片段》,《新野文史资料》第7辑,第69页。

③ 刘式武:《浚县浮丘山古庙会盛况》,《浚县文史资料》第5辑,1994年印行,第199页。

④ 孙国文主编:《内乡民俗志》,中州古籍出版社1993年版,第208页。

铁路,1896年动工,1906年4月建成通车。第二条铁路是贯通豫北的道清(道口镇～清化镇)铁路,1902年开工,1904年通车,干线全长150公里,加上支线总长度为236公里。第三条铁路是贯通河南东西的陇海铁路。1905年6月至1909年12月汴(开封)洛(阳)建成通车;1912年北京政府与比利时银行团签订了陇海铁路借款合同,分别向东西方向展修;1915年完成开封到徐州段277公里;1925年西展到潼关。陇海铁路东起杨集,西至灵宝的613公里直到1932年才全线通车。① 两条贯通南北、东西的铁路干线在河南设立了60余站。铁路所经过的县域,至少设1站,有的设数站,如确山境内“铁道车站有六:最大者曰驻马店,东通汝、颍、淮、蔡,西及唐、邓、宛、叶,百物辐辏,万商云屯。京汉路线向分三段,南段停蓄推此称首,其次曰确山县、新安店,民物络绎不绝于途,商贩歌呼相望于路;又其次曰马庄、曰黄山坡、曰李新店,起卸已渐便于前,发展犹有待于后。凡此六站者,皆京汉干路之所经”②。铁路的兴建不仅带动了河南整体经济的发展,而且引起了河南市镇的变化,主要表现在“市场经营品种结构、市场规模级序结构和市场空间分布结构”发生了巨大的变化③,一些小县一跃成为商业都市,一些小镇或村庄成为著名市镇和工业城市。

郑州是平汉、陇海铁路交会之处,是近代典型的因铁路而新兴的商业都市。郑州在通车前,“是一个街道狭窄,道路弯曲,经济上自给自足的类似18世纪古城镇式的小集市”④,但平汉铁路和陇海铁路通车后,这个“昔年户数五百,人口三千三百”的小镇,到1920年时“骤增万人,东西街最繁盛,西门外为车站所在,旅店、菜楼、剧场、澡堂,市上人力车,亦百余辆之多”⑤。尤其是20世纪20年代以来,随着河南棉花种植面积

① 袁中金:《河南近代铁路建设与经济发展》,《史学月刊》1993年第4期。

② 张缙璜纂修:《确山县志》卷15,交通。

③ 袁中金:《河南近代铁路建设与经济发展》,《史学月刊》1993年第4期。

④ 张学厚:《郑州棉花业的兴衰》,《郑州文史资料》第5辑,1989年印行,第1页。

⑤ 林传甲:《大中华河南省地理志》,第172页。

的扩大和产量的提高,先后设立了10余家花行和10余家堆栈。① 1916年郑州花行同业会成立,推动了棉花市场的形成和发展,棉花外运业务由以前的每年7万包(每包100公斤)上升为17万包。通过郑州输出的棉花量1916年为20余万担,1919年为35万担。② 郑州逐渐成为华北地区最大的内陆棉花交易市场。

郑州棉花交易市场的形成,也带动了一系列行业的发展。首先,郑州市场的繁荣,引起了金融界人士对郑州的关注,“认为郑州是个新码头,很有发展前途,金融界在这里大有作为,于是银钱业很快发展起来”③。这期间,在郑州的新式银行有6家。④ 旧式金融银钱业也有所发展,同和裕银号(1915年)、源和盛银号(1916年)、信昌银号(1920年)、厚生银号(1923年)等4家大银号在郑州建立。⑤ 其次,郑州陆续建立一批工厂和商号。工厂有豫丰纱厂、中华蛋厂、志大蛋厂、豫中机器打包厂、日信洋行机器打包厂、耀华玻璃厂等10余家。较大的商号有瑞丰祥、长发祥、慎裕等绸店;太德、恒记、临记、协记、鑫益、国货公司等洋布店、京鞋店、百货公司、药房等;糕点业有五美长、鸿兴源、老浙华等;饭馆有豫顺楼、鑫开西餐店、万年春、福禄寿、南梦芗、雪宫等;金珠店有老凤祥、百华金店等,大旅社和浴室也相继开设起来。⑥ 从20世纪20年代开始,郑州逐渐发展成为河南的商业都市。

一些古老的城市在民国初期由于交通、农产品商品化的发展,成为新的商业中心,如洛阳、许昌。洛阳位于豫陕晋交界处,地处中原进入关

① 张炎卿:《郑州花行旧闻》,《河南文史资料》1992年第4辑(总第44辑),第17页。

② 冯次行:《中国棉业论》,上海北新书局1929年,第127页。

③ 郑幼池:《郑州银钱业的一鳞半爪》,《郑州文史资料》第5辑,第45页。

④ 杨达口述,杨蕙兰整理:《民国时期郑州的银行机构》,《郑州文史资料》第13辑,1993年印行,第120页。

⑤ 《郑州金融机关》,《中央银行月报》第2卷第11号,1933年11月出版,第1944～1945页。

⑥ 张炎卿:《郑州花行旧闻》,《河南文史资料》1992年第4辑(总第44辑),第16页。

中的交通要道上，近代以来，随着“洋货”的输入和地方手工业的衰退，洛阳也出现了衰落的迹象。但北京政府时期，随着豫西棉花的种植和铁路的修建，洛阳又逐渐繁华起来，人口增加到5.4万人，“商业繁盛，肆市比栉，东街新修商场，规模宏大”①。一些外地商号也相继在洛阳设庄开行，如北京“福来祥”百货店、浙江“宝成”金店、山东“谦信”染料行先后在洛阳落户。一些商店一改过去木板门，装修为新式门，如“泉茂”、“正兴”茶庄包装精美；有的传统食行如“四茂恒”、“长春”、“字裕长”等酱菜、糕点铺开始摆出各色糕点、糖果、饮料，“变为新型的南货食品商店”②。金融业也繁荣起来，据1915年统计，洛阳有10家银号③，1921年，洛阳新开设了10家银号④，主要从事存款、放款、汇兑与铸造元宝等业务。

许昌“自铁路交通，许昌商业日形起色”，以火车站为中心，各种工厂、公司相继设立，盐厂、猪厂、蛋厂，煤炭、煤油转运各公司，西关有收买烟草厂，城内有中国银行、河南银行、丝绸庄、钱纱庄、洋货庄、皮庄、香油庄、杂货庄等业，“均较前发达”⑤。特别是随着烟草的种植，除英美烟公司、南阳兄弟烟公司在许昌商行厂收购和烤烟外，全国各地烟商亦纷至沓来采购烟叶，随之烟行、转运公司兴起，许昌成为全国文明的烤烟贸易市场。银钱业也随之兴起，20世纪20年代，许昌县城南大街、车站、南门里、各集市附近，都有钱摊。⑥

驻马店原属确山县的一个小镇，“车站向为低洼之区，自火车通行，争购地基，建筑房屋，街道齐布，商业云集，陆陈盐厂荟萃于此，并设警察所以资保护，南北往来商旅称便”⑦。商业“在京汉铁路初成时，汉口开

---

① 林传甲：《大中华河南省地理志》，第230页。

② 董纯熙：《近代洛阳商业漫谈》，《洛阳文史资料》第2辑，1987年印行，第40～41页。

③ 农商部总务厅统计科：《中华民国四年第四次农商统计表》，上海中华书局1917年版，第598～599页。

④ 洛阳地方史志编纂委员会：《洛阳市志》第10卷，中州古籍出版社1996年版，第336页。

⑤ 王秀文修，张庭馥纂：《许昌县志》卷6，实业，商业，1923年石印本。

⑥ 艾荣来：《钱钞和钱摊》，《许昌文史资料》第14辑，第112页。

⑦ 张缙璜纂修：《确山县志》卷13，实业。

车,由信阳移至驻马店,于是昔日小店,遂成大镇。虽数百年资格之府城、县城亦不足比其繁盛,或转而仰给焉。汉口小本商人捷足先至,遂垄断一切"①。

漯河本系郾城县的小镇,因铁路的兴建而繁荣起来。1906年京汉铁路全线通车后,一些行庄从周家口镇、汉口迁移到漯河,据《郾城县记》载:"近由汉口移来方恒正等行栈多家,或自称洋行堆栈,或自称华洋公司……买卖土货洋货,并代客包运货物,承揽车船。"1930年代漯河的商业"辐射周围百余里,已成为各县最大市镇之一"。为了满足商家需要,银钱业开始兴盛起来,除了1905年创办的天德恒钱庄外,1910年德恒祥钱庄开业,主要业务是汇兑、贴现,兼营皮货、棉纱,到1918年时,已有钱庄、银号10多家。② 同时,漯河逐渐替代周口成为巨大的牲畜集散市场。1921年英商安子钦到漯河从事牲畜交易,他在漯河3年,"每日平均收磅牛50头,收购的牛由漯河火车站装车押运天津,由天津乘船运往国外"。漯河牲畜市场与国际市场有了紧密的联系,1923年,组织成立了牲畜同业公会——马王会,主要"组织处理牛行业的日常事务与纠纷"③。这些都说明,20世纪20年代漯河已经成为豫中比较繁荣的商业中心了。

同时,远离铁路的传统商业市镇出现了衰退。如赊旗镇在康熙时期就形成集市,在清朝中叶达到鼎盛④,但清末民初开始走向衰落:一是唐河水量逐渐减小,影响了大的货船往来,致使货物运量下降;二是京汉铁路的建成通车,赊旗镇距离铁路较远,运输日渐不便,"赊旗镇商业,失去了昔日的繁荣昌盛景象……到民国时期,军阀混战,土匪抢劫,对商户敲诈勒索,商业不举"⑤。尽管赊旗仍然有着一定程度的繁荣,但和清朝中

① 林传甲:《大中华河南省地理志》,第306页。

② 黄方聪:《清末民国时期漯河金融业简介》,《漯河文史资料》第5辑,第73页。

③ 张福祥:《风雨春秋八十年——漯河市牛行街牲畜贸易市场见闻》,《漯河文史资料》第2辑,1988年印行,第109页。

④ 参看许檀:《清代河南赊旗镇的商业》,《历史研究》2004年第2期,第56～67页。

⑤ 邱应欣主编:《社旗县志》,中州古籍出版社1997年版,第281～282页。

期相比，已经非常逊色了。有的市镇因火车路的延伸由兴盛而衰落，如渑池县城，1914 年陇海铁路西展到渑池时，扩大了商品流通领域，火柴、煤油、肥皂、卷烟等物品大都通过渑池向省内各市场转销。开封的天丰、益丰两面粉公司通过城内同德粮行代购小麦，每天外运一二万斤，陕晋及豫西的棉花业由渑池向外转运，县城出现了 5 家较大的棉花行和一些京货店。渑池县城成为豫西的一个中转市场。但是，随着铁路的继续西展，1923 年陕县通车后，陕县取代了渑池的商业地位，"外地货物不再集中渑池转运，加之兵、匪骚扰，商业一度呈现萧条"①。可见，铁路兴起后，河南一些市镇繁盛起来，一些市镇却失去了往日的优势区位，逐渐萧条了。

第四节　制度变革与财政、金融业

一、财政机构的演变

北京政府时期是财政现代化的主要阶段，因此，河南省财政机构随着中央政府政策的调整而不断变动。1913 年 1 月设立国税筹备处和财政司，次年 2 月，国税厅筹备处并入财政司。5 月，根据北京政府的命令裁撤了财政部河南财政特派员公署，"由省财政司接管其业务"。7 月，财政司改名为财政厅，"直隶北京政府财政部"，但受河南省地方政府（巡按使）的监督，负责管理全省财政，监督所有财务人员。财政厅的设置表明现代地方财政机构正式确立下来。财政厅设立后，随着业务的不断增多，内部机构不断变化，分工越来越细。如最初只设有第一科和编制科，9 月，北京政府规定省财政厅设总务科、征榷科、制用科。河南省财政厅后来逐渐设立的科处有公债处（1916 年）、矿产科（1917 年 4 月设立，11 月 2 日移交建设厅）、交待科（1918 年 10 月，专管县知事交待事宜）。1922 年颁布了省财政厅组织规程，规定财政厅由总务科、征榷科、制用科组成。根据该规程，河南省财政厅由秘书室、总务科（内设交待股、会

---

① 渑池县志编纂委员会：《渑池县志》，汉语大辞典出版社 1991 年版。

计股、公债股、官产股、监校股、收发股)、征榷科(内设杂税股、契税股、厘税股)、制用科(内设支付股、审核股、库务股、金库股)及清理处、调查处和卫队。①

北京政府时期的财政体制是中央、省级二级财政管理体制,财政系统还没有“下降”到县级。但县级也设立了公款局,管理地方公款。公款局“创办于前清宣统年间,惟其成立之年月,组织之规则,与经费之开支及其来源,因案卷不全,已无从考订之矣!民国八年十二月二十八日,河南省长公署,曾以第七七八八号训令颁发修正公款局章程,其内容亦不详。但事实上当此时期中,地方财政机关,纯系自由组织,除直接承奉县行政长官意旨处理本县之财政外,与上级机关,并无若何深切之关系。故其组织因地而不同,经费开支及其来源亦不一致”②。北京政府时期全国为二级财政体制,县级没有独立的财政权利,因此,对县级财政机关没有明确的制度规定,公款局与上级财政机关也没有直接联系,更没有隶属关系。

公款局为清理地方公款而设立的管理机构,是县政府的附属机关,并非完全正规的财政管理机关。有的县公款局在某种程度上属于民间机构,完全操控在地方士绅手里,如淇县“局长系由四乡乡董及里董公推声望素重者一人充当,再另推一人辅佐之,名曰‘先生’,呈县备案,其次‘司帐’、‘帮帐’等则由局长自行雇佣”③。公款局人员的设立、经费来源和支出与县财政系统完全不同,另有系统。如武陟公款局设正副局长、文牍、会计、勤务14人,另设司账1人,值月里董2人,里董60人,是一个比较庞大的班子。经费来源“为大里地,约五千顷,每亩摊收制钱三十七文。计全年共收钱一万八千五百串文”。该项收入除了正副局长、司账、文牍、会计、勤务、值月里董、召集里董会议(每年召集里董开常会6

---

① 陈成名、牛中岳:《民国时期河南省级行政机关历史沿革(二)》,《河南文史资料》2005年第1辑,第38～39页。

② 天倪:《河南省各县地方财务行政机关之沿革》,《河南政治》第6卷第10期,1936年10月出版。

③ 天倪:《河南省各县地方财务行政机关之沿革》,《河南政治》第6卷第10期,1936年10月出版。

次，计里董60人，伙食费360串文）、马料等开支12928串800文外，“下余钱五千五百七十一串二百文，作为支应兵差委员会及一切杂项费用”①。林县公款局的收入主要是地丁附收、漕粮附收、契税一分行用捐、自治收款粮行捐、天平地租、圣诞生息等，支出项目包括公款局经费、保卫团经费、民团经费、农会经费、孤贫口粮、建设经费、农会经费、圣诞费等。总之，公款局的经费不是通过正税获得的，而是通过其他渠道如公地地租等获得的；公款局不是国家体制下的正规的县级财政机关，而是半官方半民间机构；公款局主要职责是支应地方额外负担，如上文所言林县“公款局每年经手经常各款仅制钱三万六千九百余串，而临时收支如弥补各种预算以及选举、办账、剿匪、兵差等似地方非地方之款，历年摊征之额常超过经常各款倍徙，就中兵差一项，军粮饷秣，动派巨额，均由县委之公款局及各区长负责办理”②。

通过对北京政府时期各级财政机关的梳理，我们可以看出这期间是河南财政机关从传统财政管理体制逐渐向现代财政管理体制的过渡时期，一些制度尚在建立过程中，甚至还没有从旧的窠臼中脱离出来。县级还没有形成独立的财政管理体系，公款局只是一种具有半官方半民间的地方款收入管理机构。

二、省县财政收入和支出

（一）省县财政收入

据前人研究，北京政府时期省地方收入大致有4个方面：“（一）地方税多为直接税；（二）地方收入，由土地而来者，占主要部分；（三）公共营业之收入，日益发达，已成岁入之大宗；（四）各项补助之款，在地方收入中，亦颇关重要。”③河南的财政收入如何，我们没有系统的资料进行论述。根据1916年河南省财政预算来看，本省财政收入包括田赋、货物

① 天倪：《河南省各县地方财务行政机关之沿革》，《河南政治》第6卷第10期，1936年10月出版。

② 泽溥修、李见全纂：《林县志》卷5，财政。

③ 贾士毅：《民国续财政史》第2册，上海商务印书馆1932～1934年版（全7册），第17页。

税、正杂各税、正杂各捐、官业收入、杂收入等7项,共计10796061元。其中田赋收入7700770元,占64.8%;货物税783386元,占7.3%;正杂各税1966486元,占18.2%;正杂各捐98297元,占0.9%;官业收入24320元,占0.2%;杂收入221928元,占2.1%。又据1919年本省财政预算状况,共计预算收入8867724元,其中田赋5707340元,占64.4%;货物税728702元,占8.2%;正杂税2273008元,占25.6%;官业收入9849元,占0.1%;杂收入148825元,占1.6%。① 在各种收入中,田赋占全省财政收入的主要地位,其次是各种正杂税,再次是货物税,其余所占比例很少。

县级财政征收分三部分:一是上交国家财政的部分,主要包括地丁、漕粮、契税以及牙贴税、屠宰税、包裹税、烟酒税、烟酒牌照税、印花税,以上为正税部分,还有各种杂税包括征收办公费、官产生息、田赋补助卷等。二是上交省级的部分,有田赋、杂税、杂收入。三是留给县级地方部分,基本上是专项收费,是各种正杂税的附加捐以及官产收入。林县上交国家财政、省财政和地方财政3项共计约154594元,分别占72.8%、17%和10.2%。可以看出,北京政府时期县级财政收入中,70%以上上交中央,17%上交省财政,地方只留下10%左右②,而且地方财政主要依靠各种附加捐税来解决。

(二)省县财政支出

北京政府时期河南省正常的财政支出主要有党务费、行政费、司法费、公安费、财务费、教育费、抚恤费、卫生费、预备费、偿还债务费、官营事业费、军事补助费等13项。所有支出包含在外交、内务、财政、军事、司法、教育、农商、交通等8个部门。据1916年河南省财政支出预算统计,全年预算支出(经常费)中,各项经费所占比例为:外交占0.3%,内部占34.7%,财政占1.8%,军事占56.6%,司法占3.4%,教育占2%,农商占0.4%,交通占0.7%。在各项预算支出中军费支出占第一位,占全部预算支出的半数以上,其次是各种行政支出即内部占34.7%,预算

① 贾士毅:《民国续财政史》第1册,商务印书馆1932年版,第137页。

② 王泽溥修,李见全纂:《林县志》卷5,财政。

支出最少的农商、交通，不足1%。① 说明北京政府时期对河南经济建设重视极为不够。实业经费以后虽然有所增加，但依然不足，据《申报》报道：河南实业经费“森林局一年费五千元，工厂一年费一万五千元，均标有模范名义。农事试验场，年费二千五百元，成绩尚好；蚕桑局年费二千余元，豫南工艺局年费不满千元，中州女工场及省城实习场二项，工费六千元，内容尚佳。全省经费合计不满五万，未免太少”②。实业支出仅为1916年军费支出的0.9%。

在军阀统治时期，河南财政支出大半为军费所占，甚至出现了截留路款的现象，如冯玉祥驻信阳期间，1921年1月28日，“陆军第十六混成旅旅长冯玉祥，因部下签饷，积久未发。适京汉路局，由汉口运解部款二十万元，路经信阳，因即留借充饷”③。1923年以来由于军费开支浩大，出现了入不敷出的现象，见表1—5。

表1—5　北京政府时期河南财政收入与主要支出统计表

项目		1916年	1919年	1922年	1923年
岁入总额(万元)		1079	942	910	1021
军费支出数量及占岁入比例	数量	563	464	681	1155
	比例	52.2%	49.8	74.8%	113.1%
政费支出数量及占岁入比例	数量	367	308	376	397
	比例	33.5%	32.7%	41.3%	38.9%

资料来源：诸青来：《近十年来全国财政观》，《东方杂志》第25卷第23号，1928年12月10日，第20页。

从表1—5来看，除1919年外，1916年和1922年军费支出均在半数以上，即使1919年也接近半数，到1923年以后，军费支出超过了年财政收入，此后军费开支年甚一年。1924年第二次直奉战争爆发前，河南驻军将近10万人，比1922年以前增加了2倍以上。④ 自1923年以来，

---

① 贾士毅：《民国财政史》，上海商务印书馆1917年版，根据第1707～1713页有关数据计算。

② 《申报》1919年2月9日。

③ 《中国大事记》，《东方杂志》第18卷第4号，1921年2月25日，第138页。

④ 王天奖主编：《河南通史》第4卷，第239页。

河南成为各个军阀逐鹿的主要战场,全省年财政收入不敷军费支出。因此,军阀混战拖垮了河南财政,也给河南人民带来了深重的灾难。如时人所言:“河南财政,素本困难,兼之连年兵连祸结,水旱频仍,其军政各费支出,较常倍繁。”①

在河南财政捉襟见肘的情况下,只有借债度日。据《申报》报道:河南省财政自1918年以来就有“早有山穷水尽之势。自赵倜出奔,财政界之内幕情形,由前厅长薛笃弼全行颁布,其种种借债抵押情形,以及郑焯之种种舞弊,赵倜、赵杰之垄断财政,豫人始得尽知底蕴”。吴佩孚统治河南期间,其军需处长刘绍曾任财政厅长,“对于筹款借债,较前数任手段为优。视事两月有余,凡属军费,皆刘氏一人筹划。惟汴省财政全年收入只八百万元左右,内有税契八十余万元,又为教育界力争归咎于经费,是以豫省全年收入,不足七百万元。本年(指1922年——引者注)丁漕只收十分之八,刘氏见此情形,不得已到处借债,以为弥补之计。两月以来,财厅收入不足九十万元,而支出已有一百九十万元以外。据财厅支付股重要人员所言,刘氏由洛来汴视事时,已借到汉口债款五十万元,此次赴京又借一百万元,统计本年所借之债,先后共有三百万元以外(今春赵氏在汴,已借债二百万元,悉为赵杰一人所吞),合诸从前七百余万元之债款,豫省所负债额,已在一千一百余万元以上”②。可见,在财政入不敷出的情况下,只有通过借债维持庞大的军费开支。

河南县级财政支出主要由3部分构成:一是属于国家行政机关经费,是县财政开支最大部分,占全部支出的57.9%;二是省直支出,主要是各项税收所需经费,占3%;三是县各种支出,占29.1%。属于县级财政支出中,主要是内务费占18.1%,教育费占75.2%,实业费占8.7%,地方保卫团费占4%,财务费和社团的支出占4.8%。在各项支出中,教育费所占比例最大,也就是说县级财政收入主要用来兴办教育,国家财政在县一级只管地方行政机关,诸如教育等完全由县财政解决。表面上

① 中共河南省党史工作委员会:《五四前后的河南社会》,河南人民出版社1990年版,第267页。

② 《申报》1923年1月29日。

看，教育占有很大比例，但就全县全部支出而言，教育所占比例很小，只占9.6%。林县从一个侧面反映了河南县级财政支出的情况。又如洛阳县民国初期财政支出用于行政、公安、司法等经费，占总支出的47%，教育卫生费占21%，经济建设费占4.3%，党务、外交、救恤及其他杂项占27.5%。① 说明民国初年河南财政对实业投资不足。

三、1918年减漕案

北京政府建立后，田赋征收基本上沿袭清朝制度，但也有变革。从民国元年开始，北京政府逐步对田赋进行了改革，其主要内容是：(1)规定征收改两为元。"民国元年，政府通令各省，在币制法未颁布以前，征收田赋，元两折换计算，由财政部定之。"(2)厘定丁漕折合价。前清时期，地丁银以两钱分厘计算，漕粮米豆以石升合计算，草以束计算。1914年，北京政府财政部"为划一币制改良征收起见，将各省地丁漕粮等项，依各省情形，分别折合"。(3)整理屯田田赋。(4)整理税册，清查乡村租额。(5)确定附加税额。"民元袁世凯咨请参议院厘定国地两税，参议院以田赋为中央国税收入大宗，历史上久视为正供，乃仍定为国税，同时又恐地方政府反对，乃定地方有征收田赋附加之权，地方政府征收附加税，惟不得超过正税百分之三十。"(6)限制加收征收费。1914年，北京政府财政部"通行各省，明定征收钱粮，附加百分之十以内之征收费"。(7)取消加闰征收。前清征收田赋"闰月之有无，定征收之多寡，每逢闰岁，地不加广，人不加多，而田赋必须加征"。民国成立后，定阳历为国历，"遂于民国六年，将遇闰加征办法，一律取消，以示公平"。(8)减轻偏重赋额。(9)归并税目。② 这些改革措施有的获得实施，有的是一纸空文。

按照北京政府田赋改革的意思，河南也进行了田赋改革，并引起了绅官之间的争议。1918年1月，河南省财政厅提议实施丁漕银折元，即"每地丁正银一两折银元二元三角，漕粮无论正耗杂项，原米代输，统按

---

① 洛阳市地方史志编纂委员会：《洛阳市志》卷10，中州古籍出版社1996年版，第31页。

② 孙佐齐：《中国田赋问题》，出版社不详，1935年，第372～375页。

每石折银六元,通省一律”。财政厅的提议在省参议会核定:“每地丁正一两减为二元二角,惟新安、偃师、洛宁、汲县(今卫辉市)之小丁粮银,因偏苦减为每两折元二元,漕粮减为每石五元。”①3月30日颁布了《河南省丁漕改折银元施行细则》,并规定“公布之日施行”②。4月8日,省政府发出《河南省督军兼省长赵倜改折丁漕布告文》:“兹查河南财政自民国肇造以来收不敷出,每年亏短平均一百四十余万。其致此之由未遑枚举,而银价亏短为最甚,盖丁漕收入大半为钱,而经费支出全数为洋,以钱易洋,必须折算,银价日高,致收数日短曩之。每钱一千三百文可易银一两或洋一元五角者,今则仅能易银六七钱或洋一元收入之银价。其亏亦积如山丘,支出之用途其安布减于累禾,点金乏术,仰屋徙嗟,来日方长,隐忧何極……”③显然,河南省政府把财政负担转嫁到农民身上。

河南省出台的田赋改革政策遭到士绅的普遍反对。原因是“当时全省有漕粮各县,多以漕折过重,形同加赋,且代输漕额,原仅每石输银八钱,今概作五元,实代人输。将无漕县份原漕一石输银八钱,今则概按丁银折算,相形之下,大为悬殊”。各地士绅、民众纷纷请求减轻,但河南省“以代输已久,无从拨还,折价已成定案,不便更动”为由,没有听取民众的呼声。于是,汜水(今属荥阳市)人魏联奎到北平“上访”,并成立了“河南漕粮商榷会”,并“呈大总统、国务院、财政部,陈豫漕折之不均情形,请派员详查,将有漕县份之漕,拨归原县,并一律照地丁折算,取消漕粮名目”④。这一建议得到有漕县份的响应,而且成立分会,纷纷向省议会上书请减漕米。如《林县呈省议会请减漕米之陈情书》,要求省议会“慈怀为心,速拯民困,将林县乾隆年间误改为加之米豆与协济之蓟米一概豁

① 帖毓岐:《河南田赋概况》,萧铮主编:《民国二十年代中国大陆土地问题资料》,第10634页。

② 帖毓岐:《河南田赋概况》,萧铮主编:《民国二十年代中国大陆土地问题资料》,第10667页。

③ 帖毓岐:《河南田赋概况》,萧铮主编:《民国二十年代中国大陆土地问题资料》,第10667～10668页。

④ 帖毓岐:《河南田赋概况》,萧铮主编:《民国二十年代中国大陆土地问题资料》,第10635页。

免,酌量减轻,以苏民困”①。汜水在请求减轻漕米中说:“查汜水地面仅一千六百方里,人民则十八万余口,行粮地二千二百余万顷,共征银一万一千九百八十余万两,征米四十二百余石。向例征粮每两合钱两千四百五十文,漕米每石合钱六千文,两项每年共征钱五万六千四百余串。现经改征丁银每两折二元二角,漕米每石折银元五元,每元以一千四百文计算,共征钱六万六千四百余串,盖以附加税五千三百余串,较之向例实多征钱一万七千一百余串。汜水丁漕素重,向例已属难支,今复增此巨款,势必财竭历尽,其后累将不堪设想。查河南丁漕比较表,独汜水一县每丁银一两摊漕三斗五升有奇,是漕米之重,实全省所无……恳请将丁漕两项,按照临县一律削减,或(将)增加丁漕量,予(以)减除,以免偏枯而昭公允。”②

河南各县士绅的“上访”和“请示”活动引起了北京政府的重视。1918年秋季,“经财政部派员莅汴调查属实,因咨省长赵倜召集全豫神耆,集商妥善办法”。商讨的结果是:“开封等县漕粮确系偏累,惟豫库奇艰,请先蠲‘一五加耗’暨减免各县因此次改折而增加之漕银,以稍苏民困,其正漕折价,俟财政充裕时,再议豁免。咨财政部转呈大总统允行。”③这次士绅关于河南田赋改革的抗议活动取得了成功。1919年9月13日,北京政府批准河南省37县减耗米数30059石,所减耗米折洋150296元,因减折率减收洋数85986.4元,合计共减洋数为236282.5元。④

四、田赋附加

民国时期田赋附加开征始于直隶、山东两省。1914年,山东、濮阳

① 帖毓岐:《河南田赋概况》,萧铮主编:《民国二十年代中国大陆土地问题资料》,第10671页。

② 帖毓岐:《河南田赋概况》,萧铮主编:《民国二十年代中国大陆土地问题资料》,第10674～10675页。

③ 帖毓岐:《河南田赋概况》,萧铮主编:《民国二十年代中国大陆土地问题资料》,第10636页。

④ 帖毓岐:《河南田赋概况》,萧铮主编:《民国二十年代中国大陆土地问题资料》,第10697页。

(时属直隶)黄河决口,两省呈请北京政府征收附加税,随正税代征10%"作为中央专以充河工之用"。1915年,北京政府因收支预算不敷,"乃电令各省仿照山东、直隶成例,一律增征附加税,以补收入不足。于是各省乃先后仿行,但当时参议院以田赋为国税,各省代征转解中央,地方政府虽有征收附加之权,但不得超过百分之三十,并附加说明理由"①。这是民国时期田赋附加之滥觞。

河南田赋附加始于1915年,"时北京财政部通电各省巡按使,以国库收支不能适合,欲加收附税以资抵补。经巡按使田文烈交财政厅厅长顾归愚拟定办法:按行粮地每亩收附税钱六十文,全年共收钱四百二十五万余串文。旋因各县地有高下,等则不同,遂变通办理,将全县地额以每亩六十文计之,共合若干,再照粮银平均摊算,改为每银一两应摊附税钱若干文。此法既行,虽较胜于初法不论地之高下一例征取,而各具附税仍不能一律"。据当时统计:"全省粮地六千三百六十余万亩,捐率有按亩数计算者,每亩收钱由十四文至六十文不等;有按两数计算者,每两收钱由一百二十文至一串二百文。每年共收钱一百四十六万四千五百八十一串二十一文。"②关于河南田赋附加,民国时期就有学者指出:"豫省田赋正税,为数不多,惟地方附捐向取放任主义,初无精确考察,且各县附加数目多寡不一,其征收方法,有随丁漕派收者,有随串票派收者,亦有按户按亩派收,甚至临时摊派者,颇不一致。"③河南田赋附加征收没有统一标准和规定,由各县根据需要而征。附加税给农民增加了不小的负担,因此1920年3月,曾有整顿的动议,但没有结果。

据地方志记载,田赋附加项目主要是车马、教育、建设、警察、民团、自治等捐,只有少数县如扶沟、陈留、方城、泌阳、渑池只有1种附加,其余各县都在数项,有的多达10多种,如登封13种,西平、伊阳9种,舞阳8种,上蔡、孟县、商水7种,汝南6种,西华、封丘、浚县、新蔡5种,洛宁、济源4种,偃师、兰封、宜阳、睢县、确山3种,郾城、沈丘、遂平2种,

① 刘世仁:《中国田赋问题》,商务印书馆1935年版,第163页。

② 刘景向总纂:《河南新志》卷6,赋税,田赋,上册,第328页。

③ 贾士毅:《民国续财政史》第7册,商务印书馆1934年版,第38页。

共计120种，平均每县4.4种。① 根据北京政府有关规定，征收附加需要得到上级部门的审批，但在120种附加中，明确知道有30余种没有经过审批，还有一部分是县级政权审批的。田赋附加是县地方的主要收入，用途主要是新政以及新办的各种事业。

北京政府时期，河南军阀派系林立，驻在当地的大小军阀的粮饷完全由当地民众承担，主要在田赋中摊派。因此，在田赋征收过程中，附加远远超过了正税30%的规定，甚至出现了预征的情形。如1925年樊钟秀的建国军在临颍驻扎，"一切饷项全由地方负担，只好在田赋上打主意，每亩加征差徭一百二十文。一次不够，再征，一而再，再而三，当时是民国十四年一直加征到民国二十三年"②，即1925年已经预征到1934年了。田赋附加的征收和预征的确立，加重了民众负担，也引起了社会的动荡，北京政府时期河南许多民变大多是因赋税过重、民不聊生而引起的。如1915年，洛阳开征田赋附加——正供捐；1918年加征地附税20%，人民深受其害，洛宁人民发动抗捐斗争，将县政府包围。1920年9月，直系军阀吴佩孚将省长公署迁至洛阳，军费开支浩大，总督赵倜、省长张凤台下令预征1921年地丁赋，开了民国以来河南预征钱粮之风气。1922年又下令增收地丁银，预征和加征激起民变，1922年3月，偃师县农民捣毁了县衙。③ 这些都说明田赋附加与预征，加重了农民负担，也加剧了社会矛盾。

五、其他税收

（一）厘金

厘金创办于清咸丰八年（1858年），北京政府时期沿袭了厘金制度。河南设厘税总局，全省设有局所33处，原规定"税率以从价一分五厘为

① 根据刘景向总纂：《河南新志》卷6，赋税，田赋（上册，第369～380页）统计整理。

② 阎理之：《民国时期临颍县田赋和摊派》，《漯河文史资料》第2辑，第129页。

③ 洛阳市地方史志编纂委员会：《洛阳市志》第10卷，中州古籍出版社1996年版，第187页。

标准"①,即从价征收1.5%。厘金在河南的收入没有系统资料,就1925年而言,货物税收入846000元,其中厘金840000元②,占全部货物税的99.3%,足见厘金在货物税收入中占有重要地位。但是,厘金毕竟不是合理的有利于社会经济发展的税收,因此自晚清以来倡议废除厘金的呼声很高,但厘税"为各省收入大宗,既裁之后,势必别筹抵补之法"③。因此,裁厘呼声固然很高,但北京政府时期厘金问题仍然没有解决。

"铁道厘金"又称火车捐,主要在京汉、京奉、沪杭、沪宁四线征收,涉及河南的主要是京汉铁路。京汉铁路,跨直隶(河北)、河南、湖北三省,为了不致厘金征收混乱,沿线设局分段负责。"自直隶输送河南之货物,于安阳停车场,设直豫厘金总局征收之。即经纳税之后,至于河南各驿,不再征课。自河南入直隶之货物亦然。其税率从价百分之二半为标准,收入分配直隶、河南二省。……汉口、河南间货物之输送,于汉口有豫鄂二省合同之厘金总局,征收厘金,其税率从价百分之二半。故由汉口以铁道运货于北京时,须纳汉口、安阳二所之厘金税。"④除了京汉路外,随着陇海、道清铁路的通车,先后又设立了陇海火车河南货捐总局和道清全路火车货捐局,"专司火车百货征收事宜"⑤。

(二)契税

契税始征于清朝,主要征收民间买卖田产、房产缴纳的一种税。民间买卖田产、房屋、土地,"均须官中介绍盖戳,方得成交,成交后所立之契据,即须承报缴纳契税"⑥。北京政府延续了前清政府契税税种,但在征收方法上进行了改革,由官中直接征收。河南订立"官中章程,每官中一名岁征税洋八十元,帖捐洋一百元。每县设置官中若干,业经财政厅饬行各县知事按照地方之大小及年契税情形妥为筹议"。据1916年10

① 王振先:《中国厘金问题》,商务印书馆1917年版,第39页。

② 贾士毅:《民国续财政史》第2册,商务印书馆,1931年版,第464页。

③ 刘景向总纂:《河南新志》卷6,赋税,上册,第367页。

④ 王振先:《中国厘金问题》,第47~48页。

⑤ 刘景向总纂:《河南新志》卷6,赋税,上册,第366页。

⑥ 贾士毅:《民国续财政史》第7册,第83页。

月报告，各县"认设官中八百二十五名，本年可征收帖税洋六万六千元"①。1916 年 12 月，河南省颁布了《修正河南官中章程》，规定："自民国六年一月起，凡从前书立契据之产行、里书、公直，除已于民国五年颁有官中帖者仍旧营业外，其余应遵此次修正章程请领帖张，改为官中或官中助理。"官中名额根据县的大小设定不同人数，大县 15 名，中县 12 名，小县 8 名。官中资格为："(一)年满二十五岁以上者；(二)身家殷实未犯各种刑律者；(三)心底明白素有信用者。"②河南"契税税率，买卖税税率为产价百分之六，典契税税率原系百分之三，民十五年九月间，呈部核准，改为百分之二"③。另一改革措施是设立契纸发行所。以前民间习惯是所有买卖契约均系购用私纸，"其报官投税与否，征收官署无从查察"。于是北京政府决定设立契纸发行所，销售官契纸，"凡有成立契约，双方买卖之名姓以及成立契约之年月日，契载买卖之价目，发行所均应逐一查明填载册内，呈缴该管征收官署，以为稽核契税之标准"④。通过成立契纸发行所加强了契税的管理。1917 年开始，河南契税收入比 1916 年有了很大的增加，每年均超过 1916 年预算的数量，如表 1－6。

表 1－6　河南契税收入统计表

种类＼年份	1917 年		1918 年		1919 年		1920 年	
	契税	契纸价	契税	契纸价	契税	契纸价	契税	契纸价
数量(元)	972254	77908	32727	119686	1072452	122589	1078523	114718

资料来源：贾士毅：《民国续财政史》第 2 册，第 90 页。

（三）杂税与杂捐

河南杂税，"最著者有五项，向称五项杂税"，包括牙税、活税、老税、盈余税、新增税，后四种都与牙税相关联，所谓"新增者，盖为旧有外之加收。盈余者，盖为实征外之溢收，而活则谓其等则之不定，老则谓其沿袭

① 中国第二历史档案馆等编：《中华民国工商税收史料选编》第 5 辑《地方税及其他税捐》(下册)，南京大学出版社 1999 年版，第 2881 页。

② 中国第二历史档案馆等编：《中华民国工商税收史料选编》第 5 辑《地方税及其他税捐》(下册)，第 2894～2895 页。

③ 贾士毅：《民国续财政史》第 7 册，第 95 页。

④ 贾士毅：《民国续财政史》第 7 册，第 83 页。

之较久”①。河南省1917年和1918年牙税收入分别是342994元、464415元。②

北京政府时期,由于军费开支浩大,致使河南财政拮据。为了解决财政困难,河南省政府不断增加新的税种,以增加收入。如1919年本为革除厘金积弊,试办统税,但出台的河南统税施行条例,将现有货物分为16类,不分消耗品、必需品、输入品、输出品,全部按5%抽税,而且将“旧棉絮、棉被套、鲜藕、米醋、酱油、挂面、橡壳、竹扫帚、竹篦、桑叉、木锨头、铁锅、斧头、布小帽、鞋油、粗釉碗、砖瓦等,及一切竹头木屑,莫不列入表中,一律纳税”③。为了征收统捐,在120余处市镇设立捐局,“虽日用常品,一葱一芥,米面柴薪,皆不得免。行人挟小包者亦须交铜元五枚”④。1920年,赵倜开征了城门税,规定:“凡一切货物入城门即按其品类以定纳税之多寡,至少者亦在五枚铜元以上。”⑤为了解决财政困难,各种捐税层出不穷,据统计,北京政府时期,河南杂捐有“戏捐、花生捐、车捐、瓜子捐、枣捐、猪捐、羊捐、柳条捐、铺捐(又名商捐)、漕串捐、丁串捐、煤窑捐、粮行用捐、丝锅捐、米车捐、煤车捐、油捐、石捐、亩捐、柿饼捐、煤油捐、火柴捐、棉花捐、册书捐、庙捐、芝麻捐、盐店捐、渡口捐、产行捐、门捐、车骡捐等”30余种,这些杂捐“各县之中或有或无,殊不一致”⑥。可以看出,到了凡能征税之货物无不征税的程度,因此杂捐预算收入不断增高,如1919年河南杂捐预算收入只有2万元,1925年就达到68万元⑦,7年之内杂捐征收预算额度暴涨了34倍之多。

(四)盐捐

光绪末年修建洛潼铁路,因经费不足,开征盐捐,每斤加收盐捐4文,为河南征收盐捐之始。1921年,河南省“军政各费预算不敷,熟筹补

---

① 贾士毅:《民国财政史》上册,第519页。

② 贾士毅:《民国续财政史》第7册,第104页。

③ 中共河南省党史工作委员会:《五四前后的河南社会》,第273页。

④ 《晨报》(北京)1920年1月9日。

⑤ 《晨报》(北京)1920年1月8日。

⑥ 中国第二历史档案馆等编:《中华民国工商税收史料选编》第5辑《地方税及其他税捐》(上册),第690、693页。

⑦ 贾士毅:《民国续财政史》第2册,第148页。

助之法，遂沿前例于食盐内附收捐款，定名曰食户捐，每盐一斤，捐洋四厘。是年八月，设盐款经理处专司其事。于十一年二月实行征收”。嗣后，盐捐成为一种经常收入，而且不断增加。1923 年 6 月设立引岸管理局，征收盐商报效，即所谓“为维持专岸，取缔滥商，监视盐价起见，对于襄八芦商每斤征收报效洋二厘五毫，又征汝、光之芦商租价数目与报效同”。1925 年 7 月，因军事需要，“于食户捐原收外，增加六厘，合为一分”。即每斤加收盐捐 1 分。1926 年，为了维护河南省银行发行的豫钞，又“在食户捐、报效、租价三项，带征一成附捐”。同年 10 月，改芦盐、潞盐、淮盐、东盐引盐为官督商运，设河南盐务督销总局，“每斤抽收督销费洋一分，缉私费洋五厘”。以上为北京政府时期河南盐捐征收与加征的经过，各年盐捐收入是：1923 年为 813620 元，1924 年为 687710 元，1925 年为 1181150 元，1926 年为 1463530 元。①

此外，北京政府时期河南还征收其他各税。如屠宰税，开征于 1915 年，原定征收猪、牛、羊 3 种，税率猪每头纳税 0.3 元，牛每头 1 元，羊每只 0.2 元。嗣后改为牛 2 元，禁止宰牛的地方猪征 0.4 元，羊征 0.3 元。② 该项税收以投标承包的办法征收。

煤矿税。晚清时期，随着煤矿兴办，政府“同时开始征收煤矿税”。民国时期继续征收煤矿税，包括矿区税、矿产税和统税 3 种。③ 不同地方矿税税率有所不同，如在巩县（今巩义）、焦作、信阳、许州（今许昌）、济源、密县（今新密）、宝丰、渑池等产煤之地，原则上税率为 5%，但在具体征收中“每吨纳税之数，随各处市价之估计而异，巩县、彰德、许州、武安为百分之五，加抽地方税百分之二；信阳、济源、密县、（按）笼计算，每笼抽制钱 80 文，其重量不等。渑池、宝丰约抽百分之四……平均计之，土窑实出数之税率，约在百分之五以下”④。

烟酒税。属于旧税，河南烟酒税烟类有烟叶、烟丝两税，酒类只征收酒斤税，“民国初元，仍因清制”。1915 年 6 月增加税率，即“按照旧率，

---

① 刘景向总纂：《河南新志》卷 6，赋税，上册，第 332～337 页。

② 王泽溥修，李见全纂：《林县志》卷 5，财政。

③ 禹州市志编纂委员会：《禹州市志》，第 506 页。

④ 贾士毅：《民国财政史》上册，第 366～367 页。

外加一倍抽收”,税率为:烟丝税,每斤征收16文;烟叶税每斤征收6～12文不等;酒斤税,每斤征税16文。①

验契税。亦属前清旧税,1915年9月,河南规定验契税“大契查验费二元,注册费二角;小契收查验费一元,注册费一角”。民国初年,河南各年度验契税预算征收数目是:1913年150000元,1914年1400000元,1916年700000元。②

六、银号、银行与货币

在河南传统金融体系中,钱庄是最主要的金融机构之一,在社会经济发展中起着重要的作用。在新兴金融业没有占领金融市场时,钱庄为河南各种行业“融通资金之枢纽,举凡食粮、烟叶、棉花之采购、运销、存贮,农村生产消费等货物之供给、分销,农工商资金之借贷、汇兑、存储,实无不利赖之”,因此,一些商业市镇“俱为银号业荟萃之所”③。从商业都市到市镇均有钱庄、银号等机构,为市场提供金融服务。如自1901年上海金融买办资本“久成号”在南召设立了“久成隆记”丝绸庄,主要经营丝绸,兼办货币兑换及存放、汇兑等后,至1920年,上海买办资本先后在南召设立钱庄9家,即李青店的“久成隆”、“福盛公”,白土岗的“得胜久”、“响太龙”、“德茂和”、“天德厚”、“板山坪”、“久成庆”等④,这两个市镇是南召的手工丝织业和丝绸交易中心。民权有北关集的“义和泰”和王桥集的“进财升”两家钱庄,资本有数万元,从业人员10～20人,多以放贷为主,利息1～5分,分为抵押放贷和信用放贷两种,除放贷外,还经营银两兑换。⑤ 1924～1931年,虞城县先后设有5家较大的钱庄,掌柜多为山西人,主要经营钱币、银两兑换业务。⑥

---

① 贾士毅:《民国财政史》上册,第546页。

② 贾士毅:《民国财政史》上册,第423、418页。

③ 常文熙:《河南农村金融之调查》,《社会经济月报》第2卷第11～12期合刊,1935年12月,第61页。

④ 南召县史志编纂委员会:《南召县志》,第821页。

⑤ 民权县地方史志编纂委员会:《民权县志》,中州古籍出版社1995年版,第439页。

⑥ 虞城县志编纂委员会:《虞城县志》,第303页。

在钱庄比较少的地方，一些商号兼营钱庄的业务，如镇平县除"两铭号"钱庄办理存款、放款、汇兑业务外，石佛寺、贾宋、侯集、晁陂等较大的集镇多为商号兼营汇兑和存放业务。① 1923年，陕西商人杜志印在唐河县城西关开办了"同心协"钱庄，资本3万元。1920～1932年，该县先后有10余家商号兼营钱庄生意，并发行"商号币"。② 有一些钱庄是从当铺转换而来的，如1915年，内乡开始有私人经营金融业务，县城有刘则甫、夏佳、涂生甲、冯介甫等4家当铺和钱庄，每户当铺有资本30多串，多以抵押形式典当和经验放账业务。1921年，当铺全部改为钱庄，以当半折价经营高利贷和兑换货币、零钱，号称"铁笼铺"。③ 可见，晚清和民国初年是河南钱庄形成的主要阶段。又据北京政府农商部1915年调查统计，民国初期，河南49个商业都市和市镇有钱庄322家。④ 据1918年调查统计，资本在5000元以上的钱庄全省有151家，一些商品化程度比较高的地方银号数量较多，如以盛产酱菜著名的杞县有25家，商城有20余家，盛产药材的禹县有17家。⑤ 北京政府时期，传统的钱庄在金融市场和社会经济中占有重要的地位。

同时，新式银行在河南也相继建立。河南省银行源于前清的豫泉官钱局（创办于光绪二十二年），民国建立时，由于豫泉官钱局经营不善，亏损严重，"负债额达八十万四千两有奇"。于是决定将"民国元年四月以前账目，划归旧案，派员接收。四月以后，另作新案，继续进行，并将各分局次第撤回，仅存周口、郑州两处分局，亦已停止交易"。尽管划分旧案、新案，但银行并没有多大起色，"自新旧案划分以后，并未另添资本，仅以七万余两之款，应付八十万之外债，已属勉强支持，加以军饷政费，有时

① 镇平县地方史志编纂委员会：《镇平县志》，方志出版社1998年版，第645页。

② 唐河县地方史志编纂委员会：《唐河县志》，中州古籍出版社1993年版，第471页。

③ 内乡县地方史志编纂委员会：《内乡县志》，三联书店1994年版，第574页。

④ 农商部总务厅统计科：《中华民国四年第四次农商统计表》，上海中华书局1917年版，第598～599页。

⑤ 农商部总务厅统计科：《中华民国四年第七次农商统计表》，1922年2月刊行，第499页。

仍需垫补,左右支绌,困难益甚”。据1914年5月报告,银行资本183074元,现金371985元,存款942367元,放款1583171元,公积金127999元,本期亏耗19560元。在中国、交通银行在豫未设分支机构前,豫泉官钱局在河南省金融中占有重要地位,“公家出纳,悉经其手,即借以流通市面者,亦以该局纸币为多”。自民元以来,该局发行银票、银元票“合计不及百万之额”①。

吴佩孚统治河南期间,为了解决军费之需,1923年初,河南省财政厅开始筹划将豫泉官钱局改为河南省地方银行,资本500万元,在各县商务繁盛之地设立分行,并筹划在北京、天津、汉口等亦设立分行。② 在筹备过程中,还制订了推行纸币计划,“(一)推行纸币以维持现状,仿照鄂省千钱台票,注千钱铜元票及一元纸币,务令城乡皆可流通。(二)省城票币准备金,因豫泉官钱局信用扫地,召集商股颇不容易,拟乃以官钱局成本全数挪归银行,再以金融补助其不及,信用方可渐复。(三)各县推行票币,亦宜有准备金,设兑换所,责成公款局经理之。并言各县武装警察,全省岁费数百万,危害地方,宜请军民两长裁汰一半,所省费用乃由县收,拨交公款局存储,作为各县兑换票币之准备金。遇必要时,可商明知事,挪用丁漕,事过照款补交,以维信用。(四)票币推行,由各县具文呈领,按其推行方法之善否,酌定奖惩。(五)纸币在县推行,凡公款局、商务会、警察所均负有保持票币信用之责。(六)推行票币,务令完粮纳税,及人民当买田地一律通用,与现金无异,毫不加以勉强,其信用方可永远保持”③。1923年7月,河南省银行成立。8月29日,北京分行成立;10月12日,汉口分行开业,后又在天津、青岛成立分行。该行成立不久,就开始发行巨额纸币,“初次发行纸币五百万元(京、津、徐青、汉口等分行在外),去春(指1924年——引者注)增印六百余万,两次共计

① 周葆銮:《中华银行史》,上海商务印书馆1919年版,地方银行,第15~17页。

② 《河南省地方银行之进行》,《银行月刊》第3卷第3号,1923年3月25日出版。

③ 《河南省银行推行纸币计划》,《银行月刊》第3卷第6号,1923年6月25日出版。

千有余万”。1924年秋季，吴佩孚为了“筹措战费之际，临时增印京、津两行河南省钞甚多，随印随发，毫无统计”。在流通过程中主要依靠权力推行，“有拒绝者，乃军法从事，乃渐等流通”①。河南省银行纸币发行大大超过了准备金，导致银行信用丧失，“河南省银行发行之大宗纸币，在河南省城尚能通行无阻，然外县已屡屡发现不便行使之事实。北京分行亦发出总计面额当在三四十万元之谱，昨闻有人以该行钞票赴某银行存款，竟遭拒绝，不肯收受”②。汉口分行“向来发行钞票甚夥，早已超过基金数目……各商号不但即特拒绝收用，且将发生挤兑事情”③。由于银行准备金不足，而又大量发行，导致了货币信用跌失。天津分行成立后“因供给军用，发行河南省纸币甚巨”。为使其在市面流通，“吴佩孚令警察厅、总商会，饬各商一律照现洋通用，不准折扣，该商已遵谕行使”。但是1924年10月31日下午，河南银行天津分行行长将现款数十万元“运存法租界该行总理私宅，该银行总理及全行同人，于三日吴佩孚离津时即停止办事”。总商会“派员会同该管警署到该行检查，除家具外，存款无多”。河南银行天津分行卷款跟随吴佩孚逃跑后，使天津“商民大起恐慌”。该事件也波及北京，河南省银行“北京分行成立将及两年，所发行纸币外间不能知其数目，惟市面尚能行使。近日自津行发生破绽，其影响所及，京行纸币已不受人欢迎，每日兑现者极多”④。天津总商会查封了该行天津分行，北京警察署也查封该行北京分行。⑤ 由于滥发纸币和天津分行卷款逃跑，使各分行纷纷倒闭，大量的豫泉官钱局与河南省银行纸币难以兑换，使河南省银行信誉一落千丈，“省银行及豫泉官银号银

---

① 《河南省银行纸币之近况》，《银行月刊》第5卷第2号，1925年2月25日出版。

② 《河南省银行发行巨额纸币》，《银行月刊》第3卷第10号，1923年10月25日出版。

③ 《河南省银行纸币停止兑现》，《银行月刊》第4卷第11号，1924年11月25日出版。

④ 《河南省银行纸币停止兑现》，《银行月刊》第4卷第11号，1924年11月25日出版。

⑤ 《河南省银行纸币之近况》，《银行月刊》第5卷第2号，1925年2月25日出版。

元票一日不兑现,信用不复,固与商人有害,而官厅亦失其周转之术"①。为了挽救省银行信誉,决定"实行铜元票无限制兑现",并令省铜元局"加工赶造,每日夜可出当二十铜元五万串,故铜元票兑现,极为顺利"②。1926年,随着时局的变换,河南省银行维持艰难,信用难以挽回,所发行的纸钞不断跌价,"由四五折而一落千丈,刻下每元仅值一角三四分"③。次年,北伐军占领河南,随着吴佩孚的失败,河南省银行彻底垮台。

除了河南省地方银行外,中国、交通与其他商业银行也在河南商业都市和市镇设立分支机构。如北京政府时期中国银行在河南设有7个分支机构;1913年4月在开封设办事处;12月,分别在安阳、郾城设办事处;1920年6月,在驻马店设办事处;1921年1月,在郑州设支行;1923年6月,在新乡设立寄庄;次年6月,在陕县设寄庄。④ 据1915年统计,交通银行在河南郾城(1909年设立)、浚县(1911年)、信阳(1913年)、郑县(1913年11月)、安阳(1913年11月)、洛阳(1913年12月)、新乡(1915年1月)设立7家分行,主要从事汇兑业务。⑤ 1920年代,郑州发展成为中原地区最具影响力的新型商业都市,商业贸易以棉花为大宗,交易量达到每年约2000万元左右,其次瓜子、牛羊皮等生意每年也有二三百万。巨额的交易量吸引了多家银行在郑州投资,1924年调查,中国、交通、金城、盐业、兴业(浙江)以及河南省银行等6家在郑州建立分支机构。⑥

北京政府时期,河南货币流通十分混乱,各地流通的货币五花八门。

① 《河南省银行一时尚难复业》,《银行月刊》第5卷第1号,1925年1月25日出版。

② 《河南省银行挤换风潮纪实》,《银行月刊》第5卷第12号,1925年12月25日出版。

③ 《豫当局查封省银行》,《银行月刊》第6卷第2号,1926年8月25日出版。

④ 参看黄正林:《二元经济:社会转型时期的地方金融体制研究——以1912～1937年的河南省为例》,《史学月刊》2009年第10期。

⑤ 农商部总务厅统计科:《中华民国四年第四次农商统计表》,第570～571页。

⑥ 《郑州及其邻境之调查》,《大陆银行》第2卷第8号,1924年8月25日出版。

主要有生银、银元、铜元、制钱、银票、银元票、铜元票、钱票等8种。① 1920年以后，河南金融市场因财政困难而日益混乱，流通在市面的货币有现洋、当十铜元、大铜元（每枚当制钱二十文，1920年由湖北、湖南输入）、中国和交通银行发行的纸币、豫泉官钱局纸币、豫泉官钱局铜元票（有4种，即当十铜元票、当五十铜元票、当百铜元票及当二百铜元票）、金库券。② 1923年以后，河南省银行开业，发行龙亭图案面值1元的纸币、100文的制钱票和20文的铜元票③，在全省各地流通。此外，各银号、商号发行有银号币、商号币在不同范围流通。如1920年，永城县商人高占林在县城以瑞聚粮行字号印制面额1000文、2000文两种纸钞，凭票可取钱亦可购粮，流通于县城周围，"后因粮食涨价，货币贬值，群众争相挤兑，县府查封该粮行，该钞作废"，给持钞者带来了巨大的损失。1922年，该县商人丁梦灵以鼎康泰钱庄字号印制兑换券，面额1000文，以高利贷的形式发行于市。"因发行过多，无资兑现，激起民愤，持券者将丁的钱庄财物抢拿一空，该券被禁止流通。"④由于货币发行混乱，而发行钞票的商号、银号、钱庄很多，这些不同性质的货币有的在一定程度上缓解了金融枯竭和流通问题，但是一旦信用丧失，会给民众生活带来极大不便并引起社会动荡。

第五节　新式交通、通讯事业的兴起

一、传统交通业的变迁

近代以来，随着西方文化的传播，中国传统社会开始向现代社会转型，交通运输业也发生了巨大的变化。在传统的"陆路交通向来以车马为主要交通工具，以陆地驿站为最方便最敏捷的陆路交通组织，而关于

① 《河南币制与汇兑事业》，《申报》1919年9月18日。
② 《河南金融之现状》，《申报》1921年4月8日。
③ 镇平县地方史志编纂委员会：《镇平县志》，第649页。
④ 永城县地方史志编纂委员会：《永城县志》，第254页。

陆路交通之机关及法令,亦以针对驿站制度者为中心"①。民国建立后,1912年5月,北京政府废除了驿站制度,中国传统的以官府为中心的传统陆路交通组织结束了,代之而起的是现代交通组织,邮政系统、公路系统、铁路系统以及航空系统的建立成为现代交通运输业的主要部门。

运输工具也发生了巨大的变化。传统运输工具主要有畜力车,如马车、牛车、毛驴车。人力运输工具有独轮车、黄包车、架子车、三轮车。近代以来,这些传统运输工具在河南尤其是乡村社会仍然发挥着重要的作用,农家运输粮食、肥料、赶集运送货物等几乎都是用传统的运输工具。但传统运输工具也有所变化,如马车开始使用胶轮,即出现了胶轮大车。人力车出现了黄包车,1905年开封乾泰杂货行店员赵锦荣从上海购进5辆黄包车,经营黄包车运输②,这是河南最早出现的黄包车。现代化的运输工具有火车、汽车、飞机等。火车运输出现在晚清时期,主要是货运与客运。汽车运输出现于1915年,"民国时期汽车吨位比较小,客车十五六个座位,货车载重2～3吨"。河南汽车主要从美国和日本进口,美国汽车有道奇、雪佛莱、福特、万国、奇姆西等,日本汽车有丰田、尼桑、五十铃等。③

河道航运是中国传统运输方式之一,河南可以进行航运的河道主要有:(1)黄河。河南位于中原地区,黄河从中穿行而过,但由于泥沙淤积,"航业上无何利用"④,仅在陕县至陕西潼关有货船通航,"自陕西装载棉花,顺流而下,沿途皆可起卸",但因运输工具为木帆船,自陕县至潼关上溯时,"河中多滩,船须傍滩拉纤以行。一船水手四、五人,一人扶舵,一人执篙,余在岸上拉纤,逆水日行数十里"。黄河支流洛河在"夏秋水盛时,小舟溯流一百二十里至宜阳县城韩城镇,约需一日余。又七十里至洛宁,又一百八十里至卢氏,共需五、六日"⑤。但是逆水而上,速度迟缓,颇不便利。(2)汉水。汉水是从汉口联络河南、陕西的主要水道,有

① 白寿彝:《中国交通史》,上海商务印书馆1937年版,第231页。

② 河南省地方史志编纂委员会:《河南省志·交通志》,第167页。

③ 河南省地方史志编纂委员会:《河南省志·交通志》,第169页。

④ 张心澄:《中国现代交通史》,上海良友图书印刷公司1931年版,第260页。

⑤ 刘景向总纂:《河南新志》卷12,交通,航路,中册,第774页。

图 1—1 停泊在岸边的黄河货运船

图片来源:《陇海铁路旅行指南》,陇海铁路总务处编译课 1932 年印行,第 159 页。

两条航路与河南主要市镇相联系:一条是溯汉水至老河口(在湖北),“由此陆行,经河南荆紫关,以达陕西长安,往来不绝”;一条是溯汉水“出河南赊旗镇,由此陆行,经开封而至陕西长安”①。(3)淮河。淮河自古以来就是联系河南与江苏、安徽以至上海的主要通道,“河南物产,自淮河经洪泽湖,出淮阴与大运河相连络而运至丹徒”。其支流颍河在河南物产对外运输中作用最大,“溯颍水达周家口,溯贾鲁河达扶沟,溯沙河达襄城、叶县……均通小舟”②。周家口镇因沙河、贾鲁河、颍河交汇,航运业发达,自“民国以来,铁路大通,航运渐失所责,而周口码头较前有减无衰”③。(4)卫河。卫河“首尾俱在平原,本省境内可行舟者约三百里,水量平均,泥沙最少,有舟楫之利,少泛滥之患,为河南河流之最良者”④。以上为河南主要可行船之水道。

民国以来,由于陆路交通日渐发达,铁路、公路相继修建,水道交通失去了往日的作用,一些河道淤塞,难以航行,如周口上溯贾鲁河,“经西华达扶沟,西可上至朱仙镇,近多淤塞,不能通行”;该河自郑县至洧川

① 葛绥成:《中国之交通》,上海中华书局 1929 年版,第 35 页。

② 葛绥成:《中国之交通》,第 55 页。

③ 彭大海:《周口航运纪略》,《周口文史资料》第 8 辑,1991 年印行,第 127 页。

④ 刘景向总纂:《河南新志》卷 12,交通,航路,中册,第 778 页。

"三百余里，积沙过深"；惠济河自"开封县北岗口东南至陈留"积沙"百余里"；赊旗镇因唐河交通顺畅而繁荣，但近代铁路兴建以来，"唐河上游淤塞，商务骤衰，南来之舟至赊旗镇下百里，楫不易行，上溯之客货渐集于唐河县之源潭镇"①。可见，随着近代新式交通业的发展，传统水运的方式逐渐走向萎缩。

二、铁路主干线的形成

晚清铁路兴起以来，河南兴建了3条铁路，即平汉铁路、道清铁路和陇海铁路，构成了民国时期河南铁路的主干线。平汉铁路于1906年通车，道清铁路于1906年通车，陇海铁路在民国建立前汴洛段184公里通车，洛潼段向西拓展了35公里②，后因1911年清政府实行铁路国有政策后，商民反对将铁路收归国有，组织"陇秦豫海铁路股东联合会，委员分赴各县招募原有股东不借外人之款而赎回自办"，掀起了保路运动，"各县学生皆推举代表回本县劝募股本，风起云涌，大有不得不休之势，又公举在籍绅士太康刘果(光绪丙午进士，曾官礼部参议)为督办，积极进行"③。该段铁路中止修建。

图1—2 左图为陇海铁路管理局大门；右图为道清铁路焦作站

图片来源：《陇海铁路调查报告》，中国国民党陇海铁路特别党部1936年印行；《道清铁路三十周年纪念》，道清铁路管理局1933年印行

陇海铁路西端展至潼关，东段展至徐州，是北京政府期间河南铁路

① 刘景向总纂：《河南新志》卷12，交通，航路，中册，第774～778页。

② 刘世永、解学东主编：《河南近代经济》，第256页。

③ 刘景向总纂：《河南新志》卷12，交通，陇秦豫海铁路，中册，第758页。

建设的主要项目。1912年9月,中华民国政府与比利时铁路电车合股拟定借款合同,规定“合同以赎回汴洛并展造由汴洛铁路东至扬子江北之水口,西至甘肃之兰州府”。“中国政府允将洛潼一段,赶紧设法收回,并入干路之内,务使接连各段工程无少阻碍延搁。……中国政府应备全路地段并其附属物应用之地。”①借款总额为1000万英镑,年利5厘,以本路财产及进款为担保,年限为40年,自第11年(即1923年6月16日)起30年间分60期摊还(即还本终期为1953年12月17日)。② 北京政府与比利时签订铁路借款合同后,将该段铁路并入全国东西铁路干线,“由国家担任修筑,发还人民所集股款。次年,设立陇秦豫海铁路股东联合会,委员分赴各县召集原有股东,各持收据股票赴会领回股本”③。同时,该路与比利时签订借款合同后,也遭到国人的反对,如1917年5月参议院议员岳秀夫、陈鸿畴在《国民日报》发表文章,指出:“海兰铁路横亘东西,为中国最长干线;于军事、商业、矿山,皆有绝大关系。所以外人垂涎,先攫中段路权,以汴洛为基础,势欲控全路以操纵中国交通机关,计已险矣。豫人窥其阴谋,共同协力组织洛潼铁路公司,盖以洛潼为海兰铁路最要紧、最难修之中段,得此而截汴洛路之西展,外人野心不得达,中国之交通权即不至全行丧失。……乃路贼党徒,图私忘公,假国有之名,行卖路之实,夺商办铁路供之外人,当时抵押合同丧权辱国,不敢宣布,另造伪合同,以欺国人。”④也正如有学者指出,近代中国在以铁路为名的借款中,“只是迎合中国当权者的需要,便借铁路名义提供借款,而先支付少量垫款供借者取作军政费用,以求达到自己的政治目的”⑤。因此,即使借了款,也未必全部用在铁路建设上,致使铁路工程进展缓慢。因此,上述两议员对陇海铁路借款合同及其借款合同签

① 宓汝成:《中华民国铁路史资料(1912～1949)》,社会科学文献出版社2002年版,第111页。

② 王黼炜等:《交通纪实》,1916年出版(出版者不详),第44页。

③ 刘景向总纂:《河南新志》卷12,交通,陇秦豫海铁路,中册,第758页。

④ 宓汝成:《中华民国铁路史资料(1912～1949)》,第47页。

⑤ 汪敬虞主编:《中国近代经济史(1895～1927年)》(上册),第496页。

订后迟迟不开工提出质疑①,是有道理的。

中比借款合同签订后,1912年11月20日,在北京设立陇秦豫海铁路总公所,施肇曾为督办,并派卢学孟接受汴洛铁路。次年,决定开封至海州为东路,洛阳至兰州为西路。陇海铁路开封至徐州段,1913年5月动工,1915年5月通车,长277公里;西路洛阳至观音堂原来有洛潼公司修筑,1914年补筑,次年9月通车,长92公里。② 在建期间,第一次世界大战爆发,比利时被德军占领,不得不中止。中国政府在中国、交通、金城、中南、盐业等银行组团支持下,勉强维持“在建”的局面。③ 欧战结束后,1919年3月,为弥补资金不足,发行短期公债500万元“以济工用”,但只募集了320余万元。1920年,陇秦豫海铁路督办施肇曾赴欧洲与比利时、荷兰签订借款合同,借荷兰5000万元,比利时1亿5千万法郎,九一折扣,年息8厘。“此后西路由比、东路由荷投资。”④即比利时展修观音堂以西段,荷兰修筑徐州以东段。陇海铁路进展比较缓慢,南京国民政府建立前,“已修成通车之路,由开封而东,至于大浦,由洛阳而西,至于灵宝,由开封东行十二站,至刘堤圈,出河南境。西行三十六站至灵宝县,为现时行车至终点”⑤。

北京政府时期,除了修建陇海路外,还修建了道清铁路支线。1916年,北京政府在英国公使的催逼下,续借英款修建了清化至陈庄的铁路,全长不过13公里。⑥ 1920年12月,财政部、交通部与福公司签订清孟支路借款合同,借35万英镑,修建清化之孟县支路。⑦

通过晚清到北京政府时期的修建,河南形成了纵横南北和东西的两条铁路干线和道清铁路,使河南交通面貌焕然一新。尤其是陇海、平汉两路交会于郑州,“两路护卫联络,颇极顺利”⑧,对促进河南经济的发

① 宓汝成:《中华民国铁路史资料(1912~1949)》,第47页。
② 曾鲲化:《中国铁路史》,1924年印行,第813~815页。
③ 汪敬虞主编:《中国近代经济史(1895~1927年)》(下册),第1966页。
④ 袁德宣:《交通史略》,北京交通丛报社1927年印行,第95页。
⑤ 刘景向总纂:《河南新志》卷12,交通,陇秦豫海铁路,中册,第759页。
⑥ 汪敬虞主编:《中国近代经济史(1895~1927年)》(下册),第1973页。
⑦ 张心澄:《中国现代交通史》,第111页。
⑧ 刘景向总纂:《河南新志》卷12,交通,陇秦豫海铁路,中册,第759页。

展，加强河南经济的外向化发展极为有利。

三、公路交通业的兴起

河南现代公路建设肇始于1919年，当时“内务部召集河务会议，其时河务局长吴篔孙提议将各河重要堤埝，划归国道案内，由国家提前修治，当经公决，由会请部酌核加入国道案内办理，或分别国道、省道，双方协办”①。尽管这一筹划没有得到立即落实，但为以后河南利用堤埝修筑公路提供了借鉴。河南第一条公路始于1920年华北大旱期间。旱灾发生后，华洋义赈会等慈善机构为了救济河南灾民，将清化镇至沁阳的原有官道进行整修，改为汽车路，全长57.5公里。截至1923年，华洋义赈会先后在河南商丘、虞城、夏邑、永城、柘城、扶沟、西华、商水、沈丘、项城、上蔡、西平、汝南、正阳、确山、息县、罗山等29县举办工赈筑路，累计里程为681公里。② 华洋义赈会以工赈的方式在河南修筑公路，不仅对救灾有积极意义，而且带动了河南公路事业的发展。

北京政府时期河南公路的修筑与军事紧密联系在一起。1922年，冯玉祥任河南督军时，成立了军用汽车专局。计划在河南修建5条公路：“1.由开封至周家口。2.由周家口至漯河。3.由漯河至南阳。4.由南阳至湖北老河口。5.由开封至安徽亳州。”③为了方便汽车行驶，征发开封、陈留（今属开封县）、杞县、太康、淮阳等地民工，将原来开封至陈州（今淮阳市）的官马大道修成土公路，这条汽车路被称之为开封第一条公路。④ 为了公路修筑和管理，吴佩孚统治河南期间制定了直鲁豫汽车道路大纲7条：“（一）官督商办；（二）设会办；（三）官道加宽八丈三分一，为汽车路，两侧挖沟种树；（四）非官道之新路七丈为限，占民地应给代价，或租或购；（五）加宽官道所占民地，应给地价；（六）山岭、河水修桥开路

① 刘景向总纂：《河南新志》卷12，交通，汽车路，中册，第770页。

② 河南省交通史志编纂委员会：《河南公路史》第1册，人民交通出版社1992年版，第168页。

③ 河南省交通史志编纂委员会：《河南公路史》第1册，第172页。

④ 高正格：《开封的第一条公路》，《河南文史资料》1994年第2辑（第50辑），第109页。

工料各费,或筹官款,或招商股,该省长官因地制宜;(七)护路队未成前,沿路地方军警员负保养责任。"①

除了军事原因修筑公路外,北京政府时期河南地方和民间也组织修建公路,主要把原来的旧官道拓宽为汽车路。如1921年,方城县将保安驿到灵龟铺的原旧官道拓宽为汽车路。后来,省政府派员勘察该路,县知事派员设局转办,地方摊派民工进行修建,所用经费由县统筹,规定凡有地10亩以上的民户,出工1名,地多者每亩增加1名,不足10亩者可以免征。该公路全长60公里。阌乡县知事利用东西旧官道,征集民工兴修汽车路,东起吕店村西至潼关,长约39公里,1923年2月完工。②1924年9月,太康在原来驿道的基础上修筑了杞、太、睢公路。③ 另外,还修建了一些短距离的公路,如新乡县采取以工代赈的办法修建了辉县孟家坟至潞王坟火车站的公路5公里,英福公司修建了焦作至博爱李封村的公路等。④ 通过数年的公路建设,截至南京国民政府建立前,河南省可通车的公路有八条主要公路:(1)自商丘至安徽亳县;(2)自开封经陈留、杞县、太康、陈州至周口;(3)自陈州西经周口至漯河镇,西至鹿邑接安徽亳州;(4)自驻马店经唐河至南阳;(5)自信阳经罗山、潢川(光州)至固始;(6)自陕县至潼关;(7)自清化镇至济源及黄河桥;(8)自安阳至楚旺镇。⑤

随着公路的兴建,汽车运输业也发展起来。1920年,许昌商人郑开先等呈请河南省政府批准借用官道,在开封至漯河试办汽车公司,这是河南第一家汽车公司。1921年,方城利用旧官道开办了保安至灵邑铺汽车运输,商人胡汝霖开办了开封至周口的汽车运输。随后汽车运输增多起来,怀庆、信阳、鄢陵、商丘等都出现了汽车运输。在北洋政府时期,河南可通汽车的公路1300多公里,汽车发展到百余辆,成立大小汽车公

---

① 《直鲁豫汽车路近况》,《道路月刊》第9卷第3号,1924年5月15日出版。

② 河南省交通史志编纂委员会:《河南公路史》第1册,第168、169页。

③ 郝殿青、李庆中:《太康县公路运输事业发展的艰难历程》,《太康文史资料》第1辑,1995年印行,第153页。

④ 河南省交通史志编纂委员会:《河南公路史》第1册,第168页。

⑤ 张心澄:《中国现代交通史》,第191页。

司几十家，遍及全省各主要市镇。① 公路的兴建和汽车运输业的兴起，是民国时期河南的新生事物，它不仅使传统运输方式逐渐发生变化，而且影响和改变了人们的生活，在推动河南社会经济发展和现代化进程中发挥了重要作用。

四、邮政的兴起与发展

中国现代邮政兴起于晚清时期，光绪二十二年（1896 年）二月，清政府正式办理新式邮政。最初邮政由海关兼办，1903 年邮传部成立后，邮政归邮传部主管，九月英国人在开封创设邮局。民国成立后，邮政归属交通部管理。省级设立邮政管理局，全国有 24 个邮区，河南为其中之一。② 河南省邮政事业从省级城市到乡村市镇分为 5 个层次，“最高者，为邮务管理局，次为一、二、三等邮局，又次为邮务支局，又次为邮寄代办所与代售邮票处。而城邑村镇之信柜邮筒，则皆邮差为之启闭焉”。据 1926 年调查，全省除了邮务管理局外，设有一等分局 1 所，二等分局 86 所，三等分局 46 所，邮寄代办所 732 家，代售邮票处 18 家，邮务信柜 547 架。③

随着邮政事业的兴起，河南邮路也不断扩展。1896 年，河南建立了归德（今商丘）至朱集的步班邮路，这是河南邮政事业的开始。光绪三十一年（1905 年），道口镇至清化镇铁路通车后，开始了火车带运邮件，是河南现代运输工具参与邮政的开始，1905 年，河南省邮路总长度为 2350 公里。民国建立后，随着驿站制度的废除，河南邮政事业有了较快的发展。一是省内邮路不断延伸，以省城开封为中心，邮路延伸到县城和一些主要的市镇。并建立了开封至商丘（归德）的重班邮路，如 1913 年，本省发出邮政骡驮共计 1218 匹，运送重班邮件计约 15.1 万公斤。一是建立了省际邮路，来往邮件也不断增多。如 1915 年，由河南省发往西安及其他各地的重班邮件增多，全年派出骡驮 2455 匹，运送邮件 30.6 万公

① 河南省交通史志编纂委员会：《河南公路运输史》第 1 册，人民交通出版社 1991 年版，第 113～115 页。

② 赵曾珏：《中国之邮政事业》，上海商务印书馆 1946 年版，第 5 页。

③ 刘景向总纂：《河南新志》卷 12，交通，邮政，中册，第 733 页。

斤,平均每日达0.8万公斤。在邮路建设方面,公路和铁路都有所增加,据1919年统计,全省邮路总长度为10134.5公里,比1905年增加了4.3倍。其中铁道邮路1108公里,包括平汉铁路丰乐镇至新店,计550公里;陇海铁路观音堂至马牧集,计423公里;道清铁路,计135公里。公路9999.5公里,共计160条邮路,全靠人力步班运输。公路邮班传送频率分为5种:一是逐日昼夜兼程班,有31条,计2826公里;二是间日昼夜兼程班,有1条,计95.5公里;三是逐日班,有46条,计2718公里;四是间日班,有40条,计1969公里;五是三日班或三日班以上班,有42条,计2391公里。① 1926年,河南邮路发展到55224里,即27612公里,比1919年增长了2.7倍;从事邮政事业的人员职员1174名,邮差340名。② 同时,北京政府期间,河南还曾试图开办航空邮政,1925年5月1日,郑州至洛阳通航后,带运邮件,但中途机身发生故障,所带邮件由火车运往洛阳,"此次空运邮件虽未成功,但为河南航空邮运之始"③。邮政事业的兴起和投递方式的变化,使信息传递更加快捷,为社会经济发展和民众的生活带来了方便。

本章结语

本章主要研究了北洋政府统治时期的河南经济。农业方面,河南农业商品化程度得到比较快的发展,主要出现了以豫北和豫西为中心的棉花种植区,以豫中许昌为中心的烟草种植区和以豫东开封为中心的花生种植区。工业方面,1912年至1926年河南建立了一系列不同层次的近代工矿企业,工厂包括官营工业、民营工业和西方列强在河南开办的工厂,列强加剧了对河南煤炭、农产品的掠夺。手工业也发生了变化,河南各地兴起了手工业工厂,以工厂的方式经营手工业,一些手工业产品还参加了1915年在美国举办的"巴拿马万国博览会"。商业贸易方面,从

---

① 河南省地方史志编纂委员会:《河南省志·邮电志》,河南人民出版社1993年版,第23、41页。

② 刘景向总纂:《河南新志》卷12,交通,邮政,中册,第734页。

③ 河南省地方史志编纂委员会:《河南省志·邮电志》,第47页。

省到县、市镇分别建立了商人组织商会，传统的集市和庙会仍然为主要市场，同时因铁路的修建，市场的空间布局发生了变化。同时，金融、税收、财政、交通、邮电等都发生了较大的变化。

第二章　南京国民政府前期的河南经济(上)

第一节　农政机关与农业技术

一、农政机关

中央方面,1928年南京国民政府成立农矿部(1928年2月28日至1930年12月4日),部内设农政、林政二司,主管农林事业。1930年,农矿部改为实业部(1930年12月4日至1938年1月1日),内设农业、渔牧二司及林垦署,分别掌管农、林、牧、渔业等。

省级农政机关。1927年7月将原实业厅改为建设厅,"初置四科,分掌农、工、商、矿、渔、牧、森林、水利、市政、道路、交通及一切建设事宜"。1932年8月,建设厅改组,科室增加为1室5科,与农业相关的管理机构是第一科,"掌理农业垦荒、渔、牧、森林各事项",第四科"掌理水利"等事项①。建设厅还下设一些涉农机构,1929年,将开封原有农林、蚕桑等机构合并设立河南农林试验场,先后在尉氏、信阳、洛阳、汲县、商丘、辉县、南阳设立了7所农林实验场,同时将辉县、延津、登封3处林场统归建设厅直接管理。中原大战后,河南财力维艰,而且原有农林试验

---

① 河南省政府建设厅:《河南建设概况》,1934年印行,厅务,第1页。

场“内部组织范围过广，博而不专，难期进展”①。因此，1931年，将农林试验场改组为7个试验场：即开封园艺试验场，商丘麦作试验场，信阳稻作试验场，洛阳棉作试验场，汲县杂谷试验场，南阳桑蚕试验场，辉县畜牧试验场。1932年12月，河南省对农林机关进行了合并和改组，即将开封园艺试验场、商丘麦作试验场、郑州模范林场第一区林务局合并为河南省第一农林局；信阳稻作试验场与第五区林务局合并为河南省第二农林局；南阳蚕桑试验场与第四区林务局合并为河南省第三农林局；洛阳棉作试验场与登封第三区林务局合并为河南省第四农林局；辉县畜牧试验场、汲县杂谷试验场与第二区林务局合并为第五农林局。

1932年，国民政府对地方政治制度进行了改革，河南省划分为11个行政督察区，每区设专员一人。同时，中央政府“特令饬各行政督察专员驻在地，筹设规模较完备之大农场一所，附设农林试验学校，及农林讲习班，本教、学、做三者并重为原则，矫正以往学而不做之弊，以期养成真实服务之人才，藉奠复兴农村之基础”。根据中央政府的饬令，河南省政府“当即拟具各专员所在地筹设农场及农林实验学校办法大纲”。此后，除第六、九两区外，其余督察区的驻在地相继成立了农场。②

南京政府成立后，各县实业局亦改为建设局(1927年8月)。县实业局的主要职责是：“(一)关于农、林、蚕、棉、工、商、水利、交通、市政各项行政及工程之设施。(二)关于地方特产之调查。(三)关于建设特别指办事项。”③由于篇幅所限，难以将各县农政情形一一描述，而各县情形又大同小异，以信阳为例来说明问题。1924年8月，信阳县“以原有之农事试验场及劝农员经费改设实业局，以旧农场为局址，在税契项下月支一百元”。1927年12月，依省建设厅命令改为建设局，主管“农、桑、蚕、棉、渔、牧、交通、水利、市政、工商、矿等事业”。1932年12月撤销建设局并入县政府第三科，“仍主管各项建设”。信阳农事试验场(1916年筹办，1920年成立)，先后归实业局、建设局和县政府第三科管

① 河南省政府建设厅：《河南建设概况》，农林，第1页。

② 张静愚：《河南建设之回顾与前瞻》(续)，《中国建设》第13卷第2期，1936年2月。

③ 刘景向总纂：《河南新志》(中)卷14，第902页。

理;1934 年 1 月,将农场、苗圃改组为农业推广所,“专事繁殖适宜县境土质各种作物优良品种,培育苗木推广民间,以资改进而增产”①。1930 年代,各县也成立了一些农业督导与推广机关,如农业倡导委员会,其职责除了“办理省倡导委员会之指导与委托事项”外,其余与省级是一致的。② 1932 年县级政府改局设科后,省政府重新制定了农场、苗圃管理办法,“凡农场面积在三十亩以上,苗圃面积在五十亩以上者,各置管理员一人,其不足规定数目者,置管理员一人”。1933 年 12 月,又根据国民政府行政院颁布的《各省县农业机关整理办法纲要》规定:“凡农场苗圃经费在六百元以上者,改为农业推广所,设农业指导员一人或二人,其不足六百元者,改为种子繁殖场,由县政府第三科负责办理。”根据这一规定,河南省 111 个县中,设立农业推广所者 90 县,设立种子繁殖场者 11 县。③

除了上述各种机关外,还有合作社进行农业督导和推广。1932 年,国民政府“剿总”设立了“豫鄂皖赣四省农村合作人员训练所”,12 月河南省政府建设厅负责招收学员 100 余人,参加培训学习,次年结业后“各返原籍侯职”④。1934 年 1 月 16 日,中国农民银行郑县分行成立,河南“始有农村合作事业之倡导”,5 月 5 日,郑县第七区中山村无限责任合作社成立,“是为河南省正式农村合作社之滥觞”⑤。同年 4 月,河南省农村合作委员会成立,下设三组一室:社务组,主管各县成立合作社的审批登记工作;业务组,负责指导各县合作社业务的经营及统计收发全省合作贷款工作;总务组,负责会内后勤工作;视察室,负责全省合作事业的督导与检查工作,不定期分赴各县视察合作业务。⑥ 6 月,合作委员会

① 方廷汉修,陈善同纂:《重修信阳县志》卷 6,建设志,实业。

② 河南省建设厅:《建设法规汇编》第 1 辑,河南省建设厅 1934 年印行,第 134 页。

③ 张静愚:《河南建设之回顾与前瞻》(续),《中国建设》第 13 卷第 2 期,1936 年 2 月出版,第 64～66 页。

④ 茅寄生:《民国年间河南农村合作事业》,《河南文史资料》1993 年第 1 辑(总第 45 辑),第 80 页。

⑤ 崔宗埙:《河南省经济调查报告》,京华印书馆 1945 年版,第 42 页。

⑥ 孟昭社:《民国年间河南合作事业之回顾》,《河南文史资料》第 24 辑,1987 年印行,第 149 页。

派遣"指导员,分赴各试办县份,实施宣传、调查、组织、训练诸工作"①。合作委员会成为指导农村和农业的主要机关。

在合作委员会的推动下,各县合作社有了较快的发展。"起初为经费人才限制,仅择定交通便利,或物产丰富的开封、郑县、新乡、安阳、洛阳、陕县、灵宝、许昌、禹县、南阳、汝南、淮阳、商丘等十四县为试办区",收到了良好的效果,"各县纷起请求派员莅指导之后,复增加广武、荥阳、滑县、沁阳、襄城、镇平、阌乡、新郑、密县、温县、孟津、渑池、杞县、陈留、潢川、民权、汲县等十八县"。为了适应合作事业的发展,省合作委员会于1934年7月招考助理员60名,进行为期3个月的培训后,分配各地指导合作事业。为了培养合作人才,河南省合作委员会许昌办事处"与县政府接洽以促进会名义,先后开办两班,听讲会员第一班二百六十四人,多系小学教员,第二班七十九人,全是联保主任。各会员等回乡以后,对于合作推行帮助很多,所以讲习会办理结果尚颇圆满"②。各县合作社发展很快,截至1935年8月,全省建立合作社1283所,社员63690名,股金21.04万元。③ 1936年河南新增加合作社401所,其中信用社362所,社员17171人;供给社23所,社员2751人;生产社2所,社员70人;运销社14所,社员5996人。当年河南共有各种合作社1615所,社员64875人。④ 1937年根据57县报告,全省登记在案的合作社3484所(其中信用社1278所,供给社4所,生产社13所,运销社142所,消费社1所,兼营社2046所),社员152759人。⑤ 合作社的主要职能是发放农业贷款,推广农业技术,指导农业生产等。因此,合作社成为各县主要的

① 河南省农村合作委员会:《河南省农村合作事业报告》1934年9月,《合作月刊》第6卷,第11、12期合刊,1934年12月15日出版,第63页。

② 《河南省农村合作委员会各县主任指导员第一次工作讨论会议记录》,《河南农村合作月刊》第1卷第6期,1934年11月出版,第6页。

③ 张静愚:《河南农村合作运动的回顾与展望》,《农村合作》第1卷第1期,1935年8月出版,第24页。

④ 《民国二十五年全国合作事业调查》,《农情报告》第5卷第2期,1937年2月15日出版,第46、80页。

⑤ 《民国二十六年十六省合作事业调查》,《农情报告》第6卷第12期,1938年12月15日出版,第151页。

涉农机构。

二、农业技术

(一)农具

从1935～1937年河南的各种调查来看,农业生产工具仍然以传统工具为主,耕种、收割、打碾用所用农具几乎都是旧式农具,如开封近郊大花园村农民使用的农具"如锄、犁、耙、链、木掀、叉、扫帚、铲、铁锨等"①。方城"耕作农具,如犁、耙、锄、链、车辆之类,纯系旧式机械,非惟无采用西式农具之家,亦无公共之设备,因交通闭塞,无从购置故也"②。位于太行山南麓的林县"农具仍为楼犁、锄耙、扙镬、链斧等,并无采用西式农具者"③。灌溉也以辘轳等旧式工具为主,中牟"灌溉多用辘轳,或杠杆等器具,迄未改良"④。襄城"灌溉排水用具仍系旧式,现无改良,亦未采用西式农具"⑤。陕县"灌溉多用辘轳引水,近来采用水车者亦不少,采用新式农具者,则无"⑥。巩县"农民灌溉排水用具之设备,尚袭用旧日之人力辘轳、畜力水车,并利用自然排水,未经改良。亦无采用西式农具者"⑦。可见,农家生产几乎全部使用的是旧式农具。

① 《开封社会调查(七)》,《河南统计月报》第1卷第9、10期合刊,1935年10月出版,第142页。

② 《河南各县社会调查·方城》,《河南统计月报》第2卷第9期,1936年9月出版,第175页。

③ 《河南各县社会调查·林县》,《河南统计月报》第3卷第1期,1937年2月出版,第93页。

④ 《河南各县社会调查·中牟》,《河南统计月报》第1卷第2、3期合刊,1935年3月出版,第157页。

⑤ 《河南各县社会调查·襄城》,《河南统计月报》第1卷第4期,1935年4月出版,第88页。

⑥ 《河南各县社会调查·陕县》,《河南统计月报》第1卷第4期,1935年4月出版,第96页。

⑦ 《河南各县社会调查·巩县》,《河南统计月报》第2卷第2期,1936年2月出版,第130页。

图 2—1　第四区农林局用新式农具播种美棉
图片来源：《河南省建设概况》，河南省建设厅 1933 年印行。

但并不是河南农具没有一点变化，省立农业试验场和个别县的农业试验场开始使用新式农具。如河南棉产改进所除了使用旧式农具外，也使用新式农具，本所有喷雾器 23 具，播种器 1 架，五齿中耕器 2 架；安阳棉场有五进四出□浦 1 部，六匹马力柴油引擎 1 部，棉花条播机 5 架，五齿中耕器 5 架，新式水车 1 付，吉田式洋犁 1 具，中耕器 6 具，喷雾器 9 具；太康棉场有播种机 4 架，五齿中耕器 4 架，喷雾器 6 架；郑县棉场有双柄洋犁 1 架，播种机 3 架，中耕器 4 架，喷雾器 5 具。① 叶县“西式农具，乡村概无采用者，县立农场，有西式犁一张，以做改良农具之提倡”②。汝南县境内设有省立园艺试验场和农业倡导委员会“特约之表证农家数十户，业经采用西式农具，并由农业推广所，设法推广新式农具”③。民权“原有官荒地，曾经三星公司开垦，并在美购置西式机器犁一架”④。农田灌溉中有一些地方使用比辘轳先进的水车，像尉氏“灌溉

① 《河南棉产改进所概览》，1937 年 4 月印行，第 10、12、13、15 页。

② 《河南各县社会调查・叶县》，《河南统计月报》第 2 卷第 12 期，1937 年 1 月出版，第 142 页。

③ 《河南各县社会调查・汝南》，《河南统计月报》第 1 卷第 8 期，1935 年 8 月出版，第 67 页。

④ 《河南各县社会调查・民权》，《河南统计月报》第 2 卷第 6 期，1936 年 6 月出版，第 100 页。

用具，普通多用镳铲，近年来采用水车者，亦不少”①。洧川灌溉以水车为主，全县“有全套水车十七架，分配各区应用”②。个别地方开始使用抽水机、吸水机等新式灌溉工具，如位于陇海线的洛阳，在农田水利方面使用的机械有：“a. 开渠用铁钯、铁锨、畚箕，机器翻土，改良混江龙喷水嘴。b. 凿井用滑车出土，脚踏钻土机、钻头穿水机。c. 排水用吊桶出水，联斗出水机，马拉吸水机、水车油类抽水、蒸汽抽水等器。”③信阳“灌溉排水用具，已渐改用抽水机，吸水机等工具”④。为了改进农具，政府也试图对农具进行革新，建立了新式工农机械制造厂，生产的农业机械有抽水机、吸水机、手摇双筒吸水机、畜力双筒吸水机、手压吸水机等，但产量少，价格昂贵⑤，“农民经济困难，现少有购用者”⑥。因此，新式农具的使用仅限于农业试验场，新式灌溉工具也只限于铁路沿线的少数地方。

(二) 肥料

1930年代调查资料显示，河南农业施肥主要以传统肥料即人和畜的粪便、堆肥、麻、豆、花生饼等为主。如通许“农人所需肥料，约如下列：(1)厩肥，(2)人粪，(3)积肥，(4)芝麻饼，(5)菜油饼，(6)花生饼，(7)豆

① 《河南各县社会调查·尉氏》，《河南统计月报》第1卷第2、3期合刊，1935年3月出版，第121页。

② 《河南各县社会调查·洧川》，《河南统计月报》第1卷第2、3期合刊，1935年3月出版，第145页。

③ 《河南各县社会调查·洛阳》，《河南统计月报》第1卷第6期，1935年6月出版，第66页。

④ 《河南各县社会调查·信阳》，《河南统计月报》第1卷第8期，1935年8月出版，第74页。

⑤ 河南省建设厅：《河南建设概况》，河南省建设厅1933年印行，工商，第7～11页。

⑥ 《河南各县社会调查·开封》，《河南统计月报》第1卷第2、3期合刊，1935年3月出版，第138页。

饼等类”①。尉氏肥料种类有油饼(榨油所余之渣滓)、大粪、草粪、灰土粪。② 洧川(今属尉氏县)“肥料有麻饼、人粪、堆肥,多购自周口”③。淮阳“所用之肥料为麻油饼,豆油饼,花生油饼,棉油饼,及人畜粪二种,出自本处,饼类每石价洋约二元,粪类每石价洋约二角”④。睢县“农业所用肥料共分油渣、厩肥、土粪、人粪四种。油渣每石普通价格月值洋四元,厩粪土粪每石约值洋一元,人粪每石约值洋一元五角”⑤。

化学肥料也在本省个别县开始使用,如武陟“外来之肥田粉,用者亦多”⑥。禹县(今禹州市)“有一二家售舶来之肥田粉者,但以土质不宜,使用者甚鲜”⑦。沁阳“肥料种类来源可为二:一为土产,一为舶来”。土产如人粪尿、厩肥、堆肥、油糟粕等;舶来品为化肥,有两种:“一为美国产肥田粉,一为德国产智利硝石,每包重一百七十斤,值国币二十四元。”⑧温县“间有用肥田粉者,每石洋十二元,系外国货来自外埠”⑨。汤阴除传统的人畜粪、草木灰外,也有“外运来肥田粉,每斤五六毛不等,用者甚

① 《河南各县社会调查·通许》,《河南统计月报》第1卷第1期,1935年1月出版,第108页。

② 《河南各县社会调查·尉氏》,《河南统计月报》第1卷第2、3期合刊,1935年3月出版,第121页。

③ 《河南各县社会调查·洧川》,《河南统计月报》第1卷第2、3期合刊,1935年3月出版,第145页。

④ 《河南各县社会调查·淮阳》,《河南统计月报》第1卷第4期,1935年4月出版,第107页。

⑤ 《河南各县社会调查·睢县》,《河南统计月报》第1卷第9、10期合刊,1935年10月出版,第120页。

⑥ 《河南各县社会调查·武陟》,《河南统计月报》第3卷第4期,1937年5月出版,第89页。

⑦ 《河南各县社会调查·禹县》,《河南统计月报》第2卷第4期,1936年4月出版,第122页。

⑧ 《河南各县社会调查·沁阳》,《河南统计月报》第2卷第1期,1936年1月出版,第99～100页。

⑨ 《河南各县社会调查·温县》,《河南统计月报》第2卷第10期,1936年10月出版,第151页。

少”①。孟县(今孟州市)“有肥田粉,系由西洋输入,每斤一角二分,农户用者无多”②。在民国河南111个县的调查中,仅以上数县有使用化肥的记载。

(三)改良盐碱地

盐碱地是由于土壤中含可溶性盐类如氯化钠、硫酸钠、碳酸钠等成分过多而形成的,土壤含碱性过多,影响作物生长甚至作物不能生长。黄河中下游的两岸,“地势低洼,古系死海湖沼,集久化为斥卤,无排水河流宣泄,大雨遂成泽国,汇集水量渐多,浸入地层,与盐质化合,日光蒸发,盐质溶升,地面自成碱层。土人刮盐淋盐借以牟利,□至不堪种植,沃野千里,遂成弃土”③。河南盐碱地主要分布在豫东、豫北和豫南三个地区,豫东最重,豫北次之④,全部面积几占河南省三分之一。就豫东23县调查,不能种植作物的盐碱地“有十七万三千七百余亩之多”⑤。生活在盐碱地的农家,不能从事农耕,主要以生产土盐养家糊口,既影响农业生产,又影响国家盐税。在此情况下,1932年,国民政府第二次全国内政会议决议通过改良冀鲁豫晋四省硝碱地,“目的在救济民生,兼裕国税”。办法分治标和治本两种途径,“治标注重查禁,治本则在兴辟碱地水利,多开河道支渠,引水蓄淡,改变土质,俾能施种,使斥卤悉化膏腴,硝户尽成农户,硝盐不禁自绝”⑥。遵照国民政府的旨意,1934年9月,由财政部与河南省政府共同组建河南省整理水道改良土壤委员会(下文

① 《河南各县社会调查·汤阴》,《河南统计月报》第2卷第1期,1936年1月出版,第110页。

② 《河南各县社会调查·孟县》,《河南统计月报》第3卷第3期,1937年4月出版,第103页。

③ 河南省整理水道改良土壤委员会:《整理水道改良土壤会刊》第2期,1936年6月出版,发刊词,第1页。

④ 周锡桢:《河南碱地利用之研究》,萧铮主编:《中国地政研究丛刊:民国二十年代中国大陆土地问题资料》,成文出版有限公司、(美国)中文资料中心1977年印行,第24921、24932、24935页。

⑤ 河南省整理水道改良土壤委员会:《整理水道改良土壤会刊》第2期,1936年6月出版,第160页。

⑥ 河南省整理水道改良土壤委员会:《整理水道改良土壤会刊》第2期,发刊词,第1页。

简称整水改土会),“消灭盐碱地,工作范围自以盐碱地为限”①。在当时的技术条件下,改良土壤,消除盐碱,采用“灌溉与排水并重”的方法,“排水以洩积潦,使硝碱盐质,随水流去,不致上升地面。灌溉所以尽其冲洗之力,以引去表面之碱质。有斯二者,益以耕作方法,自可使碱质逐渐减少,渐成沃土”②。改良盐碱地主要从三个方面着手,一是疏浚河道,二是建立改良硷土试验场,三是散发抗碱性种子。

在疏浚河道方面,河南省建设厅计划投入经费550.5万元(其中401.5万元由省政府援照征地、征工法办理,其余149万元由财政部按月拨给3万元),第1年修浚惠济河,第2、3年修浚贾鲁河,第4年修浚沙河、泥河,第5年修浚卫河③。整水改土会把盐碱区分为5个排水灌溉区,并会同省政府“饬县征工开挖”,截至1936年地政学校调查时,已完河渠工程有500余公里,动工而未完成河渠工程有800余公里。完工和未完工的涉及沟渠175条,其中商丘38条,宁陵2条,兰封8条,柘城16条,夏邑29条,陈留17条,杞县9条,虞城36条,永城20条。为了解决各沟渠水源不足的问题,整水改土会“在惠济河疏浚告竣之后,即于黄河南岸,离开封二十余里之黑岗口,装置六十公分之虹吸管六道,吸引黄河水源,经新开之黄惠河,而流入惠济河,以便冲刷盐碱地,灌溉农田,增加生产。该项工程,现已完成,并于本年七月,开始放水,其流量为每秒〇.八九立方公尺,六道合计流量为五.三四立方公尺,年可灌田二十余万亩”④。疏浚河道取得了初步的成就。

在改良试验方面,整水改土会在开封成立改良硷土试验场,1935年开始进行改良试验工作。试验场在开封城内西南坡选择“碱性轻重不匀之白碱土地一段”,计面积98.33亩,用于实验的土地88亩,进行4方面的试验:(1)抗碱植物利用试验,选择抗碱性强的植物进行推广。(2)理学改良试验,即机械改良试验,观察哪种方法收效最大,以便推广。(3)

---

① 河南省整理水道改良土壤委员会:《整理水道改良土壤会刊》第2期,第7页。

② 《整理郑汴水道初步计划》,《整理水道改良土壤会刊》第2期,第98页。

③ 周锡桢:《河南碱地利用之研究》,前揭书,第24988～24992页。

④ 周锡桢:《河南碱地利用之研究》,前揭书,第25008～25028页。

化学改良试验，按照化学反应原理，施以酸性化学肥料及硫黄石膏等，使土壤中各种过量碱性元素如钾、钠等起中和作用，让碱性土壤变为中性土壤。（4）理学、化学混合改良试验。① 以粟和高粱为例来看改良碱土试验场的试验结果（表2—1）。

表2—1　开封改良碱土试验场改良碱土试验结果

作物	粟							高粱				
改良方法	加石膏100斤	加有机肥11斤	加硫黄16两	加无机肥25斤	耕4次盖3次马粪	耕3次盖4次马粪	挖沟加石膏50斤	加无机肥25斤	耕4次	盖3次	挖沟加石膏50斤	耕3次加有机肥千斤
每亩产量	28斤	40斤	60斤	40斤	153斤	75斤	125斤	20斤	50斤	50斤	80斤	50斤

资料来源：周锡桢：《河南碱地利用之研究》，前揭书，第25038～25039页。

从表2—1的试验结果来看，盐碱地改良中，粟的种植耕4次盖3次马粪效果最好，亩产量可达153斤，其次是挖沟加石膏50斤，产量可达125斤；高粱以挖沟加石膏50斤效果最好，每亩产量可达80斤。在当时的技术条件下，能有这样的成绩是值得肯定的。

在散发抗碱性种子方面，整水改土会所做的工作不是很多。从调查来看，1935年10月小麦播种时，“散发商丘碱民麦种七千四百三十二斤（散放二百三十七户）”，1936年4月，“散发商丘碱民黑豆种三千九百二十斤（计配碱地九百七十九亩），黍籽两千二百四十八斤，稷籽二千一百零四斤（两种计配碱地四千三百九十余亩），夏邑县第二、三两区，永城县第一、二、五三区，虞城县第一区共配发高粱二百六十斗，黍稷三百二十余斗，谷子五百余斗，又在永城第二区张庄一带散放中央棉业改进所商拨的美棉种子一千斤”。同年8月，又在“以上四县散放胡萝卜种子四百斤”②。

（四）农事试验

农事试验是农业技术改良的主要内容，如前文所言，河南省级农事

① 《改良碱土试验场实施程序》，《整理水道改良土壤会刊》第2期，第159～171页。

② 叶瑜：《河南省整理水道改良土壤委员会两年来工作概况》，《河南政治》第6卷第9期，1936年9月，本文第7～8页。

试验机构的演变是：1929年，设立河南农林试验场，先后在尉氏、信阳、洛阳、汲县(今卫辉市)、商丘、辉县、南阳设立了7所农林实验场，1931年，又将农林试验场改组为7个专业试验场，1932年12月，又将7个专业试验场改组为5个农林局，各自分工是："第一农林局试验麦作、园艺；第二农林局试验稻作、麦作；第三农林局试验蚕桑、烟草；第四农林局试验棉作、森林；第五农林局试验麦作、杂谷，以上均系各局主要作业。此外，各局业务相同者，尚有推广、调查及协助当地农民，防除病虫害等工作。"1933年、1934年的农事试验的经费均为55200元①，并取得了较为突出的成绩。在农业与推广方面，"第一局育成一二三四号小麦，及花卉、果树、苗木，及蚕种等品种，除分配作业区内各县之农业推广所繁殖外，并推广于民间。第二局推广于民间者有湖桑苗、优良蚕种及水稻种子一千三百余斤。第三局推广于民间者，脱字美棉种子一千余斤，湖桑苗木、优良蚕种及小麦种子一千八百五十余斤。第四局推广于民间者，有优良蚕种、脱字美棉种子等。第五局推广于民间者，波辉杂种猪，湖桑苗木，及蚕种等种"②。

图2—2　左为第一区农林局果树育苗区；右为第二区农林局脱籽棉实验区

图片来源：《河南建设概况》，河南省建设厅1933年印行。

三、农田水利的兴修

(一)省修水利工程

根据建设厅和整理水道改良土壤委员会的计划，1930年代(抗战前夕)，河南省建设厅实施了惠济河工程、渼水河葛段工程、夹河泄水渠工

① 河南省建设厅：《河南建设述要》，河南省政府1935年印行，第47～48页。

② 河南省建设厅：《河南建设述要》，河南省政府1935年印行，第48～49页。

程、洛宜渠工程、白马寺灌田场工程、富瀛湖灌溉工程等。① 各主要工程及灌溉农田情况如下：

惠济河工程。惠济河在晚清至民国时期，因黄河决口，“惠济河床，淤塞几同平地，两岸田亩，昏积尽为沙土。昔日膏腴之地，一变而为流沙斥卤之场，航运便利之区，竟陷于水源枯竭之境”。为了解决豫东农田灌溉和盐碱地问题，1933 年 2 月，在河南省主席刘峙的支持下，由建设厅具体负责，“大举征用义务劳工，开工挖浚”。这是省建设厅主持的比较大的水利工程，全部工程“征工四百万，浚工五百万公方，完成长凡一百三十七公里之河身，所有桥梁涵洞工程均于二十三年十月先后完竣”。为了解决惠济河水源问题，按照原先计划还进行了“引黄入惠”工程，在黄河南岸柳园、黑岗两地分装虹吸管 8 付，“引黄流之水，经天然沉淀之水潭，流经黄惠河穿过西北城角而入潘杨湖，分为东西二支，沿城而流，借以冲刷省会积秽，促进市民卫生，并使市内硝碱土质，得以逐渐改良，两支复合于城之东南水门洞出城，而入惠济。水源赖以不竭，农田实获其利，计之当有二十万亩，足资灌溉也”。惠济河工程的修建，既可利于开封城市环境，又可解决豫东地区农田灌溉用水。

图 2—3　1933 年惠济河杞县段施工现场

图片来源:《河南建设概况》,河南省建设厅 1933 年印行。

① 张静愚:《河南建设之回顾与前瞻》,《中国建设》第 13 卷第 2 期,1936 年 2 月,第 46～48 页。下文关于各渠修建及收益无出处者,均来源于本文,不再做注。

夹河泄水渠工程。豫西伊洛两河流经偃师境内,形成夹河区,东西长50里,南北宽10里,地势平衍,土质肥沃,但其中不低洼,河水倒灌,"以致无岁不涝"。为排泄低洼之水,1934年开挖泄水渠一道,长22公里,挖土25万方。该渠完成后,"左右一里以内之地,往岁终年被淹者四万亩,至是立可变为膏腴,收获以每亩八元计,年可出产三十二万元。离渠一里外之地,往年因土壤卑湮,收成减色者八万亩,至是亦可年增十余万元"。可见,该渠修建给当地带来了很大的经济效益。

洛宜渠工程。该渠位于洛河南岸的宜阳与洛阳,1929年开挖,因洛阳、宜阳"双方因渠口争执,缠讼数年,洛阳、宜阳两县长会勘多次,讫未解决,始经建设厅饬令第三水利局,协同洛宜两县县长,及渠务委员会人员,会议多次,勘定渠口地点,占用地亩,照时价发给,并规定用水办法,数载纠纷,始告解决"①。1932年春,"渠道始具雏形,惟因渠口低洼,难以引水,经派员前往测量计划,决定将渠口上移五里,由河下村之东后庄引水"。1933年3月重新开工,5月底竣工,费工40万,挖土30余万立方米。该渠西起宜阳河下村洛河南岸,东迄洛阳李家屯,全长45里,实际可灌溉农田15000亩。

白马寺灌田场工程。位于洛阳白马寺附近,在1920年代末曾设立灌田场,但未能引水灌溉。1933年2月,建设厅"继续开办,重修进水池,开挖引水渠及东西两支渠,建筑水闸桥梁,添购水管机件,装有二十四匹柴油机一部,十四匹柴油机二部,同时抽吸,每日可灌田二百二十亩,铁道以南之地五千亩,每二十二天,可灌遍一次,若加上升夜工,则半月可灌遍一次"。这是河南比较早的使用机械化灌溉的水利工程,"此项机器吸水灌溉,于时间经济两均节省,农田出产,每年每亩可净增加六元以上,白马寺一场,即可年增益三万元"。抽水机的使用使灌溉效率和农田收益有明显提高。

---

① 河南省政府秘书处:《河南省政府年刊》,工作报告,第33页。

图 2—4 洛阳白马寺灌田场闸门及机房

图片来源:《河南建设概况》,河南省建设厅 1933 年印行。

为了改良盐碱地,在省整理水道改良土壤委员会主持下,1934 年至 1935 年先后修建了包括涵洞、桥梁、土堤、护岸等工程 32 项,其中有 14 项是与建设厅合作修建的,占工程总量的 43.8%。① 与建设厅不同,省整理水道改良土壤委员会主持的工程主要在有盐碱地的豫东地区。关于该机构在豫东等地的参与修建的水利工程前文已有论述。

(二)凿井工程

河南传统凿井灌溉主要在沿河农田旁边水浅之地进行,"其地势较高出水较高之地,则因财力不足,或水源无定,未敢尝试"。而 1930 年代随着机械工具的使用,开始尝试新式凿井。1933 年 10 月,开始举办凿井训练班②,培养技术人才。在政府的倡导和帮助下,河南的凿井工程取得不小的成绩。据对河南 67 县统计,1930～1933 年全省共打砖井 14.5 万余口,土井 2680 口。③ 1933 年河南省建设厅"向河北定县聘请凿井技工,来汴办凿井训练班,传习新法凿井技术,作初步之倡导"。以

① 河南省整理水道改良土壤委员会:《整理水道改良土壤会刊》第 2 期,第 12～14 页。

② 张静愚:《河南建设之回顾与前瞻》(续),《中国建设》第 13 卷第 2 期,1936 年 2 月,第 48 页。

③ 河南省地方志编纂委员会:《河南省志·政府志》,第 269 页。

此为开端,河南开始了新法凿井,先在省会开封市内“开凿饮水井十眼,以改良饮料,做实际之试验,结果成效甚佳”。在此基础上,1935 年 7 月 1 日,建设厅设立凿井事务所,在河北等地招募凿井技术工人,开办凿井训练班 50 余班。1936 年,凿井训练班扩充为 102 班,“每班设班长助手各一名,技术工人五名,于派至农村工作时,并由农民随同学习,以便传授技术,而资推广。同时由农村合作委员会建设厅合组凿井委员会,以便统筹指导全省农民自行凿井事宜”①。可见,凿井是当时农田水利的一项重要工程。

为了推动农村凿井灌溉事业的顺利进行,建设厅采取了凿井费用由公家与农民分担的办法,“凿井班至各县所需旅费运费及个人工资,均由公家发给,凿井工具及添配零件,亦系公家购置分发使用,人民自身仅出井内所用材料,每井若需十余元,至多二十余元,所需无几,获益甚大,并由农村合作委员会介绍银行贷放凿井贷款,以利贫农”②。由于凿井灌溉得到了省政府建设厅的大力支持,而且是一项利民的事业,因此得到了农家的支持,也取得了不小的成绩。从提倡凿井截至“二十四年底止,已在省境各县凿成模范井二二一口;普通井九万五千七百二十二口”③。1935～1936 年派出 102 个凿井班分布在全省 56 个县,1936 年凿井 2727 口。④ 以“平均每井可灌田三十亩”计⑤,2727 口水井合计可灌溉农田 81810 亩。可见,凿井灌溉有比较明显的成效。

(三)县修水利工程

民国时期,河南省各县也积极参与水利工程建设。特别是南京政府委员会长行营规定 1935 年冬春季为“以水利为中心之劳动服务季节”后,推动了地方兴修水利的热情。河南省政府据中央政策“迭次派员分

---

① 河南省政府秘书处:《河南省政府年刊》,1936 年,第 325 页。

② 张静愚:《河南省政府建设厅及农村合作委员会最近工作概况》,《河南政治》第 6 卷第 5 期,1936 年 5 月,本文第 5 页。

③ 《中央暨各省市经济建设事业一览》,国民经济建设运动委员会总会 1937 年 2 月印行,第 78 页。

④ 河南省政府秘书处:《河南省政府年刊》,1936 年,第 327 页。

⑤ 张静愚:《河南省政府建设厅及农村合作委员会最近工作概况》,《河南政治》第 6 卷第 5 期,1936 年 5 月,本文第 5 页。

赴各县勘察依据实地需要,制定二十四年冬春季征工办理水利事业计划,呈经核准,分发各县遵照实施。并随时派员分赴各县视察指导,督促进行,又规定征工成绩为县长考绩之一种”①。由于政府倡导和督促,河南各县在兴修地方水利方面做出了应有的成绩,据1935年河南省104个县统计,共修渠道、堤堰、疏浚河(渠)道237条,总长度约为5825里,又93472丈。②

农民也自发组织起来修建了一些小型灌田渠道。如1934年至1935年,桐柏县农民自修水渠7条,全长18.5公里,灌田8714亩。③ 从上述各种水利工程来看,政府行为在兴修水利过程中起了主导作用,一方面政府加强了水利机构和制度建设,规范了各级政府在水利建设中的行为;另一方面政府在水利技术上给予支持和指导。因此,1930年代的河南省政府在水利建设方面是有作为的,这是值得肯定的。

第二节 农作物与畜牧业

一、粮食作物的种植

河南地处中原,以平汉铁路为界,以西大部分为山地,西北部为洛河丘陵,西南为白河丘陵;东部以黄河为界把全省划分为南北两部分,以北为华北平原,以南为黄淮平原。传统农耕和作物种植使全省形成了四个农业区,“豫西北棉麦区,豫西南稻豆区,豫北棉麦高粱区,豫南稻麦烟草大豆区”④。

河南粮食作物种植以小麦、小米、高粱、玉米、大麦、甘薯、水稻为主。徐秀丽根据1924～1929年的常年比例和1931～1937年的平均比例计

---

① 河南省政府秘书处:《河南省政府年刊》(1936年),第329页。

② 根据《河南省政府年刊》(1936年)第330～348页表格统计。

③ 桐柏县地方史志编纂委员会:《桐柏县志》,中州古籍出版社1995年版,第381页。

④ 唐启宇:《我国土地垦殖指数与耕地指数》,《实业部月刊》第1卷第4期,第15页。

算出河南省各种作物总播种面积比例为:小麦47.4%,小米14%,高粱11.5%,玉米7.4%,大麦8.4%,甘薯2.6%,水稻2.7%,上述各种作物占总播种面积的94%,其他杂粮占6%。① 表2—2是南京政府时期河南主要农作物产量统计。

表2—2　1929～1937年河南主要粮食作物产量统计表　单位:1000担,1担=100市斤

年份		1929年①	1931年②	1932年②	1933年②	1934年②	1935年②	1936年②	1937年②
小麦	产量	70499	81775	88142	96720	81091	78985③	105414③	37444③
	指数	100	116.0	125.5	137.2	115.0	112.0	149.5	53.1
大麦	产量	16873	15341	15616	15788	15067	15547	19047	7391
	指数	100	90.9	92.6	93.6	89.3	92.1	112.9	55.7
小米	产量	18362	21961	23026	23352	27360	29370	16116	20294
	指数	100	119.6	125.4	127.2	149.0	159.9	87.8	110.5
高粱	产量	14038	18750	23062	23267	23744	23025	22509	25279
	指数	100	133.6	164.3	165.7	169.1	164.0	164.3	180.0
玉米	产量	10563	11218	14282	12147	14471③	15886	9084③	13603③
	指数	100	106.2	135.2	115.0	137.0	150.4	86.0	128.8
水稻	产量	9139	2008	2065	6117	6393	4787	8576③	11299③
	指数	100	22.0	22.6	55.9	67.0	52.4	93.8	123.6
甘薯	产量	28229③	30349	36775	62416	53635	51391	33305③	52277
	指数	100	107.5	130.3	221.1	190.0	182.1	118.0	185.2
合计	产量	167703	181402	202968	239807	221761	218991	214051	167587
	指数	100	108.2	121.0	145.0	132.2	130.6	127.6	99.9

说明:1.水稻产量是粳稻与糯稻产量的合计数;2.指数为笔者计算;3.棉花、花生、烟草等下文将专门讨论。

资料来源:①《河南全省农业生产统计表》,《中国建设》第5卷第3期,1932年3月出版,第57～62页;②崔宗埙:《河南省经济调查报告》,第26～28页;③许道夫:《中国近代农业生产及贸易统计资料》,第19～20、163页。

因上述7种粮食作物播种面积占河南粮食播种总面积的94%,故表2—2基本能够反映本研究段内河南粮食生产的总体水平。从7种主要

① 徐秀丽:《中国近代粮食亩产的估计——以华北平原为例》,《近代史研究》1996年第1期,第176页,表2。

粮食作物的总产量来看,只有抗战爆发的1937年粮食总产量略低于1929年的水平,其他年份都高于该年的水平,说明在20世纪20～30年代(抗战前)河南农业处于增长状态。需要指出的是,人们一般把南京国民政府经济发展水平最好时期定位在抗战爆发前夕的1936年,而河南则有所不同,就粮食总产量而言,1933年是最高年份,和1929年相比(指数为100),几种主要农作物总产量净增95071千担,增长指数达到145,而1934～1937年则处于逐渐下降的趋势,1934年为132.2,1935年为130.6,1936年为127.6,1937年为99.9,跌到1929年的水平。就不同粮食而言,也有差异,如小麦、大麦1936年达到最高水平,增长率分别为49.5％、12.9％;小米、玉米1935年达到最高水平,增长率分别为59.9％、50.4％;高粱、水稻总产量最高在1937年分别增长80％、23.6％;甘薯的最高产量在1929年的2倍以上。总之,1930年代(抗战前)河南的粮食总产量超过了1929年以前的水平。这里需要说明的是:为什么河南粮食总产量从1934年开始呈下降趋势?主要是棉花、花生、烟草等经济作物大面积种植的结果,如棉花1934年突破了400万亩(见下文),势必侵占一定数量的粮食耕地,从而影响了粮食生产总量。一些种植棉花的村庄甚至出现了粮荒,如豫北彰德(今安阳)的宋村,“因棉花的大量栽培,使小麦的供应无法自给,即使在无灾害的平年,该村仍有四成以上的农家必须向外购入谷物”①。其他经济作物种植也有这样的问题,见下文的论述。

粮食亩产量的高低也是评价农业是否发展的主要标志之一。徐秀丽对华北粮食亩产量进行了考证,得出河南每市亩播种面积的产量为175市斤,如果再乘以154.52％的复种指数,耕地面积的亩产量为270斤。并认为20世纪20～30年代,粮食亩产量经过近代一段下降之后,大致已经回复到清中叶的水平了,并略有提高。② 该文不论是从实证研究还是逻辑推理都是很严密的,故对这一结论笔者是十分认同的,因此

① 沈松侨:《经济作物与近代河南农村经济,1906～1937——以棉花与烟草为中心》,载《近代中国农村经济史论文集》,第365页。

② 徐秀丽:《中国近代粮食亩产的估计——以华北平原为例》,《近代史研究》1996年第1期,第165～181页。

不再赘述。总之,从粮食总产量和亩产量来看,20 世纪 30 年代,河南的农业的确有一定程度的增长,至少超过了晚清和民国初年的水平,这一结论应当是与当时的农业发展水平相吻合的。

二、经济作物的种植

经济作物的种植在某种程度上反映了农业商品化程度的高低,也是反映农业生产水平的重要标志之一。河南经济作物种植的兴起与农家土地面积狭小、铁路的兴起、农村金融枯竭、国内新式工业的原料需求以及政府的提倡有关。① 农民种植经济作物比种植粮食作物可以获得比较高的收益,如据 1935 年调查,农民种植粮食"每亩平均收入数,仅为 3.54 元",而经济作物每亩平均收获数为:棉花 5.61 元,花生 6.81 元,大麻 11.58 元,甘蔗 10.97 元,芝麻 5.93 元,其他 8.89 元。② 经济作物每亩平均收获数为 7.04 元,比粮食作物高出将近 1 倍。又如 1930 年代对濮阳一个村庄的调查,该村"地多沙质,上好耕地种谷类每年所得不过五六元,种花生则获利九元以上。中等沙地种谷类年获一二元,种花生则有三元余。至下等沙地,因谷类不生,久成无主荒田,今稍加人工,种花生则可得二元以上"③。这种高利润回报也促使农民改变种植结构,挪出一部分耕地种植经济作物。河南省的经济作物主要有棉花、花生、烟草、大麻、甘蔗、芝麻等,据 1935 年统计,各类经济作物种植面积 546.3 万亩,占农产作物总面积的 4.04%。在各种经济作物中,棉花占 51.57%,花生占 22.32%,烟草占 15.48%,大麻占 5.31%,甘蔗占 2.0%,芝麻占 1.88%,其他占 1.44%。④ 棉花、花生、烟草种植面积占所有经济作物种植面积的 90.37%。因此,这 3 种作物基本上能够反映

---

① 沈松侨:《经济作物与近代河南农村经济,1906～1937——以棉花与烟草为中心》,载《近代中国农村经济史论文集》,第 327～378 页。

② 《河南农林统计引言》,《河南统计月报》第 2 卷第 8 期,"河南农林统计专号",1936 年 8 月,第 3 页。

③ 纪彬:《农村破产声中冀南一个繁荣的村庄》,(天津)《益世报》1935 年 8 月 17 日。

④ 《河南农林统计引言》,《河南统计月报》第 2 卷第 8 期,"河南农林统计专号",1936 年 8 月,第 3 页。

经济作物在河南农业中的地位。

棉花是河南最主要的经济作物。“本省位居中原,黄河横贯,土质轻松而肥沃,夏间多雨,八九月雨量甚多,春鲜寒风冬少严霜,对棉作颇适宜。”①因此,河南种植棉花的历史比较悠久,但因技术、交通等方面的限制,始终没有大的突破,如光绪三十二年(1906年)农工商部调查全国棉花时,河南的棉花产区仅局限于安阳、洛阳、灵宝、邓州几个少数县份。②民国以降,随着近代棉纺织业的兴起和京汉、陇海铁路的贯通,运输条件的改善,市场的扩大以及洋棉推广和植棉技术改进,棉花种植面积不断扩大。如安阳“大规模改良棉种,试种美棉,则始于广益纱厂经理袁心臣及邑人马绍庭,二人曾集资十万元,购地五十顷,设植棉公司于白璧集,凿井百余,购水车三十余架,而本县种美棉之风于是大开”③。从棉花种植地域分布来看,从1906年仅有数县植棉,发展到30年代几乎达到全省普遍植棉的状况。1936年统计,全省植棉达到84县,占全省县数的76%。④ 一些县植棉在农业中占有重要地位,1932年调查,灵宝“棉田为十四万余亩,约占全县耕地六分之一”;陕县植棉“七万七千余亩,约占全县耕地面积三分之一”⑤。1934年,安阳、唐河棉田占全县耕地面积的50%,陕县为55%,阌乡为60%,偃师、禹县(今禹州市)为70%,灵宝为75%。⑥ 1936年,河南“在万亩棉田以上者达七十县,在十万亩以上者达二十县,其中安阳一县棉田且有九十万亩之记录,几占该县耕地三分之二”⑦。

在这期间,河南棉花种植面积、产量不稳定,有的年份较高,如1922

① 华北棉产改进会调查科:《华北棉花事情》,1939年印行,第4页。

② 沈松侨:《经济作物与近代河南农村经济,1906~1937——以棉花与烟草为中心》,揭前书,第346页。

③ 方策、王幼桥修,裴希度、董作宾纂:《续安阳县志》卷7,实业志·农业,1933年铅印本。

④ 河南省棉业改进所:《河南棉业》,1936年12月印行,第26页。

⑤ 《豫西五县棉作调查》,《河南政治》第2卷第7期,1932年7月出版,第168~174页。

⑥ 严中平:《中国棉纺织史稿》,科学出版社1955年版,第339页。

⑦ 河南省棉业改进所:《河南棉业》,1936年12月印行,第26页。

年种植面积达到304.7万亩,比1927～1931年高。就总趋势而言,种植面积1930年代比1921年增长3～4倍,1934年突破了400万亩;总产量1930年代比1920年代有了大幅度的增长,1934年突破了102万担。因此,南京国民政府时期河南棉花不论种植面积还是总产量都在不断增加。河南棉花在全国占有重要地位,自1919年以来,“河南棉产额在各省当中,常居第五位”,由于推广得力,自1922～1935年,“洋棉产额增加了十三倍以上,其占全国洋棉总产额之百分比,竟由6.23%增至14.84%;在各省洋棉产额中,仅次于冀、鄂两省”①。就总体而言,1920年代,平均占全国总产量的5.6%,到1930年代前期达到8.34%,特别是1931年占到10.4%,足见河南棉产在全国的重要意义。

花生是仅次于棉花的经济作物。20世纪20～30年代,花生逐渐成为“黄河流域沿河沙土地带之大宗产物,豫东一带尤著,计其重要产区,则有开封、兰封、中牟、陈留、杞县、通许、商丘、封丘、尉氏、民权等县。虽其他沿河流域之县份,如原武、阳武、新郑等县,亦年有少许之出产”②。豫东黄河故道原来的“荒沙之区,向所弃置之地,今皆播种花生,而野无旷土矣”③。河南逐渐成为我国花生三大主产省份之一,据称“山东为最广,占百分之二十三强;河北次之,占百分之十五强;河南又次之,占百分之十三强”④。表2－3是1914～1937年河南花生生产情况变化统计表。

表2—3　1914～1937年河南花生生产统计表　指数以1914年为100

年份	1914①	1929②	1924～1929①	1933①	1934①	1935①	1936①	1937①	1933～1937
种植面积(千市亩)	270	1981	2119	2618	2310	2156	2386	2451	2384
变化指数	100	733.7	784.8	969.6	855.6	798.5	883.7	907.8	884.1
总产量(千市担)	255	5705	5192	7200	5798	4391	5087	4437	5382
变化指数	100	2237.2	2036.1	2832.5	2273.7	1722.0	1994.9	1740.0	2110.6

① 河南省棉业改进所:《河南棉业》,1936年12月印行,第27、28页。

② 《豫东花生业发达》,《中行月刊》第9卷第6期,1934年12月,第88页。

③ 中美新闻社开封通信:《河南之花生生产》,《申报》1919年10月30日,第7版。

④ 实业部国际贸易局:《花生》,商务印书馆,出版年不详,第17～18页。

资料来源:① 许道夫:《中国近代农业生产及贸易统计资料》,第163页;②《河南全省农业出产概况统计表》(特作物类二),《中国建设》第5卷第3期,1932年3月,第59页。变化指数由笔者计算。

从表2—3来看,民国初年到30年代河南花生生产有了大幅度的增长,种植面积20年代(1924～1929年)是民初(1914年)的7.8倍,30年代(1933～1937年)是民初的8.8倍;产量20年代是民初的20倍,30年代是民初的21倍。虽然30年代的某些年份不论种植面积还是总产量都不如20年代的某些年份,但就整体水平而言,30年代的生产水平还是超过了20年代。另外,20～30年代,花生的种植面积和民国初年相比增加不到10倍,而总产量却增加了20余倍,说明花生的亩产量也有了大幅度的提高。

烟草是第三大经济作物。1930年代河南烟草的种植面积有了大幅度的扩张,产量也不断增长。据统计,1924～1929年河南每年烟草种植面积大约10万市亩左右,产量每年30万市担;1931～1937年每年种植面积90.3万市亩,平均年产量为132.9万市担,①种植面积和总产量均超过了1920年代以前的水平。另据美国农业部农业经济处的估计,河南的烤烟产量在1916～1937年的20年间增加了20余倍。② 表2—4是1920～1930年代河南烟草生产统计表。

表2—4 河南烤烟产量统计表(1920～1937年) 单位:千磅

1920年代	年份	1920年	1921年	1922年	1923年	1924年	1925年	1926年	1927年	1928年	1929年	平均
	产量	16000	9000	6500	11000	32000	11000	4500	5000	5000	5000	10500
1930年代	年份	1930年	1931年	1932年	1933年	1934年	1935年	1936年	1937年	—	—	平均
	产量	45000	60000	45000	65000	50000	63000	70000	60000	—	—	57250

资料来源:chen han—sheng, Industrial Capital and Chinene Peasants, p.93. 转引自沈松侨:《经济作物与近代河南农村经济,1906～1937——以棉花与烟草为中心》,载《近代中国农村经济史论文集》,第363页。各年代平均值由笔者计算。

从表2—4来看,1920年代年平均产量为10500千磅,1930年代平

① 许道夫:《中国近代农业生产及贸易统计资料》,第215页。

② 沈松侨:《经济作物与近代河南农村经济,1906～1937——以棉花与烟草为中心》,载《近代中国农村经济史论文集》,第362页。

均为57250千磅,比1920年代的平均产量增加了5倍多。烟草的种植,改变了农作物种植结构。如"许昌、襄城一带,在1918~1919年左右,农家种烟草的面积还是很少。1919年后逐渐扩张,现在种烟的各区中差不多有24%~40%的耕地都种植烟叶"①。因此,这里的农作物如高粱,随着烟草栽培的扩张,日益萎缩。② 烟草种植逐渐成为种烟区农村经济的主业,也成为当地经济的一项主要收入。如以种植10亩烟田计算,支出情况是:麻饼(350斤)10元,长工2人70元,短工2人30元,草料(驴1头、骡1头)60元,税捐6元,炕10元(一炕价约30元,以一炕能用3年计),煤(5千斤)30元,竹竿麻绳等杂用50元,租地50元,共需支出325元。收入为:头等烟300斤左右,每斤5角9分;二等烟600斤左右,每斤3角;三等烟2000斤左右,每斤1角5分,共计570元整。"依此计算,每种十亩烟田,若栽培得宜,无意外事件发生,而烟价又不太低时,出入相抵可得纯益二百元,较之种其他作物,利率较高。"③烟农可以获得35%的纯收益。1928年4月27日英美烟公司致国民政府函中称:"许州(许昌)烟叶,每年出产之价值,约在400万~500万元。大英烟公司每年所收买者,平均约及半数,农民借此以谋生活者,为数甚众。而河南省政府颁发印花每年向大英烟公司直接征收烟税,按照收买价格,值百抽四或抽五。于收买烟叶时,就栈征收。"④据1930年代调查,各县产烟数量为:襄县12000吨,许昌8000吨,禹县(今禹州市)6000吨,郏县4500吨,临颍3000吨,长葛3000吨,"以每斤平均售价二角计,共计洋一千二百万元左右"⑤。如以35%的纯收益计算,农家可获得420万元;以

---

① 希超:《英美烟公司对于中国国民经济的侵蚀》,中国经济情报社编:《中国经济论文集》第1册,生活书局1935年版,第96页。

② 沈松侨:《经济作物与近代河南农村经济,1906~1937——以棉花与烟草为中心》,载《近代中国农村经济史论文集》,第365页。

③ 张翰才:《许昌附近烟叶调查》,《中行月刊》第12卷第5期,1936年5月,第30页。

④ 上海社会科学院经济研究所:《英美烟公司在华企业资料汇编》第1册,第287~288页。

⑤ 张翰才:《许昌附近烟叶调查》,《中行月刊》第12卷第5期,1936年5月,第29页。

4%～5%税收收益计算,政府可获得48万～60万元的税收。烟草的种植,对工商业、金融业也产生了较大的影响,“在河南许昌一带,商业的繁荣与否,完全以烟草的盛衰为指标。许昌的银行钱庄,也大都直接间接放款于烟草业”①。可以看出,烟草的种植为烟农和政府都增加了不少的收入。

总之,南京国民政府前10年河南的粮食总产量有了一定程度的增加,1930年代(抗战前)粮食总产量超过了1929年以前的水平,粮食亩产也达到或超过了清朝康乾时期。从粮食总产量和亩产量来看,20世纪30年代,河南的农业的确有一定程度的发展。农业生产的商品化程度比以前有了很大的提高。本时期内河南农业生产最大的变化是铁路沿线经济作物的栽培,“芝麻、黄豆、棉花、烟叶这四样系平汉沿线农村最重要的商品作物”②。为商品而种植的经济作物,运销省内外市场的数量十分可观,提高了农业生产的商品率。

三、畜牧业③

河南是一个以农业为主的省份,一些农家为耕地和生活需要,养殖家畜和家禽。大家畜是河南农家饲养的主要动物,也是农家进行农业生产的主要劳动力,“豫北农民耕种田地,及运输货物,多用马力。而豫南农民则多用牛力,因此全省牛马甚多”④。河南的大家畜主要有牛、马、骡、驴等。“河南农民耕地动物,多藉牛力,故蓄牛甚多;用骡马者仅西北部、东北部之富家耳。淮河以南,水田较多,多养水牛,余则尽为黄牛。”⑤据北京政府第四次农商统计,1915年,河南大家畜有马215803匹,牛198805头,驴292925匹,羊374511只,猪567007头。⑥ 据《河

① 希超:《英美烟公司对于中国国民经济的侵蚀》,中国经济情报社编《中国经济论文集》,第96页。

② 陈伯庄:《平汉铁路沿线农村经济调查》,第2页。

③ 因畜牧业非河南经济主要产业,也因资料局限,本文将1912～1937年的河南畜牧业放在一起论述。

④ 崔宗埙:《河南省经济调查报告》,京华印书馆1945年版,第32页。

⑤ 吴世勋:《河南》上编,中华书局1927年版,第37页。

⑥ 农商部总务厅:《中华民国四年第四次农商统计表》,1917年12月刊行,第314～316页。

南新志》记载,河南"养马者率多农家,为骑乘及耕田之用",据当时经济调查会的报告,"全省马共约三十一万余头,仅耕田用者约二十五万头;骡二十万头,其用可兼牛、马……无牧场,亦无市场,仅农家自为养育,自相售卖而已"。全省养牛总数为807万头,"有黄牛、水牛两种,境内耕地,旱田为多,故牛以黄牛为多;水田仅淮南之信阳、罗山、潢川、商城、固始六县,故水牛之数约十余万头……全省无大牧场,惟光山西境,濒竹竿河,北至杏山之麓,有滩地十余里,每年约产牛万余头;罗山南境山谷中,年亦可产数千头。市场仅周家口及禹县两处"。猪是河南农家主要饲养的家畜之一,猪粪是农家不可缺少的肥料,因此"河南各县均有之"。1918年调查,全省有3857500余头,"且累年皆有增加"①。河南养猪"以许昌、信阳为最盛。大河沿岸,乡民有恒产者家皆饲猪,而城市饲者少。惟许昌、信阳则盛于城市。信阳居民有一家养猪数头"②。又据从中央农业试验所调查,1930年代中后期,河南各种家畜的数量是:马385041匹,驴1415181头,骡621836头,黄牛2173067头,水牛530009头,羊4002768只,猪3561118头。③ 从以上论述可以看出,从民国初年到1930年代末,河南畜牧业是一个增长的态势,各种家畜都有了比较快的增长。

河南的畜产品主要是牛皮,汉口的牛皮多来自河南,"河南牛皮以黄河之南为盛,陕县、洛阳、郑州、许昌、郾城、驻马店、信阳诸车站,皆为牛皮集散之地。西至南阳,东至淮阳,牛皮皆转输至车站,操其业者,大概为回民。豫西之牛皮集于洛阳,汝阳道东部之牛皮集于信阳。近自陇海铁路通至陕县,陕县西南及陕西之牛皮皆集焉。信阳多水牛皮,郑州概黄牛皮,二处均为河南牛皮之大市场。汉口之牛皮十分之七八为河南货,以来自信阳为多"④。

家禽饲养在河南农村比较普遍。据《河南新志》记载:"鸡、鸭、鹅之类,在河南为农家良好副业。全省养鸡之户,几占三分之二。惟南部邻

① 刘景向总纂:《河南新志》卷5,实业,畜牧,上册,第234～236页。

② 刘景向总纂:《河南新志》卷4,物产,上册,第194页。

③ 崔宗埙:《河南省经济调查报告》,京华印书馆1945年版,第32页。

④ 吴世勋:《河南》上编,中华书局1927年版,第38页。

湖北诸县颇养鸭、鹅,但无专以为业者。其年产之数,大约鸡可四五千万只,鸭约得鸡二十分之一,鹅约得鸭四十分之一。鸡之成群者颇少,仅林县有群。鸭则信、罗、光、潢、商、固等县有群。岁丰水满,辄三五人集资豢之。自夏历四月始,每群或千余至二三千。早稻即获,逐田食其遗粒及鱼虾之类,九月而肥,岁旱则散。鹅则数十成群者更少,率今年饲而明年止,其确数皆难调查。此三禽者,每年皆有输出,而以鸡为大宗。由平汉铁路运往汉口、北平者,为数甚巨。"①从这条资料可以看出,河南饲养家禽除了个别地方,主要是作为农家副业分散经营。鸡除了产肉,便是产蛋,民国时期蛋粉业的兴起,促使农家养鸡业的发展。史载:"河南虽无以饲鸡为专业者,但乡村居户之饲育家禽三五头者比比皆是。近以销路日畅,价格日高,一家蓄鸡辄至十数头;虽城市之中,莫不如是,故大河南北,凡人民繁殖之地,即为鸡之饲养区域,亦即鸡蛋之生产地。"②饲养家禽是农家主要副业,农家养鸡主要是为了出售蛋,"平民生活程度较低,鸡蛋非通常食品,大都储藏积蓄以待出售。小贩负担巡游乡村,到处收买,运诸市场,复由产地各小市场运集中央市场,虽铁路未通,如南阳、临汝等县,太行、伏牛深山之中,皆由小贩辗转运出。近年此业亦盛,而中下之家皆视为重要生产。以鸡蛋为煤油、火柴、蔬菜等之交易品,其使用与货币等矣"③。农家养鸡生蛋主要是为了换取日常用品。

第三节　耕地与地权关系

一、耕地与农户

河南是一个人口大省,也是农业大省,因此,农民是人口的主体。据1928年统计,河南省每平方公里人口密度为168.98人,位居江苏、河北、浙江、山东之后处第5位;④1932年国民政府统计,河南省总户数为

① 刘景向总纂:《河南新志》卷5,实业,畜牧,上册,第237～238页。

② 吴世勋:《河南》上编,中华书局1927年版,第35页。

③ 刘景向总纂:《河南新志》卷4,物产,上册,第193页。

④ 实业部中国经济年鉴编纂委员会:《中国经济年鉴》,(C)第26页。

6029066 户，其中农户为 5061700 户，占 83.95％。[①] 农民是河南人口的主体，农业就显得十分重要。在传统农业中，每农家和人均耕地的数量的多少，是农业生产和粮食产量多寡的一个重要方面。

河南人稠地狭，每农家和每人所占耕地十分有限。如对南阳、淮阳、信阳 3 县的调查，自耕农户均耕地面积 13.2 亩，半自耕农为 24.9 亩，佃农为 26.9 亩。[②] 又据 1933 年调查，豫东 24 县的 122.4 万农户中，无地农户 16.9 万，占 13.8％；有地 1～10 亩的农户 53.8 万户，占 44％；11～30 亩的农户 29.8 万户，占 24.3％；21～50 亩的农户 14.3 万户，占 11.9％；50 亩以上的农户 7.5 万户，占 7.3％，即户均耕地在 20 亩以下占该地区农户的 82.1％。豫东 8 县 33.1 万户中，无地农户 16.7 万户，占 58.5％；有地 1～10 亩的农户 10.4 万，占 31.4％；11～30 亩的农户 3.8 万户，占 11.5％；31～50 亩的农户 1.4 万，占 4.2％；有地 51 亩以上的农户 0.7 万户，占 2.1％，该地区户均耕地不足 10 亩的农户占 90.9％。[③] 从各种调查来看，豫东 90％以上的农家耕地明显不足。据平汉铁路沿线河南境内农村经济调查，每农家所占有的耕地和人均耕地的状况也不乐观。所调查的 17 个地点，1062 户农家中，每农家耕地面积仅有 21.55 亩，人均耕地面积 3.39 亩。在调查的 17 个村庄中，47％的村庄农家耕地不足 20 亩，有 47％的村庄人均耕地不足 3 亩。[④] 这些都说明民国时期河南农业耕地存在着匮乏的问题。表 2－5 反映的是晚清以降河南人口和耕地变动情况统计表。

---

① 实业部中国经济年鉴编纂委员会：《中国经济年鉴》，（F）第 2 页。

② 金陵大学农学院农业经济系：《豫鄂皖赣四省之租佃制度》，1936 年印行，第 16 页。

③ 根据赵晋三的《河南土地整理问题》（萧铮主编《中国地政研究丛刊：民国二十年代中国大陆土地问题资料》，成文出版有限公司、（美国）中文资料中心印行）第 13553～13555 页表二、13557～13558 表三计算。

④ 陈伯庄：《平汉沿线农村经济调查》，交通大学研究所 1936 年印行，附表 3。每户亩数和人均亩数由笔者计算所得。

表 2—5 1873～1937 年河南人口和耕地状况统计

单位:人口,万人;土地,万市亩;指数 1873=100

年代	人口数量	变动指数	耕地数量	变动指数	人均耕地	变动指数
同治十二年(1873)	2394.1①	100.	9824.4⑥	100.0	4.1	100.0
光绪十九年(1893)	2212.0①	92.4	9726.2⑥	99.0	4.4	107.3
宣统年间普查	2689.8②	112.2	—	—	—	—
民国二年(1913)	2851.8③	119.1	11494.5⑥	117.0	4.03	98.3
民国五年(1916)	3086.8④	128.9	—	—	—	—
民国十七年(1928)	2909.0③	121.5	10876.7⑦	110.7	3.31	80.7
民国二十年(1931)	2829.9⑤	118.2	—	—	—	—
民国二十一年(1932)	3263.5⑤	136.3	11298.1⑧	115.0	3.62	88.3
民国二十二年(1933)	3267.2⑤	136.5	—	—	—	—
民国二十三年(1934)	3384.1⑤	141.4	—	—	—	—
民国二十四年(1935)	3429.0⑤	143.2	11339.1⑨	115.4	3.31	80.7
民国二十五年(1936)	3451.9⑤	144.2	—	—	—	—
民国二十六年(1937)	3429.3⑤	143.2	—	—	—	—

说明:变动指数由笔者计算。

资料来源:资料来源:①严中平:《中国近代经济史统计资料选辑》,第 362～374 页;②葛剑雄主编,侯杨方著:《中国人口史》第 6 卷《1910～1953 年》,复旦大学出版社 2001 年版,第 125 页;③实业部中国经济年鉴编纂委员会:《中国经济年鉴》,(C)第 17、20 页;④内务部总务厅统计科:《内务统计・土地与人口》,1922 年印行,第 50 页;⑤河南省政府统计处:《河南省统计年鉴》(1946 年),1947 年印行,第二类,人口,第 7 页;⑥许道夫:《中国近代农业生产及贸易统计资料》,上海人民出版社 1983 年版,第 8～9 页;⑦万国鼎:《中国田赋鸟瞰及其改革前途》,《地政月刊》第 4 卷第 2、3 期合刊,第 188 页;⑧主计处统计局:《统计月报》,1932 年第 1、2 期合刊;⑨《河南农林统计・引言》,《河南统计月报》第 2 卷第 8 期,1936 年 8 月出版,第 1 页。

从表 2—5 来看,从 1873 年到 1937 年河南人口净增加 1035 万,达到 43.2%,差不多到达半数;而同时期河南的耕地面积只增加了 15.4%。可以看出晚清以降,人口增加和土地增加不相适应,尤其在 1928～1937 年之间,人口有了大幅度的增长,而土地面积逐年减少,人均耕地面积由 1873 年的 4.1 市亩,1935 年减少为 3.31 市亩,只有 1873

年的80.7%。越来越多的人口分享有限的土地资源,导致的结果是民国时期河南人地关系越来越紧张。这是影响河南农业经济和农民生活的主要因素之一。

二、地权关系与土地租佃制度

通常我们把在土地私有制条件下的农民分为“自耕农”、“半自耕农”、“佃农”和“雇农”四类。据1935年统计,河南各类农户所占比例为:如以农户分类,自耕农户占55.6%,半自耕农户占22.1%,佃农户占17.2%,雇农户占5.1%;如以农民分类,自耕农占56.3%,半自耕农占21.6%,佃农占17.4%,雇农占14.7%。① 表2—6是1912～1937年河南各种农户所占比例统动态变化统计表。

表2—6　1912～1937年河南各种农户比例统计表

年份	1912年	1931年	1932年	1933年	1934年	1935年	1936年	1937年
报告县数	49	51	51	56	73	85	89	93
佃农	20%	22%	23%	26%	20%	20%	20%	20%
半自耕农	21%	22%	21%	21%	24%	21%	21%	22%
自耕农	59%	56%	56%	53%	53%	59%	59%	58%

资料来源:国民政府主计处统计局:《中国租佃制度之统计分析》,正中书局1947年沪版,第7～8页。

从表2—6来看,1912～1937年河南佃农比例一直稳定在20%左右,中原大战后佃农比例有所上升,到1933年达到26%,1934年回落到20%;半自耕农比例稳定在21%～22%;自耕农1912年为59%,中原大战后有所下降,1935年又回升到1912年的比例。也就是说,1912～1937年,河南农户80%以上为自耕农和半自耕农。而具体到各县,又有所不同,许多县的自耕农、半自耕农所占比例在70%～80%,如郑县“地主约占百分之二,自耕农占百分之七十,半自耕农占百分之十八,佃农占

① 《河南农林统计·引言》,《河南统计月报》第2卷第8期,1936年8月出版,第2页。

百分之十”①；尉氏“自耕农约占百分之十五，佃户约占百分之二十，半自耕农约占百分之六十五”②；陕县“自耕农约占百分之六十五强，半自耕农约占百分之二十弱，佃农约占十五”③；淮阳“1. 地主约七百余户，2. 自耕农约四万四千余户，3. 半自耕农约一万二千余户，4. 佃农约六千三百余户”④，分别占 1%、63.5%、17.3%、9.1%；新乡“自耕农占百分之九十，半自耕农占百分之八，佃农占百分之二”⑤；洛阳“地主有百分之五，自耕农百分之八十五，佃农百分之十”⑥；永城“地主八千二百户，自耕农四万〇三百户，半自耕农六千六百户，佃农九千四百户”⑦，所占比例分别为 12.7%、62.5%、10.2%、14.5%；泌阳“地主约占百分之十五，佃农约占百分之二十二，自耕农约占百分之六十三”⑧。据 1932 年对南阳的调查，126600 户农家中，自耕农有 64088 户，占 50.6%；半自耕农 37783 户，占 29.9%；佃农 24729 户，占19.5%。⑨ 从以上调查来看，自耕农是河南农民的主体。

也有一些县的佃农所占比例较高，自耕农所占比例相对较低。如光山地主约占 20%，自耕农约占 4%，半自耕农占 4%，佃农最多约占

---

① 《河南各县社会调查·郑县》，《河南统计月报》第 1 卷第 1 期，1935 年 1 月出版，第 102 页。

② 《河南各县社会调查·尉氏》，《河南统计月报》第 2 卷第 2、3 期合刊，1935 年 3 月出版，第 122 页。

③ 《河南各县社会调查·陕县》，《河南统计月报》第 1 卷第 4 期，1935 年 4 月出版，第 96 页。

④ 《河南各县社会调查·淮阳》，《河南统计月报》第 1 卷第 4 期，1935 年 4 月出版，第 107 页。

⑤ 《河南各县社会调查·新乡》，《河南统计月报》第 1 卷第 5 期，1935 年 5 月出版，第 98 页。

⑥ 《河南各县社会调查·洛阳》，《河南统计月报》第 1 卷第 6 期，1935 年 6 月出版，第 66 页。

⑦ 《河南各县社会调查·永城》，《河南统计月报》第 1 卷第 7 期，1935 年 7 月出版，第 75 页。

⑧ 《河南各县社会调查·泌阳》，《河南统计月报》第 1 卷第 6 期，1935 年 6 月出版，第 99 页。

⑨ 冯紫刚、刘瑞生：《南阳农村社会调查报告》，第 42 页。

70%,雇农仅占2%。[①] 滑县"无大地主,惟有自耕农半自耕农,佃农,互相帮助,以保生存,户数之总额,约一四〇〇〇〇之多,至其比率,自耕农占百分之四十,半自耕农占百分之二十五,佃农占百分之三十五"[②];舞阳"地主户数占全县户数百分之二十,自耕农占全县户数百分之二十五,半自耕农占全县户数百分之十五,佃农占全县户数百分之四十"[③];邓县"地主占农民全数百分之十四,约有一万二千八百三十四户;自耕农居农民之半额;半自耕农占全农民百分之十六,约有一万四千六百八十八户;佃农占全农民百分之二十,有一万八千三百三十五户"[④];汝南"地主占百分之十,自耕农占百分之二十,半自耕农占百分之四十,佃农占百分之三十"[⑤];商丘"地主自耕农占十分之四,半自耕农占十分之二,佃农占十分之四"[⑥];西华"无大地主,小地主约占百分之五,自耕农约占百分之四十,半自耕农约占百分之二十五,佃农约占百分之三十"[⑦]。上述各县佃农占农户比例高达33%~40%之间,这不论在本省还是北方各省,都是比较高的。

自耕农所占比重高或低,并不意味着地权分配分散或集中。在民国时期的一些调查中,即使自耕农所占比例比较高的地区,地权分配也相对比较集中。如前文所述,南阳的自耕农和半自耕农占80%,但该县的地权状况并不容乐观,如表2－7。

---

① 《中国劳动年鉴(第一次)》,1928年印行,第417页。

② 《河南各县社会调查·滑县》,《河南统计月报》第1卷第6期,1935年6月出版,第74页。

③ 《河南各县社会调查·舞阳》,《河南统计月报》第1卷第6期,1935年6月出版,第83页。

④ 《河南各县社会调查·邓县》,《河南统计月报》第1卷第7期,1935年7月出版,第67页。

⑤ 《河南各县社会调查·汝南》,《河南统计月报》第1卷第8期,1935年8月出版,第68页。

⑥ 《河南各县社会调查·商丘》,《河南统计月报》第1卷第9、10期合刊,1935年10月出版,第112页。

⑦ 《河南各县社会调查·西华》,《河南统计月报》第3卷第4期,1937年5月出版,第73页。

表 2—7 南阳县地权分配表(1932 年)

以所有地亩为标准所划分的阶段	户数	对户数总数的%	占有耕地面积(亩)	对耕地总面积的%
0 亩	39872	24.71	0	0
1～5 亩	47472	28.78	118680	5.11
6～10 亩	32570	19.75	244275	10.52
11～30 亩	27601	16.73	552020	23.79
31～50 亩	11079	6.72	443160	19.10
51～100 亩	4447	2.70	333525	14.37
101～200 亩	1258	0.76	188700	8.13
201 亩以上	640	0.39	440552.86	18.98

资料来源:冯紫刚、刘瑞生:《南阳农村社会调查报告》,第 18～19 页。

尽管南阳的自耕农、半自耕农的比例占绝大多数,但少数地主和富农仍占有大量的土地,表 2—7 反映出南阳无地农户占 24.71%,而占有 30 亩以下的农户占总农户的 89.43%,只占有耕地 914975 亩,占总耕地的 39.42%;占有 31～100 亩耕地的农户占总农户的 9.42%,占有耕地 776685 亩,占总耕地的 33.47%;占耕地 101 亩以上的农户占总 1.15%,占有土地 629252 亩,占总耕地的 27.11%。如果按照阶级分析的方法,把占有耕地 101 亩以上的农户划分为地主,那么,在南阳地区,只占有总人口 1%强的地主,却占有 27.11%的土地,而占人口 98.85%的中农、贫农和雇农,只占有耕地的 72.89%。辉县也是一个自耕农占优势的地区,“地主占百分之五,自耕农百分之七十,半自耕农百分之十,佃农百分之十五”①,而“差不多二分之一的土地被不到八分之一的地主和富农所占有,贫农以下的村户几乎有三分之二,可是所有田亩仅占了六分之一上下”②。镇平也是自耕农、半自耕农比例很高的地区,据 1913 年、1923 年、1934 年统计,自耕农分别占 62%、63%、62%,半自耕农分

① 《河南各县社会调查·辉县》,《河南统计月报》第 2 卷第 2 期,1936 年 2 月出版,第 138 页。

② 张锡昌:《河南农村经济调查》,《中国农村》第 1 卷第 2 期,1934 年 11 月出版,第 50 页。

别占28%、28%、28%,佃农分别占10%、9%、10%①,是一个自耕农所占比重较高的县份,而地权集中程度相当高,“地主所有地权竟占66.66%,中农和贫农合起来计算也只有20%左右”②。可以看出即使自耕农、半自耕农占优势的地区,照样存在土地集中,大多数农家缺乏耕地的问题。

民国时期河南各县租佃关系的确立各地习惯有所不同。光山县是“由说合人介绍承种某处地主之田产时,须先交租金(在光山称作礼钱)若干,然后再议定收租办法”③。淮阳“佃农租佃,除与地主有特殊关系者外,须先请中人向地主说合,经地主同意后,乃召佃农会同说合人协议一切,并由佃农立一租约,经说合人签押后,交地主收执,作为凭证。惟此项租约,只限于纳租谷及粮食分租二种,如属帮工分租者,租约可有可无。佃农承揽耕地,概无押金,亦不规定年限,如主佃双方不合意时,随时均可解约,不受牵制”。汝南、上蔡、方城等县,“凡属初次承揽耕地之佃农,须先请中人向地主说合。说合人在地主前,须将该佃户之品性,家庭状况,来历,家庭人数,能耕作之人数,役畜之种类及数目,与农具等,分别叙明。如经地主认可后,乃约日会同说合人与佃农订一切手续。届期佃农须携带酒、肉、鸡、果品,偕同说合人赴地主家中,俗称过礼,地主即以此项酒菜,邀说合人及佃农共餐……待双方议妥后,乃由佃农立意租约,经说合人签字后,交地主收执,地主即派人导领,将耕地之所在地点,指示明白”④。通许“田主与佃户间之相互关系有因自己田产无力顾及者,有因田产少而有余力者,遂由中人从中介绍,经双方同意,立约作证,分期纳租,所纳之租,多系生产品”⑤。通过建立租佃关系,无地和少地的农民获得了赖以生活的土地。尽管地主利用土地对农民进行剥削,

---

① 金陵大学农学院农业经济系:《豫鄂皖赣四省之租佃制度》,1936年印行,第10页。

② 行政院农村复兴委员会:《河南农村调查》,商务印书馆1934年版,第7页。

③ 《中国劳动年鉴(第一次)》,1928年印行,第416～417页。

④ 金陵大学农学院农业经济系:《豫鄂皖赣四省之租佃制度》,1936年印行,第24～25页。

⑤ 《河南各县社会调查·通许》,《河南统计月报》第1卷第1期,1935年1月出版,第109页。

但对没有土地或缺少土地的农民来说，能租到土地就有了赖以生活的资本。正如张玉法所言，在土地租佃关系中，“固然地主常常坐享其成，对佃农来说，如果人力足，佃得的土地愈多，生活愈好。因此，在地权没有获得合理的平均以前，地主将土地租给佃农，不是一种虐待。佃不到土地的农村居民，沦为雇农或游民，生活更无保障”①。因此，在土地私有制条件下，租佃关系的建立是解决农家没有土地或土地不足的主要途径。

第四节 林业及主要林产品

一、河南省各级林政机关

1928 年，河南省政府将全省林业办事处并归建设厅，将原有林务机关，各与所在地农场合并，改为农林试验场，并先后于尉氏、信阳、洛阳、汲县(今卫辉市)、商丘、辉县、南阳七处，改设一、二、三、四、五、六、七等区农林试验场，并将登封、辉县、延津三处，收归建设厅直接管理。② 1929 年秋，南京政府召开了全国林政会议，决定“农矿厅或建设厅之下，设置林务科或林务处。更于厅处之下，分区设置林务局或林场”③。根据全国林政会议精神，1931 年春，河南省“划分全省为五个林区，分负指导督促之责，此后于郑州设有模范林场一处”④。各农林局、模范林场成立时间、地址及作业区域是：第一区林务局，1931 年 4 月 10 日成立，地址设在开封城内，接收尉氏苗圃及开封保安中山林场，当时就“派员分驻管理，积极育苗，现拟将开封城厢隙地，及护城大堤，尊奉收回，以便营造

① 张玉法：《山东的农政与农业，1916～1937》，载《近代中国农村经济史论文集》，【台湾】中央研究院近代史研究所编，1989 年 12 月，第 61 页。

② 张静愚：《河南建设之回顾与前瞻》，《中国建设》第 13 卷第 2 期，1936 年 2 月出版，第 62 页。

③ 《民国二十年林务进行计划大纲》，《中国建设》第 5 卷第 3 期，1932 年 3 月出版，第 65 页。

④ 张静愚：《河南建设之回顾与前瞻》，《中国建设》第 13 卷第 2 期，1936 年 2 月出版，第 62 页。

保安林”。豫东黄河故道,及开封府城大堤,各县荒废地亩,为其作业区域。第二区林务局,1931年5月1日成立,地址设在辉县百泉。该局“已将前第六区农林场苗圃,及延津第二林场接收完竣,曾在辉县苏门山,实行播种造林,成绩尚佳”。豫北太行山脉,旧黄河故道,及各县荒废地亩为其作业区域。第三区林务局,1931年5月11日成立,地址设在登封,豫西嵩山之脉,各县荒废地亩,为其作业区域。第四区林务局,1931年8月开始筹办,地址设于南阳,豫南伏牛山脉,各县荒废地亩,为其作业区域。第五区林务局,1931年8月筹办,地址设在信阳,以豫南桐柏大别山脉,各县荒废地亩,为其作业区域。① 建设厅将林业从农业中划分出来,不仅设立了独立的机构,而且有了独立的经费,全省5个林务局和1个林场,“每月经费七千一百余元”②。

郑州模范林场原系冯玉祥创建的“三民主义烈士祠”,中原大战后,河南省政府决定“该祠遍植森林,应该为模范林场,兼管烈士祠事宜,归建设厅管理”,并核定该林场每月经费510元。根据省政府的决定,1931年5月1日建设厅接收成立了河南省立模范林场。该林场成立后,“即将园林切实整理,俾使祠内隙地,计划育苗,以便造林。原有郑县古城林场二百余亩,及紫王陵荒地五百余亩,以位置关系,并由该场接收管理,现在进行成绩,颇有可观”③。除了省级农林机关外,各行政督察公署成立的农林机关也涉及林政问题。各农场均包含了林政的内容,如有林场、苗圃和农林学校,承担着育苗和培养林业人才的责任。

县级没有专门的林政机关,先由建设局管理林政,1932年改局设科后林政由负责建设事宜的相关科管理。苗圃则是负责林业事务的主要执行机构,民国初年,河南各县相继成立了苗圃,以育苗造林。据1930

① 《河南省各区林务局改设计划及进行情形》,《中国建设》第5卷第3期,1932年3月出版,第76～77页;《民国二十年林务进行计划大纲》,《中国建设》第5卷第3期,1932年3月出版,第65页。

② 张静愚:《河南建设之回顾与前瞻》,《中国建设》第13卷第2期,1936年2月出版,第62页。

③ 《河南省模范林场概况》,《中国建设》第5卷第3期,1932年3月出版,第79页。

年代中期,“全省一百一十一个县中,除潢川、商南、经扶、伊川、光山、嵩县、南召、淅川、内乡、镇平等县,尚未设立,或已设立,因特殊情形荒废者外,其他均已先后设立,逐年育苗,面积少者十数亩,多者二百余亩不等”①。可见,全省90%的县设立了苗圃。

1931年2月,河南省建设厅拟定了河南省林业合作社规则及组织办法,经省政府第24次会议通过。该办法规定:“凡为保护现有森林恢复荒废林野及育苗造林者,得设立林业合作社。”5月29日,省政府“饬令各县政府督饬建设局并布告民众即将以前林业公会及林业协进会,限期取消,同时,按照河南省林业合作社规则及组织办法,另行设立林业合作社,至少依照该县划定自治区域,每区先设立一处。自通令办理以来,各县先后呈报改组及设立者,共有三四十处之多”②。林业合作社成为一个半官方半民间的林业组织机构,并在倡导造林方面发挥了一定的作用,如1936年农村合作委员会为加强造林工作,做出了12项倡议,要点是:本会为提倡合作社植树造林,俾充实合作社业务,增加农民收益起见,特规定每年春秋二季时期,并以三月为合作社造林主要时期。合作社每一社员最低限度每季须植树十株。合作造林以社营暨会营为原则。合作社或联合会需要树苗,可呈由办事处或事务所向农林局或农业推广所交涉廉价售予;树苗栽植后,应按照《森林法》保护公约进行保护。各社春季栽植树木如有损害,秋季酌量补植。各县合作社办事处或事务所于每年二月底制订计划,呈省会核定,三月、十月根据计划植树。植树造林工作为各级合作社及联合会的考核之一,对于“保护管理得法经本会查属确实者,即予分别嘉奖;其不能如限栽植或栽植后不加保护者,除令其倍加补植外,并酌量情形,予以处分”③。足见,合作社在植树造林中发挥着一定的作用。

---

① 张静愚:《河南建设之回顾与前瞻》,《中国建设》第13卷第2期,1936年2月出版第72页。

② 《改组各县林业合作社》,《中国建设》第5卷第3期,1932年3月出版,第81页。

③ 《豫农合会提倡合作社植树造林》,《农村合作月刊》第1卷第8期,1936年3月15日出版,第89～90页。

总之，南京国民政府时期，河南省形成了省、督察区、县级林政系统，苗圃和林业合作社不仅是各级政府林业政策的具体执行者，也是推广、保护林业和进行林业生产的组织者。

二、林业推广及其成就

南京国民政府时期，河南省各级林政机关、苗圃在育苗、推广和植树造林方面是有作为的，正如时人所言："查本省各林务机关，向后分区设立，辟圃育苗，除于作业区域内山荒地亩自行造林外，并无价推广民间者，藉资提倡，其机关名称，强屡有变更，而其作业，则仍赓续进行，未尝间断。"①1932～1934 年各农林局在林业育苗、推广及植树造林方面取得了良好的业绩。第一农林局推广梨苗 2400 株，桃苗 5200 余株，杏苗 1800 余株，李苗 1500 余株，苹果 1800 余株，葡萄 6200 余株，石榴 300 株，湖桑苗 65000 余株，毛桑 7000 余株，另育刺槐、侧柏、苗栋、中槐、榆、梓及美国杨等 4435060 余株，并营造开封城厢隙地及各马路林，开柳（开封至柳园口）路林，黄惠河沿岸等林 158600 余株，供给各机关春季植树及无价推广于民者，共为 1013700 余株。第二农林局育各种树苗 1599200 余株，各种树籽 545050 余斤；在浉河沿岸及各公路营造林 1784200 余株，又推广于各机关及农民各种苗木 840276 株。第三农林局推广葡萄、桃、杏、柿子等果苗 730 株，育苗 190 亩（计苗 192 万余株），在独山、磨山、羊山等处垦殖 7000 余亩，播种栎树及栽植榆、椿、桐油等树 200 余万株。第四农林局供给各级地方机关春季植树，并组织当地民众造林，三年来推广 355254 株，发放柏、刺槐、椿等种子 108 斤。第五农林局推广湖桑苗 10000 余株，供给各级公私机关及民众造林苗木 488740 余株。② 从以上总体情况来看，各局林业推广主要在两个方面，一是育苗，二是造林，以培育经济林、景观林为主，其次是其他树木。

育苗是各农林局的主要职责，每个局都有一定数量的土地可供育

① 张静愚：《河南建设之回顾与前瞻》，《中国建设》第 13 卷第 2 期，1936 年 2 月出版，第 70 页。

② 张静愚：《河南建设之回顾与前瞻》，《中国建设》第 13 卷第 2 期，1936 年 2 月出版，第 69～70 页。

苗。“第一农林局有苗圃三处，一在开封南关禹王台本局内，一在自由关，一在尉氏南门外，共有地五百余亩。第二区农林局有苗圃二处，位于信阳南门外浉河南北两岸，其地二百余亩。第三区农林局苗圃在南阳城北李华庄，有地三百余亩。第四区农林局苗圃三处，一在登封嵩山，一在洛阳南门外兵庄，一在洛阳南门外大王庙，共有地三百余亩。第五区农林局苗圃在辉县城西小营，有地七百余亩。”①5 个农林局共有育苗土地 2000 余亩，如表 2－8。

表 2－8　1932～1934 年河南各农林局育苗数量统计

年份/局别	1932 年		1933 年		1934 年	
	面积（亩）	株数	面积（亩）	株数	面积（亩）	株数
第一农林局	88.23	573769	89.65	10001668	81.80	842410
第二农林局	9.77	143710	14.91	754292	38.90	461460
第三农林局	42.70	680200	59.26	1064801	50.56	449510
第四农林局	10.90	90418	48.50	212384	34.90	547705
第五农林局	69.90	740744	4.84	84090	35.98	965115
合　　计	212.50	2258841	228.16	3117235	142.14	3267200

资料来源：张静愚：《河南建设之回顾与前瞻》，《中国建设》第 13 卷第 2 期，1936 年 2 月出版，第 71 页。

从表 2－8 来看，3 年共育苗 582.8 亩，计 8643276 株，平均每亩可育苗 14830 株。从上面的总亩数来看，3 年育苗仅占全部土地的 29.14％，离饱和状态还有很大的距离。

图 2－5　开封护城大堤植树造林情形

① 张静愚：《河南建设之回顾与前瞻》，《中国建设》第 13 卷第 2 期，1936 年 2 月出版，第 70～71 页。

图 2—6　第三区农林局在豫独山播种造林

图片来源:《河南建设概况》,河南省建设厅 1933 年印行。

造林是各农林局的又一任务。省建设厅根据各局所在位置划定了造林作业区,"第一区农林局为开封城厢隙地、马路及护城大堤,第二区农林局为信阳城南龟山、贤山及浉河两岸,第三区农林局为南阳独山、磨山及卧龙岗,第四区农林局为登封嵩山及洛阳龙门山,第五区农林局为辉县苏门山、九山、富庄及延津、武安屯太行废堤等处"。造林主要是本省树种,如侧柏、榆树、椿树、栋树、槐树、羡杨、刺槐、柳树、合欢、银杏、桐树、胡桃、马尾松、松树、栎树、枫树、梓树等,造林方法有 3 种,即植树、播种和插木。① 表 2—9 是各农林局 1932～1934 年植树取得的成绩。

表 2—9　1932～1934 年河南各农林局植树统计

年份 局别	1932 年		1933 年		1934 年	
	面积(亩)	株数	面积(亩)	株数	面积(亩)	株数
第一农林局	425.10	103947	290.00	46912	545.50	47348
第二农林局	377.50	132116	620.00	689933	133.10	31102
第三农林局	—	—	3097.00	336700	2272.50	643187
第四农林局	500.00	263100	1061.00	78694	349.00	67756
第五农林局	929.80	154393	1081.30	345790	23.60	219711
合　　计	2232.40	653536	6149.30	1498029	5684.73	1009104

资料来源:张静愚:《河南建设之回顾与前瞻》,《中国建设》第 13 卷第 2 期,1936 年 2 月出版,第 72 页。

① 张静愚:《河南建设之回顾与前瞻》,《中国建设》第 13 卷第 2 期,1936 年 2 月出版,第 71～72 页。

各县苗圃在育苗和植树方面也取得了不小的成绩。1930年代，河南省建设厅将全省分为宜林县和不宜林县，要求“宜林者每年育苗须在二十亩以上，不宜林者须在十亩以上，以此限度，作为考成。其育成之苗木，除自用造林外，全数无价发给民众种植，以资推广造林”。在造林方面，建设部门也有具体的规定，“除由县府每年于道路河畔及其他荒地直接营造外，并皆促各学校、各团体及人民，每届春季，均须实行植树，以期野无旷土，地尽其利，并订定苗木推广办法，任人请领而示提倡，此外尚有所谓中山纪念林者，系每年三月十二日总理逝世纪念日举行植树仪式，所种植森林，其目的不仅纪念总理，兼可唤起人们注重林业之观念，用意至善，以实行起来，各县奉行甚力”①。由于政府的重视，各县在育苗和造林方面均取得了一定的成绩。1930～1934年，全省5年共育苗7508.15亩，4866.5万株，平均每年育苗1501.63亩，973.3万株。② 就各县而言，如果宜林县与不宜林县各占一半，平均各县应育苗15亩，以此计算，1930～1931年尚未达到预定目标，1932～1933年完成预定目标，1934年接近预定目标。尽管如此，1930年代，河南省育苗亩数和株数基本上处于上升趋势（如表2—10）。

表2—10　1930～1934年河南省各县植树统计表

年份／种类	1930年		1931年		1932年		1933年		1934年	
	面积（亩）	株数	面积（亩）	株数	面积（亩）	株数	面积（亩）	株数	面积（亩）	株数
官有林	5505.00	923916	12487.50	1540198	12545.72	1185322	23404.09	1390025	36445.43	2359499
公有林	5343.90	887044	423.00	699029	7403.11	725697	16548.18	2248897	19705.74	1595295
私有林	12458.60	2068140	18622.40	3091324	38194.62	3871131	44758.60	4106106	58123.50	4569969
中山纪念林	9860.35	106834	1523.72	147826	1234.19	123287	1562.50	170209	2450.23	197612
合　计	24293.85	3986926	36844.62	3478377	60377.84	5905437	86273.37	7915237	116724.90	8722375

资料来源：张静愚：《河南建设之回顾与前瞻》（续），《中国建设》第13卷第2期，1936年2月出版，第73～74页。

① 张静愚：《河南建设之回顾与前瞻》，《中国建设》第13卷第2期，1936年2月出版第72、73页。

② 张静愚：《河南建设之回顾与前瞻》，《中国建设》第13卷第2期，1936年2月出版，第73页。

1930～1934 年全省共植树 324514.58 亩,3000.83 万株;平均每年植树 64902.9 亩,600.2 万株。以 111 个县计算,5 年内平均每县植树 2923.55 亩,27 万株;每年植树 584.7 亩,5.4 万株。说明南京政府时期,河南在林业建设中取得了不小的成绩。

三、山货与林业特产

山货主要指山区经济林产品和山区特产,包括木材、采集的林产品以及狩猎等。在民国河南地方志中,山货的分类主要有蔬菜类、果类、木类、药类、飞禽类、走兽类、货殖类等。民国时期河南各地均有与林业相关的山货出产。如洛宁县的山货有果类:李、桃、奈、梨、柿、山楂、山葡萄、梅子、樱桃、橘、杏、柚、枣、金枣、枸橘、石榴、栗子;木类:松、柏、槐、榆、楸、桑、棣、梓、桐、柞、褚、荆、柳、杨、楝、椿、棘、漆、苇荻;飞禽类:雉、雕、鹰、鹞、崖鸡、竹鸡、鹌鹑、风鸭、百舍、上烈鸟、下烈鸟、鸰鹚、杜鹃、鹧鸪;走兽类:山獭、野豖、犲、兔、貉、松鼠、虎、獾、田鼠、狼、狐、山羊等。①巩县的山货有木类:柏、槐、柳、椿、榆、桑、桐、楸、白杨、楝、赤栗、白蜡木、合欢树、黄楝、梓、皂角、梧桐;果类:枣、栗、核桃、柿、佛手、石榴、梨、奈、无花果;禽类:山鸡、鹌鹑、斑鸠、凫(野鸭)、紫燕、布谷、黄莺、杜宇、鹰、鹏、雀、啄木鸟;兽类:兔、狐、松鼠、狼、獾、狸、黄鼠狼等。②

河南气候适合果树生长,因此各地均有果树种植,产品主要有枣、桃、李、梨、柿子、杏子、葡萄、橘子等。在各种果品中,枣、梨和柿子是河南的特产,有“荥阳柿子郑州梨,新郑小枣甜似蜜”的谚语。③ 如巩县“东山之柿,北邱之枣”,是当地的名产,“每年亦获利不鲜”④。汲县果类有桃、杏、梨、柿子等。⑤ 关于李子和梨,《河南新志》记载:“洛阳现犹产李,

---

① 贾毓鹗、王凤翔:《洛宁县志》卷 2,土产,1917 年铅印本。

② 王国璋修,刘莲青纂:《巩县志》卷 7,物产,泾川图书馆 1937 年刻本。

③ 陈世民:《河南荥阳的柿子》,《农村合作》第 2 卷第 4 期,1936 年 11 月 15 日,第 111 页。

④ 《巩县一瞥》,《河南政治》第 2 卷第 11 期,1932 年 11 月,本文第 6 页。

⑤ 《左右山河之汲县(今卫辉市)》,《河南政治》第 2 卷第 10 期,1932 年 10 月,本文第 14 页。

俗名灰子。又产桃及梨。旧志谓梨出郑州,有两种:一名香水梨,一名鹅梨。今郑县鹅梨犹著名,水梨则产于新郑、武陟。平汉路新郑、谢庄(新郑属)、詹店(武陟属)诸站,每年均有水梨输出。新郑产梨每年约四五十万斤,输出约四十万斤。"①郑县的梨十分可口,"产额亦不少,运往南路颇多"②。柿子是汜水、巩县、荥阳的主要林业特产,因汜、巩二县"地多丘陵,不适耕种,故植柿颇多"③。荥阳全境"无处不产柿子,每年到了晚秋时候,若是出城四望,在丘陵上,在路旁,在沟麓……到处都可以由深绿色的叶子里望见排得紧密密的又红又大的柿子"。而且柿子的种类极多,有水柿、火柿、灰子柿、八月黄柿、懒半夜柿、老鳖盖柿、火罐柿、镜面柿等。柿子经过加工后成为柿饼,远销湖北、山西、广东等地。④ 柿子炙干或晒干后的制成品为柿饼,巩县以制造柿饼著称,"县中产柿颇多,尤以东南为最,而制霜饼工匠则出自郭镇、罗庄等处,前清霜饼为河南贡品"⑤。因此,柿饼为河南"大宗出品",平汉铁路沿线各站是柿饼的集散地,"许昌、荥泽、郑州各站,俱柿饼集散处也,许昌一站,每年输出约四百余吨,亦可推知其产额之巨矣"⑥。可见,梨、柿子都作为特产和主要商品输出到外地。

大枣是我国林业特产之一,而且分布很广,"自南而北,无不栽培之。如浙江之义乌,河南之新郑、灵宝,山东之乐陵,陕西之邠州,均为其名产地"⑦。新郑、灵宝等地的大枣在全国很有名。《河南新志》记载:"枣为河南大宗产物,平汉路如新郑、薛店、谢庄、小李店(俱新郑属)、荥泽各处,每年俱有巨量红枣输出。而产枣之地则以永城为最著,有长枣、圆枣、红枣、鸡心枣、核桃枣诸名,又有水枣、酸枣、苹果枣三种,生食尤

① 刘景向总纂:《河南新志》卷4,农产,第185页。

② 《日趋繁荣之郑县》,《河南政治》第2卷第5期,1932年5月,本文第7页。

③ 刘景向总纂:《河南新志》卷4,农产,第185页。

④ 陈世民:《河南荥阳的柿子》,《农村合作》第2卷第4期,1936年11月15日,第111~112页。

⑤ 王国璋修,刘莲青纂:《巩县志》卷7,民政志,实业。

⑥ 刘景向总纂:《河南新志》卷4,农产,第185页。

⑦ 吴耕民、屠鄂:《河南灵宝之枣》,《西北农林》创刊号,第1页。

宜。”①郑佩刚:在京汉铁路沿线调查时,“一入新郑县境,碧油油的旷野,满是枣树,绿阴婆娑,鸡鸣犬吠,像这优美的乡村,河南是少见的。一亩之地,可种枣十株至三十株,枣树下亦可杂植其他作物;唯因地力关系,产量不如纯植之多”。1920年代每株枣树可产100多斤,但由于森林病虫害的影响,1930年代枣的产量急剧下降,每株只产10～20斤。尽管枣的产量降低了,但农民经营枣树仍然有利可图。据当地农民说:“以现在之产量之价格,较之种其他杂粮,仍属有利。”②灵宝枣的品种有3种,即圆枣、长枣和灵枣。民国时期,灵宝枣树主要分布在两个地方:一是在县城之北面,黄河沿岸一带,栽培面积约在11000余亩。1930年代,随着铁路和工厂建设,铁路沿线和县城的枣树面积有所减少,如“民国二十年,陇海铁路路线通过时,曾将一部分枣树伐去,民国二十三年先后又有中华、中国二打包厂及中棉轧花厂为谋运输便利,在车站附近成立,即以每亩一百五十元乃至二三百元之代价,收买枣园地充基地。共计减少枣园面积约八百亩”。一是在县城西约25里的左驿、稠桑镇之间,枣园数十处,共计11000余亩,若以每亩平均栽植11株计,总数共为12.1万余株。灵宝枣的生产量,“在普通生产之年,每株产枣自十余斤至六十斤,平均以三十斤计,则每年共产枣三百六十三万斤,以鲜枣制成红枣作七折计,得红枣二百五十四万斤,每百斤红枣平均价格以七元计之,值洋十七万七千八百元”③。永城“果木以枣为最多,民间于枣熟后,剥去皮核,制为枣干”④。

枣在河南农村经济中有重要的地位。在产枣地区,许多农家以制干枣为产业,如永城县西的酂阳集、东北齐天庙一带农家“制干枣者甚多”。每年月出“十余万斤,运销本省及安徽、江苏等地”⑤。随着陇海铁路的通车和邮政系统的建立,大枣成为灵宝农村的主要产业之一。枣商到灵宝贩枣有两种形式:一种是在大枣成熟期后,“客商前来采购”,或者是园

① 刘景向总纂:《河南新志》卷4,农产,第186页。

② 郑佩刚《平汉沿线农村见闻杂述》,载《平汉沿线农村经济调查》,第29页。

③ 吴耕民、屠鄂:《河南灵宝之枣》,《西北农林》创刊号,第2页。

④ 时经训:《河南地志》,第80页。

⑤ 刘景向总纂:《河南新志》卷4,农产,第186页。

主"将枣晒成红枣后,再议价格购买";一种是预买,即在枣尚未成熟时,"将枣园估价包定,其后一切采收、晒枣、装运、管理等费用,均由客商负责,与园主无关"。随着大枣产业的形成,灵宝出现了专门经营大枣的枣行4家,即城内的三兴长、鸿兴长、源兴长和城外的丰盛合。前来灵宝采买大枣的商人主要来自云南、四川,他们先和枣行取得联系,"由枣行作为客商与园主之介绍人,双方议定价格,完成交易"。由于灵宝是一贫困县,商人资本不足,枣行也如此,因此枣行"仅于客商与园主成交时,从中取佣,均不囤积,批发所取佣钱,规定每元三分"。灵宝枣通过铁路、邮政的方式长距离贩运到各地,大致"以云南、贵州、四川三省为最多,陕甘次之,汉口、上海、天津一带极微。每年销往云贵者约十余万斤,四川数万斤,陕甘十余万斤,其余供本省及其他各处销售"①。新郑县因产枣改变了当地农民的生活,民国时期平汉铁路调查者在新郑"那里所见的房舍,都很宽敞整齐,农民的衣着,都很光鲜,这不能不归功于该地的特产——红枣了"②。枣在当地社会经济和农民生活中的重要地位是显而易见的。

本章结语

本章主要论述了南京国民政府统治时期河南的农业、林业和畜牧业经济。南京政府时期,河南成立了农业行政、农事实验、农业金融等一系列农政机关,为农业经济的发展提供了保障。在地权分配方面,一些地方集权比较集中,一些地方则比较分散,建立租佃关系是农家解决耕地不足的主要途径。农业生产仍然以传统技术为主,但同时出现了新式农具,化肥也在少数地方开始使用,有了农事试验和技术推广,盐碱地得到了改良,这些都说明农业出现了一些现代化因素。因此,这期间河南农业得到了一定程度的发展,不论粮食亩产量还是总产量比过去都有了增加。林业和畜牧业也有了缓慢的发展。

---

① 吴耕民、屠鄂:《河南灵宝之枣》,《西北农林》创刊号,第1~12页。

② 郑佩刚:《平汉沿线农村见闻杂述》,载《平汉沿线农村经济调查》,第29页。

第三章　南京国民政府前期的河南经济(下)

第一节　现代化进程中的河南工业

一、矿藏与矿业

(一)矿藏调查与开发情形

1923年,河南省政府成立了地质调查所,但因“当时以事属创办,组织方面,既欠健全,计划方面,亦鲜实现。且益以历年军事发生,事业进行,受其影响。以故该所成立,虽复有七八年之历史,而工作成绩,迄鲜优良”①。1930年10月,中原大战后,随着政局稳定,一切建设事业逐渐展开。1931年5月,再度成立河南省地质调查所,由事务部、调查部、钻探部、编辑部、鉴定部、化验部和制图部组成,配备了“所需要之测绘仪器,代验仪、药品、岩石印片机、显微摄影器、金刚石钻探机,及化验室、试金室、磨片室,均经先后设置,日见完备”②。地质所的成立,为河南矿藏的调查与鉴定奠定了基础。

地质调查所陆续对河南各地的矿产资源展开了调查,基本上摸清了河南矿藏的种类和分布范围。矿藏分为金属矿和非金属矿两种,河南的

① 《河南省地质调查所恢复计划及进行情形》,《中国建设》第5卷第4期,1932年4月,第1页。

② 张静愚:《河南建设之回顾与前瞻》(续),《中国建设》第13卷第2期,1926年2月,第78页。

金属矿藏主要有金、银、铅、铜、铁;非金属矿藏有煤、硫黄、盐、碱、硝、瓷土、石墨、石棉、玉石、大理石、石英石、砚石、水晶、钢砂、石榴石、石膏、云母、氟石、石灰岩以及各种建筑石材等。除盐、碱、硝等储藏于豫东各县外,“其他各种矿产,多产于豫北西部沿太行山一带、豫西及豫南之有山各县。而重要矿场,又多在平汉路以西”①。下面就各种矿藏分布及储量分别进行论述。

各种金属矿藏的分布状况。1.铁矿。分布在巩县(今巩义)的泉张沟、高尖,卢氏的峨峪岭、鱼库沟,伊阳的龙王沟,新安的核桃园,渑池的贾家凹等地,其中以安阳、信阳、内乡等县“所产者,尚有开采价值,”其总储量480万吨,含铁量190万吨。② 2.金矿。分布在嵩县的高都里及德亭里,卢氏的范蠡镇,洛宁的小池镇及南阳村,淅川的金豆沟及柳林湾,其中嵩县与卢氏县的金矿为最佳。3.铅银矿。据地质所调查和本地乡民报告,有23县有铅银矿藏③,有一定开采价值的有临汝的仙人堂,巩县的郑家岭及大桃花峪,密县的田种湾,卢氏的白沙洞、黑雀庵、试剑石沟、四棵树、磨沟、流水沟等处,伊阳的马庙镇、阳平镇,洛宁的七里坪,鲁山的大王朵山、晒衣山,南召的曹店、东方家冲及马市坪,其中以临汝、巩县、卢氏等县为最佳。④ 4.铜矿。分布在济源的莽山、秦岭,南召的九里山,就矿藏开采价值而言,“济源县铜矿之成分,含铜多少虽各处不同,大致尚佳,其最富者,约含铜百分之二十八以上,确有采炼之价值”⑤。

各种非金属矿藏的分布状况。1.煤矿。据地质所调查,河南有八大煤田,即(1)安阳煤田,包含安阳、汤阴、林县(今林州市)、汲县(今卫辉市)及淇县与辉县一带,南北长约300里,中夹河北省磁县煤田,其中安阳境内最丰富。煤质为有烟煤和半无烟煤,总储量309400万吨。(2)修博煤田,东起修武县西北部,向西延伸,到达博爱、沁阳县北部,东西长约

① 河南省建设厅:《河南建设述要》,第51页。

② 河南省地质调查所:《河南矿业报告》,1934年4月印行,第276页。

③ 河南省地质调查所:《河南矿业报告》,1934年4月印行,第7页。

④ 张静愚:《河南建设之回顾与前瞻》(续),《中国建设》第13卷第2期,1926年2月,第79页。

⑤ 河南省地质调查所:《河南矿业报告》,1934年4月印行,第23～24页。

100里。煤质为无烟煤、半无烟煤,总储量275400万吨。(3)新渑煤田,东起济源、新安,西迄陕县,包括济源、新安、渑池、陕县等县,东西长约300余里,煤质为烟煤、半有烟煤,总储量128800万吨。(4)禹密煤田,位于禹、密两县境内,并包括郏县北部,南起三峰山,北至王寨河,长约100里。煤质为烟煤、半有烟煤,总储量为154563.5万吨。(5)宜洛煤田,从洛阳、偃师、巩县、汜水等县南境,到达荥阳县东南,东西延绵250里。煤质为烟煤、半无烟煤,总储量56500万吨。(6)南召煤田,位于南召县境内西南的广阳店、兴隆店、留山、李青店、杨树沟,到达县城东的罗沟一带,长约70～80里。煤质为烟煤、无烟煤,总储量3500万吨。(7)汝宝煤田,位于临汝之南,宝丰之西,鲁山之北。南北长约10里,宽约3里,煤质为烟煤、无烟煤,总储量26342.5万吨。(8)商固煤田,在商城及固始两县境内,东西长约6里,宽约2里。煤质为烟煤、无烟煤,总储量250万吨。① 根据河南省地质所调查,河南煤炭的总储量达到954756万吨。2.硫黄矿。主要分布在新安的东沃村一带,博爱的小岭寺后茶棚一带,伊阳的华沟,内乡西北小水村、丁河店等地。其中以博爱、新安的硫黄矿为最佳,储藏量约201万吨,按含量40%计算,可产硫黄80.4万吨。② 3.石膏矿。主要分布于陕县大安村及郭家沟,淅川李家营及杨伙村。其中以陕县石膏为最佳,总计储量约186.7万吨。③ 4.石棉矿。主要分布在内乡的黄龙寨、青竹扒,淅川的寺湾村、阎沟,卢氏的陶湾镇,其中内乡、卢氏的石棉矿最佳,藏量分别为75万吨和6.5万吨。④ 5.石墨矿。全省有5处产石墨,即商城的马鞍山及二道沟,镇平的凉水泉及菩提寺,内乡的独树岭、虎寨龙兴寺及黄龙寨等地,信阳的椅子坑、卢家镇,确山的新店及三山地,探明全省储量539.94万吨⑤,

① 张人鉴:《河南矿产概况》,《河南政治月报》第7卷第1期,1937年1月,本文第2～3页。

② 河南省地质调查所:《河南矿业报告》,1934年4月印行,第127页。

③ 张静愚:《河南建设之回顾与前瞻》(续),《中国建设》第13卷第2期,1926年2月,第80页。

④ 张静愚:《河南建设之回顾与前瞻》(续),《中国建设》第13卷第2期,1926年2月,第80页。

⑤ 河南省地质调查所:《河南矿业报告》,1934年4月印行,第152页。

"其中以独树岭为最佳,足值开采,共储量约有五五四四〇〇吨"①。6.盐、碱、硝。河南境内产盐、碱、硝之地很多,就含量而言,以夏邑所产者成分最高,开封所产者次之;就产地而言,沿黄河故道两岸大堤一带,产量最丰富;制硝之地主要分布在"开封城内及城东之杜梁寨,城南之朱仙镇,与商丘之朱集、徐隆集、潘口、谢集,及宁陵县属之柳河、孔集、赵村等处为最盛,其他如夏邑、睢县、永城、柘城、鹿邑、考成等县各地,亦均产硝"②。据1930年代调查,河南每年约产盐21.8万担,碱200万斤以上,硝127万斤。③ 7.瓷土。全省瓷土主要产于禹县神屋镇、扒村,巩县钟岭,镇平白土窑以及修武、博爱、新郑、邓县(今邓州市)、汤阴等地,"其质之适合于最上等粗瓷原料者,以禹县神屋镇一带所产者为最佳,陕县瓷土次之。其余若密县、新郑、安阳、武安、安阳等县之瓷土,仅可用为制造粗瓷之原料,至若修博之李河、柏山一带之瓷土,亦为制造粗瓷之原料"④。8.其他非金属矿藏。大理石主要分布豫南南阳一带,如镇平的灶爷庙花纹大理石,南阳县蒲山大理石;石英石在内乡的马武山,南阳的蒲山;砚石主要分布在济源和内乡;水晶主要分布在泌阳、南召、南阳、淅川、确山、方城等县;钢砂主要分布在镇平、内乡;石榴石主要产于武安;石膏主要产于淅川,在陕县也有发现;云母分布在镇平菩提寺、龙山北坡,南召及洛阳;氟石在新安、光山一带有发现;石灰岩在河南分布极广,沿太行山东麓林县、安阳、浚县、辉县、修武、博爱、济源等县,均产石灰岩。⑤

从河南地质调查所1930年代的调查来看,河南的矿藏以平汉铁路以西的地区分布最多,产量最丰富。就矿藏的性质而言,金属矿比较少,仅有4种,即金矿、铅银矿、铜矿和铁矿;而非金属矿有20种之多,其中煤矿最为重要,也最有经济价值,其次为硫黄矿,再次为硝及瓷土、石墨、

---

① 张静愚:《河南建设之回顾与前瞻》(续),《中国建设》第13卷第2期,1926年2月,第80页。

② 河南省地质调查所:《河南矿业报告》,1934年4月印行,第138页。

③ 张人鉴:《河南矿产概况》,《河南政治月报》第7卷第1期,1937年1月,本文第5页。

④ 河南省地质调查所:《河南矿业报告》,1934年4月印行,第141页。

⑤ 河南省地质调查所:《河南矿业报告》,1934年4月印行,第157~163页。

石棉,其余除建筑材料外,储量很少。就分布面积而言,煤1734平方公里;盐碱硝1500平方公里;其次为铁矿105平方公里,硫黄矿8平方公里,合计3347平方公里。①

中原大战后,河南政局逐渐稳定,加之政府积极提倡,使河南矿业有了比较快的发展。据统计,1933～1934年两年内,"各县矿业呈请案,计二百余起;手续完备转部发照者,四十余处"。以矿区论,截至1934年终,共70个,比前增加40余个;以矿区面积论,截至1934年终,共计123.2万公亩,在近两年中增加者约40.1万公亩。② 说明河南矿业开采在1933～1934年有较快的发展。

河南矿藏除了煤炭、铁矿用机器开采外,其他矿藏如金矿、土盐、土碱、土硝、瓷土、石棉以及各种石质矿藏,均为土法开采。就河南经济发展的本身而言,矿业开采较之以前有了很大的进步,但和当时中国的矿业发展水平而言,还有很大的差距。

(二)煤矿的开采与经营

在上述河南的八大煤田中,以安阳、修博、新渑、禹密四大煤田为最重要,"为河南产煤丰富之区,亦即矿业发达之区"③。据河南地质所1930年代的调查,河南煤矿分布面积为1734平方公里,合1734万公亩,当时已经领照开采者为64.9万公亩,占4%④。截至1934年底,全省领照开采煤矿大小共有69处,其中规模较大的有:无烟煤矿以焦作中福两公司为最大,有烟煤以安阳六合沟煤矿为最大,资本均数百万元⑤,是民国时期河南少有大型煤矿。

1925年中国发生了反对帝国主义的五卅运动,福公司的工人全体罢工,到1933年与中原公司合并前,尚未复工。⑥ 中原公司是在民营煤窑

---

① 河南省地质调查所:《河南矿业报告》,1934年4月印行,第170～171页。

② 河南省建设厅:《河南建设述要》,第52～53页。

③ 张静愚:《河南建设之回顾与前瞻》(续),《中国建设》第13卷第2期,1926年2月,第79页。

④ 河南省地质调查所:《河南矿业报告》,1934年4月印行,第171页。

⑤ 河南省建设厅:《河南建设述要》,第51～52页。

⑥ 河南省地质调查所:《河南矿业报告》,1934年4月印行,第191页。

中州、豫泰、明德3公司的基础上建立起来的,1913年,河南都督张镇芳派代表与福公司经理堪睿克(kendriek)协商,将中州、豫泰、明德组合为中原煤矿公司,与福公司合组福中总公司,协定“分产合销制以泯竞争”,订立了《议结英商福公司矿务交涉草合同》。① 1915年,中原公司正式成立,完全土法采煤;1922年采用“新式开采”,1926年5月23日,经河南省建设厅转呈北京政府实业部登记核发执照。1930年,河南省政府派员接办中原公司,“始谋工程改进,营业亦渐恢复,并由省政府组织原煤矿公司整理委员会,至民国二十年十月,始召开股东大会,选举董事十五人,官商各半,组织董事会,复选出董事长、副董事长各一人”②。通过省政府的干预,中原公司由民办经营转变为官商合办。1931年春,在五卅运动时期停工的福公司筹备复工,但遭到地方的极力反对,并要求赔偿损失,“福公司复工之举,遂未完全告成”。1933年,福公司得到政府的允许,“准其先行抽水,运销存煤”,但再次引起“民众反感,因有阻止煤车之事发生,几成巨祸,所幸豫省府迭电铁道部商妥,在福公司纠纷未解决以前,暂缓运输该公司煤斤,因之风潮未致扩大”③。在这样的情况下,经与各方面协商,在不丧失主权的前提下,中原公司与福公司成立采取联合经营。1933年6月,成立了中福两公司联合处,并签订了《中福两公司联合办事处经营煤矿业原则》和《中原公司福公司合资经营煤矿业合同草案》等文件,规定:两公司合资期限为10年,“如双方同意时,得依法呈请展限”;合资后资本为100万元,中原公司承担51万元,福公司承担49万元;合资后设董事5人,中原公司董事会推举3人,福公司董事会推举2人,董事长由中原公司董事3人中互选;福公司采矿权依《矿业法》所定年限期满后,“凡关于矿厂之财产,如田产、地基、建筑物,及机关设备物等,应报效中国政府”;联合处矿业警察,“依中国法令编制委任,

① 李文浩:《河南中原煤矿公司之过去现在与将来》,《河南中原煤矿公司汇刊》第1期,1931年2月出版,第17～18页。

② 河南省地质调查所:《河南矿业报告》,1934年4月印行,第192页。

③ 杨训渠:《河南中福两公司合资之经过》,《河南政治》第3卷第7期,1933年8月。

中国人统帅之"①。

二、私营工业

从经营性质上来划分,河南的工业有私立工厂、官立工厂和家庭手工业3种类型,民国时期河南的近代工业以私立工业为主。

由于国民政府的鼓励政策,加上河南地处中原,交通便利,数年来地方安定,工业勃兴,民营工厂日有增加。据1930年统计,商办工厂规模较大者,有94家;1931年97家。② 1932年建设厅统计,全省有面粉厂6家,工人410人,每月产额73566袋;棉布厂28家,工人596人,每月产额3997匹;纱厂3家,工人5850人,每月产额5700包;绫绸绉厂15家,工人290人,每月产额2396匹;蛋厂13家,工人1670人,每月产额1920箱,300万斤;铁工厂8家,工人203人,产额未详;草帽厂11家,工人227人,每月产额12000顶;其他工厂25家,工人1087人。③ 合计109家,产业工人10333人。1935年,河南商办工厂达到128家,分为16个产业,即面粉业7厂、纺织业4厂、打包业5厂、皮革业6厂、草帽业9厂、机械业12厂、毛织业2厂、粉笔业2厂、胰皂业21厂、油业1厂、织染业18厂、炕烟业1厂、瓷业23厂、蛋业11厂、电业4厂、料器业3厂。其中资本较大者有38厂,1933~1934年两年中新设立的有40厂,占31.3%。④ 另据有学者统计,1928~1937年河南新建立的资本在1万元以上的私立工厂有43家。⑤ 说明南京国民政府前10年是河南商办工业数量增加和近代工业发展的一个重要时期。

南京国民政府时期,河南商办工业也达到了一定的规模。就资本而

① 杨训渠:《河南中福两公司合资之经过》,《河南政治》第3卷第7期,1933年8月。

② 张静愚:《河南建设之回顾与前瞻》(续),《中国建设》第13卷第2期,1926年2月,第89页。

③ 《二十一年豫省农产工业统计》,《中行月刊》第6卷第1、2期合刊,1933年2月,第197页。

④ 河南省建设厅:《河南建设述要》,河南省建设厅1935年印行,第57页。

⑤ 王天奖:《清末至民国年间河南民族资本主义工矿企业》,《河南文史资料》2001年第3辑(总第79辑),第175、179~181页。

言，根据1932年代统计的109家商办工厂，约资本总额为843.46万元，平均每家8.52万元。其中棉纱业4家，资本600万元；面粉业5家，资本104.14万元；蛋粉业11家，资本约51.5万元；火柴业4家，资本约30万元；纸烟业4家，资本约17万元；机器业6家，资本约16.3万元；织布业26家，资本约9.39万元；草编草帽业12家，资本2.2万元；瓷业10家，资本约7.9万元；其他工业17家，资本约5.33万元。① 1935年统计的128家工厂，总资本达到1035.55元，比1932年净增资本192.09万元。在各种产业中，以"纺织业资本最雄厚，面粉、打包等业次之"。就产值而言，"除打包、炕烟两业外，其产额总计，约值一千五百万元以上。纺纱业占六百六十余万元，面粉业占七百一十余万元，蛋业占一百零四万余元，其他各业共占一百余万元"②。纺纱、面粉两行业是河南省商办工厂的支柱产业。

1930年8月1日国民政府颁布《工厂法》后，实业部为准备实施该法，通令各省查明"合于《工厂法》第一条③规定之工厂厂名、厂址、工业种类、动力类别、平时工人人数、资本实数、经理人姓名等，以资查考"。根据实业部的指示，河南省建设厅对全省工厂进行了调查，有19家工厂符合《工厂法》第一条所规定的工厂④。河南工业就地域分布而言，主要在开封、郑县(今郑州)、许昌、陕县、新乡，其中以郑县、开封和许昌分布最集中；就行业而言，主要有棉纺、棉花打包、面粉加工、蛋品制造、电灯制造、烟草和农工机械制造等几个方面；就资本和规模(如工人数量)而言，以纺纱和棉花打包资本最多，面粉、蛋品加工等行业资本较小。据1935年调查，全省符合《工厂法》的工厂31家，比1930年增加了12家。以面粉业、打蛋业、打包业最多，其次为纺织工业、机械业和制革业，其他

① 《河南工业概况》,《中国建设》第5卷第4期，1932年4月，根据第53～65页各类工厂数字统计。

② 河南省建设厅:《河南建设述要》，河南省建设厅1935年印行，第57页。

③ 根据1929年南京国民政府颁布的《工厂法》第1条规定，"凡用汽力、电力、水力发动机器之工厂，平时雇佣工人在30人以上"符合《工厂法》(中国第二历史档案馆编:《中华民国史档案资料汇编》第5辑第1编《财政经济》(五)，第39页)。

④ 河南省建设厅:《十九年度河南省建设概况》，第122页。

如制烟、轧花、电业各1家；主要分布在郑县、安阳、许昌、开封等地；资本以纺织业为最多，占74.87%；动力设备也以纺织业为多；产业工人6996人（不包括纺织业、打包业临时雇佣工人）。各业产值：纺织业全年产值千万元以上，平均每家约值300余万元；面粉业年产值400余万元，平均每家不足80万元；打蛋业平均每家年产值10数万元；制革业、机械业年产值约2～3万元。① 在31家工厂中，设立于1927～1935年的有22家，其中纺织业1家，面粉业3家，打蛋业6家，打包业5家，制革业2家，机器业4家，其他1家②，占70.97%，说明1927年以来河南的工业有了一定程度的发展。

在国民政府工业政策的引导下，各县也建立了一些私立工厂。如1933年建设厅对河南私立工厂进行了调查，调查确实的有11个县，陕县2家，巩县（今巩义市）3家，汜水（今属荥阳市）8家，荥阳3家，郑县（今郑州市）23家，确山7家，郾城5家，许昌9家，长葛2家，开封29家，商丘1家，共计92家③。其中资本在1万元以上的21家，占22.8%；资本在5000～10000元的5家，占5.4%；资本在1000～5000元之间的51家，占55.4%；资本不足1000元的12家，占13%。由此可见，河南县级私立工厂存在着规模小和资本不足的问题。下面分行业来看1930年代河南省私立工厂的经营状况。

（一）纺织业

河南的近代机器纺纱工业兴起于20世纪初。光绪二十九年（1903年）清政府官僚孙家鼐与安阳绅士马吉森会同商人郑子固、徐先洲等人集资70万元，在安阳兴办了广益纱厂。该厂1906年投产，有纱锭22344枚，工人1559人。④ 这是河南创办的第一家机器纺纱工业，也开

---

① 《二十四年份河南工业统计引言》，《河南统计月报》第3卷第5期，1937年5月，第2～3页。

② 《河南省各业工厂统计表》，《河南统计月报》第3卷第5期，1937年5月，第6页。

③ 根据《河南陕县等十一县私立工厂一览表》统计，见《河南省政府年刊》（1933年），第50～57页。

④ 刘世永、解学东主编：《河南近代经济》，第16页。

启了近代河南机器工业的先河。随后,河南各地先后兴办了一些机器纺纱工厂,1919年,武陟创办了成兴纱厂;1920年,郑州兴建了豫丰纱厂;1922年,汲县(今卫辉市)建立了华新纱厂。① 据1930年统计,河南的机器纺织工业主要厂家是豫丰纱厂、华新纱厂、豫新纱厂和成兴纱厂。4厂合计资本490万元,日产量为200件,以当时每件价格250元计算②,每日产值为50000元。4家纱厂共有纱锭108280枚,占全国纱锭数(3969553枚,包括华商与外商)的2.7%,占华商纱厂纱锭数(2326873枚)的4.7%。③ 河南棉纱生产水平与河南棉花生产在全国的地位是不相称的。

图3—1 豫丰纱厂

图片来源:《陇海铁路旅行指南》,陇海铁路总务处编译课1932年印行,第89页。

世界经济危机和国内政治环境对本省的纺纱工业影响很大。从中国纱厂建立的背景来看,几乎所有的纱厂的建立都与洋商有着千丝万缕

① 《河南省工业现状一斑》,《河南政治》第2卷第9期,1932年9月,本文第1页。

② 河南省建设厅:《十九年度河南建设概况》,第200页。

③ 杨大金:《近代中国实业通志》,中国日报印刷所1933年版,第18页。

的联系,从纺纱机的订购、厂房的建设到技术几乎都依赖于外商,如豫丰纱厂、成兴纱厂的机器均购买于上海外商开办的慎昌洋行。因此,外商对于中国纺纱工业的影响是很大的。特别是1929～1933年发生了世界经济危机,对中国纺纱工业影响更大,使中国的纺纱工业处于衰退的状态。如豫丰纱厂“受到洋纱、洋布的冲击,影响其销路,赔累不堪,无法维持”,最终被天津中国银行财团筹集120万元,于1934年5月1日接办,“豫丰”改为“和记豫丰”,原豫丰纱厂不复存在了。① 成立最早的广益纱厂“因历次变乱,受人鱼肉,加以经营不良,内部纠纷,遂于民国十七年(1928年),一蹶不振,当时地方人士,以该厂规模宏大,弃之可惜,虽有收归省府接办之意,嗣以库款空虚,未克实现,十九年(1930年)春间,有商人田兢波、霍栋庭等,集资二十万元,略加整理,暂时开工,更名为豫新纱厂”②。成兴纱厂的发展经历也十分曲折,多次受到军阀和土匪的勒索。1928～1930年间,军阀刘镇华、石友三驻防河南期间,借口筹饷,派军队将成兴纱厂老板鲁连成从武陟劫持到新乡,敲诈了四五万元。1930年盘踞在武陟的土匪张仁山扣押了鲁连成及其儿子鲁锡爵,勒索了四五万元。经历了3次劫难后,成兴纱厂“经济损失很大,元气大伤,已濒于无力经营亦无法经营之境地”。1930年,该纱厂最终因战争影响,以及“销路迟滞,加以资本不足,不敷周转”,不得不关闭停产。③ 可见,民国时期河南民族工业发展是十分艰难的。

织布业是河南传统工业之一,随着洋布的输入,土布市场逐渐萎缩,在这样的情况下,“识时之士,遂亦相率而起,组织新式之织布工厂,且逐渐增多,日有上进。在河南工业上,此种工厂,尚占最多数”④。织布业是民国时期河南最主要的工业部门之一。据1930年统计,资本在1000

① 张学厚:《郑州棉花业的兴衰》,《河南文史资料》第37辑,第49页。

② 《河南工业现状一斑》,《河南政治》第2卷第9期,1932年9月,本文第1～2页。

③ 《河南工业现状一斑》,《河南政治》第2卷第9期,1932年9月,本文第2页。

④ 《河南工业现状一斑》,《河南政治》第2卷第9期,1932年9月,本文第4页。

万元以上的织布工厂有29家,总资本约13.2万元,工人687人,产品以棉布为主,兼及毛巾、线袜等,每日可生产各种布200余匹以及其他各种棉制品。①

1927年以来是河南纺织业发展的主要时期,尤其是开办了许多小额资本的私立纺织工厂。据1935年统计,河南有小额资本的纺纱厂36家,其中1927～1935年成立的新厂有28家,占77.78%,资本总额11.1万余元;有各种机械设备561台,其中织布机261台,袜机114台,毛巾机68台,衣服机18台,印刷机10台,帽机3台,整经机12台,提花机9台,导纱机47台,合纱机2台,其他机器6台,价值2万余元;工人795人,年总产值15.4万元,其中布匹21546匹,总值82153元;毛巾18705打,总值15155元;袜子10100打,总值11055元;衣服4740件,总值7048元;帽子2000顶,总值240元;被单5585个,总值5574元;绸布1471匹,总值20844元;其他1.2万余元;实现销售收入13.96万元。② 虽然工厂数量不少,但资本不足,设备落后,产量较小,反映出河南纺织工业基础比较薄弱。

(二)面粉业

河南是农业大省,也是盛产小麦的省份,故"河南之面粉工业,现为该省主要制造工业。惟以风气闭塞,交通鲜便,机器之输入较迟"③,河南机器面粉工业起步比较晚,1918年开封大丰面粉公司的建立开启了河南机器面粉工业的先河。此后,机器面粉工厂在河南各地相继建立,如1919年安阳大和恒面粉厂建立,1920年新乡通丰面粉公司建立,1925年开封德丰、益丰等面粉公司建立等。④ 随着各地机器面粉工业的建立,面粉工业成为河南商办工业的支柱产业。

---

① 河南省建设厅:《十九年度河南建设概况》,第207～208页。

② 《工业统计》,《河南统计月报》第3卷第5期,1937年5月,根据第43～58页各种统计表。

③ 实业部中国经济年鉴编纂委员会:《中国经济年鉴》下册,商务印书馆1934年版,(K)第22页。

④ 《河南工业现状一斑》,《河南政治》第2卷第9期,1932年9月,本文第2页。

河南面粉工业主要分布在开封、许昌、安阳、新乡等地，资本103万元。据《中国经济年鉴》统计，河南规模比较大的6家面粉厂，每日可产面粉9000袋，以每袋平均3元计算，日产值2.73万元。① 河南面粉主要在本地销售，开封、郑州、许昌、郾城、洛阳、商丘、安阳、新乡等工业城市为面粉销售的主要市场。

（三）蛋粉业

养家禽是中国农村的主要副业，因此鸡、鸭蛋在农村产量很大，“农家售之以助家常油盐之费”。而中国蛋类出口始于清末，日本商人在中国设庄收购鲜蛋，运回日本，然后转售欧美等国。但鲜蛋易碎，也易坏，尤其夏秋两季正是产蛋旺季，天气炎热，鲜蛋不易保存。于是，英国商人和记公司在南京、汉口、天津设立了打蛋厂，营业“极为发达”。随着平汉铁路的开通，清末浙江商人阮文中在平汉铁路的河南彰德、许昌、驻马店开设蛋厂，这既是中国有蛋厂之始，也是河南建立蛋厂的开端。1913年，河南新乡商人张殿臣，在新乡、周家口设立了裕丰蛋厂，“每天打蛋万余个，工人有十五六个。这是新乡蛋业之始”②。随后又在道口镇、漯河开办了祥盛魁蛋厂。“此后新乡人经营斯业者，日见增多，如杨东础、冀文泉，均创设蛋厂数处。发展蛋业，颇具声望”③。蛋粉的国际需求量很大，“一九二八年到一九三二年五年间出口的数值最大，尤其是一九三〇年(民国十九年)，出口数值达关银51160972两，银洋79710940元”④。1930年代先后建立了永丰、信恒、振豫、庆丰、元隆、泰源、新济、元昌、同和裕等10余家蛋厂。⑤ 河南蛋业主要分布在归德、许州、彰德、新乡、漯

① 实业部中国经济年鉴编纂委员会:《中国经济年鉴》下册,(K)第22页。

② 政协新乡市委员会秘书处:《解放前新乡蛋厂发展情况》,《河南文史资料》第5辑,1981年印行,第136页。

③ 实业部中国经济年鉴编纂委员会:《中国经济年鉴》下册,(K)第157～158页。

④ 沙琳:《我国蛋业与世界蛋业市场》,实业部统计处:《农村副业与手工业》,1937年印行,第125页。

⑤ 王天奖:《清末至民国年间河南民族资本主义工矿企业》,《河南文史资料》2001年第3辑(总第79辑),第179～181页。

河、获嘉、郾城、郑州、洛阳、道口镇、开封、驻马店、三合店、周家口①，蛋粉主要销往上海、天津、汉口和海外市场。②

1930年代河南有蛋厂20余家，主要生产蛋白蛋黄。据1930年对11家蛋厂的统计，共有资本约36万元，每日制蛋粉约60箱，若以每箱85元计算，每日产值5100元左右。③ 与鲜蛋相比，蛋粉易于保存和搬运，加之蛋粉在食品加工、织染等方面用途很广，有广阔的市场。而河南又是农业大省，养鸡为家庭副业，鸡蛋产量比较丰富，所以自20世纪初河南建立蛋厂以来，蛋业“日渐发达，人争趋之，此种贸易，遂蒸蒸日上”④。仅在1930年代新建蛋厂就有10余家，而且一些蛋厂的生产规模比以前有了很大的提高，如大昌蛋厂1930年的日产量为20箱，1933年的日产量就达到600箱⑤。根据对1937年前后河南28家蛋厂的统计，有资本191.9万元⑥，平均每家资本6.85万元。可见，从1930年代初期到抗战前夕，河南蛋业有了较快的发展。

（四）火柴业

河南近代火柴工业肇始于1910年在开封开办的大中火柴公司。民国时期是河南火柴工业相对发展比较快的时期，相继成立一些火柴厂，如1918年在新乡成立了同和裕火柴公司，1926年在洛阳成立了大有火柴公司等，1927年在开封成立了民生火柴公司等。⑦ 据1930年代调查，河南4家火柴厂共有资本36万元，工人至少340人（大中无工人数统计），每日可生产火柴77箱，以每箱平均6.5元计算，日产值为500

① 柳如祥：《中国之加工蛋业》，《中行月刊》第1卷第5期，1930年11月，第69页。

② 《豫省各项工业概况》，《中行月刊》第5卷第5期，1932年11月，第121页。

③ 河南省建设厅：《十九年度河南建设概况》，第202页。

④ 《河南工业现状一斑》，《河南政治》第2卷第9期，1932年9月，本文第2页。

⑤ 1930年产量见《十九年度河南建设概况》第202页统计。

⑥ 杨大金：《现代中国实业志》，商务印书馆1938年版，第846页。

⑦ 《河南工业现状一斑》，《河南政治》第2卷第9期，1932年9月，本文第3页。

元。①

(五)纸烟业

河南省是烟草种植大省,而"本省制烟工场,开办较迟,其首创者,为许昌之振华烟草公司,资本五万元,继之而起者,华北,河南,新豫烟草公司,资本十二万元"②。河南纸烟工厂均创办于1928年之后,而且资本均比较小,产量也不高。据1930年统计,河南有烟厂4家,资本总额只有17万元,每日产量仅有27箱,而且"以时局多故,许昌为军事要区,加以受外人之经济压迫,致年来各烟厂莫不累赔,而华北、河南、新豫三厂乃相率倒闭,现在勉强存在者只振华烟厂一处"③。导致河南烟厂倒闭的另一种说法是:"一九三二年,英美烟公司为了扼杀我民族工商业,用五千万巨款,贿赂国民党政府,由他们包缴机器卷烟税。并规定,除了京、津、沪现有的卷烟厂外,不许中国人在其他地方再设一家卷烟厂。这样,许昌的所有卷烟厂,便都被地方官府查封了。"④因此,英美烟公司重新返回河南后,河南民族纸烟工业处于停滞状态。

(六)机器工业

据1930年统计,河南省有机器厂10家⑤,主要分布在郑州、开封、许昌、新乡几个铁路沿线城市里,产品主要以修理机器、翻砂、制造铁制织布、纺纱机以及人力车、农具为主,资本总额仅有16.9万元,资本超过1万元的机器厂只有3家,占30%。1935年,根据《工厂法》的调查,河南机器工业只有4家工厂符合其条件,这4家工厂的总资本仅有13.25万元,各种设备53台,其中元车25台,铣车2台,刨车5台,钻车5台,电机1台,镟床4台,钳子10个,砂轮车1台。⑥不论资本还是产品数量,规模都是很狭小的,产品规格、数量和质量也受到了很大的限制,"不

① 河南省建设厅:《十九年度河南建设概况》,第203页。

② 《河南工业现状一斑》,《河南政治》第2卷第9期,1932年9月,本文第3页。

③ 河南省建设厅:《十九年度河南建设概况》,第204～205页。

④ 李耕五:《许昌英美烟公司与许昌烟区》,《河南文史资料》第13辑,第146页。

⑤ 河南省建设厅:《十九年度河南建设概况》,第204～206页。

⑥ 《工业统计》,《河南统计月报》第3卷第5期,1937年5月,第29～30页。

但无大机件之制造,即配制精巧零件,亦有时难以措办,致应用机器,均仰给于外人"①。这个时期河南机器工业尚处于起步阶段。

(七)草辫与草帽业

草辫草帽业原本是河南农村的主要副业,随着国际市场的扩大,河南草辫草帽工业发展起来。如当时调查所言:"草帽辫,为河南出产之大宗。原料易得,制法简单,费用无多,而获利较丰,故此项工业,年来颇有蒸蒸日上之势。"②除了家庭手工生产外,1920年代建立了草帽辫工厂8家,各厂有资本2000～3000元,总资本1.7万元;工人151人,平均每厂18.9人;年产草帽8.5万顶,草辫9000斤。③ 从这里可以看出,随着市场的扩大,河南草辫、草帽业有从家庭副业、家庭手工业向工厂化发展的趋势。

(八)制瓷业

瓷器生产在河南有着悠久的历史,汝窑、钧窑出产的瓷器驰名中外。民国时期,原来两大名窑仅存钧窑。禹县"古称钧州,钧瓷之名即源于此,考之古籍,宋代瓷业已见昌明,钧窑之名当时驾于汝窑、官窑、许窑、东青窑之上,其时钧瓷出品十分精致,红如胭脂,青若葱翠,瓷釉颜色均甚鲜亮,其最佳者则为哥绿及茄皮紫等品,迄于明代亦颇极一时之盛,唯至清代则暂衰败,至光绪末年,有该县知事曹广权者,曾一度提倡,由江西省景德镇,雇来工匠三十人,在城北扒村,即古之钧瓷窑,设窑制造,尚有成绩,但迄民国初年,因兵匪扰攘,该窑全被毁坏,即停止废弃。最近于扒村钧窑故址处,尚可掘得宋代钧瓷碎片,斯足为考证,现时神垕各窑产品,虽尚能仿造古代钧瓷之形式,但较之古钧瓷,则相差甚远。由此可证该地瓷业比宋代已大退化"。据1930年代河南地质调查所调查,当时钧瓷生产"能继宋代钧瓷之手艺者,厥为卢广同一家,故现今神垕瓷业均

① 《河南工业现状一斑》,《河南政治》第2卷第9期,1932年9月,本文第3～4页。

② 《河南工业现状一斑》,《河南政治》第2卷第9期,1932年9月,本文第4页。

③ 河南省建设厅:《十九年度河南建设概况》,第209页。

聘卢氏兄弟为工师,但其法密而不传,毫无研究进步之希望"①。可以看出,钧瓷几经兴废,20世纪二三十年代虽然有产品出产,但技术已不如前。此外,陕县、新安、汤阴、博爱、登封、巩县等处,均有制瓷厂,"但均系粗瓷,尚待改良"②。

1930年代,河南11家瓷厂总资本7.9万元,资本最多的新安瓷业公司有资本2万元,最少的登封瓷厂仅2000元;产品主要有供民间使用的各种瓷缸、瓷碗、茶杯等,每日产量达到3.7万余件。③民国时期,河南瓷器以饮食器具为大宗,销售范围主要在本省和附近一些省份,比较精致的产品也运销全国各大都市。如禹县粗瓷"除行销本县居民外,大宗运销于豫南各县,及安徽省及湖北省之北部,分售于乡村各户用之。其钧瓷之精致者,尚可销售于国内各大市,计禹县全年共产瓷器,以茶壶、碗、盆等件混合计之,共约五五四四〇〇〇〇件,其运销于外地之售价,平均每件以三分洋核算之,当值国币一六六三二〇〇元"④。

除了以上工业外,民国时期河南还有一些工业企业,如化学(生产肥皂、洋蜡)、玻璃、化学制革、粉笔、化妆品、电力等。据1930年统计,有化学工厂6家,资本3.05万元;玻璃工厂3家,资本2.1万元;化学制革工厂1家,资本2万元;粉笔厂2家,资本约0.4万元;亚水厂2家,资本约0.6万元;化妆品工厂1家,资本0.2万元。⑤

三、省立工厂

河南的官办工厂包括省立工厂和县立工厂。省立工厂原有营业工厂1家,教养工厂6家(第一、第二、第三、第四、贫民、妇女工厂),1927年因军事影响,将6家教养工厂合并为3家,接着因经费无着落而先后停工。1929年,将营业工厂及3家教养工厂合并为1家,名为工业总

---

① 河南省地质调查所:《河南矿业报告》,1934年4月印行,第141～142页。

② 《河南工业现状一斑》,《河南政治》第2卷第9期,1932年9月,本文第5页。

③ 《河南工业概况》,《中国建设》第5卷第4期,1932年4月,第63～64页。

④ 河南省地质调查所:《河南矿业报告》,1934年4月印行,第146页。

⑤ 河南省建设厅:《十九年度河南建设概况》,第212页。

厂,增加基金3万元,分设铁工、织染、草帽、妇女4部。开办不久,因西北军拖欠草帽、布匹款项达8000余元,导致工厂开工未及3月而停工。当年秋,将妇女、草帽两部裁撤,铁科划出改为农具制造厂,工业总厂仅留织染科,“自此以后,两厂各自独立,以原有之原料成品为基金,因陋就简,重新开工,裁人减薪,缩小范围,以期达出入相抵,完全营业之目的”。但仍因经费困顿,没有新的进展。中原大战后,将农具制造厂改为农工器械制造厂,工业总厂改为织造总厂。农工器械厂有资本4.1万元,主要制造各种新式农具、凿井机、水车、水泵、弹花机、织布机、锅炉、引擎、钻车等;织造总厂有资本1.1万元,主要生产洋布、条布、床毡、床单以及各种丝绸等,每月可出布200余匹,床毡50余条,绸子10余匹。①

1932年8月,河南机器厂(即铜元局)停办,省政府决定“由该局红利项下,拨10万元作为该厂新基金,兹将该局所有机器厂房,通由农工机器制造厂接收应用”,于是,农工机器厂资本有了较大增加,生产规模也有所扩大,职工增至200余人。② 1935年春,刘文起担任厂长,对工厂进行了整顿,取得一定成效。“首先裁去冗赘职工,以节费用,继乃多收工徒,促其学习,以收实效。对外营业,则极力承揽,大批制品,凡筑路之轧路磙、洋镐等工具,各大桥所需之铁器,以及各马路阴井边井盖、水塔、凿井器具等件,无不尽量承制,以期营业发达,获有盈余。年余以来,本此原则,向前迈进,情形较前好转。”③

河南农工器械厂从20年代建立,几经周折,到30年代发展成为一个年生产能力接近10万元的工厂,政府在其中起了重要的作用。但是,一方面技术力量薄弱,只能生产简单和粗笨的产品,如凿井器具、井盖、水管、锅炉、铁护栏、部分机械零部件、水箱、轧路磙、吸水机等,缺乏科技含量高的产品;另一方面产品市场狭小,影响了其发展。工厂产品销路只限于省内市场,而缺乏更广阔的市场。即使省内市场,也十分狭小,而制成的价值近万元的100部畜力吸水机没有销路,影响了工厂的扩大再

① 《河南工业概况》,《中国建设》第5卷第4期,1932年4月,第67～69页。

② 张静愚:《河南建设之回顾与前瞻》(续),《中国建设》第13卷第2期,1936年2月,第87页。

③ 河南省政府秘书处:《河南省政府年刊》(1936年),第416页。

生产。

省立工厂除了河南农工器械厂外，1934 年 6 月，省政府奉国民政府军事委员会南昌行营训令，筹办河南残废军民工厂。10 月，该厂开工，有军工 150 余名，产品主要有线衣、线袜、布匹、木器、鞋子等。

四、县立工厂

河南县立工厂始于 1913 年，最初名称为平民工厂。政府倡导实业，当时河南"成立七十余处"，名称不一，有的称贫民工厂，有的称平民工厂。1920 年，河南发生大旱，"豫北一带，野无青草，室如悬磬，于是仰给公款之平民工厂，乃不得不悉数倒闭。其后又以迭经战争之故，地方经济直接间接受其影响，而豫东、豫西、豫南等各县平民工厂，亦相继停顿"。南京国民政府成立后，1928 年，为发展各县工业，河南省政府"拟定章程，颁发各县，以便遵行"①。此后，各县平民工厂逐渐恢复起来。1929 年，县立工厂统一改名为平民工厂。② 1930 年代初期，河南有 61 个县建立了 66 家平民工厂，资本或为庙产，或为捐地，或为地方筹措经费，最高为 1.6 万元，平均每厂资本 2083 元；从每月经费来看，经费较少，而且只有 34 县能够每月领取经费，其余各县无固定经费③，县立工厂的可利用资金比较少。主要生产日用品，如棉布、线袜、毛巾、刺绣、线毯、被套、木器、铁器、竹器以及少量的军用品如绑腿等。

1931 年，河南根据实业部和内政部关于《县市设立民生工厂办法》和《县市政府劝办工厂考成条例》，规定"凡各县已设有平民工厂者，得调查其内容，加以扩充，或整理改为民生工厂"④。为此，建设厅拟具了 4 项整理县立工厂的办法：(1)减少经费。为避免亏损倒闭，规定各县工厂经常费最高限度，并将减除数目，按月储存，作为流动基金。(2)限制用人。规定各县工厂用人标准，即"所有厂长技师等，均需遴委工业专家"，

---

① 《河南工业概况》，《中国建设》第 5 卷第 4 期，1932 年 4 月，第 70 页。

② 《整顿各县平民工厂》，《河南省政府年刊》(1933 年)，第 107 页。

③ 《河南工业概况》，《中国建设》第 5 卷第 4 期，1932 年 4 月，第 70～74 页。

④ 张静愚：《三年来之河南建设》，《河南政治》第 3 卷第 10 期，1933 年 11 月，本文第 20 页。

使技术和产品较之以前有较大改进。(3)核定科目。对产品“科目不符合地方需求者,亦须裁并,以期制造适合当地人民需要物品”。(4)稽核收支。建设厅规定各县工厂,“举凡关于各厂现金之收支,原料之出纳,成品之制造与售卖,均详载无遗”。整顿的方法,一是“将各县平民工厂,一律改为民生工厂,经建设厅从新拟定各县民生工厂章程三十二条,对于各县工厂人事、经济考核事项,严加限制,通饬各县遵照办理”。二是规定各县政府为“民生工厂之直接主管机关,负有指导监督之责……随时督饬努力改进,并设法广为推销,以图发展。各该厂长等,如有不称职或有不尽职等事情者,应由各该县长随时呈请更换,以求增进效率”。加强了县政府对县立工厂的领导权和监督权。三是根据各县民生工厂裁留办法,“将经费不足,成绩恶劣之工厂裁去十二县”,剩余各县继续生产。经过整顿的各县民生工厂,“较前大有进步”①。1933 年 7 月,河南省建设厅制定了考核各县民生工厂的 3 条标准:“(一)该厂基金经费,与章程规定符合,并确定有成绩表现者,仍应照旧进行;(二)该厂基金经费,与章程规定不符,但略具成绩,且地方财力充足,能在一定时期内补足限度者,亦准其暂行维持,以观后效。(三)该厂基金经费,与章程不符,又无显著之成绩表现者,一律裁撤,以节靡费。”根据这一规定,有的县民生工厂因不符合上述规定,进行整顿,如兰封、济源“依照本法第三项之规定,暂行停办,俟经费充足,再行恢复”。有的县有两所民生工厂的则进行了合并,如长葛将第一、第二两民生工厂“合并办理,以符定章”。这次改革,有利于民生工厂的健康经营。

经过整顿后的各县民生工厂,逐渐走上了正规化,设备、产品比之以前都有所改进。1936 年 12 月底对各县民生工厂的资金、设备、生产和销售等的调查表明,河南各县立工厂有固定基金 38100 元,流动基金 101045 元,月经费 7993 元,3 项合计 147138 元,每厂平均 2829 元,比整顿前每厂平均增加 746 元。各种设备 837 台,每厂平均 16.1 台;工人

① 张静愚:《河南建设之回顾与前瞻》(续),《中国建设》第 13 卷第 2 期,1936 年 2 月,第 88 页。

907人,每厂平均17.4人;月产值11001.83元,每厂平均211.57元。① 从调查的内容来看,各县民生工厂主要以生产棉纱和棉织品为主,如棉布、袜子、毛巾等。在整顿前县立工厂"大都对于工徒成绩,经营状况,不甚注意"②,一些工厂或经营不善,或经费不足无法维持。整顿后,各县立工厂有了改观,绝大多数工厂能够维持生产,产品以服务地方民众为宗旨,因而产品销路较好,一些工厂产品销路畅旺,说明得到消费者的认可。

在官办工厂中,除了省立和县立工厂外,随着铁路的修建,相关工业也发展起来。1910年7月,洛潼(洛阳至潼关)铁路开工后,为了承担汴洛铁路和洛潼铁路机车车辆修理业务,在洛阳建立了机车修理厂。陇海铁路贯通后,在原修理厂的基础上建立了洛阳铁路机车修理厂,该厂随着铁路运输的扩大而不断扩大。1930年,该厂有各种专用设备200多台,年修理蒸汽机车23辆,客货车200辆,工人有700余人。③ 这是河南境内比较大的铁路机械工厂。

五、手工业

河南省政府1935年关于全省手工业的调查中,对手工业的定义是:"凡不用马达且每家工人不及十五人者,均视为手工业。"这次调查只涉及了全省111个县的73个县,"其中禹县、新郑等三十八县,因种种关系,未能进行"④。表3-1是1935年河南省政府关于所调查各业手工业的统计情况。

---

① 《河南各县民生工厂一览表》,《河南省政府年刊》(1936年),第406～415页。

② 张斐然:《最近两月来本省建设工作概况》,《河南政治》第2卷第8期,1932年8月,本文第6页。

③ 周得京:《民国时期洛阳工矿交通纪实》,《洛阳文史资料》第15辑,1994年印行,第145页。

④ 《二十四年份河南工业统计引言》,《河南统计月报》第3卷第5期,1937年5月,第173页。

表 3—1　河南省各业手工业统计表

业别		家数	资本(元)	平均资本(元)	业主及家人	职员	工人	学徒	合计	平均人数	产品价值(元)	每家平均产值(元)
饮食品	面制品业	33	12260	371.5	113	10	45	41	203	6.2	40496	1227.2
	食用油业	20	16360	818.0	64	11	60	22	157	7.9	84786	4239.5
	制糖品业	5	3200	640.0	16	3	38	4	61	12.2	5100	1020.0
	酿造品业	9	2710	301.1	71	5	31	4	111	12.3	83085	9231.7
	肉食品业	2	320	160.0	14	—	3	2	19	9.5	2068	1034.0
	豆制品业	7	2830	404.3	54	—	13	2	69	9.9	3310	472.9
	酱菜杂货业	8	5550	693.8	22	17	28	15	82	10.3	10722	1340.3
	共计	84	43230	514.6	354	46	218	90	702	8.4	229567	2732.9
纺织业		269	84921	315.7	949	85	405	459	1898	7.1	302643	1125.1
服用品	成衣业	68	17264	253.9	201	19	123	122	465	6.8	118211	1738.4
	制鞋业	61	13726	225.0	209	26	132	138	505	8.3	50770	832.3
	制帽业	12	10900	908.3	41	17	24	29	111	9.3	25015	2084.6
	染布业	37	10150	274.3	117	15	60	48	240	6.5	18070	488.4
	皮衣业	6	3250	541.7	10	1	37	—	48	8.0	8780	1463.3
	合计	184	55290	300.5	578	78	376	337	1369	7.4	220846	1200.3
金属制品	金属用品业	185	26026	140.7	575	7	258	221	1061	5.7	107428	580.7
	金属饰品业	137	11082	80.9	518	60	174	160	912	6.7	91802	670.1
木器制造业		214	47224	220.7	1056	12	280	310	1658	7.7	156589	731.7
竹器制造业		86	10582	123.1	33	6	72	64	480	5.9	33990	395.2
编织业		34	4867	143.1	126	3	62	56	247	7.3	24359	717.5
机械制造业		5	4500	900.0	10	5	10	16	41	8.2	7515	1503.0
交通用具制造业		11	2670	242.7	47	—	18	12	77	7.0	6573	597.5
土石制造业		6	2830	471.7	48	1	25	8	82	13.7	2654	442.3
皮革制造业		28	7710	275.4	82	4	28	26	140	5.0	10578	377.8
文具制造业		22	11410	518.6	91	9	54	33	187	8.5	25580	1162.7
度量衡制造业		5	3350	670.0	18	5	10	2	35	7.0	2416	483.2
制烟业		90	11488	127.6	311	23	94	120	578	6.4	57893	643.3
造纸业		40	1023	25.6	128	—	2	9	139	3.5	3568	89.2
制纸品业		4	360	90.0	4	—	2	5	11	2.8	1675	418.8
化学工业		10	3540	354.0	21	9	14	49	93	9.3	19640	1964.0
印刷业		44	21620	491.4	137	26	80	70	313	7.1	22641	514.6
其他		12	1860	155.0	32	2	10	15	59	4.9	3540	295.0
总计		1465	385583	263.2	5453	881	2192	2062	10088	6.9	1331508	908.9

说明：资本、人数、产值的平均数为笔者计算。

资料来源:《河南省各业手工业统计表》,《河南统计月报》第3卷第5期,1937年5月,第232页。

从上表的各种调查来看,被调查的73县作坊手工业中,共有1465家,平均每县20家左右;资本385583元,平均每家263.2元;从业人员(包括家庭人员、职员、工人与学徒)10088人,平均每家6.9人;年产值1331508元,平均每家产值908.9元。就行业数量而言,居前五位的是,纺织业269家,木器制造业214家,金属用品业185家,金属饰品业137家,制烟业90家,其他各业除了竹器制造业、成衣业、制鞋业外,其他各业均不足50家,说明河南的手工业主要以满足当地穿衣、家用等为主。就各行业平均资本而言,资本超过500元的行业有制帽业、机械制造业、食用油业、酱菜杂货业、制糖业、度量衡制造业、文具制造业等,其他行业资本比较少,造纸业、制纸品业则不满百元,即需要一定技术含量的手工业则需要一定数量资本,而技术含量较低、设备简单的手工业资本较少。就产值而言,社会需要量较大的如关系到民生的酿造业、食用油业、制帽业、成衣业、化学工业(主要生产肥皂)、纺织业等行业产值比较高。这些都说明手工业生产和民众生活休戚相关。

家庭手工业是作为农家经济的副业而存在,即所谓"河南家庭工业,弥漫全省。皆农家于闲暇之时,操作于家庭"①。河南是出产棉花的大省,因此棉纺织业在家庭工业中占有重要地位。如禹县、汲县、鄢陵等地以生产土布为主,禹县"民间妇女,纺棉织布,颇能讲求,其质较他处产者为细密"②。"禹县之土布,虽无大规模之工厂,而产量颇多,所出物品,行销全省,每年收入在二十万元左右。豫北新乡、汲县一带,原为产棉区域,纺纱织布,为农业家庭最重要之副业,曩者不及禹县土布之多。"③新乡县北乡"小集镇一带,为织布发达之区,计有机器四千部,专织粗布条布,布业颇盛"④。河南土布主要通过平汉铁路行销各省,如豫北土布

① 《河南工业概况》,《中国建设》第5卷第4期,1932年4月,第65页。

② 时经训:《河南地志》,第78页。

③ 《河南工业现状一斑》,《河南政治》第2卷第9期,1932年9月,本文第5页。

④ 《新乡农工业概况》,《河南政治》第2卷第3期,1932年3月,调查,第5页。

"平汉沿线,均其销路,尤以开封为大宗,每年收入约在百余万元"。鄢陵土布,"多行销于许昌、汉口一带"①。林县"纺织业户无贫富,妇女皆以纺织为主业,所制棉布质坚耐久,名曰家机布,除备服用外,运销潞、泽等地"②。正阳县"陡沟附近居民尽设机,人精纺织,纱细布密,畅行颍、亳及山、山二省"③。信阳"棉布棉花,农家以为副产,每岁秋冬之际,里巷妇女相从织绩,比户皆纺车声、机杼声,人可日成布一匹"④。豫南一些地方纺线织布主要是为了自给的需要,如南阳家庭手工业最普遍的有两种,一是纺线,二是织布,"这些差不多完全是女人的事情,她们在农忙的时候也帮着做田间的工作,农闲时就在自己的家里很原始地纺线织布,以供自己一家之用,当做商品出售的甚少。土布和棉线的出产约值四十余万元,内中土布价值占四分之三,棉线占四分之一"⑤。随着河南棉花种植的推广和产量的提高,轧花业成为一项新兴的手工业。如太康"轧花业,近来逐渐发达,轧房收买籽棉,轧作皮棉,转售于商贩,颇获厚利"⑥。

豫西南以产柞蚕闻名,家庭工业以丝绸业为主,"南阳、南召、镇平等县,出产丝绸甚多,在民国十二三年时,畅销于欧美、俄国及南洋群岛等地,每岁收入约四五百万元"。南召"有丝织机房大小六百余家,以制织山丝绸为主。镇平有丝织机房大小三百余家,以制织湖绉、花丝、葛八丝绸为主。南阳有丝织机房大小百余家,以织造湖绉线春八丝绸为主"⑦。特别是南阳六区"几乎有一大半农民兼养着山蚕,甚至有好些农民专靠养蚕为生,他们在蚕做成茧以后,还继续自己缫丝,六区内一年产丝达三十万斤,约值十万余元"⑧。南阳"境内南关织坊甚多,收取茧丝,织成各

---

① 《河南工业概况》,《中国建设》第5卷第4期,1932年4月,第66页。
② 王泽溥修,李见全纂:《林县志》卷10,风土,生计。
③ 刘月泉、陈全三:《重修正阳县志》卷2,实业,工业,1936年铅印本。
④ 方廷汉修,陈善同纂:《重修信阳县志》卷3,食货3,物产,1936年铅印本。
⑤ 冯紫岗、刘瑞生:《南阳农村社会调查》,黎明书局1934年版,第67页。
⑥ 林鸿宾修,刘盼遂纂:《太康县志》卷3,政务志,工业。
⑦ 《本省手工业概况》,《河南政治》第7卷第3期,1937年3月,本文第1页。
⑧ 冯紫岗、刘瑞生:《南阳农村社会调查》,第64～65页。

种稠绉，行销极旺，近亦讲究，鲜染花样，黑绉一项，尤为出洋大宗”①。禹县“织丝有汴绫、汴绸、汴绉、首帕诸名色，所提花样亦多且巧，城内常有机房，而大宗货则在顺店。凡禹及荥、密之丝，皆归织户，寻常五百家操业，略亦数千人”②。说明豫南各县及禹县从事丝织业的农家是很多的。

纸是民间日常生活必需品，学校教育、食品包装、祭祀活动等都需要大量的纸，促进了纸业的发展。如林县“林淇、东山、曹旺、水捻、上野、猪泉诸村居民用楮皮制成棉纸，运往东三省，销路颇畅”③。密县的麻纸“全系农人于闲时为之，乃家庭工业之一种”，主要产地在县城东南第五区，“其制户最多者，为纸坊、大庙、窑沟、观寨四村，小余沟、罗湾、铁匠沟、黄庄等次之”。据抗战前统计，该县从事麻纸生产的“有男女童工人六千名”④。可见，密县麻纸生产的规模很大。

皮毛加工业在一些地方颇具特色。如长葛农家“多于农隙之时，以棉线作经，以羊毛作纬，织成布匹。再以鹿角水洗之，外表泽阔。持与羊羔皮比较，颇相类似。名之曰刷绒”⑤。林县“全县绒毛行无虑数十家，以羊毛、羊绒制成绒帽、毡毯等，运销汉口、京津，获利颇巨，故绒毛业为豫北冠”⑥。孟县回民的家庭手工业以生产羊皮被为主⑦；沈丘的羊毛毡，孟县的羊皮袄，陕县、卢氏之牛羊皮都是当地的特色家庭手工业。⑧

草帽辫业是河南新兴的农村手工业。如荥阳“麦场收割后，民人以麦草编辫。工有粗细，细者光洁可爱，每年所得数十万斤”⑨。郾城手工业以草辫业为主，而且草辫业在农家生活中占有重要的地位，郾城“无论

① 时经训：《河南地志》，第88页。

② 车云、王棻林：《禹县志》卷7，物产志。

③ 王泽溥修，李见全纂：《林县志》卷10，风土，生计。

④ 《本省手工业概况》，《河南政治》第7卷第3期，1937年3月，本文第5～5页。

⑤ 《河南工业概况》，《中国建设》第5卷第4期，1932年4月，第66页。

⑥ 王泽溥修，李见全纂：《林县志》卷10，风土，生计。

⑦ 时经训：《河南地志》，第84页。

⑧ 《河南工业概况》，《中国建设》第5卷第4期，1932年4月，第66页。

⑨ 时经训：《河南地志》，第79页。

乡村集市,老妇少女皆以编草帽辫为业。以麦秸极贱之物,编成辫即可售卖。每斤粗者数十钱,细者百余钱。勤而速者,终岁所得值自给衣服且有赢焉”①。汜水(今属荥阳市)的草帽辫业比以前有所改进,“民国年间,邑令梁友庚倡办传习所数处,改良编法,习者甚众。嗣因款绌停办,以致毕业女生散归无用。惟梁庄张之铭子相曾赴广东学制草帽,近年在家收辫制帽,行销甚广,若再加扩充,辫业发达,可操左券矣”②。

在机器工业的带动下,家庭工业生产技术也有了比较大的进步,包买商人在家庭工业生产中发挥着一定的作用。如安阳轧花业“旧式轧车已不经见,而织布之布机亦间有用新式者”③。新乡土布业“近年以来,陡然进步,机具尽用新式,办法仿效高阳。有许多布行,散放纱线于民间,令其织成,再以相当工资交换。此种办法在布行无成立工厂之设施,及应付工人之痛苦。在民间无虑资本之缺乏,及出品之推销。其放线、收布、发工资等手续,有以村为单位者,有织户直接向布行立账者。以村为单位者,布行将线撒给其村长,立一总账,由村长分散各织户,至年底结账,视织布之多寡,及营业之损益,双方对于村长均有相当之报酬”④。鄢陵布行“亦仿效新乡办法,乡间织机,不下千余张”⑤。土布业的这种经营方式出现,一方面说明禹县、新乡、鄢陵等地农村土布生产形成了规模,家庭工业在农村经济中占有重要的地位;另一方面说明土布生产不仅是为了满足家庭消费,而且是为市场而生产。上述各种家庭手工业产品不仅行销省内,而且通过铁路、水路运输到汉口、上海、京津等商业都市进行销售,甚至行销到国外,说明尽管机器工业对手工业有很大的冲击,但农村手工业依然有一定的生存空间。

① 徐家璘修,杨凌阁纂:《商水县志》卷5,地理志,物产,1918年刻本。
② 田金祺修,赵东阶、张登云纂:《汜水县志》卷7,实业志。
③ 《续安阳县志》卷7,实业志,工业,1933年铅印本。
④ 《河南工业概况》,《中国建设》第5卷第4期,1932年4月,第66页。
⑤ 《河南工业概况》,《中国建设》第5卷第4期,1932年4月,第66页。

第二节　现代交通通讯事业的发展

一、陇海铁路河南段的建设

南京国民政府建立后,确定经济建设以铁路建设为重点的政策,因此,1928年10月,把铁路的行政管理从交通部划出,另行设立铁道部,负责办理全国铁路的修筑计划及铁路行政事宜,任命孙科为铁道部长。① 次年1月26日,中国国民党中央政治会议通过了孙科提交的"庚关两款筑路计划提案","规定十年内平均每年建筑铁路二千英里,共计二万英里"。其中与河南铁路建设有关的是陇海线和道(口)济(南)线。② 在关于贯通河南东西的陇海铁路建设中,1930年11月,孙科提出了"确定俄国庚款全部三分之二完成陇海铁路工程……以利铁道建设案"。提案指出:俄国的庚子赔款,"自民国十九年(1930年)起至二十九年(1940年)止,预计有一千三百十二万余元;以此项庚款三分之二按年所得余额,拨充基金,筹发公债,完成陇海铁路,自属最为便利。职部迭经审慎筹议,除拟将应拨铁道建筑经费之十九、二十两年俄庚款余额约九百五十万元,直接拨充二十年陇海工程之用外,拟以二十一年以后之俄庚款全部三分之二为基金,发行公债六千七百万元,假定九五,实收六千三百六十五万元,及历年庚款付还上项公债本息余数约一千七百万元,一并充作完成陇海铁路全线工程之用。其余不敷之款,计三千三百八十九万元,除以截至民国十八年积存俄庚款余额拨补外,并拟将来再就陇海路本身发行公债,或请由政府另拨国帑补助"③。孙科的提案被国民党三届四中全会通过,为修筑陇海路解决了资金来源问题。

陇海铁路是贯通河南东西的一条铁路线,自光绪三十一年(1905年)动工兴建,以郑县车站为起点,采取分东西两个方向陆续分段建筑,

---

① 陆仰渊、方庆秋:《民国社会经济史》,第432页。

② 宓汝成:《中华民国铁路史资料(1912～1949)》,社会科学文献出版社2002年版,第731～732页。

③ 宓汝成:《中华民国铁路史资料(1912～1949)》,第742～743页。

到 1927 年 11 月,“全线完成东自海州之大浦,西至河南灵宝,计长五百零九英里”。南京政府建立后,铁道部开始筹划展拓陇海路西段。国民党三届四中全会通过孙科提案后,陇海路西段“灵宝至潼关一段计长四十三英里筹备兴工,十九年底着手进行,由政府指拨美金二百万元,一部分用比(利时)庚款,二十一年八月竣工”①。灵潼段竣工通车,陇海铁路河南段全部贯通。

图 3—2 陇海铁路洛河大桥

图片来源:《陇海铁路旅行指南》,陇海铁路总务处编译课 1932 年印行,第 106、133 页。

随着陇海铁路贯通河南,河南铁路交通框架基本建立起来,即平汉铁路、陇海铁路构成了河南铁路基本框架,河南境内铁路除了南北大动脉平汉铁路和东西大动脉陇海铁路外,还有道清铁路及其支线等,三条铁路总长度为 1326 公里。② 另外,1933 年 10 月,国民革命军第 20 总指挥部张钫曾致电铁道部,建议修建自河南许昌起,经过襄城、叶县、方城、南阳、邓县至湖北光化县的老河口铁路,全长 600 余华里③,该提议没有

① 张嘉璈:《中国铁道建设》,(上海)商务印书馆 1946 年版,第 37 页。

② 刘世永、解学东主编:《河南近代经济》,第 256 页。

③ 宓汝成:《中华民国铁路史资料(1912～1949)》,第 752 页。

图 3—3　平汉铁路郑州车站

图 3—4　陇海铁路硖石山隧道

结果。因此，从上面的论述来看，南京国民政府前 10 年，河南在铁路建设上虽有较人动议，但成绩仅限于陇海线灵潼段通车，此外没有建树。

二、公路建设①

1927 年，冯玉祥治下的河南省政府对全省公路进行了规划，以交通部制定的国道计划为指导，制定了《修治全省道路计划大纲》，分全省道路为省道、县道、里道三类。省道以省府开封为起点，连接各县道；县道以县治为起点，连接省道与里道；里道以乡镇为起点，连接县道与相邻里

① 本节由刘常凡同学执笔，笔者作了修改。

道。计划修建以开封为中心的3条纵干线,即南北干线、东南干线和西南干线,另外计划修建3条横干线,豫南、豫中和黄河南堤干线。① 到1928年底,已修成的公路有8条:(1)开郑汽车路,由开封北门起,北行至黄河柳园口上堤,顺黄河西行至花园口下堤,南行直达郑州北关。(2)开周汽车路,由开封起,经陈留、杞县、太康、淮阳直达周家口。(3)开考汽车路,由开封起,经兰封、考城,与山东汽车路相衔接。(4)开许汽车路,由开封起,经尉氏、洧川直达许昌。(5)许南汽车路,由许昌起,经襄城、叶县、方城直达南阳。(6)陕潼汽车路,由陕县经灵宝、阌乡抵达潼关。(7)信固汽车路,由信阳起,经罗山、潢川、抵达固始。(8)新辉汽车路,由新乡起,经辉县抵达苏门山百泉。② 1928～1929年,河南公路主要利用旧官道和河堤整修而成,通车里程为1396公里。③

1931年,省公路局制订了《河南省修筑省道第一期计划》,计划修筑6条省级公路干线,即(1)考(城)邓(县)线,长920里;(2)安(阳)商(城)线,长1280里;(3)陕(县)三(河尖)线,长1870里;(4)永(城)叶(县)线,长840里;(5)郑(县)南(阳)线,长640里;(6)洛(阳)许(昌)线,长490里。全长3035公里,工程计划分两年完成,第一年(1931年3月至1932年2月)应完成3180里,第二年(1932年3月至1933年2月)完成2890里。并对征地、工程标准等作了规定。④ 该计划是近代以来河南省规模最大的公路建设计划。该计划实施后,截至1933年,第一期计划完成1780公里(包括军用路)。通过第一期修路计划,以开封为中心的公路体系具有雏形。完成的公路中,只占第一期计划的57.7%,相差甚远。为什么没有完成第一期修路计划,“推原其故,实因经费过少,不足以策进行。盖在第一年省道修筑经费,经省政府核准者为二百四十六万

---

① 《道路月刊》第23卷第1号,1927年9月出版。

② 刘景向总纂:《河南新志》卷12《交通》,中册,中州古籍出版社1988年版,第771～773页。

③ 河南省交通史志编纂委员会:《河南公路史》,人民交通出版社1992年版,第184～185页。

④ 《河南省修筑省道第一期计划》,《中国建设》第5卷第2期,1932年2月出版。

八千六百元,而实领得数仅三万元,杯水车薪”①。因此,经费不足,导致第一期修路计划没有完成。

1930年11月,为发展中部各省公路,国民政府在汉口召开七省(河南、湖北、安徽、江西、江苏、浙江、湖南)公路会议,“与会者除全国经济委员会外,有七省建设厅长,豫鄂皖三省剿匪总司令暨参谋本部人员”。河南省建设厅长张静愚、公路局长王力仁、第九区筑路处处长朱光采出席会议。主要议题是议定七省联络公路干支各线,并规定公路工程标准、公路工程概算标准、公路工程预算最高标准单价及督造办法。② 其中拟定的11条干线中,通过河南省的干线公路5条,即京陕线、汴粤线、洛韶线、归祁线、海郑线;63条公路支线中,属于河南省的有9条,即临汝太和线、洛阳潼关线、开封曹州线、新乡濮阳线、南阳鹿邑线、鹿邑商丘线、罗山宣化店线、潢川经扶线、商城山河尖线,共计长度3521公里。③ 截至1934年12月,七省公路河南段的建设已经有了进展,据统计当年已修成通车干线167公里,支线448公里,正兴筑者干线122公里,未兴工者343公里,支线57公里。④

图3—5　第九区信潢路小横桥竣工现场

图片来源:《河南建设概况》,河南省建设厅1933年印行

---

① 张静愚:《三年来之河南建设》,《河南政治》第3卷第10期,1933年11月出版,第11页。

② 全国经济委员会:《十年来公路建设》,《中华民国史档案资料汇编》第5辑第1编《财政经济》(九),江苏古籍出版社1994年版,第254页。

③ 河南省交通史志编纂委员会:《河南公路史》第1册,第191～192页。

④ 《七省公路建筑统计》,《中行月刊》第9卷第6期,1934年12月出版,第109页。

七省会议拟定因军事需要修筑的公路,河南境内主要在豫南,即:京陕干线信阳至叶家集段,长196.95公里;汴粤干线潢川至小界岭段,长65公里;罗山至宣化店支线,长57.2公里;潢川至经扶支线,长64.45公里。以上四条公路均是通往中共领导的鄂豫皖根据地的重要交通路线,总长为383.6公里。① 第九区筑路处采取征工、雇工、兵工、包工、赈工五种主要办法进行施工,从1932年10月开始至1934年6月第九区筑路处奉令撤销,豫南公路通车里程总计为472.04公里。②

豫西公路修建是这一阶段的河南省公路建设的又一个重要任务。就在第九区筑路处奉令撤销的同时,河南省建设厅奉南京军事委员会蒋介石令,1934年6月成立了豫西筑路办事处,主要负责豫西洛潼公路、洛(阳)临(汝)公路的建设。③ 截至抗战前夕,在豫西修建了8条公路,总计长度为2155公里。④ 随着河南公路建设的全面铺开和公路修建计划的逐步实施,1936年河南省把公路建设的重点放在提高公路质量,改善行车条件方面。省建设厅、财政厅贷款400万元,用于9条主要公路的路面铺筑工程。同时,随着日本发动侵华战争意图的日益明朗,国民政府在军事上也做一些应变的准备。在公路建设方面,1937年1月两次拨款268.51万元,改建了孟县至新乡、洛阳至叶县、开封至许昌、开封至道口、洛阳至博爱、开封至永城、郑县至登封、偃师至登封、洛阳至巩县等国防公路。⑤

自七省会议以来,河南公路建设取得了较大的成绩,原计划在河南拟建的公路干线、支线基本完成。至抗战前夕,河南完成了14条公路干、支线,如表3—2。

① 河南省交通史志编纂委员会:《河南公路史》第1册,第193页。

② 河南省交通史志编纂委员会:《河南公路史》第1册,第198页。

③ 《一月来之建设·公路》,《河南政治》第4卷第7期,1934年7月出版。

④ 河南省交通史志编纂委员会:《河南公路史》第1册,第202页。

⑤ 河南省交通史志编纂委员会:《河南公路史》第1册,第203页。

表 3－2　1932～1937 年河南省兴建公路统计表

公路名称	途经河南境内城镇	河南境内里程
京陕干线	由安徽六合叶家集进入河南境内，经方家集、商城、仁和集、潢川、罗山、信阳、桐柏、平氏镇、唐河、南阳、镇平、内乡、西峡至豫陕交界的界碑，通往西安	592 公里
汴粤干线	以省会开封为起点，南经陈留、杞县、太康、淮阳、周口、项城、新蔡、潢川、仁和集、沙窝至豫鄂两省交界之小界岭，通往湖北麻城	446 公里
洛韶干线	以洛阳为起点，南经临汝、宝丰、叶县、方城、南阳、邓县至豫鄂交界孟家楼，进入湖北境内的老河口(其中叶县至南阳段 114 公里与省道开封至南阳管理重复)	268 公里(实际修筑里程)
海郑干线	由江苏萧县进入豫省永城，西经商丘、宁陵、睢县、陈留至开封，沿黄河大堤至郑县	306 公里
归祁干线	以商丘为起点，至豫皖交界之宋集，通往安徽亳县	38 公里
洛潼公路(南线)	以洛阳为起点，沿西偏南方向经宜阳、洛宁、长水至卢氏，转向北行抵达阌乡，再向西至豫陕交界的潼关	315 公里
洛潼公路(北线)	以洛阳为起点，沿崤山北坡西行经新安、渑池、观音堂、陕县、灵宝、阌乡等城镇，抵达潼关	247 公里
洛郑公路(北线)	以洛阳城东为起点，沿陇海铁路南侧东行，经偃师、巩县、汜水、荥阳抵达郑县	140 公里
洛郑公路(南线)	在偃师高庄与北县分岔，向南经登封、密县、郭店至郑县	171 公里
开南公路	北起开封，经朱仙镇、尉氏、洧川、许昌、襄城、叶县、保安驿、方城至南阳	295 公里
开安公路	由开封往北，于柳园口渡过黄河，经封丘、滑县、道口、浚县、汤阴、安阳抵豫冀交界的丰乐镇，至河北磁县	166 公里
临界公路	自临汝东行，经郏县、禹县、许昌、鄢陵、扶沟、西华、周家口等城镇，沿沙河堤东行，过槐树店至豫皖交界之界首出河南省，通往安徽太和县	302 公里
洛博公路	自洛阳起，从孟津白鹤渡过黄河，经孟县、沁阳至博爱接道清铁路	94 公里
孟新公路	起自孟县，经温县、武陟、获嘉至新乡	119 公里

资料来源：根据河南省交通史志编纂委员会：《河南公路史》第 1 册第 204～215 页相关内容编制。

从表3—2看出,到抗战前夕河南已经形成了以省会开封、郑州、洛阳为中心的公路网络系统,其中南北干支线6条,东西干支线8条,连接县城、集镇50余个,说明河南省公路交通初具规模。据国民政府交通部统计,1933年为3056公里,1934年为3064公里,1935年为3478公里,1936年为5773公里,1937年为5929公里。① 抗战前夕河南省可通车公路里程比1929年(1396公里)增加了4.2倍。

刘峙主政河南后,不仅重视国道与省道的修筑,也重视县道的修筑,认为"修筑县道,是训政工作之中心,亦为各县建设局之主要职责"。因此,1931年春出台了《河南省各县县道修筑计划及进行情形》,规定了计划程序、选线标准、工程准则、筹款征工、征收用地、施工方法、修筑期限、保养路基、行车营业、盈利保管等10个方面。② 在拟具的各项计划中,"令饬各县分为二期督饬施行,第一期自二十年七月起至廿一年六月止,每县至少应完成二百里;第二期自廿一年七月起至廿二年六月止,至少应完成三百里"。计划全省县道修筑7962公里,限于1935年3月底以前一律完成。③

在政府的督导下,各县县道先后开始修筑,据现有资料记载,各年进展情况是:1932年对63个县进行统计,有21个县动工,修筑县道98条,长1627公里。④ 1934年各县呈报县道达到8249.6公里。民国时期河南有111县,有86个县呈报了县道修筑状况,占77.5%;其中,修筑公路在100公里以上的县29个,占呈报县的33.7%。⑤ 1935年10月统计,全省完成县道153条,长6872公里,正在兴建的84条,长4892

---

① 《交通部历年各省可通车公路里程表(1933～1937)》,《中华民国史档案资料汇编》第5辑第1编《财政经济》(九),第291页。

② 《河南省各县县道修筑计划及进行情形》,《中国建设》第5卷第2期,1932年2月出版。

③ 张静愚:《四年来之河南建设》,《河南政治》第4卷第10期,1934年10月出版。

④ 《河南省各县县道修筑计划及进行情形》,《中国建设》第5卷第2期,1932年2月出版。

⑤ 张静愚:《四年来之河南建设》,《河南政治》第4卷第10期,1934年10月出版。

公里①,合计11764公里,比原计划多出3800余公里,平均每县建设县道106公里。这些资料都说明了河南省县道建设取得了较好的成绩。

三、汽车运输业的建立

随着河南公路的兴修,汽车客货运输事业也日趋发展。河南的汽车运输业肇始于北洋政府时期。1910年,意大利传教士怀履光带进开封1辆小汽车,作为传教交通工具;1916年,袁克诚带进开封1辆福特牌小汽车,供其本人专用。② 1920年直系军阀吴佩孚进驻洛阳,随之洛阳有了汽车。③ 从此河南商人开始组建汽车公司从事公路运输,"十年以来,虽屡有商人组织汽车公司,然皆以营利为目的,并未培筑道路,仅就原有之官大道,略加平治,即便行车"④。据现有资料记载,1920～1925年大约有10家汽车公司,开辟了开封——漯河、方城保安——灵邑铺、开封——周家口、漯河——周家口、怀庆(今沁阳)——济源、怀庆——清化镇(今博爱)、潢川——光山——固始——罗山——信阳、太康——扶沟——鄢陵——许昌——禹县、开封——陈留——杞县、长水——洛阳、归德朱集——安徽亳县等客运线路。⑤ 当时河南汽车运输刚刚起步时,一方面规模还比较小,表现在汽车数量、运输路线都十分有限;另一方面,汽车行驶主要借用原有官道、河堤来行驶。如河南较大的汽车公司,清济黄校汽车公司原来借用官道和黄河、沁河两河河堤作为行驶路线。

---

① 河南省交通史志编纂委员会:《河南公路史》第1册,第217页。

② 开封市交通史志编纂委员会编:《开封交通志》,人民交通出版社1994年版,第72页。

③ 洛阳市地方史志编纂委员会编:《洛阳市志》第3卷,中州古籍出版社1997年版,第381页。

④ 刘景向总纂:《河南新志》卷12《交通》,中册,中州古籍出版社1988年版,第770页。

⑤ 河南省交通史志编纂委员会:《河南公路运输史》,第113－114页;漯河市地方史志编纂委员会:《漯河市志》,中国方志出版社1999年版,第504页;河南省沁阳市地方史志编纂委员会编纂:《沁阳市志》,红旗出版社1993年版,第333页;商丘县志编纂委员会编:《商丘县志》,生活·读书·新知三联书店1991年版,第182页;开封市交通志编纂委员会编:《开封市交通志》,人民交通出版社1994年版,第97页。

北洋时期汽车运输业的肇兴开创了河南运输业的现代化进程。

图 3—6 河南省长途汽车站

图片来源:《河南建设概况》,河南省建设厅:1933 年印行。

冯玉祥主政河南期间,汽车运输业有一个短暂的复兴。时省建设厅"为便利交通起见,始竭力提倡,除厘定章程,鼓励商民办理长途汽车公司外,并向各洋行,定购汽车八辆,由公路局办理官营汽车事业,藉资倡导,开驶未久,即因政局改变,停止营业,所有汽车损失殆尽,仅余破车两辆,亦皆不能行驶"①。中原大战结束后,河南政局趋于稳定,河南建设厅呈请省政府拨款 6 万余元,在汉口安利洋行定购雪佛兰汽车 20 辆,重建河南汽车运输业。1931 年 5、6 月,第一批 11 辆汽车到货后,开通了开封至许昌、开封至周家口、开封至曹州等线路。新车投入运营后,开许线"营业颇佳",仅 6 月 9 日至 30 日,就运送乘客 645 人次,营业收入 2023.79 元。② 截至 1936 年 12 月,河南省汽车运营线路达到了 20 条,运营里程达到了 2475 公里,汽车站点达到 108 个。③ 到 1937 年抗战爆发前夕,河南开辟汽车运营线路 22 条,运营里程达 2800 多公里,设置车站 110 多处。④ 河南省大部分县城和重要市镇开通了汽车运输。

① 《河南省道路进行概况》,《中国建设》第 5 卷第 2 期,1932 年 2 月出版。

② 河南省建设厅:《十九年度河南建设概况》,第 118 页。

③ 《河南统计月报》第 3 卷第 2 期,1937 年 3 月,第 27 页。

④ 河南省交通史志编纂委员会编:《河南公路运输史》,第 141 页。

四、现代通讯事业的发展

邮政、电报、长途电话是近代兴起的三大通讯事业。河南近代通讯事业兴起于晚清时期，经过民初到20世纪20～30年代，各项通讯事业都有了一定的发展。

(一) 邮政

1927年6月，南京国民政府成立后，设立邮政司，管理全国邮务。河南的邮政事业有了一定的发展，据1933年统计，全省设立邮局、所808处，其中自办邮政机构132处(邮政管理局1处，一等邮局1处，二等邮局56处，三等邮局74处)，邮政代办所676处。1936年，中华邮政河南邮区设置邮政区所913处，其中自办邮政机构152处(包括邮政管理局1处，一等邮局1处，二等邮局56处，三等邮局80处，邮政支局14处)，委办机构代办所761处。① 平均每县有邮政局所8.2个，每个局所平均覆盖面积为596.2平方里。可见，河南邮政系统1936年比1926年有了较快的发展。又据20世纪30年代中期调查，河南的邮政系统基本上深入到了各个乡镇。如唐河县邮局2处，"一在县城，一在源潭镇，城镇乡市均通汇兑，或小汇兑"。而且"邮政尚发达，县镇如井楼、毕店、祁宜、胡阳、汉龙、谭苍、苔郭、滩上、屯桐、柴铺、大河屯、涧岭店均有邮寄代办所"②。上蔡"各区公所所在地，设有代办所"③。孟县"三等邮局一处，附属邮寄代办所十二处，乡村信柜六处，每月售邮票五六百元，汇入款约二千元，汇出款约七八千元"④。从当时的调查来看，平汉铁路、陇海铁路沿线和交通、经济比较发达的地方，邮政系统比较密集，而远离铁路和交通、经济不发达的地方如林县、卢氏等邮政系统欠发达。

① 河南省地方史志编纂委员会:《河南省志》第39卷《邮电志》，河南人民出版社1993年版，第51页。

② 《河南各县社会调查·唐河》，《河南统计月报》第3卷第1期，1937年2月出版，第75页。

③ 《河南各县社会调查·上蔡》，《河南统计月报》第3卷第2期，1937年3月出版，第160页。

④ 《河南各县社会调查·孟县》，《河南统计月报》第3卷第3期，1937年4月出版，第103页。

河南邮件投递方式最初为步班和马班,但20世纪初,随着新式交通工具的出现,邮递方式也在发生变化。平汉、陇海铁路通车后,相继出现了由火车代运邮件,截至1933年,河南境内平汉铁路550公里,陇海铁路564公里,道清铁路148公里①,合计铁道邮路达到1262公里。随着汽车运输的出现,有了委办汽车邮路,由邮局派员押运,沿站交换邮件。1921年,安徽邮界与华北汽车公司签订包运契约,开辟亳州至朱镇(今商丘市)运送轻班邮件,该邮路长67.5公里,这是河南第一条汽车邮班。1930年,开通了西安至灵宝委办自押汽车邮路1条,长290公里(该邮路在陇海铁路展至西安后停运)。1933年,本省有委办汽车邮路12条,长1464公里,1935年增加到15条,长1584公里。② 1925年5月,郑州与洛阳通航后,曾试图代运邮件,但没有成功。1932年经过河南的航空邮路有南京—洛阳—西安和北平—洛阳两条,1934年5月停办。同年,河南航空邮件交换点转移至郑州,邮路有北平—郑州—汉口—长沙—广州,上海—南京—郑州—乌鲁木齐。③ 1928年,省会开封邮局信差贺巨川首先使用自行车投递快信,随后,较大的城市相继使用自行车投递信件④,但当时自行车投递邮件仅限于市区而已。新式邮路的出现,说明河南开始了立体邮件传递。

尽管各种新式交通工具开始出现,有了飞机、火车、汽车、自行车等先进、快速的邮路,但在当时的条件下,邮路仍以步班、马班等传统交通工具为主。如1933年,开封配马3匹,以马车接送火车邮件,其他邮件多以地方配备独轮手推车为主。步班邮路总长度12536公里,其中逐日昼夜兼程邮路37条,2956公里,占23.6%;间日昼夜兼程邮路3条,316公里,占2.5%;逐日班邮路22条,891公里,占7.1%;间日班邮路48条,3196公里,占25.%;每三日及三日以上班邮路39条,2869公里,占22.9%。另有乡村邮路63条,2308公里,占18.4%。⑤ 从1933年邮路

① 河南省地方史志编纂委员会:《河南省志》第39卷《邮电志》,第41页。
② 河南省地方史志编纂委员会:《河南省志》第39卷《邮电志》,第32页。
③ 河南省地方史志编纂委员会:《河南省志》第39卷《邮电志》,第47页。
④ 河南省地方史志编纂委员会:《河南省志》第39卷《邮电志》,第29页。
⑤ 河南省地方史志编纂委员会:《河南省志》第39卷《邮电志》,第23~24页。

的性质来看,比较繁忙的邮路(逐日班以上的邮路)占全部邮路的33.2%,乡村邮路比较少。据1930年代的统计,河南全省邮路15364公里,其中步班占81.6%,铁道、公路邮路只占18.4%。说明20世纪30年代,河南邮路虽然增加了现代化的成分,但仍然以传统的步班为主。

(二)电报与电话

中华民国建立后,河南长途报话线路形成了交通部和省政府两个建设体系,即部办长途报话和省办长途电话。1912年以来,国民政府交通部在河南架设了洛阳—潼关,许州—南阳,许州—禹州(禹县),荆紫关—老河口,叶县—临汝,驻马店—正阳,开封—铜山(徐州)等电报线路;整修了郑州—洛阳线路;加挂了西安—荆紫关,郑州—石家庄,郑州—汉口,开封—铜山,郑州—铜山,洛阳—西安,许州—老河口等线条,共计电报线路2799.1公里。通过线路的架设、修整和加挂,1930年,本省各地通电报达40余处。1931～1934年整修线路1501公里。至此,全省共有报话线路2452.5杆程公里(按电杆的路程计算),6278.5线条公里(单根线的长度称条公里),电杆27567根。① 通过电报线路的建设,河南各地建立了电报网络,如方城"电报通豫南二十七处,有电报局以管理之"②。

1932年,交通部开始在河南办理长途电话,当时没有另外架设线路,而是利用电报线兼作电话线,在开封、郑州等地开通长途电话。为了适应远距离通话,1934年交通部筹建苏、皖、鄂、湘、粤、鲁、豫、冀、浙9省长途电话线路。该线路在河南境内的郑州——徐州、信阳——汉口、郑州——西安线路1936年建成。通过9省长途线路的建成,到1937年,郑州、开封、许昌、洛阳、陕县、新乡、安阳均可与邻省各大城市互通长途电报、电话。③ 在交通部的主持下,部办的河南的报话加入了全国的电信网络。

河南省办长途电话始于1922年,以省会开封为中心架设开封至郑

① 河南省地方史志编纂委员会:《河南省志》第39卷《邮电志》,第69～70页。

② 《河南各县社会调查·方城》,《河南统计月报》第2卷第9期,1936年9月出版,第174页。

③ 河南省地方史志编纂委员会:《河南省志》第39卷《邮电志》,第70页。

州、新乡、洛阳、许昌、商丘等地的长途电话。1929年,河南电话线路架设通话者已达70余县。① 中原大战结束后,河南省首先对原有的电话线路进行了修复。建设厅拟具了《河南省长途电话计划》,分两期进行,第一期先架设沿陇海、平汉、道清各铁路及南阳、周口等处各重要干线、支线共10线,长2210华里;第二期架设各重要支线暨各县联络支线共计53线,长4939华里,共计7149华里。② 通过1年的建设,1931年本省有电话线路64条,长3290.5公里,遍及60余县。③

图3—7 左为河南省电话管理局;右为开封市电话局工人安装架空电缆情形

图片来源:《河南建设概况》,河南省建设厅1933年印行。

1932～1936年是河南省电信事业发展比较快的时期,基本上实现了县城、乡镇通电话。1932年,为了加快省内电信建设,提高通话质量,省建设厅电话管理局"将电杆长度及电线种类、号数分别规定,通令各县筹摊价款,以备更换。其未经架设县份,并责其关系重要者,令饬克日筹款,交由电话局派员架设,以便通信"④。在省建设厅的督促之下,河南电话线路不断发展,到1935年年底,全省有干线17条,支线59条,长度为9115华里。1936年,长途电话线路已达11320华里,"通话之县份,

① 河南省建设厅编:《十九年度河南建设概况》,河南省建设厅1931年印行,第127页。

② 《河南全省长途电话整理计划及进行情形》,《中国建设》第5卷第3期,1932年3月出版。

③ 河南省地方史志编纂委员会:《河南省志》第39卷《邮电志》,第71页。

④ 张静愚:《三年来之河南建设》,《河南政治》第3卷第10期,1933年11月出版。

已及一百余县,全省电话网大致构成,至各县环境电话,亦多已普遍架设,本年复在开封黑岗口安设横过黄河之水底电缆,自此大河南北,已可直接通话,无须接转之稽滞矣”①。也就是说通过6年的建设,河南电信事业有了长足的发展,不仅实现了中心城市到县城的通话,而且一些商业繁盛的乡镇也实现了通话。

长途电话的发展带动了市内电话的建设。河南省市内电话改良和发展主要在省会开封,本市电话以前为磁石式话机,该话机“程式复杂,应用不灵”。张静愚任建设厅长后,筹划进行改良。1933年2月,向上海中国电器公司(西门子洋行)购买共电式总机话机及其他设备,9月开始改装,次年4月改装竣工,“本市装户增至四百余户,成效远胜昔年”②。其余如新郑、许昌、漯河、驻马店、南阳各城镇也有市内电话,但因经费不足,尚不完备。

第三节　财政制度与收支

一、财政机关之演变

南京国民政府时期,省级财政主管机关是财政厅。河南省财政厅设立于1927年6月。③1927年11月19日,《河南各县地方财务局暂行章程》颁布,规定了县级财务局的组成和职责等。县级财务局“正副局长及董事,均由地方选举,均以二年为任期”,被选人须为“本县年满二十五岁以上曾在中等学校毕业,或具有同等学力而操守廉洁孚众望者”。财务局的职责是掌管地方财务,“除有特别机关管理者不计外,均负有收支及保管整理之责”。根据省政府第7285号通令,对财务局进行了改组。规定“各县财务局成立后,所有该县国家款、省地方款、县地方款之收支登记事宜,均归该局管理,以专责成”。局长“秉承财政厅长之命令,县长之

① 涂自强:《豫省电话之概况与展望》,《河南政治》第7卷第1期,1937年1月出版。

② 张静愚:《河南省建设述要》,河南省政府1935年印行,第27页。

③ 刘景向总纂:《河南新志》卷14《职官》,中册,第855～857页。

监督指挥,掌管征税募债、管理公产及其他地方财务,并全局用人行政事项”。为了便于管理,按照征丁、漕粮数量的多寡,将全省县级财务局分为三等,“年征丁漕额在十五万元以上者,列为一等,共有五县。在十五万元以下,八万元以上者,及开封、郑县两县虽粮额不及八万元,因其地当冲繁,均列为二等,共有二十五县。其在八万元以下者,列为三等,共有八十二县”。为了解决县财政收支不分离的状况,在这次县级财务局的改组中,还设立了县金库,根据省金库设立办法,县金库附设于财务局。① 1931 年 4 月 1 日,根据财政部、省政府指令,将财务局改组为财政局。改组后的财政局,将原来的 3 个等级划分为 5 个等级,即每年额征丁漕在 12 万元以上者为一等局,共 11 县;12 万元以下 8 万元以上为二等局(开封、郑县因系省会级商埠提列为二等),共 20 县;8 万元以下 4 万元以上为三等局,共 48 县;4 万元以下 2.5 万元以上为四等局,共计 21 县;2.5 万元以下为五等局,共计 12 县。财政局长人选也进行了改革,由原来县选举荐呈请省财政厅核委改为“由厅选荐呈请省政府核委”②。

县级财政局成立后,“即以经费不足,推行极感困难”。在这样的情况下,1931 年 8 月省财政厅提出提案:“现在豫省财政收不敷支,极感困难,必须实行缩减政策,以资救济。按照部颁组织法规定,公安、财政、建设、教育各局,如有缩小范围之必要时,得改局为科,附设县政府内。兹拟将各县财政局,除开封、郑县外,凡年征丁漕额,折合银元额在十万元以下者,均改归县政府第二科承办……其年征丁漕额,折合银元在十万元以上者,仍照旧设局办理。兹二十一年度实行,以资节省,而利进行。”该提案经省政府 115 次政务会议决议通过。为此,11 月 26 日省政府通过了《河南各县财政局改科办法》,规定“各县财政局,改为县政府第二科”。根据裁局改科办法,全省有 89 县将财政局改为科,有 21 县仍为财政局。通过裁局改科后,原县财政局所掌事务,全部归县政府二科办理;

---

① 天倪:《河南省各县地方财务行政机关之沿革》,《河南政治》第 6 卷第 10 期,1936 年 10 月出版。

② 天倪:《河南省各县地方财务行政机关之沿革(二)》,《河南政治》第 6 卷第 11 期,1936 年 11 月出版。

原财政局制度及金库制度仍然适用于二科;除科长由省财政厅遴选委任外,其余职员全部由县长委任,但"须呈报财政厅备查";第二科包括科长在内所有职员的薪俸由县政府内务费开支。① 通过变革,加强了地方财政管理和县政府的权力,有利于地方事业的推行。

二、财政制度改革

(一)省级财政改革与完善

随着南京国民政府财政制度的变革,河南省也相应地采取了一系列措施,建立和完善省级财政制度。这主要表现在以下几个方面:

1.制定会计章则和培养会计人才。为了完善财务制度,防止各种财务不轨行为的发生,省财政厅颁布实施了《河南省财政厅会计规程》和《河南省各机关会计通则》,各级会计报表均依据学理,参照事实制定。1933 年又规定了各县政府及财务委员会会计薄表,由财政厅印制,从此"各县会计事项,当更为整齐划一"。会计制度的建立,为建立完善的财务制度奠定了基础。建立完善财务制度,培养熟练的会计人才是关键。为此,1931 年 1 月,省财政厅设立了会计人员训练班,第一期 1 月开办 4 月结束,训练 30 余名;第二期 7 月开办 10 月结束,训练 40 余名,"所有训练及格人员,先后分发各县财政局,充当会计主任"②。

2.建立预算决算制度。南京政府建立后,针对当时财政混乱的状况,在 1928 年召开的全国经济会议和全国财政会议通过了设立全国预算委员会,厉行预决算制度的提案。据此,财政部先后颁布了《民国十八年预算章程》(1929 年 2 月)、《民国十九年度试办预算章程》(1930 年 2 月)、《民国二十年度预算章程》(1931 年 2 月)等。根据中央有关预算法规,河南省也建立了预算制度。1931 年,河南省预算分为第一级、第二级两步办理。第一级概算由各机关编造,第二级概算由财政厅根据各第一级概算汇编。但是 1931～1933 年各第一级概算"均未送到,第二级概

① 天倪:《河南省各县地方财务行政机关之沿革(三)》,《河南政治》第 6 卷第 12 期,1936 年 12 月出版。

② 李文浩:《三年来之河南财政》,《河南政治》第 3 卷第 10 期,1933 年 11 月出版。

算,纯属代办,二十三年度仍不齐全”。从1935年开始,预算开始走上正轨,并逐渐完善,据记载“二十四年度,二级概算,大半根据一级概算汇编;迄二十五年度,二级概算之编制,则完全根据一级概算编成”。同时,县级财政也开始建立了预算制度,1935年5月,河南省召开全省第一次财政会议,提出了县财政预算的原则:“(一)必须切实裁减各县地方非必要之支出,确定维持现有事业最低限度之经费。(二)禁止各县之临时摊派。”在此原则下,将各县预算草案修正进行。关于河南预算制度的确立,正如时人所言:“如果说二十三年以前为预算制度试办时期,则二十四年至二十五年便可说是预算制度确立时期。这是在河南财政史上最可欣喜的一件事。”①预算制度的建立是财政现代化的主要标志,尽管当时河南预算制度并不十分完善,但对推进河南财政现代化起了主要作用。

3.整理财政法规。法规是维护财政制度和规范财政运行的必要手段。为了加强财政管理,1933年2月,河南省财政厅对本省财政法规进行整理,“适者因之,不适者革之,残缺者补以创制”②。经整理后重新颁布的财政法规包括组织法、考核奖励、田赋、营业税、契税、官产、滩地、银行与金融、公债、交代、会计、金库、地方财政等。③ 另外,1930年代河南省在财政方面还进行了裁撤厘金、整理田赋、改进牙屠税、创办营业税、清理官产和滩地、发行公债等措施。这些措施在增辟财源和规范财政管理方面都起了重要作用。

三、田赋及其整理

(一)田赋及其附加

田赋是中国传统税种中最古老的一种,包括地丁、漕粮、租课、附加等。民国时期在田赋征收上基本沿袭了清朝的地丁与漕粮征收制度。

① 尹任先:《河南财政之现况》,《河南政治》第7卷第1期,1937年1月。

② 李文浩:《三年来之河南财政》,《河南政治》第3卷第10期,1933年11月出版。

③ 详细内容见河南省财政厅编的《河南省财政法规汇编》,河南省财政厅1933年印行。

1918年,河南省银元涨价,丁漕征收为制钱,起解时必用银元。1933年废两改元后,次年本省规定丁漕一律改征银元。地丁征收税率除了汲县、洛宁、新安、偃师4县分别大小粮,每大粮银1两折征银元2元2角,小粮银1两折征银元2元外,其余各县按地丁每正银1两折征银元2元2角;漕粮每石折征银元2元零8分7厘至5元。① 漕粮与地丁同为地赋,不同的是地丁征银,漕粮征粮。除经扶县外,河南111个县中有54县不纳漕粮,为"无漕粮县份",有56县纳漕粮,为"有漕粮县份"。租课是指官地所纳之租,全省官地分滩地(归财政厅征收)、学田(由河南教育款产管理处征收)、营田(由县地方机关占用或划作县立学校校产)等。② 1935年,将地丁、漕粮、租课合并征收,改称"田赋"。

南京国民政府建立后,田赋附加名目繁多。河南省田赋附加有42种,即补助捐、民团捐、警察附捐、地方捐、教育捐、地付款、教育附加捐、串票捐、串票警捐、县串票附捐、教育附捐、附加捐、一元附加捐、一五附加捐、三五地亩捐、特别捐、教育捐、自治捐、公安捐、慈善捐、公益捐、补助捐、粮秣捐、串票保安费、保安维持费、农村临时费、马捐、农村临时支应费、剿匪费、补助费、教育费附捐、建设费、公安费、自治费、警政费、保安队费、地方公款费、中学及乡村教育亩捐、保安队亩捐、自治亩捐及保卫团训练费。③ 辉县百泉乡1930年摊派项目兵差、谷草、支应费、小麦、军事捐、木柴、马鞍、看秋、剿匪勇、买壮丁、运动差人、付差人费、麦捐、区公所经费、剿匪罚款、兵捐、毒品捐、印花、烟土、车费、车上用具、车户脚费等近30种,供给26万余元,全乡370户,平均每户负担706元。④ 上蔡县1933年"田赋附捐超过正税五倍……其征收名目,计有14种之多",包括:(1)每两丁银征正税洋2.20元;(2)剿匪费0.50元;(3)补助费0.30元;(4)教育捐0.44元;(5)建设费0.25元;(6)公安费0.20

① 河南省地方志编纂委员会:《河南省志》第45卷《财政志》,第29页。

② 帖毓岐:《河南田赋概况》,萧铮主编:《民国二十年代中国大陆土地问题资料》,(台湾)成文出版社有限公司、(美国)中文资料中心,第10456~10458页。

③ 刘世仁:《中国田赋问题》,上海商务印书馆1935年版,第175~176页。

④ 《田赋附赋税及摊派·河南省》,《农村复兴委员会会报》第12号,第160~161页。

元;(7)自治费 0.15 元;(8)政警费 0.15 元;(9)保安费 0.30 元;(10)地方公款费 0.30 元;(11)中学及乡村教育亩捐 1.125 元;(12)保安队亩捐 0.45 元;(13)自治亩捐 0.225 元;(14)保卫团训练经费 4.385 元,合计 10.975 元。① 田赋附加成为农家最沉重的苛捐杂税,给民众生活和社会经济发展带来了严重影响。

(二)田赋整理

1930 年代,河南田赋整理主要包括两个方面的内容,一是土地清丈,一是土地陈报。1933 年 9 月 1 日,河南省成立了土地清丈办事处,决定先在开封县试办,并制定了《河南省试办土地清丈办事处细则》、《河南省试办土地清丈办事处会议规则》等法规文件。② 南阳县自己组织清丈,共清丈出无粮地 100 万亩,并按照土地肥瘠和产量多少划分为 9 等,每顷一等赋税银元 6.6 元,二等 5.72 元,三等 4.4 元,四等 3.52 元,五等 2.64 元,六等 1.76 元,七等 1.32 元,八等 0.88 元,九等暂免征。③

1934 年 5 月,国民政府召开第二次财政会议,通过了《办理土地陈报纲要》,并拟定了办理土地陈报纲要要点说明书。根据中央政府要求,河南省会同财政部委员分赴杞县、兰封、商丘、陕县、汜水、洛阳等地实地考察,"按照考察结果,会商择定陕县为试办县份"。1935 年 7 月,拟具了《河南省土地陈报章程》、《河南省土地陈报施行细则》等,10 月 1 日,成立了河南省土地陈报处。第一期土地陈报在陕县试办,"约时七月,各项工作先期完成"④。陕县原有粮地 21.7 万亩,陈报后地亩为 90.1 万亩(其中荒地 2.1 万亩,荒山 5.8 万亩,耕地及宅基地 82.2 万亩);陈报前田赋实收数是 155692.476 元(其中省款 53726.202 元,县款 101966.274 元),陈报后实收 199959.54 元(其中省款 59987.86 元,县

① 《河南上蔡田赋捐超过正税五倍》,《中行月刊》第 6 卷第 5 期,1933 年 5 月,第 59 页。

② 河南省政府:《河南省政府年刊》(1933 年),第 10 页。

③ 河南省地方志编纂委员会:《河南省志》第 45 卷《财政志》,第 30~31 页。

④ 河南省政府:《河南省政府年刊》(1936 年),第 240 页。

款 139971.68 元),陈报后收益多出 44267.064 元。① 可见,土地陈报后,土地数量不仅有了很大的增加,而且增加了政府的财政收入。在试办的基础上,1936 年 8 月,正式颁布了《河南省土地陈报章程》、《河南省土地陈报章程施行细则》等文件,择定商丘、汝南、淮阳、灵宝、太康、陈留、禹县等 8 县进行第二期土地陈报,结果“各县查出土地,均有增加”,8 县共溢出土地 5489409 亩。② 1937 年在鹿邑、方城、襄县、叶县、沈丘、项城、柘城 7 县办理陈报。从 1935 年 10 月到抗战前夕,河南省共举办 3 期土地陈报,共有 16 个县办理,陈报结果共有粮地 2982.9 万亩,比陈报前增加 1149.7 万亩;陈报后赋额为 424.8 万元,比陈报前增加 56.6 万元。③

(三)废除苛捐杂税

第二次全国财政会议拟定了田赋税则及附加章程 6 项,进行田赋改革和减轻农民负担④。根据第二次财政会议决议,河南省制订了减轻田赋计划。(甲)第一步计划 1934 年度内完成如下计划:(1)绝对禁止擅自派款;(2)减轻田赋附加,规定:“各县田赋附加,按照附加数目之多寡,分别核减,除保安费暂定正税二元五角附加一元五角另案办理外,凡正附合计数目在七元以上者减三成,六元以上七元未满者,减二成,五元以上六元未满者,减一成,五元未满者,不减。各县根据减定数目,编造岁出概算,呈送核准实行。不必要之机关,不急需之事业,分别裁撤停办,再减事业费,务须量入为出,以苏民困。”(乙)第二步于 1935 年度开始,各县田赋附加连同保安经费通盘计算,“再为核减,以减至不超过正税为原则,其有特殊情形者,正附税合计不得超过六元”⑤。为了实施这一计划,财政厅召集民政厅、教育厅、建设厅、保安处、高等法院商讨消减附加

① 邵蘅:《河南省政府合署办公后整理赋税概述(一)》,《河南政治》第 7 卷第 3 期,1937 年 3 月。

② 河南省政府:《河南省政府年刊》(1936 年),第 240～241 页。

③ 河南省地方志编纂委员会:《河南省志》第 45 卷《财政志》,第 31 页。

④ 《中国经济年鉴》续编,第 6 章,土地,第 279 页。

⑤ 《各省田赋正附税概况及减轻附税计划·河南省》,《农村复兴委员会会报》第 2 卷第 1 号,1934 年 6 月 20 日出版。

税的问题。[①] 河南省废除苛捐杂税计划逐步得到了贯彻,据 1934 年 7 月财政厅报告,第一批废除的苛捐杂税有 14 种,田赋附加 37 种。[②] 尽管如此,苛捐杂税一直是困扰国民政府的主要问题。

四、工商税

工商税是民国时期河南省主要的税收种类,也是财政收入的主要构成部分,包括以下几个方面:

(一) 厘金及其裁撤

厘金是民国时期河南财政收入的主要来源,据统计征收 17 个种类,1013 个品种。[③] 1928 年,河南有厘卡 32 个[④],1931 年 1 月在裁撤厘金时全省涉及征收厘金有 27 个征收局,分局卡 360 余处。[⑤] 原定厘金税率为 1%,实际上许多地区都高达 5%~10%,还实行"遇卡完纳制",即每经过一个关卡,就要缴纳厘金一次。[⑥] 铁路运货也要缴纳厘金,如京汉铁路跨河北(直隶)、河南、湖北三省,每经过一省都要征收厘金[⑦],货物每过一卡都要缴纳厘金,尤其长途贩运的货物要通过数省,缴纳厘金税率往往增至 15%~20%。[⑧] 因此,厘金不仅加重了商人的负担,而且不利于商品流通,影响了社会经济的发展。

因此,国民政府决定裁撤厘金。1930 年 10 月,行政院根据财政部的报告决定 1931 年 1 月 1 日起,"全国厘金及类似厘金之一切税捐"一

① 《豫省府核减丁地附加税》,《中行月刊》第 8 卷第 5 期,1934 年 5 月出版。

② 《废除苛捐杂税之推行·河南省》,《农村复兴委员会会报》第 2 卷第 4 号,1934 年 9 月 26 日出版。

③ 河南省地方志编纂委员会:《河南省志》第 45 卷《财政志》,第 62 页。

④ 《中国年鉴》,1928 年,第 574 页。

⑤ 李文浩:《三年来之河南财政》,《河南政治》第 3 卷第 10 期,1933 年 11 月出版。

⑥ 陆仰渊、方庆秋:《民国社会经济史》,第 275 页。

⑦ 王振先:《中国厘金问题》,商务印书馆 1917 年版,第 47~48 页。

⑧ 陆仰渊、方庆秋:《民国社会经济史》,第 275 页。

律裁撤。[①] 次年4月行政院又严令:"各省政府如尚有对于前此之裁厘命令阳奉阴违,或巧立名目,擅自征收各类类似厘金之税捐等情事,应责成监察院派员实地查明,呈候惩处,以重公令而肃纲纪。"[②]根据财政部和行政院的训令,河南省决定自1931年1月15日"将全省厘局,及类似厘金之捐税,一律裁撤"。裁撤的项目有牛羊、杂皮、油行、面行、石灰、砖瓦、猪皮、瓜子、钱摊、棉花包等10种公益捐,猪牛附捐、牛骨捐、营业牌照捐、鸡子捐、桐木捐、枣捐、菜捐、杂货行捐、白米行捐、骡马捐、肉行捐、起卸捐等22种杂捐,开封杂货业捐以及"棉花捐、火车货捐、邮包捐税等类似厘金之正附各税,亦均停止征收"[③]。另据报告截至1931年3月河南省共裁撤各种杂捐76种,其中裁撤厘金300余万元,类似厘金约100余万元。[④] 同时,平汉铁路沿线各种苛捐杂税也在1933年10月裁撤。[⑤]

(二)推行货物统税

为了弥补裁厘所带来的财政损失,财政部仿照欧美国家的成例,改征货物统税。对国内工业品按照一物一税的原则,进行一次性征收后,即可通行全国,不再征收捐税。河南开办的货物统税税种包括卷烟、麦粉、棉纱、火柴、水泥、熏烟叶、啤酒、进口酒、火酒、饮料、糖类、茶类、竹木、皮毛、陶瓷、纸箔、化妆品等,按照不同产品采取不同税率,从价征收。此外还有特税(主要对煤油、香烛、麦粉、土烟叶等征收)、出厂税(1927年开征,1929年列为特种消费税)、特种消费税(1929年举办,1931年举

---

① 《行政院关于务于1931年1月1日实施裁厘训令》(1930年10月11日),中国第二历史档案馆《中华民国史档案资料汇编》第5辑第1编《财政经济》(二),第315页。

② 《行政院饬财政部严厉惩处擅自征收类似厘金之捐税令》(1931年4月6日),中国第二历史档案馆《中华民国史档案资料汇编》第5辑第1编《财政经济》(二),第317页。

③ 罗从豫:《裁厘后各省财政概况》,《中行月刊》第2卷第8期,1931年2月出版。

④ 河南省财政厅:《办理河南财政报告书》,《民国日报》1931年3月14日。

⑤ 《中华民国工商税收资料选编》第5辑《地方税及其他税捐》(下),南京大学出版社1999年版,第2943～2944页。

办统税时停征)。①

（三）营业税

营业税是南京国民政府成立后开征的新税。1928年第一次全国财政会议决定创办营业税，1931年1月，颁布了《各省征收营业税大纲》，6月行政院颁布了《营业税法》。营业税作为地方收入，其课税标准分为三种：(甲)以营业总收入额为标准，征收其1‰～10‰；(乙)以营业资本额为标准者，征收其4‰～20‰；(丙)以营业纯收益额为标准者，其税率如下：(1)纯收益额不满资本额15%者，征收纯益额2%至不满5%；(2)纯收益额合资本15%，至不满25%者，征收纯收益额5%，至不满7.5%；(3)纯收益额合资本额25%以上者，征收纯收益额7.5%至19%。营业税以营业总收入额为课税标准时，其营业总收入额，年计不满1000元者免税；以营业资本为课税标准时，其营业资本不满500元者免税；以营业纯收益额为课税标准时，其营业纯收益额不满100元者免税。②

根据南京政府关于征收营业税的相关规定，河南省开征营业税，从机关到制度不断完善。1931年厘金裁撤后，各县设立征收处，县长为正主任，财政局长为副主任，后又任商会主席为副主任。当年除了预借23.87万元外，征解数为20.41万元。1932年3月，改组了征收机关，将全省划分为40余区，各区分设专员，但效果不明显。于是11月，取消专员制度，设立营业税总局，划全省为21区，每区设1个分局，分局之下各县设征收所。1933年7月，将总分各局一律裁撤，按照行政区域划分为11区，每区设局，负责办理营业税，由财政厅负责督征，各县仍设征收所。在征收中，“对于各种大宗营业，如药材、花生、棉花、粮食、皮革、牲畜等项，责成各征收机关，切实调查，遵章征税，俾无隐漏，并派员分赴各县，临时视察，则要抽查，以杜流弊”③。通过几次变革，河南的营业税征收逐渐规范。

1931年9月，《河南省征收营业税细则》颁布，共计34条。规定了

① 河南省地方志编纂委员会：《河南省志》第45卷《财政志》，第69页。

② 王孝通：《中国商业史》，商务印书馆1936年版，第290～291页。

③ 李文浩：《三年来之河南财政》，《河南政治》第3卷第10期，1933年11月出版。

营业税征收的类别、课税标准、税率以及免征营业税的行业。1932年6月,财政部核准了《河南省营业税征收章程》,共计32条,关于税类与税率(第六条)规定:“物品贩卖业、转运业、交通业、包作业、电汽业、租赁物品业、照相业、交易所之经纪人业、镶牙业,以上各业均暂照营业额总收入课税千分之十。印刷出版及书籍文具教育用品业、制造业、货栈业、钱庄业、保险业,以上各业均暂照营业资本额课税千分之十。”与《河南省征收营业税细则》相比,营业税率一律改征10‰。营业税率普遍有了提高后,“商民纷纷请减,经提交评议委员议决:拟按营业额向征千分之二者,改征千分之四;向征千分之五者,改征千分之六;向征千分之十者,仍旧。按资本额向征千分之四者,改征千分之五;向征千分之五及千分之六者,均改征千分之六;向征千分之十者,仍旧;向征千分之十二及千分之二十者,均改征千分之十”。经行政院同意对第六条进行了修改,“征收营业税税率,以营业总收入额为课税标准者,自千分之四至千分之十;以营业资本额为课税标准者,自千分之五至千分之十”①。1933年3月31日,河南省再次修正了《河南省营业税征收章程》,规定了营业税征收的类别、课税标准和税率。税种由1931年初征时的13种增加到18种。税率从初征时期到1933年营业税章程修正期间有了比较大的变化,初征时除了保险业20‰,钱庄业、照相业、镶牙业为10‰,贩运业和制造业不同行业有较大浮动外,其他行业税率在2‰~5‰之间。1932年颁布的营业税章程规定部分行业,实行10‰统一税率,但商民均认为税率过高,经过呈请南京国民政府行政院批准税率有所降低,一些高收入和奢侈性行业如保险业、钱庄业、娱乐场所、镶牙业、照相业税率为10‰,制造业在2‰~10‰、贩运业在5‰~10‰之间浮动,其他行业税率在4‰~6‰之间。②

(四)改进牙税、屠宰税

牙税是向牙行或牙商征收的税收,起源比较早,屠宰税是民国以后

① 《中华民国工商税收资料选编》第5辑《地方税及其他税捐》(下),第2906~2918页。

② 《中华民国工商税收资料选编》第5辑《地方税及其他税捐》(下),第2906~2918页;《河南省单行财政法规汇编》,第67页。

开办的新税。1930年以前,河南牙税由县政府征收,牙帖分为三等:上等帖捐30元,年税24元;中等帖捐26元,年税20元;下等帖捐20元,年税15元。屠宰税的税率为三项:(1)宰牛1头,收税2元;(2)宰猪1头,收税3角;(3)宰羊1头,收税2角。① 1931年营业税开征后,将牙帖和屠宰税划归营业税,《河南省营业税征收章程》第13条规定牙帖、屠宰等"原有与营业税性质相同之各项捐税,均暂照原定税率分别改征营业税"②。在征收方法上也进行了改进,采取招商投标承办的办法进行征收,尽管也有弊端,但"办理数年,税收日有起色"。如1931年5～12月,牙税标出73县,得标额61.52万元;屠宰税标出93县,得标额30.22万元。1932年,牙税标出98县,得标额83.94万元;屠宰税标出107县,得标额35.7万元。1933年1～9月,牙税标出107县,得标额98.87万元;屠宰税标出109县,得标额35.64万元。可见,通过承包制收到比较明显的效果,如时人所言"税率仍旧,收入倍增,改进之效,不为不著矣"③。

除了以上主要税种外,南京国民政府时期征收的工商税种还有烟酒类税,包括烟酒捐(1915年开征)、卷烟洋酒税(1927年7月开征,1931年改征统税)、土酒土烟税(1933年开征)、烟酒牌照税(1927年开征)、营业牌照税(1914年开征)、临时商业税(1931年开征)、个人所得税(1921年开征,后停征,1928年复征)、私营企业所得税(1937年开征)、契税等。④

五、公债与公产

(一)公债发行

1931年,河南裁撤厘金、偿还预征田赋、豁免盐斤食户捐、煤油燃户捐等,使省财政收入突减800万元,导致省库亏空,财政拮据。为解决财政问题,经南京国民政府核准,以营业税做抵押,决定发行善后救济公债

① 李文浩:《三年来之河南财政》,《河南政治》第3卷第10期,1933年11月出版。

② 《中华民国工商税收资料选编》第5辑《地方税及其他税捐》(下),第2914页。

③ 李文浩:《三年来之河南财政》,《河南政治》第3卷第10期,1933年11月出版。

④ 以上各种税种的征收概况参看《河南省志》第45卷《财政志》第55～108页相关内容。

300 万元。为规范公债募集和相关问题，颁布了一系列相关法规文件，如《河南省民国二十年善后公债条例》、《河南省民国二十年善后公债发行简章》、《劝募公债办法》（1933 年 3 月 31 日修正）、《募解善后公债办法》（1933 年 3 月 31 日）、《善后公债发领债票及支领本息办法》、《河南省二十年善后公债第一次还本办法》等。① 在这些办法的规范下，募集公债取得了一定的成效。如 1931 年 8～12 月，募集 1104156 元。1932 年，募集 598350 元，比上年减少的原因一是“地方多故，金融枯竭”；二是上海发生了一二·八事变，“征发军粮，募集救国捐，公债劝募之进行颇受影响”。1933 年，重新制定了劝募办法，取消了以前“强迫摊派，及经募人侵占之积习”，在数月之内就募集到 441099 元。② 尽管资料不足，无法对这次公债募集情况做全面的了解，但从还款的情况来看，当时募足了 300 万元。③

（二）公产收入

河南省的公产收入主要是官产和滩地。河南官产来源于清末裁撤绿营后腾出来的营房。④ 1930 年，中原大战后组建的新河南省政府开始对官产进行清理，颁布了《河南省清理官产暂行章程》（1933 年 3 月修正）、《河南省清理官产暂行章程施行细则》（1933 年 3 月修正），根据章程和细则对官产进行调查。“先后根据各县查报者，计有开封等一百零五县，可处分之土地约有七十余顷，房屋三百余间，共估价银六万数千元。”官产主要通过地价和出租等方式增加财政收入，如 1930 年 10 月至 1931 年 12 月，“查明处分者五十一处，收入地价银二万四千四百余元，又租地收入银三千余元”。1932 年“查明处分者二十三处，收入地价银五千六百余元，又地租收入银六百余元”。1933 年前期“查明处分者二十六处，收入地价银四千三百余元，又地租收入银二千三百余元。未标出者共四十余处，计土地十一顷余，房屋五十余间，约标价银二万六千余

① 河南省财政厅：《河南省财政法规》，第 115～121 页。

② 李文浩：《三年来之河南财政》，《河南政治》第 3 卷第 10 期，1933 年 11 月出版。

③ 河南省政府：《民国二十五年河南省政府年刊》，第 158 页。

④ 河南省地方志编纂委员会：《河南省志》第 45 卷《财政志》，第 143 页。

元"①。以上合计实际收入3.7万余元。

流经河南境内的黄河、沁河、洛河、漳河等,两岸有大量的滩地。这些滩地是传统的官产,早在清朝时期"每年冬月,由各该县查勘实报,按亩征租,塌则豁免,故亩数无定"②。即这些滩地在传统上属于政府,由政府出租给附近农民耕种,若滩地塌陷则地租豁免。1930年,省财政厅为了整理税收,专门设立了清理滩地处(1933年撤销),各县也成立了分处,"责成各县长负责办理"滩地清理事宜。③ 为了清理滩地,颁布了《河南省财政厅清理滩地暂行章程》(1933年3月修正)、《河南省财政厅清理滩地暂行章程施行细则》(1933年3月修正)、《河南省各县清理滩地注意事项》(1933年3月修正)。④ 1931年至1933年,河南进行了3次滩地清理,1931年报勘滩地2630余顷,收款银6.3万余元;1932年报勘滩地3270余顷,收款银10.3万余元;1933年由各县县长继续清理,从1~9月,报勘滩地900余顷,收款银102万余元。⑤ 除了上述各种公产收入外,还有其他各农林试验场收入、没收款、各种罚款、中央补助款、长途汽车收入等。

六、财政收入与支出

(一)财政收入状况

前文我们比较系统地列举了河南财政收入的各种来源,下面再看各种来源在财政收入中的地位和财政支出状况等问题。表3-3是1930~1934年河南省各种财政收入状况统计表。

① 李文浩:《三年来之河南财政》,《河南政治》第3卷第10期,1933年11月出版。

② 帖毓岐:《河南田赋概况》,萧铮主编:《民国二十年代中国大陆土地问题资料》,第10428页。

③ 帖毓岐:《河南田赋概况》,萧铮主编:《民国二十年代中国大陆土地问题资料》,第10428页。

④ 河南省财政厅:《河南省财政法规》,第103~106页。

⑤ 李文浩:《三年来之河南财政》,《河南政治》第3卷第10期,1933年11月出版。

表 3－3　河南省 5 年来省库收入实况统计表　单位:元

科目		1930 年度	1931 年度	1932 年度	1933 年度	1934 年度
总计		6376837.32	9813796.25	15060459.85	13752551.99	14543307.24
田赋	占财政收入的比例	54.55%	49.91%	45.43%	50.60%	47.85%
	共计	3478549.38	4898528.37	6842164.74	6958153.79	6958514.13
	地丁	2691707.71	3902188.04	5371767.66	5375102.85	5288429.95
	漕粮	231181.30	452904.61	669040.16	710195.47	716513.07
	补助捐	477965.85	457050.81	618277.52	772251.35	799634.33
	串票捐	69479.36	66616.57	78423.67	96409.77	151680.95
	租课	8215.16	19768.34	104655.73	4194.35	2255.83
契税	占财政收入的比例	17.14%	19.77%	13.29%	14.90%	16.3%
	契税	1093143.00	1939715.00	2001190.00	2049639.00	2370956.00
营业税	占财政收入的比例	5.08%	12.60%	9.57%	12.48%	11.76%
	共计	323780.24	1236659.09	1441417.86	1715938.44	1710861.76
	牙税	235066.13	450876.03	697646.78	802952.08	821187.71
	屠税	88714.11	230528.04	289888.28	307327.09	320042.34
	营业税	—	555255.02	453882.80	605659.27	569631.71
地方营业	占财政收入的比例	—	0.59%	2.58%	2.97%	0.03%
	共计	—	57635.56	388398.55	407841.03	4520.01
	银行官股红利	—	—	—	63751.85	4520.01
	长途汽车营业	—	57635.56	218398.55	135089.18	—
	中原公司红利	—	—	170000.00	209000.00	—
地方财产	占财政收入的比例	—	—	0.006%	0.12%	0.13%
	共计	—	—	830.68	16360.93	18573.67
	房租	—	—	590.68	6413.59	12044.07
	营业租金	—	—	240.00	1074.34	—
	河务局课租	—	—	—	8873.00	6529.60
地方事业	占财政收入的比例	—	0.005%	0.01%	0.005%	0.13%
	共计	—	464.94	16251.45	648.10	18328.85
	农林试验场收入	—	—	16251.45	—	18328.85
	地方事业收入	—	464.94	—	648.10	—

(续表)

盐税	占财政收入的比例	—	2.39%	10.12%	6.0%	7.08%
	共计	—	235000.00	1524000.00	825000.00	1030000.00
	盐税附加	—	235000.00	1164000.00	825000.00	1030000.00
	芦商积欠	—	—	360000.00	—	—
其他收入	占财政收入的比例	0.51%	2.30%	0.88%	1.63%	5.01%
	共计	32773.21	225351.70	133051.28	224813.38	728509.24
	地方官款缴还	11880.03	208383.17	34120.01	21611.45	293721.56
	官产变价	20157.15	9037.41	4363.88	23231.82	60435.97
	官产生息	136.34	132.32	—	—	20458.15
	没收及罚款	336.26	648.31	7428.20	1200.00	—
	滩地款	—	—	70183.97	9908.75	11239.40
	公安局杂捐	—	—	10756.11	150413.99	93122.62
	牙屠税保证金利息	—	—	—	17851.87	—
	国家款缴还	263.43	7150.49	—	—	—
	县款结余	—	—	6199.11	595.50	—
	飞机场款	—	—	—	—	224496.53
	公务员储蓄款	—	—	—	—	25035.01
杂项收入	占财政收入的比例	9.09%	0.46%	3.27%	8.33%	8.21%
	共计	579444.50	44910.11	491850.90	1145286.53	1194480.36
	棉业交易	33963.60	4094.50	—	—	3802.95
	中原公司矿业准备金	—	—	—	—	11081.95
	保安费	110616.83	40427.73	281.07	—	—
	民团经费	3445.90	—	31.01	396.35	—
	其他杂税	3914.44	—	1434.59	—	1355.90
	长途电话附捐	—	—	13220.27	—	—
	剿匪补助费	—	—	458518.61	1144890.18	1178116.60
	厘税	212138.95	258.94	18240.19	—	—
	包裹税	20339.31	—	31.11	—	122.96
	花生税	34092.87	—	—	—	—
	火车货捐	120287.10	—	—	—	—
	花捐	22484.83	—	—	—	—
	斗捐	18160.66	35.06	94.05	—	—

（续表）

特别收入	占财政收入的比例	13.63%	11.98%	14.75	2.97%	3.50%
	共计	869146.99	1175531.41	2221304.39	408870.79	508563.22
	善后公债	—	—	1620327.49	387652.47	420131.74
	烟酒牌照税	—	—	—	—	83716.40
	禁烟罚款	379146.99	925531.41	388979.23	13972.53	4253.58
	救国捐	—	—	26997.71	7245.79	461.50
	中央协助	490000.00	250000.00	185000.00	—	—

资料来源:《五年来施政统计(财政)》,第25～27页。

从表3—3来看,第一,如果以1930年财政收入的指数为100,那么1931年为153.9,1932年为236.2,1933年为215.7,1934年为228.1。可见,中原大战后,河南省财政收入处于上升趋势。第二,田赋收入占全省财政收入半数左右,如1930年占财政总收入的54.55%,1931年占49.91%,1932年占45.43%,1933年占50.6%,1934年占47.85%,说明田赋在财政收入中占主要地位。同时,在1930年河南省财政收入大幅度上升中,田赋所占比例反而有所降低,反映出除田赋外,其他收入有了一定程度的增加。如契税、盐税、营业税都有不同程度的增长。

(二) 财政支出状况

河南省财政支出主要有党务费、行政费、司法费、公安费、财务费、教育费、实业费、卫生费、建设费、抚恤费、预备费、偿还债务费、建设专款费、军事补助费、杂项支出、垫支国家款、协助费等。表3—4是1930年至1934年河南财政支出统计表。

表3—4　河南省5年来省库支出实况统计表　单位:元

科目＼总计	1930年	1931年	1932年	1933年	1934年
	6708717.10	9726041.37	14641991.33	13636134.25	13930237.88
党务费	380578.01	628001.57	448342.37	125742.89	120090.70
占总支出比例	5.67%	6.46%	3.06%	0.92%	0.86%
行政费	2088517.16	2667457.03	2416428.08	2831660.46	2510016.11
占总支出比例	31.13%	27.43%	16.5%	20.77%	18.02%
司法费	612871.72	728152.08	842178.28	968026.01	961719.55
占总支出比例	9.14%	7.49%	5.75%	7.1%	6.90%

(续表)

公安费	824134.25	2091330.16	1684024.95	1942536.28	1796381.51
占总支出比例	12.28%	21.5%	11.5%	14.25%	13.0%
财务费	500178.69	648171.70	715220.13	652270.82	380182.12
占总支出比例	7.46%	6.66%	4.88%	4.78%	2.73%
教育费	1093143.00	1939715.00	2001190.00	2049639.00	2370956.00
占总支出比例	16.29%	19.94%	13.67%	15.03%	17.02%
实业费	—	—	—	25425.00	242831.00
占总支出比例	—	—	—	0.19%	1.74%
卫生费	—	—	—	26340.93	38130.19
占总支出比例	—	—	—	0.19%	0.27%
建设费	212842.85	834519.65	173124.80	234911.60	73281.46
占总支出比例	3.17%	8.58%	1.18%	1.72%	0.53%
抚恤费	—	—	—	26390.00	11122.24
占总支出比例	—	—	—	0.19%	0.08%
预备费	—	—	651045.93	538309.21	543046.46
占总支出比例	—	—	4.45%	3.95%	3.9%
偿还债务费	—	—	260962.64	542837.36	705003.56
占总支出比例	—	—	1.78%	3.98%	5.06%
建设专款费	—	—	996035.88	976306.02	959435.10
占总支出比例	—	—	6.8%	7.16%	6.89%
地方营业支出费	—	—	—	—	250000.00
占总支出比例	—	—	—	—	1.79%
协助费	—	—	—	—	707493.92
占总支出比例	—	—	—	—	5.08%
其他各费	—	—	—	84500.00	1375825.51
占总支出比例	—	—	—	0.62%	9.88%
军事补助费	—	—	959922.59	1375832.59	—
占总支出比例	—	—	6.56%	10.09%	—
杂项支出	20486.20	40241.28	2921149.51	1235406.08	884182.43
占总支出比例	0.31%	0.41%	19.95%	9.06%	6.35%
垫支国家款	975965.23	148452.90	572366.17	—	—
占总支出比例	14.55%	1.53%	3.91%	—	—

资料来源:《五年来施政统计(财政)》,第28页。

从表3—4来看,第一,河南省财政支出项目逐年增加,如1930年和1931年均为9项,1932年增加到13项,1933年增加到16项,1934年增加到17项。增加的项目主要是公共事业和社会福利支出,如卫生、抚恤等。第二,在各项支出中,行政费一直居于首位,教育费居于第二位,杂项、偿还债务、军事补助逐年增加,党务费逐年减少。

第四节　新旧并存的金融业

一、传统金融业的延续

(一)钱庄

在河南传统经济系统中,钱庄是最主要的金融机构,在社会经济发展中起着重要的作用。洛阳是豫西、陕东、晋南货物的集散地,据中央银行1930年代调查,"民元以前,洛市大小钱庄约计三十余家,自辛变改革后,地方秩序纷乱,各钱庄立脚不住,均告停业。嗣后市面兑换银钱,均改为钱摊,现在经营钱摊者,大概资本甚微,其额数百元至数十元而已,均附设于杂货铺内,或借街头巷口屋檐下者,每隔一二十家店铺,即有一两个钱摊之摆设,统计不下四五十处"①。1932年调查,驻马店有钱庄6家②;漯河有钱庄11家,"资本底子厚者四五万元,薄者一二万元"③。豫东商丘"有同和裕及信昌银号二家,钱庄六七家,金融赖以流通"④。还有一些商行兼营钱庄业,如唐河1921～1932年曾有10余家商号发行"商号币"⑤。

---

① 《各地方金融机关·洛阳》,《中央银行月报》第2卷第2、3号合刊,1933年2月出版,第288页。

② 《河南驻马店市面情形一般》,《中行月刊》第5卷第4期,1932年10月出版,第22页。

③ 《漯河商务调查报告》,《中行月刊》第5卷第5期,1932年11月出版,第22页。

④ 《二十一年度陇海铁路全路调查报告》,出版年不详,第105页。

⑤ 唐河县地方史志编纂委员会:《唐河县志》,中州古籍出版社1993年版,第471页。

根据统计,1933年郑州有银号11家,洛阳10家;1935年开封10家,许昌9家,驻马店3家,漯河2家,陕县1家。共计46家(包括总号和分号)。① 在统计的46家银号中,其中民国时期新开业的42家,占91.3%;开设于1920~1935年的则有35家,占76.1%。尽管从文献记载来看,银钱业倒闭的很多,但1920年以来许昌、开封、郑州、洛阳等地又新开设银号35家,说明该行业依然有较大的生存空间,为社会所需要。

(二)当铺

典当业是中国传统金融业,主要从事借贷活动。民国以前"河南全省,凡较大集镇,均有自资之典当存在,利率既不若今日之高,期限及其他种种营业方式,在当时自农民观之,确称便利,且有裨农村金融之活动"②。典当业是河南农村主要金融业之一,较受农民欢迎,因此,民国初年"除闭塞之县份外,几乎无县无之"③。据《开封之最》记载,1913年开封最大的两家当铺桐茂典、公茂典"联合全省280余家在开封成立当商工会"④。可见民国初年,本省典当业是比较发达的,但自"民元以来,人事不藏,地方多故,捐税兵灾之繁重,纸币军票之滥发,层出不穷,而农村日趋穷困,农家十室九空,无衣服饰物以供典当,致该业亏本倒闭殆尽"⑤。冯玉祥主政河南时期,下令取消典当业,使其一度绝迹。⑥

1930年代河南农村面临金融枯竭,政府做出了一些努力,如创办合作社等,仍难解决问题。因此,人们提倡恢复当铺,以缓解农村金融枯竭

① 《郑州金融机关》,《中央银行月报》第2卷第11号,1933年11月出版,第1944~1945页;《各地方金融机关·洛阳》,《中央银行月报》第2卷第2、3号合刊,1933年2月出版,第288~289页;《全国银行年鉴》(1935年),汉文正楷印书局1935年版,(L)第32~33页。

② 金陵大学农业经济系:《豫鄂皖赣四省之典当业》,金陵大学农业经济系1936年印行,第4页。

③ 常文熙:《河南农村金融之调查》,《社会经济月报》第2卷第11~12期合刊,1935年12月,第57页。

④ 李学文、彭富臣:《开封之最》,中州古籍出版社1994年版,第200页。

⑤ 常文熙:《河南农村金融之调查》,《社会经济月报》第2卷第11~12期合刊,1935年12月,第57页。

⑥ 陈宝宏:《民国时期河南省典当业研究》,河南大学硕士论文,2008年,第17页。

面临的各种问题,“各处除组织合作社以资调剂外,对于典当之提倡,亦大有人在”①。同时,在政府层面上也给予了大力支持,1931年河南省政府给国民政府内政部咨文说:“典当业调剂平民金融,实有筹设必要……本省为内地区域,人口不甚繁密,以衣饰而求通融者,为数较少。若营业区域,仍如以前之广大,非由雄厚资本,不足以资周转,若仿外埠情形,多多开设,则营业不振,无利可图。有力之商人,未必愿投资经营。是私营典当,一时恐不易实现,自以公营为宜。”②可见,即使在1930年代各种现代金融机构逐渐渗入河南的时期,从政府层面来看,传统典当业在社会经济中依然是不可或缺的。所以,典当业在河南绝迹后,1930年代再次恢复起来。表3—5是金陵大学农业经济系1935年对河南省典当业状况的调查。

表3—5 金陵大学农业经济系关于河南各种典当业的调查

类别	地点	典当名称	成立年月	以往有无典当,如有,则曾上架至若干元
典质	安阳	农村典	1934年3月	有典2家,曾上架30万元
	安阳	协记典	1934年4月	同上
	武陟	德成典	1933年12月	有典当2家,曾上架15万元
	新乡	第一农民贷款处	1934年9月	—
农民借款所	禹县	公营当铺	1935年1月	—
	辉县	农借处第二代转所	1935年1月	有典当1家,上架10余万元
	获嘉	农借处第十代转所	1935年3月	有典当2家,上架15万元
	获嘉	农借处第八代转所	1935年3月	有小押店
	修武	农借处第一代转所	1935年3月	有小押店
	修武	农借处第六代转所	1935年3月	有小押店
	新乡	农借处第三代转所	1935年3月	有小押店
代质	沁园	宏利代当	1933年12月	有典1家,上架9万元

资料来源:金陵大学农业经济系:《豫鄂皖赣四省之典当业》,第4~5页。

① 常文熙:《河南农村金融之调查》,《社会经济月报》第2卷第11~12期合刊,1935年12月,第58页。

② 宓公干:《论典当》,商务印书馆1936年版,第240页。

在金陵大学农业经济系调查的典当业中,私营当铺很少,主要是农民贷款所。农民贷款所是一种新兴的小规模的农村金融机构,由中国农民银行主办,"其营业方式,与旧式典当大致相同,而其营业方法,则变更甚多。盖其营业宗旨,在于救济农村,并在推行期间,冀其影响所及连带减低当地一般放款习惯上所取之高利率。故取利即轻,陋规亦免。其他旧式典当不便之办法,亦全部豁除"①。因此,1934 年 9 月,四省农民银行与新乡振豫银号合作创办了河南省第四区第一农民贷款处(当铺),"专管第四区各农民衣服、被物、金银首饰、农具等之典当及农产品之抵押放款"。总资本 20 万元,农民银行出四分之三,振豫银号出四分之一。第一农民贷款处还在第四区隶属各县创办了 12 个代转所,即第一焦作代转所(字号旭升东)、第二辉县代转所(无字号)、第三小冀代转所(字号豫记)、第四阳武代转所(字号永记)、第五延津代转所(字号振记)、第六修武代转所(字号利民)、第七武陟代转所(字号德成)、第八元村驿代转所(字号源昌号)、第九封丘代转所(字号德发恒)、第十获嘉代转所(字号澜兴裕)、第十一原武代转所(字号益泰生)、第十二汲县代转所(字号德记),这些代转所"犹如旧日当铺下之转当铺"②。现代银行资本以这样的方式走入农村,说明传统借贷习惯在民间仍有很大的生存空间。

(三)押当铺

南京国民政府建立后,为了限制高利贷的盘剥,1930 年 5 月,公布并实施了有关借贷规定:"约定利率超过百分之二十者债权人对于超过部分之利息无请求权。"即规定最高年借贷利率不得超过 20%。③ 一些商人或高利贷者为了避免追究,进行黑市经营,不设门面,资本很少,当息月息一般在 7%~10%,满当为 3 个月,当品只估原价的十分之二三,

① 金陵大学农业经济系:《豫鄂皖赣四省之典当业》,金陵大学农业经济系 1936 年印行,第 3 页。

② 常文熙:《河南农村金融之调查》,《社会经济月报》第 2 卷第 11~12 期合刊,1935 年 12 月,第 58~59 页。

③ 李金铮:《近代中国乡村社会经济探微》,人民出版社 2004 年版,第 482、483 页。

“开封小押铺清末民初时最多,一直延续到抗日战争时期”①。又据1930年代调查,“河南纯粹高利贷之押当铺,为数亦不少,有开设营业门面与不开设门面而暗中营业者两种”。滑县是豫北商业通道,大集镇较多,商业发达,故经营“押当一业无处无之”。据该县公安局调查,“全境押当铺登记之数不下二百余家,至于不登记及暗中营业者尚不在内”。“业主多为地主或城镇小商及高利贷者,规模不大,组织简单,随时设立,随时关闭。”这些地下当铺“资本有限,多则五六千元,少则千元以至数百元。利息既高,最少月利四分五分,多则有加一加二,期限又短,约一个月至七八个月,逾期不赎即将抵押品拍卖”。此外,修武押当铺也颇为流行,“计全城不设门面暗自敲诈者,不下十余家,抵押品率多值百押三十,月利五分,押期三月,逾期不赎者以绝赎论”。郑州亦有押当铺,“押当期限更为短促,少则十天二十天,多则一两个月,利息四分五分以至于七八分不等”②。可见,押当铺以当铺名义从事高利贷经营活动,主要分布在商业和交通比较发达的市镇。

除了上述各种名目繁多的会外,还有粮食行和花行从事金融业务。一些资本充裕的粮食行从事农村贷款与吸收存款,“农用孔急时则放出债款,至新谷登场,催农民到行粜粮偿债,即可招徕主顾,吸食‘行佣’‘杂粮’,又可生息取利;农用有余,粮行亦可随时吸收无息存款”。豫西产棉区的“花行”也有从事借贷的功能,和粮食行不同的是,“花行自身资金少,所放之‘籽花账’,多替花客代放,从中剥削而已。如花客向大花行放款为十四五元一百斤棉,大花行转放给小花行则变为十二三元一百斤,小花行放给棉农,只有七八元一百斤。在农村未组织合作社之前,农民既无低利借贷之融通,又乏当铺钱庄之挹生,籽花账虽然于农民利多害少,亦未始非死中之一条活路也”③。民国时期,河南各地各种各样的传统私人互助组织,尽管有些属于高利贷性质,对农民“害多利少”,但不可

① 河南省地方史志编纂委员会:《河南省志》第46卷《金融志》,第11页。

② 常文熙:《河南农村金融之调查》,《社会经济月报》第2卷第11～12期合刊,1935年12月,第60页。

③ 常文熙:《河南农村金融之调查》,《社会经济月报》第2卷第11～12期合刊,1935年12月,第63页。

否认这些组织的存在,为民众提供了融资渠道。

二、金融机构的现代化

民国时期,河南金融机构现代化包括两个方面:一是新式银行的设立,二是合作社的建立。

南京国民政府的建立,进一步推动了中国金融现代化的进程。在中国金融现代化进程中,河南省建立了自己的新式银行——河南农工银行,由河南省政府筹办,1928年3月成立,系官商合办,是河南省唯一的地方金融机关。刘峙主豫期间,河南农工银行有了较大的发展。“先后曾拨款巨万,充实资力。本行根基渐获稳定,数年之间对于调剂各地金融,补助工商各业,发展颇具成效,社会信用与日俱增。独惜商股股本,迭经设法催缴,迄少增加,为求本行基础稳固报部注册,计政府不得已于二十四年元旦,依然将商股悉予退还,收归官办。”①在实现由官商合办到官办的转变后,1936年12月,财政部准注册,并规定了河南省农工银行业务范围:(一)收受各种存款;(二)有确实保证及担保品之各种定期活期放款;(三)办理国内汇兑及货物抵押;(四)国库、省库证券及商业确实票据之买卖贴现;(五)代人保管各项贵重物品及代理收解款项;(六)与国家银行及各官商银行订立特约事项。② 为调剂农村金融,河南农工银行先后在郑县、许昌设立分行,在陕县、洛阳、归德、驻马店、漯河、南阳、信阳、潢川、博爱、太康、汤阴、汝南、禹县、杞县、灵宝、淮阳等地设立办事处。③ 这些办事处的设立,表明现代金融机构逐渐向乡村伸展。

除了河南农工银行外,20世纪20～30年代一些国家、地方银行也在河南境内的主要交通、工矿业和商业比较发达的市镇设立了分支机构。截至1937年,有13家银行在本省的33个市县建立了77个新式金融机关。其中河南农工银行30家,占40%;中国银行11家,占14.3%;

① 李汉珍:《河南农工银行一年来之回顾与前瞻》,《河南政治》第7卷第1期,1937年1月出版。

② 中国银行经济研究室:《全国银行年鉴》(1937年),(C)第29页。

③ 李汉珍:《河南农工银行一年来之回顾与前瞻》,《河南政治》第7卷第1期,1937年1月出版。

金城银行8家,占10.4%;中国农民银行7家,占9.1%;交通银行6家,占7.8%;中央银行3家,占4%;其余浙江兴业2家,陕西省银行、徐州国民银行、大陆银行、中孚银行、北洋保商银行各1家。在77家银行中,办事处(包括临时办事处)59家,占76.6%;分行7家,占9.1%;支行5家,占6.5%;其余寄庄3家,总行1家,农贷所1家,分理处1家。就时间分布而言,1927年以前设立的只有10家,占13%;南京国民政府建立后设立67家,占87%;①说明南京政府时期是河南金融机关现代化的主要时期。就空间分布而言,在陇海线上的商丘、兰封(今属兰考)、开封、郑州、洛阳、陕县、灵宝和平汉线上的安阳、汤阴、新乡、许昌、郾城、漯河、驻马店、确山、信阳有银行57家,占70%。除了铁路沿线地区外,新式银行在平汉铁路以东平原地区各县和豫北道清铁路沿线有零星分布,而平汉铁路以西、陇海铁路以南的广大相对落后地区只有禹县(今禹州市)、叶县、南阳有银行设立。可见,本省金融机构现代化主要发生在铁路沿线交通和商业比较发达的市镇。

在中国金融近代化的过程中,合作社是南京国民政府"扶农"资金"下乡",建立现代农村金融网络的主要形式。河南省农村合作社是在中国农民银行和省政府的推动下建立和发展起来的。1932年10月,蒋介石以国民党军事委员会鄂豫皖三省"剿总"名义发布训令,要求在四省农民银行尚未开办之前成立农村金融救济处,在指定地区各县办理农村房贷事务,组织农村预备合作社转贷于农民。② 次年4月1日,四省农民银行在汉口正式成立。该行成立后,即在河南的潢川、光山、商城、经扶建立农村合作预备社。③ 1934年1月,四省农民银行郑州分行成立,"始开始为农业合作事业之倡导"④。4月,河南省成立合作委员会,6月,即

① 中国银行经济研究室:《全国银行年鉴》(1937年),(J)第80～84页;中国银行经济研究室《全国银行年鉴》(1936年),(M)第57～60页。

② 中国人民银行金融研究所:《中国农民银行》,中国财政经济出版社1980年版,第16页。

③ 《中国农民银行之沿革及其推行农村合作之概况》,《农村合作月报》第1卷第12期,1936年7月5日出版,第81页。

④ 《中国经济年鉴续编》,商务印书馆1935年版,(R)第43页。

派遣“指导员,分赴各试办县份,实施宣传、调查、组织、训练诸工作”①。在合作委员会的指导和帮助下,河南省农村合作社如雨后春笋般建立起来。最初选择交通方便与经济比较发达的开封、郑县、新乡、辉县、安阳、洛阳、陕县、灵宝、许昌、禹县、南阳、汝南、淮阳、商丘等14县为试办区,获得成功。于是,其他各县“纷起请求派员莅县指导,”后又在荥阳、滑县、沁阳、襄城、镇平、阌乡、新郑、密县、兰封、温县、孟津、渑池、杞县、陈留、潢川、民权、汲县等创办合作社。② 在一些交通和经济作物种植比较发达的地区合作社的建立尤为迅速,如郑州1934年6月本省派合作运动指导员后,至11月,成立合作社29所,参加社员871人,已交股金1927.5元,未交股金825.5元;③陕县不仅是京陕公路和陇海铁路必经之地,该县因交通便利“推行合作,较为迅速,并以信社颇多,组织手续,颇为简便,不如利社之复杂,故进行顺利,计已登记之正式成立者有一百多社”④。据统计,1935年8月,全省建立合作社1283所,社员63690名,股金21.04万元。⑤ 1936年河南新增加合作社401所,其中信用社362所,社员17171人;⑥1937年,据本省57县报告,全省登记在案的合作社3484所,社员152759人。⑦ 可见,作为一种新型的调剂农村金融的机关,民众对合作社的接受程度比较高。

南京政府时期,与河南农村合作社建立贷款业务的主要是中国农民

① 河南省农村合作委员会:《河南省农村合作事业报告》1934年9月,《合作月刊》第6卷,第11、12期合刊,1934年12月出版,第63页。

② 张静愚:《河南农村合作运动的回顾与展望》,《农村合作》第1卷第1期,1935年8月出版,第24页。

③ 《郑州农村合作社发达》,《农村复兴委员会会报》第2卷第6号,1934年11月出版,第109页。

④ 牛宝祥:《陇海路上之三县农村经济》,《中国农民银行月刊》第1卷第2期,1936年2月出版,第113、114页。

⑤ 张静愚:《河南农村合作运动的回顾与展望》,《农村合作》第1卷第1期,1935年8月出版,第24页。

⑥ 《民国二十五年全国合作事业调查》,《农情报告》第5卷第2期,1937年2月15日出版,第46、80页。

⑦ 《民国二十六年十六省合作事业调查》,《农情报告》第6卷第12期,1938年12月15日出版,第151页。

银行、中国银行、上海商业储蓄银行(主要做棉产运销合作社的贷款)。1934年,在河南棉产改进所指导下,太康、杞县、洛阳、灵宝成立了棉花产销合作社,并向上海银行团接洽,截至10月底共贷款108500元。①中国银行1934年向河南合作社放款21万元,1935年为80万元,1936年6月前为50万元。② 按照中国农民银行《农村合作放款章程》的规定,农民银行是各种合作社资金的主要来源之一③,中国农民银行给本省合作社放款1934年为15万元④,1935年与中国农民银行发生贷款关系的有1495所,贷款额79.1万元⑤,1936年6月前与中国农业银行发生贷款关系的合作社1154个,贷款额为92.89万元⑥。

合作社的种类主要有信用、利用、运销、供给等,而每种合作社既有专营也有兼营。1936年,在对本省949个合作社的调查中,专营合作社389个,占41%,兼营合作社560个,占59%。其中,687个为信用合作社,占合作社总数的72.4%,其中专营340个,占49.5%,兼营347个,占50.5%;215个为利用合作社,占合作社总数的23.3%,其中专营10个,占4.7%,兼营205个,占95.3%;运销合作社45个,占总合作社数的4.7%,其中专营38个,占84.4%,兼营7个,占15.6%;供给合作社两个,仅占总数的0.2%,专营与兼营各1个。⑦ 就合作社的分布而言,铁路、公路沿线和县城周边的农村较多,而偏远乡村则比较少,如阌乡主要分布在县城周围,距城较远村庄“请求组社者甚多”,但合作社指导人

① 莫洛耕:《中国农产运销的新趋势》,《中国农村》第1卷第4期,1935年1月出版,第13页。

② 常文熙:《河南农村金融之调查》,《社会经济月报》第2卷第11~12期合刊,1935年12月,第65页。

③ 章有义:《中国近代农业史资料》第3辑,三联书店1957年版,第214页。

④ 常文熙:《河南农村金融之调查》,《社会经济月报》第2卷第11~12期合刊,1935年12月,第65页。

⑤ 中国农行:《中国农民银行民国二十四年度各省之农村合作事业》,《农村合作月报》第1卷第6期,1936年1月31日出版,第130页。

⑥ 《中国农民银行之沿革及其推行农村合作之概况》,《农村合作月报》第1卷第12期,1936年7月5日出版,第83页。

⑦ 常文熙:《河南农村金融之调查》,《社会经济月报》第2卷第11~12期合刊,1935年12月,第64页。

员过少,顾不过来,远离县城的乡村合作社无法开展工作。① 合作社数量比较多的县主要分布在陇海、平汉铁路线沿线及其两侧的各市县。由此可以看出,河南合作社的推进有3个特点:一是信用合作社占主导地位;二是合作社的经营方式以兼营为主;三是就一县而言以县城为中心呈环状分布,距离县城愈近分布越多,就全省而言呈带状分布,陇海、平汉两铁路沿线分布密集,距离铁路愈远分布愈疏。

农业仓库也是民国时期现代金融机关向农村延伸和救济农村的方式之一,其在金融方面的作用主要是抵押放款。1933年5月,国民政府行政院农村复兴委员会第一次大会时,决议农民银行须在各县设立农业仓库;实业部在1933年度的农业计划中首条是筹办农业仓库。② 因此,在此前后,河南省陇海铁路沿线开办了一些农业仓库。郑州有中国银行仓库(1931年8月)、上海银行仓库(1933年10月)、兴业银行仓库(1933年3月)、河南农工银行仓库(1935年8月),郑州仓库主要储存棉花、杂货与五金;开封有中国银行仓库(1933年10月)、金城银行通成货栈(1922年11月),主要储存香烟、棉布、棉纱;商丘有徐州国民银行仓库(1935年9月),主要储存小麦、芝麻、黄豆、花生、小米和高粱等。③ 与新式银行和合作社相比,农业仓库在河南尚不发达,只有在陇海铁路沿线三个城市设立,其他市镇尚未建立农业仓库。

河南金融机关现代化兴起于晚清民初时期,而得到较快发展是在20世纪20～30年代,尤其是中原大战后南京国民政府实现了对河南的控制后,推动了本省各种新式金融机关的建立和发展,到抗战前夕,河南有新式银行77家,合作社3400余家(据57县报告),农业仓库8家。不管是新式银行还是合作社和农业仓库均主要分布在以郑州为交会点的陇海、平汉铁路沿线的商业都市和两侧的市镇里,说明金融现代化的进程与交通和商品经济发达与否有着直接的关系。

---

① 牛宝祥:《陇海路上之三县农村经济》,《中国农民银行月刊》第1卷第2期,1936年2月出版,第112页。

② 《农村破产中农民生计问题》,《东方杂志》第32卷第1号,

③ 中国银行经济研究室:《全国银行年鉴》(1936),(M)第61页。

三、货币流通的变迁

以上的论述说明，1912～1937 年中国金融业处在一个新旧交替的时代，一方面传统金融体制继续延续，另一方面现代金融体制在不断延伸。在这种体制下，河南货币流通处于一种混乱状态。1930 年代，中央银行对河南货币流通做了调查，货币流通状况是：

（一）河南市面流通的各种硬币

（1）银元。中国近代以来，银元版本甚多，在河南市面流通的银元大致有 15 种，如总理像、袁像、开国纪念币、大清银圆、光绪、宣统、北洋、江南、湖北、湖南、广东、四川、站人、鹰洋、1934 年铸造新币等，其中总理像、袁像和北洋这 3 种在全省各县均可流通，其余各有侧重。（2）银角。本省流通的银角有 7 个版本，分别为广东省造单双角、光绪年造单双角、袁像单双角、袁像半元。其中广东、光绪、袁像单双角在全省 111 个县都通行，袁像半元仅固始一县行使。（3）铜元。本省流通的铜元有当十、当二十、当五十、当一百、当二百等五级，版本有各省造当十、当二十，光绪当十、当二十，五色旗当十、当二十，四川省造当五十，河南省造当五十、当一百、当二百等数十种。在流通方面，当十仅有少数县市面有留存，“虽有每银圆一元兑换二百枚左右之兑换率，然实际上属于有行无市”；当二十在临汝县用途较广，并在约半数县市面有流通。本省制造的当五十、当一百、当二百铜元流通最为广阔。（4）制钱。只有临汝“尚有少数制钱存在，但亦无大用途矣”。在国民政府币制改革前，银元和银角是流通最普遍的硬币。

（二）河南市面流通的各种纸币

（1）银元票。本省流通的银元票有中央、中国、交通、河南农工、中国实业、中国农工、中南及河北、湖北两省银行兑换券，地方金融流通券，农民借贷所及 45 师三民合作社的发行券等 10 余种，面值有 10 元、5 元、1 元三级，均系十足通用，以中央、中国、交通、河南农工等四行之流通券“流通最广，几遍全省各县”。中南银行票在全省 79 县流通，四省农民银行票在 43 县流通，其他各行及地方发行银元券流通范围有限。（2）银角票。本省通用的银角票比较繁杂，既有中央、中国、交通、四省农民、河南农工、中国农工、中南、河北、湖北等银行发行的辅币,也有镇平县农民借贷所的发行券,长葛、固始两县各商号及45师三民合作社发行的银角票,面值分1角、2角、5角三等。其流通情形与银元票大致相同。(3)铜元票。河南的铜元票最为混乱,除河南农工银行发行的铜元票通行全省外,发行该票的很多,有商会、银号、商号、借贷所、政府部门,甚至基层行政部门也发行铜元票,大约七八种。如汲县、唐河、荥阳、新野、内乡等县流通的是商会票、地方流通券及临时流通券;镇平流通的是农民借贷所流通券;方城、唐河、沁阳、修武、固始等县流通商号流通券;淅川八区办公处、教育局发行票流通于当地;沈丘流通的是省政府发行券。各种铜元票面值分铜元十枚、二十枚、五十枚等数级,“与现铜元等值,人民感携带便利,颇为乐用”。(4)制钱票。在本省流通极少,淯川商号发行,“票面值虽以制钱为单位,而实际上确系代替铜元之用,并非单纯之制钱票”①。从国民政府中央银行的调查来看,经过整顿后货币流通情况比原来有所好转,但是在双元经济体制下的河南货币流通依然十分混乱,有银元、银角、铜元、制钱的硬币与纸币,发行货币的金融机构则五花八门,一是外省的铜元在本省仍有少数地方行使,二是商会、银号、商号、借贷所、政府部门发行的票券在一些交通不便的地方仍有流通。

1935年11月,国民政府币制改革政策发布后,次年1月,河南省政府遵照财政部兑换法币办法颁布了《河南省兑换法币实行办法》,规定各县政府负责在各县内设法币兑换所一处,“由县布告商民一体周知”,“晓谕民众,使知新货币政策之意义,并纠正其重现心理”。并在新式银行尚未建立的县份,设立法币兑换所,收兑现金。在政府的推行下,法币兑换工作在河南迅速展开,取得了较好的成效,“计各县政府及河南农工银行共收一百一十三万元,中(央)、中(中国)、交(通)及其他各行,约共收兑六百万元,合计共收兑银币约达七百余万元之谱”②。币制改革后,在交通发达的地区,法币开始在河南大部分地方金融市场流通,至少在一些

---

① 《河南省通用货币概况》,《中央银行月报》第5卷第8号,1936年8月出版,第2119~2123页。

② 《民国二十五年河南省政府年刊》,第217~218页。

县现洋与法币同时流通。从1937年的社会调查来看,货币流通市场已经有了很大改观。如考城县"金融以现金为最多,通行纸币为河南农工、中央、交通银行钞票。此外,无地方或私法人发行之兑换券与其他种纸币"①。淇县"市面金融流通,均用现洋,即有时使用纸币,亦必以中国、交通、中央等银行纸币始能通行。此外,无地方或私法人发行之兑换券与其他种纸币"②。渑池"县内无银钱业,其流通情形全视外境之畅滞而异,纸币通行者,为河南农工银行、中国、中央、中南、交通等行钞票。此外,无地方或私法人发行之兑换券与其他种纸币"③。以上几个县交通便利,法币推行较快,传统金融机构发行的各种票券基本绝迹。

但并不是法币完全占领了河南全部金融流通市场,尤其是交通闭塞、商业落后,新式银行尚未渗透到这些地方,地方发行的商号、银号币或铜元仍在流通。唐河"近年各地商业萧条,交易滞窒,所产农作物,无处运销,以致谷价惨跌,现金缺乏,而日用品必须之商品如食盐、布匹等,尤须辇现金出境,赴各处购买,为数甚巨,他如税款之解报,纸烟鸦片之输入,亦为现金出口之大宗,长此以往,现金有出无进,农作物不能向外倾销,金融枯竭,可立而待,以故私行纸币日见充斥,现金日缺,银价飞涨,已成不可挽回之势。至发行兑换券与他种纸币情形,地方政府未发行纸币,其发行纸币者,皆系资本缺乏之小商,借图周转,不愿挤兑,稍有挫折,票等废纸"④。唐河金融市场有出无进,金融枯竭,流通的主要是当地小商发行的"商号币"。1936年,中国农民银行在阌乡"贷款约一万余元,该县因属偏僻,故对推行本钞,较为困难,而合作事务所亦觉不便,

① 《河南各县社会调查·考城》,《河南统计月报》第3卷第1期,1937年2月出版,第89页。

② 《河南各县社会调查·淇县》,《河南统计月报》第3卷第3期,1937年4月出版,第119页。

③ 《河南各县社会调查·渑池》,《河南统计月报》第3卷第4期,1937年5月出版,第86页。

④ 《河南各县社会调查·唐河》,《河南统计月报》第3卷第1期,1937年2月出版,第84页。

幸与县政府金库接洽，向其兑换一部分现洋，使农民不致感觉苦痛”①。这说明，在法币推行过程中，受传统习惯的影响，农民依然相信现洋，而不喜欢使用法币。因此，币制改革后，河南的货币流通有两种情形：一种是交通与商业比较发达的地区，新式金融机关已经建立，法币得到了较好的推行；交通不便的边远地区，“乡民无知，仍视硬币为奇货”②，法币尚未占领金融市场。可见，在币制改革后，河南的双元金融体制仍在延续。

本章结语

本章主要研究了南京国民政府统治前十年河南的工业、交通通讯、财政与税收和金融事业。工业方面，从经营性质上来划分，河南的工业有私立工厂、官立工厂和家庭手工业 3 种类型，民国时期河南的近代工业以私立工业为主；从行业来看，河南的工业有采矿业、纺织业、面粉业、蛋粉业、火柴业、机器工业、草帽辫业、制瓷业等。交通通讯方面，南京政府时期河南完成陇海铁路的拓展，公路建设取得了长足的进展，形成了国道、省道、县道的公路网络，一些县城和主要市镇均可通公路；邮政、电报、电话已经覆盖全省主要乡镇。财政方面，完善了财政机关，形成了省县两级财政体系，改革财政制度，培养财政人才，建立预决算制度，整理了财政法规和田赋，废除苛捐杂税，规范了工商税和营业税。金融方面，银行、合作社、农业仓库等新式金融机构相继建立，但尚未完全占领金融市场，因此旧式金融机构银号（钱庄）、当铺及民间互助性质的借贷仍发挥着作用。

① 牛宝祥：《陇海路上之三县农村经济》，《中国农民银行月刊》第 1 卷第 2 期，1936 年 2 月出版，第 112 页。

② 吴人望主编：《河南省政府年刊》（1936 年），河南省政府秘书处 1937 年印行，第 218 页。

第四章 豫东南苏区经济

第一节 土地革命的开展

一、土改前豫东南农村的经济状况

豫东南地区在土地革命之前，与全国各地大体一样，土地占有情况极不合理，而且大地主较多，不少地方地主占有土地的比例大大高出全国平均数。光山县殷区90%以上的土地被20户地主所占有；罗山县地主刘楷堂占有土地25000亩；商城县银山畈一带，90%的土地被地主所占有；①新县箭厂河地区，大革命前总人口17274人，耕地总面积75435亩，其中占总户数1%的地主，占有耕地总数的82%，而占总户数60%的贫农，却只占耕地总数的1%。② 大革命时期商城汤家汇附近的8个村，共有6300余亩田，其中地主、富农占有75%，一廖姓地主又占有其中的1/3；祠庙田占22.5%；自耕农和半自耕农仅占有2.5%。③ 固始县陈淋子地区土改前共有土地35120亩，人口不到9%的地主和富农占有

① 中共河南省委党史研究室、中共安徽省委党史研究室编：《鄂豫皖革命根据地史》，安徽人民出版社1998年版，第327页。

② 新县文管会编写组、河南大学编写组编：《鄂豫皖根据地首府新县革命史》，河南人民出版社1985年版，第4页。

③ 中共商城县委党史资料征编委员会编：《商城革命史》，河南人民出版社1988年版，第115页。

土地 27800 亩,合全区土地总数的 79.2%。①

地租是地主剥削农民的主要方式。豫东南地区的地租名目繁多,有定租、分租、押租等。地主凭借对土地的占有权,每年都要向佃户索取租种土地收获量的一半以上。有的佃农每年收入除"留一部分吃的外,其余都交给地主";有的地方"租课制度地主、佃户各得一半"②。此外,地主还进行各种名目和形式的经济剥削,例如索取押板金,即在出租土地时要佃户先付押板金(又叫羁庄费、批礼等),其金额一般占地价的一半左右。豫东南地区一般每年来一次批佃,重交押板金,佃户交不起即"夺佃转庄"。还有出租土地"充田亩",即将八分地充为一亩,以榨取更多的押金和地租;大斗进小斗出,即收租用的是加一的大斗,贷粮用的是减一的小斗。

高利贷也是豫东南农村十分普遍的剥削方式。高利贷分粮、钱两种,农民向地主借粮,以年为期,借一石,利息一石,甚至一石五斗;以月为期,利息两斗。借款利息更重,过期不还,利息转本。如借一元钱,月息一角,一年连本带利要还二元二角。当年不还,第二年要利转本。"这样,农民负的债越滚越多,群众气愤地叫它'驴打滚'利"③。"农民含痛喝地主的毒汁以维持他们的生活,等到粮食收了,粮价即刻低落下来,他们又不能(不)把他们维持生命的原料送到市场里去,转瞬几十天以后,又要用重价去买他们贱价售去的粮食"④。

当时,国民党政府沿袭了北洋军阀时期的预征制,在豫东南,"任应岐完粮从十七年完到二十一年,冯玉祥来后又从十年到二十年,蒋到后又从十八年完起,此外还预借"⑤。在商城,"有所谓牲畜税、枪会捐(驻

① 中共固始县委党史资料征编委员会编:《蓼城风云 固始党史资料》第 2 辑,1986 年 10 月,第 26~27 页。

② 《中共鄂豫边特委综合报告》,《鄂豫皖革命根据地》编委会编:《鄂豫皖革命根据地》第 2 册,河南人民出版社 1990 年版,第 114 页。

③ 《鄂豫皖根据地首府新县革命史》,第 4 页。

④ 《中共中央巡视员郭树勋关于巡视豫南工作情况给中共中央的报告》,《鄂豫皖革命根据地》第 3 册,河南人民出版社 1990 年版,第 148 页。

⑤ 《中共鄂豫边特委综合报告》,《鄂豫皖革命根据地》第 2 册,第 117~118 页。

兵收)、城隍捐(修城××)、百货卡子捐、皮货捐、花生税、屠宰税、预征(二十四五年)陋规剥削,衙门差役及各项无名捐、杂捐……苛捐杂税,弄得一般劳苦群众应接不暇"①。

地主残酷的经济剥削,政府沉重的苛捐杂税,加上土匪溃兵的骚扰,使豫东南农村经济濒临破产边缘。一遇自然灾害和军阀混战,农村更是粮食恐慌,农民大批流亡,挣扎在死亡线上。1928年秋,河南农村"无饭吃的已占40%","年底将增至70%"②。1929年春,"罗山有70%,商城、固始有一半以上没有粮食吃,整个东南是在饥荒的威胁中"③。

二、土地政策的制定

1927年,中共"八七"会议确定了开展土地革命和武装反抗国民党的总方针,并初步制定了关于土地革命的政策,推动了全国各根据地土地改革运动的兴起。"八七"会议后,中共河南省委决议,把河南省分为豫南、豫北、豫东、豫西四个区域发起暴动,提出"暴动抗捐抗税抗租抗粮",进而"没收豪绅大中地主一切反革命派及祠庙公产的土地财产分给农民和兵士"④。1928年7月,中共鄂东党组织召开尹家嘴会议,讨论关于没收、分配土地的原则和办法,决定在光山、罗山、黄安(今湖北红安)、麻城(属湖北省)4县的部分地区,普遍发动群众开展抗租抗债抗捐抗税抗粮(简称"五抗"),进而没收地主的土地财产分给贫苦农民。11月,中共河南省委根据中共"六大"精神,提出在农民运动中,要"以贫农雇农为中心,联合中农,使富农中立",要"领导算账、抗租、抗税抗捐、分粮吃饭等斗争"⑤。据此,中共信阳中心县委向商城县委提出,"在农村斗争中

---

① 《皖西北特区苏维埃政府给鄂豫皖特区苏维埃政府的工作报告》,《鄂豫皖革命根据地》第3册,第493页。

② 《河南省委关于河南目前工作方针决议案》,中央档案馆、河南省档案馆编:《河南革命历史文件汇集(1928年)》,甲3,1984年内部发行,第393页。

③ 树勋:《冯玉祥统治下的豫省东南部》,《红旗》第14期,1929年2月21日。

④ 《河南目前政治与暴动工作大纲决议案》,《河南革命历史文件汇集(1925年—1927年)》,甲2,1984年内部发行,第111、113页。

⑤ 《河南省委关于河南目前工作方针决议案》,《河南革命历史文件汇集(1928年)》,甲3,第396页。

主要的动力是贫农,中农是同盟者,富农使其守中立","今后必须坚决的执行对小商人、自耕农的正确政策,相当的保护他们的利益"①。此后,根据地不断巩固和扩大,开展土地革命的条件日益成熟。

1929 年 5 月 30 日至 6 月 9 日,中共鄂东北特委与红三十一师师委召开了联席会议,根据中共"六大"精神,结合一年来土地改革实际,讨论通过了《临时土地政纲》,规定只没收地主、豪绅及反革命分子的土地;凡有下列情形之一者,其土地不得没收:(1)孤寡;(2)无生产能力又无反革命行为者;(3)诚意悔过的反动嫌疑分子(地主豪绅除外)。凡已没收的土地,如系已佃者,乃拨归原佃农耕种,如系未佃者,拨归当地无地的农民、失业工人及退伍士兵耕种。② 这些规定,明确了没收所有地主的土地的政策。《临时土地政纲》虽然存在对没收的土地没有规定分配标准等不足,但它是鄂豫皖根据地的第一部土地政纲,仅晚于 1928 年 12 月颁布的《井冈山土地法》半年。

1929 年 12 月下旬,鄂豫边根据地在光山县召开第一届工农兵代表大会,大会认真讨论了鄂豫边的土地问题,通过了鄂豫边革命委员会《土地政纲实施细则》。其内容包括没收细则、分配细则和附则 3 部分共 21 条。在没收范围上,除规定没收豪绅地主的土地之外,又增加了没收祠堂、庙宇、教堂、祖积公积的土地及一切公产、官地,以及那些经革命政府肃反委员会宣布没收财产的反革命分子的土地。在分配对象上,改变已佃的土地仍归原佃农耕种的政策,规定将没收的土地统一分配给无地少地的农民、愿安家耕种的雇农、愿耕种的工人、红军的官兵等等。在分配土地上男女有同样的权利。在分配标准上,以全家人每年需要多少粮食吃为主要条件,此外,当地如有宽余土地,得依照耕种能力分配之。分配土地不可以土地面积为标准,须以出产多少为标准。在对待中农政策上,规定中农在别乡的土地交别乡分配,本乡得以同量的土地分配给该

① 《信阳中心县委关于下达"给商城县委的指示信"向中央的报告》,《河南革命历史文件汇集(1927 年—1934 年)》,甲 8,1986 年内部发行,第 189 页。

② 《鄂东北各县苏维埃临时政纲》,湖北省档案馆、湖北省财政厅编:《鄂豫皖革命根据地财经史资料选编》,湖北人民出版社 1989 年版,第 398~399 页。

中农，如无土地调换别乡不能分配。[①]

鄂豫边革命委员会《土地政纲实施细则》在土地的没收与分配方面对《临时土地政纲》作了许多重要修订和补充，并统一了分配标准。不过，它仍有不足之处，如规定“发给得分土地者土地使用证”，“得分土地之人，如若死亡或不愿耕种时，须将土地退还该乡农会另行支配”。这即是说，农民只有土地使用权，而没有所有权；以粮食需要量作为分配土地的主要标准也不太合理。另外，由于怕“引起白色区域的富农反动”，所以“对富农土地没有在政纲上规定”[②]，而仅仅提出“凡富农愿将土地拨出归公者，当地乡农会得接受分配之”[③]。尽管存在这些不足，但《土地政纲实施细则》仍是当时历史条件下比较完善的土地政纲。

在分配土地时，各地划分阶级成分一般是根据土地财产的多少、剥削程度的高低，经群众大会讨论而定。由于各地情况不同，具体划分成分的标准以及分配方法也略有差异。如新县黄谷畈的划分标准是：一点田没有的是赤贫；人均一斗六七升田划为贫农；人均二斗田的划为中农；人均五斗田，又有三种剥削（土地出租、请雇工、放高利贷）的为富农；人均够五斗田，但无三种剥削，生活条件差的为破产富农；平均超过五斗田，而且有鱼塘、竹园、柴山，大型农具齐全，又有三种剥削的为地主；土地多，也有鱼塘等，但生活条件差，无三种剥削的为破产地主。光山县柴山保地区（今属新县），具体划分标准稍有不同：每人平均拥有六斗至八斗田以上、有剥削的为地主；六斗田左右，没有剥削，自己耕种者为中农；不超过三斗田的为贫农；一无所有的为赤农；平均每人合六斗田但无人耕种，靠少量土地出租或放高利贷为生，有一定财产者为经济富农。具体的分配方法是“中间不动，两头分平”，每人平均三斗田。军烈属、贫农

---

① 《鄂豫边革委会土地政纲实施细则》，《鄂豫皖革命根据地》第2册，第47～49页。

② 《中共鄂豫边特委关于成立鄂豫边革命委员会经过的报告》，《鄂豫皖革命根据地》第2册，第44页。

③ 《鄂豫边革委会土地政纲实施细则》，《鄂豫皖革命根据地》第2册，第49页。

分好田,地主富农分坏田或离村较远的田。①

三、土地政策的实践

1930 年 6 月以后,鄂豫皖革命根据地开始贯彻“立三路线”,在土地政策上主要表现为强调反对富农和办集体农场,使土地革命出现了曲折。

首先是把富农统统列入打击对象,发动反富农斗争。1930 年 9 月,中共鄂豫边特委发出通告:“以雇农为基础,与贫农结成巩固的同盟,稳定中农的动摇,坚决地反对富农。”②实际做法是“向富农征发,把富农家内什么东西都拿来了”③。因为当时对于“什么是富农与中农,完全没有弄清,党的决议上曾写过‘富农是农民每年收入有剩余的’,于是至少有一点剩余的中农,也不敢存在了”,这样,“反富农就反到中农,有一点剩余也是富农,也要反对的”。分配土地的时候,许多农民“深怕多要了土地或财产就是富农”④。因为贫农分得土地后第二年“收入多了”,就“说他是富农”。这些贫农说:“我过去原是贫农,你们要分这些土地给我,今年又说我是富农,我的土地依旧退还苏维埃。”富农也纷纷把自己的田交出来,他们说“收入多了反不利,不如不要”⑤。结果造成“许多生产荒芜了,木子(梓)无人收,山林无人禁,什么菜与麦地也很少的人种,农民都好像懒起来了。雇工没有分配土地,有一些在农场中,有大部分失业”⑥。反富农的政策,明显挫伤了农民的生产积极性。

其次是大办集体农场。决定光山办 3 个,罗山办 1 个,农场规模以 20 石田为起码,经费由苏维埃政府提供。⑦ 1930 年秋,在“实行社会主

---

① 《鄂豫皖根据地首府新县革命史》,第 85～86 页。

② 《中共鄂豫边特委通告第十六号》,《鄂豫皖革命根据地》第 2 册,第 100 页。

③ 《中共鄂豫边特委综合报告(续)》,《鄂豫皖革命根据地》第 2 册,第 147 页。

④ 《中共鄂豫皖特委曾中生给中共中央的报告》,《鄂豫皖革命根据地》第 2 册,第 184、171 页。

⑤ 《中共鄂豫边特委综合报告(续)》,《鄂豫皖革命根据地》第 2 册,第 157 页。

⑥ 《中共鄂豫皖特委曾中生给中共中央的报告》,《鄂豫皖革命根据地》第 2 册,第 183 页。

⑦ 《中共鄂豫边特委综合报告(续)》,《鄂豫皖革命根据地》第 2 册,第 157 页。

义革命”的口号下，鄂豫皖苏区从乡苏维埃到区、县都大力办农场。农场实行工资制加供给制和八小时工作制，设有党、团、工会、行政、自卫队等组织机构，一般实行“共耕的办法”，数十家合在一起耕种，过集体生活，吃大锅饭。结果“农场自然耕不好，农民的生产与收获也减少了”①。

由于贯彻“立三路线”，不少地区在分配土地时犯了严重的错误。如商城“不是没收豪绅地主、富农的土地与平均分配一切土地，而实是没收一切土地，实行平均分配一切土地”。有的地方“把能劳动者分少些，不能劳动者分多些(能劳动者分一斗五，不能劳动者分一斗九)”，理由是“能劳动者自己能够生产，并且可以兼别的职业，生活问题容易解决；不能劳动者分得土地要雇用人或佃耕种，要消耗一部分收获，不能养活自己”。由此“形成了田地荒芜，形成了奴役人民的普遍代耕”。而且，“雇农、手工业者在商城是没有分土地，分配土地不准他加入工会，不准他做工，没收他的农具”②。所以，在商城无论中农、贫农、雇农、手工业者对土地革命都不满意。另外还有的乡村“无论富农中农贫农，机械的每人分一亩田”③，剩下的归苏维埃，造成了一些赤白交界和边远田地的荒芜。

1930年9月底，中共六届三中全会结束了“立三路线”在党中央的统治。此后，鄂豫皖根据地积极贯彻以曾中生为书记的中共鄂豫皖特委新制定的土地政策，坚决纠正“左”的错误，转变“地主不分田，富农分坏田”的“左”倾做法，对地主家属依然分给土地，对富农只没收剩余的土地，并停止向富农“征发”；对所有没收的土地“按照人口劳动力的标准来重新分配”，废除单纯以粮食需要为标准的原则；撤销所有的集体农场，“农场的土地(不少)除了实在无人要的土地归苏维埃来经营外，其余一律分配给农民，分配是平均分配为原则”；“除大森林与水利外，其余山林

① 《中共鄂豫皖特委曾中生给中共中央的报告》，《鄂豫皖革命根据地》第2册，第183页。

② 《皖西北特区苏维埃政府给鄂豫皖特区苏维埃政府的工作报告》，《鄂豫皖革命根据地》第3册，第498页。

③ 《鄂豫皖边区劳苦群众的奋斗》，《红旗周报》第15期，1931年9月7日。

等都由农民志愿要分配,就分配给他们"①。这些规定,不仅纠正了"左"的错误,而且进一步完善了土地政纲。

在进行土地分配的过程中,各地根据上级的有关政策规定,结合当地的实际情况,制定了具体的分配方案。如1931年2月,固始县代店乡(今洪埠乡代店村)苏维埃政府制定的"土地实施细则"(见图4－1),凡3章14条,把原有21条的《鄂豫边革委会土地政纲实施细则》进行了压缩和简化,分别对无地农民、红烈家属、退伍士兵、豪绅地主以及鳏寡孤独等不同对象的分配标准作了比较具体的规定。② 在分配方法上,根据水源条件、土质好坏、离村远近、产量高低和户主人口多少等情况,进行瘦肥搭配。贫农张仁未全家5口人,应分土地1石2斗,由于他参加了赤卫队,另多分土地2斗。而本村赤卫队员王洪仁则因弟妹小,吃粮少,只分到土地的平均数,没有得到补助。③ 另据调查,固始县一区当时有土地35120亩,人口17500人,人均应为2亩,但由于地形条件和人口多少不同,各地所分土地数量并不相同。详见下表:

表4－1　固始县一区部分乡土地分配情形

乡别	地形	姓名	全家人口	分得土地(亩)	人均(亩)
三乡(凉亭)	湾地	刘金信	7	14.9	2.1
九乡(大营)	丘陵	李大江	10	55	5.5
七乡(徐楼)	畈田	王大汉	6	12	2
八乡(汪岭)	山地	华祖山	6	8	1.3

资料来源:孙克新:《二战时期固始县的土地革命》,《蓼城风云 固始党史资料》第2辑,1986年10月,第31页。

① 《中共鄂豫皖特委曾中生给中共中央的报告》,《鄂豫皖革命根据地》第2册,第183～184页。

② 中共固始县委党史资料征编委员会编:《固始县革命史》,河南人民出版社1991年版,第80～81页。

③ 《蓼城风云 固始党史资料》第2辑,第30页。

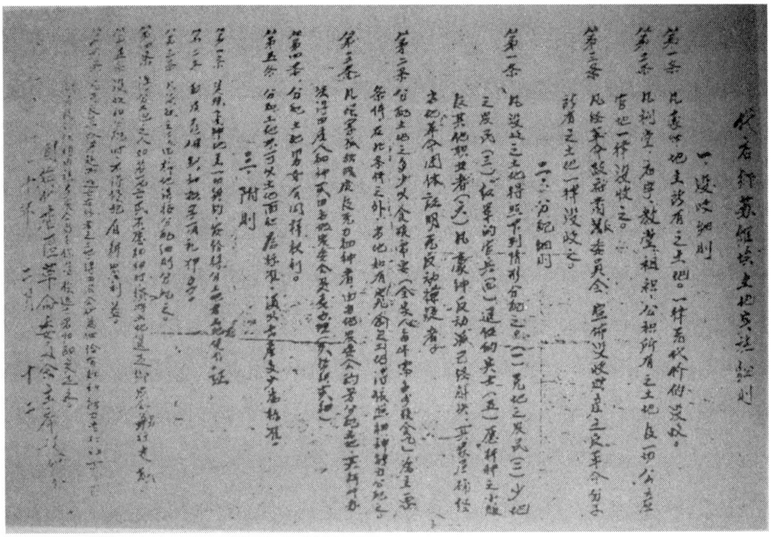

图4—1　固始县代店乡苏维埃土地实施细则

图片来源:《鄂豫皖革命根据地图集》编辑组编:《鄂豫皖革命根据地图集》,河南美术出版社1994年版,第76页。

这一时期,各地苏维埃政府由于执行了基本正确的土改政策,调动了广大农民的生产积极性,促进了根据地的巩固和发展。

但是不久,“王明路线”又贯彻下来,其极“左”的土地政策使豫东南的土地革命再次出现曲折。被“王明路线”统治的党中央要求鄂豫皖省委“立刻没收封建地主、军阀官僚豪绅寺院的土地及一切生产工具。经过苏维埃分配给雇农、贫农和红军士兵。这些剥削者的土地被没收后,不能再取得任何土地。富农的土地也同样的没收,一般的当他们自己愿意耕种土地时,可以分得较坏的土地”①。1931年5月24日,中共鄂豫皖区中央局书记张国焘在给中央的报告中指责“皖西土地分配得一塌糊涂,最坏的是商城”②。据此,中共商城县委于6月26日发出了《为重新分配土地告商城工农劳苦群众书》,完全否定了过去土改的成绩,认为

① 《中共中央关于鄂豫皖省委的决议》,《鄂豫皖革命根据地》第1册,河南人民出版社1990年版,第119页。

② 《张国焘关于鄂豫皖区情况给中央政治局的综合报告》,《鄂豫皖革命根据地财经史资料选编》,第276页。

“过去分配土地,不仅富农偷取了土地的利益,而且小地主也分配了土地”,“这样正使富农及豪绅地主的残余得以阴谋破坏和阻碍土地革命的深入,损害了农村的基本群众的利益”,所以“必须要彻底地重新来分配”。怎样重新分配呢?它强调:“豪绅地主及其家属、反动派以及一切不是靠自己耕种土地过生活的人,都没有分配土地的权利”;“分配土地的时候是以乡为单位”,“以出产量来计算”,“按人口和劳动力(就是有耕种能力的人)混合比例的方法来分配所有的土地”①。当时商(城)固(始)特区基本上按照上述办法分配了土地,“没收地主豪绅的全部财产和最坏富农的全部土地,以乡村为单位实行平分土地,照顾军烈属、贫苦农民,地主不分田,富农分坏田,分得田地发给土地证”②。商(城)光(山)边特区也照此政策进行土地分配并发了土地证,如:

土地分配证

兹将本会没收商城县安区乡地主冯润亭房屋十间,稞一石,分给商光边区二乡六村农会会员刘运亭耕种。

此证

商光边区革命委员会(印)

一千九百三十一年九月七日发证③

1931年7月14日,中共鄂豫皖中央分局还专门就“反对富农问题”发出通告,其中规定:“富农的土地亦应没收,没收后在用自己的劳动力耕种条件之下,可分得较坏的‘劳动份地’”;“富农之粮食,在饥荒状况之下可以征发”;“富农多余的牛和耕具房子可以没收”。④ 鄂豫皖军委总政治部也于10月11日印发《关于怎样分配土地的宣传材料》,指责“过去解决土地问题多不正确,鄂豫皖革命委员会所通过的土地没收细则和鄂豫皖边苏维埃第一代表会后所颁布的土地暂时法,犯了许多机会主义

① 《商城革命史》,第119～120页。

② 《常毅谈五区苏维埃活动情况》,1979年8月20日,转引自《商城革命史》,第120页。

③ 原件存中国人民革命历史博物馆。见《商城革命史》,第120页。

④ 《中共鄂豫皖中央分局通告第七号》,《鄂豫皖革命根据地》第1册,第322、323页。

的路线”，提出“地主阶级和富农土地应全部没收过来”，“地主就不分土地给他，要他做苦工，富农分坏的土地给他”，要“彻底平分一切土地”。① 这种极“左”政策，给土地革命带来了危害。如当时固始一区即按新政策重新分配了土地，将原来分给地主的土地没收过来分给贫雇农，富农分得的好田换为坏田。第十乡第三村（快活岭）地主李小连原分过 3 亩好田，乡苏维埃主席丁朝贵开会宣布予以没收，重新分给贫雇农。②

由于不给地主分土地，“要他做苦工”；“富农分坏的土地给他”；通过“教育”和“宣传鼓动”让中农把土地“自动的拿出来平分”，造成苏区大批地主、富农逃亡，或上山为匪，下山抢掠，并配合国民党军进攻根据地。还有不少在土地革命后生活上升的中农、贫农被当做富农受到打击，搞乱了农村阶级阵线。不过，“左”的土改政策，也并非在所有地区都得到了全面贯彻，如光山县的弦东、弦西、弦南，“大部分地方只在 1930 年进行过一次土改，没有在 1931 年再打乱平分”③。

土地制度的改革是中国共产党在新民主主义革命时期的主要任务之一，也是动员农民参军参战，保证革命战争胜利的重要基础。尽管豫东南苏区的土地革命受到两次“左”倾错误的危害，但仍在曲折中发展。自 1929 年夏至 1930 年 2 月，商城县南斑竹园等地，开始打土豪、分田地，全县有 20 个乡实行土地改革，1.5 万余农民分得 5.6 万余亩土地。1931 年，又有 11 个乡 1.26 万人分得 3.75 万亩土地。1932 年，再有 27 个乡 3.16 万人分得 4.02 万余亩土地。至 1932 年底，全县（不包括划归安徽省金寨县的和、乐两区）先后有 103 个乡 12 万多农民分得 23.95 万余亩土地。④ 光山县 18 个区苏维埃政权和相当于县区级的 4 个市苏维埃所辖范围中，共计有 188 个乡苏维埃政权实行了土地改革。其中，今属光山县境的殷区、白雀、双轮、砖桥、泼河、望城、夏清、杨帆、文殊、陈棚 10 个区苏维埃政权，在下辖的

① 《鄂豫皖军委总政治部关于怎样分配土地的宣传材料》，《鄂豫皖革命根据地》第 2 册，第 511～515 页。

② 孙克新：《二战时期固始县的土地革命》，《蓼城风云　固始党史资料》第 2 辑，第 32 页。

③ 《鄂豫皖根据地首府新县革命史》，第 111 页。

④ 《商城县志》，中州古籍出版社 1991 年版，第 155 页。

102个乡中,有93个乡实行了土地分配。① 固始县6个区、43个乡在占苏区面积85%的土地上,进行了土改。②

土地革命是当时农村最主要的社会变革,满足了农民群众的根本要求,解放了农村生产力,促进了农业生产的发展,提高了农民的生活水平。固始县贫农何白银全家10口人,土改前佃种土地80亩,每年定额课租40石。交了课租之后,所剩无几,两个兄弟在外帮工,父亲和其余人在家种田,常年不得一饱。土改时分得土地63亩,1931年收粮食80余石,全家吃不完,过年还杀了头百十斤的猪。③ 土地革命极大地激发了广大农民支援革命战争、保卫和建设苏区的积极性。商城县土地革命后,农民"拥护苏维埃和红军""在皖西区数第一"④。1931年冬,固始县一区第八乡汪岭村一次报名参军就有80多人。⑤ 由于兵源充足,使主力红军和地方武装在战斗减员的情况下仍不断壮大。红一军由组建时的2100余人发展到1万人以上,其中"贫农约占全数70%"⑥。土地革命使豫东南苏区的面貌发生了巨大变化。

第二节 农业生产的扶持和组织

一、生产互助

豫东南苏区原本就是较为落后的农业区,再加上敌人的军事"围剿"和经济封锁以及种种破坏活动,造成耕牛、农具、种子、肥料极其缺乏,如商城八区全区共计只有牛70余头。⑦ 据此,各级党委和苏维埃政府大

① 《光山党史资料》1986年第1期,第137页。

② 《固始县革命史》,第84页。

③ 《蓼城风云 固始党史资料》第2辑,第33页。

④ 《张国焘关于鄂豫皖区情况给中央政治局的综合报告》,《鄂豫皖革命根据地财经史资料选编》,第276页。

⑤ 《蓼城风云 固始党史资料》第2辑,第33页。

⑥ 《鄂豫边苏区的实况》,《鄂豫皖革命根据地财经史资料选编》,第256页。

⑦ 《皖西北特区苏维埃政府给鄂豫皖特区苏维埃政府的工作报告》,《鄂豫皖革命根据地》第3册,第500页。

力发动群众开展互助互济，以解决缺少生产资料的困难。

1931年6月4日，中共鄂豫皖中央分局发出通告，要求“各级党部、团部全体动员，向群众作广大的宣传，说明耕牛、秧种互相帮助的必要，同时，要每个乡苏维埃负责动员农人，将有余力的牛组织成耕队，有组织的到别的乡去帮助春耕”；号召农民“惜秧如惜米”，把多余的秧“统统交给苏维埃政府，由粮食委员会转送给缺秧的地方去插田。关于春耕中其他的杂粮种子，都要同样的办理”。① 7月，鄂豫皖区第二次苏维埃代表大会进一步号召广大群众“站在阶级立场上，阶级同情的观点上，在自愿的原则下实行粮食互济”②。苏维埃政府还在各地专门设立了种子、耕牛调剂站、农具和牲畜经理处，具体组织种子和耕牛的调剂。1931年10月11日，鄂豫皖军委总政治部发布的《关于怎样分配土地的宣传材料》中明确指出，农民缺少农具、耕牛时，除没收地主的农具和没收富农多余的农具给予帮助外，“同时由农民合股或苏维埃负责办农具牲畜经理处，帮助无农具的人种田耕地”，也可暂时“借用，或用人力换牛力等办法来解决困难”。③

在党和政府大力提倡和组织下，农具、耕牛、种子等生产资料的互济互助运动广泛开展。如商城二区四乡苏维埃在谢祠堂组织了一个生产工具合作社，有20多人，分木工、铁工、篾工、织布等小组，生产出来的产品，只算成本，不加利润，只售给贫雇农，不售给地主、富农，资金困难户还可申请借款。④ 这在一定程度上解决了部分农民因缺乏生产资料而无法耕种的问题，为恢复和发展农业生产创造了必要条件。

二、调剂劳力

由于国民党实行残酷的屠杀政策，加上一些反动民团经常入境骚扰

① 《中共鄂豫皖中央分局通告联字第一号》，河南省税务局等编：《鄂豫皖革命根据地工商税收史料选编》，河南人民出版社1987年版，第149～150页。

② 《鄂豫皖区第二次苏维埃代表大会关于粮食问题决议案》，《鄂豫皖革命根据地财经史资料选编》，第581页。

③ 《鄂豫皖革命根据地》第2册，第516页。

④ 《商城革命史》，第134页。

威胁,造成苏区劳动力锐减。如鄂豫皖革命根据地创建时期,“由于地主民团百般威胁,宣称哪一个不逃离苏区的就杀无赦,因此,除很少的老年人留在家里看家以外,以万计的农民都逃到这里北面的白区了”,特别是“新集①沙窝两区的人民大半为民团威胁走了,土地荒芜了,粮食也没有了”。② 而且,长期的革命战争,大批青壮年男子参加了红军和支前工作。因此,解决苏区农业劳动力不足的问题,便成了恢复和发展农业生产的关键。根据地各级党委和苏维埃政府通过采取以下措施,在很大程度上缓解了劳动力缺乏的困难。

(一)动员各级党政机关工作人员在农忙季节参加生产

1931年6月4日,中共鄂豫皖中央分局发出通告,规定“党团员、守备队、少先队、童子团以及在当地休息的红色战士组织栽秧队,在苏维埃指导之下去帮助农人栽秧”,除了“各机关重要工作人员不能分身的以外,其余一概动员到附近地点去帮助农人栽秧”。③ 红军战士也利用战斗间隙,帮助农民抢收抢种。

(二)发动妇女参加生产

1931年7月,鄂豫皖区第二次苏维埃代表大会号召“妇女儿童应用尽可能的力量参加耕田”④。同月,鄂豫皖苏维埃政府粮食委员会发出通令,要求“加紧发动青年和妇女来参加生产,加紧生产,要反对有些青

① 现为新县。新集镇当时是光山县南部的一个重要集镇。1931年5月12日,中共鄂豫皖中央分局和鄂豫皖革命军事委员会在新集镇成立。1932年10月,红四方面军主力撤离鄂豫皖革命根据地后,南京国民政府为了加强统治,把光山县南部和麻城、红安县北部各一部分,以当时河南省政府主席刘峙之字“经扶”为名,增设“经扶”县,以新集为治所。1947年8月,刘、邓大军到达大别山区,12月召开经扶县首届工农兵代表大会,决定改经扶县为新县,仍以新集为治所。参见《新县志》,河南人民出版社1990年版,第1、71页。

② 张国焘:《我的回忆》(下),东方出版社2004年版,第225、208页。

③ 《中共鄂豫皖中央分局通告联字第一号》,《鄂豫皖革命根据地工商税收史料选编》,第150页。

④ 《鄂豫皖区第二次苏维埃代表大会关于粮食问题决议案》,《鄂豫皖革命根据地财经史资料选编》,第581页。

年和妇女忽视生产的错误观念"①。8月，中国共产主义青年团鄂豫皖区中央分局第一次扩大会议也要求"宣传与鼓动全体青年妇女来参加生产"②。在党和政府的组织下，苏区各县的妇女，普遍参加了生产，除了犁地等重活外，割麦、插秧、送粪、担柴等农活都能干，特别是放了脚的20岁左右的女子，挑粪、担柴几乎像男子一样。她们还"组织代耕班，替代农民种田"③。

（三）鼓励农民实行劳力互助

在农业生产的关键季节，苏维埃政府鼓励农民以组织生产队、共耕队等形式开展互助。一些田地少的区、乡在基本完成耕种、收割之后，即组织劳动力去帮助田地多的区、乡生产。在自愿互利的前提下，一些地方以村为单位组织变工、换工、换耕，实行劳力互助，调剂余缺。如在商城二区，农民"自动组织共耕队，互相帮助耕种"④。

三、开展生产运动

由于敌人的疯狂摧残和经济封锁，根据地人民群众衣不蔽体，食不果腹，生活陷入极端困难的境地。据1931年初中共鄂豫皖特委给中共中央的报告说，商城因多山，"向来不是产粮食地方，去年又是遭了大的失败，茶、药等物又未运出，故生活也起了最大恐慌"，"罗山、光山赤区农民已发生了严重的饿荒"。⑤ 罗山县宣化区群众"甚至于连菜根也找不着"⑥。1931年春夏之交，正是青黄不接之时，商城苏区的"粮食问题更

---

① 《鄂豫皖苏维埃政府粮食委员会通令第一号》，《鄂豫皖革命根据地工商税收史料选编》，第194页。

② 《中国共青团鄂豫皖区中央分局第一次扩大会决议》，《鄂豫皖革命根据地》第1册，第546页。

③ 《中共鄂豫边特委综合报告(续)》，《鄂豫皖革命根据地》第2册，第151页。

④ 《中共皖西北特委方英的报告》，《鄂豫皖革命根据地工商税收史料选编》，第162页。

⑤ 《中共鄂豫皖特委曾中生给中共中央的报告》，《鄂豫皖革命根据地》第2册，第171～172页。

⑥ 《中共鄂豫皖中央分局通知第三号》，《鄂豫皖革命根据地》第1册，第221页。

是困难到十万分,农村生活痛苦”①。

为解决粮食恐慌问题,苏区党和政府采取了种种紧急措施。1931 年 5 月 29 日,刚成立不久的中共鄂豫皖中央分局在取得第二次反“围剿”胜利时立即指出,“粮食的种植依靠天时,一再蹉跎,就要酿成不可挽救的饥荒,现在播种时期已快过去”,因此决定“立即举行粮食运动周”,要求“全体动员,凡是后方工作人员,或普通公民都须参加”,“每个党员、团员至少必须种五棵瓜藤(最好是南瓜)或等量其他杂粮。种了以后必须负责照料他(它)直到收获后为止”,而且还“要使每个老婆婆、每个小孩子都至少种一棵瓜藤,细心培养,更多更好”。② 6 月 4 日,中央分局针对部分同志存在“只有扩大苏区才可以解决粮食问题”的片面认识,特发出通告,指出“苏区粮食主要的来源乃在米谷之种植”,目前在苏区能够做到的实际工作,就是“做春耕运动来解决粮食问题”,这就要做到“使苏区内每亩耕地都能栽上秧”。③ 7 月,鄂豫皖区第二次苏维埃代表大会又发出“不荒芜一寸土地”的号召,号召苏区的妇女儿童“用尽可能的力量参加耕田,特别是要多种瓜菜杂粮,以及短期间可以收获的食物,如热水萝卜等,进行生产比赛”④。8 月 1 日,鄂豫皖党团中央分局针对各县特别是光山、罗山还有田地荒着未种,大雨又冲淹坏了许多田地的情况,要求“继续宣传鼓动群众,动员党团员参加,加紧种各种杂粮的运动,种红薯还不迟,种绿豆、荞麦更是正当其时”,要“坚决执行一寸苏区的土地不要荒着的口号”。⑤

1931 年秋收前苏区粮食恐慌,苏维埃政府还曾“用互济组织割麦队

---

① 《皖西北特区苏维埃政府给鄂豫皖特区苏维埃政府的工作报告》,《鄂豫皖革命根据地》第 3 册,第 494 页。

② 《中共鄂豫皖中央分局通告第二号》,《鄂豫皖革命根据地》第 1 册,第 248~249 页。

③ 《中共鄂豫皖中央分局通告联字第一号》,《鄂豫皖革命根据地工商税收史料选编》,第 149 页。

④ 《鄂豫皖区第二次苏维埃代表大会文件·粮食问题决议案》,《鄂豫皖革命根据地》第 2 册,第 434 页。

⑤ 《鄂豫皖党团中央分局联字通告第二号》,《鄂豫皖革命根据地》第 1 册,第 336 页。

割谷队到白区夺取豪绅反动的，没收赤区地主富农的，节省（机关吃稀饭等，红军仍吃干饭），加紧生产（种瓜豆荞麦等）等办法”①，以渡过难关。

由于党和苏维埃政府高度重视，措施得力，粮食恐慌问题得到了很大程度的缓解。如在春耕中要求每人种5棵瓜，“收得了很大的成功，瓜出来了，以后许多群众都是吃瓜度日，对苏区粮食给了很大的帮助”②。1930年，在已经进行了土地革命的地区，粮食亩产一般都增产二三成，特别是1931年“在空前的水灾中，鄂豫皖区因分了田和群众努力生产，获得了大大的丰收，冲过了饥荒的难关”③。面对1931年同样的水灾，“苏区却未受过白区群众那样水灾的痛苦”④。粮食问题的解决，使根据地内外的粮价有了很大差异，甚至发展到苏区“粮食比白区贱三四倍以至于贱十倍”⑤。

四、武装保卫农业

由于根据地处于敌人包围和分割之中，其农业生产特别是赤白交界地区的农业生产，经常遭到国民党军队和一些地方反动武装的侵袭和破坏。对此，苏区党和政府实行全体工农武装总动员，开展春耕夏收、秋收秋耕运动，尽量减少因敌人破坏和自然灾害所造成的损失。

根据地党和政府指导各乡、村组织生产护卫队，配合地方武装保障春耕、秋收、秋种的进行，同时改善收藏粮食的办法，以防敌人抢夺或破坏。1931年，在秋收即将到来之际，鄂豫皖党团中央分局发出通告，要求组织和发展赤卫军，“保护秋收落到我们自己手里”，组织男女老少都

① 《中共鄂豫皖中央分局关于鄂豫皖区情况给党中央的报告》，《鄂豫皖革命根据地》第1册，第425页。

② 《CY鄂豫皖中央分局给团中央的报告》，《鄂豫皖革命根据地》第1册，第561页。

③ 《中共鄂豫皖中央分局关于鄂豫皖区情况给党中央的报告》，《鄂豫皖革命根据地》第1册，第424页。

④ 《鄂豫皖区苏维埃政府通令第十号》，《鄂豫皖革命根据地》第2册，第494～495页。

⑤ 《中共鄂豫皖特委曾中生给中共中央的报告》，《鄂豫皖革命根据地》第2册，第171页。

参加割谷队，“用竞赛的方法，看谁割最多最快，自己的割完还要帮助人家割”。① 8月4日，中共鄂豫皖中央分局又就“武装保护秋收问题”发出通知，决定“各区至少成立铁厂一所专门采买铁及铁器，并赶紧打造各种便利的刀矛武器。至少要使每个机关工作人员、每个党员、每个团员以及群众的武装赤卫军等都要有一支锐利的武器，这样普遍的武装起来，才能实际的保护秋收”②。25日，鄂豫皖区苏维埃政府又发出通令，指出应采取“积极进攻先发制人的策略”，“在割谷前一星期，即须以秋收斗争的口号在赤区周围白区作广大的宣传”。同时，组织成千上万的割谷队，“主要的是割苏区边界的谷子，割白区豪绅地主自耕田（先查清树起标志以免错误）的谷子”。③ 正是由于苏区的工农群众发起了秋收秋耕斗争，所以在1931年发生大水灾的情况下，当年的“丰收不曾给敌人破坏”④。武装保卫农业的播种与收获，使苏区的农业生产得以顺利进行，农产品不受敌人侵犯，保障了苏区军民的生活所需。

五、制定合理的农业税收政策

各级苏维埃政府为了扶持农业的恢复和发展，在信贷政策上，“取消一切债务，明定法律，禁止高利贷，设立银行，以低利或无利借款给农民流通经济”⑤。在粮食价格上，纠正一些经济公社、合作社限制甚至降低粮食价格的错误做法，以免谷贱伤农，规定“苏维埃政府非必要时不必限制粮食价格”⑥。

---

① 《鄂豫皖党团中央分局联字通告第二号》，《鄂豫皖革命根据地》第1册，第337页。

② 《中共鄂豫皖中央分局通知第十八号》，《鄂豫皖革命根据地》第1册，第339页。

③ 《鄂豫皖区苏维埃政府通令第九号》，《鄂豫皖革命根据地财经史资料选编》，第593页。

④ 《中共鄂豫皖中央分局欢迎红四军凯旋宣传大纲》，《鄂豫皖革命根据地》第1册，第462页。

⑤ 《鄂豫皖区第二次苏维埃代表大会文件·大会宣言》，《鄂豫皖革命根据地》第2册，第426～427页。

⑥ 《鄂豫皖区第二次苏维埃代表大会文件·粮食问题决议案》，《鄂豫皖革命根据地》第2册，第435页。

1930年9月后,鄂豫皖革命根据地开始实施农业累进税制度。9月17日,鄂豫边特委发布通告规定:“对雇农绝对不征收”;“对贫农也绝对不能征收”。① 鉴于曾一度出现“贫农、中农每人粮食在四石以外的得按普通群众抽税”的做法,鄂豫皖苏维埃政府于1931年10月专门发出布告,强调指出:“贫农应完全免税;过去粮食累进税的布告上对贫农抽税一条应立即取消;已收了的要退还;未收的决不收”;“中农应收很少数的累进税”。② 11月2日,鄂豫皖区苏维埃政府又发布通令规定:“除开雇农贫农宣布免税外,牺牲的红色战士家属完全免税。遇着意外灾害(蝗虫、水灾)的纳税群众得免收或减收,初得到土地革命的利益而农器家具,事事缺乏,只多余少数粮食之家不收税。其他耕牛、农具、种子等需要都有而粮食又有多余之家,均得按照累进税的收集原则征收很轻的税。”③上述财政税收政策的制定和执行,不仅帮助农民解决生产资金缺乏的困难,而且在收获后尽量减轻农民的负担,因而极大地调动了农民的生产积极性,促进了农业生产的迅速恢复与发展。1931年秋,固始县农业收成增加了2至3成。④

农业生产的发展,加上苏维埃政府以农民实际收获量为标准实行累进税,“凡农民每一人每年收入五石谷以内的免征。五石以外的,每石多抽五升”,除此之外,没有“其他如国民党所征收的苛捐杂税”⑤,使农民生活得到很大改善,革命积极性也大为提高。1931年2月,鄂豫皖特委给中央的报告谈到:“赤区的工农生活的确改善了,肃清了苛捐杂税,得到了土地,一切政治上自由平等都确定了,他们热烈起来拥护苏维埃与

① 《鄂豫边特委边界通告第十四号》,《鄂豫皖革命根据地财经史资料选编》,第731页。

② 《鄂豫皖区苏维埃政府布告第十九号》,《鄂豫皖革命根据地财经史资料选编》,第784页。

③ 《鄂豫皖苏维埃政府通令第十四号》,《鄂豫皖革命根据地工商税收史料选编》,第289页。

④ 《固始县革命史》,第84页。

⑤ 《鄂豫边苏区的实况》,《鄂豫皖革命根据地财经史资料选编》,第255页。

红军,精神上物质上农民都能志愿的来帮助红军与政权。"①农民除了交轻微的粮食税外,经常自愿地献粮献物,支援前线,慰问红军。1931 年 6 月至 8 月,苏区人民捐献给红军的粮食就有 411.01 石,大洋 225.5 元,纸币 1112180 元,鞋子 40448 双(内有一部分是袜底),其他还有肉、鸡蛋、面粉和饼干等无法统计。②

第三节　工商业的恢复和发展

一、工业建设

豫东南地区是商品经济极不发达的农业社会,没有工业城市,没有较大规模的工矿企业,只有许多个体手工业作坊和普通商店,工业生产十分落后。据 1930 年调查,当地"大工厂很少,仅有几个蛋厂,有一矿山,有一贫民工厂,现在均倒闭,工人失业,即一般手工业工人,亦很少人雇用"③。在国民党严密的经济封锁下,为支持长期战争与解决人民生活所需,苏区党和政府依靠群众,自力更生,因陋就简,创办和建设了一些必需的军需和民用工业,取得了明显的成就。

豫东南苏区的工业,起步最早、成绩最大的是修配枪支、制造子弹的军需工业。早在根据地开创之初,军需工业就在光山柴山保兴办了起来。此后,兵工厂、被服厂发展很快,分布于包括光山、商城、固始等 10 余县的鄂豫皖边区。

鄂豫皖边区军事委员会兵工厂是鄂豫皖革命根据地第一个兵工厂。1928 年,鄂豫边党组织和红军在光山县柴山保一带组织当地的铁匠、铜匠、银匠,在熊洼、箭河、陈冲等地建立了几个修造组,利用简单的生产工

① 《中共鄂豫皖特委曾中生给中共中央的报告》,《鄂豫皖革命根据地》第 2 册,第 169 页。

② 《CY 鄂豫皖中央分局给团中央的报告》,《鄂豫皖革命根据地》第 1 册,第 554 页。

③ 《若臣关于信阳、广水工作情况给中共中央的报告》,《鄂豫皖革命根据地》第 3 册,第 192 页。

具为红军修理枪支，制造刀矛。1929年春，各修造组扩大为修造所，制造枪支和修配红军缴获的武器。1930年春，中共鄂豫边特委将几个修造所集中起来，迁到光山县柴山保的佛尔寺，正式命名为“鄂豫边军事委员会兵工厂”，不久改名为“鄂豫皖边区军事委员会兵工厂”。当时，全厂有工人60多名，党委书记是阮德成。1931年4月，厂址由佛尔寺迁到熊家嘴，并在湖北黄安等地设立了4个分厂。5月，中央调来朱淑平任厂党委书记，熊明灼任厂长。9月，红军攻下光山民团在打油尖山寨的一个小型造枪局，缴获了一批机械和器材，又接收了24名技术工人，工厂扩大为两个车间，工人增加到100余人。1932年4月，总厂又由熊家嘴迁到柴山保王湾。到红四方面军主力转移时，这座兵工厂总计生产了“撇把子枪”3500余支，“汉阳造”步枪800余支，此外还有大量的子弹和大刀、长矛等。① 该厂生产的武器由军部经理处供给红军各部使用。此后，兵工厂大部分人员也随军转移，只留下少量工人继续为红军修理枪支，制造弹药。

图4—2　兵工厂使用的工具和制造的武器

图片来源：《鄂豫皖革命根据地图集》编辑组编：《鄂豫皖革命根据地图集》，河南美术出版社1994年版，第89页。

1930年2月，商城县苏维埃政府在汤家汇附近的高家山创建造枪局，有10余名工人，最初仅能修理一些老式步枪，后来能制造子弹和土

① 中共河南省委党史研究室、中共安徽省委党史研究室编：《鄂豫皖革命根据地史》，安徽人民出版社1998年版，第433页。

枪、土炮。1932年春,造枪局迁入县城周氏祠(今城关粮管所)①,9月分散转移。该局工人最多时曾达300余人②,下设修配、兵工、手榴弹、子弹、装配等几个组,生产的军火供应主力红军和地方武装。

1931年,总厂位于湖北黄安紫云区的鄂豫皖缝纫厂(也叫被服厂),在光山县聂家河和光山县城分别开办了一分厂和四分厂,主要生产衣、被、鞋、帽、绑腿等军用品。此外,商城县新湾、光山县新集、固始县王新屋南院等地,也在不同时期先后建立过兵工厂、修械所或造枪局。这些军事工业,性质上全是国营经济,直接服务于革命战争需要。

民用工业也是豫东南苏区工业的重要组成部分,主要集中于造纸、印染、印刷、纺织、五金制造、木器、竹器、陶瓷、榨油、炼铁、采煤等行业,其中最大的是五一模范工厂和红日印刷厂。

1931年5月1日,鄂豫皖省工农民主政府在光山县新集城北洞下坪的一座地主大院里,办起"五一模范工厂"。它是鄂豫皖根据地规模较大的综合性工厂,下设缝纫、针织、制鞋、染坊等分厂。共有厂房60多间,设备比较简陋,仅有四五十部土织布机和旧式缝纫机,大部分靠手工操作。有职工300多人,大部分是贫苦的农民,其中70%以上是女工。主要生产卡几布、棉布和纱布,专门供应红军。1932年4月,因敌人"围剿",该厂秘密迁到箭河乡的黄畈村,工厂由原来的40多部机子发展到100多部,厂房200多间。红军主力转移后,工厂工人随红军主力西迁,将工厂的全部机器埋在了姚家冲。③

1929年12月商城解放后,苏维埃政府在该城设立红日印刷厂。该厂是在周雁宾的"文明石印馆"的基础上建立的,由周雁宾任厂长。最初仅有8名工人,老式石印机3部,手工劳作,后来工人增加到20多名,增设了活字拼版印刷,比石印既快又好。除按期印刷各种报刊,还要印刷苏区党政机关和红军的文件、宣传品、列宁小学课本等。1930年3月,国民党军队45师戴民权部进占商城,印刷厂随县党政军机关转移到商

① 《商城县志》,第170页。

② 《商城革命史》,第136页。

③ 《中国工会运动史料全书(河南卷)》(上),中州古籍出版社1999年版,第336页。

城南溪山区，先在吴氏祠，后迁至禅堂庙，1932 年 2 月返回商城原址。10 月，印刷厂部分工作人员随红四方面军西征，留下的人员再次撤到商城南乡山区，为便于游击战争将石印版和木刻字丁箱沉入水塘，至 1933 年春印刷厂解体。①

另外，1930 年，商城县苏维埃政府还曾在苏仙石区邓楼村一家一户小纸棚的基础上，集中两架纸槽，借用 32 间民房办起造纸厂，有工人 60 多名，生产的拈帘纸，供应红日印刷厂印刷报刊文告、课本表册等。1931 年 6 月该厂改为鄂豫皖造纸厂，归鄂豫皖区苏维埃政府领导。造纸厂以稻草、竹子为主要原料，生产一种长 4.2 尺，宽 1.8 尺的拈帘纸。厂里配有 10 多支长短枪，以武装保卫生产。② 2 年多时间共生产 180 万张拈帘纸。③ 此外，商城还有煤窑、铁厂、锅厂等民用工业 10 余处。

根据地工业原料缺乏，是发展军需、民用工业的最大困难。为此，苏区党和政府想出了各种办法。例如，为了解决造纸原料缺乏问题，中共鄂豫皖中央分局曾要求“各县党须即动员苏维埃收集废物、废纸、报纸以及各机关不要或已经用过的信封、残纸，统交由各县县苏保存”，以备将来使用。④ 鉴于一些同志在战争中“见着工业和军用(用)具仍然不是破坏，就是忽视之”，分局还曾规定：“凡夺获或抢着的一切工业用具，特别是军用品(电话、电线、汽车、汽油、枪械等等)，必须很快的送到上级政府或军事委员会来。”⑤

豫东南苏区的军事工业，是适应革命战争需要而创办和发展起来的；民用工业则是在不断遭到敌人破坏的情况下不断恢复或重新创办的。如 1930 年 11 月至 1931 年 5 月，在敌人两次“围剿”和“封锁”以后，商城等县的小市镇“完全倒闭了，屋宇烧毁得特别的多”，因为物质不流

① 政协河南省商城县委员会编：《商城文史资料》第 3 辑，1995 年，第 167 页。

② 《商城革命史》，第 136 页。

③ 《商城县志》，第 170 页。

④ 《中共鄂豫皖中央分局通知第二十九号》，《鄂豫皖革命根据地》第 1 册，第 376 页。

⑤ 《中共鄂豫皖中央分局通知第十一号》，《鄂豫皖革命根据地》第 1 册，第 266 页。

通,生产大多停滞。商城过去生产少量的铁和煤(非机器生产)、纸、黄丝、漆等,“纸棚苏维埃开办有两所,私人开有数处,有些纸棚停顿未做;铁棚原有二十余所,现都停办;煤矿亦未进行开采,只有陈煤,每日可卖数十元;盐场集在四区官(关)王庙甚热闹,内面出产不易出售,因此,使许多货弃于地无人过问”①。为了恢复生产,苏维埃政府曾拨五六十枝枪保护煤矿的开采。由于暂时无力建立纸棚、铁棚,苏维埃政府决定以“开合作社的形式或批给私人经营”,并“在各地尽量招致外面客商到苏区来购买我们的出产品”。②

二、商业的恢复和发展

豫东南地区主要是农业区域,交通极其不便,工业不发达,商业活动主要是向外输出土特产品,如茶、漆、竹、木、茯苓、黄丝、木炭、麻等以换取外来的商品,如棉布、食盐、油料、布匹、药品、日用百货等,土特产多卖给平汉线上信阳的客商。自1929年后,国民党政府对苏区实行经济封锁,在通往苏区的水陆交通要道,驻扎大批武装,截断商路,禁止军用品、工业品、生活必需品等重要物资流入苏区,给苏区经济带来了严重困难。苏区剩余农产品和土特产无法输出换回商品,偷运一点商品进来非常昂贵。因此,“一般农民生活更感困难,盐特别的缺乏,盐价涨到二串钱一斤,农民成整月没吃盐的居多”③。1931年和1932年,“箭河等地用一石谷只能买二三斤盐”④。由于敌人的封锁,加上根据地出现过“左”的错误,曾使根据地商业非常萧条。1930年,豫东南地区“城市商业,亦日益凋零,无不亏本者;乡村市镇商业更苦甚至有全市停业者”⑤。1931年2月,鄂豫皖特委给中央的报告曾谈到:“经济政策的错误,敌人的封锁……

① 《皖西北特区苏维埃政府给鄂豫皖特区苏维埃政府的工作报告》,《鄂豫皖革命根据地》第3册,第493～494页。

② 《皖西北特区苏维埃政府给鄂豫皖特区苏维埃政府的工作报告》,《鄂豫皖革命根据地》第3册,第502页。

③ 《中共鄂豫边特委综合报告》,《鄂豫皖革命根据地》第2册,第116页。

④ 《鄂豫皖根据地首府新县革命史》,第112页。

⑤ 《若臣关于信阳、广水工作情况给中共中央的报告》,《鄂豫皖革命根据地》第3册,第192页。

使生产率减低，经济不流通，金融枯涩，内外商业停滞……”，“对外贸易政策是没有的，故丝、药（茯苓）、六安茶、木梓、花生、谷都是无法运出的。”①在这种情况下，苏区的商业就要努力打破敌人的经济封锁，沟通对外贸易，开展物资交流，保障军民物资供应。

鄂豫皖根据地创立以后，苏维埃政府积极创办国营性质的经济公社和集体性质的合作社两种形式的商业，同时鼓励和扶持私营商业恢复经营。

经济公社是苏维埃政府开办的一种特殊的国营商业组织，为苏区商业的领导力量。其资金由苏维埃政府筹集，主要是打土豪筹款以及自身所得利润的积累。经济公社经营与国计民生息息相关的大宗货物，特别是那些被敌人封锁的物资，它负责组织物资的进出口，把苏区的各种土特产品收购起来，转运出口，换进苏区紧缺的商品。

1931 年初，鄂豫皖区苏维埃政府在根据地首府光山县新集成立了经济公社总社。经济公社总社受财政经济委员会和人民委员会双重领导，其主要负责人一般由财政经济委员会主席兼任。当时，经济公社总社约有资金十几万元，工作人员 50 余人。除经济公社总社外，信阳、罗山、息县、商城、固始、光山、潢川等县、区均设立了分社，各乡设立代办所。由于各级经济公社是随着苏维埃政权的建立而发展起来的，因此，建立时间先后不一。如 1929 年 3 月，中共光山县委和县工农民主政府成立，随后设立了县、区经济公社，其中影响较大的有白雀园、泼陂河、南向店、砖桥、晏河等区经济公社。1929 年 9 月，罗南（指罗山县南部苏区）工委发动宣化店起义，成立罗南革命委员会，随即建立了鄂豫皖经济公社第八分社，有工作人员 5 人。1930 年 10 月，潢川县苏维埃政府在仁和集成立，所辖 7 个区均设有经济公社。潢川县经济公社由江梦霞担任经理，工作人员 10 余人。②

在国民党的经济封锁和军事“围剿”下，经济公社冲破敌人的封锁，

---

① 《中共鄂豫皖特委曾中生给中共中央的报告》，《鄂豫皖革命根据地》第 2 册，第 171、195 页。

② 信阳地区金融志编纂委员会编：《信阳地区金融志》，河南人民出版社 1989 年版，第 78～79 页。

千方百计地解决根据地对生产资料和生活用品的需求,活跃了苏区的经济,有效地支援了革命战争。如鄂豫皖经济公社第六分社商城县经济公社成立后,在苏维埃政府的关怀和领导下,特别是在红军接连打胜仗的鼓舞下,经过一个多月的工夫,经济公社就打开了局面,"每天要收购些土特产品,例如毛竹、杉木、茶叶、木梓、中草药、竹器等,经常还要派人到河风桥、上石桥、樊店以及潢川、固始方向的集市采购食盐、西药、细白布、染料、鞋、袜、草帽、烟叶、蜡烛、黄豆、红糖(那时,市场上还没有白糖)等各种百货,供应红军和合作社批发之用。省财政经济委员会对赤白区,规定有进出口的物价政策,使商人获得正当收益"。在经济公社的努力下,"苏区土特产的交易推销得比较好,红军和苏区的食盐、医药和日用品,基本上能得到满足"①。固始县经济公社坐落在县委所在地的桥头店,有房屋15间,资金数千元②,主任由柯柳桥担任,职员20余人,设有采购和营业两个处,批发、经销日用百货、布匹、食盐等,收购山区土特产茶叶、桐油、竹木制品、中药材,到白区换取苏区军民需要的物资。县财经委员会还在与安徽叶集毗邻、水陆交通方便的陈淋子办了一个经济公社,由曾仲民任主任,会计刘光耀,全社30余人,流动资金约3万元,开办有染坊、盐站、布百店、杂货店等。③ 经营方式是批发与零售相结合,凡乡办的消费合作社均可到此批货,大大方便了群众。

合作社是群众集资兴办进行商品交易的集体性质的商业经济组织,由当地苏维埃政府和经济公社领导。主要有消费合作社和贩卖合作社两种,另外还有少量专业性的合作社,如耕牛合作社、粮食合作社、药材合作社等。不少合作社还兼营农副产品加工和农具制造等,边生产边销售。

合作社大多数是由社员自愿入股集资,或向银行借贷,少数由苏维埃政府给予资助。社员入股,每股1元至数元不等,入股农民可按期分红。如固始县二区六乡合作社长刘瓜匠规定每股一串二至一串六百文,沈白荣入2股,张西山入1股,赵明安家中比较困难,卖了一个小褂子,

---

① 傅家选:《在鄂豫皖苏区财经学校学习》,《鄂豫皖革命根据地》第4册,河南人民出版社1990年版,第173页。

② 《固始县革命史》,第89页。

③ 《蓼城风云 固始党史资料》第2辑,第8页。

得四串钱入股。该合作社每10天分一次红，入股农民可以分到油盐和其他生活用品。①

合作社主要业务是一方面从农民手中收购农产品特别是土特产品交给经济公社输出，另一方面再从经济公社批发各种生活用品，以低廉的价格卖给群众。苏区普遍建立有合作社，各区、乡甚至一些村都建立了合作社。1929年，紫云区三乡（现为新县箭厂河乡）苏维埃政府，在箭厂河河埂上办了个消费合作社，取名“十美公杂货店”，开始是集资入股，金额不限，每个社员发一购买证，主要经营柴、米、油、盐、糖、烟、纸张、茶叶、布匹、豆腐、猪肉等，还设有粉坊、染坊，销售课本文具。② 固始县陈淋一区七乡在江家油坊开办了消费合作社，社长徐丙恒。八乡在后冲办了消费合作社，社长金玉村，社里出售布匹、食盐、杂货，开有油坊、屠宰场。武庙二区五乡在迎水寺、三乡在武庙集、八乡在双竹园、十一乡在杨庙均分别建立了消费合作社。其他各地如东部的长兴集、西部的瓦庙集也都建有合作社。③ 这些合作社对繁荣苏区经济起了积极作用。

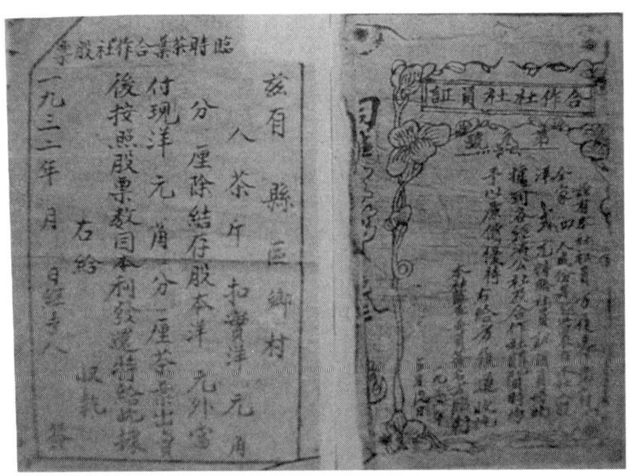

图4—3　合作社社员证和临时茶叶合作社股票

图片来源：《鄂豫皖革命根据地图集》编辑组编：《鄂豫皖革命根据地图集》，河南美术出版社1994年版，第85页。

① 《固始县革命史》，第89～90页。

② 《新县志》编纂委员会编：《新县志》，河南人民出版社1990年版，第136～137页。

③ 《蓼城风云 固始党史资料》第2辑，第8～9页。

苏区的商业不断遭到敌人的破坏,合作社当然也不例外。特别是在敌人对鄂豫皖苏区进行第一、二次"围剿"以后,不仅造成苏区的商业萧条,也使很多合作社名存实亡。如商城苏区的几个小市镇,"只有丁家埠稍有点生意,南溪、汤家汇生意甚冷落,余子店已被敌人破坏得人烟绝迹,苏区一切用品甚感困难,合作社虽然四乡都有,但都名是而实非"①。

鉴于合作社发展状况不良,1931年初,中共鄂豫皖特委党团扩大会议提出:"加紧发展农民消费合作社与贩卖合作社,逐渐做木工铁等的生产合作社。"②到1931年下半年,合作社"各乡都有,不过范围很小,而且组织不好"。为此,中共鄂豫皖中央分局又决定于9月初召开合作社的代表会议,"改变私人谋利的企图",坚持"为群众谋利益的方针"。③ 为鼓励发展合作社,在税收方面,苏维埃政府给予合作社一些优待条件,规定"工人、农民所办之消费合作社及其作一切合作性质之营业,由财政经济委员会酌量具体情形,给与减轻税收或完全免税"④。这些措施促使合作社更加普遍地发展起来了,到1932年秋,仅光山县就有消费合作社121个。⑤

私营商业也是根据地商业的重要组成部分,苏维埃政府准许自由贸易。鄂豫边区在1929年就明确规定:"中小商人有营业自由权。"⑥ 1929年12月,中共鄂豫边第一次全区代表大会通过决议又明确规定:

---

① 《皖西北特区苏维埃政府给鄂豫皖特区苏维埃政府的工作报告》,《鄂豫皖革命根据地》第3册,第493页。

② 《中共鄂豫皖特委曾中生给中共中央的报告》,《鄂豫皖革命根据地》第2册,第195~196页。

③ 《中共鄂豫皖中央分局关于鄂豫皖区情况给党中央的报告》,《鄂豫皖革命根据地》第1册,第425页。

④ 《鄂豫皖区苏维埃政府关于商业累进税之规定》,《鄂豫皖革命根据地》第2册,第528页。

⑤ 周质澄、吴少海:《鄂豫皖革命根据地财政志》,湖北人民出版社1987年版,第31页。

⑥ 《鄂东北各县第二次联席会议文件·苏维埃问题决议案》,《鄂豫皖革命根据地》第3册,第78页。

“保护中小商人利益，取消苛捐杂税，实行统一的累进税。”并且指出，当店东与店员发生矛盾和冲突时，“不可故意引起店员对店东的斗争”；“今后各县的党应极力防止乡村群众无原则的侵犯中小商人的利益”。① 为了正确处理反对封建土地所有制与保护工商业的关系这一问题，大会还决定“豪绅地主的商店不没收，采用估价罚款的办法”；“攻下城市时，对大的商店只估计它的资本罚款”；“对中小商人和富农的经济，绝对不能妨害”。②

1930 年秋，由于受李立三“左”倾错误的影响，中小商人的利益曾一度受到侵害，但错误很快被纠正。1931 年初，鄂豫皖特委党团扩大会议决定：“完全允许自由贸易，低利私人借贷亦不禁止，惟以银行的借贷与之竞争……”③中共鄂豫皖中央分局成立后，为了推动对外贸易的开展，提出“要奖励农民产物出口，不到万不得已不执行干涉政策。我们要准许商人的自由贸易，只要他服从苏维埃的法律”④。尽管后来由于执行“王明路线”，对富农曾有一些过火的政策，但仍对富农从事商业经营加以保护，如规定“富农的钱不能随便没收”，“他做生意小贩，只要遵照苏维埃的法令税章，也不得没收其资本”。⑤ 这些政策的实施，对调动中小商人的积极性，活跃根据地的商业经济起了重要作用。

苏维埃政府还在税收与货源等方面对私营商业活动采取保护、扶助政策。在税收方面，对中小商人实行低税政策，规定对中小商人征收的税金，根据他们营业额的多少，实行累进制。佣金税“凡每日营业二十元

---

① 《中共鄂豫边第一次全区代表大会文件·群众运动决议案》，《鄂豫皖革命根据地》第 2 册，第 26 页。

② 《中共鄂豫边第一次全区代表大会文件·军事问题决议案》，《鄂豫皖革命根据地》第 2 册，第 22 页。

③ 《中共鄂豫皖特委曾中生给中共中央的报告》，《鄂豫皖革命根据地》第 2 册，第 195 页。

④ 《中共鄂豫皖中央分局第一次扩大会议文件·政治报告》，《鄂豫皖革命根据地》第 1 册，第 279 页。

⑤ 《中共鄂豫皖中央分局通告第七号——反对富农问题》，《鄂豫皖革命根据地》第 1 册，第 323 页。

以下者完全免税”;营业税“每月营业额不到百五十元者完全免税”。①“凡粮食、棉布、药材、棉花等类货物,输入苏区内部往来通运发售完全免税”。② 这种政策,不仅对苏区的中小商人有利,能够调动他们的积极性,而且还吸引了不少白区的中小商人到苏区经商。在货源方面,面对敌人严密经济封锁的困难局面,为解决中小商人的货源问题,各级苏维埃政府统一领导经济公社从自己设法购入的货源中拿出一部分批发给中小商人经营。另外,特别鼓励商人开展对外贸易,规定“放任对外贸易并设法专门帮助丝、茶、药等物之运出”③,还通过采取免税、贷款、武装护送等各种优惠政策和有力措施,鼓励小商贩利用各种关系从白区购入食盐、布匹、军用品等物资,规定对“原料与药品及军械要建立特别的组织来输入”④。固始县苏维埃政府在赤白交界处的打纸铺(今段集乡柳林村)交易所,还设有岗哨,组织武装护送商贩出入苏区边境等。⑤

在苏维埃政府经济(后为财政经济)委员会的具体指导下,以上三种商业经营形式共同发展,相互配合,经营消费品和生产资料,在苏区逐步形成由国营、集体、私营三种经济成分组成的商业网络,使苏区的内外贸易日益扩大,经济由萧条冷清变得繁荣起来。

---

① 《鄂豫皖区苏维埃政府关于商业累进税之规定》,《鄂豫皖革命根据地》第2册,第525、527页。

② 《鄂豫皖区苏维埃政府关于商业累进税之规定》,《鄂豫皖革命根据地》第2册,第528页。

③ 《中共鄂豫皖特委曾中生给中共中央的报告》,《鄂豫皖革命根据地》第2册,第196页。

④ 《中共鄂豫皖特委曾中生给中共中央的报告》,《鄂豫皖革命根据地》第2册,第196页。

⑤ 《固始县革命史》,第90页。

第四节　财政和金融事业的建设

一、财政税收

（一）财政税收机构

1928年1月，豫南革命委员会成立，它是苏维埃政权的一种临时组织形式，下设财政部，李鸣歧任部长。1929年11月下旬，鄂豫边第一次党代表大会通过的《军事问题决议案》规定："由革命委员会组织一个财政机关，统一各县财政。"12月下旬，鄂豫边第一次工农兵代表大会召开，正式成立了鄂豫边革命委员会。在革命委员会下设立了财政、经济委员会，分别由郑行瑞、郑新民担任主席。这两个委员会直接领导鄂豫边革命委员会所辖各县的财政部和经济部的工作。鄂豫皖根据地统一后，县以上各级苏维埃政府或革命委员会内设财政委员会，负责管理财政经济事项，区、乡苏维埃则配备专职委员。1931年7月，鄂豫皖区苏维埃政府成立，下设有财政经济委员会，郑位三任主席。10月，鄂豫皖区苏维埃政府颁发了《关于各种委员会工作概要说明》，规定财政经济委员会下设6个部门：会计科、建设科、设计科、税务局、工农银行和经济公社。其中会计科负责管理财政的收支；建设科办理苏维埃经济建设事项；设计科负责制订各种财政经济的计划和条例等；税务局按章征收统一累进税；工农银行和经济公社，也按相关条例办事。① 至此，鄂豫皖根据地的财政经济管理体制初步形成。

为了扩大苏区财源，苏区相继建立了各级税务机构。1931年7月，鄂豫皖苏区税务总局在新集成立。之后，罗山县在宣化店（今属湖北大悟）、光山县在泼河镇、商（城）光（山）边区在独山镇都相应设立了税务分局；不具备设立分局条件的地方，则设立税务特派员，"各特派员按地方

① 《鄂豫皖苏维埃政府各种委员会工作概要说明（节录）》，《鄂豫皖革命根据地工商税收史料选编》，第286页。

之近远,责任之轻重,分别由总局、分局指导"①;各区一般设立有税务所。税务局按照财政经济委员会发出的布告和章程征收统一累进税,除受财政经济委员会领导外,还受人民委员会的指挥和监督。

(二)财政收入

1. 没收、征收与缴获

在根据地初创时期,红军的军需粮秣供应主要来源于3个方面,"一是在苏区行动或修整时由各县、区、乡就地筹集解决;二是到白区打土豪的物资除了分给贫苦农民以外,红军也适当地分用一部分;三是在战斗中缴获敌人的军需物资补充部队"②。也即是说,财政来源主要是依靠特务队、赤卫队没收地主财产、征收富农的资财以及打土豪和战争缴获。1929年9月,中共鄂东北特委给中央的报告中说:"全区经费都取之于豪绅地主",并且"主要是赤卫队(红安、黄陂、孝感(以上3县均属湖北——引者)、光山)、游击队(麻城(属湖北))、特务队(特委、红军)和红军自己去进行"。③ 战争缴获和打土豪筹款以及向富农、商人征收,是解决当时财政困难的主要途径。

值得注意的是,在根据地统一之后,并没有停止战争缴获和打土豪筹款的办法,只不过不再以此作为财政收入的主要来源。如1931年下半年,鄂豫皖中央分局给中共中央的报告曾谈到,苏维埃政府的财政来源除累进税外,"由保卫局所指挥的特务队(税局各县分局都有一队短枪便衣)捉了白区豪绅缴款"④。1931年初,红军第一次打下新集后,"抓住了大地主曾寿喜的儿子,要他交了几十挑(担)白洋(银元),同时,还收缴了当铺的衣服(旧的)不少,都用来装备了部队"⑤。1932年2月在商

① 《鄂豫皖区苏维埃政府财政经济委员会通令第二号》,《鄂豫皖革命根据地财经史资料选编》,第760页。

② 傅家选:《在鄂豫皖苏区财经学校学习》,《鄂豫皖革命根据地》第4册,第171页。

③ 《中共鄂东北特别区委员会代表何玉琳给中央的综合报告》,《鄂豫皖革命根据地工商税收史料选编》,第41～42页。

④ 《中共鄂豫皖中央分局关于鄂豫皖区情况给党中央的报告》,《鄂豫皖革命根据地》第1册,第426页。

⑤ 《鄂豫皖革命根据地财政志》,第41～42页。

(城)潢(川)战役中,缴枪2000余支①,使红军在武器和装备方面得到了极大的补充。

2. 税收

在根据地稳定时期,由于工作范围扩大,财政来源"完全建立在'打豪儿'上面","已不能供给苏维埃政府的需要"②,所以财政收入逐渐转移到累进税的征收上。

1930年9月,中共鄂豫边特委开始在边区征收农业累进税。对于农业累进税的税率,按每年主要生产的收获量多寡为标准制定统一累进税则,即收入越高则纳税的税率也越多。鄂豫边特委还规定,对雇农、贫农"绝对不征收";对中农、富农的收入,均是"除去全年自己必需要的供给外,有剩余的按税则征收"。③ 鉴于这种累进税还是"把农民多余的粮食'累'去得太多,使群众得不到丰收的好处",所以,1931年,苏维埃政府又在第二次鄂豫皖苏维埃代表大会上制定了新的财政经济政策,决定"对于工人、贫农不抽税,中农稍出一些税,只有富农要多出税",以使"每家农民都可以有粮食的积蓄"。④ 鄂豫皖苏维埃政府在考察中发现各县执行粮食累进税"仍然弄不清楚",遂于当年11月2日发出通令,对征收粮食累进税作出补充规定,其中规定:1. 富农的粮食累进税应以户口计算,除掉全家每人三石以外的粮食,须按普通税率加5%征收。2. 其他革命群众的税务征收,应按人口计算,按每人除开四石以外的多余粮食个别征收。⑤

1931年10月,鄂豫皖区苏维埃政府又颁布《关于商业累进税之规定》,其中规定了佣金税、营业累进税、进口累进税和特种税这4个税种

① 谭克绳等主编:《鄂豫皖革命根据地财政经济史》,华中师大出版社1989年版,第132页。

② 《中共鄂豫皖中央分局给鄂豫边特委信》,《鄂豫皖革命根据地》第1册,第499页。

③ 《中共鄂豫边特委通告第十四号》,《鄂豫皖革命根据地》第2册,第93页。

④ 《中共鄂豫皖中央分局欢迎红四军凯旋宣传大纲》,《鄂豫皖革命根据地》第1册,第462页。

⑤ 《鄂豫皖苏维埃政府通令第十四号》,《鄂豫皖革命根据地工商税收史料选编》,第289页。

的税率及征收方法。①

由于农业累进税与商业累进税的实行,鄂豫皖苏区的税收工作取得了较好的成绩。1932年2月2日,鄂豫皖省委给中央的报告说:"税务局全苏区已经建立,去年十一月份收得最多。有五千元之谱,整理一下一定可以收入到一万元。"②由于取消国民党统治时期的一切苛捐杂税,农民只向苏维埃政府交公粮,按劳动的收获量征收农业统一累进税,"农民的负担比分土地以前减轻二分之一或三分之二,对收获量少于口粮的减免交纳公粮,对缺粮的困难户实行救济"③。这样,"一般农民还感太轻,说苏维埃靠此用费不敷,这是大多数农民的感觉"④。

(三)财政支出

1. 红军的军费

保障红军的军费,是根据地财政最主要的支出项目,也是财政支出的首要任务。其基本原则是前方人员高于后方人员,作战部队高于非作战部队。

2. 党政机关费用

党政机关费用也是苏区财政支出的基本项目。苏区对各级苏维埃政府的办公费用和政府工作人员的供给限额数目进行了严格规定。1931年8月13日,鄂豫皖区苏维埃政府财政经济委员会发出通知,统一了各机关开支及个人生活费的标准,规定各机关经费只能按规定数目每月分三期开支;"各人员生活(费)每天不得超过一角";"各人员鞋袜、手巾、牙粉、纸烟等等,每人每月一元五角,不得随便在公项下开支"。⑤

3. 扶植农业、工商业的发展费用

---

① 《鄂豫皖区苏维埃政府关于商业累进税之规定》,《鄂豫皖革命根据地》第2册,第525~528页。

② 《中共鄂豫皖省委给中共中央的报告》,《鄂豫皖革命根据地》第2册,第214页。

③ 傅家选:《在鄂豫皖苏区财经学校学习》,《鄂豫皖革命根据地》第4册,第172页。

④ 《中共鄂豫边特委综合报告(续)》,《鄂豫皖革命根据地》第2册,第158页。

⑤ 《鄂豫皖区苏维埃政府财政经济委员会通知第一号》,《鄂豫皖革命根据地财经史资料选编》,第766页。

尽管财政极端困难，但为发展经济、保障供给，苏维埃政府仍然千方百计地支持农业、工商业生产。例如，经济公社的资金即是由政府直接拨给或者由银行贷款；合作社的资金也有一部分是政府拨款资助的。1931年7月30日，鄂豫皖苏维埃政府粮食委员会发出通令，要求"各县须设立平粜局办理平粜事宜"，"办平粜的成本或由苏维埃财政项下开支，或由合作社中借一部分，或由银行借若干，或由群众自动借去零星款子，借的款子不可损折一文，平粜完后即如数归还"。①

4. 文化教育费用

苏区重视发展文教事业，并从财政上进行支持。鄂豫皖区第二次苏维埃代表大会曾规定："为广大建立苏区文化教育工作，苏维埃按照自己的财政状况作出预算，划出一定款项来作文化教育工作。"②

5. 优待抚恤及社会救济

1931年7月，鄂豫皖区苏维埃政府颁布了《红色战士伤亡抚恤条例》，对抚恤对象和抚恤金额作了明确规定：无论是红军、赤卫军、警卫军、教导队、特务队、游击队、保卫队等武装组织内的战士，因战争牺牲的，除"苏维埃负责安葬外，得向苏维埃领取一次抚恤金"，数额根据家庭状况决定；"凡苏维埃创办之学校，其子弟有免费入学的权利（如无力教育由苏维埃负责）"等。③ 社会救济是苏维埃政府为了帮助根据地人民克服战争、自然灾害、其他意外事件所造成的生活困难以及对鳏寡孤独给予救助的一项支出。如1931年，鄂豫皖根据地发生严重春荒，鄂豫皖中央分局专门发出通知，指示粮食委员会和各乡苏维埃政府募集粮食，设立粥厂，救济没有饭吃的工友、农友，尤其是对于红军家属必须至少保障其每天三顿粥吃等等。④ 有的地方，苏维埃政府还拨出一部分经费救

① 《鄂豫皖苏维埃政府粮食委员会通令第一号》，《鄂豫皖革命根据地工商税收史料选编》，第192页。

② 《鄂豫皖区第二次苏维埃代表大会关于文化教育政策》，《鄂豫皖革命根据地财经史资料选编》，第754页。

③ 《鄂豫皖区红色战士伤亡抚恤条例》，《鄂豫皖革命根据地财经史资料选编》，第756页。

④ 《中共鄂豫皖中央分局通告第二号》，《鄂豫皖革命根据地》第1册，第249页。

济群众，解决生产和生活上的困难。

（四）财政管理

在根据地初建阶段，财政管理是不规范的。1931年2月10日，鄂豫皖特委给中央的报告曾谈到过去财政管理上的混乱状况："财政上无计划的，就来源说是来一点用一点，就现金说是现金恐慌，其实现金是很多，农民都埋着了。就收入支出说，丝毫没有预算与决算。"①随着根据地的巩固和扩大，财政来源途径渐渐稳定下来，各项财政支出也不断增加，这在客观上要求苏区建立严格的财政管理制度。鄂豫皖根据地党和苏维埃政府主要采取了如下措施：

1．统一财政管理，建立财务制度

在根据地初创时期，各级苏维埃政府的财政经济工作和军需供应工作处于分散的、各自为政的、自筹自用的局面。为克服财政混乱现象，保障军需民用，苏维埃政府决定采取有力措施，使全区党政军民的财政收支向统一筹划、统一管理的供给制过渡。为统一管理征收的粮食和税款，1930年9月17日，鄂豫边特委明确规定："各县所征收的累进税，应集中县政府，以便统一支配，各县各级经济委员，应直接管理累进税一切事宜。"②1931年8月1日，鄂豫皖区苏维埃政府财政经济委员会又发出通令，指出："一切财政事项必须统一在财政经济委员会，反对各自为政的现象。没有法令上的规定，财委会的委托，个人或组织不得随时开支或取款领款。"为统一和集中财政，通令还决定采取以下措施：清算以前的账目；制定新的预算；规定决算制度；培养工农干部和改进簿记方式。③

2．建立预决算制度

根据地刚刚建立时，由于财政收入有限，又不稳定，各种开支只有一些短期的预算，而且并不经常。1929年12月，中共鄂豫边第一次全区

---

① 《中共鄂豫皖特委曾中生给中共中央的报告》，《鄂豫皖革命根据地》第2册，第195页。

② 《中共鄂豫边特委通告第十四号》，《鄂豫皖革命根据地》第2册，第95页。

③ 《鄂豫皖区苏维埃政府财政经济委员会通令第一号》，《鄂豫皖革命根据地财经史资料选编》，第758～759页。

代表大会通过的《军事问题决议案》强调:“革命委员会所属各部队、各机关,应实行预算、决算。”①此后,为了加强财政收支的管理,鄂豫皖区苏维埃政府多次发出指示,要求各机关团体所需费用,每月造具预算和决算,严格审批权限和手续。1931 年 8 月 1 日,财政经济委员会发出通令指出:“过去的预算形式上虽然有,但其内容缺乏实际基础,特别蒙蔽敷衍这样的毛病非常之深。我们重新制定预算,须有一种斗争的观点、刻苦的精神、精明的考查、事实的基础,一切消耗的物品或事务,一定要考查到实际上是否需要?需要几多?各级都要重新制定预算,交上级批准。”同时,通令还指出,对决算工作也必须加以充分注意,“各级决算须向上级审查和批准,监委会之监查”。② 经过整顿,预决算制度逐渐走上规范化。1931 年 10 月 9 日,中共鄂豫皖中央分局在给中共中央的报告中说:“苏维埃各机关党部用费原定每月都有预算决算,都很严格的执行。”③这样,就克服了过去财政开支无计划的现象。

3. 开展节约运动,反对铺张浪费

为使有限的财力发挥更大的作用,根据地党和苏维埃政府始终坚持节省的方针。中共鄂豫皖中央分局成立后,鉴于“敌人正在加紧其封锁经济的手段,加以数万红军在前线的需要,跑反群众的救济和青黄不接”等各种粮食问题,提出“必须尽量节省,减去靡费”,“无论什么机关,每天吃稀饭一次”。④ 次日,改为苏维埃政府机关每天吃两顿稀饭,在前线作战的红军每天仍吃三顿干饭。并指出这样决定“不是党和苏维埃政府机关食粮的供给已经到了万分困难的地步”,而是因为“领导群众的共产党及代表工农群众自己谋利益的苏维埃革命政府,定要尽力刻苦自己,节省粮食,接济群众,以减少民众的痛苦和尽可能的供给前线革命战士的

① 《鄂豫皖革命根据地》第 2 册,第 22 页。

② 《鄂豫皖区苏维埃政府财政经济委员会通令第一号》,《鄂豫皖革命根据地财经史资料选编》,第 759 页。

③ 《中共鄂豫皖中央分局关于鄂豫皖区情况给党中央的报告》,《鄂豫皖革命根据地》第 1 册,第 426 页。

④ 《中共鄂豫皖中央分局通知第二号》,《鄂豫皖革命根据地》第 1 册,第 220 页。

需要”。① 1931年8月，鄂豫皖区苏维埃政府又向全区各级苏维埃政府机关发出了开展以反对浪费、反对贪污腐化为中心的节约运动的号召，规定“禁止用油光纸糊墙，非必要时禁止用洋烛……应该以革命纪律来帮助这种法令的执行，绝对反对浪费金钱”②。财政经济委员会也发出通令，要求各机关“无论任何大小事情，不得妄行消耗”③。为避免开支无范围无原则的现象，鄂豫皖区苏维埃政府对各机关开支和个人生活费作出了统一规定，指出若有违反，“一方面由管理经济人员负责，另一方面呈请工农监察委员会查办”；“各办事处每月账簿必须交财政委员会审查，再交工农监委会作最后审定”。④

经过党和苏维埃政府的不懈努力，苏区的财政管理制度逐渐健全起来。1931年10月9日，中共鄂豫皖中央分局在给党中央的报告中说：“特苏财政经济委员会正在集中的工作，机关用费多半在累进税中开支，每人零用费都有严格的规定，苏维埃中有些贪污账目不清的事情，现都在整理……各乡各区苏维埃的账目可由群众参加组织清算委员会，专门清算，不过还未普遍实行，经常还有工农监察委员会考查。”⑤由于建立了一套较为完善的财政管理方法，苏维埃政府克服了敌人经济封锁所造成的严重困难，保障了红军的给养，支援了革命战争，改善了人民的生活，为根据地的各项建设奠定了良好的物质基础。

二、苏维埃银行的成立及业务的初步开展

鄂豫皖根据地刚刚统一时，根据地内流通的货币非常混乱，既有南

① 《中共鄂豫皖中央分局通知第三号》，《鄂豫皖革命根据地》第1册，第221页。

② 《鄂豫皖区苏维埃政府布告第十二号》，《鄂豫皖革命根据地财经史资料选编》，第773页。

③ 《鄂豫皖区苏维埃政府财政经济委员会通令第三号》，《鄂豫皖革命根据地财经史资料选编》，第765页。

④ 《鄂豫皖区财政经济委员会通知第一号》，《鄂豫皖革命根据地》第2册，第459～460页。

⑤ 《中共鄂豫皖中央分局关于鄂豫皖区情况给党中央的报告》，《鄂豫皖革命根据地》第1册，第426页。

京国民政府四大银行的货币，又有一些地方县的“流通券纸票”以及一些大的商号发行的“号票”，富绅印发的“堂票”。这些货币，除银元外，币值都很不稳定，有些还无法兑换，严重影响了商品交换和群众的日常生活。

为了消除根据地内金融紊乱的状况，便利商品交换和市场贸易，苏维埃政府决定建立苏维埃银行，开办铸币厂、印钞厂，发行苏维埃货币。早在1930年10月，鄂豫皖特区苏维埃银行就在湖北黄安七里坪北街成立，行长由特区财经委员会主席郑位三兼任。银行是特区苏维埃政府八大机构之一，归属财经委员会和人民委员会双重领导。由于受李立三“左”倾路线的影响，加上缺乏经营银行的经验，该银行业务发展并不顺利。为此，1931年2月上旬，中共鄂豫皖特委召集扩大会议就建立银行问题作了专门讨论，决定“建立银行，确定基础并制定集股与低利借贷的简章。先由特委通知各级党部及支部。在群众会议提出讨论，决议要求政府建立银行，经过群众路线的宣传鼓动，再由政府来布告”，“逐渐统一金融与集中现金(用各种群众路线的办法)”。①

1931年初，红军攻克光山县新集后，鄂豫皖特区苏维埃银行随同特区政府一起迁到新集，5月15日，在新集开始营业。同时，在新集成立鄂豫皖苏维埃经济公社总社，在各县、区设立经济公社分社，未设立银行的地方由经济公社分社代理银行业务。1932年1月10日，鄂豫皖区苏维埃银行与皖西北特区(道区)苏维埃银行合并，改称鄂豫皖省苏维埃银行，行长郑义斋，全行干部共9人。1月21日，又使用“鄂豫皖省工农银行”名称。鄂豫皖省苏维埃银行发行伍角一种、壹元三种银币券；鄂豫皖省工农银行发行贰角两种、伍角一种银币券。1932年6月，国民党军队对鄂豫皖根据地发起第四次“围剿”，银行随军转战大别山区。是年冬到达安徽西界岭，银行奉命将银元、纸币交给红军经理处带走，将白银(银锭)埋藏在檀树岗附近，鄂豫皖省苏维埃银行就结束了。②

1931年5月15日，皖西北特区苏维埃银行在皖西金家寨成立，辖本

---

① 《中共鄂豫皖特委曾中生给中共中央的报告》，《鄂豫皖革命根据地》第2册，第195页。

② 《信阳地区金融志》，第78页。

区的固始、商城两县,受鄂豫皖特区苏维埃银行领导。两行合并后,皖西北苏维埃银行停止货币发行。

赤城(今商城)县苏维埃银行是鄂豫皖革命根据地时期县级银行之一。鄂豫皖省苏维埃银行发行的货币由于交通运输困难而供应不上,为适应经济发展和市场流通的迫切需要,赤城县苏维埃银行在城关南大街胡义兴商号处(现县审计局院内)组建成立,主要办理信贷业务和货币兑换工作,并铸造发行鄂豫皖省苏维埃银行的银币和铜辅币。其铸造发行的银币,由城关银匠唐元昌及南门几家银匠铸造。在主力红军西征和根据地其他银行停止业务之后,该行一直坚持到 1934 年 5 月才停止业务。① 其间还在其管辖的区、乡设立了信用社,开展货币兑换工作,办理信贷业务。

除了赤城县苏维埃银行,赤南县苏维埃银行也是当时的县级银行之一。1932 年夏,豫东南道委和道区苏维埃将原赤城县分为赤城县、赤南县两个县。② 赤南县苏维埃银行随即建立,隶属鄂豫皖省苏维埃银行领导。行址设在汤家汇小街姚氏祠内,其业务主要是办理信贷、货币兑换。该行到 1932 年 10 月结束金融业务活动。③

苏维埃银行的主要任务是统一货币制度,发行货币,调节货币流通;吸收存款,筹集资金,代理金库;发放贷款,扶持工农业生产和商业贸易,繁荣经济,打破经济封锁,支援革命战争。

鄂豫皖苏区银行名称屡有变更,其货币名称亦随之改变。1931~1932 年,先后以鄂豫皖特区苏维埃银行、鄂豫皖省苏维埃银行、鄂豫皖省工农银行、皖西北特区苏维埃银行名义发行二角、五角、一元、五元券 10 多种。根据经济发展兼顾财政的需要,“当时,苏维埃政府银行发行的货币主要有两种。一种是用白细布印制有列宁头像的布币或纸币,一

---

① 胡菊莲主编:《鄂豫皖革命根据地货币史》,中国金融出版社 1998 年版,第 38~39 页。

② 赤城县下辖城关、苏仙石、李集、柴中营子、杨堰、顾畈、安北、安区、汪楼 9 个区,县委和县苏维埃驻商城;赤南县下辖银沙畈、汤家汇、南溪、吴家店、白沙河、余子店、汤泉池 7 个区,县委和县苏维埃驻银沙畈。见《商城县志》,第 55 页。

③ 《鄂豫皖革命根据地货币史》,第 39 页。

种是印制有列宁头像的银币，多为一元、五角、二角。以上两种货币，在苏区通用，畅通无阻；在新区或赤（苏）白交界的灰色区也半公开使用，有不信任者可到苏区买货或兑换。旧纸币或银币（即孙中山的头像或袁大头）禁止在苏区通用，只收不出。所有收入的旧币，一律上交作外汇（到白区买东西用）。旧铜板、铜钱允许作辅币通用。铜板有三种，即五枚、十枚、二十枚，每枚值铜钱五文，一千文价一串铜钱（折二十文的铜板五十枚）。苏区的货币发行和财政收支基本做到平衡，利润按计划上交。虽然也强调控制货币发行，但有时也突破计划，不得不向银行透支。入不敷出时，红军和地方上党政工作干部每人每月一元津贴费就暂停发放，或号召节省开支以弥补亏空”①。

鄂豫皖苏维埃经济公社为便利市场交易找零，从1931年5月开始曾发行铜币券，至1932年停止发行。光山县的泼陂河、白雀园，新县的箭河、郭家河，潢川县的仁和集等地经济公社，都使用铜币券找零，并负责发行、收兑苏区银行的货币。② 1932年10月，红军主力转移后，经济公社为适应市场需要，1933年又发行了油布币。这主要是因为当时斗争环境恶劣，纸张缺乏，所以流通券用白布印制，刷以桐油，晾干后发行。1935年红二十五军撤离鄂豫皖根据地北上抗日后，油布票停止发行。③该币用浸油白土布做成，三寸长，半寸宽（大的有二寸宽）。④

1930年鄂豫皖特区苏维埃银行成立后，即发行兑换券。苏维埃兑换券与银元的比价是1∶1，一元苏维埃的票子可以兑换六串六百文铜钱，与中国银行、交通银行币的比价约为1∶0.6～0.7。⑤

票子的印刷由苏维埃政府石印科负责。该科原设于湖北黄安箭厂河的杨家畈（今属新县箭厂河乡）。当鄂豫皖特区苏维埃银行迁新集后，

---

① 傅家选：《在鄂豫皖苏区财经学校学习》，《鄂豫皖革命根据地》第4册，第174页。

② 《信阳地区金融志》，第58页。

③ 《信阳地区金融志》，第58页。

④ 河南省地方史志编纂委员会编纂：《河南省志・金融志》，河南人民出版社1992年版，第85页。

⑤ 河南省地方史志编纂委员会编纂：《河南省志・金融志》，第85页。

石印科亦随迁于新集附近的一个小山村杷棚畈,为苏维埃银行印制各种面额的银币券以及鄂豫皖苏维埃经济公社二串文的铜币券。另外,设在安徽金寨附近的麻埠造币厂承担银币、铜币的铸造。皖西北苏维埃银行所属的印刷局,负责印刷皖西北区苏维埃银行发行的二角券、一元券、五元券等纸币。在鄂豫皖省苏维埃政府建立后的两年多时间中,苏区银行共印制了15种纸币、2种银币、2种铜币和1种由经济公社发行的一串文的油布票。①

1931年10月中共鄂豫皖中央分局向中央的报告提到,到1931年10月初短短的时期内,苏维埃银行就发行了面额为一元的纸币6万元,还有相当数量的面额一串文的小票。而且"这些票子在农村中颇有信用,群众感觉比较往日便利多了"。皖西银行发行的纸币在商城曾"被改组派造谣一时不用,现在揭破通用无阻";"国民党'交通'、'中央'等纸钞在苏区一概九六折扣,对现洋出口也有限制"。②

鄂豫皖苏维埃银行积极开展吸收存款、发放贷款等工作。1931年8月,鄂豫皖区苏维埃政府发布布告指出:"工农银行是供给群众低利贷的机关,它于群众的利益应该是非常之大。银行的作用如果大起来了,工农群众的借贷就特别方便,苏区经济更易于发展……我们现对于银行工作必须有一个普遍、深入的宣传,引起广大群众起来帮助银行的工作,使银行时常有人存款,时常可以放款。宣传的材料应说明银行作用、银行的章程,存款放款的手续,等等。"③苏维埃银行的存款,主要是财政存款和机关企业存款。鄂豫皖区苏维埃政府财政经济委员会中的会计科,其职责就是"管理金钱的收支,有多的款子则存放银行"④。苏维埃银行为推动根据地工农业生产的发展,也积极发放贷款进行扶植。如修造枪械

① 《信阳地区金融志》,第77页。

② 《中共鄂豫皖中央分局关于鄂豫皖区情况给党中央的报告》,《鄂豫皖革命根据地》第1册,第425页。

③ 《鄂豫皖区苏维埃政府布告第十二号》,《鄂豫皖革命根据地财经史资料选编》,第774页。

④ 《鄂豫皖区苏维埃政府关于各种委员会工作概要说明》,《鄂豫皖革命根据地》第2册,第520页。

弹药的鄂豫皖边区军事委员会兵工厂、专门供应红军服装的鄂豫皖边区“五一模范工厂”等都曾得到苏维埃银行的贷款扶助。对于农业，《鄂豫皖区第二次苏维埃代表大会宣言》曾强调，要“设立银行，以低利或无利借款给农民流通经济”①。不过，由于根据地形势不稳定，银行存在的时间也不是很长，所以工农业生产贷款并不是十分普遍。

苏区银行的建立及其业务的初步开展，为支援革命战争，稳定苏区金融，活跃经济，打破敌人的经济封锁作出了重要贡献，从根本上为武装斗争和各项建设提供了财政经济保障。

本章结语

豫东南苏区位于大别山区，是鄂豫皖革命根据地的重要组成部分，包括商城、光山、罗山、固始、潢川、信阳、息县等县。这一地区是传统的农业区，交通很不发达，近代工业几乎是空白，商业贸易非常落后，加上连年天灾、匪患和军阀混战，经济基础十分薄弱。鄂豫皖革命根据地建立后，整个苏区面临着严重的经济困难。在残酷的战争环境中，鄂豫皖根据地的党政军民进行了各项必要和可能的经济建设。其主要特点是：服从和服务于革命战争；在敌人不断进行军事“围剿”和长期经济封锁中自力更生，艰苦奋斗；重点恢复与发展农业，同时发展工业生产和商业贸易，建立苏维埃财政金融体系，创办国营经济、合作社经济，提倡发展私人经济。

---

① 《鄂豫皖区第二次苏维埃代表大会文件·大会宣言》，《鄂豫皖革命根据地》第2册，第427页。

第五章　抗战时期的河南国统区经济

第一节　农业生产

一、国民政府发展农业生产的措施

在八年抗战中，尽管国民政府认为“战时经济建设，以军事为中心”，但并未放弃发展生产，“注意改善人民生活”①。抗战爆发后，河南省政府为促进农业生产，采取了一系列措施。

（一）兴修水利

河南地处中原，沃野千里，水利不发达，基本靠天吃饭。为促进河南国统区农业的发展，1938年国民政府经济部在工作报告中做了发展河南农田水利的规划，由农本局与河南省政府商订合组农田水利贷款委员会，从事农田水利工程建设，并决定“先由豫省府派员就漂河、滔河、和济、永济、赵河各区从事查勘”②。之后，由农本局、农民银行、中国银行先后给河南水利贷款，据统计，1939年农本局与河南省政府协商，约定

---

① 中国第二历史档案馆：《中华民国史档案资料汇编》第5辑第2编，财政经济（五），江苏古籍出版社1997年版，第36页。

② 中国第二历史档案馆：《中华民国史档案资料汇编》第5辑第2编，财政经济（五），第149页。

水利贷款86万元，订定数额50万元。[①] 从1940～1945年，河南省利用银行贷款分别为1050元、72814.86元、2851630.26元、13619408.65元、12483000元和6482591.35元。先后修建了中和渠、民乐渠、公兴渠、湍惠渠、永新渠、白惠渠等。[②] 由此可知，抗战时期国家对河南水利贷款呈逐年上升趋势，且增长幅度较大，1944年、1945年因日军发动豫湘桂战役建渠停工，才使贷款下降。尽管国民政府及河南省政府对农田水利的投入不多，但还是起到了积极作用，利用贷款和政府拨款所修水利工程有邓县湍惠渠（预计受益田地（下同）24万亩）、伊川公兴渠（25000亩）、伊川永济新渠（4000亩）、鲁山中和（8580亩）、鲁山民乐渠（3万亩）、宜阳永济渠（3万亩）、惠济渠（6万亩）、镇平赵河渠及严积河渠（38000亩）[③]，其中"鲁山中和渠已于三十年十二月完成放水，可溉田九千亩。伊川永济新渠三十一年完成，共可溉田一万二千五百八十亩"[④]。

除上述大型水利工程外，一些小型水利工程亦先后竣工，使国统区部分田地受益。据统计，从1938～1945年，各地修建的小型水利工程有柳泉铺渠（镇平）、蒿平渠（淅川）、东岳庙渠（淅川）、柳泉村渠（镇平）、灌河石堤和别公堰（内乡）、下集渠（淅川）、土山渠（邓县）和淇河渠（镇平）等，受益田亩分别为600亩、3200亩、4000亩、4200亩、7000亩、3000

---

① 《本局所办农田水利贷款概况表》（二十八年十二月止），中国第二历史档案馆：《中华民国史档案资料汇编》第5辑第2编，财政经济（八），江苏古籍出版社1997年版，第90页。

② 《河南大型农田水利贷款》表计算得出，河南省统计学会等：《民国时期河南省统计资料》下册，1986年7月，第56页。

③ 《中中交农四行局各省农田水利贷款已完工程一览表》（31年3月10日制），《中中交农四行局各省农田水利贷款未完工程一览表》（30年3月10日制），《中华民国史档案资料汇编》第5辑第2编，财政经济（四），江苏古籍出版社1997年版，第145、148页。《各省农田水利工程实施工作统计表》，中国第二历史档案馆：《中华民国史档案资料汇编》第5辑第2编，财政经济（五），第213～214页。

④ 中国第二历史档案馆：《中华民国史档案资料汇编》第5辑第2编，财政经济（八），第449页。

亩、40000亩和9000亩。① 河南省政府主席卫立煌总结1940年水利建设成绩时讲,1940年共开成新渠八处,灌田10余万亩,凿井4千余眼,有力地推动了河南水利建设的发展。② 显然,抗战后国民政府及河南地方政府都注意到了农田水利建设,且取得了一定成绩,但相对于全省112690000亩耕地来说,水利工程建设实属微不足道,河南农业仍然无法改变靠天吃饭的局面,所以,1942年大旱灾造成赤地千里、饿殍遍野的局面也就不足为怪了。

(二)培育优良品种

培育优良品种,可增加粮棉产量,河南省政府对此较为重视,且做了一定努力。小麦改进方面,1939年,农本局与河南省政府协商,贷款50万元用于推广改良麦种,为推广优质麦种起到了积极作用。③ 1941年,河南省建设厅指定南阳、方城、叶县、许昌、洛宁、宝丰、鲁山、临汝、偃师、伊阳、宜阳、洛阳等13县为小麦示范区,示范农户2965户,供应麦种19.1万公斤,播种47832亩,总产343.9万公斤,较农家种约增产20%。④ 到1942年,优良小麦品种已推出50余种,特别是"金大开封一二四号小麦陕农七号小麦之在黄河流域一带,颇受农民欢迎"⑤。1944年,河南省农业改进所南阳农林场技术员王修栋育成小麦新品种宛1—486,经试验示范较农家种增产15%,且在50年代初推广于南阳各县。⑥ 水稻品种改良方面,1937年,内乡县从浙江引进浙大3号(九月寒)和淮町(老龙须)稻种,米质优良,在内乡西北地区大面积播种,直至60年

① 《河南省历年完成水利工程》,河南省统计学会等:《民国时期河南省统计资料》下册,第55页。

② 《豫主席卫立煌谈豫省一年政绩》,《新华日报》1941年1月5日。

③ 《农本局所办食粮及一般农业生产贷款概况表》,中国第二历史档案馆:《中华民国史档案资料汇编》,第5辑第2编,财政经济(八),第91页。

④ 河南省地方史志编纂委员会:《河南省志·农业志》,河南人民出版社1993年版,第69页。

⑤ 中国第二历史档案馆:《中华民国史档案资料汇编》第5辑第2编,财政经济(八),第299页。

⑥ 王明聚:《南阳地区农业志》,中州古籍出版社1992年版,第18页。

代。① 为实现棉花丰收，中央农业实验所协助河南进行棉作实验，推广美棉良种，使优良棉种在河南得以推广。② 1943 年 3 月，“河南省农业改进所推广美棉三号斯字棉种，择定鲁山县为推广区”③。河南省农业改进所及各地农业推广所在推广良种方面起了重要作用。

（三）推广农业技术

早在 1929 年河南省政府就在开封设立农业试验场，县设农事试验场。到 1937 年，全省 111 个县有 90 个县建立推广所，11 个县建立繁殖场，共有农业推广指导员 97 人，经费 103803 元，农场耕地 4237 亩，苗圃 6782 亩，桑园 542 亩。这些农事试验场的技术人员、工人，实与今天农科所相同。1940 年，先后成立河南省农业改进所、河南省粮食增产总督导团、河南农业促进委员会、各县农业推广所，从组织层面建立起农技推广机构。为使农业技术的推广落到实处，省府给一、二等县下拨农业技术推广经费年 3600 元，三等县年经费 3000 元，四、五等县年经费 2400 元，全省的 68 个完整县份中，有一等推广所的（一、二等县）19 县，有二等推广所的（三等县）19 县，有三等推广所的（四、五等县）30 县。县县都有农业技术推广所。1941 年 2 月省政府通令各县成立乡级农会从事农技推广工作。当年各县乡农会已呈经建设厅转咨农林部备案的有尉氏、伊阳等县农会。乡农会在省已备案的有鲁山县 8 个乡、西平县 3 个乡、新野县 1 个乡、上蔡县 2 个乡、伊阳县 6 个乡，邓县、光山县各 35 个乡，计 90 个乡。④ 各地农业技术推广机构的建立，为河南国统区优良品种及农业技术的推广起到了积极作用，如前所述，国统区各地小麦、棉花等优良品种的推广即由上述农业技术推广机构完成。

（四）发展合作事业

建立合作社，除发展工商业外，最主要的是帮助农村经济的发展，这对战乱中的农民显得尤其重要。抗战爆发后，国民政府经济部指令农本

① 王明聚：《南阳地区农业志》，第 17 页。

② 中国第二历史档案馆：《中华民国史档案资料汇编》第 5 辑第 2 编，财政经济（五），第 90 页。

③ 鲁山县史志编纂委员会：《鲁山县志》，中州古籍出版社 1994 年版，第 66 页。

④ 河南省地方史志编纂委员会：《河南省志·农业志》，第 334～335 页

局督饬暨协助各省推广合作事业。在河南省政府的大力推动下,河南合作事业得到长足发展,1937年底,河南57县有合作社3454个,社员259082人,联合社社数8个,在后方各省居第三位,紧随江西、湖南之后,是1932年26所合作社的133倍强。① 以后逐年增加,1938年4009个、1939年4407个、1940年7386个、1941年9747个、1942年9827个、1943年12872个、1944年14233个、1945年14287个。一直在全国名列前茅。② 合作社人数随着社数增加而增加,到1945年,河南共有合作社社员1386000人,占全国社员总数的8.0%,排列第三位。③

河南各地合作社建立后,在资金方面给予农民一定帮助,据1943年农本局主计处"关于各省合作贷款统计",1942年6月底河南省合作贷款共计12082105元,其中农业生产贷款9022084元,占贷款总额的74.6%强。④ 另外,各省市每年还向社员借款,以帮其资金急需时所用。据统计河南省每年借款给每社员平均数为:1940年6.6元、1941年17.5元、1942年19.6元、1943年19.7元、1944年19.2元、1945年18.9元。⑤ 借款数额基本为逐年增加之势。尽管河南省合作社社员总数不高,借给社员资金数额有限,但这对急难之时的社员来说,无疑与雪中送炭,起到了积极作用。

二、粮食作物的种值

农作物总产量、单位面积产量和人均占有粮食数量是衡量粮食作物产量增长的主要指标。以此指标观察,抗战时期河南国统区粮食作物的产量经历了由缓慢增长到急剧下降和逐步恢复的过程。1942年的大灾

① 《各省市区合作社》统计(26年底),中国第二历史档案馆:《中华民国史档案资料汇编》第5辑第2编,财政经济(八),第117页。

② 《历年各省市合作社社数发展情况》,郭铁民、林善浪:《中国合作经济发展史》上,当代中国出版社1988年版,第192~193页。

③ 郭铁民、林善浪:《中国合作经济发展史》上,第197页。

④ 《主计处关于各省市合作贷款统计》,中国第二历史档案馆:《中华民国史档案资料汇编》第5辑第2编,财政经济(八),第130页。

⑤ 《各省市历年每社员借款平均数》,郭铁民、林善浪:《中国合作经济发展史》上,第160页。

荒，使河南农村赤地千里，饿殍遍野，是农业生产走向衰败的分界线，该年粮食作物产量大幅下降，以后虽有恢复，但始终未达到战前水平，具体情况见表5—1。

表5—1　1936～1945年河南省历年农作物种植面积及产量表

单位：面积（千市亩）产量（千市担）产额（市斤/市亩）

年度	全年粮食作物			夏收粮食作物			秋收粮食作物		
	种植面积	产量	产额	种植面积	产量	产额	种植面积	产量	产额
1936	135210	211045	156	78673	135815	173	56537	75230	133
1937	123514	147363	119	63215	48088	76	60299	99275	165
1938	57439	105880	184	30697	54473	177	26742	51407	192
1939	58841	101205	172	32180	52437	163	26661	48768	183
1940	58373	100080	171	32940	53290	162	25433	46790	184
1941	57909	79260	137	32648	39966	122	25261	39294	156
1942	59210	46856	79	33337	31167	93	25873	15689	61
1943	53056	61940	117	27808	32805	118	25248	29135	115
1944	60601	90373	149	36523	56400	154	24078	33973	141
1945	60667	102563	169	36592	54494	149	24075	48069	200

资料来源：《河南省历年农作物种植面积及产量》（一）、（三），河南省统计学会等：《民国时期河南省统计资料》下册，第18、20页。

由表5—1可知，1.抗战时期河南省国统区粮食种植面积基本保持稳定，且略有增长。抗战时期河南省国统区粮食种植面积从1938年起在53056～60667千市亩之间徘徊，除1943年外，其余年份均高于1938年。1937年粮食种植面积123514千市亩，比1936年略有减少，为1938年的2.15倍强，造成此种结果的原因是1937年除豫北安阳、内黄等极个别地方沦陷外，其他地区仍在国民政府掌控之下，1937年应为全省粮食种植面积。1938年豫北、豫东40余县相继沦陷，而豫北、豫东又为河南粮食主产区，故1938年粮食种植面积大幅下降。上述情况说明1938年以后的粮食种植面积、年产量及夏、秋粮食种植面积、产量（表5—2、表5—3与之相同）等是对国统区的统计。所以，考察河南省粮食种植面积、粮食产量、亩产量等应以1938年为基点。由此看来，抗战时期河南国统区粮食种植面积并未减少，还略有增加，国统区并未因战乱出现土地荒芜的情况。

2. 抗战初期粮食产量基本稳定,平均亩产量比1936年稍有增加。在抗战初期的4年中,1938年达到高峰,1937年、1939年、1940年比1938年略有下降,亩产分别为119市斤、184市斤、172市斤和171市斤。1938年、1939年和1940年的粮食亩产量比1937年分别增长65市斤、53市斤、52市斤,比1936年分别增长28市斤、16市斤、15市斤。1937～1940年4年粮食平均亩产量为161.5市斤,比1936年增加5.5市斤。上述情况说明,抗战初期河南国统区粮食亩产量总体呈缓慢增长态势,且4年平均亩产量超过民国时期经济发展最好的1936年,证明抗战初期河南国统区的农业生产还在上行中。

3. 秋收粮食作物好于夏收粮食作物。在抗战初期的4年里,夏、秋粮食作物粮食总产量和亩产量于1938年达到高峰,1939年、1940年基本保持稳定,比1938年略有下降,比1937年有较大幅度增加,整体呈增长趋势。其中夏收粮食作物平均亩产量144.5市斤,秋收粮食作物平均亩产量181市斤,秋收粮食作物好于夏收粮食作物。

4. 粮食作物的产量经历了由略微增长到急速下降再逐步恢复的过程。从表5－1可知,1941年全年粮食作物总产量和亩产量分别为79260千市担和137市斤,比前三年出现较大幅度的下降。1942年河南出现百年不遇旱灾,全年粮食总产量46856千市担、亩产79市斤,不到1938～1940年粮食总产量、亩产量的50%,粮食总产量和亩产量都跌入低谷,此后呈逐年上升趋势,但1941～1945年的全年粮食平均亩产量仅为130.2市斤,比1937～1940年平均亩产量减少31.3市斤,比1936年平均亩产量减少25.8市斤,1940年后粮食作物产量始终未达到战前和抗战初期的水平。总体观察,抗战时期粮食作物的生产,初期稍好于1936年,1941年后逊于1936年。如以八年抗战期间河南国统区全年平均亩产量与1936年相比,稍逊1936年。至于抗战期间人均占有粮食数量,由于战乱影响,人口变动大,很难作出准确判断。

另外,从抗战时期夏、秋主要农作物小麦、大麦、大豆、玉米、高粱和甘薯等的种植面积、亩产量也可窥见国统区农业生产情况,具体情况见表5－2。

表 5－2　河南省 1936～1945 年主要粮食作物种植面积及产量

单位:种植面积(千市亩) 产量(千市担) 产额(市斤/市亩)

年代		1936	1937	1938	1939	1940	1941	1942	1943	1944	1945
小麦	种植面积	61425	49071	22651	24105	24983	25083	25753	27808	28774	29355
	产量	105414	37444	42186	39204	41800	31599	24708	32805	44938	44497
	产额	172	76	186	163	167	126	84	118	156	152
大麦	种植面积	10491	8831	4645	4728	4720	4619	4666	—	5114	4604
	产量	19047	7391	8521	8218	7355	5589	4438	—	7783	6576
	产额	182	84	183	174	156	121	95	—	152	143
豌豆	种植面积	6684	5278	3401	3347	3237	2946	2918	—	2635	2633
	产量	11284	3223	3766	5015	4135	2778	2021	—	3679	3421
	产额	169	61	111	150	128	94	69	—	140	130
玉米	种植面积	9760	9768	4804	5067	5059	5102	5359	5356	4974	4684
	产量	9084	13603	8052	—	—	—	1559	3320	5352	7722
	产额	93	139	168	—	—	—	30	62	108	165
谷子	种植面积	13406	15384	5332	5320	4895	4893	5034	4932	4631	4376
	产量	16416	20994	8540	8757	7968	7355	2601	2975	5301	7859
	产额	123	136	160	165	163	150	52	60	114	180
大豆	种植面积	10811	10769	4880	4988	4945	4598	4324	3757	3144	3133
	产量	10304	15908	7083	6665	6576	5324	1256	3729	2954	3838
	产额	96	148	145	134	133	116	29	99	94	123
甘薯	种植面积	4664	4609	2678	2798	3051	3261	3387	3827	4232	4897
	产量	33305	52277	35203	27871	38819	31611	16229	39781	39781	65354
	产额	714	1134	1315	996	1272	969	479	1120	940	1335
高粱	种植面积	12347	14130	5235	5216	4719	4644	4644	4365	4066	3862
	产量	22509	25279	9278	10244	8189	6665	2837	5782	5202	7371
	产额	183	179	177	196	174	145	61	132	128	191
糜子	种植面积	2108	1969	187	147	138	138	133	135	120	117
	产量	1680	1737	249	143	192	152	40	81	100	148
	产额	80	88	133	97	139	110	30	60	83	126

资料来源:许道夫:《中国近代农业生产及贸易统计资料》,上海人民出版社 1983 年版,第 19～22、163 页。

表5—2统计资料再次证明:1. 抗战时期河南国统区粮食作物的产量经历了抗战初期增长到下降、恢复之过程和秋季粮食作物的生产好于夏季粮食作物的生产。2. 夏、秋粮食种植面积基本保持稳定,不同农作物的种植面积波动较大。小麦、大麦、玉米略有增加,甘薯增加较快,其他作物略有减少,糜子种植面积大幅下降。3. 抗战初期秋季粮食作物产量高于战前。因甘薯在解放前和解放后的相当长一段时间里为河南人民的日常主要食物之一,故我们亦将甘薯列入秋季粮食作物的统计范围。由表5—2可知,秋季粮食作物玉米、谷子、高粱、大豆、甘薯、糜子等产量,在抗战初期的4年中增长明显,4年平均亩产量分别为153.5市斤(1939年、1940年无资料,以1937年、1938年两年的产量计算)、156市斤、181.5市斤、140市斤、1179.25市斤和114.2市斤,除高粱平均亩产量比1936年略低1.5市斤外,玉米、谷子、大豆、甘薯、糜子等分别增长60.5市斤、33市斤、44市斤、465.25市斤和34.2市斤。说明抗战初期河南国统区粮食作物的产量并未因战争的影响而衰退,而是沿着战前的上升趋势在惯性增长,特别是秋季粮食作物生产表现得更加明显。

三、经济作物的种植及商品化

抗战初期河南国统区经济作物的生产情况与粮食作物的生产情况基本相同,同样经历了由抗战初期的缓慢增长到1941年的明显下降、1942年跌入低谷,之后恢复的过程。抗战时期经济作物除烟草外商品化率不高,这与战争造成的交通中断、政府对主要农产品的管制有密切关系。河南经济作物以棉花、烟草、花生、芝麻等为大宗,其产量在全国占有较大份额,具体生产情况见表5—3。

表5—3　1936～1945年河南省经济作物种植面积及产量

单位:面积(千市亩) 产量(千市斤) 产额(市斤/市亩)

年代		1936	1937	1938	1939	1940	1941	1942	1943	1944	1945
棉花	种植面积	8553	9241	2006	1967	2415	2435	2315	2013	2199	2463
	产量	2455	1512	296	470	708	557	301	363	370	698
	产额	28	16	15	24	29	23	13	18	17	28

（续表）

烟草	种植面积	947	916	1010	880	818	821	908	913	—	—
	产量	1107	1353	1720	1136	521	946	1418	1332	—	—
	产额	117	148	170	129	64	115	156	146	—	—
花生	种植面积	3386	2451	581	594	683	661	634	634	687	704
	产量	5087	4437	1333	1513	1837	1455	591	1190	1543	1424
	产额	214	181	229	255	269	220	93	188	225	202
芝麻	种植面积	5687	5869	3573	3949	4201	3991	3708	3859	4120	4335
	产量	3794	4467	1760	3422	3455	3144	1104	2626	3032	3737
	产额	67	76	49	87	82	79	30	68	74	86

资料来源：河南省统计学会等：《民国时期河南省统计资料》下册，第 23 页、第 24 页。

由表 5—3 可知，1. 抗战时期河南国统区不同经济作物种植面积与战前相比差别甚大。在棉花、烟草、花生和芝麻中，烟草、芝麻种植面积与战前相比差别不大，烟草在 818～1010 千市亩之间徘徊，1937～1943 年年平均种植面积 895.143 千市亩，约为 1936 年种植面积的 94.52%。芝麻 1937～1945 年年平均种植面积为 4178.333 千市亩，约为 1936 年种植面积的 73.47%。棉花、花生种植面积与 1936 年相比下降幅度很大，花生 1937～1945 年年平均种植面积 847.667 千市亩，约为 1936 年种植面积的 25.03%，棉花年平均种植面积 3006 千市亩，约为 1936 年的 35.15%。国统区经济作物的种植情况之所以出现上述情况，主要因为棉花产额以安阳为最多，太康、尉氏、汤阴、新乡、洛阳、偃师、登封、灵宝等次之。花生主产区分布于豫东、豫北地区，其他地区也有种植，1920 年通许 40%、陈留县 50% 的耕地种植花生。① 据统计，抗战前安阳“棉田约占耕地百分之四十五，分布普遍”。临漳县（今属河北省）棉田种植“有二十一万一千余亩，占耕地百分之二十八强”。新乡县棉田“约占耕地十分之三强”②。说明豫北、豫东为棉花、花生的主产区，1938 年豫北、豫东大部分沦陷，故造成国统区棉花、花生种植面积锐减。而许昌地

① 河南省地方史志编纂委员会：《河南省志·农业志》，第 146 页、第 162 页。

② 张研、孙燕京：《民国史料丛刊·经济·农业》，第 551 册，大象出版社 2009 年版，第 39 页、第 41 页、第 53 页。

区为烟草主产区，其次为南阳、洛阳等，芝麻以漯河、驻马店为最多，上述地区多未沦陷，故烟草、花生的种植面积未受大的影响。

2. 经济作物总产量和亩产量在抗战初期有一定增长且灾后恢复较快。除烟叶1938年达到高峰，1940年跌入低谷外，棉花亩产由1937年的16市斤上升至1940年的29市斤，花生亩产由181市斤升至269市斤，芝麻由76市斤升至82市斤，皆有不同程度的增长。棉花、烟叶、花生、芝麻1937～1940年的平均亩产量分别为21市斤、127.75市斤、233.5市斤和73.5市斤，除棉花亩产量比1936年减少7市斤外，烟草、花生、芝麻的平均亩产量比1936年分别增加10.75市斤、19.5市斤和8.5市斤，皆高于战前水平。另外，经济作物于1942年跌入低谷，之后恢复较快，如棉花、芝麻亩产量1945年赶上或超过1936年水平，烟草1943年超过1936年水平，花生1944年超过1936年水平，而粮食作物的亩产量1942年后大都未恢复到1936年的水平。

3. 不同经济作物的年均产量在全国所占比重有升有降。在上述4种经济作物中，烟草、芝麻抗战期间的年平均产量在全国所占比重有不同程度的上升，棉花、花生有不同程度的下降。据统计，全国棉花、烟草、花生、芝麻等经济作物抗战期间年平均产量分别为7812.778千市担、9518.086千市担、20409.444千市担和7895.556千市担，1936年全国棉花、烟草、花生、芝麻的总产量为16975千市担、12673千市担、52622千市担和17300千市担。① 抗战期间河南国统区棉花、烟草、花生、芝麻等的平均年产量分别为597.889千市担、1203.714千市担、1702.556千市担和2971.889千市担(根据表5－3统计资料计算得出，烟草止于1943年)。1936年河南省棉花、烟草、花生、芝麻的产量约占全国总产量的14.46％、8.73％、24.93％和21.93％，抗战期间河南国统区棉花、烟草、花生、芝麻的年均产量约占全国的7.65％、12.65％、8.34％和37.64％。抗战期间棉花、花生在全国所占比重与1936年在全国所占比

---

① 棉花、花生、芝麻平均产量根据：《民国8至36年各省棉花产量》(只计算1937至1945年产量，下同)、《民国20至35年油料作物产量》计算得出；烟草平均产量根据《民国22至35年烟草产量》计算得出。罗元铮：《中华民国实录》(文献统计)，第5卷上，吉林人民出版社1998年版，第4863页、第4865页。

重下降明显，棉花下降接近50%，花生下降达62%，烟草、芝麻与1936年相比有不同程度的上升，分别上升31%和42.8%强。

关于抗战时期河南国统区主要经济作物的商品化，就收集到的资料观察，烟草在主要经济作物中商品率最高。据统计，许昌烟叶交易市场1936年、1937年、1939年、1941年的交易量分别为2267万公斤、3174万公斤、6765万公斤和5680万公斤。① 1936年、1937年、1939年、1941年河南国统区的烟草产量分别为1107千市担（每担100市斤）、1353千市担、1136千市担和946千市担，即110700000市斤、135300000市斤、113600000市斤和94600000市斤。许昌烟叶交易市场烟叶年交易量约为河南全省或河南国统区烟草产量的40.96%、46.92%、118.10%和120.08%，许昌市场交易量在河南烟草交易市场中所占比重逐年增加，1939年、1941年许昌烟叶交易市场的烟叶交易量超过河南国统区烟叶总产量，这种情况的出现，可能是由于临近沦陷区的烟叶有部分在许昌出售所致，另一方面说明烟叶商品率很高，应接近100%，且都在省内销售。

抗战时期，河南国统区棉花主产区在洛阳，棉花产量锐减。由于国民政府限制棉花输往沦陷区，国统区棉花只能就地销售，由农户织成土布在市场销售或自用。所以，战时“农村中的手工业逐渐繁殖起来，而土产的代替品也应时而生了（如桐油代替煤油，土布代替洋布，柴灰代替肥皂等）”②。据统计，河南土布产量1937年至1945年分别为5342500匹、5998400匹、6384700匹、6463500匹、9038000匹、4905700匹、7857800匹、9848000匹和5139000匹。③“据回郭镇布业公会的呈文所说，在未被统制以前，全部每日能收买六七千匹土布”。1939年实行统制后，由官方机构按官价收购，由于官价低于市场价，收购锐减，到

① 《1915～1949年许昌烟草市场交易情况考察表》，《许昌烟草志》编委会：《许昌烟草志》，河南科学技术出版社1993年版，第98页。

② 抗战的中国丛书之二《抗战中的中国经济》，中国现代史料编辑委员会翻印，1957年，第85页。

③ 《河南省历年重要工业产量》，河南省统计学会等：《民国时期河南省统计资料》下册，第74页。

1941年,"回郭镇每日至少可收二千匹"①。在南阳镇平,1944年,"县内主要棉织品产地贾宋、杨营等地的16个自然村,有织机2000多台,从业3486人,年产白棉布40万匹,条格棉14万匹"。另外,还"年产毛巾60万打(每打12条),袜子50万双"②。抗战时期河南国统区在棉花产量锐减的情况下,土布产量却逐年增加,说明国统区棉花主要由自己消耗,棉花商品率较低。芝麻和花生的销售也不理想,商品率不高。

第二节 工矿业与手工业

一、工矿业

我国近代工业集中在东南沿海及沿江大中城市,抗战爆发后,"近代工业生产区域多沦暴敌,交通运输则多被封锁,工厂机械则处处破坏,人工原料及熟练技术,几于荡毁无余,而国民生活所需,向之仰给于近代工业产品者,曾不因之减少"③。河南工矿业遭受损失与全国大体相同,不同的是河南地处战争前沿,政府不仅不愿在此投资生产,相反一些规模较大的工矿企业内迁他处,如焦作中福煤炭公司几经周折落户四川、巩县(今巩义市)孝义兵工厂、郑州豫丰纱厂、开封河南农工器械制造厂等先后迁出豫省。④ 河南大中型企业他迁,技术人员流失,无疑对其工矿业的发展产生了消极影响。

为解决军需和民众对工业品之需求,1939年1月国民党五届五中全

① 彭泽益:《中国近代手工业史资料》,中华书局1962年版,第423页。

② 镇平县地方史志编纂委员会:《镇平县志》,方志出版社1998年版,490页。

③ 中国第二历史档案馆:《中华民国史档案资料汇编》第5辑第2编,财政经济(六),江苏古籍出版社1997年版,第80页。

④ 薛毅:《抗战期间中福办事处之南迁》,中国人民政治协商会议河南委员会文史资料研究委员会编《河南文史资料》第16辑,1985年11月,第66~69页;中国第二历史档案馆:《中华民国史档案资料汇编》第5辑第2编,财政经济(九),江苏古籍出版社1997年版,第196页;路宏杰:《巩县孝义兵工厂的概况与变迁》,《中州今古》,1984年第2期,第20~21页;中国第二历史档案馆:《中华民国史档案资料汇编》第5辑第2编,财政经济(六),第415~416页。

会讨论通过了《西部各省生产建设与统制案》，认为后方诸省工矿业，“必更加速其发展，始能适应抗战之需要”。确定工矿业以“国营及省营工矿等业，应均以供给国防需要、增进社会繁荣为方针”，并给予工矿业经营者贷款、奖励等。① 1940年，国民政府为统筹各战区经济事业，设立各战区经济委员会。4月20日，第一战区经济委员会成立。郑震宇任主任委员，会址设在洛阳。② 经济委员会成立后，关于工矿业方面，主要做了以下几件事情：(1)对工矿业进行调查。先后考查了豫省陇海线区各地煤矿产销情形，调查陕县南山铜矿、洛阳机械制造业及郑州豫康机器制革厂、洛阳造纸业等。(2)查清工矿业的具体情况。仅1940年9月至年底，“业据查报到会者，计有荥阳县万福、兴太两煤矿，宜阳县普益煤矿，巩县永顺公司等二十四矿，及陕县观音堂、民生煤矿”。(3)对工矿企业困难者给予帮助。如给予荥阳、新安、宜阳、渑池、陕县等处煤矿技术指导，且先后呈请贷给资金。协助陇海路局为陕县观音堂煤矿公司贷款40万元，为宜阳普益煤矿洽办20万元。(4)拟订举办工矿生产事业计划。对河南各地工矿生产事业，拟定下列各种生产事业计划：“(1)机器制造厂；(2)造纸厂；(3)纺织厂；(4)火柴制造厂；(5)面粉制造厂；(6)开采龙门或宜阳煤矿。”③第一战区经济委员会对工矿业兴办的努力，特别是对河南工矿业的派员指导、资金帮助和拟订建设计划，促进了河南工矿业的发展。

河南工矿业在政府提倡兴办企业而又不愿大量投资的情况下，艰难前行着。从矿业方面看，民营矿业有所发展，据经济部统计，后方各省民营矿区数截至1939年10月底，共有2069个，1940年6月15日发展到2197个，河南由1939年10月底的148个矿增加到1940年6月15日

① 中国第二历史档案馆：《中华民国史档案资料汇编》第5辑第2编，财政经济(五)，第36页。

② 中国第二历史档案馆：《中华民国史档案资料汇编》第5辑第2编，财政经济(五)，第434页。

③ 以上所引资料见中国第二历史档案馆：《中华民国史档案资料汇编》第5辑第2编，财政经济(五)，437～440页。

的150个矿,8个月增加2矿,进展缓慢。① 在这些被开采的矿藏中,"其中以煤矿占半数,锡、金两种矿质次之"②。另据经济部1939年年底统计,河南共有各种矿区数149个,到1940年底增加到151个。③ 在这些民营矿业中,不管是抗战前或抗战后建立,都有一定发展。如宜阳中华煤矿公司,1944年工人增加到2700人,最高日产量增加到700吨;普益煤矿公司,1944年共有工人1400人,最高日产超过500吨。陕县观音堂民生煤矿公司,拥有工人2700人,日产最高达700吨。总之,在洛阳地区,"至一九四三年底,全区共有大小煤矿十九个,矿井四十二口,工人数达六千零一十三人,日产原煤高达二千三百吨"④。由此可知,抗战时期河南矿业虽进展缓慢,还是有一定发展的。除民营煤矿外,河南省地方政府还开办了一些煤矿,如1941年,国民政府第一战区经济委员会与河南省建设厅在洛阳龙门先后开凿立井3个,斜井1个。⑤ 1942年1月陇海铁路局办的"英豪煤炭管理处",该处日产煤300吨。⑥ 由于河南煤炭储量丰富,河南省及各地政府对煤炭开采投资最多,效益也较为明显。

另外,1938年后河南煤炭产量呈逐年递增之趋势,也反映出河南国统区矿业的发展。据国民政府经济部统计,1938年河南国统区煤炭产量为40万公吨、1939年40万公吨、1940年43万公吨、1941年46万公吨、1942年698900公吨、1943年70万公吨、1944年30万公吨、1945年5万公吨。⑦ 1938～1943年,国统区煤炭生产逐年增加,至1943年

① 《后方各省民营矿权推进表》,中国第二历史档案馆:《中华民国史档案资料汇编》第5辑第2编,财政经济(五),第186～187页。

② 中国第二历史档案馆:《中华民国史档案资料汇编》第5辑第2编,财政经济(五),第186页。

③ 《分省推进表》,中国第二历史档案馆:《中华民国史档案资料汇编》第5辑第2编,财政经济(五),第234页。

④ 洛阳地区地方史志总编辑室:《洛阳地区概要》,1985年9月印刷,第234～235页。

⑤ 河南省地方史志编纂委员会:《河南省志·煤炭工业志》,河南人民出版社1991年版,第72页。

⑥ 洛阳地区史志总编辑室:《洛阳地区概要》,第235页。

⑦ 《民国26至36年上半年全国煤产量》,罗元铮:《中华民国实录》文献统计,第5卷上,第4960页。

达到顶峰。1944年由于日军发动河南战役,"所有煤矿几乎全部停产"①,故至1945年煤炭产量骤降至5万吨。战争破坏因素除外,河南国统区煤炭工业自1938年后应该是逐年恢复、不断发展的。

在河南矿业缓慢恢复前行的同时,工业也有不同程度的发展。据不完全统计,1937年河南工厂分布情况如下:许昌11厂、郑州14厂、开封10厂、新乡6厂、陕县2厂、灵宝3厂、洛阳2厂、安阳11厂、汲县(今卫辉市)2厂、郾城8厂、获嘉2厂、商丘3厂、临颍2厂、确山2厂,陈留(今开封县)、武陟、孟县(今孟州市)、博爱、沁阳、彰德、夏邑、鄢陵、通许、方城、西平、延津、尉氏、汝南、禹县(今禹州市)、信阳、密县(今新密市)、唐河、武安(今属河北)、上蔡、浚县各1厂。② 1938年底,35个县市尚在国统区的市县有郑州、许昌、陕县、灵宝、洛阳、郾城、上蔡、鄢陵、通许、方城、西平、确山、汝南、禹县、密县、唐河、临颍、上蔡等18县。③ 这18个县市共有工厂53个,基本上反映了国统区主要工业的面貌。

抗战爆发后,由于国民政府提倡发展工矿业,河南工业在原来基础上有所发展,据国民政府经济部统计,至1942年,河南国统区共有工业厂数88家,其中公营40家、民营48家,资本总额2932324元,其中公营1102824元、民营1829500元,工人总数2479人,其中公营1241人、民营1238人,动力设备合计823匹马力,其中公营698匹、民营125匹,另有2家工厂资本数不清,未计资本总额内。④ 这88家工厂,占后方工业厂家总数的2.34%,其中公营为1.06%、民营1.28%;资本额占后方工业资本总额的0.151%,其中公营占0.057%、民营占0.094,工人占后方工人总数的1.020%,其中公营、民营各为0.51%,动力设备占动力总

---

① 洛阳地区史志总编辑室:《洛阳地区概要》,第235页。

② 《1937年中国工厂分布表》,罗元铮:《中华民国实录》,文献统计,第5卷上,第4902～4903页。

③ 《抗日战争时期各主要县市沦陷时间表》,罗元铮:《中华民国实录》,文献统计,第五卷上,第4222～4236页。

④ 《后方工业厂数资本工人及动设备统计》(下边河南国统区工厂数、工人等占后方工厂总数比例等的计算,也根据此表中后方工厂情况计算得出),中国第二历史档案馆:《中华民国史档案资料汇编》第5辑第2编,财政经济(六),第338～339页。

量的0.57%,其中公营为0.49%、民营为0.08%。从1937年所统计的工厂数与1942年统计的工厂数可知,一是抗战爆发后河南国统区的工业有所发展,由原来国统区主要县市的53家工厂,发展到88家,比原来的工厂增加了60%;二是国统区工业与整个大后方工业相比还十分落后,这不仅表现在绝对数量少,特别表现在资金少、动力设备不足和技术落后上。说明河南工厂大多没有步入工业现代化的行列。

关于河南各地工业的发展情况,从其他资料看,比国民政府经济部的统计要乐观些。如第一战区经济委员会在《1940年度工作报告》中说,根据委员会"就近调查洛阳机械制造业现况,……据报当地现有铁工厂六家,翻砂厂二家,电镀厂一家,纺织机制造厂一家,铁炉坊三家"。洛阳造纸业,"计有振中合作社、光华造纸厂、河洛日报(原文为河浴日报,疑有误)造纸部、行都日报造纸部四处"①。这比1937年所统计洛阳2家工厂的情况有巨大的发展。在巩县(巩义市)回郭镇,1938年赵学锡、张维舟筹资30万元,从上海请来技师,并购回两部卷烟机,在回郭镇开办兴华烟厂,在当时来看,已有相当规模。1944年3月日军侵占回郭镇后,被迫停业。1940年王天一等人在回郭镇开办的新裕烟厂、1941年邵瑞聊、杨桃令等4人集资12.5万元开办的利民烟厂,虽没有兴华烟厂规模大,但都实行机器生产,有一定规模。②

在南阳赊旗镇(今社旗县),1942年至1945年,社旗织布业"处于兴盛阶段,曾有织布机14台,工人30名,并有专业技师2人"③。在唐河县,"抗日战争期间,工业出现畸形高速发展,最为兴盛的是卷烟、酿酒、纺织三业。其中卷烟厂70余家,从业14000余人,年产2万余箱;酒厂45家,从业1125人,年产白酒40万斤;纺织厂百余家,手逮机130台,

① 中国第二历史档案馆:《中华民国史档案资料汇编》第5辑第2编,财政经济(五)第438页。

② 河南省地方史志编纂委员会:《河南省志·烟草工业志》,河南人民出版社1995年版,第36页。

③ 邱应欣:《社旗县志》,中州古籍出版社1997年版,第247页。

从业约700人,年产细布1400万尺"①。在这些畸形发展的工业行业中,尽管绝大多数为个体手工业工场,但也有一小部分用机器生产的近代化工厂。

河南工矿业的衰败起于1942年,之后由于日军发动豫湘桂战役,1944年迅速走向衰落。"自三十一年起,随着全国工业的不景气,河南的工业也在风雨飘摇中。"如"洛阳一地三十年前,有大小制革厂八十余家,到去年年底(1943年——引者注)就只剩二十几家了,而开工的只有十几家"②。1943年的洛阳制革业比1941年大幅度下滑。再如南阳社旗卷烟厂到1944年得到极大发展,利用机器卷烟的工厂就有9家,1944年随着日军发动河南战役,豫南各地先后陷落,大批工厂倒闭,至1945年,"赊旗镇(今社旗县)9个卷烟厂除光中厂外,其余8个厂家都因亏赔严重而倒闭"③。其他行业也和卷烟业一样走向衰落。在唐河,卷烟、纺织业在抗战时期都有发展,可唐河在1945年被"日军一度占领县城"后,"县城工业遭破坏"④而走向衰落。许涤新在考察后方国统区工业发展的历程中得出结论说:"1942年后,民营工业处于日益困难状态。"⑤与河南国统区的工业生产情况基本相同。

二、手工业

抗战爆发后,河南国统区手工业迅速发展起来,走向繁荣。究其原因,首先是由于国民政府的提倡和支持。抗战爆发后,国民政府大力支持各地以民众力量发展手工业,以满足后方供应之不足。1939年1月,国民党五届五中全会通过的《提倡并奖助手工业生产以裕战时国民生计案》中指出:在后方"努力于我国原有之各项手工业,或由家庭营为,或由

① 唐河县地方史志编纂委员会:《唐河县志》,中州古籍出版社1993年版,第358页。

② 《河南工商业在风雨飘摇中》,《新华日报》1944年2月21日。

③ 邱应欣:《社旗县志》,第236页。

④ 唐河县地方史志编纂委员会:《唐河县志》,第358页。

⑤ 许涤新、吴承明:《中国资本主义发展史》第3卷下,人民出版社2004年版,第558页。

作坊攻治，举凡日常生活必须之品、及公私各项代用物品，均大量奖励其生产。一方提倡使用，著为今程，先求可以自给自足，再进而为选择改良”①。1939年2月15日，经济部公布小工业贷款暂行办法，“对于经营纺织、制革、造纸、金属冶制、化学、陶瓷、农林产品等工业资本在一万元至五万元之间者，可呈请经济部贷款”②。表明国民党及其政府对后方手工业生产的提倡和支持。1940年7月，第一战区经济委员会拟定小工矿业暨家庭手工业贷款办法与贷款契约草案，对第一战区手工业“拟由事业资金内拨款一百万元，办理贷款，予以资助”③。为河南手工业的发展起到了积极作用。

其次，帝国主义商品倾销消失，为后方手工业生产创造了条件。抗战爆发后，河南三面受敌，战斗不断，英、美等国纷纷撤资他处，中日两国为交战国，日货除走私外不可能大量倾销敌后，而民众对工业品的需求仍然存在，所以，“曾经被国外资本主义浪潮所摧毁的农村手工业，各地都采着自发的姿态重行（新）振兴起来”④。河南情况与之相同。“由于帝国主义的商品受了战时的军事封锁而不能大量的运销到这里，手工业的或半机器制的代用品的需要便增大起来，于是纺纱、织布、造酒、做油、制烟、造纸、制革等各种经营便增加起来，例如沿唐河两个商业中心赊旗镇和源潭，二年来都有巨大的贸易额，前年（1938年——引者注）年关结账，赊旗镇商人的盈余总计约在三百万元上下，就是源潭也在百万元以上，其他市镇大小不同，盈余也约略与该二地成比例”，但“自去年（1939年——引者注）春天，豫东界首集成为敌货输入的中心以后，此地投机的商人东去贩运敌货的颇多，如果让它发展下去，则刚刚发达的小规模工业，一定遭受打击的”。⑤ 此段材料告诉我们：一是唐河各地商业贸易的

① 中国第二历史档案馆：《中华民国史档案资料汇编》第5辑第2编，财政经济（六），第80页。

② 中国第二历史档案馆：《中华民国史档案资料汇编》第5辑第2编，财政经济（六），第135页。

③ 中国第二历史档案馆：《中华民国史档案资料汇编》第5辑第2编，财政经济（五），第439页。

④ 抗战的中国丛刊之二《抗战中的中国经济》，第86页。

⑤ 抗战的中国丛书之二《抗战中的中国经济》，第87页。

盈余主要来源于本地手工工场生产的产品；二是河南部分地区的手工业在抗战开始后发展迅速，1938 年即发达起来；三是自 1939 年后，唐河已发展起来的手工业在不同程度上受到走私日货的冲击。河南手工业在无帝国主义大量产品倾销的情况下迅速发展起来。

河南手工业的迅速发展到走向衰落，经历了一个过程，但各地不尽相同，有的地方随着物价上涨，通货膨胀，由繁荣步入衰退，有的地方在日军占领下迅速衰落。另外，当时报纸杂志的报道与经济部门的统计也多有出入，据经济部统计，1942 年，河南有民营工厂 48 家，其中酒精厂 28 家，卷烟厂 10 家，具体情况见下表。

表 5—4　河南、湖北两省民营工业业别与厂数（至 31 年底）

业别	河南	湖北	业别	河南	湖北
合计	48	6	皂烛厂	—	3
电厂	1	—	面粉厂	2	1
机器修配厂	4	—	制糖厂	1	—
酒精厂	28	—	卷烟厂	10	—
造纸厂	1	—	棉被厂	1	2

表 5—5　河南湖北两省民营工厂开工年份

开工年份	河南	湖北	开工年份	河南	湖北
合计	48	6	1939	8	—
1935	1	—	1940	10	2
1936	1	—	1941	15	4
1937	—	—	1942	7	1
1938	4	—	不明年份	2	—

表 5—6　河南、湖北两省民营工厂资本额统计

资本分组	河南	湖北
合计	48	6
5000 以下	21	—
5001—10000	5	—
10001—50000	13	1
50001—100000	4	3
100001—500000	4	1
资产不明	1	1

资料来源.彭泽益:《中国近代手工业史资料》,第 306～307。

从表5—4、表5—5和表5—6中可以看出，河南手工业发展缓慢，到1942年底仅有48家，且规模简陋，技术落后，资本额小，在河南的48家工厂中，5000元以下的21家，占工厂总数的43.75％，10万元以上的4家，占8.33％。在这些工厂中，仅有1家在抗战前建立，其余均建在战时，“因为这些工业，大多是在战争中建立，尤其是在面临最前线的区域内，投资于工业的人，不敢冒险求其发展，所以因陋就简，不能与后方各省民营工业相提并论”①。河南地处战争前沿，正是其手工业规模小、资金少的关键所在。

与彭泽益《中国近代手工业史资料》的统计不同，据一些报刊和河南省志及各市地方志的记载，从1937～1942年，恰是河南手工业迅速发展、繁荣昌盛时期。据《新华日报》报道：“抗战以来，河南工商业的发展虽然比不上大后方，但丝绸、卷烟、造纸、土布、皮革等业，在二十八年到三十一年间，也曾有过飞黄腾达的黄金时代，自三十年起，随着全国工业的不景气，河南的工业也在风雨飘摇中了。”1942年灾荒与物价飞涨，为河南手工业由繁荣走向衰落的转折点。如“洛阳一地三十年前，有大小制革厂八十余家，到去年(1943年——引者注)年底就只剩二十几家了，而开工的只有十几家”②。上述报道中说的工业，应该以手工业为主。仅洛阳一地的大小制革厂就接近国民政府经济部统计的48家工厂的2倍。

河南土布业最称发达，散布于农村中，具有广大深厚的基础。“抗战以来，内外货退潮，乃更扶摇直上，一时颇有蓬勃气象。”③如巩县(今巩义市)土布在政府进行统制后，直到1942年，仍有较大发展。“据回郭镇布业公会的呈文所说，在未被统制以前，全部每日能收买六七千匹土布。”1939年，政府开始对土布进行统制，由官方机构按官价收买，到1941年，据估计“回郭镇每日至少可收二千匹布”。1942年，河南大旱，政府成立“采购处”，限价收购，洛阳土布业受到沉重打击。“‘采购处’成

① 彭泽益：《中国近代手工业史资料》，第307页。

② 《河南工商业在风雨飘摇中》，《新华日报》1944年2月21日。

③ 彭泽益：《中国近代手工业史资料》，第415页。

立后，每日只能收买十几匹了。这个数字也许稍微有点夸张，即对于过去数字估计得太高，对于现在的数字估计得太低。但无论如何，土布的销售量的急剧减少，都是铁一般的事实。”①巩县回郭镇土布发展的历史，写下了河南手工业在抗战时期由发展到衰退的过程。

再如镇平棉纺业在抗战时期也得到长足发展。到1944年，“县内主要棉织品产地贾宋、杨营等地的16个自然村，有织机2000多台，从业3486人，年产白棉布40万匹，条格布14万匹”。另外，“贾宋的李慎动、黑龙庙等地有织毛巾机1000余台，织袜机900余台，年产毛巾60万打（每打12条），袜子50万双”②。镇平的棉纺织业比巩县回郭镇更加繁荣，且持续时间长，直到1944年仍在发展中，这与洛阳地区有所不同。

卷烟是河南的主要工业，抗战时期烟草业迅速兴起，手工工场数目犹多。抗战爆发后，由于英美烟草公司早已撤离，南洋公司于1938年迁入后方，过去被挤垮的河南本地烟厂、烟行和转运公司纷纷开业，面临沦陷区，背靠大后方的河南烟叶生产、卷烟制造和烟草机械生产迅速发展起来。据《河南省志·烟草工业志》记载：“抗日战争时期，河南省广大农村严重短缺卷烟，手工卷烟又发展起来。到1944年以后，手工卷烟已成为烟区农民一种副业，几乎遍及烟区农村。”③如“巩县回郭镇是抗日战争以后机器卷烟厂家发展最多的一个镇。该镇从1938～1945年共开业31家”④。在许昌，“1937年许昌城区大小烟行达百余家，转运公司30多个，搬运工人近千人”。在抗战期间，“全国烟商云集烟行，许昌已有‘烟都’之称”⑤。1942～1946年，河南卷烟业进入第二个鼎盛时期。⑥

河南手工卷烟业的大衰退主要是由于日军入侵所造成。1944年日军发动豫湘桂战役，河南西部、南部沦陷，“许多工厂歇业。到1945年日军投降时，郑州市卷烟户为20家，从业人员100余人，资金折合小麦1.3

---

① 彭泽益：《中国近代手工业史资料》，第423页。

② 镇平县地方史志编纂委员会：《镇平县志》，第490页。

③ 河南省地方史志编纂委员会：《河南省志·烟草工业志》，第34页。

④ 河南省地方史志编纂委员会：《河南省志·烟草工业志》，第2页。

⑤ 河南省地方史志编纂委员会：《河南省志·烟草工业志》，第20页。

⑥ 河南省地方史志编纂委员会：《河南省志·烟草工业志》，第2页。

万公斤”①。在临颍,1944年春,“全县大小烟厂10余处,卷烟工人700余名”。后由于“日军入侵,工厂破产”②。在唐河,抗日战争期间,“最为兴盛的是卷烟、酿酒、纺织三业。有卷烟厂70余家,从业14000余人”。1945年夏,“日军一度占领县城,县城工业遭破坏”③。日军再次发动战争,是河南手工卷烟业衰落的直接原因。

第三节 国统区的商业

一、官营商业

抗战爆发后,国民政府为免致物资资敌和平抑物价,曾对贸易实行统制,且专卖商品品种越来越多,统制越来越严格。1938年秋,成立河南省战时贸易局,由河南省农工银行拨足50万元为营运基金,“目的在以经济政治力量,收购运销人民生活必须之物品,调剂供求,平抑物价,安定战时人民生活,并购销土产,使经后方出口,既免资敌,更以充实外汇基金,稳定金融;而抢购战区物资,接济后方需要,亦为该局主要任务之一”。1939年8月,河南省战时贸易局改建为河南省战时贸易委员会,资本增为100万元。1942年,贸易委员会改为河南省贸易公司,资本扩充至200万元。1944年5月豫中各县沦陷,省贸易公司组织扩大,将省平价购销处和省物价管制委员会之物资购销部分均归并于省贸易公司之内,资本增至5000万元,后河南大部沦陷,该公司由南阳仓猝迁至西安,贸易停止。④

河南省战时贸易委员会及其他官营贸易机构成立后,利用其特权及雄厚资金,收购各地土特产及日用品。据河南省贸易委员会统计,从1940年5~12月,该委员会“计共收购牛皮二十二万三千余斤,除一部

---

① 河南省地方史志编纂委员会:《河南省志·烟草工业志》,第36页。

② 临颍县志编纂委员会:《临颍县志》,第360页。

③ 唐河县地方史志编纂委员会:《唐河县志》,第358页。

④ 貊菱:《河南省战时金融》(下),中国人民政治协商会议河南省委员会文史资料研究委员会编:《河南文史资料》1996年第4辑,第173页。

售予商民供给制革需要外，计先后售予委员会洛阳办事处约十一万九千六百余斤，猪鬃共收购一千六百余斤……桐油共收购二十七万八千八百余斤，已分别运销各县”。为平抑物价，该委员会还“购食粮约二百三十余万斤，香油九万一千余斤，食盐约三万二千余斤，煤约一百七十五万斤，木炭约二十万斤”。“向各地收购棉花约二十七万斤、土布约九千疋、药材约九万余斤、烟叶约二万五千斤、山家丝约四千余斤，均经配销各地，以资调剂。”①可见省贸易委员会不仅以雄厚资金大量购物，还对食盐、烟叶等专卖品的购卖享有特权。省贸易委员会的购销交易，除平抑物价，给民营企业提供原料外，更重要的是从中赚取较多利润。

属官营性质的商业机构还有河南省供销合作系统。1940 年成立河南省合作事业管理处，开始筹建合作物品供销处，到 1943 年底各县已成立合作物品供销分处 43 所。省、县物品供销处，为独立经营机构，自成系统，其货物销售的唯一对象为各级合作社。该系统经营货物以日用工业品为主，共分服用、日用、食用、药用及文具等 51 类。② 供销社由政府组织，由社员参股，大权掌握在官绅手中。抗战时期卢氏县于 1939 年成立合作金库，其业务以放贷为主，附设有供销社，经营食盐及日用杂货，并在各大集镇设有盐店，多为官绅把持。1944 年日军攻陷卢氏后，供销社解体。③ 整体观察，官营商业对平抑国统区物价，支持抗战有一定的积极作用，但更多的是阻碍了商业贸易的正常进行和工业的发展。

二、私营商业

抗战爆发后，郑、汴船只移往洛阳，洛阳一时成交通枢纽，周围诸县货物只能先运洛阳，再运往西北及其他各处。如“洛阳南关为水旱码头，有煤厂、竹木行、盐行、棉麻行、猪行、山杂货等行为 60 余家”。大批货物

---

① 《河南省战时贸委员会二十九年度五月至十二月工作概况》，1941 年 1 月编印，第 3 页。

② 河南省地方史志编纂委员会：《河南省志·供销合作社志》，河南人民出版社 1993 年版，第 36 页。

③ 卢氏县志委员会总编辑室：《卢氏县志》初稿，商业·工商物价，1981 年印刷，第 5 页。

之运销,带动洛阳商业迅速发展。① “商号猛增为4000余家,市场骤然畸形繁荣。”②貊菱在谈到战时洛阳商业时亦讲:“洛阳亦百货商行林立,大非战前可比。”③据史料记载,抗战时期,洛阳各业商店林立,日用百货应有尽有,仅颜料方面:“洛阳市经售颜料之商店,将近百家,其所售之货色,多系德国颜料公司出品,次则为美国,再次为敌国虎牌快靛。”④1942年旱灾后,据报载:“洛阳粮价飞涨,中等麦每斗价约80元左右,百货也呈有行无市之象。”⑤

在禹县(今禹州市),以药材为主的商品交易日益昌盛,进入禹县近代商贸的黄金时期。“1938年,开封、郑州相继沦陷,药商自郑返禹,商业再度繁荣。翌年,陕、甘、宁、青等省区商人来禹抢购手工卷烟和白布。布行骤然增至30户,每天都有手工卷烟和禹布络绎西运。”“抗战初期,禹税收额仅次于洛阳,居全省第二,由此可窥禹商业之繁盛。其商品之百分之八十是在许昌购货,较大的商号则直接从全国各大商埠或产地进货,商品流向旁及邻县。”禹县俨然成为当时豫中的产品交易中心。1942年,“禹境受旱、蝗等灾,市场凋敝”。“1944年,日军侵禹,部分商号因乱停业。”⑥郑州“在没有沦陷、没有旱灾之前”,商业“还是相当的繁荣,商店有一千七百多家”。但自从1942年旱、蝗灾起,商业十分萧条,“鼎鼎大名的大同路,德华街,福寿街,都成了荒场。……全市开门的商店,不及二百家”⑦。开业商店仅为灾荒前十分之一。

① 河南省交通厅史志编审委员会:《河南航运史》,人民交通出版1989年版,第184～185页。

② 洛阳市地方史志编纂委员会:《洛阳市志·财政·税务·金融志》,中州古籍出版社1996年版,第336页。

③ 貊菱:《河南省战时金融》(上),中国人民政治协商会议河南省委员会文史资料研究委员会编:《河南之史资料》,1996年第2辑,第173页。

④ 秦孝仪:《中华民国重要史料初编——对日抗战时期》第六编,傀儡组织——叁、汪伪政权,中国国民党中央委员会、中央文物供应社1981年版,第1109页。

⑤ 耿占云、任书安:《抗战时期的洛阳》内部资料,2005年12月,第35～36页。

⑥ 禹州市志编纂委员会:《禹州市志》,中州古籍出版社1989年版,第454页、第455页。

⑦ 李蕤:《无尽长的死亡线——一九四二年豫灾剪影》,中国人民政治协商会议河南省委员会文史资料研究委员会编:《河南文史资料》第13辑,第28～29页。

在南阳地区，因沦陷区人口的大量内迁使商业迅速走向繁荣。“1938 年，郑州①、开封相继为日本侵略军占领，国民党河南省政府机关及郑、汴一些学校曾一度迁至南阳，人口陡增，一时南阳又成为南北、东西货物集散地，商业呈现短暂的兴旺时期。布匹、食盐交易数量巨大，粮食贸易更加活跃，南阳城关粮行由 8 家增至 19 家，年销粮食 700 多万公斤。”②另外，“比较兴盛的行业为时装、杂货、文具、纺织、卷烟、食盐等，仅县城内就有 30 个行业，687 户。百货业利润大增，‘经伦百货行’每日留住外地客商百人以上，日均成交额 12.75 两黄金(合法币 30 亿元)。其他盐行、粮行、服务业也生意兴隆。民国 34 年(1945 年)日军侵宛后，富商外逃，市场萧条”③。《新华日报》在报道中也说：在豫南地区，“自从抗战以后，因为商业的利润率加大，有一部分地主投资于商业资本的经营中”，使商业出现畸形繁荣。④ 粮食外销方面，“1938～1945 年的抗日战争时期，武汉被日本侵略军占领，南销粮受阻。鄂西北和陕东南、豫西南结成粮食市场，商人云集南阳，陆运到舞阳北舞渡码头洪河，经周口、界首、蚌埠，年东销沪宁粮食 1500 万公斤上下”。南阳已然成为粮食贸易的集散地。“1945 年 3～8 月，日军侵占宛属各县，在南阳县城解放路设裕丰贸易公司，并在南阳县瓦店镇、赊店镇和镇平县城设三个招讨使署掠夺粮食。其他县城和较大集镇，由汉奸供日军粮食。”南阳及周边各县的粮食贸易不复存在，粮贸市场顿时萧条下来。⑤

在唐河一带，“沿唐河两个商业中心赊旗镇和源潭，二年来都有巨大的贸易额，前年(1938 年——引者注)年关结账，赊旗镇商人的盈余总计约在三百万元上下，就是源潭也在百万元以上，其他市镇大小不同，盈余也约略与该二地成比例”⑥。从商人们的盈余中，反映了唐河商业的利

① 1938 年日军未占郑州，但由于日机对郑轰炸不断，行政机关、学校等公职人员大批南迁或内迁。

② 南阳县地方志编纂委员会：《南阳县志》，河南人民出版社 1990 年版，第 335 页。

③ 南阳县地方史志编纂委员会：《南阳县志》，第 336 页。

④ 君平：《宛南农村经济的现状》，《新华日报》1940 年 7 月 15 日。

⑤ 马彬：《南阳地区粮食志》，中州古籍出版社 1991 年版，第 275 页。

⑥ 抗战的中国丛刊之二《抗战中的中国经济》，第 87 页。

率之高和繁荣。唐河沦陷后,日军的抢掠、官府的苛捐杂税及物价暴涨,使唐河商业遭到沉重打击,“外地商人被迫回原籍,当地商人也不能安业,一些商号倒闭歇业,仅存的也只能勉强维持现状”①。从南阳地区的商业经营情况看,该地区在抗战时期商业繁荣,交易发达,1942 年大旱灾对其有影响,但没有豫西严重。1944 年日军发动豫湘桂战役,日军对该地区的进占和抢掠,是南阳地区商业由盛到衰的主要原因。

河南私营商业之所以迅速发展,主要原因有以下几点。

首先,非农业人口的大量增加,促进了河南国统区大小城镇的勃兴,带动了商业的繁荣。关于河南国统区有多少非农业人口,没有精确的统计,但战时迁入后方的人员不在少数,主要有以下几类:第一类为驻军和民工。抗战时期,河南三面临敌,因此驻军超过其他省份。据 1944 年豫湘桂战役前统计,“中国第 1 战区在汜水(今荥阳市西北)、广武(今荥阳市东北)、郑州、中牟、尉氏河防一线和许昌、遂平之平汉铁路沿线以及密县(今新密市)、临汝、襄城、洛阳等纵深地区,部署有 8 个集团军共 17 个军”②。如按正规部队编制每军 3 个师 3 万余人计算,17 个军共有 51 万多人,即使编制不健全,亦应有 40 多万人。龚古今、唐培吉主编的《中国抗日战争史稿》(下)认为,抗战时期,国民党在河南驻有 40 万军队。③由此看来,国民党在河南的正规部队当在 40 万～50 万人。另外,由于战争的需要,国民党河南当局还征有大批民工,据统计,“抗战期间,国民党在全国征募壮丁 14050521 人,其中在河南征募 1898350 人,数量居全国第二”④。这 189 万余被征募的壮丁,大部分留住河南,以为抗战服务。第二类为河南政府机关、学校、文艺科研单位等官员、师生、技术人员和文艺工作者,在抗战爆发后陆续迁入国统区。第三类是由于灾荒和不忍日伪军政当局虐待而逃出河南沦陷区的民众。据善后救济总署调

① 唐河县地方史志编纂委员会:《唐河县志》,第 421 页。

② 军事科学院军事历史研究部:《中国抗日战争史》(下卷),解放军出版社 1994 年版,第 465 页。

③ 龚古今、唐培吉主编:《中国抗日战争史稿》(下),湖北人民出版社 1984 年版,第 291 页。

④ 申志诚:《河南抗日战争纪事》,河南人民出版社 1995 年版,第 454 页。

查处统计，仅河南黄泛区20县抗战中逃离家园的即达631070人，且大部从沦陷区逃入国统区，滞留河南境内。① 这样算来，上述三类人员在国统区即达300万左右，如再加上国统区原有之官员及科研、教育等非农业人口，河南国统区当有近350万左右的非农业人口。

非农业人口的剧增，使国统区的购买力陡然加大，这是促使商业迅速繁荣的主要原因。如在南阳内乡，"抗战时期，省内有几十所学校迁内乡，笔墨纸砚会盛极"②。内迁的学校是促进内乡文化用品贸易发达的直接动因。西峡县的夏馆，因1939年春河南省立三校（女师、高中、初中）的同时迁驻夏馆，形势的变化，人口的激增，而商业兴隆，有"菊潭便作新梁苑，夏馆即是小开封"的美称。③ 许涤新在总结抗战时期大后方商业繁荣的原因时说："非农业人口的剧增……驻军地区和新的行政、文化点的形成，大小城镇勃兴，都成为新兴市场"，加速了商业的繁荣。④ 抗战时期河南商业的发展原因与许涤新对大后方商业发展原因的总结基本吻合。

其次，从市场供给方面观察，抗战前4年，河南后方工业和手工业都有所发展，特别是手工业迅速走向繁荣，为河南商业的快速发展打下了基础。另外，河南主要农产品的亩产量，在1941年前，承接战前的发展趋势缓慢增长，为后方提供较多的农产品。所以，战后的通货膨胀与物价的上升，在物资充裕的情况下，反而增加了购买倾向，造成商业繁荣。如在豫南地区，"自从抗战以后，因为商业的利润率加大，有一部分地主投资于商业资本的经营中"，从而促进了该地区商业的发展。⑤ 在洛阳，由于物价上升太快，"工业利润赶不上商业利润"，聪明的工厂主都"以商

① 《近代史资料》编辑部、中国人民抗日战争纪念馆：《日军侵华暴行实录》（一），北京出版社1995年版，第619页。

② 内乡县地方史志编纂委员会：《内乡县志》，生活·读书·新知三联书店1994年版，第486页。

③ 张道明：《夏馆手工业、商业历史概况》，政协内乡县委员会文史资料研究委员会：《内乡文史资料》第5辑，1987年12月，第108页。

④ 许涤新、吴承明：《新民主主义革命时期的中国资本主义》第3卷，第583页。

⑤ 君平：《宛南农村经济的现状》，《新华日报》1940年7月15日。

养工”,勉强支持工业,在工厂大批倒闭的情况下,商业却依然在发展着。①

第四节　战时财政体系的确立与金融网的建立

一、战时财政体系的确立

(一)河南战时财政体系的确立

河南战时财税体系确立主要表现在战时税务政策的制定、税务组织的建立。

税收为理财之本,也是财政是否健康的标志。战前,“关税、盐税、统税为南京政府的三大支柱。……战起后,三税税源大部丧失,国民政府陷于财政危机”②。“政府迁重庆后,后方物价本低,又连年丰收,大量发行钞票竟未引起大的骚动,对于财政仍是‘掉以轻心’。”1940年农业歉收引起物价和财政赤字猛涨,国民政府才于1941年制订《战时财政改革》计划,实施战时财政政策。③

1941年财政改革的主要内容为:(1)关税、货物税(原统税)改从量征收为从价征收,这在通货膨胀中等于提高税率。(2)开征战时消费税,由海关广设内地关卡,等于恢复厘金。(3)实行盐、烟、火柴、糖的专卖。(4)直接税方面,将原为地方税的两大项即营业税和田赋划归中央财政,由原来的中央、省、县三级财政收支划分为中央财政与自治财政两大系统,省财政并入中央,县为自治财政(自治财政以县、市为单位,包括县以下各级地方自治团体)。确定县级收入为:(1)土地税,中央分给25%;(2)营业税,三成至五成;(3)契税附加;(4)遗产税,三成五;(5)印花税,三成;(6)土地改良物税;(7)屠宰税;(8)营业牌照税;(9)使用牌照税;

① 《河南工商业在风雨飘摇中》,《新华日报》,1944年2月21日。

② 许涤新、吴承明:《新民主主义革命时期的中国资本主义》第3卷,第475页。

③ 许涤新、吴承明:《新民主主义革命时期的中国资本主义》第3卷,第476页。

(10)筵席及娱乐税等。① 1941 年财政体制改革及同时进行的田赋征实政策，标志着战时财税政策的实施，即战时财税体系的确立。

根据中央财政改革的精神，1942 年 6 月 3 日，河南省公布《河南省各县自治税捐征收处组织规程》，要求各县设立自治税捐征收处暂管各县自治税捐的征收，自治税捐主要有土地改良物税即房捐、屠宰税、营业牌照税、使用牌照税、筵席及娱乐税、特赋收入等。其中房捐、筵席及娱乐税、特赋收入等是新设税种，专为战时所开。② 9 月 12 日，《河南省各县市筵席及娱乐税征收规则》公布，规定"各县市原有之行为取缔税及其他娱乐税捐无论已往原用何种名称一律改为诞席及娱乐税征收"。征收范围及征收率为："诞席按原价百分之二十。""以营利为目的之电影、戏剧、书场、球房及其他娱乐场所按原价百分之五十。"③1944 年 2 月公布《河南省各县市屠宰税征收细则》，规定凡屠宰牛、猪、羊等牲畜者，均按当时牲畜时值价格征收"牛百分之五、猪羊百分之四"的屠宰税。④ 11 月 6 日，公布《河南省各县市营业牌照税征收细则》，规定凡在各县市境内经营娱乐业、奢侈化妆、古玩品业、迷信业、各种杂货售卖、典当业等，均征收营业牌照税。税务征收时按投入多少，从 30 万元至 2 千元划分 12 等，征收 1500 元至 10 元不等的营业牌照税。⑤ 与此同时，在组织上河南省国统区实行了二级财政体制和田赋征实的政策。这样，河南省就在 1941 年中央财政改革后，制定了一系列的税务法规，且根据中央精神，征税时将原来的从量征收改为从价征收，将河南财税体系纳入到了中央战时财税体系中。

在战时财税政策实施的同时，河南税务组织系统逐步完善，在原财政组织系统的基础上，将原属河南省财政厅管辖的省所得税办事处更名

---

① 许涤新、吴承明：《新民主主义革命时期的中国资本主义》第 3 卷，第 476～478 页。洛阳市地方史志编纂委员会：《洛阳市志·财政·税务·金融志》，第 10 页。

② 河南省政府秘书处：《河南省政府公报》复刊，第 3 期，1945 年 12 月 21 日出版，第 11 页。

③ 河南省政府秘书处：《河南省政府公报》复刊，第 3 期，第 22 页。

④ 河南省政府秘书处：《河南省政府公报》复刊，第 3 期，第 15 页。

⑤ 河南省政府秘书处：《河南省政府公报》复刊，第 3 期，第 19～20 页。

为河南省直接税局,同时设货物税局。局下设科:分税务科、会计科和总务科。科下设股,如税务科下设稽查、审核两股。省局下设分局,为直接税与货务税两局,共有洛阳分局、郑州分局、郾城分局、禹县分局、许昌分局、沈丘分局、灵宝分局、临汝分局、潢川分局等。各分局下设利得税、遗产印花税、营业税、总务四股。各县设税务查征所,由分局直接管辖。各地税务系统于1941年后建立。1943年财政部为紧缩开支,调整税务机构,将直接税局与货物税局合并,省级设税务管理局,由原来的税局下设科改为设七科二室,各地分局与县税务查征所做相应调整。这样,从组织层面建立了更为完整的河南税务征收系统。税务组织系统的设立与完善,为增加河南税收、支持河南抗战起到了积极作用。①

(二)财政收入的增加

战时财税改革与河南税务组织的完善,改变了税收下滑的局面,增加了税收。抗战爆发后,河南省财政收入从1938年至1940年逐年递减。1941年财政改革后,在河南遭遇特大旱灾的情况下,财政预算收入却不断增加,具体情况见表5—7。

表5—7 1938～1940年河南省财政收支统计 单位:法币/万元

年份	1938	1939	1940
收入	3267.9	2616.5	1006.3
支出	3838.6	2894.2	1069.9

资料来源:《民国时期部分年份河南省财政收入统计》、《民国时期部分年份河南省财政支出统计》,河南省地方史志编纂委员会:《河南省志·财政志》,河南人民出版社1994年版,第14页、第160页。

① 薛兆棠:《抗战前后河南直接税点滴回忆》,开封市地方志编辑委员会编辑室:《开封市志资料选辑》第1期,第25～26页;光山县税务局税务志编辑室:《光山税务志》,内部发行,1986年12月,第25～26页;洛阳市地方史志编纂委员会:《洛阳市志·财政·税务·金融志》,第315页。卢氏县志编委会总编辑室:《卢氏县志》,财税·金融,初稿,1981年,第55～57页。

表5—8　1941～1945年河南省战时货物税、直接税、消费税、田赋收入统计

单位:法币/元

收入＼年份 税种	1941	1942	1943	1944	1945
货物税	28802537	78897153	63198042	86810641	1788229201
直接税	2593790	60736785	221369056	325478901	
消费税分关收入(洛阳)	—	—	39284576	51089297	16107889
田赋征实折法币数	158287600	245140000	415105500	426047500	—
合计	189683927	384773938	738956654	889426339	1804337090

资料来源:《战时货物税分区收入(民国26至34年)》、《战时直接税分区收入(民国26至34年)》、《战时消费税分关收入(民国32至34年)》、《战时各省市田赋征实征购征借及折合法币数额》,罗元铮:《中华民国实录》文献统计,第5卷下,第5152页、第5154页、第5155页、第5156～5157页。

说明:1945年洛阳关战时消费税仅为部分收入,1946年补收的未列入。

表5—9　1941～1945年河南省财政预算收入统计表　单位:法币/元

年份	1941	1942	1943	1944	1945
预算收入(1)	30523897	86410359	401267740	552233542	4693450190
预算收入(2)	14347713	69702309	156777911	429244375	

资料来源:罗元铮:《中华民国实录》文献统计,第五卷下,(1)根据第5126～5127页《民国26至36年度各省预算》所得;(2)根据第5129～5130页《民国26至35年度各省县预算》所得。

说明:1.预算收入(1)为国民政府会计处根据各年度预算书、决算书会计总报告编制,包括追加及追减预算在内。2.预算(2)为财政部统计处根据地方财政司之材料编制,不包括追加及追减预算。

由表5—7可知,抗战爆发后,河南省财政收入1938～1940年分别为3267.9万元、2616.5万元和1006.3万元,三年间财政收入减少68.21%强,且年年入不敷出。表5—8中的货物税、消费税属间接税,包括对棉纱、糖烟酒等各种货物的征税;直接税包括印花税、所得税、过分利得税、遗产税、营业税等;再加上消费税分关和田赋。故上述四项税收基本可代表河南的主要税种,窥见河南省战时财税体系确立后财政收入之全貌和赋税之苛重。根据国民政府财政改革精神,实行田赋征实和税收从价征收政策,使财政收入逐年递增,且远远超财政预算收入,以1943年和1944年两个财政年度计算(因为该两年度税收齐全),3项税收和田赋征实折合法币分别为738956654元和889426339元,高出表5－9预算收入(2)582178743元和4601881964元,高出预算收入(1)337678914元和337192797元,这些巨额收入是在灾荒与战祸连绵不断的情况下取得的。1941年后的高财政收入,一方面因为通货膨胀的影响,但更重要的是因为财政改革后,税收从价征收和田赋征实所造成。

二、财政的收入与支出

抗战时河南财政收入主要有两部分组成,一部分为战时税收,如货物税和直接税、房捐等,另一部分为田赋(1941年改为田赋征实,由向政府交钱改为征收小麦、大米或杂粮等实物)、田赋附加及征购和征借。财政支出主要有行政、保安、教育、建设等多项。从财政收入情况看,1941年前入不敷出,具体情况见表5－7。1941年以后,河南省财政预算收支是平衡的,且实际收入远高于预算收入,具体情况见表5－8和表5－9。由表5－8、5－9可知,1. 1941年后,财政预算收入大幅增加,1944年与1940年相比,即按未追加预算的预算收入(2)计算,亦增加40倍以上。2. 各项税收数额超过财政预算收入,以1943年和1944年两个财政年度计算(因为该两年度税收齐全),3项税收和田赋征实折合法币分别为738956654元和889426339元,分别为表5－9预算收入(2)的4.71倍和2.07倍强,为表5－9预算收入(1)的1.84倍和1.61倍强。3. 从财政收入来源看,田赋所占份额巨大。1941～1944年,田赋占四项税收份额分别为83.45%弱、63.71%强、56.17%强和47.90%强,从整体观察,田赋占各项税收的60%以上。说明河南国统区财税收入的不合理和工商业的不发达。4. 田赋在各项税收中逐年递减,说明1941年后战时税收政策产生了明显效果和工商业税收的苛重。

财政支出主要指国家对军事、行政、教育及经济建设的开支。关于战时河南省财政支出的详细资料，由于战争原因很难搜集齐全，但从1941年和1942年度的预算支出情况及1938～1942年河南实业费支出情况可窥见基本轮廓。具体情况见表5－10。

表5－10　河南省1941～1942年财政支出预算表　单位:国币元

金额 年份 项目	1941	各项支出占总支出比例%	1942	各项支出占总支出比例%
总计	14347713	100	69702309	100
政权行使支出	164880	1.150		
行政支出	5433943	37.883	12052680	17.292
教育文化支出	3411864	23.780	20382808	29.243
经济建设支出	383682	2.674	4559107	6.541
卫生及治疗支出	201960	1.408	485400	0.696
保育及救济支出	197582	1.380	236780	0.340
保安支出	1013260	7.063	8876362	12.735
财务支出	272856	1.902	1953716	2.803
普通补助及协助支出	1453628	10.132	298531	0.428
社会事业支出			479000	0.687
其他支出	7583	0.053	8501989	12.198
预备金	1806475	12.591	11879936	17.044

资料来源:《各省所属县市地方支出分类预算》(30年度)(二)、《各省所属县市及特别市地方支出分类预算》(31年度)(二),中国第二历史档案馆:《中华民国史档案资料汇编》第5辑第2编,财政经济(一),第581页、第585页。

由表5－10可知，1941年支出比例前5位的为行政支出、教育文化支出、预备金、普通补助及协助支出和保安支出，前5项共约为财政总支出的91.50%，而经济建设支出仅为2.67%强。1942年支出比例前5位的是教育文化支出、行政支出、预备金、保安支出和其他支出，前5项支出占财政总支出的88.523%，经济建设支出为6.541%。说明河南财政支出主要用于行政事业和保安开支，经济建设支出微不足道。但这种极不利于经济建设和医疗卫生建设的财政支出预算是基本符合战时情况的。

另外,从1938～1942年部分年份的实业支出情况,亦可看出当时河南省财政支出中经济建设费用少得可怜,具体情况见5—11。

表5—11 1938(1～6月)～1942年河南省实业费支出统计 单位:万元

年份	财政总支出	实业费	占财政总支出%	建设费	占财政总支出%
1938	3838.6	14.3	0.373	84.9	2.212
1939	2894.2	13.3	0.460	77.1	2.664
1940	1069.9	43.9	4.11		
1942	1020.2			94.8	9.292

资料来源:"财政总支出"一栏来源于河南省地方史志编纂委员会《河南省志·财政志》第160页《民国时期部分年份河南省财政支出统计》,"实业费"和"建设费"两栏来源于河南省地方史志编纂委员会《河南省志·财政志》第168～169页《民国时期河南省部分年份实业费支出统计》。

表5—11中的建设费支出包括:建设厅、河务局、林场和农工场经费、修筑公路费、船舶管理处经费、推行农村合作事业费、农业倡导委员会和工业倡导委员会经费以及建设专用费,基本涵盖了经济建设的方方面面。① 由表5—11可知,4年间建设经费支出占财政支出比例基本徘徊不前,1942年建设费支出最高为94.8万元,将这94.8万元用于修路、合作事业等方方面面,可谓杯水车薪。这样的财政支出显然无法推动河南经济的发展和提高人民的生活水平,同时也可从侧面看出河南财政收入的不足与资金的匮乏。

三、河南金融网点的建立

抗战前,"豫省境内之金融机关有河南农工银行总分行处四十处,中央、中国、交通、农民、浙江兴业、金城、上海商业储蓄、大陆、北洋保商等银行分支处三十六处,及钱庄、银号等四十余家,对于该省金融勉能调剂"。从金融机构所设网点观察,可以说,河南省内、省外银行(包括四大银行)及钱庄、银号在河南三分天下。"抗战起后,金融感应敏锐,各省外

① 河南省地方史志编纂委员会:《河南省志·财政志》,第169页。

银行在豫之分支机构为策安全”，纷纷撤离。至“二十七年秋，在河南之省外金融机关之分支机构仅余中央银行及中国农民银行之分行处三处而已，当时河南之金融惟赖河南农工银行总分行处之支撑耳。”①由于省外银行纷纷撤离河南，国统区的金融业务主要由河南省农工银行和各县银行、合作金库承担。所以，河南农工银行在抗战时期所设分行处不仅没有减少，反而有所增加。“截至三十二年（1943 年）底止，该行除总行设在鲁山外，分行处达四十一处之多。在省内者三十六处，其中洛阳、许昌、漯河、南阳、鲁山等五处为分行，郑州、陕县、周口、襄县、禹县（今禹州市）、潢川、汝南、镇平……邓县等三十一处为办事处，分布普遍，业已构成全省金融网。”②该行在国统区建立 36 行处，比原来在全省建立的行处还多，使其业务触及河南行政完整之县市，河南农工银行的业务扩展，“远胜于抗战以前”③。基本完成了河南金融网的建设。

如果说河南省农工银行各地分行处基本构成了河南金融网，各县银行和县合作金库的建立，是对河南金融网的补充和完善。据统计，河南省根据中央 1942 年 2 月颁布的“县银行总行章程”和各县建立合作金库的命令，从 1941～1943 年，先后在洛阳、南阳等地区建立县银行 65 家，其中第一期成立 47 家，实收资本总额 4134309.77 元。第二期成立之各行，资本数额尚未上报。在第一期成立的 47 家银行中，实收资本最多者为洛阳县银行，为 36 万元，其次为伊阳 20 万元。在 10 万元至 15 万元之间者有 12 家银行，5 万至 10 万元者 26 家银行，5 万元以下 2 万元以上者有 7 家银行。④ 由此可见各县银行资本之微薄。作为一县金融重心的县银行，调剂农村金融、扶助地方经济建设为主要任务，而“以现实

① 貊菱：《河南省战时金融》上，中国人民政治协商会议河南省委员会文史资料研究委员会编：《河南文史资料》，1996 年第 2 辑，第 193 页。

② 貊菱：《河南省战时金融》中，中国人民政治协商会议河南省委员会文史资料研究委员会编：《河南文史资料》，1996 年第 3 辑，第 199 页。

③ 貊菱：《河南省战时金融》中，中国人民政治协商会议河南省委员会文史资料研究委员会编：《河南文史资料》，1996 年第 3 辑，第 181 页。

④ 《河南一、二期筹设各县县银行成立时间及资本额》，《河南战时金融》上，中国人民政治协商会议河南省委员会文史资料研究委员会编：《河南文史资料》1996 年第 2 辑，第 204～206 页。

物价之高,其资本总额仅在十万元左右,欲完成任务,贯彻中央金融政策,实属困难”①。

另外,河南还有52县建立合作金库,实收已缴股金2067268元,每县平均39755.15元,与“各县合作金库之资本最低额为十万元”的要求,相差60%多,且仅有洛阳、新郑、密县、宜阳4县完成了认购100000元股份的要求②,各县合作金库的资本还没有各县银行充足。但河南省农工银行及36家各地分行处、65县县银行、52县合作金库,再加上中央、中国、农业3家银行在主要城市设立的分行或办事处,从组织层面构成了河南省地方金融网络。河南地方金融网的建立,对河南农工商业的发展起到了积极作用。

四、金融业对河南经济建设的支持

战时河南金融资金微薄,不可能为河南发放多少信贷,但各地金融网点的建立及对农、工、商业的贷款,对河南经济发展仍起到了积极作用。从对河南放贷的数量看,中国银行、农民银行、农本局等国家行局起到了主力军的作用。国家行局对河南的贷款,主要集中于农业贷款,支持河南农田水利、垦殖及良种推广等方面。关于国家行局为河南发放的农业贷款情况,本章第一节已进行了阐释,此处不再赘述。

另外,河南省农工银行与各县银行、合作金库,也都发放贷款,有力地支持了河南经济建设。河南农工银行自抗战后至1942年,“营放竭力审慎,放款总额约近五千余万元。除存放同业四千万外,一般放款不过一千余万元。生产放款三百余万元,其他商业放款约八九百万元”③。在所放款项中,工商放款所占比重很小,如1940～1943年3年共发放小

---

① 貊菱:《河南省战时金融》上,中国人民政治协商会议河南省委员会文史资料研究委员会编:《河南文史资料》1996年第2辑,第208页、第203页。

② 《河南镇平第五十二县合作金库资本情形表》,貊菱:《河南省战时金融》上,中国人民政治协商会议河南省委员会文史资料研究委员会编:《河南文史资料》1996年第2辑,第213～214页、第212页。

③ 中国第二历史档案馆编:《中华民国史档案资料汇编》第5辑第2编,财政经济(四),第657页。

额工商业贷款4937410元，占各类放款总额的1.0%。① 此后，随着通货膨胀加剧，河南省农工银行还协助中央银行代理支付军政经费、融通工商等，放款数额迅速增加，1943年仅放款余额即达333314936.31元、1944年735722512.75元。② 至于各县银行，也有不同数额的放款，以支持农工商业之发展。据统计，到1942年底，洛阳等47县银行放款总余额为14099060.15元，“内以小额放款为最多，贴现及抵押放款为数甚少”③。各县合作金库放款数额更少，据统计，1940年初，禹县（今禹州市）、卢氏等5县合作金库贷款累计数为51万余元，至1940年，禹县（今禹州市）、卢氏、南阳等16县合作金库再贷出164万余元，1941年由禹县（今禹州市）、卢氏、南阳、洛阳等40县合作金库贷出243万余元，1942年禹县（今禹州市）、卢氏、南阳、洛阳等52县合作金库贷出205万余元，以后贷出款项没有详细数字，“但必（比）较前增多”④。地方金融机构的放款数量虽没有国家金融机构多，但河南地方金融机构的放款与国家放款一样，是有利于河南经济发展的。

五、河南金融业对敌伪破坏法币之反击

中日货币战是由日伪政权破坏法币、走私货物、套取外汇开始的。中日货币战先后在华北、华中、华南展开，而地处中原的河南显得尤为激烈。

---

① 3年贷款数字由《河南农工银行二十九、三十、三十一等三年各项放款比较表》合计得出，貊菱：《河南省战时金融》中，中国人民政治协商会议河南省委员会文史资料研究委员会编：《河南文史资料》1996年第3辑，第189页。

② 《河南农工银行各年放款比较表》，貊菱：《河南省战时金融》中，中国人民政治协商会议河南省委员会文史资料研究委员会编：《河南文史资料》1996年第3辑，第188页。

③ 《河南农工银行各年放款比较表》，貊菱：《河南省战时金融》上，中国人民政治协商会议河南省委员会文史资料研究委员会编：《河南文史资料》1996年第2辑，第209页。

④ 《河南农工银行各年放款比较表》，貊菱：《河南省战时金融》上中国人民政治协商会议河南省委员会文史资料研究委员会编：《河南文史资料》1996年第2辑，第215～216页。

(一)限制法币外流与防止法币内流

针对日本对大后方金融的攻势,国民政府及河南省政府在太平洋战争爆发前后采取了不同的防范措施,太平洋战争爆发前,以限禁法币外流为主,之后,主要限制法币内流,尽力促使法币流入沦陷区,以购买物资,平稳后方物价。抗战爆发后,国民政府为防止国内资金外逃和外汇基金的耗损,相继出台了一系列法令与措施。1938年6月,国民政府公布《限制携运钞票办法》和《防止水陆空私运特种物品办法》,规定所有邮航水陆运输业者或旅客凡是从中国国界各岸运输国内外钞票,均须经财政部核准始能起运。"旅客携带钞票出口,至多以五百元为限。"①1939年7月先后颁布"《非常时期禁止进口物品办法》、《出口货物结汇领汇价差额办法》及《进口物品申请购买外汇规则》等三项办法,加强对进口外汇与出口外汇的控制,期以防止套取、减少入超,稳定汇率"。由此可知,禁止法币外流,不仅稳定汇市,还有防止日货大量输入后方,防止入超及破坏民族工业之意。② 根据上述三项办法,在限制携带钞票的数额上,有了明确规定:"个人旅客若赴港、澳等地,国内通用钞票只限携带二百元,赴外洋者以五百元为限。商号运钞至不通汇地点,数额在五百元以上三千元以下者,应向领钞银行取得证明书,其在三千元以上者,须向财政部请领护照,方准报运。"③

上述限制法币外流的法令公布后,各地曾雷厉风行,对违法者予以严惩。河南临近战区,商人多携带大批法币至沦陷区购货内销。河南省政府"为防止仇货内销,法币外流,免对国家金融经济发生不良影响起见,即遵照财政部公布办法,在临近战区各地严禁携带法币至沦陷区域,并查禁敌货内输"④。关于河南省政府对禁止法币外流取得的效果如

① 林美莉著:《抗战时期的货币战争》,国立台湾师范大学历史研究所印行,1995年10月,第131页。貊菱:《河南省战时金融》上,中国人民政治协商会议河南省委员会文史资料研究委员会编:《河南文史资料》1996年第2辑,第178页。

② 黄如桐:《抗战时期国民党政府外汇政策概述及评价》,《近代史研究》1987年第4期。

③ 林美莉著:《抗战时期的货币战争》,第131～132页。

④ 貊菱:《河南省战时金融》上,中国人民政治协商会议河南省委员会文史资料研究委员会编:《河南文史资料》1996年第2辑,第178页。

何，我们尚未见具体材料，但成效应该不是很理想。一是执行上有诸多困难。就大后方和战区法币流通情况看，“中央发给各部队军费往往是法币，如每一军士饷银以十五元计，二百万人每月就需三千万元。战地党政机关及派往战地工作人员经费每月约需一百万元，再加上零星生活费约二十万元，每月即约有法币三千一百二十万元流入战地，由于经济封锁未臻严密，敌货未根绝，以十分之一流入敌伪金库，已是最低估计”①。河南地处战争前沿，常驻军队在40万左右，还有战区游击部队，而40万部队所得之法币，更易流入陷区，因为河南后方粮食缺乏，需沦陷区物资补充。如1941年汤恩伯曾电委到敌占区的挺进部队，到河南考城（今兰考东）、民权、永城、商丘、夏邑、太康岗子及睢杞边境，汴尉地区、淮鹿边境等地征购小麦19849200市斤，到安徽收购6554112市斤，以供军队急需。② 所购军粮粮款当然为法币，上述地区又多在陷区，故法币流入敌手，在河南更不易禁止。二是在河南后方与陷区犬牙交错，走私猖獗，走私地从开始的界首，周口及郑州等沿黄河各口岸，到后来转移至南阳，政府屡禁不止（关于走私情况，第六章第五节亦有叙述）。在走私过程中，又有不少法币流入陷区，落入敌手。所以，河南国民党军政当局虽严厉限制法币外流，但效果并不明显。

太平洋战争爆发后，日伪无法再从沪、港外汇市场用法币套取外汇，转而将法币运抵后方套购战时物资。为防止法币到后方购物，河南省政府规定，“至由沦陷区运法币来后方者，应由后方收受人先行将数目、用途、起卸地点专案报部核准，方得入”③。1942年11月，财政部公布加强防制法币内流办法：“沦陷区人民因不堪敌伪压迫倾诚来归者，每人携带法币数目在一万元以内者，由海关验明放行，在一万元以上，应即缴存海关，由海关询明其携运最终目的地，代为觅定银行承汇至该项地点，并以

① 章长赓：《怎样进行战地的法币封锁》，《战时经济》第1卷第5期（汉口），1941年5月1日，第11～12页。

② 河南省政府秘书处编译室编：《河南政治》月报8月号，1942年8月出版，第73页。

③ 黄立人、林威熙：《四联总处史料》上，中国档案出版社1993年版，第508页。

汇款总数百分之七十作为一年以上定期存款,百分之三十作为活期存款,此项活期存款并规定每月准提取百分之三十作为生活费用。"1943年4月,财政部明令禁止法币流回后方。① 在物资政策方面,国民政府于1942年5月颁布《战时管理进出口贸易条例》,规定进口货物,不论敌友,凡军用物品和日用必需品,均予驰禁。该条例颁布后,以前公布的《查禁敌货条例》和《禁运资敌物品条例》被废止。"关于出口物品,也重新加以调整,旨在应付敌伪之物资战。"②河南各地遵此规定,严禁法币进入后方购买黄金、日用必需品等,使黄金等物品"东流沦陷区域之风为之稍杀"③。

(二)收兑黄金白银,禁止金银等流入沦陷区

金银是稳定法币地位的基础。针对日伪通过走私、高价收兑等非法手段攫取大后方金银等硬通货的行为,国民政府于1939年9月宣布黄金收归国有,"且颁布禁令,严加限制,不许自由买卖"④。河南当局为增厚法币准备,充实外汇基金,亦做出了一些应对措施,如令河南农工银行积极收兑银币,汇交中央银行。并饬令各县切实遵办,"列为县长工作重要考绩"⑤。据统计,"自抗战发生之日起,至近日(1940年4月)止,本省共兑进硬币约五百万元"。对民间黄金等硬通货买卖自作出取缔令后,从1939年9月开始至1940年初,在民间"尚未闻再有高价收兑及资敌事情"⑥。经过各方共同努力,日伪在豫省大量吸收金银等硬通货的行为得到了一定程度的遏制。

---

① 林美莉著:《抗战时期的货币战争》,第138页。

② 张锡昌:《战时的中国经济》,科学书店1943年版,第193页。

③ 貊菱:《河南省战时金融》上,中国人民政治协商会议河南省委员会文史资料研究委员会编:《河南文史资料》1996年第2辑,第179页。

④ 李荣廷:《我国后方战时金融》,朱斯煌著:《民国经济史(上)》(台北),文海出版社1985年版,第427页。

⑤ 貊菱:《河南省战时金融》上,《河南文史资料》1996年第2辑,第178页。曹仲植:《一年来河南金融》,《银行通讯》第1卷第12期,河南省农工银行经济调查室编行,1940年4月21日出版,第5页。

⑥ 曹仲植:《一年来河南金融》,《银行通讯》第1卷第12期,河南省农工银行经济调查室编行,1940年4月21日出版,第5页。

（三）成立贸易机构，利用法币抢购物资

对运用手中法币购买战区或后方物资，不论是中央或地方，早就有所认识。在1938年3月召开的国民党临时全国代表大会上曾决议："接近敌区之金融机构，应以保全物资，便利战地军民为唯一之任务。故应预将各种财政及与抗战有关日常需要之物资尽量运往后方安全地带。"①说明国民党中央早已意识到在接近陷区的地方抢购物资之必要，只不过没有太平洋战争爆发后的紧迫感而已。对于用法币抢购物资，以政策明令各地，始于财政部1942年10月5日拟订的《抢购与封锁之实施意见》，该意见要求："前后方进出口物资，均须细密规定，前方抢购范围不妨稍宽，除毒品与奢侈品外，概许输入，盖因法币外运，于我无害，物资内运，究于我有利也。"②由此可以看出政府最希望看到的方式是以法币换物资，使法币流入战区。

河南省政府根据中央精神，于1942年将河南省战时贸易公司资本由原来的50万元增加到200万元，1944年增加到5000万元，用以抢购战区物资、购销土产，对抢购战区物资起到一定作用。③ 农本局"三十二、三两年（1943、1944年）在陕、豫、鄂、湘、川各省共统购棉花一百二十四万五千余担"、"现款收购豫南、鄂北土布共一八二八二〇二匹"④。1944年由于河南战役之发动，豫中、豫西、豫南大部沦陷，农本局1944年在河南收购之棉花、土布，大都应来自沦陷区。驻豫军队高级指挥官汤恩伯派其军需处长胡静如及驻洛阳办事处处长韦鲁斋，在界首设有抢运物资大做生意的机构。汤联合大汉奸张岚峰、庞炳勋等，武装走私、抢运，没有去不到的地方。后期与戴笠配合，抢购陷区大批物资，大发横

---

① 《抗战时期中央有关稳定财政金融重要决议与方针》，秦孝仪：《中华民国重要史料初编——对日抗战时期》第4编，中国国民党中央委员会党史委员会编印（台北），1988年10月出版，第127页。

② 国史馆藏，财政部档案259/1521，《财政部抢购与封锁之实施意见》（1942年10月5日），转引林美莉著：《抗战时期的货币战争》，第140页。

③ 縚菱：《河南战时金融》下，中国人民政治协商会议河南省委员会文史资料研究委员会编：《河南省文史资料》1996年第4辑，第173页。

④ 中国第二历史档案馆编：《中华民国史档案资料汇编》第5辑第2编，财政经济（一），第466页。

财。戴曾说:“汤长官与我配合得妙,我原以为他只会打仗,料不到也长于抓钱。孔财神原来看不起我这个老戴,一到财源滚滚而来,又在老头子面前说我能。”①该文传神之描述,虽无从战区购物赚钱之数量,但数量不少应是可信的。上述事例告诉我们,河南军政当局在抗战后期为抢购战区物资做了极大努力,也收到一定成效。

第五节 交通运输业

一、公路的修筑与改善

因陇海、平汉线处敌炮火之下,所以河南战时交通运输以公路为主,兼顾水路,1939 年 11 月,为节省开支,河南省建设厅将工务处与汽车管理处合并,组成河南省公路管理局。局内设总务课、工务课、车务课、会计课和秘书室四课一室。课、室下设股,职工 100 余人,河南省公路管理机构的组建,为河南公路的修建与养护提供了有力保障。

在中央大力举办交通事业的思想指导下,第一战区经济委员会认为“省际交通运输,对于前方军需接济,与后方物资流通,关系甚巨。河南省阌底镇至陕西省华阴间交通,自陇海铁路被毁后,火车中断,客车来往,惟恃民有架车骡驮运转”。急需修筑公路,以供前后交通往来。② 河南省政府根据第一战区经济委员会对战时交通的要求,1941 年初,制定《河南省特别建设计划》,要求省公路局新修卢氏至西平(120 公里)、鲁山至赵村(50 公里)、大东马至铁沟口(2 公里)、阌底至华阴交通沟(18 公里)等四条公路,长 190 公里。省公路局接此任务,在任务紧,工程费不足的情况下,只得降低施工标准,从 1939 年至 1943 年,完成了省政府交给的任务。③ 4 条公路都隐蔽深山密林和深沟之中,以军用为主,当然

---

① 沈醉、文强:《戴笠其人》,中国文史出版社 1980 年版,第 216 页。

② 中国第二历史档案馆编:《中华民国史档案资料汇编》第 5 辑第 2 编,财政经济(五),第 448 页。

③ 河南省交通厅史志编纂委员会编:《河南公路史》第 1 册,人民交通出版社 1992 年版,第 259～261 页。

民间亦可通行，故可称之为军用公路。

河南省府西迁后，洛阳、南阳成为河南的交通中心，两地所属各县多在伏牛山区，当地公路运输力量极其薄弱，当时情况，不论人力、物力和时间，皆不允许修筑大量标准化公路，开辟车马便道（人马行道或驮运道），使其与公路贯为一体，互成网络，既节时省钱，又便于人行、军需器材的转运和物资集散。于是，在河南省公路管理局的规划、建设与督察下，一些辅助性的人马便道在伏牛山区逐渐开辟建成，其中主要便道4条，长达596公里。(1)南召嵩县人马行道。南嵩道起自南召，经李青店、车村到达嵩县，长230公里，1939年夏初开工，夏末竣工。(2)卢氏至嵩县人马行道。卢嵩道起自卢氏，经范蠡、潭头、大章、蛮峪到达嵩县，长250公里。1939年4月修筑，8月完工。(3)卢氏至雒南（今洛南县）人马行道。卢雒道由卢氏至五里川后，转向西北至雒南县，豫省境内长51公里。1939年10月动工，1940年1月竣工。(4)栾川至西坪人马行道。栾坪道由卢氏县栾川镇（今栾川县）起，经陶湾、太平、桑坪，抵达淅川西坪镇，全长65公里。1941年1月调卢氏、淅川两县民工修筑，3月底完成。战时修筑的人马便道多在崇山峻岭之间，虽然道路仅2～4米宽，却是山里人通向外界的主要通道，也是豫南和豫西的主要交通线及军事联络线。①

在修筑军事通道与人行便道的同时，河南省军政当局花费了最多财力物力与人力，修复后方被破坏的公路，改善公路运输状况。抗战时期，河南省公路管理局共改善后方公路11条，长1937公里，现择其要者，列表如下：

① 河南省交通厅史志编纂委员会编：《河南公路史》第1册，第271～272页。

表 5－12　抗战时期河南省改善公路情况表

路线名称	里程（公里）	参加施工的单位	完成数量	实用工款（万元）
郑登路	91	登封、密县、郑县		
洛南公路	296	洛阳、伊川、临汝、宝丰、叶县、方城	桥梁 35 座、涵洞 48 道，过水路面 2 处	39.6
南坪公路	172	南阳、镇平、内乡、淅川	桥梁 57 座，涵洞 56 道，过水路面 6 处，船 3 只	24.10
洛潼南线	315	洛阳、宜阳、洛宁、卢氏	桥梁 26 座，涵洞 23 道，过水路面 1 处，渡船 10 只	3.2
洛潼北线	247	新安、渑池、陕县、阌乡、灵宝	桥梁 4 座，涵洞 4 道，过水路面 3 处，土方 5.9 万立方米	7.4
张华公路	142	阌乡、陕县、灵宝	挖护沟 7575 米，土方 12 万立方米	
洛界公路	420	临汝、宝丰、叶县、漯河、周家口		
洛嵩公路	80	嵩县		
许南公路	61	叶县、许昌		
南洛公路	51	方城、洛阳、南阳		
南邓公路	67	南阳、邓县		

资料来源：洛南、南坪、洛潼南线、洛潼北线 4 条公路资料来源于河南省交通厅史志编纂委员会编：《河南公路史》第 1 册，第 265 页《河南省豫西四线改善工程情况表》。其他公路来源于河南省交通厅史志编纂委员会编：《河南公路史》第 1 册，第 262～264 中的资料。

说明：除豫西四线有翔实资料外，其他 7 线仅根据文中叙述整理而成，由于完成数量、工款等方面无资料，故空下未填，其中郑登路、洛界、洛嵩、许南、南洛、南邓路的施工单位是根据上述公路经过哪县由哪县调工之原则，由作者视其经过县份得来。

由表 5－12 可知，河南省公路的修复，基本依靠河南民工无偿劳动而完成。另外，在豫西、豫西南改善公路 1937 公里，新建军用公路 190 公里，修筑人马行道 596 公里，在国统区基本构成了一个各县相互连接的公路网，为军事调动、物资运输和人员往来提供了便利。

在新修、改善国统区公路网的同时，河南省政府也意识到了河南内河航运的重要性。在以前，河南"铁路公路运输便利，水路交通尚不重要，现在陆运不敷，亟应发展航运，以资补救"①。于是，河南军政当局积极筹划，于1942年8月，由国民党第31集团军汤恩伯部在安徽省界首一带，以"沙河为豫皖水上交通要道"，成立"鲁、苏、皖、豫边区总司令部沙河船舶管理处"，并在河南境内沙颍河沿河的水寨、港口设立"船舶管理所"。船舶管理处"对西自襄县东迄正阳关沿沙河河内所有船舶有统一指挥管理之权"。不论军运商运概归该管理处统筹分配调度。1943年，河南省在三河尖、乌龙集、潢川、新蔡等地设立水运段，专事征集民船、民簰为国民党军队运送军粮。② 同时，河南省还在周口至界首一段航线开办轮船客运，运价规定轮船官舱运价按烟篷定价加1/3；上水运价按下水加1/2。从周口至界首180华里，全程客运价人下水为120元，上水为200元。③ 在洛阳地区的伊河、洛河的水运也都得到加强，洛阳一带的航运一度呈现繁荣景象。在河南军政当局的努力下，通过对航运的加强管理，使因战争一度中断的豫南水运得以恢复，豫西河运逐渐兴旺起来。

二、交通运输业的恢复

在公路、河运及渡口得到修筑、改善和整修后，因战争一度遭到破坏的航运业得以恢复，在某些方面还有所发展。在陆路交通方面，由于河南长途汽车营业部的汽车几乎完全毁于战火，公路运输主要依靠商车。当时，沦陷区的商车纷纷逃往后方，如开封在1936年有20余辆商车。

---

① 中国第二历史档案馆编：《中华民国史档案资料汇编》第5辑第2编，财政经济（五），第448页。

② 河南省交通厅史志编审委员会：《河南航运史》，人民交通出版社1989年版，第194页。

③ 河南省交通厅史志编审委员会：《河南航运史》，第197页。

1938年日军占领开封前夕,私营汽车全部离汴,各自择地经营。① 所以,后方运输业比较发达,抗战初期在以洛阳为中心的河南后方有商车130多辆。② 在洛阳共有商车40多辆,汽车管理处的汽车10多辆,漯河20余辆、南阳10余辆、镇平7辆、内乡9辆。③ 先后开辟的运营线路有:洛阳—南阳、洛阳—界首、洛阳—潼关、南阳—西坪、南阳—老河口、许昌—南阳、信阳—潢川、漯河—周口、叶县—南阳、叶县—许昌等线路,全长1200公里,其中洛阳—南阳、洛阳—界首、洛阳—潼关等3条线路能正常通车,而洛阳—界首线路因走私猖獗,运输相对其他线路显得尤为繁忙。④

在内河航运方面,由于河南省军政当局重视,也得到了恢复和发展。1938年6月,开封沦陷,开封、郑州等黄河沿线的木帆船部分船只逃到洛阳一带。由于战争缘故,洛阳周围县市的粮食、布匹、山货等需先运往洛阳,再销往陕西、甘肃等后方,或运往界首、周口等地销往陷区,故连接洛阳之洛河、伊河运输尤为繁忙。伊河沿岸栾川、嵩县、伊川的粮食、竹木、山杂、土特产等,顺流自龙门上岸,转运至洛阳集散,洛阳南关水旱码头,热闹非凡,有煤场、竹木行、盐行、棉麻行、山杂货行等行店60余家,接收各地运来物品,运销他处。洛阳至巩县间乃洛河主航道,去程多为日杂百货,回程装载巩县煤炭,每天来往船只,多达数百只。与此同时,淮河的部分航路,沙河、颍河、唐河等航路也都恢复通航。⑤

三、铁路公路的被破坏与交通运输业的衰败

1938年以后,国统区处于相对稳定时期,在河南省军政当局的共同

---

① 开封市交通志编纂委员会:《开封市交通志》,人民交通出版社1994年版,第97页。

② 程有为、王天奖:《河南通史》第4卷,第595页。

③ 刘世永、解学东:《河南近代经济》,河南大学出版社1988年版,第263页;《镇平县志》,第524页;《内乡县志》,第432页。

④ 中国第二历史档案馆:《中华民国史档案资料汇编》第5辑第2编,财政经济(五),第449～450;刘世永、解学东:《河南近代经济》,第263页。

⑤ 河南省交通厅史志编审委员会编:《河南航运史》第184～185页、第197～198页。

努力下，豫西、豫南新修、改善公路2000多公里，一些内河也都恢复了航运，河南国统区的交通网络基本形成。但由于战争并未结束，豫南、豫西等地对公路仍采取国民政府军事当局制定的“焦土抗战”策略，为使交通设施不为敌人所用，在撤退前对公路进行破坏。根据“焦土抗战”策略，抗战期间国统区在遭日军进攻时，对铁路、公路、桥梁等都给予炸毁、破坏，最后仅有南坪公路豫陕交界丁河至界牌一段长37公里未遭其害（具体破坏情况见表7—9）。与此同时，铁路也遭受巨大损失。

在国统区公路、铁路和航运遭到破坏的同时，河南交通运输业也一落千丈。省公路管理局在1942年尚有10部汽车在洛阳至界首、宝丰至鲁山、叶县至南阳、南阳至西坪等公路上运营，1944年5月，鲁山、宝丰等相继沦陷，省营汽车仅能行驶于南阳至西坪一线，且常遭战火威胁，业务陷于停顿，职工大批被遣散，公路管理局亦名存实亡。① 商用汽车在1944年大都转移南阳一地，由于战局不稳而时运时停。1945年日军占领南阳后，国统区公路运输完全停止。② 内河航运业在战争中亦每况愈下。曾经盛极一时的洛阳伊、洛河水运，1944年5月在日军占领洛阳后一蹶不振，船只幸存者寥寥无几。淮河及其支流运输在1941年曾有所恢复，但因河道淤积无人清理和战争影响，使商运萧条而处于停航与半停航状态。唐河、丹江航运因日军对主要港口的狂轰滥炸及对渡船的焚毁，航运几度中断，民船航运骤减。③

第六节 抗战时期的河南畜牧业

一、日军对沦陷区畜力的破坏

在日伪统治期间，河南沦陷区畜力遭到巨大破坏，大批牲畜被杀被掠，致使农民以人力耕作。1943年阴历正月二十日，日军进犯柘城三官

① 河南省交通厅史志编纂委员会编：《河南省公路史》第1册，第259页。

② 刘世永、解学东：《河南近代经济》第263；《河南通史》第4卷，第595页。

③ 河南省交通厅史志编纂委员会编：《河南航运史》第185页、第188页、第192页。

庙,杀人放火,“损失牲畜100多头”①。1938年6月,日军进犯济源,济源至邵原镇公路20里内的牛羊牲畜,“被宰杀数万头”②。在日军占领新乡期间,该地共损失耕牛2640头,骡、马、驴5069匹。其中在新乡大张村,“全村牲畜只剩毛驴两头”③。据沁(阳)博(爱)14个村统计,到1943年,牲畜由“三〇八头减到只余七头,损失了百分之九十七点七二”④。另据武陟、沁阳、博爱三个县六个村的统计,在抗战期间,“牲畜平均损失了百分之六十五点五,其中一村损失净尽,两村为百分之七十,两村在百分之八十以上,差不多快要灭绝了”⑤。日伪军对畜力的破坏,使战时牲畜损失巨大,具体情况见表5—13。

表5—13 河南省抗战中牲畜等损失表(单位:千头)

牲畜名称	战前	战时	减少数量
水牛	77	34	43
黄牛	1056	1405	240
马	325	118	207
骡	430	131	299
驴	1141	722	422
山羊	1051	539	512
绵羊	647	264	383
总计	4737	3212	1206

资料来源:汪万春:《改进河南畜牧事业之商榷》,《河南农讯》第二卷第三期,1948年3月出版,第6页。

注:1. 以上数字战前系1933～1937年平均数,战时数字系根据1943年估计数。2. 原表黄牛一栏战时统计有误,如按减少数量计算应为816;减少数量一栏驴应为419;减少数量总计一栏应为1515。

---

① 陈传海、徐有礼等:《日军祸豫资料选编》,河南人民出版社1986年版,第113页。

② 《孟沁济三县敌屠杀焚劫》,《新华日报》1938年7月1日。

③ 陈传海、徐有礼等:《日军祸豫资料选编》,第232页、第233页。

④ 《近代史资料》编辑部、中国人民抗日战争纪念馆:《日军侵华暴行实录》(一),第334页。

⑤ 《近代史资料》编辑部、中国人民抗日战争纪念馆:《日军侵华暴行实录》(一),第335页。

由表5—13可知，战时水牛、黄牛、马、骡、驴与战前相比分别减少55.84％弱、22.73％强、63.69％强、69.53％强和36.99％弱。沦陷区主要牲畜减少数量当不低于全省的减少数量。另据河南省政府建设厅统计，1937～1945年开封、商丘、夏邑、鹿邑、柘城、永城、虞城、安阳、淇县、林县、汤阴、滑县、延津、封丘、辉县、浚县、内黄、新乡、武陟、修武、济源、沁阳、温县、获嘉、博爱、孟县（今孟州市）、信阳、沈丘、扶沟、项城、太康、民权、杞县、通许等45县市共损失牛220500头、驴174642匹、骡64190匹、马40955匹。① 上述45县市均为河南沦陷区，黄牛损失数量与表5—13估计数量，按比例计算超过表5—13黄牛损失估计数，驴、骡、马等牲畜相差较大，由于沦陷区县市数约为河南省县市总数的40％，故建设厅的统计与表5—13的估计基本一致。由此观察，沦陷区的牲畜损失巨大，超过1/3。沦陷区蓄力的重大损失，严重影响沦陷区的农业生产，使沦陷区农业出现较大程度的衰退。

二、国统区畜牧业损失惨重

抗战时期，河南国统区不仅人力损失严重，蓄力损失也非常巨大。在花园口决堤中，河南被淹20县虽无牲畜损失的具体统计，但肯定不在少数。泛区中心的广武（今荥阳市东北）、郑县（今郑州市）、扶沟、太康、洧川（今尉氏西南）、尉氏等县有60％～91％以上村庄被淹毁，人员损失巨大，牲畜亦不能幸免。② 在扶沟，黄水到来之时，“树倒房塌，人被洪流卷去，霎时村庄、田野，陷入一片汪洋。水面上漂着箱柜、梁檩、牲口、猪羊、麦垛、尸体……顺着水浪起伏漂流。有些箱柜、麦垛、门板上还趴着人，呼喊救命之声，惨凄欲绝，不忍目睹”③。在洪水到来时，人员死亡甚重，他们尚能趴在麦垛、门板上求救，牲畜不可能做到这些，只能听天由命，损失更加巨大，当属无疑。1942年旱灾，全省111个县，国统区有72

① 根据《抗战时期河南省各县牲畜损失情况》（一）、（二）统计数字计算得出，河南省统计学会等：《民国时期河南省统计资料》下册，第52～53页。

② 《河南省各县房屋、村落统计》，徐有礼、朱兰兰：《略论花园口决堤与泛区生态环境恶化》，《抗日战争研究》2005年第2期。

③ 扶沟县志编纂委员会：《扶沟县志》，河南人民出版社1986年版，第91页。

县,夏粮收成最好为正常年份的6成,仅有潢川、固始二县,最少为0.5成,为广武(今荥阳市东北),大多为正常年份的2～3成。① 秋季几乎绝收。在这次灾荒中,灾民们为讨活路,开始由一日三餐改为二餐,后吃谷皮、麸皮,吃平时饲养牲畜的东西,再后"宰杀了他们平时爱如生命的鸡,宰杀了他们相依为命的耕牛"②。另外,河南驻军数十万,大多在西北以抵御日军之侵略,而产粮区又在豫南及豫西南,每年约有120万包需运往豫西北,来往月余。由于运输队伍结连数里,"往往为敌机轰炸目标",再加上长途劳累,人畜死亡于路途者甚多。③ 战争、灾荒和政府对蓄力的征用无度,使河南畜牧业备受摧残。关于抗战期间河南牲畜损失具体情况见表5－14。

表5－14 抗战期间河南省牲畜损失情况表 单位:头

年份	共计	牛	驴	骡	马
总计	1166153	567508	325586	151558	121501
1937	4697	2032	1504	788	373
1938	152414	80324	39495	17358	15237
1939	87611	36783	39941	11244	9643
1940	91331	40818	28237	12311	9965
1941	109825	51457	32142	14383	11843
1942	128227	66199	35629	16153	10246
1943	158910	80536	45451	20305	12618
1944	218015	104187	58487	29340	26001
1945	215123	105172	54700	29676	25575

资料来源:河南省统计学会等:《民国时期河南省统计资料》下册,第51页。

① 见《1942年河南各县麦收灾情统计表》,中国第二历史档案馆:《中华民国史档案资料汇编》第5辑第2编,财政经济(八),第265～274页。

② 李蕤:《1942年豫灾剪影》,原载1943年5月《前锋极》,转引文芳编:《黑色记忆之天灾人祸》,中国文史出版社2004年版,第128页。

③ 卢郁文:《田赋改征实物后河南省粮食储运及征购》,《河南政治》7月号,河南省政府秘书处编译室编印,民国31年10月17日,第35～36页。马彬:《南阳地区粮食志》第75～76页。

由表 5—14 可知，河南牲畜损失数量在抗战期间除 1938 年外，呈逐年增加之势，特别是日军发动豫湘桂战役后损失甚巨，这一方面说明日军入侵给河南畜牧业造成巨大破坏，另一方面告诉我们战争的消耗与畜牧业的损失成正比。河南省建设厅牲畜损失统计资料与中农所的估计基本一致。据中农所估计，河南在战时共损失牲畜 1206 千头，其中水牛减少 43 千头、黄牛 240 千头、马 207 千匹，骡 299 千匹、驴 422 千匹、山羊 512 千只、绵羊 383 千只。① 高于河南省建设厅统计的损失数字。而河南家畜数量也随着战争的延长锐减，具体情况见表 5—15。

表 5—15　抗战时期河南省家畜数量统计　单位：千头

年度	水牛	黄牛	马	驴	骡	山羊	绵羊	猪
1936	86	3245	684	2377	902	2400	1310	3457
1937	192	3139	487	1900	676	1529	889	3187
1942	34	1481	146	776	137	566	351	1568
1943	20	1351	139	712	149	691	366	1067
1944	34	1405	118	722	131	539	264	1169

资料来源：《河南省历年家畜统计》，河南省统计学会等：《民国时期河南省统计资料》下册，第 50 页。

由表 5—15 可知，天灾人祸使河南省国统区牲畜数量大量减少。1937 年，因河南只有极少县份被日军占领，减少数量不多。1942 至 1944 年，除水牛波动不大外，其他家畜呈逐年递减趋势，与 1936 年相比，减幅多超过 50%，再次证明河南国统区畜牧业损失惨重。

本章结语

纵观抗战时期河南国统区经济，工业、农业、商业、交通运输业皆经历了由发展到衰落的过程。主要工矿业虽步履维艰，但与战前相比仍有所发展，手工业从 1939～1942 年，“曾有过飞黄腾达的黄金时代”。农业

① 汪万春：《改进河南畜牧事业之商榷》，河南省农业改进所河南农讯社编：《河南农讯》第 2 卷第 3 期，第 6 页。

生产不论粮食作物或经济作物从1937～1942年都在缓慢增长中。商业由于国统区非农业人口的增加和手工业的发展,出现了繁荣局面。交通运输业在豫西、豫西南迅速恢复。后因1942年、1943年的旱、蝗灾害,1944年日军发动豫湘桂战役,1942年农业生产急速下降,后稍有恢复,始终未达到战前水平。商业由繁荣走向萧条,直至抗战结束。工矿业或因灾荒破产,或因日军进攻倒闭。公路被破坏,船只、码头被毁,交通运输处于瘫痪状态。畜牧业与战前相比损失数量超过1/3,且未曾有恢复。另外,国统区金融网点建立后,加大对农、工、商业的贷款,为河南经济的发展起到了积极作用。总之,河南国统区经济在抗战时期经历了由破坏到恢复,由发展到衰落的过程,这主要为日本发动侵略战争所致。

第六章　敌后抗日根据地的经济

第一节　减租运动

一、根据地旧的地权与租佃关系

抗战时期中共领导的河南敌后根据地主要分布在濮阳、安阳、新乡、商丘、开封、周口、许昌、信阳、驻马店等地区的至少50多个县。这些地区都不同程度地存在地权分配不均的问题。如漳河下游的安阳东部和内黄县等地，60%～70%的土地掌握在5%～7%的地主手里，安阳东部豆管营全村有60顷土地，其中1户地主就占有40顷①，占66.7%。豫北辉县土地也比较集中，有一贾姓地主，占有稻田1060亩，占所调查4村总土地面积的12.83%，几乎占所有地主土地的一半。② 据对4个村各类农户的调查，地主19家，占总户数的4.39%，有土地2272亩，占25.5%；富农35家，占总户数的8.08%，有土地1702亩，占20.6%；中农107家，占总户数的24.71%，有土地2803.5亩，占33.94%；贫农239户，占总户数的55.2%，有土地1473亩，占17.83%；雇农12户，占

① 冀鲁豫边区革命史工作组：《冀鲁豫边区革命史》，山东大学出版社1991年版，第334页。

② 行政院农村复兴委员会：《河南省农村调查》，商务印书馆1934年版，第7页。

总户数的2.77%,无耕地。① 也就是说,在被调查的4个村庄,地主、富农只占农户的12.47%,却占有全部土地的46.1%;其他农户占87.53%,仅占有土地的53.9%。就每户平均拥有耕地而言,地主为119.58亩,富农为48.63亩,中农为26.2亩,贫农为6.16亩。据抗战前对河南农村的调查,豫中、豫北多中小地主,豫西、豫南大地主较多,如以100~499亩为小地主,500~999亩为中地主,1000亩以上为大地主,豫中诸县中小地主占99.69%,大地主仅占0.31%;豫北诸县中小地主占99.32%,大地主占0.68%;豫西和豫南大地主占4.08%。河南一些地方有占有良田上万亩的大地主,如内乡蒲塘有罗姓大地主四五家,拥有土地五六万亩;信阳城内最大的地主有好水田12000亩;固始东乡有一个大地主,"从他的家乡走进城里所经过的120里的路程,可以不用踏到人家的土地一步"②。

另外,从农户比例也可以看出地权分配不均的问题。如太康地主占24%,自耕农占26%,半自耕农占30%,佃农占20%。③ 商水地主占总农户的3%,自耕农占55%,半自耕农占32%,佃农占10%。④ 鄢陵地主1019户,占总户数的2%;自耕农11726户,占23%;半自耕农3569户,占7%;佃农34667户,占68%。⑤ 林县(今林州市)地主与自耕农46200余户,约占70%,半自耕农13200余户,约占20%,佃农6600余户,约占10%。⑥ 桐柏县地主、自耕农占10%,半自耕农占20%,佃农占70%。⑦ 就河南全省而言,自耕农占55.6%,半自耕农占22.1%,佃农占17.2%,雇农占5.1%。⑧ 在各种农户中,半自耕农是耕地不足的农

① 张锡昌:《河南农村经济调查》,《中国农村》第1卷第2期,1934年11月出版。

② 张锡昌:《河南农村经济调查》,《中国农村》第1卷第2期,1934年11月出版。

③ 《各县社会调查·太康》,《河南统计月报》第2卷第4期,1936年4月出版。

④ 《各县社会调查·商水》,《河南统计月报》第3卷第6期,1937年6月出版。

⑤ 《各县社会调查·鄢陵》,《河南统计月报》第3卷第6期,1937年6月出版。

⑥ 《各县社会调查·林县》,《河南统计月报》第3卷第1期,1937年2月出版。

⑦ 《各县社会调查·桐柏》,《河南统计月报》第2卷第8期,1936年8月出版。

⑧ 《河南农林统计引言》,《河南统计月报》第2卷第8期,1936年8月出版。

户，佃农是没有土地的农户。从以上的调查来看，凡是佃农所占比例高的地方地权相对集中，由于地权集中，导致一部分农家耕地不足或没有耕地。

在地权分配不均的情况下，无地或少地的农家只有通过与地主建立租佃关系，租种地主的土地维持生活。范县的租佃关系大致有5种状况：(1)大种地。即地主只把土地交给佃户耕种，耕畜、农具、种子、肥料和农业税均由佃户负担，佃户将收获粮食的一半交给地主，或者根据土地肥瘠情况缴纳固定斤数。(2)出租地。地主出租土地，其他均有佃户负担，租额分夏秋两季缴纳，数量由双方议定。(3)三堆地。地主出耕地、农具、种子、肥料并负担农业税，佃户出劳力和锄、镰、锨等小工具，收获粮食2/3归地主，1/3归佃户。佃户劳动期间吃自己所分的粮食，并负担给地主打水、饲养牲口、磨面、修房、拉土、拉粪等。(4)三七地。地主出耕畜、农具、种子、肥料并负担农业税，佃户出劳力和锄、镰、锨等小工具，收获粮食地主得七成，佃户得三成。佃户给地主做磨面、修房等零活时，地主管饭。有的地方佃户只是秋粮分三成，而麦子只分二成，即所谓秋三七、麦二八。(5)麦九一、秋二八。即耕畜、农具、种子、肥料及农业税全部由地主承担，佃户负责耕作、收打完毕，小麦地主得九成，佃户得一成；秋田地主得八成，佃户得二成。① 从中可以看出，在范县的租佃关系中，地主对佃农的剥削是很重的。

各地租佃关系的建立均需要一定的手续，如淮阳“佃农租田，除与地主有特殊关系者外，须先请中人向地主说合，经地主同意后，乃召佃农会同说合人协议一切，并由佃农立　租约，经说合人签押后，交地主收执，作为凭证”②。辉县“农民赁租方法，由中人说合。其手续，佃户于田主出有租契纳租，每亩出麦若干，或出秋若干，亦有出洋若干元者，其纳租之多寡，均视地之肥瘠而定”③。方城佃户租地手续，“首先央人向地主

① 杨怀钧：《从减租减息到土地改革》，《范县文史资料》第3辑，1987年1月，第4～6页。

② 《豫鄂皖赣四省之租佃制度》，金陵大学农业经济系印行，1936年6月，第24页。

③ 《各县社会调查·辉县》，《河南统计月报》第2卷第2期，1936年2月出版。

说合,俟两方同意,即立契约,其租期最低限度为一年,以旧历八月十五日为主佃成交之期,俟约成立后,即发生主佃之关系,佃户行为之好坏,地主应负担保之责任,地主倘有婚丧大事,佃户多任劳役"①。佃农与地主之间建立租佃关系,大多数需要中人从中说合,订立契约,写明租期和租额。

河南各县最盛行的租佃形式有"定额谷租"和"分租"两种,钱租很少。如辉县稻田乡定额租占60%,分租占40%;安庄定额租占33%,分租占67%;大史村定额租占20%,分租占80%;杨家庄钱租占8%,定额租占77%,分租占15%。新乡一区钱租占10%,定额租占70%,分租占20%;淇县一区侍景村全为分租制;汲县(今卫辉市)一区钱租占1%,定额租占1%,分租占98%;汲县新华乡钱租10%,定额租10%,分租80%;修武六区四寨乡钱租30%,分租70%;滑县一区珠照寨均为定额租,九区东明店则均为分成租。② 因此,分租是河南最流行的一种租佃制度。

在租佃关系中,地租率不仅反映主佃双方所获得的报酬,也反映出地主对农民的剥削程度。分成制中,有对半分、四六分、三七分、二八分等几种。分成办法"以地主个人之意思,及其对于佃户供给资本之多寡"③为转移。最流行的分租办法是地主和佃农平分生产物,种子各出一半,肥料对分,牲口由佃户出,牲口的粪上田。如"淇县的侍景村,种子须过一斗才对分,否则全由佃户出"。在辉县(今辉县市)的大史村、新乡近城区、修武西寨乡等地实行四六分成,"好地则地主得六成,坏地则佃户得六成",如果佃户负担种子的全部,可以多得一成粮食。在辉县二区、新乡土门村、滑县东明店等地,流行三七分成或二八分成,"一切成本都有地主出,佃户只要带了自己的锄、镰等简单的农具,往地主田里工作,饭仍是自己吃的。收获的粮食,麦是二八分,秋是三七分,副产全归地主"④。从租佃关系中的不同形式的分配来看,地主对农民的剥削率

① 《各县社会调查·方城》,《河南统计月报》第2卷第9期,1936年9月出版。
② 行政院农村复兴委员会:《河南省农村调查》,第66页。
③ 金陵大学农业经济系:《豫鄂皖赣四省之租佃制度》,第53页。
④ 行政院农村复兴委员会:《河南省农村调查》,第71页。

是比较高的，大多数在50%左右，极个别如新乡的“揽活”达到90%以上。

佃农除了缴纳地租外，还要受到各种额外的剥削。据对晋冀鲁豫的调查，地主对农民的额外剥削主要有大斗收租、租地以少顶多、要佃户“送工”（即帮地主干额外的活）、地主收租时要招待好、转嫁负担、预收地租等。因此，农民租种地主的土地，除缴纳地租外已所剩无几，地主对农民的剥削是很残酷的。

二、各根据地的减租政策

为了落实中共中央的减租减息政策，河南各根据地也颁布了相应的政策法规。1941年5月10日，晋冀鲁豫区颁布了《晋冀鲁豫边区减租减息暂行条例》，规定减租后地租率不得超过千分之三七五；关于分成制地租，“出租人对于佃户耕作上必须之农具种子、肥料、牲畜完全供给，佃户只出劳动力者二五减租后，地主所得不得超过耕地正产物收获总额二分之一，超过者应减为二分之一，不及二分之一者，依其原约定”。针对一些地区预收地租和押租，规定“出租人不得预收地租并不得收取押租”①。9月1日，《晋冀鲁豫边区政府施政纲领》再次强调：“切实实行减租减息，减租一般以二五为原则，减息减至一分半为标准。”地主实行减租减息后，“佃户应按期如数交租，债户应按期如数交息”②。1942年10月1日，晋冀鲁豫边区政府又发布了关于减租减息的布告，规定“原租额一律执行二五减租，原租额不及千分之三七五者，亦照减。减租后低于千分之三七五者，照减后租额，但此标准，视土地硗瘠肥沃可作合理之伸缩，如特别硗瘠土地之租额，得低于千分之三百”③。这一布告规定了减租率、土地租期、减租和免租以及土地租佃中一些纠纷问题的解决办法等，不仅体现了中共抗战时期的土地政策，而且体现了地方特色，如关于庙、社、祠堂土地出租的问题。

---

① 《中国土地改革史料选编》，国防大学出版社1988年版，第55～56页。

② 河南省财政厅、河南省档案馆编：《晋冀鲁豫抗日根据地财经史料选编（河南部分）》（一），档案出版社1985年版，第118页。

③ 《晋冀鲁豫抗日根据地财经史料选编（河南部分）》（一），第186页。

根据晋冀鲁豫边区的减租政策,各区、县还制定了具体实施办法。如1942年颁布的《晋冀豫区农总农民土地斗争纲领》规定:“不论租地、半种地和活种地,凡未执行四一减租及明减暗不减者,一律按抗战前租额减少四分之一。减租后掌握土地法上的标准租额,确定应交租粟,重新订定租约,争取在租约上订定五年以上的租佃年限。如地主出卖或出典租地,应在一月前通知佃户,佃户有典买优先权。游击区依据抗战以前租额,分别减租百分之二十、百分之十五、百分之十。”关于债务规定:“旧债已交利息,超过原本一倍者,停利还本;超过原本两倍者,本利免交。”①根据地各县也根据各自的实际情况制定了适合本地的政策,如1943年12月,安阳县政府规定:“(一)一般小种地(半种地),地主半部供给肥料粮食,不必免租。而主佃双方互出种子肥料者,可在一年以下免租。(二)小种地(半种地)、大种地(租种地)今年(指1943年——引者注)的减租标准应该不同,一般小种地谷地每亩收获物在三斗以下的可按百分之三十交租,在三斗到五斗的可按百分之三十五交租,在五斗以上的可按百分之四十交租。”由于1942年至1943年豫北发生了灾荒,安阳县政府还规定了灾荒年免租额的标准,即租种地(大种地)每亩正产量不足2斗的可免租,2～3斗的可按20%交租,3～5斗的按25%交租,5～7斗的可按30%交租;半种地(小种地)每亩收获不足1斗的免租,1～3斗的可按20%交租,3～5斗的可按25%交租,5～7斗的可按30%交租;主佃双方互出种子、肥料、牲口、农具的,每亩收获物不足1.5斗的可免租,1.5～3斗的可按20%交租,3～5斗的可按25%交租,5～7斗的可按30%交租。② 安阳县关于减租减息的具体办法,体现了主佃、主债双方的利益。

1943年,太行根据地颁布了《土地使用暂行条例太行区施行细则草案》,规定:“凡已依照土地使用暂行条例执行减租后的土地,应将原契约作废,另订新契约。”“未经依法减租之一切地租,一律减少百分之二十

---

① 中共河南省委党史资料征集编纂委员会编:《太行抗日根据地》(一),河南人民出版社1986年版,第221页。

② 《晋冀鲁豫抗日根据地财经史料选编(河南部分)》(三),第538～540页。

五。"①同时颁布了《太行区租佃契约订立规则》,规定"执行二五减租后,即行订立租佃契约",新契约的主要内容包括承租人、出租人的姓名及地址,出租土地的面积及范围(四至),租种期限,地租种类、数额和租率,交租时间和地点,租地费用、资本、负担分配,参与人(主佃双方、中证人)签字及日期。租佃契约必须经所在地区公所检验没有违背租佃法令后,才能生效。②

豫西根据地建立后,1945年6月,颁布了《减租条例草案》,规定:"份种原来对半分者,改为二五、七五分",即收获物地主得25%,佃户得75%;"课种(死)出租人之土地每年收入不论现金或实物,一律照减租额,不得超过耕地正产物收获总量千分之三百七十五(即八分之三),超过者,应减为千分之三百七十五,不及者,其约定满收满交,半收半交,不收不交。"关于灾荒年的交租问题也有相应的规定,"若因天灾人祸致收成减少或毁泽时,承租人得商请减付或免付应交租额"。减租后,规定"承租人应依照本条例所定减租额交租,不得短少,其有力交租而故意不交者,出租人有请求政府依法追交之权"③。

1942年3月,鄂豫边区颁布了《鄂豫边区施政纲领》,明确规定了减租减息的基本原则。根据施政纲领所确定的原则,根据地先后颁布了《鄂豫边区1942年度减租办法》、《豫鄂边区1943年度减租办法》和《豫鄂边区1945年度减租办法》,具体规定了减租减息的标准及操作方法。④ 根据边区党和政府的减租政策,豫鄂边区各县也出台了相应的政策,如信南中心县委制定了《1942年度减租减息办法》,规定了四六分和二五减租的政策。⑤ 总之,减租减息是抗战时期中共在抗日根据地实行的一项土地政策,河南各根据地依照本身的特殊情况,在中共中央政策

① 《晋冀鲁豫抗日根据地财经史料选编(河南部分)》(二),第124页。

② 《晋冀鲁豫抗日根据地财经史料选编(河南部分)》(二),第129页。

③ 中共河南省委党史工作委员会编:《河南(豫西)抗日根据地》,河南人民出版社1988年版,第26~27页。

④ 张泰山:《抗日战争时期鄂豫边区农民对减租减息的心态》,《华中科技大学学报》(社会科学版)2005年第2期。

⑤ 中共河南省委党史研究室:《河南抗战简史》,河南人民出版社2005年版,第189页。

的指导下,颁布了一些减租减息法令,这些法令对减租的实施起了主要作用。

三、减租运动的实施

随着减租政策与法规的颁布,各根据地不同程度地实施了减租运动。晋冀鲁豫根据地是河南各根据地中建立最早的一块,也是较早实施减租减息的根据地。该根据地减租减息大致经历了三个阶段,1938年至1941年为初步开展阶段,1942年至1943年为全面展开阶段,1944年至1946年为深入查减阶段。① 1939年冬至1940年春,太行等根据地开展了减租减息、借粮和增加工资的斗争,但由于日伪军的扫荡和政策执行上的偏差,使减租没有形成群众性的运动。② 在1942年1月中共中央颁布《关于抗日根据地土地政策的决定》后,各根据地开始了减租减息运动。但整个河南省抗日根据地与沦陷区、国统区犬牙交错,有的根据地开辟早,有的开辟晚,所以各地群众发动的程度及采取的减租方法和形式也不相同。

林北县(今属林州市)在减租初期,一些干部"表面上接受了减租决定,实际在思想上却存在问题,未彻底解决。在开始发动时,对减租的决心就不大"③。在发现干部存在的问题后,首先解决了干部思想问题,提高干部减租决心,其次发动群众进行减租斗争,特别是把减租斗争与反恶霸结合起来,斗争了一些地主,使减租运动开展起来,而且取得了较大的成效。如六区在减租前自耕地2051.75亩,租地1554.43亩,租额914.716石;减租后自耕地2171.06亩,租地1315.8亩,租额438.045石,复佃地38.85亩,返租568.418石。减租后最大的变化在于地租比原来减少了476.671石。同时,在减租和反霸运动中也有一些村庄没有发动起来,如贯彻租佃关系比较差的村庄有36个,占16%强;贯彻反恶

① 花瑜:《晋冀鲁豫抗日根据地的减租减息运动》,《平原大学学报》1994年第2期。

② 齐武编著:《一个革命根据地的成长》,人民出版社1957年版,第117~118页。

③ 《晋冀鲁豫抗日根据地财经史料选编(河南部分)》(三),第417页。

霸的村庄41个，占19%弱；未掀起运动的村庄有30个，占14%弱。①又据其他资料统计，林北县9个村减租佃户有284家，租地1418.8亩，退租谷422.9石，订新约者170户，地847.8亩，内有恢复佃权者37家，租地181亩。② 从以上资料来看，林北县减租运动有了一定的进展。卫辉县狮豹头村在农会的组织下也实施了减租。1945年1月，农会事先把佃户组织起来，向开明地主要求退租，结果退了3石。通过这种办法使佃户的减租积极性高涨起来，农会立即决定召开群众减租大会，会议向地主和佃户提出了具体要求，佃户要求地主"第一，执行政府法令，减租退租；第二，订立契约，不能夺地。第三，做零活要给工资"。佃户也向地主保证："一、要种好地，多打粮食；二、按时交租，交好粮食。"会议还迫使一些落后地主向佃户退了租。③ 晋冀鲁豫区通过减租，地租率明显下降，如林县、辉县、汲县的302个村，地租率由原来的50%～60%，降为15%～40%。④

在豫皖苏根据地，经过群众性的减租运动后，到1945年初，"各县都已经大部或局部地实行了减租，初步地改善了民生。肖、永、宿已大部发动了减租运动，其余各县已经局部据点式地发动了减租"。减租取得了较大的成绩，据统计共减租1643254斤，从经济利益上算，可以解决将近10万人1个月的最低限度的生活问题。减租的佃户共18444户，地主3008户。但是，减租还不够深入和普遍，"估计减租者还不能占全地区的三分之一"⑤。豫鄂边区的信南县（今分属信阳和湖北广水）是开展减租运动的试点，1942年4月，根据豫鄂边区施政纲领的要求，工作团对减租减息进行检查。在检查过程中，对不法地主、富农进行斗争，并处理了对减租减息工作有抵触情绪的干部，推动了减租减息工作的进行。据

① 《晋冀鲁豫抗日根据地财经史料选编（河南部分）》（三），第423、426页。

② 谢丰：《贯彻减租与扶持群众运动》，《边区政报》第46期，1945年2月6日出版。

③ 《豫北卫辉狮豹头减租》，《解放日报》1945年1月26日。

④ 《河南抗战简史》，第190页。

⑤ 吴芝圃：《路西地区的群众工作》，《豫皖苏抗日根据地》（一），河南人民出版社1985年版，第459页。

信南县太平乡上天梯村的统计,全村50户居民,在减租减息运动中受惠的21户,减租谷32石,共计13440斤,减息150余元。①

在1942～1943年的大灾荒中,许多农民迫于生计不得不卖掉土地,使农民失去了地权。因此,河南各根据地在进行减租的同时,还开展了赎地工作。如豫东地区,1943年麦收后,"政府张贴布告对于在1942年冬～1943年春灾荒期间,凡是被迫贱价出卖的土地,可以按原卖价赎回,这一措施得到了广大农民的拥护"②。通过赎地,农民重新获得地权。豫西根据地的农民在减租运动中纷纷要求倒地,即把在大灾荒时期卖给地主的土地从地主手中收回。于是,1945年6月,中共河南区党委制定了《河南灾期卖地倒还条例》,规定"凡民国三十一年五月到三十二年底,因灾荒所卖之地,一律准许倒回原卖主","倒地时必须另换契约"。③ 该条例的颁布,使倒地有了法律依据。同时,在根据地的中心县和有条件的县,地方工作委员会发出告示:"坚决支持群众的要求,实行'倒地运动'!"在倒地时,"卖户和买户当面协商,群众当场评议,政府干部当场作出裁决:该倒多少地,以前几元几角卖去的,现在还是用几元几角赎回来"④。这样,"大部分贫苦农民的土地都倒回到自己手中"⑤,农民的土地所有权得到了解决。豫西的倒地运动是减租过程中,在根据地政府的支持下,通过和平购买的方式使土地的所有权发生的流转。

通过上面的论述,可以看出位于河南的晋冀鲁豫、豫鄂边区、豫皖苏、豫西根据地为执行中共的减租政策,颁布了既符合中共中央的减租政策又适合当地特点与习惯的政策与法令,保证了减租政策的顺利进行。各个根据地先后结合当时的政治与军事斗争进行了减租减息运动,不过,有的地方减租进行得比较好,有的地方还不深入和普遍。通过减租减息,对农民而言,减轻了地主对农民的剥削,改善了他们的生活,提

① 《河南抗战史略》,河南人民出版社1985年版,第232页。

② 中共河南省委党史工作委员会编:《豫皖苏抗日根据地(二)》,河南人民出版社1990年版,第174页。

③ 《河南(豫西)抗日根据地》,第28页。

④ 《河南(豫西)抗日根据地》,第123页。

⑤ 《河南(豫西)抗日根据地》,第94页。

高了他们的抗日和生产积极性，如晋冀鲁豫根据地减租后农民纷纷参加互助组织，认真经营土地和进行副业生产，增置农具，购买牲畜，增加肥料，深耕细作，成为普遍现象。对地主而言，保证了地主、富农的财权，虽然减少了剥削数额，“但改善了和农民的关系，增强了团结和抗日力量”①。就社会层面而言，改变了农村的阶级结构，如据太行区的20个典型村调查，到抗战胜利前中农已经占到全部户数的64.08%②，农村中的阶级两极大为缩小，中农化的趋势十分明显。减租减息给根据地农村社会带来了极大的变化。

第二节　农　　业

一、农业政策

农业是各抗日根据地的支柱产业，也是根据地优先发展的产业。如晋冀鲁豫制定了“以农业为主、手工业为副，发展公营和私营兼顾的方针”。为什么要以农业为主？首先，因为抗日根据地建立在农村，90%以上的居民为农民，农村有广阔的土地，根据地的各种“生活资料依靠农业生产，农业生产搞好，边区的主要问题就解决了”。其次，农业是手工业的基础，“边区手工业皆以家庭副业形式出现。农民一般生活又决定于农业生产。农业生产坏了，手工业亦不能维持。农业糟了，粮价就上涨，手工业品价(格)就要下降，群众的手工业必然遭到破坏。另一方面手工业者大都靠农产品、副产品而予以加工制造，农业坏了，手工业就缺乏原料，就得垮”③。因此，农业生产在抗日根据地十分重要，也是根据地政府最关注的问题之一。1940年9月，彭德怀在北方局财经会议上指出关于农业的政策是：“(1)消灭熟荒，开垦生荒，规定垦荒应享权利，如五年不定粮，不送租，保持永佃权，保障租粮不过一定百分数等。

---

① 中共冀鲁豫边区党史工作组财经组编：《财经工作资料选编》(上)，山东大学出版社1989年版，第141页。

② 齐武：《一个革命根据地的成长》，第128页。

③ 《财经工作资料选编》(上)，第133—134页。

(2)提倡和奖励农业副产——猪、羊、牛、鸡、蔬菜、棉、麻、造林,按照具体情形,定出具体要求和增加的数目字。(3)对于熟地须具体规定增加生产量及增加生产办法,如解决肥料、改良种子、深耕、多锄、增加水田等办法。(4)如欲使生产品增加达到具体要求,必须有深入的政治动员工作,使广大人民了解增加生产的意义,提高男女老少的生产热忱,尤须有具体的分工与精密的组织工作,同时事先必须有充分的具体准备。"①晋冀豫边区关于农业规定"政府应实行低利借贷,救济贫苦人民,并应以没收之汉奸土地,分配或租给贫苦抗属及贫苦人民耕种";"发展农村生产事业,扩大耕地面积,开发水利,改良种子、肥料、农具,开办农业试验场,提高生产技术,提倡农业副产物"。② 鄂豫边区把农业作为"经济建设事业基本的基本"③。增加耕地数量,发展农村副业,改进农业技术和动员组织农民积极生产成为根据地发展农业最基本的政策。

春耕是农业生产最主要的环节,每年春耕到来之际,根据地几乎都要发布相关政策以推动农业生产。如 1938 年 2 月,冀豫晋省委关于春耕工作指出:"应该利用春节召集各种集会,发动人民,并帮助人民要求减租减息,放仓解放[决]春荒,办理低利借贷,组织临时合作社,解决牲畜耕具,开荒地,利用庙宇祠堂各种公地及逃亡地主的土地扩大耕地面积,使春耕能够广泛进行。"④1940 年 1 月,晋冀豫区党委在关于春耕的指示中指出:(1)春耕准备工作。要求做好 5 个方面的准备工作,即调剂粮食,荒地分配,劳动力的组织,修地修路,调剂牲口、农具和种子。(2)春耕宣传。通过剧团、报纸等媒体宣传春耕的重要性和具体办法;各县要举行春耕动员大会,各村举行春耕座谈会,召集士绅会议,取得地方乡绅的支持。(3)组织工作。县、村设立春耕委员会,专门负责荒地、劳

---

① 《晋冀鲁豫抗日根据地财经史料选编(河南部分)》(一),第 12~13 页。

② 《晋冀鲁豫抗日根据地财经史料选编(河南部分)》(一),第 20 页。

③ 鄂豫边区财经史编委会等编:《华中抗日根据地财经史料选编——鄂豫边区、新四军五师部分》,湖北人民出版社 1989 年版,第 251 页。

④ 山西省档案馆编:《太行党史资料汇编》第 1 卷,山西人民出版社 1989 年版,第 126 页。

动力、农具、种子、牲口使用等的调剂问题，并建立严格的汇报制度。① 太行根据地在《一九四一年的战斗纲领》中指出："必须完成1941年的生产计划。特别是立即准备春耕，从扩大与改良土地与生产技术方面，如水利、垦荒、牲口、农具、种子与肥料方面加以准备，从调整阶级关系，鼓动群众生产情绪方面，如减租减息，解决土地纠纷方面加以准备。"② 1943年1月，豫鄂根据地颁布了《豫鄂边区一九四三年春耕生产紧急动员条例草案》，对春耕的各项工作从法律上给予规范。规定："在春耕期间，凡边区公民均有按优抗条例以劳力、耕牛、肥料、种子、农具优抗之义务"；对于春耕中作出突出贡献的给予奖励，对于破坏春耕者给予惩罚；明确规定了春耕期间水利的兴修、水权的管理和使用；在种子方面"应实行种子互助，有种子者保证按时借出，缺种子者要保证秋收后归还，并以百分之二十年息计算"；在耕牛使用上规定"耕牛由政府登记，春耕期内，除自用外，应合理出租，牛主不得拒绝，租用人亦不得劳伤耕牛……春耕期间严禁耕牛出口或宰杀，违者从重处罚"；关于农具规定"水车或其他农具，除自用外，不得拒绝出借，其故意拆毁或偷藏零件致不能使用时"，给予严厉处罚；在春耕管理方面规定乡、保、村成立春耕委员会，县成立建设委员会，均为领导春耕的机构。③ 该动员条例非常详细地规定了豫鄂根据地关于春耕动员中应遵守的规范，为春耕期间种子、耕牛、农具、灌溉水的使用提供了保障。

不违农时是根据地发展农业的一个主要政策。抗战时期，根据地不违农时主要表现在两个方面：一是在生产上不违农时，即每到春耕秋播、夏收秋收时期，边区都要做广泛的动员，督促农民积极播种和收获，如前文所述的春耕动员就是属于这一类。二是在农忙时不增加群众负担，毛泽东指出："我们的第四项农业政策就是不违农时，即在农忙时允许农民

① 《晋冀鲁豫抗日根据地财经史料选编（河南部分）》（二），第256～264页。

② 山西省档案馆编：《太行党史资料汇编》第4卷，山西人民出版社1994年版，第4页。

③ 《新四军和华中抗日根据地史料选》第7辑，上海人民出版社1987年版，第28～37页。

停止一切无关农业的开会与动员。”①在晋冀鲁豫根据地,“农忙时节,禁止向农民要粮、要款和党员参军……把各种任务都尽可能挪到农闲时间去完成”②。不违农时的农业政策,保障了农民从事农业生产的时间,有利于根据地农业的发展。

二、农业贷款

农贷是抗战时期各根据地的一项重要农业政策。1942年3月,晋冀鲁豫边区政府颁布了农业贷款办法,规定“农业贷款主要包括春耕贷款与水利贷款。春耕贷款,月息七厘,水利贷款年息七厘”;春耕贷款用途“只限于购买农具、种子、耕畜三项”,水利贷款用途“包括开渠、修滩、购置水车之用”;贷款的主要对象为“贫苦农民”和“抗属”、“受灾重之农民”;贷款期限春耕贷款“为八个月,由阳历三月十五至十一月十五日”;水利贷款因款额较大,可“分年偿还,但至多不得超过四年”。③ 为了渡过1943年春荒,冀鲁豫根据地颁布了《冀鲁豫区春耕掘井种植早苗种子贷款办法》,规定:掘井贷粮“由政府贷给灾民合作社社员,作为掘井之用”,非合作社社员贷粮要经过县级以上政府批准;贷给标准是“无论轻重灾区,每掘土井一眼贷给谷子三十斤”,“在重灾区每掘砖井一眼,贷给谷子三百斤,轻灾区每村砖井一眼,贷给谷子二百斤”。早熟种子贷款办法是:“(1)重灾区早熟种子贷款,每眼土井得贷给十至二十亩地的早苗种子,砖井则每眼贷给三十至五十亩的早苗种子,但单户灾民掘井所贷早苗种子酌量减少,所贷给早苗种子一律按市价给款,由各灾民自行采购早苗种子。(2)早苗种子贷款数目,一般的平均每家能贷到种二亩早苗为度。且要注意贷款必须以确无早苗种子而又无力购买及无处借贷者为限。”④显然,这次贷款是以解决大旱之后农田水利和粮食种植而进

① 毛泽东:《经济问题与财政问题》,《毛泽东选集》卷5,东北书店1948年版,第770页。

② 戎子和:《晋冀鲁豫边区财政工作的片段回忆(八)》,《中国财政》,1984年第8期。

③ 《晋冀鲁豫抗日根据地财经史料选编(河南部分)》(一),第164页。

④ 《财经工作资料选编》(下),第29～31页。

行的，贷款的主要对象为无力购买种子的农民。1943 年 9 月，为解决农民麦种问题，冀鲁豫根据地又颁布了《冀鲁豫区低价换贷麦种办法》，规定“凡合作社社员及无合作社地区之农会会员，与经村公所同农会介绍之农民有秋粮而实无麦种者”，可“以秋粮换取低于市价百分之十五之麦种”。如果是灾区或歉收地区的农民，无麦种而又无秋粮兑换者，由政府以月息 6 厘贷给合作社，再由合作社以 8 厘贷给社员。① 该办法解决了根据地农民秋播中麦种的问题。

在太行根据地，1943 年 9 月秋播到来之际，太行区银行决定发放农业贷款 900 万元，该贷款用途“确定为肥料（包括揽羊卧地）、农具（包括农具工厂作坊）、牲口、种子等四项，一概不作它用”。并规定贷款的原则：“1. 农业贷款以帮助贫农为主，及缺乏牲口之中农，贷款对象不可分散，决定贷款要经过评议，贷款必须求实际效果。贷款必须订契约。2. 羊群、耕牛及大型农具（如耧）等，可贷款给合作社，结合合作社股金购买，给社员低贷代价使用，或发展其他种形式的集体贷款，如模范的互助组、小份羊等。3. 贷款期限一律不得超过一年，尽可能作六个月、八个月、十个月等短期贷款，以增加农贷之活动运转。”发放水利贷款 300 万元，“以开小渠、打井、造水车、小规模修滩为主”②。在制定农贷政策时，十分注意农贷对象和农贷用途，如 1944 年春耕贷款发放过程中，第五专署指示：农贷对象“主要是贫苦农民（包括抗属、干部、荣退军人）”；在发放方面，“我们应参考延安的办法，真正把贷款用到农业生产上去”。③

在根据地农贷政策的引导下，农贷活跃了农村金融。据统计，1940～1945 年 6 月太行根据地各种农业贷款合计达到 58665436 元（冀南银行币），如表 6－1。

① 《财经工作资料选编》（下），第 42 页。

② 《晋冀鲁豫抗日根据地财经史料选编（河南部分）》（二），第 116～118 页。

③ 《晋冀鲁豫抗日根据地财经史料选编（河南部分）》（二），第 67 页。

表6—1 太行区冀南银行农贷统计表

年份	1940年	1941年	1942年	1943年	1944年	1945年1～6月
公营农业	—	5723915.38	17089.00	5840200.00	6105200.00	—
私营农业	100500.00	683925.50	2256038.79	6793305.14	17114459.16	14030803.17
合计	100500.00	6407840.88	2273127.79	12623505.14	23219659.16	14030803.17

资料来源:河南省财政厅、河南省档案馆:《晋冀鲁豫抗日根据地财经史料选编(河南部分)》(三),第688页。

在抗战期间,太行区的公营农业贷款17676354.38元,占贷款总数的30.13%;私营农业贷款40989081.76元,占贷款总数的69.87%。可见,私营农业是边区投资的主要方向,说明根据地农贷政策是向私营农业倾斜的。在太行根据地的各种贷款中,历年农贷所占比例为:1940年为11.1%,1941年为29.9%,1942年为8.6%,1943年为15.7%,1944年为25%,1945年1～6月为6.4%,平均为13.3%。农业贷款占第三位(第一位是特种贷款,占50.1%;第二位是商业贷款,占23.4%)。① 抗战时期豫北的根据地各县获得了一定数量的农贷,如1943年春耕生产时,分配给林县(今林州市)的农贷18万元,安阳县5万元;②1944年春耕农业贷款林北县(今属林州市)34万元,安阳县15万元;③水利贷款林北县20万元,安阳县10万元。④ 这些贷款在某种程度上解决了农业生产资金的需要。农业贷款不仅帮助农民解决了生产上的困难,也调动了农民的生产积极性,使其成为中共领导下的抗日民主政权的拥护者,如1945年春季濮阳县委提出了"积极生产多打粮,支援前方有力量"的口号后,政府对缺少牲畜、农具、种子的农户,发放了无息贷款,各村农会领导农民组织互助组,"一手拿锄,一手拿枪"⑤,积极

① 《晋冀鲁豫抗日根据地财经史料选编(河南部分)》(三),第691页。

② 《晋冀鲁豫抗日根据地财经史料选编(河南部分)》(三),第34页。

③ 《晋冀鲁豫抗日根据地财经史料选编(河南部分)》(三),第66页。

④ 《晋冀鲁豫抗日根据地财经史料选编(河南部分)》(三),第69页。

⑤ 濮阳县地方史志编纂委员会:《濮阳县志》,华艺出版社1989年版,第48页。

进行劳动生产和保卫抗日政权。

1943 年 9 月冀鲁豫区颁布了低价换贷麦种办法后，顿邱（今属清丰）从 10 月初就开始实施，“各村动员个别的亦以民主方式进行了村户贷换数目的评议工作。十月十一号决定低于市价百分之十五，换出麦种三万二千七百九十斤，换回谷子四百三十三石五”。后因日军扫荡停了两日，为了不误农时，在日军扫荡期间“重新做了布置，执行了一斤麦二斤秋的指示，并决定先发麦后收秋的办法，在全县总动员下，五昼夜完成了整个任务”。具体情况是：换麦总户数为 6373 户，合计换麦 149610 斤，其中贫农 3752 户，占 58.9%，换麦 69378 斤，占 46.4%，平均每户 18.5 斤；中农 2132 户，占 33.5%，换麦 60969 斤，占 40.8%，平均每户 28.6 斤；富农 489 户，占 7.7%，换麦 19263 斤，占 12.9%，平均每户 39.6 斤。在换麦贷款中，贫农所占户数比例最多，但平均每户所换麦最少，只有 18.5 斤；富农所占户数最少，每户换麦最多，为 39.6 斤，是贫农的2.1倍。贷麦种总户数为 4509 户，共贷麦 39277 斤，其中贫农 3765 户，占户数的 83.5%，贷麦种 33375 斤，占总数的 85%，平均每户 8.86 斤；中农为 677 户，占户数的 15%，贷麦种 5766 斤，占总数的 14.7%，平均每户 8.5 斤；富农 17 户，占户数的 0.4%，贷麦种 176 斤，占 0.4%，平均每户 10.4 斤。从上面的各种比例来看，贫农与中农、富农相比利益照顾得不够，尤其是换麦中，地主、富农比贫农多出了许多，说明根据地在发放农贷中存在一些问题。尽管如此，这次贷换麦种对小麦秋播还是发挥了重要作用，全县共贷换麦种 188887 斤，按每亩 5 斤折合，共种麦子 37777.4 亩①，解决了群众的播种问题。

根据边区每年的政策，发放的农业贷款主要用于农业生产，在帮助农民购买农具、种子等方面发挥了应有的作用，如表 6－2。

---

① 《财经工作资料选编》（下），第 54～55 页。

表 6—2 1945 年林县、沁博农业贷款用途统计表

林县				沁博			
用途	数量	款数(元)	百分比	农具	件数(个)	种子	数量(担)
牲口	140 头	172310	82.60%				
锄	547 把	32515	15.60%	大锄	862	玉茭	16.04
镢	48 把	460	0.22%	小锄	470	麻籽	6.96
铁木锹	26 把	800	0.38%	镢头	246	黑豆	4.61
镰	31 把	788	0.36%	铁锹	107	高粱	3.52
犁	5 张	990	0.46%	铁耙	40	棉籽	13.21
耧	3 张	790	0.37%	共计	1725	南瓜籽	0.30
扁担	1 根	16	0.01%			合计	44.64
合计	—	208669	100%				

资料来源:河南省财政厅、河南省档案馆:《晋冀鲁豫抗日根据地财经史料选编(河南部分)》(三),第 694～695 页。

从表 6—2 来看,各地贷款用途有很大的差别,林县 1945 年的农贷 82.6%用于牲口贷款,只有 17.4%用于购买农具,而购买锄头就占了 15.60%。在沁博地区,贷款主要用于购买农具和种子。

河南各抗日根据地的农贷也存在一些问题。如从政策上来看,农贷只允许用于农业生产,如购买耕牛、修水井和农具,规定得太死,“民众不能活用,解决不了问题”①。更重要的问题是村干部营私舞弊,真正需要贷款的贫苦农民贷不到款(包括麦种),贷款没有按照政策规定的范围来使用,有的用于还账,有的将麦种卖掉或吃掉等。如顿邱在麦种贷换及牲口贷款中“某村将换麦种领走后,班长私自卖去,还了个人外债……某村富的多分。某模范班分二十五斤。某村干平均六升,其他户二升。某村干将牲口贷款贷给自己近家。某农会主任吃空名,自己独裁发贷。”在农贷工作中不能很好地把握政策,不能全面照顾到各阶层利益。群众贷换的麦种有的没有用到种麦上,“个别卖掉,有的吃掉”②。这虽然不是普遍现象,但与农贷发放时的初衷有一定的距离。

① 《财经工作资料选编》(上),第 174 页。
② 《财经工作资料选编》(下),第 56～57 页。

三、农业互助运动

劳动互助是抗日根据地一项重要的农业政策。太行根据地的劳动互助形式除了旧有的如“工队”、“工合”、“成工组”、“拨工”等外，还创造了新的形式，如“开荒队”、“互助小组”等，“其中最进步的一种就是干部参加以劳动英雄或积极的劳动者为中心，以户为单位的互助组，每组三户至五户。牲畜缺乏的地方，则以牲口为中心，以自愿结合、等价交换、自由变工为原则。这种互助小组，是从下种和锄苗中才得以更好地组织广泛发展起来，有许多已经逐渐巩固结合为全年的互助小组”。① 据对太行根据地31个县不完全统计，有2.3万个劳动互助组织，21.9万个全劳力、半劳动力参加劳动互助，占全区总人口的5%；在劳动互助组中，还吸收了一部分妇女，改造了一批懒汉二流子。劳动互助组织提高了劳动效率和生产热情，有的提高了30%，有的提高了15%。② 1944年春耕时期，林北县二区的12个村庄，将村子全劳力的20%～30%组织到互助组中，有的村子达到了80%。该县一区有的村只有6%的全劳力参加互助组，有的则有90%的劳力参加了互助组。③

在豫鄂边区，由于农业遭到日伪军的摧残，耕畜严重不足，抗日民主政权就在农村组织了变工队，或以工换工，或以人力换畜力，通过组织劳动互助来解决耕畜的不足。如1942年秋播期间，豫南一些地区耕牛不足，边区政府一方面购买了一批耕牛支援该地区的农民，另一方面还从山南区动员群众支援信（阳）罗（山）边辛店乡耕牛40多头，劳力60多个，帮助种麦。④

在根据地的一些地区，由于灾荒、征兵等原因，男劳动力很少，当地政府就组织妇女、孩子和老人进行生产。如林北新区“有好些村庄，只剩下些妇女小孩和十几个上年纪的老头子，如段家庄，全村七十二户，五百八十多亩地，去年（指1943年——引者注）种麦时，全村只有二十个男

① 《晋冀鲁豫抗日根据地财经史料选编（河南部分）》（二），第88～89页。
② 《晋冀鲁豫抗日根据地财经史料选编（河南部分）》（二），第202页。
③ 《晋冀鲁豫抗日根据地财经史料选编（河南部分）》（三），第86页。
④ 《河南抗战史略》，河南人民出版社1985年版，第218页。

人,九个牲口,现在(指1944年——引者注)只剩下六个男人,组织互助组是以女人为主,男人参加"①。在这里,妇女成为根据地农业互助和生产的主力军。

劳动互助在根据地农业生产中发挥了一定的作用,也有利于农民的生产与生活。据对太行区调查,"互助对每个阶层都是有利的,只要我们组织得好,公道合理,穷富就都能沾光。在互助中我们解决了多数贫苦农民的生活与生产中的困难问题,在组织起来之后他们是得利最多的一个阶层,这也是组织起来的必然结果,大部赤贫与贫农改变了面貌,得到很快的上升,这就是由于组织起来能够解决了春荒,又有了集体相互间的劳动互助,所以就办到了过去从来办不到的事"②。毛泽东也对华北、华中敌后根据地的劳动互助给予了很高的评价,他说:"我已得了华北华中各地的材料,这些材料都说:减租之后,农民生产兴趣大增,愿意组织如同我们这里的变工队一样的互助团体,三个人的劳动效率抵过四个人。如果是这样,九千万人就可以抵过一亿二千万人。还有两个人抵过三个人的……这种生产团体,一经成为习惯,不但生产量大增,各种创造都出来了,政治也会进步,文化也会提高,卫生也会讲究,流氓也会改造,风俗也会改变;不要很久,生产工具也会有所改良。到了那时,我们的农村社会,就会一步一步地建立在新的基础的上面了。"③通过劳动互助,根据地的社会发生了较大的变化。

四、大生产运动及农业生产状况

为了克服根据地的困难和减轻农民负担,各个抗日根据地普遍实行了大生产运动。1943年2月,《华中局关于春季工作的指示》指出:要求华中各抗日根据地参考陕北和华北各地生产经验,加紧生产运动,"各级军政机关应迅速作深入的动员与定出各部各种生产计划……凡是军队机关所需用一切东西都设法自己动手。各级党政机关及群众团体应立

① 《晋冀鲁豫抗日根据地财经史料选编(河南部分)》(三),第85页。

② 《晋冀鲁豫抗日根据地财经史料选编(河南部分)》(二),第660页。

③ 毛泽东:《必须学会做经济工作》,《毛泽东选集》第3卷,人民出版社1991年版,第1017页。

即有计划有组织发动群众开展生产运动，采取各种妥善与积极的方法帮助贫苦群众解决种子、耕具与肥料问题，鼓励群众多生产军需有关的东西，多开办制造农具与纺纱织布等小规模生产合作社”①。1941年1月，冀鲁豫行政公署成立后，提出了“人无闲人，地无荒地”的口号，动员群众开展生产运动，并发放贷款10万元，帮助群众开垦荒地，扩大春耕面积，实行水利灌溉，推广玉米、谷子等作物的优良品种，提倡植棉，碱地种植苜蓿，植树造林和种菜等。1943年11月，冀鲁豫边区党委根据中共中央和北方局的指示，召开高干会议，决定大力发展生产，克服困难，渡过灾荒，为大反攻做好物质准备。会后全区军民很快掀起了以农业为中心的大生产运动。② 豫皖苏根据地在《豫皖苏边区联防委员会一九四〇年五六月份工作计划大纲》中规定：区乡以下的工作人员，至少每人种地1亩至3亩，到秋后要做到自给；各级工作人员，自己动手种菜，要在两个月内做到不买菜吃。③ 豫鄂边区在“各(保)甲成立了农业生产互助队，改良稻种”④。大生产运动兴起后，推动各根据地的农业取得了一定的成绩，主要表现在开垦荒地、兴修水利、灭蝗以及植棉等方面。

开垦荒地，增加耕地面积、发展家庭副业和经济作物种植是农业大生产运动的主要内容，而且取得了明显的成绩。1941年，豫鄂边区在自给自足的口号下，信(阳)应(山)地区“大众都积极地活跃起来，朝着这个共同的目标而努力于开荒运动。仅信南地区已有了如下的成绩：1.开荒田五十余亩，按田的土质种了茶、棉花、豌豆、芝麻。2.增加新麻园二十余块。3.建立一个新林场，植树百余株，栗子树大批接枝，一乡就接了七百多株，葡萄树也种了五十多株……农民群众并且学会米卵法，还大力提倡近村副业——养猪养鸡等等。现在每家(不靠近敌区)有猪两口强，

① 江苏省财政厅等编：《华中抗日根据地财政经济史料选编》第2卷，档案出版社1986年版，第9页。

② 中共冀鲁豫边区党史工作组财经组编：《财经工作资料选编》(上)，第321～323页。

③ 李占才：《豫皖苏边抗日民主根据地的经济财政建设》，《铁道师院学报(社会科学版)》1995年第3期。

④ 中共河南省委党史资料征集编纂委员会编：《豫鄂边抗日根据地》，河南人民出版社1986年版，第138页。

鸡子在中心区平均每人一只强"①。1944年,豫鄂边区又决定展开全边区大生产运动,"做到每亩全年增产粮二斗至三斗,每人种菜六百斤。普遍发动互助,培养劳动英雄"②。豫东地区收复后,"水东③地委为了带领群众返回黄泛区重建家园,首先由党、政、军各机关带头进黄泛区开荒生产,群众逐步跟随返回家园"。对返回家园的群众政府给予支持和帮助,领导他们开荒恢复生产。④ 在太行根据地,1941年开荒33760亩,1943年前半年开荒9450亩,秋后及次年春开荒达到20万～30万亩(包括部队、机关、民兵开荒)。⑤ 在1944年的大生产运动中,太行区第五专署春季计划开荒6300亩,修滩地5270亩,修渠52条,植棉12000亩。其中林北县计划开荒3000亩,完成3176亩(只统计两个区),修滩地300亩。因春雨很好,植棉"一般都超过计划"⑥。1945年春耕中,林北县开生荒5875亩,安阳县开生荒160亩。⑦ 由于日寇侵略和自然灾害,根据地每年青黄不接时都会程度不同地发生春荒。为度过春荒,每年根据地政府都号召各地大量种春菜,如1944年春,林北县一区种2208亩,二区种2416.8亩,七区种195.8亩,全县合计种4820.6亩。⑧

水利是农业的命脉。根据地发展农业灌溉主要在两个方面,一是打井,二是修渠。冀鲁豫根据地采取"充分发动群众,动员私资打井,政府予以帮助"的政策。⑨ 太行区在贷款方面予以支持,如1943年12月,给林北县20万元、安阳县10万元贷款,主要用于"今冬及明春开渠、修滩、

① 《豫鄂边抗日根据地》,第138页。

② 《豫鄂边抗日根据地》,第208页。

③ 水东地区即以睢、杞、太为中心的豫东地区,因在黄河改道后的黄水以东,故称水东。

④ 《豫皖苏抗日根据地(二)》,第175页。

⑤ 中国社科院经济研究所中国现代经济史组:《革命根据地经济史料选编》(中),江西人民出版社1986年版,第237页。

⑥ 《晋冀鲁豫抗日根据地财经史料选编(河南部分)》(三),第81～83页。

⑦ 《晋冀鲁豫抗日根据地财经史料选编(河南部分)》(二),第675页。

⑧ 《晋冀鲁豫抗日根据地财经史料选编(河南部分)》(三),第80页。

⑨ 《财经工作资料选编》(上),第135页。

打井、修水车等事"①。在政府的支持下，根据地兴修了一些水利工程，如豫鄂根据地豫南各县积极兴修水利，普遍整修堰塘。1942年，中共信（阳）罗（山）边辛店乡组织500余人，投入4.5万多个工，建成2里多长的引水工程和天鹅湖堰坝，灌溉农田2000余亩。② 太行根据地1941年开渠、打井增加灌溉农田面积29500亩，1943年增加灌溉面积7300余亩。③ 1945年春季，林北县开渠12条，可灌溉515亩；林县开渠1条，可灌溉500亩。④

在大生产运动中，八路军、新四军和党政机关为了自给的需要，也积极参加到农业生产中来。至1944年底，太行军区八路军开荒1251395亩，收获粮食（七分区未计）5121202斤，除交公粮及消耗外实得米315万斤，减轻人民负担粮食10万石。另外，八路军代群众耕地1518.5亩，锄地5327亩，修地2644.3亩，担粪127040亩，收割24658.4亩。政民机关共种地10332亩，收细粮1400石，菜150万斤，每人自给粮食平均超过两个月，蔬菜全年自给。⑤ 1943年，太岳军区的八路军开荒6362亩，产粮1677石，产蔬菜839446斤；1944年，开荒58052亩，产粮25409石，产蔬菜4031360斤。⑥ 冀鲁豫根据地也进行了大生产运动，如濮阳发动部队（包括地方部队及临时驻扎的八路军）、机关学校以及广大群众掀起了大生产运动，"到处垦荒种地，经营多种副业。武寨抗日高小师生百余人，开荒40多亩，还搞了制盐、造纸、肥皂等多种副业。1944年秋，收棉花千余斤，高粱40石，不但解决了学校修建费用及办公用品，而且还解决了部分困难学生的问题。濮阳从1943年开始，取得连续两年的农业丰收，部队、机关、学校达到全部或部分自给，减轻了人们负担，改善了人民生活"⑦。豫皖苏根据地的新四军第四师1943年春夏开荒

① 《晋冀鲁豫抗日根据地财经史料选编（河南部分）》（三），第69页。

② 《豫鄂边抗日根据地》，第60页。

③ 《革命根据地经济史料选编》（中），第235页。

④ 《晋冀鲁豫抗日根据地财经史料选编（河南部分）》（二），第669页。

⑤ 《太行去年生产成绩伟大——记该区生产展览会》，《解放日报》1945年1月2日。

⑥ 齐武：《一个革命根据地的成长》，第188页。

⑦ 《濮阳县志》，第48页。

4655 亩,种植小麦、水稻、玉米、山芋、黄豆等粮食作物和蔬菜。收小麦 14900 余斤,合洋 74500 元;收稻子 1500 斤,合洋 7500 元;玉蜀黍、黄豆 34138 斤,合洋 170690 元;红薯 5000 斤,合洋 7500 元;蔬菜 252465 斤,合洋 252465 元;菜籽 500 斤,合洋 5000 元;收麻 7350 斤,合洋 73500 元。① 豫鄂根据地的八路军和行政机关也开展了以农业为主的大生产运动。② 八路军、新四军和党政机关的农业大生产运动,开垦荒地,增加粮食生产,不仅供给了部队的部分需要,也减轻了人民的负担。

第三节 工业、商业与合作社

一、工业

1. 工业政策

抗日战争时期,中共领导的敌后抗日根据地采取鼓励私人资本主义发展和保护工商业的政策。1940 年 9 月,彭德怀在北方局高级干部会议上阐述了华北各根据地发展工业的基本原则:"第一,有计划的集中领导,分散建设;第二,敌后是艰苦斗争的环境,发展工业,必须军政民互相帮助,帮助别人,就是帮助自己;第三,技术工具要适合环境,工厂要就原料;第四,改良手工业工具,是目前增加工业生产的重要工作之一。"会议还制定了晋冀豫根据地 1941 年工业生产建设计划:棉织品、食盐达到完全自给;在太行山区建设大规模制药厂、模范纱厂、模范织布厂,尽快发展肥皂、制革、造纸、火柴等厂,以满足根据地的需要;开办硫酸厂、酒精厂、硫黄厂等。③ 从计划中看,根据地工业发展主要以满足军事需要的工业为主。1942 年 2 月,华中抗日根据地(包括河南的豫鄂边和豫皖苏)为了加强自给的需要,工业发展则以生产日用品为主,指出:"纺织业为今日工业生产之突击中心。在敌后环境下,应以发展农村手工纺织、

① 中共河南省委党史资料征集编纂委员会编:《豫皖苏抗日根据地》(一),河南人民出版社 1985 年版,第 375 页。

② 《豫鄂边区部队机关展开生产节约运动》,《解放日报》1944 年 5 月 25 日。

③ 《晋冀鲁豫抗日根据地财经史料选编(河南部分)》(一),第 13～15 页。

组织手工纺织生产合作社为主要方式，俾能普遍生长，日寇无法扫荡。”“半机械之工厂纺织虽为次要方式，亦应努力促其生长。尤须动员工商业家与地方资金经营此种工场纺织。”“造纸、制皂、制蜡烛及文具制造（如糨糊、墨水、练习簿等）等必需品之小工业生产，亦应努力提倡，以改良手工工场生产为主要方式。在这方面，应多多利用旧式手工业及手艺工人，以谋改良。”①这些政策，有利于推动根据地工业的发展。

根据地颁布了奖励生产的各种办法，以推动工业的健康发展。如晋冀鲁豫根据地先后颁布了《晋冀鲁豫边区奖励生产技术办法》、《晋冀鲁豫边区工业奖励办法》和《晋冀鲁豫边区优待专门技术干部办法》等，对在发展根据地工业方面有各种贡献的人员给予奖励，重视、重用和保护科技人员。② 对于一些重要的关乎根据地民生的工业部门，根据地采取管制办法。如 1943 年鄂豫边区颁布了《管制榨油业作坊暂行办法》，认为“榨油业为战时边区主要之民需物资生产事业，悉应加以保护，加强其管理，以增高其生产，适应边区民食之需要”，因此决定对榨油业实行管制。管制办法是：(1)对榨油业进行调查登记，发给营业许可证。(2)实行原料配给制。榨油业“所需原料，按月实行发配，其产品以在内地营运为原则，不准运往敌区”，并请领内地运销证。(3)关于供给之规定。在有合作社之地，“应指定每月供给消费合作社及运销合作社之数量，产品价格，应以生产所需成本加百分之二的利润计算，不得以超额利润经营，违则停止其营业”。对于集镇的油盐店、杂货铺或保甲群众办的合作社，“应规定各榨坊供给之数量，每月按数量供给”③。这种管制是战时经济体制下的一种民生工业的管理方式，在当时的条件下，通过这种办法既不使食用油流出根据地资敌，又可保证根据地对食用油的需求。

---

① 中国社科院经济研究所中国现代经济史组：《革命根据地经济史料选编》（中），第 129 页。

② 《晋冀鲁豫抗日根据地财经史料选编（河南部分）》（一），第 127～128、129～130、151～153 页。

③ 《华中抗日根据地财经史料选编——鄂豫边区、新四军五师部分》，第 454 页。

2. 工业发展状况

抗日根据地的工业主要包括公营工业、私营工业、家庭手工业和合作社手工业。下面就前3种工业在河南各根据地的状况作一论述,合作社手工业另节专门论述。

太行根据地的工业。抗战时期每个县都有小型工厂,据1940年不完全统计,全区有军事工厂100个,纺织工厂55个,毛织厂8个,煤炭工厂145个,被服工厂12个,文具制造厂11个,其他工厂15个。① 1945年抗战胜利时,太行区有各种小型军工厂不下10余个②,可以制造枪弹、火药、地雷、手榴弹等。抗战时期"太行的军工产品是华北各根据地最多的。大批修造的武器、弹药,除补充本区使用外,还源源不断地运往外区"③。在日用品方面,发展了榨油、造纸、肥皂、制烟、文具、纺织、火柴等工业,"油、纸张、肥皂、烟、茶及一些文具,均可自给,并有一部出口"。除了食盐以外,"其他棉花、布匹、颜料、火柴,大部均能自织自造,或寻得代替品了"。尤其是民间纺织业有了很大的发展,据1943年冬季到1944年春季统计,根据地约有20万纺妇,"纺花织布有一百三十万斤","布和手巾、袜子都可自织",一些地方还推行了新式织布机。④ 林北县(今属林州市)民间纺织业有了一定的发展,魏家河一带毛纺织技术最高,"专门纺各色毛头绳出口,销路很好"⑤。1944年春季,该县原计划第一、二、三、五、七5个区组织8300个纺妇,织布83000斤,纺线2700斤,纺毛线10000斤。到4月底已经超额完成任务,全县共组织了1952个纺织小组,4025户,8561人,纺织线、布、毛线共60594斤,得工资204282斤米。"如三个人一天按半斤米计算,从正月到麦收可养活一万个人"。纺织重点在老区(一、二、七区),纺织妇女5487人,得工资

① 冷水:《介绍晋冀鲁豫边区》,《解放日报》1942年3月23日。

② 齐武:《一个革命根据地的成长》,第191页。

③ 田酉如:《太行抗日根据地研究综述》,《党史通讯》1987年第7期。

④ 中共河南省委党史资料征集编纂委员会编:《太行抗日根据地》(二),河南人民出版社1986年版,第8~9页。

⑤ 中国社科院经济研究所中国现代经济史组编:《革命根据地经济史料选编》(中),第248页。

1000多石米。[①] 除了家庭纺织业外，其他工业也有了一定的数量，如油坊，林北有40个，安阳有23个；煤窑，林北、安阳各有4个。另外，林北的染坊、纺毛线，安阳的赶毡子、织袜子等在根据地都是主要的手工业。[②]

林县、汤阴、安阳是太行根据地造纸中心。1942年建立了林汤纸厂，有职工22人，池子3个，资本30万元，年产仿油光纸600块。[③] 除了公营纸厂外，造纸还是当地农家的主要副业，据1945年调查，有相当数量的农家从事造纸业，合漳区10个村，共836户，其中造纸467户，占55.8%；林县淇东区6个村，840户，其中造纸325户，占38.6%；安阳区7个村，770户，其中造纸250户，占32.5%。其中据1945年1月对合漳区上述10个村庄调查，全部人口为3006人，从事造纸业的有1166人，占38.8%。在经营方式上，造纸户以合伙经营为主，如1939年对淇东4个村227家造纸户的调查，合伙经营168家，占74%；雇工经营31户，占13.7%；半雇工经营16户，占7.1%；独资经营12户，占5.2%。据1944年12月调查，林汤区8个村子有87个造纸池，其中合伙经营的51个，占58.6%；独资经营的14个，占16.1%，其他12个，占13.8%。据1945年5月对林汤区调查，全年产纸4765甲，可换小米3426.1石。[④] 可见，抗战时期根据地形成了具有地域特色的产业经济。

太行山区山蚕养殖历史悠久，抗战时期发挥了这一优势。1943年，边区政府开始提倡山蚕，第二年贷款20万元扶植发展，使“林北的山蚕又复活了”[⑤]。1945年，林北山蚕共收了1070万个茧，春秋二季可净赚120万元，如果把这些蚕茧缫成丝，可赚500万元。[⑥] 随着山蚕的养殖，缫丝业成为农村的主要副业，在合作社的组织下，这里的妇女、老头从事

① 《晋冀鲁豫抗日根据地财经史料选编（河南部分）》（三），第91页。

② 《晋冀鲁豫抗日根据地财经史料选编（河南部分）》（三），第132～133页。

③ 《晋冀鲁豫抗日根据地财经史料选编（河南部分）》（三），第710页。

④ 《晋冀鲁豫抗日根据地财经史料选编（河南部分）》（三），第705～709页。

⑤ 《晋冀鲁豫抗日根据地财经史料选编（河南部分）》（三），第382页。

⑥ 山西省档案馆编：《太行党史资料汇编》第7卷，山西人民出版社2000年版，第187页。

家庭缫丝业,由合作社发给1000枚茧交12两丝,1944年仅缫丝一项群众可得工资米25000斤。丝织业成为林北县农村的主要手工业之一,1944年全县农村有丝织机100余架。① 除了林北外,临淇的庄凹、横岭、鄘水、土池南山一带,辉县的石凹、石门沟、南头上以及林、陵交界一带也产山蚕,也是当时家庭山蚕丝的主要产地。

豫皖苏根据地的工业。1939年9月,新四军游击支队(新四军第四军前身)刚到豫东时,就在永城县白庙建立了制造所和修械所,专门修理枪支和制造弹药,11月制造出第一枚手榴弹,次年1月,生产出第一批手榴弹30枚。新四军在战场上与日伪交战时所缴获的刨床、钻床、柴油发动机等交给兵工厂,提高了生产能力,炸弹厂每月可生产木柄手榴弹3000枚,同时兵工厂也由原来单一的手榴弹生产发展到能制造枪榴弹、迫击炮弹、平射炮弹、子弹、地雷、轻机枪、马刀、刺刀、大刀、水壶等多种军用产品。② 豫皖苏根据地还创办了民用工业,其中有被服厂,生产的被服可以满足根据地机关和部队的需要;肥皂厂,每月产量达到10000余条;另外,还办有毛巾厂、织袜厂等。③

冀鲁豫根据地的工业。据1942年初统计,冀鲁豫军区军火、纺织、皮革等工厂合计17个。④ 1941年冀鲁豫边区布鞋厂从山东东平县迁移到河南省范县,工厂有60余人,分为5个班组:打格布5人,缝鞋帮5人,上鞋7人,纳底17人,女工排25人(捻麻线、搓线等)。产品主要是黑土布圆口布鞋,日产单鞋70余双,有时也做少量棉鞋和皮底鞋。1944年春夏之交,皮革厂从布鞋厂分出后,布鞋厂人员充实到近百人,日产布鞋300余双,每月可向部队提供1万双布鞋。皮革厂分出后厂址设在范县榆林头村,有30余人,分刮皮、泡皮、鞣制、上光、裁划、缝制等生产工序,1945年又搬迁到该县高菜园村,工人增加到50余人,皮源充足,生

① 《晋冀鲁豫抗日根据地财经史料选编(河南部分)》(三),第394、388页。

② 《豫皖苏抗日根据地》(二),河南人民出版社1990年版,第224～226页;《豫皖苏抗日根据地》(一),河南人民出版社1985年版,第29页。

③ 李占才:《豫皖苏边抗日民主根据地的经济财政建设》,《铁道师院学报(社会科学版)》1995年第3期。

④ 冷水:《介绍晋冀鲁豫边区》,《解放日报》1942年3月23日。

产能力和生产规模都有了提高。主要产品有皮腰带、枪背带、手枪套、机枪衣、公文包以及车马炮装具等。① 1942年至1945年，冀鲁豫军区八分区兵工厂设在范县陈庄乡杨庄村，总厂下设5个所，其中一所是修械所，制造枪炮子弹；二所是炸弹所，专造地雷、手榴弹；三所是再造所，负责维修武器，用废弹壳再造子弹。② 1944年冬，冀鲁豫军区兵工一厂在清丰县单拐陈家祠堂建立，全厂220余人，设备有车床15台，冲床1台，插车、龙门刨各1台，牛头刨2台，卧铣1台，立铣2台，立式锅炉1台，15马力柴油机1部，主要业务是修理各种轻重机枪和缴获的各种炮如迫击炮、九二式、一三式、四一二式、美式无坐力炮、榴弹炮等，还试制成功了冀鲁豫兵工史上的第一门九二式步兵炮。③

各根据地的农村手工业也有恢复和发展。清丰县某区陈庄，兼营帽头、板铺、作柱、草帽辫等手工业产品，销往济南、天津等地；④长垣县某村，有手工业者7户，其中木匠3户，泥水匠、铁匠各两家。⑤ 在鄂豫边区，各县均注意提倡手工纺织业，一些地方还采用了新式纺织机，另外，信阳的造纸业也得到了改良。⑥ 1944年8月，博爱收复后，抗日政府“用最大力量作了安抚救济、贷款等工作”，使该县小岭村磺矿9月就开始恢复生产，“由四孔窑增加到十孔，每孔窑三张炉，共三十张炉，每日出磺三百斤。参加工作有二百零八个工人，一百六十二个全工，四十六个半工，假如连上寨上二孔，寺后二孔，爬沟二孔，黄岭四孔，共合二十孔窑，每日可出六七百斤磺”。磺矿的开采，不仅成为根据地工业的主要组成部分，而且成为当地群众农业生产之外的一项主要收入，“在灾荒年群众生活

---

① 中共冀鲁豫边区党史工作组财经组编：《财经工作资料选编》（上），第529～530页。

② 杨修齐：《一个老解放区的兵工厂》，《濮阳文史资料》第2辑，1986年9月印行，第64页。

③ 《单拐兵工厂》，《清丰文史资料》第1辑，1987年11月印行，第39页。

④ 中共冀鲁豫边区党史工作组办公室等编：《中共冀鲁豫边区党史资料选编》第2辑，文献部分（中），河南人民出版社1988年版，第146页。

⑤ 《中共冀鲁豫边区党史资料选编》第2辑，文献部分（中），第149页。

⑥ 鄂豫边区财经史编委会等编：《华中抗日根据地财经史料选编——鄂豫边区、新四军五师部分》，第126页。

多依靠它来维持,常年时也解决群众半年食用的开支,如棉布、食盐、麻等"①。总之,根据地的工业建设,一方面支持了八路军、新四军的敌后抗战;另一方面满足了根据地民众生活的需要。

二、商业

1. 商业政策

根据地政府颁布了各种法规、条例,以规范工商业的发展。如1943年8月20日,冀鲁豫颁布了《冀鲁豫区工商业登记暂行办法》,规定为了促进根据地工商业的正常发展,"凡本区之工厂作坊、店铺、行商及经营京广杂货土产等之摊贩",必须先依法登记,然后才能开张营业。办法是:"凡请求登记之商人,须向县工商管理局(简称县局)或委托之机关请求发给商人登记申请书、调查表、保证书等,由该商人按照规定确实填写,并须觅县委实保人或铺保在保证书上加盖印章,呈缴各该县局审核请求登记。"县局接到商人申请书、保证书和调查表后,"须迅速审核对保,如无不合者应即准予发给营业许可证,俾凭证营业"。② 工商业登记制度的建立,一方面保护了商人的合法权益,另一方面有利于根据地工商业的管理和发展。

抗战时期,各根据地进出口贸易是与敌伪进行经济斗争的主要内容。一方面要输出根据地剩余的土产,另一方面要进口根据地的必需品,因此各地都制定了进出口贸易管理的政策法规。如1941年6月,《冀太区贸易暂行条例》规定:凡本区内地贸易运销一律自由并予免税;鼓励非必需品出口和必需品入口;凡根据地需要的重要工业原料,禁止出口;凡非人民生活必需品有害于根据地经济者,均禁止入口。③ 在对外贸易中,根据地对一些重要物资采取专卖的政策,如为了防止日伪对粮食的掠夺,抗日政权控制了粮食的买卖权,即实行粮食专卖政策。④鄂豫边区将谷米、大麦、小麦、高粱、黄豆、芝麻、菜籽等粮食作物列为统

① 《晋冀鲁豫抗日根据地财经史料选编(河南部分)》(三),第684~687页。

② 《财经工作资料选编》(下),第252~253页。

③ 《晋冀鲁豫抗日根据地财经史料选编(河南部分)》(一),第77~78页。

④ 《晋冀鲁豫抗日根据地财经史料选编(河南部分)》(一),第481~482页。

制物资，实行管制出口。① 1943 年 11 月，为了掌握市场，帮助缉私，了解粮食变动情况，晋冀鲁豫根据地决定在主要集市设立粮食交易所，以控制粮食交易。② 粮食交易所的设立，有利于边区政府控制粮食价格和粮食贸易。

除粮食外，晋冀鲁豫边区还把核桃仁、花椒、羊绒、羊皮、麻、麻子、柿饼、黄花菜、药材、枣仁、杏仁、栗子、瓜子、草帽、草帽辫、木材、席子等列为特种出口货物，对此也进行统制。③ 边区对特产实行统制，目的就是要换回根据地所需的必需品。1942～1943 年，华北发生了特大灾荒，为渡过灾荒保存食料，1943 年 8 月，晋冀鲁豫边区政府发出了《关于限制副食品出口的通知》，规定：各种猪羊及猪羊肉类，山药蛋、豆腐、粉条、干粉、瓜条、干豆角、榆皮、地榆皮、糠、炒面、各种植物油饼、大麻子、芝麻籽、麻籽、木料籽等“一律禁止出口”。核桃仁、柿子、红枣、黑枣、栗子等，“凡可充作军民食用者，在原则上应采取节制出口”④。为度过饥荒，还取消了对外贸易的专卖政策，禁止原来规定的专卖物品出口。在鄂豫边区，各种油料如清油、皮油、梓油、桐油、生漆以及棉花、板炭、烟叶、土布、土纱、捆麻、牛皮、杂皮、蓖麻籽、五倍子等由物资统制局掌管，商人运输出口时，必须经请示物资统制局，领到出口特许证后方能出口。⑤ 另外，纸烟专卖也是抗战时期各个根据地一项重要的工商业政策，该政策的实施对增加财政收入起到了良好的作用。

关于集市贸易的管理，冀鲁豫根据地颁布了一系列与集市贸易相关的管理办法，如 1942 年 8 月颁布的《冀鲁豫区管理集市暂行办法》，规定每集市设置管理员 1 人，受各县工商管理局及各区公所领导，“负管理市

① 《华中抗日根据地财经史料选编——鄂豫边区、新四军五师部分》，第 450 页。

② 《晋冀鲁豫抗日根据地财经史料选编（河南部分）》（一），第 590 页。

③ 《晋冀鲁豫抗日根据地财经史料选编（河南部分）》（一），第 141 页。

④ 《晋冀鲁豫抗日根据地财经史料选编（河南部分）》（一），第 327 页。

⑤ 《华中抗日根据地财经史料选编——鄂豫边区、新四军五师部分》，第 450～451 页。

场交易员之责”。① 1943 年,颁布的《冀鲁豫区集市交易所暂行办法》规定各集市设立集市交易所,以加强集市管理,“负管理市场交易之责”。②在市场管理方面,1941 年 6 月,颁布了《晋冀豫边区取缔牙行办法》,规定根据地“各种牙行斗行及非坐庄行店之经纪人”,一律取消。另根据市场需要在集市地点设立交易员若干人,“执行牙行业务”。③ 总之,抗战时期,各根据地不仅制定了保护工商业的政策,而且制定了相关法规,规范工商业的发展,这些对推动根据地工商业的发展是有积极意义的。

2. 商业贸易

各抗日根据地均建立有专门管理商业贸易的机构。1939 年,太行根据地建立后,开始筹建太行贸易总局,次年 3 月,又在各个专署建立了贸易分局,在各县主要集镇设立经营商店和货栈。④ 1940 年 10 月,冀鲁豫行署成立了统制贸易局,次年 10 月改为晋冀鲁豫工商管理总局冀鲁豫工商办事处。1943 年春,又改名为冀鲁豫边区工商管理局,下设 6 个分局,各县设立支局。⑤ 各分局、支局都设有公营商店。根据地的公营商店采取“分散建设,集中领导”的方针,即“资金是分散的,干部也是分散的,货物更是分散的,一切设施都是分散的”。公营商店不仅经营商业,而且有领导其他商业的职能和任务,“不论各处的代卖代销者也好,公私和合营也好,内地的也好,分布在外线的也好,领导上必须统一于公营商店”,公营商店“机关的基本干部,平时可以根据工作需要活动于适中区域及经营工作薄弱区,战时即可分散行动于各公私合营企业中或外线”⑥。可见,根据地的公营商店既是经营部门,又具有管理部门的职责。

在根据地的贸易中,公营商店起着主要作用。如表 6—3 是 1942 年

① 中共冀鲁豫边区党史工作组财经组编:《财经工作资料选编》(下),第 228 页。

② 《财经工作资料选编》(下),第 253～255 页。

③ 《晋冀鲁豫抗日根据地财经史料选编:(河南部分)》(一),第 80 页。

④ 刘世永、解学东主编:《河南近代经济》,河南大学出版社 1988 年版,第 397 页。

⑤ 《财经工作资料选编》(下),第 218 页。

⑥ 《财经工作资料选编》(下),第 240 页。

至1944年林北县公营商店任村德兴货栈粮食统计表。

表6—3　1942～1944年德兴货栈粮食统计表　单位:斤

品名＼类别	1942年(新秤)			1943年(16两秤)			1944年(16两秤)		
	调剂数	出口数	合计	调剂数	出口数	合计	调剂数	出口数	合计
小米	4144436	—	4144436	1446712	288644	1735356	581424	121500	702924
麦子	299718	—	299718	169001	9688	178689	75872	46116	121988
杂粮	662373	2187096	2849469	517130	123611	640741	1009	—	1009
总计	5106527	2187096	7293623	2132843	421943	2554786	658305	167616	825921
每月平均	567280	312442	879722	266605	105486	372091	94044	23945	117989

原资料说明:(1)1942年,出口粮食安阳方面为1067123斤,是11、12等四个月的材料;林北任村方面为1119973斤,是4、5、6三个月的材料;调剂粮起自3月份至12月止,中缺7月份资料。(2)1943年,粮食调剂所7月份结束,该月调剂小米10011斤,8、9、10、11等四个月无调剂,12月接收交易所,调剂杂粮3430斤(黑豆);出口粮数系1、2、3、4等四个月的,以后无出口。(3)1944年,调剂粮系1～7月份的数字,麦子为5、6、7等三个月数字,小米调剂数内有纺织调剂数280912斤;粮食调剂系政府拨交各村政权调剂的,不是交易所调剂,交易所1～4月份共成交175710斤;麦子出口数字系1、2、7等三个月的数字,其他月未出口。

资料来源:河南省财政厅、河南省档案馆:《晋冀鲁豫抗日根据地财经史料选编(河南部分)》(三),第760～761页。

从表6—3来看,根据地通过任村德兴货栈1942年调剂和出口粮食729.4万斤,1943年为255.5万斤,1944年为82.6万斤。这说明公营商店在根据地粮食交易中发挥了重要作用。同时,在根据地的进出口贸易中,公营商店也充当着重要角色,我们从1943年3月份任村德兴货栈的进出口货物来看根据地公营商店的进出口贸易状况(表6—4、表6—5)。

表6—4　1943年3月德兴货栈的出口货物统计表

普通出口统计				特种货物出口统计			
品名	单位	数量	金额(元)	品名	单位	数量	金额(元)
肥皂	条	17455	43637.5	花椒	斤	113443	404835.3
黄丝	斤	2838	198660.0	党参	斤	57290	182765.1
毛毯	条	52	7800.0	黄油	斤	28726	110873.3
其他	—	—	50940.8	白麻	斤	15295	70357.0
				其他	—	—	36848.0
总计	—	—	305038.3	合计	—	—	805679.0

资料来源:河南省财政厅、河南省档案馆:《晋冀鲁豫抗日根据地财经史料选编(河南部分)》(三),第247～248页。

表 6—5 1943 年 3 月德兴货栈的进口货物统计表

普通入口统计				特种货物入口统计			
品名	单位	数量	金额(元)	品名	单位	数量	金额(元)
食盐	斤	239897	671711.6	盘纸	盘	100	40000.0
棉花	斤	105678	951102.0	拖纸胎	令	100	16000.0
土布	斤	211027	464259.4	钢丝	磅	40	24000.0
烟叶	斤	13580	40740.0	火酒精	磅	10	700.0
洋钱	捆	925	18500.0	油墨	筒	60	3000.0
其他	—	—	256596.0	其他	—	—	16175.0
合计	—	—	2402909.0	合计	—	—	99875.0

资料来源:河南省财政厅、河南省档案馆:《晋冀鲁豫抗日根据地财经史料选编(河南部分)》(三),第 248～249 页。

表 6—4、表 6—5 不仅反映了公营商店在对外贸易中的作用,出口了边区的特产和进口了边区需要的粮食等必需品,而且反映了边区进出口贸易的结构。根据地普通出口主要是手工业品,价值约 30.5 万元,特种出口主要是根据地特产,价值约 80.6 万元,合计约 111.1 万元,如以冀钞 2 元折合伪币 1 元计算①,各种出口货物可换回外汇约 55.6 万元。从表 6—5 来看,普通入口主要为食盐、棉花、土布等日用品和奢侈品,价值约 240.3 万元;特种入口近 10 万元,共计约 250.3 万元。结合两表数字可见,1943 年 3 月份,任村出口市场共计入超 139.2 万元。为什么出现入超?一是粮食、棉花、土布等日用品进口数量大,3 项就达 208.6 万元,占普通入口的 86.8%;二是特种入口中消费品所占比例过高,如盘纸、拖纸胎就达 5.6 万元,占特种入口的 56%。

位于晋冀豫三省交界处的林北县任村是太行根据地的商业中心,是豫北和晋东南山货的集散市场,"抗战开始后,任村由于地理环境关系及平汉路观台支线车皮多装卸货较方便,军工器材入口较易,商业突告繁荣"。这里的公营商店除了德兴货栈外,还有一些盐店、粮店以及各部队、机关商号等,另外,私营商业也相当繁荣。表 6—6 是 1942 年 4 月关于任村商业调查统计表。

① 《晋冀鲁豫抗日根据地财经史料选编(河南部分)》(三),第 248 页。

表 6－6　1941～1942 年林北县任村商业分类调查统计表

商号分类	1941 年数量		1942 年 4 月调查数		1941 年登记资本(元)		1942 年 4 月估计资本(元)	
	数量	比例	数量	比例	资本额	比例	资本额	比例
山货行	22	15.2%	29	19.5%	38369	31%	2500000	60.5%
粮行	13	9%	2	1.3%	25796	20.8%	182000	5.37%
杂货行	20	13.8%	17	11.4%	37385	27%	67892	1.7%
杂货铁铺	2	1.4%	2	1.3%	600	0.4%	18000	0.5%
药铺	5	3.4%	6	4%	3750	2.7%	390000	9.8%
杂货烟铺	3	2.1%	5	3.4%	2600	1.9%	38000	9.5%
烟厂	23	15.7%	23	15.4%	8750	6.3%	110000	2.7%
饭铺	27	18.6%	37	24.8%	3494	2.5%	25600	0.6%
染房	4	2.8%	4	2.7%	285	0.2%	24000	0.6%
醋铺	1	0.7%	0	—	200	0.1%	—	—
文具商店	1	0.7%	0	—	500	0.4%	—	—
修理钟表	1	0.7%	0	—	50	0.04%	—	—
弹花机	3	2.1%	3	2%	42	0.03%	10000	0.3%
石印馆	1	0.7%	0	—	150	0.1%	—	—
油坊	1	0.7%	1	0.7%	80	0.06%	10000	0.3%
铁匠	6	4.1%	7	4.7%	110	0.08%	3500	0.09%
煤厂	2	1.4%	2	1.3%	100	0.07%	150	0.004%
店房	10	7%	11	7.4%	1600	1.2%	11000	0.3%
共计	145	100%	149	100%	123861	100%	3390142	100%

资料来源:河南省财政厅、河南省档案馆:《晋冀鲁豫抗日根据地财经史料选编(河南部分)》(三),第 598～599 页。比例由笔者计算。

根据 1942 年 4 月对任村市场的调查,尽管店铺只增加了 4 家,但资本的增加规模很大,1941 年 145 家店铺资本约为 12.4 万元,平均每家 854.2 元。1942 年 4 月,149 家店铺资本增加到 339 万元,比上年增加 27 倍,每家平均资本增加为 22753 元,比上年增加 27 倍。豫北及太行山区是根据地山货出产的集中地,因此山货行数量和资本都有较大的增加,1941 年占总商铺数的 15.2%,占总资本的 31%;1942 年占总商铺的 19.5%,资本的 60.5%。降幅最大的是粮食行,由 1941 年的 13 家减至 2 家,资本虽然增加了,但从原来占总资本的 20.8%降至 5.37%。原因是根据地实行粮食专卖,“粮店大都改作山货、布匹、海盐”生意了。在调查中发现,私人资本共计203.2万元①,占整个资本总额的59.9%。可以得知,由于实行对外贸易统制,公营商店在对外贸易中虽处于主导地位,但私营商业在根据地的地位也是很重要的。

图6—1　太行区军民在开展纺织运动中使用过的纺花车和织布机

图片来源:《太行革命根据地画册》,山西人民出版社1987年版,第108页。

濮阳是豫北比较大的工商业城市,日伪统治时期,工商业十分萧条。1944年11月1日,八路军收复城关后,采取了一系列措施恢复工商业,"决定团结大商人,帮助不必要的洋货商号改行转业,扶植小商人,扶植小工业"。一些商人参加了抗日政府召开的商号大会后,消除了对中共商业政策的疑虑,各行业相继复业。在日伪统治时期歇业的花行、布行,在商号会议后"仅仅廿余天的工夫,就添了十三家花行,一天要上四五千斤棉花"。其他如粮行、油行、烟店等营业"也都兴盛起来"②。另外,随着抗战反攻的胜利进行,河南一些县城和商业市镇相继收复,如道口、牛屯、封丘在收复后,积极开展工商业工作,积累了城市工商业管理的经验。③

① 河南省财政厅、河南省档案馆:《晋冀鲁豫抗日根据地财经史料选编(河南部分)》(三),第598～599页。

② 安铁:《濮阳城关收复后的工商工作》,《解放日报》1945年1月10日。

③ 卫明:《关于新解放城市工商工作的几点经验》,《冀鲁豫日报》1945年9月24日。

传统集市和庙会是根据地农村主要交易市场。抗战时期，太行根据地恢复了31个集市，新建了38个集市。① 冀鲁豫第四专署城镇集市达到126处，其中县城有6处，大集市40处，中集市40处，小集市40处。② 冀鲁豫每集交易额“淡季五万到一百万鲁钞(鲁钞十元一斤米)，旺季一百万到七百万，最大集市交易额达三千万元”③。交易的主要商品为粮食、棉花、土布、牲口、山货等。如对长垣县某村的调查，该村有一集市，每逢农历单日为集期。由于集期密集，除了农民、手工业者外，平时有商人45家，其中食品9家，粮食5家，菜铺2家，染坊1家，榨油1家，烧酒1家，菜馆1家，蒸酒1家，卖羊肉9家，颜色挑子3家，猾子皮2家；逢集期增加卖馍1家，花生篮2家，布摊3家，推车卖棉油1家，布摊杂货1家，花绒经纪2家。④ 作为豫北较有影响的集散市场，林北县任村镇的庙会和集市都很有名，旧历二月二日龙王庙会，会期半月，商品为林苗、荆货等；3月3日大会，会期数日，商品以农具、布匹、夏货为主；10月大会期间，京、津、彰德一带商贾均来贸易，约占全年交易总额的1/4。⑤ 活跃在集市上的坐商主要有：(1)粮食、山货商人及其他出口业商人。这类是比较正规的商行，“资本多万元上下，少数资本在四五万元以上，多由三至七人合资而成”，主要从事山货、药材、植物油的出口贸易。(2)杂货及入口业商人。这类商人资本总额在20万元上下，除贩卖布匹、碱面、火柴、文具及奢侈品外，主要经营电池、军工器材、医药、磅纸等入口业务。(3)药商。任村药铺6家，资本在40万元以上的有4家，专运党参、大黄等药材出口，并作山货投机。(4)其余商人。如纸烟厂20余家，工人约50人，资本约11万元；油坊1家，资本万元；饭馆30家，染坊4家，店房11家，均为小本经营。除了坐商外，还有大量小商贩和肩贩。任村镇集市“十一月至腊月数小摊贩最多，八、九、十月次之，农忙时则甚

---

① 山西省档案馆编：《太行党史资料汇编》第7卷，山西人民出版社2000年版，第190页。

② 《财经工作资料选编》(下)，第323页。

③ 《财经工作资料选编》(上)，第164页。

④ 《中共冀鲁豫边区党史资料选编》第2辑，文献部分(中)，第149页。

⑤ 《晋冀鲁豫抗日根据地财经史料选编(河南部分)》(三)，第597页。

为萧条……在去年(指 1941 年——引者注)年底,此种小摊贩约二百五十家,每日交易额,旺月每集约二万元上下,其中盐摊多。林县之小摊贩,柴草、菜蔬来四乡,其余多本村及周围村庄人”。肩贩主要经营“粮食与山货之零星走私,运盐及必需品入口。此类小肩贩以林县人居多,本地人次之,临敌区人更次之。总数旺月每集不下三百余人(每集两日)。他们的资本多在数百元至千元,敌区小贩资本有至万元者。另一种小贩为由任村担颜料、布匹、食盐等,至北平一代[带]出售,换回山货”①。从以上资料来看,抗战时期集镇在根据地贸易中发挥着重要作用。

三、合作社经济

1. 合作社政策与法规

合作社是抗战时期敌后根据地的主要经济组织形式之一,毛泽东曾要求“各地同志注意提倡合作社的生产”②。1941 年 10 月 15 日,晋冀鲁豫根据地颁布了《晋冀鲁豫边区合作社条例》,规定了四种合作社及其主要职责,“一、生产合作:系社员经营种植、饲养、农田水利、牧畜、造林、纺织、酿造及各种工具日用品之制造等事业者。二、运销合作:系经营工农业生产品及山货联合运销者。三、消费合作:系供给农村日用品者。四、信用合作:系经营农工业生产之放款及农村储蓄者”③。1943 年 4 月 7 日,鄂豫边区颁布了《合作社组织规程》,规定合作社的宗旨是“以改善军民生活,帮助战时物资统制为目的”。合作社的业务包括:采办与供给当地民众、军队与政府机关所需之各种重要物资如油、盐、米、布等;收买与运销当地各种重要农工业产品;举办各种农产制造业及军民必须之日用品制造业;代理边区建设银行办理生产贷款、农工商业投资及兑换边币。④

① 《晋冀鲁豫抗日根据地财经史料选编(河南部分)》(三),第 604～606 页。

② 《毛泽东选集》卷 5,东北书店 1948 年版,第 891 页。

③ 《晋冀鲁豫抗日根据地财经史料选编(河南部分)》(一),第 123 页。

④ 《华中抗日根据地财经史料选编——鄂豫边区、新四军五师部分》,第 444 页。

根据地还颁布了关于合作社的管理法规，以规范其运行。1942年至1943年华北发生了特大灾荒，为了救济灾民，在根据地普遍建立灾民合作社。1943年1月，冀鲁豫区颁布了《冀鲁豫区灾民合作社暂行简章》，规定灾民合作社的设立“以一村一社为原则”；“凡贫苦灾民具有生产能力者均得为社员”，“灾民如系抗属有优先入社权”；股金以1元为1股，一次交纳，社员至少每人交纳1股；主要经营生产、运销、供给、信用4种业务。① 为规范农村合作社，1943年12月，冀鲁豫边区颁布了《冀鲁豫边区农村合作社章程草案》，规定农村合作社“以行政村组织一社为原则”，合作社“以社员间经济上之互助与联合活动，扶助社员农业生产和手工业生产，与改善社员日常生活，促进农村生产，加强对敌斗争为宗旨”。合作社兼营的业务有生产业务、运销业务、供给业务和信用业务。② 不论是何种性质的合作社，都以发展根据地经济为宗旨，以合作社的形式组织民众进行经济建设。

根据地的合作社得到了抗日民主政府的大力支持。为了推进合作社的发展，使合作社真正成为扶助农业和手工业发展的组织，1942年8月，冀鲁豫工商总局发出关于优待合作社的指示信，规定优待办法是：“代购原料或工具除运费外，酌收百分之二至百分之五手续费”；“代销成品及土产品（如山货），除运销上应需运费外，酌收手续费百分之二至百分之五”；“合作社有向粮店购买粮食之优先权”；“食盐、布匹、火柴、颜料等日用必需品按售价减收百分之二至百分之五”。③ 鄂豫边区十分重视合作社，把合作社看做根据地经济建设的主要任务：“我们的农村经济是一种非常散漫落后的经济，要想真正做到发展生产自给自足，统制贸易，打破封锁，不经过合作社的道路，是走不通的……以运销供给性质的合作社为主，生产性质的合作社次之；同时注意整理边区总合作社，使其成

① 《财经工作资料选编》（下），第557页。

② 中国人民银行金融研究所等编：《冀鲁豫边区金融史料选编》（上册），中国金融出版社1989年版，第238页。

③ 中共冀鲁豫边区党史工作组财经组编：《财经工作资料选编》（下），第555页。

为边区合作事业之总枢纽,并号召各种群众团体帮助推行,以求普及。"①总之,由于根据地制定了符合合作社发展的政策和规范合作社运行的法规,推动了合作社的发展。

2. 根据地的合作事业

抗战时期,河南各根据地先后建立了各种合作社。据1944年12月统计,太行根据地有合作社1197个,社员250507人,股金30200799元。其中林北县有合作社27个,社员7559人,股金228007元;安阳有合作社6个,社员1265人,股金69295元。② 在冀鲁豫根据地,截至1943年9月统计,有15个合作社开始营业,其中濮县③有14个;开始组织或已组织起来尚未营业的合作社9个,其中濮县5个,范县两个。共计合作社24个,社员2800余人(其中男社员2000余人,女社员800余人),吸收私人资本5万余元,政府贷款16万多元。④ 豫皖苏边区政府1940年曾开办合作训练班,每乡抽调1人受训,培养"合作干部"。并要求1940年五六月份广泛建立合作社,条件成熟的区、乡建立了一些试验性的合作社。⑤ 但后来因日伪扫荡和磨擦,合作社没有完全建立起来。

随着合作社在各根据地的普遍建立,合作社在组织民众进行经济建设方面发挥了应有的作用。如林北县组织的山蚕合作社十分典型。据1944年统计,在林北县的春蚕养殖中,有918户农户参加了山蚕养放合作社,股数600股,其中富农84户,股数59.1股,分别占9.2%和9.9%;中农391户,264.7股,分别占42.6%和44.1%;贫农443户,256.2股,分别占48.3%和42.7%。在秋蚕养放中,参加合作社的农户1234家,总股数为1422股,其中富农128户,200.2股,分别占10.4%和14.1%;中农517户,449.45股,分别占41.9%和31.6%;贫农589

① 《华中抗日根据地财经史料选编——鄂豫边区、新四军五师部分》,第127页。

② 《晋冀鲁豫抗日根据地财经史料选编(河南部分)》(三),第720页。

③ 抗战时期根据地成立的县,县城即今范县的濮城镇。

④ 《财经工作资料选编》(下),第577页。

⑤ 李占才:《豫皖苏边抗日民主根据地史略》,河南大学出版社1988年版,第88页。

户,442.35股,分别占47.7%和31.1%。① 从合作社的数量来看,1944年秋季加入合作社的农家比春季多了316户,股数增加了822股,说明合作社对群众有很大的吸引力;从加入合作社的农户来看,主要是中农和贫农。林北县合作社不仅组织群众养放山蚕,还组织社员从事家庭手工业生产、运输和消费,也获得了丰厚的利润。如组织社员采集山楂、花椒、药材、茶叶等山货,1944年社员采集了万余斤茶叶,卖给合作社后换回食盐400余斤;德兴货栈需买生熟铜、破纸头,"只给合作社一个通知,就集合了一大堆,换回一千五百余斤米,又照原价调剂给社员"。春天,没有丝缫,妇女们闲着没事做,合作社就到德兴货栈领棉花500斤,供妇女纺织,换回小米1400余斤。合作社还组织了运输队,运输货物95500斤,获得脚费123751元,买米近3万斤。②

濮县一区中心镇合作社是冀鲁豫根据地合作社的典型代表。该镇合作社成立于1942年11月,共参加男女社员1662人,入4890股,每股50元,共计股金24.45万元。同时合并了交易员合作社,并转来政府贷款25.3万元,县合作社为创造经验,扶植群众生产,也贷给该合作社16万元。由于合作社在群众中建立了威信,1943年合作社有了很大的发展,又增加股金18万元,社员增至2143人,除了中心镇10个村外,周边的7个行政村的群众也加入了该合作社。合作社经营的生产业务包括毛巾作坊、织袜子作坊、铁匠作坊、木工作坊、毡帽作坊、柳条作坊和家庭妇女纺织等。织毛巾作坊有4人(包括学徒1人),2张织机,每天可生产毛巾3～4打,可得净利润890元,按三七分红,社员得623元,社内得267元。为了解决贫苦社员生活问题,作坊还雇佣了20多个女社员弹花、纺线、络线等,解决了这些贫苦妇女的生活问题。袜子作坊有1个工人,1个学徒,每天织袜子2打,可获净利润420元。铁匠作坊13人,主要制造镰刀,供给社员生产使用,在1943年夏收快到时,"一般贫苦社员都到合作社来赊镰,很方便"。木工作坊有木匠2人,主要生产木织布机、纺花车、镰把等。另外,合作社还扶植家庭妇女纺织,主要以棉花换

① 《晋冀鲁豫抗日根据地财经史料选编(河南部分)》(三),第717～718页。

② 《晋冀鲁豫抗日根据地财经史料选编(河南部分)》(三),第395页。

棉布，即合作社先借给妇女棉花，每斤棉花换8市尺布，从合作社建立至1943年2月，参加纺织的妇女有800余人，共借出棉花4200余斤，可赚58万余元，合作社也赚了6万余元。为了奖励生产和提高质量，合作社还对生产多的、质量高的社员，提出一部分红利给予奖励。消费业务主要供给社员生产原料和日用品，以及一部分机关的用品。信用业务一是发放小额贷款。中心镇是濮县的中心市场，每天有半天是集市，集市上主要是贫农兼商贩，从事食品、山货、粮食等小本生意，资本不足。合作社对他们进行了小额贷款，根据他们的业务需要，每人最多贷2000元，少的500元，自合作社成立到1943年2月，先后贷款给112人（其中无产者58人，贫农54人），共贷出10万余元。据82户借贷者两个月统计，共贷款57000余元，获利91260元。二是吸收存款。主要吸收社会游资，规定不论社员与非社员在合作社存款都按月利1分生息，10天按半月计算，20天按1月计算，存款户存款取款自由。运销业务是组织运输队，主要是运输公粮，参加的社员271人，运输方式"有的几个人一组集体运，多数是共同批粮食个体运，集体行动"。从合作社成立到1943年2月共运输小麦9.2万余斤，谷子3.6万余斤，共获得利润35万余元，另捎回许多日用品，"有的捎回日用品比粮食赚钱还多"①。从合作社4项业务来看，濮县一区中心镇合作社是一个典型的综合性合作社，真正起到了组织群众、发展农村经济的作用。

除了集镇、农村建立合作社外，部队、机关也建立合作社，发展合作经济。如在豫皖苏根据地，1945年冬，新四军第四师某部在永城县城东关创办了军需合作社，经营油、盐、酱、醋及日用杂品，兼营养鸡、养兔、缝纫等业务。②

总之，合作社经济是抗战时期根据地组织民众进行经济建设的主要方式之一，在政府的帮助下，各根据地建立了不同的合作社，从事手工业、农业生产和运输、消费以及信贷活动，对推动根据地经济发展起了十

① 《财经工作资料选编》（下），第561～570页。

② 永城县地方史志编纂委员会：《永城县志》，新华出版社1991年版，第209页。

分重要的作用，正如毛泽东所说：边区“在发展生产上，又来了一个革命，这就是用合作社方式，把公私劳动力组织起来，发动了群众生产的积极性，提高了劳动效率，大大发展了生产”①。可见，合作社运动代表了抗日根据地比较先进的生产组织方式，得到了民众的拥护。

第四节　财政、税收与金融

一、财政制度的建立

抗战时期，根据地的财政制度随着根据地的扩大和巩固而不断健全。八路军最初挺进敌后时，执行的是有钱出钱、有力出力的财政政策。抗日民主政权建立后，在专署和县政府开始设立财政机构如财政科或粮食科，专门统筹党政军机关所需要的经费与粮食、柴草的供应。随着根据地的扩大和抗日民主政权的巩固，开始建立健全各种财政制度。如冀鲁豫根据地各级政府建立了财政系统，行署一级有财政委员会，专署、县政府设立财政科，区设财粮助理员，村设财粮委员；在制度建设上，建立了会计制度、预决算制度、供给制度、审计制度、金库制度等。② 还颁布了一系列规范财政的法规和制度，如《本区财政统筹统支办法》、《各级政府机关、部队、群众团体每月经费支出预算办法》、《各级审计委员会组织条例》、《本区会计与审计的暂行办法》、《村级经费制度草案》等。1945年1月，晋冀鲁豫边区颁布了《晋冀鲁豫边区暂行财务行政制度》，进一步规范了根据地财政计量单位、财务行政机构的设立及其职权、粮食管理、审计等方面的制度。③

华中局各根据地建立了一套比较完善的财政制度，包括（1）实行分税制，划分省款和县款，省款主要来源于货检税、盐税和特税的全部，田赋、契税的50％；县款主要来源于牙税、屠宰税和烟酒税的全部和田赋、

---

① 《毛泽东选集》卷5，东北书店1948年版，第889页。

② 中共冀鲁豫边区党史工作组财经组编：《财经工作资料选编》（上），第534～535页。

③ 《晋冀鲁豫抗日根据地财经史料选编（河南部分）》（一），第345页。

契税的50%。(2)建立统筹统支,实行预决算制度。(3)建立会计制度。(4)建立审计制度,各块根据地都设立了审计委员会或审计处,各县设立了审计科。(5)建立了金库制度。① 1940年,豫鄂边区设立了财政经济委员会,1941年豫鄂边区行政公署成立时,下设有财政处,其职责包括税务、预决算、金库收支、公款管理、金融监督等事宜。② 豫皖苏要求在执行财政制度中,"要建立廉洁奉公的、量入为出的新秩序,要使干部视制度如生命,要严格预决算制……要严格建立审计制度,上下级、平级及群众要予以严格监督"③。通过各种措施,根据地建立起了比较完善的财政制度,以保证各种财政制度的严格执行,保障了根据地财政经济的正常运行。

二、"合理负担"

全面抗战爆发前夕,中国共产党就提出了抗战时期"有钱出钱"的财政政策,毛泽东指出:抗日的"财政政策放在有钱出钱和没收日本帝国主义者和汉奸的财产的原则上,经济政策放在抵制日货和提倡国货的原则上,一切为了抗日"④。抗战爆发后,为了动员全国人力、物力进行抗战,中共提出了合理负担的主张,毛泽东接受英国记者贝特兰访问时指出:"政府的财政应该放在合理负担即有钱出钱的原则上。"⑤八路军开赴华北敌后战场后,把"合理负担"的政策作为坚持敌后抗战的主要财政政策。"合理负担"的政策最早在晋东北执行,后来,在华北、华中各根据地传播开来。⑥

在抗战初期,"合理负担"的财政政策实际上在很大程度上是向富户

① 财政部财政科学研究所:《抗日根据地的财政经济》,中国财政经济出版社1987年版,第254页。

② 《华中抗日根据地财政经济史料选编——豫鄂边区、新四军五师部分》,第153~154页。

③ 《豫皖苏抗日根据地》(一),第486页。

④ 《毛泽东选集》第2卷,人民出版社1991年版,第348页。

⑤ 《毛泽东选集》第2卷,人民出版社1991年版,第376页。

⑥ 魏宏运:《论华北抗日根据地的合理负担政策》,《历史教学》1985年第11期。

募捐抗日经费，如在冀鲁豫根据地“八路军没有挺进敌后以前，我党的工作人员及其领导的游击队，是自己带衣被，住在群众家里，吃村里的派饭，向殷实的富户募捐”。八路军开赴华北后，八路军的经费主要依靠地方负担，由地方负责募集和借款，如1939年向清丰、滑县等县筹借了53万元。① 1940年，冀鲁豫边区党政军民每月支出约需25万元，正规军每月需19万元；党政军民每月需要粮食262.5万斤。关于经费，边区决定向根据地各县实施借款135万元，其中南乐25万元，清丰30万元，濮阳45万元，滑县25万元，内黄、长垣各5万元。在经历了日伪的大扫荡后，根据地范围缩小，7月20日决定借款减为98万元，其中濮阳25万元，滑县15万元，内黄3万元，南乐、清丰不变。借款的原则与办法是：“第一，以政府名义，用政治动员方式，向富有者借款，不向中农阶层以下借款，由县政府出给正式收据。第二，根据富力大小在公开会议上决定借款数目。第三，借款以田赋及政府收入作担保。第四，借款一律不付利息，分8期归还，每期3个月。”关于粮食，边区决定囤积麦子10万石，其中南乐15000石，清丰20000石，濮阳35000石，滑县20000石，内黄3000石，长垣2000石，东明5000石。以合理负担的办法来囤积公粮，原则是：“A.每人平均在亩半地以下不出公粮。B.公粮负担最高额不得超过净收入30%。C.根据各村地亩的数量来分配该村负担数字，然后以村公平负担办法分担之。”②借款和粮食主要通过“合理负担”的办法分摊给当地民众。晋冀鲁豫边区在抗战初期直接提出“减轻劳动人民的负担，把负担加在有钱人身上，口号是‘有钱出钱’”；“取消过去一切捐税和摊派，重新规定统一的累进税。对于不劳而获的收入（地租、房租和放款利息）课以重税”；“向富户征收救国捐”；“发动群众自愿捐助抗日经费和战争中的必需品”。③ 豫皖苏根据地征收公粮也“采取冀鲁豫老根据

① 中共冀鲁豫边区党史工作组财经组编：《财经工作资料选编》（上），第533页。

② 《中共冀鲁豫边区党史资料选编》第二辑，文献部分（上），河南人民出版社1988年版，第341～348页。

③ 《财经工作资料选编》（上），第786页。

地的合理负担办法"①。可见,抗战初期各根据地均采取了合理负担的办法来解决财政问题。

各地在执行合理负担时,很大程度上沿袭了苏维埃时期的办法,没有对民户进行全面的调查和评估,出现了简单摊派的做法,有的把负担完全加在地主、富农身上,如冀鲁豫在1940年的征粮中,就出现了地主、富农的负担超过30%的情形。② 还有的怕破坏统一战线,执行合理负担政策时摇摆不定,如豫鄂边"征收时,又走地主路线,未能实行合理负担,将负担加在中农、贫农身上,致使供给五师六个月粮食的计划完全破产"③。就太行区来看,据估计1942年实行合理负担中,不同阶层负担占年收入的情况是:地主40%左右,富农25%,中农14%,贫民5%。④

为了解决合理负担存在的问题,各根据地对原来的政策进行了调整。如1942年中原局在解决五师面临的财粮困难时作出指示,要求在募集方法上"力求公道合理,以免除地主、富农对我们的疑惧和不满。因此,向地主、富农借募粮之口号,似乎以改作向有余粮、剩粮者借募粮为较妥,虽然事实上有粮剩余者,多为地主、富农,但也应向剩粮之中农及屯粮之粮商酌量借募,以示公道"⑤。1942年,冀鲁豫边区颁布了《冀鲁豫边区合理负担暂行办法草案》,重新厘定了合理负担征收办法,以人、户为负担计算单位,"一、大种地与定额租之土地,每亩地主按六分,佃户按四分计算负担。二、小种地原三七者,增佃后每亩地主按八分,佃户按二分计算负担;原二八分者,增佃后每亩地主按九分,佃户按一分计算负担;原一九分者,增佃后每亩地主按九分五厘,佃户按五厘计算负担"⑥。

① 中共河南省委党史工作委员会编:《豫皖苏抗日根据地》(二),第173页。

② 《中共冀鲁豫边区党史资料选编》第二辑,文献部分(上),第346页。

③ 中共河南省委党史资料征集编纂委员会编:《豫鄂边抗日根据地》,第172页。

④ 顾龙生主编:《中国共产党经济思想发展史》,山西经济出版社1996年版,第245页。

⑤ 中共河南省委党史资料征集编纂委员会编:《豫鄂边抗日根据地》,第171页。

⑥ 河南省财政厅、河南省档案馆编:《晋冀鲁豫抗日根据地财经史料选编(河南部分)》(四),第19～20页。

与原来的政策相比，新旧合理负担不同点在于：第一，原政策地主负担重，新合理负担从统一战线原则出发减轻了地主的负担；第二，原折合土地简单，新的折合土地比较精细，便于把握和评估；第三，原政策动产不负担，新的动产也负担。1943年，冀鲁豫行署颁布了《简易合理负担暂行办法》，规定“负担人口以县为单位应达到全人口百分之八十。负担最高额以不超过民户土地每年收获量百分之三十为原则”①。通过各根据地的调整，目的是要达到80%以上的民众负担抗日经费。因此，这次颁布的合理负担办法“比较过去的各种合理负担办法是要更合理些”②。新合理负担执行后，比较好地解决了根据地的财政问题和民众负担不均的问题。

三、税收

（一）税收政策

税收是根据地财政的主要来源，也是根据地经济工作的主要组成部分。为了加强税收管理，各根据地都颁布了税收政策。晋冀鲁豫根据地规定“征收统一累进税，依资产及收入之多寡，规定纳税的比例。除百分之二十极贫苦人民得以免税外，其余百分之八十的人民都有纳税的义务，但最高不得超过全年收入百分之三十为标准”③。征税的范围包括农业和工商业，“农业以人口为计算单位，以户为征收单位”；“工商业计算和征收均以户为单位”。农业和工商业征收的对象包括：“甲、农业、地租、林木、果树、山货、蒲苇、竹园之收入。乙、房租、利息和其他租息之收入。丙、私营或公私合营之公司、商店、行栈、作坊、工厂、矿业之收入（公私合营之机关生产在内）。丁、个人经营之小贩和小手工业作坊（雇工或合伙经营）之收入。戊、属于临时经营事业之收入。己、自由职业和从事

① 河南省财政厅、河南省档案馆编：《晋冀鲁豫抗日根据地财经史料选编（河南部分）》（四），第155页。

② 河南省财政厅、河南省档案馆编：《晋冀鲁豫抗日根据地财经史料选编（河南部分）》（四），第194页。

③ 河南省财政厅、河南省档案馆编：《晋冀鲁豫抗日根据地财经史料选编（河南部分）》（一），第118页。

各业者薪给报酬之收入。庚、机关生产之租地、典地、买地均按其收入百分之五纳税(租地以扣除租额后计算)”。免税的对象有:脱离生产的抗日军人、民政人员以及教职员、医生等生活费收入;雇工及工人、艺匠的工资收入;家庭副业及牧畜收入,合于法定的合作社收入、抗战军人家属补助及抚恤金、公营事业及机关生产的工商业收入享受免税政策。① 豫鄂边区的税收政策是:“实行合理负担,减轻中等及贫苦农民之负担,居民中除极贫者应予免税外,逐渐作到按财产等第或所得多寡为标准之统一累进税则,务使负担捐税者占全体人口百分之八十以上。非经边区代表大会通过,政府不得任意增加捐税。”②

1943 年,各抗日根据地开始采取统一累进的原则征收各种税收。累进税制有以下几个特点:第一,适合各阶层实际情况与合理负担的原则。第二,资产负担面缩小了,除土地外“其他存粮存款一律不负担,这是奖励节俭储蓄的”。第三,对奖励生产大有好处。通过累进原则,“农业收入负担弄明确了,各种不同性质的收入,地租、自耕、佃耕、工资,都有明确的折合与减免的规定”。第四,累进税“税级距之间不是阶梯式的跃进的,而是一线平升的,这对于各个不同人口的负担上,是更加合理的”。第五,照顾了不同经济部门的情况。“工商业、农业税率是分别累进的,这是照顾了农工商的不同,而且优待了工商业,特别是便利了工业的发展,这对于工商业的繁荣上,也有很大的鼓励。”③从这些特点来看,统一累进税的原则,既有利于统一战线,也有利于经济发展。如豫鄂根据地执行“合理负担的原则,减轻了人民的负担,而且增加了政府的收入,减少了月月征收的麻烦及种种舞弊的机会”④。

---

① 河南省财政厅、河南省档案馆编:《晋冀鲁豫抗日根据地财经史料选编(河南部分)》(一),第 382~383 页。

② 《华中抗日根据地财政经济史料选编——豫鄂边区、新四军五师部分》,第 303 页。

③ 《晋冀鲁豫抗日根据地财经史料选编(河南部分)》(一),第 302~303 页。

④ 吴祖贻:《目前边区土地登记工作中的主要问题》,1942 年 8 月,转引自刘跃光、李倩文主编:《华中抗日根据地鄂豫边区财政经济史》,武汉大学出版社 1987 年版,第 26 页。

（二）农业税

农业税主要征收田赋和救国公粮。在根据地建立初期，田赋征收主要依据旧的账册来进行，各地征收年份与数额不一致。如南乐每两田赋征收正赋与附加4.9元，清丰是5.13元，滑县是4.7元，内黄是12元，濮阳每顷地征收21.5元。1940年7月，冀鲁豫专署下令统一清理田赋，主要是“清理现征年度及旧欠”，清理的办法是“已预征[民国]30年度的继续预征完毕，现征[民国]29年度的限期征完。[民国]27年旧欠一律豁免，[民国]28年旧欠一律续征”①。为了肃清以前“有地无粮，有粮无地，地多粮少，粮多地少”的积弊，1941年9月，冀鲁豫根据地颁布了《冀鲁豫行署关于整理田赋地亩暂行办法草案》，主要内容包括：第一，规定地亩大小，“地亩面积均应以二百四十方步”为1亩的标准来计算。第二，根据每亩收获量的多少和土质的肥瘠，将田地划分为五等十一级，作为征收田赋的依据。第三，规定了土地登记的具体办法。② 该办法规范了田赋和地亩整理。鄂豫边区田赋征收办法中规定：拥有土地在“五亩以上者征收二分之一，五亩以下之抗属全免，绅商富户抗日月捐，要在三十亩以上者，才每月出捐一元”③。1943年秋，冀鲁豫根据地取消了田赋，一律按照合理负担的办法，把田赋纳入秋季公粮“统一征收”，征收数量为每亩增加1斤小米。④

救国公粮按照统一累进的原则征收。鄂豫边区规定公粮按收成多少，田赋按土地多少，实行“累进计征”⑤。冀鲁豫边区根据土地肥瘠程度分为若干等级，不同等级评估不同的收获量，实行累进征收。将土地分为11个等级，最高产量为2石5斗以上，最低产量为2斗以下。其累进率以1亩为起征点，“超过免征点二十亩以上之土地不再累进，每一亩

① 《中共冀鲁豫边区党史资料选编》第二辑，文献部分（上），第345页。

② 《财经工作资料选编》（上），第787～790页。

③ 《华中抗日根据地财政经济史料选编——豫鄂边区、新四军五师部分》，第236页。

④ 《财经工作资料选编》（上），第861页。

⑤ 财政部财政科学研究所.《抗日根据地的财政经济》，第322页。

按一亩九分计算负担"①。这一规定照顾到了各阶层的利益,既有负担起征点,也有累进最高点,即负担最高额。水东地区征收抗日公粮,"对每口人只有1亩地的贫农免征公粮。1亩以上,地少者少征,地多者多征。对每人只有1亩至2亩地农户,每亩征收粮2斤;而每人有3至4亩的农户,每亩地征公粮4斤,如果每人拥有10亩地,则每亩就征15斤或更多"②。通过累进原则,既免除了贫苦阶层的负担,也照顾了富有阶层的利益。

救国公粮的征收主要依靠政治动员来完成。1943年8月,冀鲁豫公布了《关于本年秋季公粮柴草征收的决定》,规定"每合理负担亩最高征收小米十五斤,烧柴三十六斤,马草四斤",要求在9月20日以前完成准备工作,10月20日以前必须全部完成。③ 为了完成这年的秋征任务,冀鲁豫行署进行了动员,指出:"宣传我们要完成抗战胜利更加接近,即敌人灭亡前对粮食的掠夺与破坏将日益加紧与凶恶,教育人民认识粮食是我们支持战争和争取胜利的最主要的资源";发展群众性的集体自交运动,在基本区"组织以村为单位的集体自动缴纳。把这种方式发展成为我们征收工作上的主要方式";在敌占区和接敌区"亦应尽量提高群众交纳公粮的自觉性,提高村干部积极性,做到由村自动的收集,自动送交,改变过去单纯的催征办法"。④ 为动员群众缴纳公粮,根据地召开各种形式的会议,如"干部会议,联保主任、保甲长会议,地方开明士绅会议,村民大会等,讲清征收抗日公粮的必要性和累进税法的意义,宣布各村各单位的任务数字,进行爱国主义教育,号召大家积极交纳公粮,交好粮"⑤。

在抗战时期的财政收入中,农业税占主要地位,如晋冀鲁豫根据地1941年政府收入2661.26万元,除了人口税和公营事业收入外,直接取

---

① 《晋冀鲁豫抗日根据地财经史料选编(河南部分)》(四),第157~158页。

② 张文杰、孙建岭主编:《冀鲁豫抗日根据地》(二),河南人民出版社1993年版,第389~390页。

③ 《财经工作资料选编》(上),第862~864页。

④ 《财经工作资料选编》(上),第855~856页。

⑤ 《冀鲁豫抗日根据地》(二),第390页。

之于民者 2381.35 万元，占全部收入的 89.5%。① 在豫鄂根据地，财政收入包括农业税、关税、地方税，据现有资料统计，1941 年，田赋为 120 万元，救国公粮 18 万石，关税为 240 万元。1942 年，田赋公粮为 20 万石，占总收入的 70%；关税收入 2700 万元，占 25%；地方税 540 万元，占 5%。1943 年，田赋公粮为 50 万石，关税约 1.9 亿元。1944 年，田赋公粮为 65 万石，关税 2.5 亿元，地方税 0.9 亿元。② 在豫皖苏根据地，田赋每年收入 8400 万元，其他税收如烟酒、屠宰、契税、进出口货物税以及公产收入约 500 余万元③，合计 8900 余万元，其中田赋占 94.4%。这些资料都说明农业税是根据地的主要税收，占到财政收入的 70%以上。

（三）工商税

工商税是根据地财政收入和调节内外贸易的主要手段，各个根据地都十分重视。抗战时期，为加强对工商税收的管理，各根据地都成立了税务管理机构，并颁布了相关法规。1941 年 10 月，《晋冀鲁豫边区税务局组织规程》规定税务局的任务是：“一、征收出入境货物税和内地烟产税。二、查验登记出入境货物。三、查缉禁止出入境及一切违章走私之货物。四、处理没收禁止之出入境货物之一切漏税违章事件。五、核发特许出入境货物凭证。”各分局、各县设立支局和稽征所，在产烟县份设立专门的烟产税征收员。④ 1941 年 6 月，鄂豫边区建立了税务总局，在豫南设立了税务分局，在平汉路两侧根据地控制的地方设立税务机构，“控制敌我区之间的物资交流，征收进口货物税和大后方与敌占区物资交流的过境税”⑤。根据地在各区、乡都设有税收员，专门负责工商税的征收。⑥

抗战时期，根据地实行的是对外贸易统制政策，对输入和输出根据

① 《晋冀鲁豫边区副主席报告财政建设》，《解放日报》1941 年 8 月 9 日。

② 刘跃光、李倩文主编：《华中抗日根据地鄂豫边区财政经济史》，武汉大学出版社 1987 年版，第 26 页。

③ 《豫皖苏抗日根据地》（一），第 67 页。

④ 《晋冀鲁豫抗日根据地财经史料选编（河南部分）》（一），第 132 页。

⑤ 财政部财政科学研究所：《抗日根据地的财政经济》，第 321 页。

⑥ 周联奎口述：《我在信南县从事税收工作的回忆》，《信阳文史资料》第 2 辑，1986 年 12 月印行。

地的货物进行严格控制,以出入境税对对外贸易进行调节。如《晋冀鲁豫边区征收出入境税暂行条例》(1941年10月颁布)规定,对于奖励出入境货物,一律免税;征税出入境货物,征收5%~50%的出入境税。① 1943年豫鄂边区制定了《关税税则》和《关税税率》。《关税税则》规定"实行合理的出入境税制","后方物资通过我区出境与边区物资出境视为出境货,只征一次出境税;敌货输入边区及通过边区到后方者同视为入境货,只征一次入境税"。根据抗战及民生需要,税率在2%~30%不等。入境方面,必需的工农业产品如粮食、食盐、五金电料、机器等30余种物资、奖购物资以及专营物资,免收入境税;人民生产、生活等日常用品如糖类、肥皂、西药、毛巾等,税率为2%~10%;非必需品如人参、钟表、呢绒等,税率为15%;消费品如烟、酒等,税率为20%;迷信品税率为20%~30%。出境方面,为了鼓励土产输出,土布、黄花等土产只征2%~5%的出境税;边区统制物资如粮食、棉花、油等,征收15%~20%的出境税;如运往国统区,征收10%的出境税;耕牛、金、银、铜、硫黄、硝等,禁止出口。② 根据地的进出口税在两个方面发挥了重要作用,一是配合了根据地对日伪的贸易斗争,二是增加了根据地的财政收入。

除了出入境税外,根据地还征收营业税、屠宰税、烟酒税、契税等。如冀鲁豫根据地在初创时期各县就"开征屠宰税、田房契税、交易税、烟酒税、印花税、榨油税及进出口等税"③。营业税一般是向工商业征收的经营税,豫鄂根据地营业税的征收办法是税务人员对商人进行宣传,由商人申报营业额,再经过商会或小组进行评议,确定应纳税额,然后由税务员按税率给予审查、核实和征收。屠宰税是对屠宰猪、牛、羊等牲畜征收的税,鄂豫边区不少地方规定每杀1头猪抽税1元。④ 烟酒税是对于烟酒的生产与销售征收的税。1941年,冀鲁豫边区制定了《冀鲁豫区酒税征收暂行办法》,酒税包括出境税,税率为5%;产酒税,税率为

① 《晋冀鲁豫抗日根据地财经史料选编(河南部分)》(一),第136页。
② 《华中抗日根据地鄂豫边区财政经济史》,第32~33页。
③ 《财经工作资料选编》(上),第534页。
④ 《华中抗日根据地鄂豫边区财政经济史》,第37页。

20%。① 1941 年，冀太区规定征收烟类产销税，土产水烟、旱烟从价征收 10%，土产卷烟从价征收 20%；外来水烟、旱烟、烟叶“只收入境税一次”，烟叶征收 10%，水烟、旱烟征收 20%；凡制烟工厂、作坊等均须向当地政府登记领取许可证，凭证营业并缴纳营业税。② 豫鄂边区按烟的等级征 20%～50%的税收。③ 契税是土地、房屋交易、典卖中征收的一种税。冀鲁豫边区关于契税的征收办法规定：“（一）买税契率按房田买卖价格百分之六征税。（二）典契税率按田房典当价格百分之三征税。（三）买典正契契纸费一律每张五元，契约纸（即草契纸）费由各专署按照各地情形统一规定。”政府办理契税的时间为每年 1～4 月和 11～12 月。④ 尽管上述税收在根据地的财政收入中不占重要地位，但对规范根据地的商业贸易和经济发展，以及支援抗战都起了重要作用。

四、金融业

（一）金融机构及其业务

抗战时期，为了建立独立自主的经济体制，各根据地都建立了独立的金融部门。

1. 冀南银行

冀南银行是晋冀鲁豫根据地建立的金融机构。1938 年夏季，晋豫根据地在沁县建立了上党银号。1939 年 10 月 15 日，冀南银行在山西省黎城县西井成立，次年秋季日军对根据地大扫荡时，上党银号合并到冀南银行。冀南银行成立后，在根据地各专署设立有分行，在各县设立有支行，支行以下设立兑换所。太岳区行于 1943 年春设立后，在土屋（今属济源）、孟县（今孟州市）、济源 3 县设有支行。太行区行于 1944 年 10 月 15 日成立后，下设 5 个分行，其中四分行设于焦作，五分行设于林北

---

① 《财经工作资料选编》（上），第 552～553 页。

② 河南省财政厅、河南省档案馆：《晋冀鲁豫抗日根据地财经史料选编（河南部分）》（一），第 418 页。

③ 《华中抗日根据地鄂豫边区财政经济史》，第 38 页。

④ 河南省财政厅、河南省档案馆：《晋冀鲁豫抗日根据地财经史料选编（河南部分）》（四），第 342～343 页。

县。在博爱、沁阳、修武、武陟、安阳、林县、汤阴、汲淇①、辉县、林北、获嘉、新乡设立县支行。1940年6月,冀南银行在冀鲁豫边区6县专署驻地清丰建立了冀鲁豫办事处,秋季开始发行了冀南农民合作社兑换券角分票。② 冀南银行的业务包括:(1)发行货币。冀南银行券即冀南币,从成立到1948年,共发行56种货币。(2)办理存款。办理活期、定期和储蓄3种存款业务。1944年储蓄存款分3月期、6月期、1年期3种。月息分别为20‰、25‰和28‰。③ (3)放款业务。即支持根据地工农业生产和商业贸易的发展,办理工、农、商业贷款。1943年7月,林县、辉县、汲县、淇县、汤阴、获嘉支行共发放手工业贷款57万元,纺织贷款40万元。同年11月,林北县支行以20万元、安阳县支行以15万元,发放当年冬季、次年春季的种子、肥料、农具贷款;林北县支行以20万元、安阳县支行以10万元,发放兴修水利贷款。贷款利率农业月息12‰,手工业12‰~15‰。鉴于1943年11月至1944年春粮价高、物价涨,农民领到贷款购买物资减少,1944年粮食收成好,粮价贱,农民粜粮还款减少收入,河南境内的冀南银行对此期间发放的农业贷款和兴修水利贷款豁免原本金的50%。④ (4)兑换业务。兑换邻近根据地的货币以及法币和外国币。(5)汇兑业务。办理根据地区内及区际之间的汇兑。1940年规定汇兑有票汇、信汇、电汇3种。办理汇兑收取汇水和手续费。1943年冬,各县支行与本区各级行都能通汇。⑤ (6)代理金库。办理根据地各级政府机关款项的收解与保管。⑥

---

① 汲淇联合县抗日民主政府于1944年建立,1947年分为汲县(今卫辉市)、淇县。

② 《冀鲁豫边区金融史料选编》上册,中国金融出版社1989年版,第3页。

③ 河南省地方史志编纂委员会:《河南省志·金融志》,河南人民出版社1992年版,第40页。

④ 《河南省志·金融志》,第39~40页。

⑤ 《河南省志·金融志》,第40页。

⑥ 姜宏业主编:《中国地方银行史》,湖南出版社1991年版,第794页。

图 6—2　抗日战争时期冀南银行旧址(今河北涉县索堡镇)

图片来源:中国人民银行河北省分行《冀南银行》,河北人民出版社 1989 年版。

图 6—3　抗战时期冀南银行发行的部分钞票

图片来源:余继明:《冀南银行纸币券》,浙江大学出版社 2000 年版。

2. 鲁西银行

鲁西银行是冀鲁豫边区的银行,1939 年八路军创建了鲁西根据地后,成立了鲁西军政委员会,为了解决抗日经费,统一根据地货币,1940 年 5 月成立了鲁西银行,并发行鲁西银行币。1941 年 7 月,鲁西根据地与冀鲁豫根据地合并后,冀南银行冀鲁豫办事处并入鲁西银行,冀南农民合作社兑换券停止发行。从此,鲁西银行成为冀鲁豫根据地的银行。

1939 年至 1941 年，鲁西银行主要业务是发行货币，支持财政和扶持根据地农业、工商业的发展。截至 1941 年 7 月统计，共发行鲁钞 483.74 万元，其中用于财政透支的有 441.57 万元，农业贷款 18.2 万元，救济贷款 2 万元，水利贷款 15.5 万元，商业贷款 6.45 万元。① 其中财政透支占 91.3%，说明银行在建立初期主要是服务财政的。从 1942 年开始，扶持根据地经济建设成为该银行的主要业务，如农业贷款，包括水利、耕牛、救济、春耕、掘井、麦种、运输、纺织等方面，1943 年发放 2500 万元，1945 年发放 5500 万元；工业贷款，包括军事工业和民用工业，1941 年至 1945 年发放 24500 万元；商业贷款，大多是扶持公营商业，1941 年春至 1942 年发放 600 万元。② 另外，还从事根据地汇兑、金银外汇等业务。

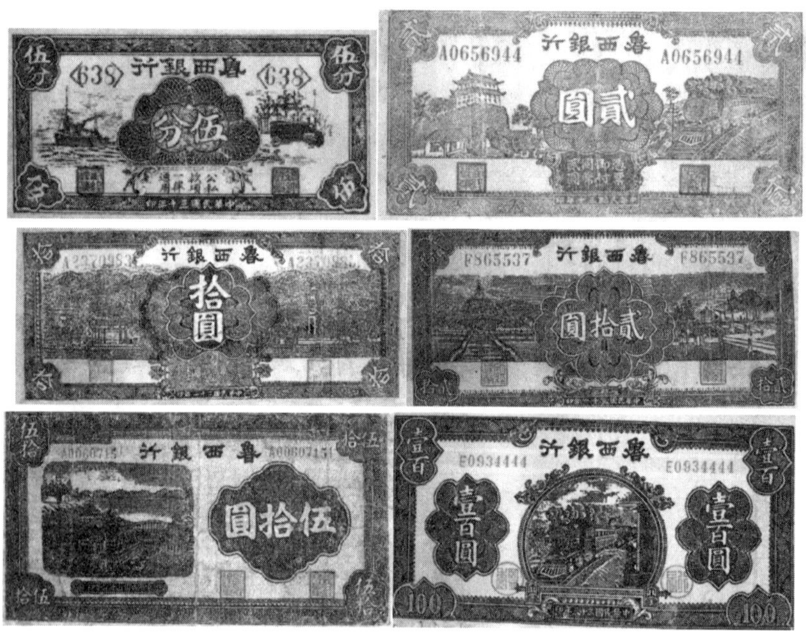

图 6—4　抗战时期鲁西银行发行的部分钞票

图片来源：山东省钱币学会：《北海银行暨鲁西银行货币图录》，齐鲁书社 1996 年版。

---

① 《冀鲁豫边区金融史料选编》上册，中国金融出版 1989 年版，第 3 页。

② 姜宏业主编：《中国地方银行史》，第 809～810 页。

3. 鄂豫边区建设银行

1941 年，鄂豫边区建设银行在湖北京山小花岭建立，直属鄂豫边行政公署财政处，资本定为 100 万元，来源于(1)发行救国建设公债 50 万元；(2)招募民股 20 万元；(3)政府在税收项下拨款 30 万元。总行下设会计、出纳、业务、秘书科和 3 个印钞厂。1941～1945 年发行 5 角、1 元、2 元、3 元、5 元、10 元 6 种面值的建设币。1942 年夏豫鄂边区建设银行信南分行成立，行长聂跃三。该行以信阳、罗山两县为主开展业务活动。鄂豫边区建设银行的主要业务是："(1)发行法币兑换券一百万元；(2)代理各县之金库收支事项；(3)贷放各种生产事业上必须之资金；(4)对各有利于人民抗战事业进行投资；(5)办理边区汇兑；(6)代理边区行政公署救国建设公债之发行及其还本付息之事项。"①在各种业务中，财政透支占主要地位，1945 年，中共鄂豫边区委书记郑位三在向中央的报告中提到，发行边币 1.5 亿元，一半做了财政开支；在平汉路两侧及新四军第五师驻地附近发行约 1 亿元，其中七八千元是 1944 年春荒后的财政发行。② 1946 年 6 月，新四军撤出鄂豫边区，银行随之停业。

图 6—5　抗战时期鄂豫边区建设银行发行的部分钞票(样本)

图片来源：熊建秋：《中国人民货币钞币图录》，四川大学出版社 2002 年版。

---

① 《华中抗日根据地鄂豫边区财政经济史》，第 61、64 页。

② 姜宏业主编：《中国地方银行史》，第 836 页。

从以上各银行的情况来看，各根据地的银行是在根据地开创初期，为了建立独立的经济体系和寻求解决财政困难的办法而建立的。银行的建立，使根据地形成了独立的金融体系，同时，保障了抗战经费的需要，也推动了社会经济的发展。支持财政和发展社会经济是银行的主要业务，而财政性发行是根据地银行业务的共同特点。

（二）货币斗争

尽管各个根据地都发行了自己的货币，但根据地与国统区和沦陷区犬牙交错，因此根据地货币流通十分复杂，有日伪的货币，如"中储券"，有国民党政权的法币，有根据地自己发行的各种货币，还有生金银等。例如，抗战时期豫南的税收，征收的税款货币种类就很多，"有我们的边币，国民党的纸币，日本币，银元，还有储备银行发行的伪币等"①。不同货币在根据地流通，不利于根据地经济建设和金融市场的稳定。另一方面，日伪在华北进行金融统制，企图建立以日本为中心的金融体制，对中国金融市场和经济都产生了深刻的影响。② 1940 年 9 月，彭德怀在北方局高级干部会上提出了货币斗争的方针："1. 发行单一的地方本位币（以战略根据地为单位），因地方本位币无外汇，敌不能利用之以夺取外汇。2. 严禁法币流通，使敌不易吸收……3. 严禁敌伪币之流通及保存……4. 取缔一切杂钞。在一个战略区内，只准当地最高政府发行一种地方本区币，下级政府及私人企业一概不准发行钞票。"③冀鲁豫行署也指出，"统一市场货币，排除法币，加强对敌货币斗争，实为目前重要任务之一"④。因此，根据地货币斗争以维护边币的本位币地位，保护法币，打击日伪杂钞及禁止金银流通和出口为主要内容。

确立根据地银行货币本位币的地位。冀钞发行后，1941 年 2 月冀太联办发出布告，指出"为了稳定金融，保护法币，打击伪钞，统一货币，决

① 周联奎口述：《我在信南县从事税收工作的回忆》，《信阳文史资料》第 2 辑，1986 年 12 月印行。

② 《冀鲁豫边区金融史料选编》上册，第 135 页。

③ 中国人民银行金融研究所等编：《中国革命根据地货币》下册，文物出版社 1982 年版，第 48 页。

④ 《冀鲁豫边区金融史料选编》上册，第 166 页。

定以冀票为本位币，彻底清收杂钞”，“凡本区内一切贸易，一律以冀南银行钞票为本位币，不得再以法币、银币交易施行。如持有法币及白银者，须向银行兑换冀钞行使”。[①] 鲁西银行作为冀鲁豫根据地的银行后，1942 年 9 月，冀鲁豫行署规定，“凡本区内一切公私交易各款，一律以鲁西银行钞票（以下简称鲁钞）为本位币，所有法币其他杂钞，一律停止流通”。要求人民在规定的时间（10 月 11 日至 11 月 10 日）停止使用法币，“凡人民持有法币者，可一律按七折自动兑成鲁钞后行使”；田赋缴纳“必须持法币到银行或代兑所兑换成鲁钞，再行交纳”；对于违反禁令使用法币者，根据情节不同给予惩处。[②] 鄂豫建设银行币发行后，规定：(1)确定边币为根据地的本位币，并大量发行，提高币值，“对伪币以边币市价为准打折使用”；(2)禁止日伪钞票在根据地基本区流通，凡持日伪钞票者应自动到建设银行兑换边币；(3)实行贸易统制，以边币兑换到的伪币到沦陷区购买货物，以充实边区的物质基础；(4)根据实际情况投放和回笼边币。[③] 为了巩固边币在根据地本位币的地位，根据地政府还采取了诸如巩固边币的信用和购买力，做到进出口贸易平衡，设立兑换所，方便群众等一系列的措施。

实行对法币的保护措施。根据地发行货币后，法币是当做外汇来使用的，因此虽然曾“严厉禁止行使法币”[④]，但为了防止日伪吸收套取和不法商人走私，根据地对法币采取了保护措施。1941 年 7 月，晋冀鲁豫根据地颁布了《晋冀鲁豫边区保护法币暂行条例》，规定凡携带法币到日伪区或出根据地，必须有县级以上政权机关和县级以上贸易机构出具证明文件，否则“经查获后，一律以走私资敌论处”[⑤]。豫鄂根据地对于法币也是采取保护措施，“在游击区则抵制其内流”[⑥]。通过这些措施，既取缔法币在根据地的流通，又限制其流出根据地。

---

① 《中国革命根据地货币》下册，第 49 页。

② 《冀鲁豫边区金融史料选编》上册，第 107～108 页。

③ 《华中抗日根据地鄂豫边区财政经济史》，第 66～67 页。

④ 《晋冀鲁豫抗日根据地财经史料选编（河南部分）》（一），第 53 页。

⑤ 《冀鲁豫边区金融史料选编》上册，第 88 页。

⑥ 《华中抗日根据地鄂豫边区财政经济史》，第 67 页。

对日伪杂钞和假币采取严厉措施进行打击。1941 年 5 月,冀太联办颁布《晋冀豫区禁止敌伪钞暂行办法》,规定“敌伪钞与伪汇票绝对禁止在本区域内行使与保存”,凡商民存有日伪钞票,“限于五月底以前向所在抗日县政府申请贬价兑换冀钞,不得再行使用与保存”,违反者“一经查获,准送交该管抗日县政府按法处理,所有查获之伪钞”由抗日县政府没收。① 1942 年 9 月,晋冀鲁豫根据地规定“为巩固根据地金融,保护抗日本币”,一切“敌伪发行之钞票,在本区内绝对禁止携带、保存与行使”,如有违反,情节严重者,“送司法机关按破坏抗日金融从重治罪”;公务人员如有包庇者“按贪污渎职从严论处,民众按诈财治罪”。② 抗战期间,日伪制造大量假币投放到根据地,以破坏根据地经济,如 1943 年日伪济南银行伪造了大量 5 元、10 元假鲁钞,利用奸细在根据地周围贩卖,破坏根据地金融和套买物资。③ 针对这一情况,冀鲁豫行署颁布了《冀鲁豫行署查禁假鲁钞暂行办法》,对制造和贩卖假边币给予严厉处理。④ 豫鄂根据地对伪造边币扰乱金融秩序者,根据情节不同处以死刑或 10 年以上有期徒刑;对于使用假钞者,处以劳役或罚款。⑤ 这些措施打击了日伪货币及假币在根据地的流通,保护了边钞的地位。

为保护边币本位币的地位,还禁止金银在根据地流通。如 1943 年《晋冀鲁豫边区保护现银禁使银币暂行办法》规定:“凡本边区内之一切交易行使,一般以冀南银行钞票为本位币,其他银币、现银、现金均在禁止行使之列”;凡民间收藏银币、现银、现金,可以兑换冀钞,不愿兑换也不流通使用,“政府不得干涉或没收”;但凡查获私自买卖及行使者,“送当地政府依法处理”,查获的银币、现银、现金依法没收;“凡查获私运银币、现银、现金前往敌占区,且有资敌情事者”,除没收外,按汉奸罪论处。⑥

---

① 《晋冀鲁豫抗日根据地财经史料选编(河南部分)》(一),第 74～75 页。
② 《晋冀鲁豫抗日根据地财经史料选编(河南部分)》(一),第 175～176 页。
③ 《冀鲁豫边区金融史料选编》上册,第 183 页。
④ 《冀鲁豫边区金融史料选编》上册,第 186 页。
⑤ 《华中抗日根据地鄂豫边区财政经济史》,第 67 页。
⑥ 《冀鲁豫边区金融史料选编》上册,第 181～182 页。

总之，由于处于战时状态，以上措施尽管不能使边币完全占领根据地的金融市场，但在一定程度上维护了边币的地位，稳定了根据地的金融秩序，促进了根据地经济的发展。

本章结语

抗日战争时期，河南先后建立了6块敌后抗日根据地。各个根据地在中共新民主主义经济政策指导下，又根据各自不同的情况制定了适合本地特点的经济政策，使各个根据地的社会经济都得到了不同程度的发展。农业方面，各根据地执行了减租减息的土地政策，开展了大规模的减租减息和农业大生产运动，采取了一系列发展农业的政策。工业方面，根据地建立和发展了少量的军事工业和民用工业，并重点发展了个体手工业和家庭副业。商业贸易方面，加强了对外贸易，出口以土产为主，进口以日用必需品为主；建立集市贸易，活跃了内部市场。发展了合作社经济，以合作社方式组织商业、手工业、农业生产，建立了信用合作社，调剂了根据地农村金融。各根据地还逐步健全了财政税收制度，建立起了独立自主的战时财政金融体系。根据地的经济建设充分调动了广大农民抗日和生产的积极性，基本保证了军需民用，为根据地的巩固和发展奠定了基础。

第七章　抗战时期的河南沦陷区经济

第一节　农业政策的演变与农业生产

一、关于沦陷区范围的界定

“卢沟桥事变”爆发后，日军先后从豫北、豫东、豫南三路进攻河南，河南大部县市沦陷，具体情况见表7—1。

表7—1　抗战时期河南各县沦陷时间一览表

县别	沦陷时间	县别	沦陷时间	县别	沦陷时间
安阳	1937年11月4日	温县	1938年3月5日	淮阳	1938年9月5日
南乐	1937年12月15日	阳武	1939年1月30日	太康	1938年6月6日
清丰	1938年2月8日	范县	1939年5月5日	扶沟	1944年6月17日
濮阳	1938年2月9日	武安	1939年7月5日	西华	1944年6月18日
内黄	1938年2月11日	涉县	1939年7月8日	固始	1938年9月6日
汤阴	1938年2月11日	武陟	1938年3月	商城	1938年9月16日
长垣	1938年2月13日	汲县	1938年2月15日	潢川	1938年9月18日
辉县	1938年2月16日	延津	1938年3月	罗山	1938年9月21日
淇县	1938年2月13日	博爱	1938年2月20日	信阳	1938年10月12日
封丘	1938年2月16日	鹤壁	1938年2月12日	新野	1939年5月10日
新乡	1938年2月17日	永城	1938年5月13日	唐河	1939年5月10日

（续表）

修武	1938 年 2 月 19 日	兰封	1938 年 5 月 23 日	泌阳	1939 年 7 月 26 日
原武	1938 年 2 月 19 日	虞城	1938 年 5 月 26 日	桐柏	1939 年 7 月 26 日
沁阳	1938 年 2 月 22 日	商丘	1938 年 5 月 29 日	项城	1941 年 4 月 25 日
孟县	1938 年 2 月 22 日	睢县	1938 年 5 月 31 日	上蔡	1941 年 1 月 23 日
济源	1938 年 2 月 25 日	宁陵	1938 年 5 月 29 日	正阳	1941 年 1 月 24 日
焦作	1938 年 3 月 20 日	陈留	1938 年 6 月 3 日	南阳	1941 年 1 月 25 日
浚县	1938 年 3 月 29 日	通许	1938 年 6 月 3 日	方城	1941 年 1 月 26 日
柘城	1938 年 6 月 3 日	开封	1938 年 6 月 6 日	邓县	1945 年 3 月 20 日
杞县	1938 年 6 月 3 日	中牟	1938 年 6 月 7 日	南召	1944 年 6 月
获嘉	1938 年 3 月 9 日	民权	1938 年 5 月 18 日	汝南	1941 年 2 月 17 日
滑县	1938 年 3 月 29 日	夏邑	1938 年 5 月 22 日	沈丘	1941 年 2 月
汜水	1944 年 4 月 20 日	宝丰	1944 年 5 月 6 日	陕县	1944 年 5 月 18 日
广武	1944 年 4 月 20 日	鲁山	1944 年 5 月 7 日	洛阳	1944 年 5 月 25 日
新郑	1944 年 4 月 21 日	郾城	1944 年 5 月 5 日	叶县	1944 年 6 月 5 日
尉氏	1938 年 6 月 2 日	漯河	1944 年 5 月 5 日	舞阳	1944 年 6 月 9 日
荥阳	1944 年 4 月 21 日	遂平	1944 年 5 月 5 日	卢氏	1944 年 5 月 20 日
郑州	1941 年 1 月 19 日	西平	1944 年 5 月 5 日	周家口	1944 年 6 月 19 日
洧川	1944 年 4 月 22 日	驻马店	1944 年 5 月 9 日	息县	1938 年 9 月 20 日
鄢陵	1944 年 4 月 22 日	确山	1944 年 5 月 9 日	光山	1938 年 9 月 11 日
长葛	1944 年 4 月 23 日	阌乡	1944 年 5 月 10 日	鹿邑	1938 年 6 月 1 日
密县	1944 年 4 月 24 日	孟津	1944 年 5 月 10 日	商水	1944 年 6 月 11 日
许昌	1944 年 5 月 1 日	巩县	1944 年 5 月 11 日	灵宝	1944 年 6 月中旬
临颍	1944 年 5 月 2 日	嵩县	1944 年 5 月 13 日	伊川	1944 年 5 月
襄城	1944 年 5 月 3 日	偃师	1944 年 5 月 13 日	汝阳	1944 年 5 月 8 日
郏县	1944 年 5 月 3 日	渑池	1944 年 5 月 12 日	淅川	1945 年 3 月 18 日
禹县	1944 年 5 月 4 日	新安	1944 年 5 月 12 日	镇平	1945 年 3 月 13 日
临汝	1944 年 5 月 4 日	宜阳	1944 年 5 月 14 日	内乡	1945 年 3 月 29 日
登封	1944 年 5 月 6 日	洛宁	1944 年 5 月 17 日	西峡	1945 年 3 月 30 日

资料来源:《抗战时期河南各县沦陷时间一览表》,河南地方史志编纂委员会、河南省地方史志协会:《抗日战争时期的河南》——纪念抗日战争胜利40周年,内部发行,1985年8月,第359～361页。

由表7—1可知,抗战时期河南共有115县市沦陷,至1939年初共沦陷53县市。中牟、尉氏1938年沦陷后因花园口决堤,日军被迫放弃,新野、唐河、泌阳、桐柏、南阳等县市日军占领后又被国民革命军夺回,成为中日军队反复争夺的前线,故未计算在内。另据《中华民国实录》统计,从抗战爆发至1939年初,河南共有51县市县沦陷①,与表7—1基本一致。由于1939年初以后沦陷的县市长期为国民政府控制,我们习惯称之为国统区,日军占领的县市称作沦陷区。由此观察,在115座县市中,日军占领51～53县市,国民政府控制62～64个县市,抗战时期河南沦陷区与国统区的经济,我们即以此范围进行研究,其中沦陷区以豫北、豫东为主,国统区以豫西、豫南为主。

二、沦陷区农业政策的演变

日本侵略者对于河南占领区的农业政策,前后略有不同。太平洋战争爆发前,日本对华北之农业政策"系采'中日满农业一元'政策,即谓中日满因地理条件之不同,应各守独立立场,建立适当之分业关系"。"于北(此)方针下,则华北应以增产棉花及羊毛为中心,尤以棉花为主要增产对象。至华北所需粮食,则计划自伪满及华中补充。"②在此阶段内,日本侵略者为了更多地掠夺棉花和农副产品,用时任伪河南省公署宣传处长邢幼杰(邢汉三)的说法,日伪政权采取了"养鸡取卵"的办法,发展农业生产,如成立河南棉花改进会,"改进发展河南沦陷区的棉花生产"③。1941年春季,华北棉花改进会在河南"收购四五〇〇四市斤"优

① 《抗日战争时期各主要县市沦陷时间表》,罗元铮:《中华民国实录》文献统计,第5卷上,第4222～4250页。

② 陈传海、徐有礼等:《日军祸豫资料选编》,第222～223页。

③ 邢汉三:《日伪统治河南见闻录》,河南大学出版社1986年版,第121页。

良棉籽,发放给棉农,以利棉花之增收。① 兴修水利、开渠凿井。伪省建设厅在豫北地区建设引黄入卫工程。“经过半年多的紧张施工,沿河开了一些水渠,利用河水浇灌农田。因收水费定价过高,招致民怨,伪豫北道公署也提出了不少意见,历时三年,费力不少,收效不大。”②在凿井方面,“按建设厅规定……每打机井一眼,给予补助费五十元,砖井十元,土井三元,每年冬春季为打井季节。实施结果,豫北各县成绩较多,豫东仅打些土井,夏季又多塌陷,砖井为数不多,机井每县一两眼,打井收效虽不大,但较开渠见好”③。据1941年11月华北棉花改进会统计,豫北新乡、获嘉、汲县(今卫辉市)、彰德(今安阳)、汤阴、临漳(今属河北)等6县共凿井505眼。④ 第二期在彰德、汤阴、临漳、新乡、获嘉、封丘6县凿井预订共400眼,其中竣工161眼,竣工率为40.25%。⑤ 这些水井与日本在华北“打井20万眼的增产计划”虽相去甚远,但对农业生产起到一些积极作用。⑥

尽管日伪统治者想尽办法增加粮棉生产,但他们的目的并非改善人民生活,主要是为了更多地搜刮沦陷区农产品。正如日军华北当局在“华北资源价值的概况总结”中所说:“华北今日已不再是欧美的殖民地,现在正与日满共同经营着统一的经济”,“棉花、麻、羊毛、羊皮等衣着原料,通过增产和原料供应地区的扩大,为了日华的自给自足,使华北成为原料供应基地,是不困难的”⑦。道出了日本侵略者掠夺沦陷区农产品的目的。

① 华北棉产改进会编:《华北棉产汇报》第3卷第3、4期合刊,1942年4月15日出版,第37页。

② 邢汉三:《日伪统治河南见闻录》,第123页。

③ 邢汉三:《日伪统治河见闻录》,第123页。

④ 《华北第一期凿井进展状况表》(河南部分),华北棉产改进会编:《华北棉产汇报》第4卷,第3、4期合刊,第42页。

⑤ 《华北第一期凿井进展状况表》(河南部分),华北棉产改进会编:《华北棉产汇报》第4卷,第3、4期合刊,第44页。

⑥ 日本防卫厅战史室编,天津市政协编译组译:《华北治安战》下,天津人民出版社1982年版,第59页。

⑦ 日本防卫厅战史室编,天津政协编译组译:《华北治安战》下,第115页。

太平洋战争爆发后,日本对“中日满农业一元”政策进行调整,“在侵占区之农业政策由分工合作而改为自给自足,由特产物之增产,而改为粮食增产”①。即过去以增产棉花为主的政策改变为在注重棉花生产的同时,重点关注粮食之增加。另外,加强对农产品的统制是此阶段日伪政权工作的重点。关于粮棉之收购,规定必须由伪县政府、合作社来完成。1943年11月,伪河南省政府制定《河南省棉花收买要纲》,规定各地棉花收购责任人“为各级行政长官”,收买机构为各地合作社及棉业团,合作社负责收购,棉业团担负外运业务,由军警负责运输安全,其他个人和商贩不得收购。② 在《民国三十二年河南省油料收买要纲》中规定豫东实行行政收买负责制,收买者“为各级行政长官,道尹对所辖各县知事,县知事对所辖各区保甲长,各令其分担所分配之责任供出量”,层层负责,不得有误。实际到各地收买者仍为合作社。豫北实行合作社与河南省油料组合收买,“合作社担任县城及重要集市之集货”。“油料组合于前项地点收买合作社所收集之油料后担任输送至沿线交货”。并对于功绩显著之行政长官及收买机关实施随时褒赏。对“因不正行为或怠慢不能尽责者,免职或严重处罚”。③ 关于毛革类、粮食类的收集,与棉花、油料的收购基本相同。

在收集农产品时,前后也有所不同。“一九四三年以前,每年秋后伪省署作粮棉分配方案时,把农民需要列为一项,给予最低的消费,然后再及其他。至一九四三年秋,把这项不管不顾了,除军用额必须交足外,运往北京、天津及省县伪组织需要的,尽力征购。其后由于棉粮价高涨,改为预征实物,河南各地农民生活,更是无法维持了,这是当时杀鸡取卵的实情”④。如在商丘、永城县,1942年和1943年两年天旱歉收,“每亩平均只收小麦五十斤,今被敌伪征去四十四斤”,且第二期征收小麦又派

---

① 陈传海、徐有礼等:《日军祸豫资料选编》,第223页。

② 中央档案馆、中国第二历史档案馆、吉林省社科院:《日本帝国主义侵华档案资料选编·华北经济掠夺》,(以下简称中央档案馆等:《华北经济掠夺》),中华书局2004年版,第810～812页。

③ 中央档案馆等:《华北经济掠夺》,第830～834页。

④ 邢汉三:《日伪统治河南见闻录》,第124页。

下，“全数为八十万斤，如此巨额，民众即变卖田产，亦难使其满足”①。豫北修武日寇，“唆使伪组织勒令人民每亩附纳小麦一石之多”②，而当时河南小麦亩产一般在100斤左右，一石在二百斤以上。这种竭泽而渔的抢掠方式，导致沦陷区农民大量出逃，土地荒芜。

三、对农产品的劫夺与榨取

（一）进占中的抢劫与破坏

日伪对沦陷区农产品的抢掠主要分进占时的抢劫和日伪政权的强征、强收两部分。日军的抢劫、破坏，愈到后期，愈加严重（见图7—1）。1938年日军盘踞温县间，常四处抢掠，“（乡间）所有鸡子，尽被杀吃一空，所到之处，房屋愈破烂，则搜索愈严，入室翻箱倒箧，除不要衣服被褥外（城内则尽情狂掠），金银首饰，无不一扫而空”③。侵入孟县（今孟州市）的日军，“近更在济源、孟县等地勒索粮秣谷草，运往汾阳”④。据不完全统计，日军在侵占辉县的7年多时间里，共抢掠“金属24.4万公斤，折款0.96亿元；粮食511万公斤，折款4.1亿元；棉花2.1万公斤（应为21万公斤），折款0.252亿元；纱布140万尺，折款2.8亿元”⑤。1938年6月19日，商丘“驻朱集的日本骑兵在集西徐庄村烧杀，杀村民12人，烧房180余地间，财物亦被抢劫一空”⑥。1941年3月，“日伪查封县城货栈，将存货抢劫一空”⑦。

日军在抢掠的过程中，有意破坏河南农民赖以生存的土特产品。如豫东柘城盛产“柘丝”，光润鲜艳，细长均匀，拉力强度大，“历史上有‘柘丝为最’的美称。1931年，全县有高大乔木桑5万余棵，年产蚕丝10万

---

① 《苏北运河沿岸敌伪通贴诱降标语》，《解放日报》，1943年8月30日。

② 《河南民国日报》，1943年9月19日。

③ 陈传海、徐有礼等：《日军祸豫资料选编》，第76页。

④ 《豫北民众武装歼敌》，《新华日报》，1938年3月2日。

⑤ 辉县市史志编纂委员会：《辉县市志》，中州古籍出版社1992年版，第316页。

⑥ 商丘县志编纂委员会：《商丘县志》，生活·读书·新知三联书店1991年版，第33页。

⑦ 商丘县志编纂委员会：《商丘县志》，第34页。

公斤以上”。种桑养蚕缫丝是柘城农民生活的主要来源之一。1938年，日军侵占柘城后，“大量桑树被砍伐，蚕业生产遭到严重破坏”。使柘城养蚕业一蹶不振。① 内黄县和当时新划县高陵、顿邱、卫河(现三县已撤，当时均属河南)，被称为沙区，盛产枣和花生，尤其内黄小枣，以核小肉多而闻名，是沙区之特产，“沙区人民是依靠这两种特产来活跃经济生活的”。日寇深知此意，在1941年“大扫荡”时，带来很多钢锯逼迫随同他们前来沙区的河西群众砍伐枣林。“可惜沙区枣林的损失没有详细统计，只知道千口(地名)被砍林三千三百四十九棵；破车口(地名)的枣林全被砍光；城堡东街十七户中，被砍枣林即达四十六亩；从丁村往西直到桑村，绵延十数里，各村枣林残留无几；桑村枣林，损失在十分之八以上。”②侵华日军陆军少佐本田义夫在日记中描述了他有目的砍伐濮阳县以李家庄为中心枣林的情况：“这一带光是大枣的产量，用我这个外行人的眼力来估计，也能达到12吨到30吨的样子。……经过农民二三十年来亲手培育的2500棵枣树，枝条上挂满蓓蕾，棵棵长得茂盛。”“于是我命令各小队之间，开展砍枣树的竞赛，特别是对农民出身的士兵，稍一怠慢就要得到斥责。”并将一位前来劝他不要再砍伐沙区人民赖以生存的枣树的王老汉杀死。③ 正是这种破坏，给河南沦陷区某些土特产带来至今仍无法恢复的后果。

图7—1　郑州遭受日机轰炸后之惨状

图片来源：邵文杰：《抗日战争时期的河南》，图片第11页。

① 柘城县志编纂委员会：《柘城县志》，中州古籍出版社1991年版，第362页。

② 陈传海、徐有礼等：《日军祸豫资料选编》，第172页。

③ 陈传海、徐有礼等：《日军祸豫资料选编》，第108～109页。

（二）日伪合作组织对农产品的强购强征

1. 沦陷区伪合作组织的建立

合作社作为一个半政府性质的组织，与陷区农业的生产、销售、收购等有着千丝万缕的联系，农业的生产，农产品的收购、外运，生活日用品的配售等都由日伪政权支持下的各级合作社完成。日伪华北合作社是由 1934 年 7 月成立的华北农业合作事业委员会改组而成。“七七”事变后，日军“立即改组了原华北农业合作事业委员会，由日本人石井俊之任顾问，把合作社改组成为日侵略者服务的工具”①。1941 年 12 月，伪华北合作事业总会成立，形成总会—省联合会—县联合会—乡村合作社的体系。与此同时，河南省也成立了伪合作社省、道、县联合社及乡村合作社，在合作社中，各级联合会的理事长由汉奸担任，且大多为省长、县知事兼任，日本人担任副理事长、常务理事和负责重要部门的工作。而实权掌握在副理事长手中。1943 年起，为贯彻“以华制华”的侵略方针，副理事长、常务理事及日本人在合作社的职务，一律改为顾问，从表面上看，各级合作社由中国人管理，实际上大权仍集中在“顾问”手中。

2. 强迫民众入社，强收社员股金

各级伪合作组织建立后，日伪政权大力发展合作社社员，但开始并不顺利。“一九三九年时，曾以半骗哄半强迫方法，勒令城市及乡村广大人民，每户交纳两元股金，加入合作社，当时从外地运到沦陷区的工业品，大都掌握在合作社之手，群众为便于购买生活用品，有一部分交股金入社。”后来，由于未入社群众购买物品不便，甚至被合作社“带上不拥护新政府，思想不良等帽子，群众为着少惹是非，又有不少加入合作社”②。据统计，1941 年，河南省沦陷区县联会 20 个，乡村合作社 1555 个，社员 154171 人。③ 随着时间的推移，入社人员不断增加，据开封县合作社统计，1944 年和 1945 年开封县入社人数大为增加，具体情况见表 7－2。

---

① 郭铁民、林善浪：《中国合作经济发展史》上，第 438 页。

② 邢汉三：《日伪统治河南见闻录》，第 155 页。

③ 《华北沦陷区合作社发展概况》，郭铁民、林善浪著：《中国合作经济发展史》上，第 440 页。

表 7—2　开封县合作社联合会、社员出资金状况表

1944 年度末		1945 年度计划增加额		本年度现在进行状况	
社数	49	社数		社数	50
社员数	28899 人	社员数	90000 人	社员数	121899 人
出资股数	2217 股	出资股数	17000 股	出资股数	2222 股
出资金额	66510	出资金额	510000	出资金额	66660

资料来源:《开封县合作社联合社报告书》(1944～1945),开封市档案馆旧 1—1—48(其中旧 1 为全宗号,1 为目录号,48 为案卷号,下同),第 3 页。

从开封县合作社增加情况看,1945 年社员人数比 1944 年有大幅增加,由 1944 年末的 28899 人增加到 121899 人,增加了 5 倍多。而入股数和出资额数却增加甚少,说明陷区人民大都被迫加入,人们并不愿意把资金投入合作社,或人民到了赤贫的程度,无资金加入。

在淇县,据统计,在 167 个自然村成立合作社 123 个,成立合作社的村占 73.65%强,加入乡村合作社社员数占农家总数的 40.87%。具体情况见表 7—3。

表 7—3　淇县合作社社员出资金表

县别	乡村合作社		社　　员			资　　金		
	自然集或村数	社数	农家总户数	社员数	比率	股 数	出资金额	已缴金额
淇县	167	123	14600 户	5968 名		1828 股	54848 元	49794 元

资料来源:《社员出资会金》,开封档案馆 旧 3—1—148,第 19 页。

这些被迫加入合作社的社员,实际上遭受着日伪统治者的掠夺,他们所交的股金,“不但每年未发给股息……购买物品的便利,也未完全兑现”。社员入社所交股金,好像交的捐税一样,没有任何回报,随着日军的败亡而一无所有。①

3. 强购粮、棉、油等

粮食为农产品中最重要者,为人们日常必需之物,日伪对粮食的强购特别重视。在豫东,“敌在泛东各县大量收购小麦、杂粮、花生等食粮,按伪钞给价并不时赴四乡清查户口,凡大户粮食均强迫抽三分之一充

① 邢汉三:《日伪统治河南见闻录》,第 155 页。

公,并由该出粮大户送往敌指定地点以备敌他运”。开封日军“强购豆类食物如黄豆、青豆等充作食品。敌规定价格黄豆每市斗二元四角,青豆每市斗二元三角五分,较市价低廉二分之一,民众恨之刺骨”①。在柘城,仅1944年合作社即“强行征购小麦一千万斤”;“强行征购小麦的价格,每斤仅0.09元,低于市场价格将近一半(市场价格每斤0.15～0.16元),这次强购,从市场价格上即榨取数十万元的高额利润。”强购杂粮“总数量也是一千万斤。派购价也远远低于市场价格,如谷子派购价每斤为0.0625元,市场价格每斤为0.09～0.1元,其它谷物虽不详其每斤具体价格,但均低于市场价格”②。

在日军统治辉县的7年间,合作社共套购“粮食1374.9万公斤,折款6.95亿元”③。1943年,敌伪在“豫北各县平均征粮七百吨”④。1943年河南省联合社共收买小麦15355吨,支用金额14680000元,约合每市斤0.475元;收买杂谷24529吨,支用金额10000000元,约合每市斤0.21元。⑤ 而1943年正是大灾之年,物价飞涨,无粮可食,“街市上的应时商品,则为榆皮面馍,四元一斤”⑥。在汜水(今荥阳西北)1942年麦收前,小麦每市斗已涨到22元,小米23元余。1943年春,小麦每市斗涨到三百元,小米三百元有余。⑦ 按一斗小麦30斤计算,每斤10元。而日伪合作社1943年小麦收购价格为每市斤不到0.5元,杂粮每市斤不到0.21元,这与空手抢劫无多大区别。

棉花、油料、皮毛等既为生活必需品,又具有一定的军事用途。河南

---

① 陈传海、徐有礼等:《日军祸豫资料选编》,第211页。

② 李康:《从日伪合作社看日寇对柘城的经济掠夺》,陈传海、徐有礼等:《日军祸豫资料选编》第217～218页。

③ 辉县市史志编纂委员会:《辉县市志》,第316页。

④ 中央档案馆等:《华北经济掠夺》,第765页。

⑤ 《32年度各省区小麦收买数量及资金数目表》、《32年度各省区联杂谷收买数量及资金数目表》,《华北经济掠夺》,第764～765页。

⑥ 王子官:《一九四二年大旱灾之汜水》,中国人民政治协商会议河南省委员会文史资料委员会编:《河南文史资料》第19辑,1986年9月,第161页。

⑦ 王子官:《一九四二年大旱灾之汜水》,中国人民政治协商会议河南省委员会文史资料委员会编《河南文史资料》第19辑,1986年9月,第165页。

不仅是棉花的主要产区,豫东、豫北还盛产花生等油料作物,故日伪对河南棉、油等物品的强购,不亚于对粮食的兴趣。而合作社实为棉油等的收购机构。据《河南省棉花收买纲要》(1943 年 11 月 25 日)记载,1943 年河南省计收棉花 218637 担,实收 145758 担,具体分配到各县之数量见表 7—4。

表 7—4 1943 年河南省道县棉花搜荷目标一览表(缲棉)(单位:担)

道别	县别	棉花搜荷目标	棉实搜荷目标
豫北道	彰德	127362	84908
	汤阴	19457	12971
	内黄	11519	1013
	武安	15390	10260
	临漳	29905	19937
	新乡	14228	9485
	获嘉	3000	2000
	温县	700	467
	济源	1200	867
	孟县	1000	666
豫东道	杞县	500	333
	睢县	1000	667
	柘城	1500	1000
	商丘	1276	851
	宁陵	300	200
	永城	200	133
	总计	218637	145758

资料来源:《道县别搜荷目标一览表》(缲棉),中央档案馆等:《华北经济掠夺》第 813 页。

说明:该表总计棉花搜荷目标有误,总计为 218637,应为 228537。

表 7—4 仅列出敌伪对主要产棉县份的搜集数和实际搜荷量,其他沦陷县份并未列出,如开封县 1944 年交割棉花即达 7700 吨(原表如

此)，共计387465斤。① 合作社虽未记载1943年棉花搜荷数量，可不会没有。另据《河南省志·商业志》记载："1943年日军即劫夺河南棉花14616吨，制革用羊皮38.3万张。"②劫夺棉花数量是日伪统计数量的2倍强。邢幼杰称："四三年一年，日伪侵略者掠夺河南沦陷区皮棉，约计三十万担以上。"③这应该比较接近日伪收购的真实数字。

关于油料、皮毛等，伪合作社亦大量收购。如1943年河南省通过合作社共收买花生米、芝麻25000吨，对供出油料者配给棉布、砂糖、盐、纸、火柴、蜡烛、海带等交换物资。"交换物资配给额不问油或原料皆一律100公斤7元。"④因为配给物以糖、盐、纸等日用品为主，数量很少，收走的却是25000吨花生和芝麻，且每百斤仅7元，这种收购实为变相掠夺。除河南省各地合作社收得的25000吨花生、芝麻外，1943年日伪政府还要求豫东开封、通许、杞县、商丘、夏邑、兰封(今兰考县)、考城(今兰考县)、中牟等县继续上缴油料共计20000吨。⑤

日伪政府及合作社1943年还在河南收集"羊毛(净重)264000公斤、山羊绒(净绒)32000公斤、骆驼毛1000公斤、牛皮55000张、豚皮4000公斤、马皮12000张、羊毛皮350000张、猫狗毛皮70000张、兔毛皮30000张、制革用羊皮393000张"⑥。收购白薯干6000吨。⑦ 敌人从粮食、油料到皮毛，搜集物资无所不包，收购价格又非常低廉，且要求各县必须完成。这样，日伪统治者在武装抢劫后，又对陷区农产品进行了一次大搜刮。

四、强占土地与掠夺人力

土地、人力和畜力，是农民进行农业生产的主要元素，三者缺一，即

---

① 开封档案馆旧3—1—148，第42页。

② 河南省地方史志编纂委员会：《河南省志·商业志》，河南人民出版社1993年版，第54页。

③ 邢汉三：《日伪统治河南见闻录》第173页。

④ 中央档案馆等：《华北经济掠夺》，第830页、第832页。

⑤ 《油料县别分担表》，中央档案馆等：《华北经济掠夺》，第837页。

⑥ 中央档案馆等：《华北经济掠夺》，第838页。

⑦ 中央档案馆等：《华北经济掠夺》，第841页。

使农业遭受巨大损失。日军占领下的河南沦陷区,三者均遭巨大破坏。

首先,日军对土地的掠夺。日军为掠夺中国土地,在华北设立“土地调查委员会”,强迫占领区居民实行登记,凡敌所需,任意掠之。在济源,在日军侵占的近8年时间里,“当时济源拥有土地六十二万四千亩,因日军修沟、墙、碉堡占地二十四万五千亩。仅一九四三年日军在城内建立大据点,在城周围修墙围沟即占全城面积的十分之一,耗民工三万个”①。在铁路两侧挖沟,既需陷区人力,又占去大量土地。如在平汉路两侧(包括豫北段),“民国三十年沿线已挖掘护路沟,宽一丈,深二丈许”②。在陇海线两侧,挖“宽一丈,深七八尺”护路沟,于1942年完成。对103公里长的汴新铁路,日伪管理更加严格,“在黄河铁桥外围,挖深宽各一丈之壕沟,并……在路线两侧挖之路沟,则宽深各二丈余,以防袭击”③。敌在铁路两侧挖封锁沟、修碉堡所占土地,虽无占用土地的统计数字,但其占用的数量应相当可观。

其次,对农村劳动力进行野蛮的奴役和屠杀。这主要表现在以下几个方面:

1. 征派劳力,破坏农业生产。日军占领河南后,四处征派人力为其修路、挖沟、开矿或送往关外乃至日本,且愈到后期,掠夺我人力资源愈加猖狂。据国民党中央党史会库藏史料记载,仅1939年3、4两月即有大批农民被抓被征。“三月养日小冀敌征夫二千余修筑汴新路。”“敬日敌征工万余赶修汴新路。”“宥日阳武(今原阳东南)原武(今原阳)之敌,抓夫二千余修筑公路。同柏乡敌迫每保派夫三十名赶修沁济公路。”“感日安阳敌强令每保派壮丁二十名护路。”“俭日伪安阳第十区强征壮丁三百名。”“四月光日鹿楼敌迫每保派壮丁三名枪三支成立伪维持会。微日新乡敌强令每里派壮丁三十名护路。鱼日沁阳敌征夫八〇〇名修路,并将内中二〇〇青年运往西向补充兵额。焦作敌征夫千余修筑焦博公路。……四月一日至四日汴敌抓夫甚多,闻抓足万人后即运天津。巧日西向敌籍

---

① 《近代史资料》编辑部、中国人民抗日战争纪念馆:《日军侵华暴行实录》(一),第276页。

② 中央档案馆等:《华北经济掠夺》,第499页。

③ 中央档案馆等:《华北经济掠夺》,第501页。

召开会为名将该镇十八岁至二十五岁青年八九十人悉数捕往沁阳。皓日西向敌强令男女壮丁各五名，限即日交齐，违则治罪。”①济源在日军占领期间，民众被派各种差役达290余万个，等于1000多人风雨无阻地劳作8年！② 在虞城，仅1942年就有“上千人被日军运往关东或日本充当苦工，绝大多数被摧残致死”③。在1945年3月，日寇“在开封附近征壮丁几千名，运往关外充作苦力”④。敌人抓丁征夫，使许多劳动力无偿劳作在修路、筑墙、挖沟等工地，既影响农业生产，也是对河南人力资源的掠夺。

2. 强征青壮年参加伪军。为维持沦陷区秩序和对根据地“扫荡”等需要，日伪政府迫使大批青年参加伪军。安阳沦陷后，敌于“7月初下征兵令，迫使我十八岁以上二十五岁以下同胞入伍服役，准备发动新冒险”。日伪政府为防止青年外逃和藏匿，规定“家有青年如不报或少报，即惩办其家长，并没收其全部家产”。家有“兄弟二人者，须有一人应征；有兄弟三人者，须有二人应征。同时又规定：凡被征的壮丁，如有逃跑者，则惩办其家长，并将其家产充公”⑤。据修武五个区的统计，“占全区人口的百分之十，占全部青壮年的百分之七十到八十”，被强征加入伪军。⑥ 在豫东各县，日军“强令伪组织代为强征十四岁至五十岁男丁入伍，而经费则限令由各县分别担负”⑦。于是，在日伪政权的强迫下，大批青年加入伪军。在河南伪军中，以张岚峰、庞炳勋、孙良诚三部势力最大。张部有七八万，庞、孙两部各三万多人。⑧ 张、庞、孙等部伪军，不少

① 秦孝仪：《中华民国重要史料初编——对日抗战时期》第六编：傀儡组织——叁，汪伪政权，第1013～1014页。

② 程有为、王天奖：《河南通史》第4卷，河南人民出版社1990年版，第440～441页。

③ 虞城县志编纂委员会：《虞城县志》，生活·读书·新知三联书店1991年版，第393页。

④ 《敌寇在开封强征壮丁，运到关外去作苦工》，《新华日报》1945年3月7日

⑤ 《豫北敌又强征我青年入伍》，《解放日报》1942年9月1日。

⑥ 陈传海、徐有礼等：《日军祸豫资料选编》，第241页。

⑦ 《敌在豫东强征壮丁》，《解放日报》1943年6月19日。

⑧ 邢汉三：《日伪统治河南见闻录》，第208页。

即是强迫入伍的河南农家子弟。

3. 对劳动力的屠杀。日军所到之处,挥舞着浸透武士道毒液的军刀,野蛮屠杀我沦陷区和平居民。1938年3月,日军攻占浚县,“杀害我同胞4500余人,占当时县城人口的四分之一”①。3月,日军进攻孟县(今孟州市)许镇,杀居民330余人,许镇西北角一处20家,只剩6人,灭门绝户的不在少数。② 在日军占领新乡县的7年间,因敌屠杀伤亡人口达27142人,占全县总人口的10.79%;终身伤残和流离失所者74010人,占全县人口的29.44%。③

1938年4月29日,日军攻占商丘刘家店,一天惨杀我同胞175人。④ 与此同时,敌占毛固集,“仅北街大队统计,就死绝31户”。屠杀过后,“毛固集成了没有人烟的庄户,野犬出没,荒草芜棵,谁也不再去赶集了”⑤。据韩启桐估计,1937~1943年河南陷区共伤亡123952人,其中死亡94132人,受伤23565人,被掳6255人。⑥ 上述仅是摘其要者叙述日军对我民众集体屠杀之数字,平时被零星枪杀、虐待致死的应不低于集体屠杀的人口。在敌人屠杀及征兵、劳役的压迫下,陷区人口迅速减少。据浚县“1943年8月统计,全县44435户,195763人,比1936年减少11.7万人”。其中“日伪军屠杀逾万、外逃数万、饿死近2万”,因劳役、征兵累死、战死亦不在少数。⑦

另据中共太行区人口损失统计表统计,以豫北博爱、武陟、温县、修武、陵川(今属山西省)、焦作、沁阳、修获武(新建县)8个县,在抗战期间平均损失人口占总人口的29.89%,其中修武县损失最大,占总人口的74.67%,陵川最少,占5.02%,被杀死者20797人,被俘9935人,负伤

① 浚县地方史志编纂委员会:《浚县志》,中州古籍出版社1990年版,第729页。

② 陈传海、徐有礼等:《日军祸豫资料选编》,第76页。

③ 陈传海、徐有礼等:《日军祸豫资料选编》,第232页。

④ 陈传海、徐有礼等:《日军祸豫资料选编》,第85页。

⑤ 陈传海、徐有礼等:《日军祸豫资料选编》,第87页。

⑥ 陈传海、徐有礼等:《日军祸豫资料选编》,第70页。

⑦ 浚县地方史志编纂委员会:《浚县志》,第200页。

3036人，病饿及被敌逼死者278949人。① 虽病饿非日军所杀，但与日军侵略有直接联系。由此可知，陷区在战争中损失近1/3的人口，应基本属实。沦陷区土地和人力资源的惨遭破坏，严重影响沦陷区的农业生产，使陷区农业出现较大程度的衰退。

五、农业生产的衰退

（一）土地大面积荒芜与粮棉减产

由于生产力的惨遭破坏，使河南沦陷区土地大量荒芜，粮棉等农作物普遍减产。华北是中国的主要产棉区，棉花是该区的主要经济支柱之一，但自抗战爆发后，种植面积和产量大幅萎缩。据华北棉产改进会估计，1939～1940年河北、河南、山东、山西棉花收获平均数应在2137千担②，但1939年，“华北棉花收获实数为一百二十八万零二千担……较事变前五年的平均数，减收百分之六十八强”③。据华北日伪当局统计，华北从1936年至1941年棉花产量大幅下降，具体情况见表7—5。

表7—5 华北四省民国25年至30年棉产统计表（单位：面积亩，产量担）

年份		河北	山东	河南	山西	合计
25年	亩	10430954	6111054	6068064	2074667	24684721
	担	2539524	1790227	1367226	536489	6233466
26年	亩	9551309	5574667	6462611	2287141	23875818
	担	2881773	1630357	1357522	629049	6438701
27年	亩	6181792	2878345	2585044	457428	12011609
	担	1691390	815179	543009	125810	3175388
28年	亩	2570093	1761933	919390	362100	5613516
	担	654729	463580	246421	69752	1434482

① 《人口的损失》(四专区)，《近代史资料》编辑部、中国人民抗日战争纪念馆：《日军侵华暴行实录》(一)，第338页。

② 《1939—1940年华北棉产收获估计》，中央档案馆等：《华北经济掠夺》，第789页。

③ 中央档案馆等，《华北经济掠夺》，第790页。

(续表)

29 年	亩	3858554	1425639	1193713	330671	6828577
	担	1070897	336408	320255	69262	1796822
30 年	亩	5225893	3540747	1571062	575111	10912813
	担	1344045	1094675	443363	153639	3035722

资料来源:《华北四省二十五年至三十年棉花统计表》,中央档案馆等:《华北经济掠夺》,第 819～820 页。

说明:该表 25 年面积合计有误,合计应为 24684739 亩,该表为 24684721 亩。

由表 7－5 可知,1936 年是华北四省棉花种植面积和产量的最高值,1938 年以后急剧下降。河南减少更为严重,1939 年的种植面积和产量仅为 1936 年的 1/6 和 1/5 强,以后虽有增加,仍不及 1936 年的 1/3,之所以出现上述状况,是因 1936、1937 年为河南全省种植面积和产量的统计,1938 年及以后的统计为沦陷区的统计。但即便如此,沦陷区棉花种植面积和产量也出现了大幅下降。考虑到豫北、豫东为河南棉花主产区,棉花种植面积和产量更不应该有 60％以上的下降。

关于粮食作物的生产,沦陷区各县出现了不同程度的衰退。在抗战的 7 年里,新乡县"由于日寇侵略,历年旱灾、蝗灾面积分别达 80％和 86％",损失农作物约 11690 顷,损失粮食 58450 吨。① 据新乡县老道井、峙山堡、分将池、潞王坟、金灯寺、五陵、李士屯等 7 个村的统计,从 1938～1945 年间,田地荒芜面积占耕地总面积的 22.6％,粮食产量下降 72.9％。②

在开封,由于黄水泛滥,使大片良田毁坏,"以致开封现辖五县的荒沙地高达 302 余万亩,盐碱地高达 170 万亩,水、旱、风、沙、蝗灾几乎年年发生"。加之日伪搜刮,农业衰败不堪。③ 根据日伪华北当局的"昭和 14(1939 年——引者注)年农产品减收状况(与平年比)表统计,开封地

① 陈传海、徐有礼等:《日军祸豫资料选编》,第 232 页。

② 陈传海、徐有礼等:《日军祸豫资料选编》,第 233 页。

③ 开封市地方史志编纂委员会:《开封简志》,河南人民出版社 1988 年版,第 148 页。

区当年农产品减产5成，是当年华北各地区减产最多的一年”[①]。

豫东被黄河淹没之泛区（开封、通许、尉氏、扶沟、太康、商丘、鹿邑、杞县、柘城、睢县等地）到处是沙地和芦苇、柳丛，直到1947年，“依然是柳苇成林，杂草丛生”，“就是西华到城里和扶沟城北的一片地，依然是水留不洩，被淹着呢”[②]。说明豫东诸县受损严重，大片土地到战后仍然荒芜着。

据韩启桐估计，河南陷区农业从1937～1943年受损面积巨大，减产数额惊人。具体情况如下：陷区原辖耕地总面积694155千公亩，受损面积348639千公亩，其中夏季作物212011千公亩，冬季作物136628千公亩。损失数量49268千公石，其中夏季作物（小米）26077千公石，冬季作物23191千公石。[③] 农作物减产估计，原辖耕地总面积694155千公亩，受损作物面积390247千公亩，损失数量57561千公石，损失总值466244千元。[④] 农作物减产面积超过耕地总面积的1/2。由此观察，抗战时期河南沦陷区土地大量荒芜，农作物产量下降，农业生产严重衰退是不争的事实。

（二）人民生活的困苦

在日伪的统治下，河南沦陷区人民生活在水深火热之中。1938年日军进占汲县（今卫辉市）后，烧杀抢掠，无恶不作，遭劫后的乡村一片荒凉，如遭杀戮后的汲县大司马村，“六百多人的村庄，最后只剩下了几户人家。土地荒芜，村内杂草丛生，一片凄凉景象”[⑤]。据记载，1942年浚县“全县逃荒要饭者达数万人，饿死数千人。新镇小李庄26户，有21户逃荒要饭，4户卖儿卖女，饿死6人。小河乡前聂渡村29户，有14户逃荒要饭，6户全家外逃，有4户没有被子，在草堆中栖身。城关乡方庄72

① 《华北地区昭和14年农产品减收状况》（与平年比），中央档案馆等：《华北经济掠夺》，第947页。

② 《河南善救分署周报》第100期，1947年12月31日，第2页。

③ 陈传海、徐有礼等：《日军祸豫资料选编》，第228～229页。

④ 陈传海、徐有礼等：《日军祸豫资料选编》，第230～231页。

⑤ 《近代史资料》编辑部、中国人民抗日战争纪念馆：《日军侵华暴行实录》（一），第280页。

户,297人,有34户、163人逃荒要饭,饿死30人"①。

一位根据地新闻记者报道了豫北的悲惨情景:"初到豫北的人,如果登高一望,会看到一片片油绿绿田地,觉得秋禾还不错啊!但是走近一看,原来并不是什么苗,而是高达六尺的黄蒿,从田野长到村街中,长到房院中,到处都成了黄蒿世界。院里是青青的,房子是空空的,没有了门窗,也没有了家具,碗锅锄耙一无所有,房子的角落里不时发现死人的骨头。据乐崞姓王的老乡说:他的亲兄弟三月出门被人拉走剥吃了。玉皇庙某家女人把自己女儿送人剥了,自己分了一条腿吃。观沟十四岁小孩马全林一家八口饿死七口,只剩他一人。"②

杞县在敌人的杀戮搜刮下,百姓不死即伤,竟十余里不闻鸡犬之鸣。③

原伪河南省省长萧瑞臣在呈文中道出了河南陷区的人民生活情况:"查河南地居中州,绾毂南北,事变爆发,转战经年,党、政府横征暴敛,敲骨吸髓,我黎庶千疮百孔,十室九空,加之土匪跳梁乘机倾轧,民同惊弓之鸟,户乏净土之居。田园荒废,收获毫无。"④基本道出了沦陷区人民生活的状况。

第二节 日伪对工矿业的统制

一、日军对主要民族工业的强占

日军的侵略使河南沦陷区许多工厂被占被炸,被迫停产。在豫北,敌人"将民间纺棉织布各种器具,也百法搜集,进行销毁"。使豫北棉纺业遭到毁灭性打击。⑤ 在开封,日宪兵队长通口次郎部将军队进驻天丰

① 浚县地方史志编纂委员会:《浚县志》,第261页。

② 《日寇劫后的豫北》,《解放日报》1944年9月14日。

③ 《杞县灾情严重》,《河南民国日报》1938年8月27日。

④ 河南省公署秘书处印行:《河南省公报》第1号,1938年12月30日出版,第15页。

⑤ 《豫北棉织遭殃,毁于日寇统制政策》,《新华日报》1944年10月23日。

面粉公司,使其无法生产。① 开封新民制蛋厂,“日军侵占开封时,占用该厂地址驻兵”,蛋厂被迫停工。② 大昌制蛋厂在抗日战争时遭日军轰炸而停顿。③ 据河南建设厅统计,日军进攻中受害的51个县市,在不到一年时间里,工业损失达1079万元,矿业损失1889万元。④ 另据韩启桐估计,从1937～1943年,河南陷区工业损失估计,总计:资本额9052千元(法币,下同),资产估计23989千元,损失估计9558千元。其中损失较重部分:资本额8952千元,资产估计23801千元,损失估计9520千元;损失较轻部分:资本额100千元,资产估计188千元;损失估计38千元。⑤ 由此可知战争对河南工业破坏的严重。

另外,日军对河南沦陷区主要民族工业的霸占,也使民族工业造成巨大损失。日本侵略者占领豫北、豫东等地后,首先以武力控制陷区关系国计民生之电力、交通、化工、纺织等重要行业的主要工厂,对其实行统制经营。其经营方式开始主要是进行“军事管理”和“委任经营”、“中日合办”等,但以“军事管理”为主。所谓军事管理,即企业主权在军队,由军队直接或委托日本会社经营。在“军事管理的工厂……至(民国)二十八年底共九十七厂,其中分布地域……河南河北各十四厂”⑥。关于抗战时期河南沦陷区被劫夺工厂的资产数额,没有准确的统计,但从沦陷区被霸占纱厂的纱锭数可有所窥见,具体情况见表7－6。

表7－6　日本对河南沦陷区纱厂的掠夺(1936～1938)

被掠夺之纱厂	纱锭数(1936年)	掠夺者	掠夺方式
卫辉华新	22400	东洋纺织会社	军管理
安阳广益	25824	钟渊纺织会社	军管理
彰德豫安	50000	钟渊纺织会社	军管理
武陟钜兴	6592	丰田纺织会社	军管理

① 冯华熙:《兽蹄下的开封》,《新华日报》1938年9月26日。

② 开封工业志编辑室:《开封工业拾遗》内部资料,1986年9月,第54页。

③ 开封工业志编辑室:《开封工业拾遗》,内部资料第56页。

④ 《敌人侵豫后一笔血债》,《河南民国日报》1938年8月18日。

⑤ 韩启桐:《中国对日战事损失之估计》(1937～1943年),陈传海、徐有礼等著:《日军祸豫资料选编》,第205页。

⑥ 陈传海、徐有礼等著:《日军祸豫资料选编》,第248页。

资料来源:《日本帝国主义对沦陷区中国纱厂的掠夺》(1936～1938),陈传海、徐有礼等著:《日军祸豫资料选编》,第206页。

注:彰德豫安纱锭数,内有5000枚为1937年抗战前批添数。

由表7—6可知,日军强占河南沦陷区主要纱厂4家,纱锭104816锭,如减去1937年新添的5000锭,为99816锭。1936年河南纱厂纱锭数共10.93万锭。① 被日军强占的纱锭数占河南纱锭总数的91.32%强,河南纺织业基本为日军所控制。

关于日军强占沦陷区工厂的数量,实际上要多于上述所言的14家军管工厂,具体情况见表7—7。

表7—7　日军强占陷区工业统计表

部门	原名称	委托经营者	所在地	受托年月日	容量或产量	军管理名称
电气	新乡电灯厂	兴中公司	新乡	1938.4.28	980	军管河南第九厂
	安阳电灯厂	兴中公司	彰德	1938.2.23	150	军管河南第五厂
	开封电相厂	兴中公司	开封	1938.6	980	军管河南第17厂
纺织	豫安纱厂		彰德			军管河南第2厂
	广益纱厂		彰德			
	新华纺织公司		汲县			
	巨兴纱厂		武陟			
	大寒集操棉工厂	兴中公司	彰德			
	彰德打包工厂	兴中公司	彰德			
	彰德轧棉厂	兴中公司	彰德			
面粉	通丰面粉公司	兴中公司	新乡			
	天丰面分公司	兴中公司	开封			
	益丰面粉公司	兴中公司	开封			
	德丰面粉公司	兴中公司	开封			
	美聚慎面粉公司	兴中公司	六河沟			
	大塞村制棉工厂	兴中公司	彰德			

资料来源:《华北解除军管理工厂一览表》、《日本军管之下中国工厂交还伪府经过情形》,中央档案馆等:《华北经济掠夺》,第305～311页、第313页。

① 《河南省战前纺织工业基本情况》(一),河南省统计学会等:《民国时期河南省统计资料》下册,第68页。

由表7－7可知，日军对陷区工厂军管的数量为17家，且多数委托兴中公司管理，这些工厂毫无代价地为日军强行占有。

二、日伪企业的建立与民族工业的破产

在所看到的日本对河南统治的专著或论文中，对日伪军人、政府创办的企业和陷区民族工业的具体情况关注甚少。① 其实，日伪统治者在河南沦陷区建立政权后，利用其政治优势，建立起了与军事、交通等相关的企业。在商丘，日军责令朱集伪商会（会长张筱斋）出面，强迫朱集居民集资，于1939年冬创建商丘电厂，1940年3月开始发电。第一台机组装机容量145千瓦蒸气轮发电机。电厂投产后日军命名为“华北电业株式会社开封支电商丘发电所”，电厂全部经营权都由日本人掌握。1942年日军为增加经济收入，又从北京石景山电厂拆来一台1000千瓦汽轮发电机组，改造成750千瓦机组，建成后两台机组并列运行。电厂供电范围从朱集车站发电到商丘县城，且有一些伪工厂及一些商店开始用电生产、照明。② 1940年，伪军第四方面军军官李文彪在商丘城内创办面粉厂，用机器磨面，日产面粉2500公斤，供给伪军张岚峰部，改变了商丘县面粉加工用人推畜拉石磨的状况。1939年，李文彪在商丘开办第一家被服厂，全厂100多人，生产皮鞋、军衣，供给伪军第四方面军。1944年秋，伪军第四方面军在商丘县创办豫东制药厂，加工当地中草药，并生产疮药膏、药水、药片、针剂等30余种。③

1939年10月，日军在新乡市卫河北岸中兴街80号（今供电局），新建火电厂一座，以供市内用电。④

---

① 如刘世永、解学东：《河南近代经济》与程有为、王天奖：《河南通史》第四卷都论述了日军对沦陷区的掠夺，甚少论及民族工业的状况，更未叙述日伪创办的企业。在谢忠厚：《日本侵略华北罪行史稿》（社会科学文献出版社2005年版）、居之芬：《日本对华北经济的掠夺与统制》（北京出版社1995年版）等著作中对日本掠夺河南的情况有提及，但对河南沦陷区民族工业及日伪所办工业未见着墨。

② 陈传海、徐有礼等：《日军祸豫资料选编》，第206～207页。

③ 商丘县志编纂委员会：《商丘县志》，第169页、第174页。

④ 新乡市地方史志编纂委员会：《新乡市志》上册，生活·读书·新知三联书店1994年版，第32页。

在开封,日商兴办华北烟厂,伪军第二方面军还开设有金城烟厂①,在开封周围销售。1938年,日伪华北交通株式会社在开封小南门里设立汽车营业所,修配火车机车。1943年迁开封南关演武厅大中火柴厂旧址,属日伪开封铁路局。② 总之,日伪军及其政府依靠政治势力,先后建立一些与军事、交通有关的企业,尤其是在商丘建立工厂较多,在压迫、剥削中国人民、榨取高额利润的同时,对当地工业发展多少起到了促进作用。

与日伪企业的垄断、有利润保障不同,大批民族工业在日伪的抢掠、破坏下,在日军统制政策的束缚下纷纷倒闭。对于未被日人劫夺的小型民族工业及手工作坊,日伪华北当局对华北各省工业采取统制政策,限制中国民族工业发展。1943年,伪华北政务委员会在《棉花搜集促进纲要》中规定:"禁止自行消费以外之生产加工及买卖,但对从来出产土布之地区为保治安维持及民生之安定,未便立即禁止其生产者务于日本军方面及领事馆取得联络后,容许其最少限度之生产,但此种情形下之制品,亦须使其向华北纤维协会缴纳之。"③在1943年《毛革类搜集促进要纲》中规定:"对于军方及协会(华北皮毛统制协会——引者注)配给品以外之羊毛,禁止加工及硝制,违者从严处罚。"且"各县屠宰场所生产之原皮、原毛,均须向华北皮毛统制协会供出之"④。在伪河南省政府发布的棉花、毛类等"搜集促进要纲"中也有类似规定,必须把棉、毛、皮等物上交各地合作社,规定"对于军方及协会配给以外之羊毛禁止加工并硝制,违者从严处罚"⑤。

在日伪当局的工业统制和破坏下,河南工业除个别企业勉强支撑外,大多倒闭歇业。在柘城,从1937～1940年,除先后建立豫东、义兴、华中卷烟厂,有148名职工进行半机械生产外,再无别的工业。⑥ 在商

① 开封市地方史志编纂委员会:《开封简志》,第50页。
② 开封市地方史志编纂委员会:《开封简志》,第85页。
③ 陈传海、徐有礼等:《日军祸豫资料选编》,第261～262页。
④ 陈传海、徐有礼等:《日军祸豫资料选编》,第266页。
⑤ 中央档案馆等:《华北经济掠夺》,第810～812页,第838～841页。
⑥ 柘城县志编纂委员会:《柘城县志》,第268页。

丘，1935年，“县城内有丝织厂3家，丝绸作坊40家，棉织厂5家，丝织厂和棉织厂已采用机器”。1938年日军侵占商丘后，丝织作坊、丝行被迫停业。至1942年城内仅有聚光隆、仁合、合盛公3家丝行和10余家丝绸作坊。1935年，“全县有棉织厂5家，棉织作坊45家，其中，城内20家，日产棉布70万米”。商丘沦陷后，“县城内棉织厂停业，一年之后，个别棉织厂开业”①。1936年，安阳工业总产值为5226万元，“占河南省工业总产值的37%，名列全省之冠”。“1937年日军侵占安阳后，工厂纷纷倒闭，生产处于停滞或徘徊不前状态”。② 在新乡，由于日货大量涌入，民族工业遭到严重破坏，“原有12家蛋厂，仅剩7家，职工由3000人减至250人；小铁工厂、针织厂只剩4家”③。

开封除普临电灯厂和永丰、天丰面粉厂等被日军管理外，其他行业皆生存艰难，难以为继。如丝织业在“抗日战争前发展到40余家，织机200多架，日产绸、绫4000尺左右。日军侵占开封后，生产萧条，仅剩7家”。针织业原有80多家，织布工业有织机200多架，在“日伪统治时期遭破坏”④。制革业最盛时达175户，产品除销售本省外，还销往北京、兰州等地。“开封沦陷后，皮革生产处于半停顿状态。”⑤开封丝绸、汴绣誉满中外，1938年在日军占领期间大多或停滞或歇业，如景文洲公记、景文洲德元号商店（实为手工作坊）等先后停业，其他皆惨淡经营。⑥ 陷区工业的惨淡经营、倒闭歇业，反映了陷区经济的委靡和衰退。抗战胜利后国民政府共接收河南区30家企业，资产仅为373万元，为所有接收区工矿业资产最少的接收区，不及上海接收区的1/10，青岛区的1/7。⑦从侧面反映陷区工业的萎缩、停滞和破败。

---

① 商丘县志编纂委员会：《商丘县志》，第158页、第160页。

② 王迎喜：《安阳通史》，中州古籍出版社2003年版，第488页。

③ 新乡市地方史志编纂委员会：《新乡市志》上，第33页。

④ 开封市地方史志编纂委员会：《开封简志》，第49页。

⑤ 开封市地方史志编纂委员会：《开封简志》，第50页。

⑥ 王华农：《“景文洲”与开封汴绸业》，中国人民政治协商会议开封市委员会文史资料研究会：《开封文史资料》第7辑，第114～118页。

⑦ 《南京政府接收敌伪产业的估值》，许涤新、吴承明：《中国资本主义发展史》，第三卷（下），第616页。

三、日本军管下的河南煤炭业

日本对河南煤矿的强占与掠夺是从七七事变后开始的。抗战爆发后,日军在豫北先后强占六河沟煤矿、焦作中原煤矿公司、福公司等煤矿,进行军事管理。上述三公司资本共计8242822镑,年产额1780961吨。① 除上述3矿外,还有一些煤矿为日军所占,如鹤壁宝善煤矿公司、宝裕煤矿有限公司、时利和煤矿、九华煤矿公司、原生煤矿、新记煤矿公司等6公司在日军占领汤阳后全部停产,后被日军强占并于1940年开始生产。② 1944年,日军还强夺了禹县三峰山的煤矿开采区。③

日军占领河南陷区煤矿后,为维持其长期侵华战争的需要,使原来停工的煤矿先后恢复生产,且不断增加人员。如在焦作煤矿,除李河等焦作东矿井被水淹,经多方想法不能恢复开采外,日军"专事经营西部的王封、李封、凭心三个矿,同时在常口、王封、阎河一带开凿了许多土窑"④。至1943年,煤矿工人人数由1935年的10282人增加到11821人,是解放前工人人数的最高峰。⑤ 在鹤壁,日人派技术人员对已停工的煤矿进行调查,1940年9月使其重新生产。⑥ 在开采的过程中,日本侵略者恢复了封建的"包工制",甚至"不顾矿工的死活,残暴推行'以人换煤'的血腥政策"⑦。在日本侵略者的残酷剥削下,源源不断的沦陷区煤炭被运往京、津和日本。据统计,仅1941、1942两年,焦作炭矿矿业所

---

① 所引数字根据:《河南失陷煤矿》表计算得出,年产额"吨"根据上页叙述得出,陈传海、徐有礼等:《日军祸豫资料选编》,第204页。

② 马永平:《抗战时期鹤壁炭矿的工人运动》,中共河南省党委党史工作委员会:《淇水滔滔》,河南人民出版社1991年版,第96—98页。

③ 陈传海、徐有礼等:《日军祸豫资料选编》,第205页。

④ 李心发等:《我们所知道的抗日战争时期的焦作煤矿》,河南省总工会工人运动史研究室编:《焦作煤矿工人运动资料选编》,河南人民出版社1984年版,第345页。

⑤ 《焦作煤矿1904~1949年工人约数》表,河南总工会工人运动史研究室编:《焦作煤矿工人运动史料选编》,第108页。

⑥ 中共河南省党委党史工作委员会:《淇水滔滔》,第98页。

⑦ 河南省总工会工人运动史研究室编:《焦作煤矿工人运动史资料选编》,第345页。

共生产煤炭2557728吨。① 且大多被日本掠走。具体情况见表7－8。

表7－8　1937～1944年河南煤矿煤炭产量　单位:万吨

年份	中福公司	中原煤炭公司	六河沟煤矿公司	民生煤矿公司	新安煤矿公司
1937	109.86	中福组合	59.70	6.29	2.04
1938	南迁	南迁	24.64		—
1939	16.34	—	34.05		—
1940	72.12	—	34.97	3.50	—
1941	121.22	—	34.34	9.50	—
1942	136.64	—	52.37	11.00	—
1943	57.86	—	30.68		—
1944	42.54	—	24.35		—
1945	30.00	—		—	—

资料来源:《1911～1948年河南煤矿煤炭产量》,河南省地方史志编纂委员会:《河南省志·煤炭工业志》,第290页。

说明:中福公司于1933年由英国福公司与中原矿业公司合并重组而成。中方推选一人任总经理,福公司推一人任总代表。年产量和运销量均超过100万吨,盈利超过100万元,是河南省政府的重要财源。日军占领焦作后,将中福公司改名为焦作炭矿矿业所。

由表7－8可知,焦作与六河沟两矿,从1938至1945年,煤炭产量为713.12万吨,这些煤炭大多运往沦陷区或日本,为其侵略服务。如从1939～1945年,日本从新开线运出煤炭即达500万吨之多,这些煤炭主要为焦作矿区所产。② 这还不包括鹤壁、武安等地煤矿出产的煤炭。大量煤炭的生产是建立在对矿工生产价值剥夺基础上的,据当时统计,一个采煤工平均每天至少要挖2吨煤,其价值约4钱银子,折现在人民币10元左右(不包括成本等其他费用);可是一个矿工每天最多只能得到200钱,合人民币6毛钱;一般矿工在150、160钱,合人民币4毛钱左

① 河南总工会工人运动史研究室编:《焦作煤矿工人运动史料选编》,第439～440页。

② 新乡市地为史志编纂委员会:《新乡市志》上册,第585页。

右,其生产价值的95%左右被日本资本家侵吞。①

四、沦陷区工人的生活

河南沦陷区工人、矿工,在日伪政府的统治下始终在死亡线上挣扎。在日军创建的商丘电厂工作的工人,多数是破产的农民,“他们在日军工头的监视之下,每天工作十二小时以上,工资微薄,稍有松懈,不打即骂,生活十分艰难”②。矿工的生活比一般工厂工人的生活更惨,他们不仅工作时间长,工资低,而且毫无安全保障。如焦作矿区的工人每天工作12小时,最长竟达20小时。“即便如此拼命地干,也不能让全家人吃上饱饭。”特别是在矿上拉筐的童工,“出的力相当于成人,但工资不到成人的一半,还经常要挨日寇、监工、把头的拳打脚踢”③。在汤阴县鹤壁炭矿,“日本人为了强制逼迫矿工卖命,在炭矿四周筑了5华里长的围墙,设置了7个碉堡,雇用50余名矿警,日夜站岗巡逻,对矿工实行严密监视。……矿工们拼命干活,累断筋骨,流尽血汗,但所得到的报酬却少得可怜,开始每人每天发给2市斤谷子,后来只发给麸皮过半的戊(五)等面1.5市斤,每月发给的汪伪‘中国联合准备银行’币20元,仅能买5个烧饼”④。1942年河南发生灾荒,物价飞涨,收入微薄的矿工生活更加困苦,“当时,焦作矿区的树皮、草根都吃光了,以至吃雁屎、蚂蚱、石头面(观音土),甚至发生人吃人的现象……矿区的矸石山上,到处都躺着饿死的无人掩埋的尸体,其景象惨不忍睹,至今想起仍毛骨悚然”⑤。

然而更为可怕的是当时的煤矿毫无安全保障,矿难事故不断,造成巨大的人员伤亡。据不完全统计,从1940至1945年的5年时间里,焦作炭矿矿业所共发生瓦斯爆炸6次,死100余人,伤36人。日伪统治的

---

① 河南省总工会工运史研究室编:《焦作煤矿工人运动史资料选编》,第347页。

② 李全喜:《解放前的商丘电厂》,《商丘市志通讯》,1984年第3期。

③ 河南省总工会工运史研究室编:《焦作煤矿工人运动史资料选编》,第346页。

④ 中共河南省党委党史工作委员会:《淇水滔滔》,第98～99页。

⑤ 河南省总工会工运史研究室编:《焦作煤矿工人运动史资料选编》,第347页。

汤阴炭矿1944至1945年间，即发生瓦斯爆炸一次，死4人，伤10人，透水事故2次，死100人，特别是1944年汤阴固新（城）煤矿透水，矿方不救，造成一次死70人的重大事故。① 矿工们被饿死及遇难的生命，正是日本推行“以人换煤”的血腥政策的写照，可以说在日本人运走的每吨煤炭中，都有陷区矿工工人的冤魂在呻吟！

第三节　河南日伪统治区的商业

一、日军对商业的劫掠与破坏

从日军铁蹄入侵河南那一刻起，就开始了对占领区商品的抢劫，故河南沦陷区商业遭遇了历史上罕见的抢掠与破坏。1938年3月，日军占领孟县（今孟州市）后，将粮坊小麦搜集50余石，“给三十块纸币，说是公买公卖”，车载而去。“古董、字画、雕刻物、艺术品，又不知载去若干件，城内商家住满了兵”。② 在长垣，“城内布庄之绸缎，金店之首饰以及富家之财物，多被敌人抢掠一空……凡有价值之物品，皆被敌故意予以破坏”③。日军占领安阳后，一面屠杀我同胞2000人左右，“一面抢劫、纵火，从小西门至北马道街等处，大火三天未熄”。大多商店在大火中化为灰烬，使安阳商业蒙受巨大损失。④

1938年6月5日，日军“由开封东门、北门分别侵入城内，盘踞各城门大肆骚扰，任意洗劫，商店住房，均无幸免，各商店绸缎布匹，鞋袜帽子悉搬运至河大操场，付之一炬。各住户之门窗桌凳、箱柜什物，以及各书店之书籍文具，亦被敌焚烧殆尽”⑤。积蓄雄厚的开封老宝泰酱园，1937年达到发展的最高峰。自从1938年日军进攻开封后，先是5月火车站

① 《清末及民国时期河南煤矿部分重大事故简况》，河南省地方史志编纂委员会：《河南省志·煤炭工业志》，第195～196页。

② 《孟县沦陷两月记》，《河南民国日报》1938年5月16～17日。

③ 光华：《长垣县沦陷纪实》，《河南民国日报》1938年4月3日。

④ 申志诚：《河南抗日战争纪事》，第45页。

⑤ 《寇军在开封肆虐》，《新华日报》1938年7月2日。

泰记分店焚毁于炸弹之下,“房产货物损失净尽”。后是6月间“日军进入城内,掠夺三天,损失不小”。“太平洋战争爆发后……这几年年终结算时,都是赔钱”。① 开封名店晋阳豫,在日军占领开封时,“在一个月内惨遭日军数次抢劫。……经过这三番五次折腾,财物损失殆尽”②。可以说日军所到之处,商店无一不被抢劫和破坏。

在商丘,1940年11月24日,“日军在商丘城内大肆搜刮,将五家商号封门,货物被抢劫一空”③。1938年旧历四月至十月,日军在占领朱集期间,把九德里、青云街前商业街划为日本居留民住区,所有商店住户,均强迫迁出,自此道南商业,一蹶不振。④ 据河南省建设厅调查统计,1938年,在被日军入侵的51县市,商业损失约25645万元,据各行业损失之首位。⑤ 在日军的抢劫、有意焚烧和破坏下,陷区商业遭受严重打击,许多商店停止营业,这是河南商业史上所罕见的。

二、商业统制政策与各地商业状况

日本帝国主义为了掠夺更多的物资以支持战争,在占领区内实行严密的贸易统制。1940年7月,日本在华北实行商品输入许可证制,严控华北的进出口贸易。1941年6月20日,伪华北政务委员会颁布《一九四一年度经济封锁要领》,在对华北经济施行封锁的同时加强各种统制,对“在封锁地带内及邻近被封锁地区之居民施行配给票制度,配给下列各种生活必需品之最大限度。(1)盐,(2)石油、蜡烛、火柴、医疗药品”⑥。实际上所给配给品仅能维持居民最低之需求。对私自贩卖违禁物品者,给予严惩。如“开封一般穷苦妇女,近由城内秘密贩盐至城外售

---

① 白晴峰:《开封老宝泰酱园纪闻》,中国人民政治协商会议河南省委员会文史资料研究室委员会编:《河南文史资料》1996年第3辑,第176页。

② 王静波口述,沈毅整理:《开封晋阳豫南货庄简史》,中国人民政治协商会议河南省委员会文史资料研究室委员会编:《河南文史资料》第20辑,1986年11月,第130页。

③ 商丘县志编纂委员会编:《商丘县志》,第355页。

④ 陈传海、徐有礼等:《日军祸豫资料选编》,第241页。

⑤ 《河南民国日报》,1938年8月18日。

⑥ 陈传海、徐有礼等:《日军祸豫资料选编》,第258页。

卖，每人一次可带数斤，藉获微利。连日被敌查获，均被敌装于麻袋用汽车运至城外刺死，并有用绳绑缚，供其豢养之犬咬死者”，残暴行为，世所仅见。① 1942 年，曹县、单县、成武县的盐贩到柘城贩卖禁品食盐，“先后 3 次被杀害 74 人”②。

当时的河南沦陷区，工矿企业很少，又多是军管，而农产品比较丰富，尤其重要的是棉花，其次为油料、皮毛等。根据伪河南省政府的规定，在各地实施经济封锁，统归各地政府及合作社实行配给。据伪河南省政府主席陈敬斋报告书称：在鹿邑，“对于购货办法，分区由联保主任出具证明书，其输出者，均由县公署作成证明书，请求驻地之日本军队许可，方为有效”。在柘城，“派经济警察对各商家之存货数目及贩卖数，切实调查。该县人民对于经济封锁均甚明了，尚能协力”。在虞城，“该县商家无几，仅于警察所设有经济警察班，加紧训练，对于奸商之行幼（动）侦查尚属严密，实施以来，颇收实效”③。上述报告，除去伪省长溢美之词外，基本反映了日伪对沦陷区经济封锁状况，各地物资配售及搜集多由各县合作社完成，商品流通性不够、商业萧条。

豫北敌“极力统制当地煤盐米油等物资，每保每月仅能买煤十吨至十六吨，米盐等统制数尚待查”④。河南浚县伪政府奉敌令统制该县及滑县境内物资，设物价特别委员会，凡搜集和运出物品，须经该委员会许可，各地“每十日前须将主要生活用品物资存储量及供给量详细报告”。根据配给额配给各地居民。在新乡成立豫北地区物资统制委员会，凡物资如无该委员会许可，“不得随便贩运，如贩卖价格超过规定者由该会议处”⑤。豫北物资为物资委员会掌管，由各地政府、合作社配给各地村民，几无商品流通可言。

---

① 中央社讯：《汴敌暴行——贩盐妇变作敌狗嘴内肉》，《河南民国日报》1941 年 1 月 11 日。

② 柘城县志编纂委员会：《柘城县志》，第 304 页。

③ 陈传海、徐有礼等：《日军祸豫资料选编》，第 315 页。

④ 秦孝仪：《中华民国重要史料初编——对日抗战时期》第 6 编，傀儡组织——叁、汪伪政权，第 1233 页。

⑤ 秦孝仪：《中华民国重要史料初编——对日抗战时期》第 6 编，傀儡组织——叁、汪伪政权，第 1385～1386 页。

在分配的过程中,由于各级克扣,到达居民手中时已所剩无几。如淇县合作社 1944 年购入配给物价值 847094.62 元,发出配给品价值 702165.37 元。县联社克扣配给物六分之一强。① 杞县合作社联社 1944 年 6 月三次请求日常用品,分别为洋火 257 包、白糖 67 斤、仁丹 560 包、洋烛 112 包、食盐 10 斤。② 在游击区,敌人的统制更严,配给也更少,居民凭敌人发给的配给券领取日用品,"每人每月从保合作社购买 4 两洋油(煤油),每天 5 支洋火(火柴),其他物资一点也不能转运,靠经营小生意过活的大都失业"③。其实,日本之统制政策是对陷区人民的又一次大掠夺,日伪政权督饬合作社"设立日用品配给所,以收买小麦一千公斤为单位。配给农民相当于百三十元的物品,配给的物品为砂糖、纸烟、罐头、医疗品、蜡烛、火柴、丝织品等。……失掉食粮的农民,再罄其所有以承受消耗品,很明显又是一层残酷的榨取。从各方面榨取,所有食粮最后集中于敌伪手中,于分配方面虽设有食粮配给社从事分配工作,但食粮在回到百姓手中时,数目是极微小的"④。

在日军对商业的劫掠及日伪统制政策的束缚下,陷区商业除商丘、朱集及某些城市的极个别行业外,大都冷冷清清,或勉强经营,或关门大吉。自日军入侵范县后,"城镇重要商行相继关闭,市容冷落"⑤。浚县道口镇(今属滑县),商业发达,有"小天津"之称,"二十六年'七七'事变后,道清、道楚铁路被毁",再加上日军对商业的控制,使道口市场遭到摧残,"商业一蹶不振"⑥。在辉县,1937 年,全县有商户、手工作坊 680 余家,农商兼营 410 家,从业 2000 余人。"日军侵占县城后,商户停业者甚多,勉强开业 300 余家,从业 380 余人。"商户及从业人员,比战前锐减

---

① 淇县合作社联社:《购入配给及库存》、《民国三十四年度业务施行状况报告书》,第 17 页,开封档案馆旧 3—1—148。

② 根据《杞县政府请求书》中配给品数量计算得出,第 2～3 页,开封档案馆旧 3—1—148。

③ 刘世永、解学东主编:《河南近代经济》,第 348 页。

④ 闰东超:《敌伪搜刮物资概论》,《河南民国日报》1944 年 1 月 8 日。

⑤ 范县地方史志编纂委员会:《范县志》,河南人民出版社 1993 年版,第 223 页。

⑥ 浚县地方史志编纂委员会:《浚县志》,第 488 页。

2/3 以上。①

在柘城，由于日军“实行经济掠夺和封锁，商业受到严重摧残。……地方产品，销不出去，外地产品，运不进来，商店倒闭，市场萧条”②。永城县 1937 年县城各业经商人数达 770 余人。“1938 年 5 月县城沦陷后，城内多数商户有的外逃，有的停业，农民买卖不敢进城，多在东关交易。……1945 年，县城从商人员 240 人。”不及战前的 1/3。③

开封主要商店大多难以经营，每况愈下。如开封纸店，原有数十家，由于日本人的统制、掠夺，经营者“散的散，逃的逃，市内的南纸店就只剩下几家了”④。省城开封以饮食为盛，抗战前“有大型饭店 19 家，饭菜馆 177 家，小型饭铺 303 家。……25 万人口的省会，饭店对峙，小吃满城，饮食业占商业总户的 18.2%，全国屈指可数”。抗战时期，饮食业衰萎，抗战胜利前，开封有门面的大小饮食店铺仅剩 207 家，不及战前 1/5。⑤饮食业的衰落可谓开封商业萧条的缩影。河南陷区商业在日军抢劫和日伪政府商品统制政策的影响下，大部地区商业萧条，商户难以维持，同时也给全省商业造成巨大财产损失，据统计，“因战争破坏，全省商业公私财产直接损失约 48 亿元（私营商业损失约 45 亿元），市场凋零”。而这 48 亿商业损失主要是在陷区。⑥

三、走私贸易

在河南沦陷区商业繁荣的地方，多与走私紧密相连，而伪军头目与日伪政府官员，往往是最大的走私贩，河南省伪省长陈静斋和伪军头目张岚峰就是靠走私贩运谋取暴利的。在走私的过程中，“豫东之开封商

① 辉县市史志编纂委员会：《辉县市志》，第 529 页。

② 柘城县志编纂委员会：《柘城县志》，第 304 页。

③ 永城县地方史志编纂委员会：《永城县志》，新华出版社 1991 年版，第 205 页。

④ 高秀峰：《开封的文具业与京古斋》，中国人民政治协商会议开封市委员会文史资料研究委员会编：《开封文史资料》，第 7 辑，1988 年，第 175 页。

⑤ 河南省地方史志编纂委员会：《河南省志·商业志》，河南人民出版社 1993 年版，第 197～198 页。

⑥ 河南省地方史志编纂委员会：《河南省志·商业志》，第 2 页。

丘等地为走私之最大集散地点,陕洛一带商人络绎不绝。仅开封某一处每日法币之流入即在五万元左右,查流入之法币,完全为中央、交通、中国等三行之小额新钞,往往号码相连,以购买海盐、布匹、碎货及鸦片海洛因等为多"①。陈静斋经常派出人员到上海、天津、北京等地,"以采购伪省公署公用物品为名,购买大批各种轻工业品,包括烟卷、布匹、纸张等等"。因从外地贩运商品手续繁琐,运输艰难,"开封、新乡、安阳等地商人,视从外地购货为畏途,货源不畅,开封等地各种工业品,较京津等地市价,高出一倍以上"。陈静斋以伪省政府之名,大肆购货,"既不用报税,又可优先运输",运来货物,除供应开封、新乡、安阳等地的商人外,陈还"设法打通关节,派其卫队长用伪省署大卡车把货物运到朱仙镇一带新黄河岸,售与抗战区官商,获利更多"。开封绥靖主任孙良诚、庞炳勋等都与汤恩伯派来的人员有联系,在陷区收购各种轻工业品及毒品,运到朱仙镇卖于汤恩伯,换取抗战区的粮食及副食品,"直到一九四四年四月日军大举西犯,隔河经商的局面才有改变"②。故在走私的带动下,国统区与沦陷区相接的主要集镇,往往出现商业畸形繁荣的景象。

商丘的商业畸形繁荣是抗战时期河南陷区的一大景观。"据民国三十年统计,全县经营商业的达 4860 户、105916 人;从事工业及手工业的达 2730 户、62709 人,二着(应为者)相加,占全县总人口 52 万的百分之三十。"特别值得关注的是县城东关,更是万商云集,生意兴隆,热闹异常。在此街上,"商片、商店各挂醒目招牌,各路商品水陆并阵……中洋皆名,粮行、油行、杂货行、皮行、粉行、干果行、柴草、油漆、药材行等一百三十多家挤居在三条大街两旁。东关'小上海'名声大震"③。外地商品纷纷从朱集车站运入,据统计,"民国二十七年(1938)日军侵占商丘后,由于商业畸形发展,从朱集车站下火车的包裹每天一般是 200 袋左右,多时一次卸下 3 火车皮。所进包裹多系商品包裹"。而在 1937 年"每年可收包裹 10 件左右"。④ 从侧面反映了商丘商业的繁荣。

---

① 陈传海、徐有礼等:《日军祸豫资料选编》,第 249 页。

② 邢汉三:《日伪统治河南见闻录》,第 175~176 页。

③ 陈传海、徐有礼等:《日军祸豫资料选编》,第 238~239 页。

④ 商丘县志编纂委员会:《商丘县志》,第 188 页。

“漯河在战前虽为一小市镇，但在战时因当沦陷区货物内输之孔道，客商云集，已为一大商埠。”“皂庙与安徽之界首隔沙河相对，但战前仅为沈丘县属之一小村。自二十八年以后，敌区货物由该地内输，商业繁盛，已为豫东重镇。因商贾云集，款项调拨繁巨，故在该地除河南农工银行办事处外，尚有西安德祥银号之分号及信义、豫丰、豫中等银号数家，多以汇兑、托收为主要业务。”①至“三十三年五月豫中各县沦陷后，南阳一变而为过去之界首，商行林立”，商业极其繁荣。② 三处皆因敌我交界而使其迅速繁荣。

沦陷区部分地区商业繁荣虽不能说皆因走私所为，但与走私有密切联系。如盘踞豫东的伪军头目张岚峰在商丘城内复兴街十九号，设有豪华的招待所，接待来自京、津、青、沪的中日商人，且于汤恩伯联系密切。“张以采办军用品为名，在沦陷区各大商埠购买大量轻工业品，与汤恩伯在抗战区搜刮的各种农副产品互换，转手之间，利益倍增。一九四二年，猪鬃在抗战区，每斤不过七八元，到天津每斤价五十元以上，一般商人因黄河无法通过，不能经营，张岚峰和汤恩伯，利用其军事力量，得以任意贩运，大发横财，其他商品大都如此。”另外，许多日本商人进出商品，“大都是通过张岚峰和汤恩伯的渠道进行的。”③与此同时，许多棉织品也由豫东走私到国统区，“由豫运陕之布匹，多系改牌之敌货，不论四十码或三十码之有色洋布、斜纹布、哔叽呢、直贡呢，多系改换牌号运来，改换地点，多在蚌埠商丘两处”④。由于军阀间走私之便利，与张联系密切的汤恩伯、日本商人及其他达官显贵，纷纷在商丘开厂设店，进行贸易经商，一时间商丘商业出现极其繁荣的景象。

---

① 貊菱：《河南省战时金融》上，中国人民政治协商会议河南省委员会文史资料研究委员会编：《河南文史资料》，1996 年第 2 辑，第 219 页。

② 貊菱：《河南省战时金融》上，中国人民政治协商会议河南省委员会文史资料研究委员会编：《河南文史资料》，1996 年第 2 辑，第 176 页。

③ 邢汉三：《日伪统治河南见闻录》，第 174 页。

④ 秦孝仪：《中华民国重要史料初编——对日抗战时期》第 6 编，傀儡组织——叁、汪伪政权，第 1260 页。

第四节 交通运输业

一、"焦土抗战"策略与公路、铁路的破坏

"七七"事变后,为有效抵御日军的进攻,国民政府采取"焦土抗战"政策,为使交通设施不为敌用,在破坏铁路的同时,对公路的破坏作出如下规定:"1. 在路基行车方向挖沟,沟深1.3米至1.6米,宽2.5米,改作大车道使用,并隔相当距离挖一错车道供车往返行驶。阻止日军战车通过。2. 路基土质坚硬、挖沟困难地段,可在路中每间隔16米至30米挖纵沟,深、宽各1.3米至1.6米,每段长7至10米。3. 桥梁及涵洞的破坏或拆除,应视为破坏的重点。4. 路面挖出的碎石和拆除桥涵的砖木石等材料,应运至隐蔽处存放,或深埋地下。5. 钢筋混凝土桥梁及大型石拱桥、钢桥,民工无力破坏者,或时间紧迫、民力有限者,可呈请第一战区长官司令部派工兵共同破坏。6. 破坏桥梁任务,由当地政府进行。"①

根据上述规定,豫北、豫东及以后河南战役中豫南、豫西等地,在军事撤退的过程中对铁路、公路和桥梁进行了不同程度的破坏。具体情况见表7—9。

表7—9 河南战时公路及破坏情况表

编号	路线名称	里程(公里)	破坏年度(民国)	破坏情况				
				路线(公里)	桥梁(座)	涵管(处)	渡口(处)	渡船(支)
1	道口至濮阳	44	26	44	3	41		
2	开封至小界岭	446	27	446	63	334	1	2
3	叶家集至信阳	225	27	225	86	441	1	2
4	信阳至南阳	194	27	194	70	215	1	1
5	罗山至宣化店	57	27	57	15	86		
6	潢川至项家河	83	27	83	52	181		
7	商城至经扶	59	27	59	37	114		

① 河南省交通厅史志编纂委员会编:《河南公路史》第1册,第251页。

（续表）

8	万家集至郭陆滩	16	27	16	2	33		
9	尉氏至许昌	57	27	57	6	21		
10	开封至考城	92	27	92	4	30		
11	开封至许昌	120	27	120	5	36		
12	潢川至三河尖	135	27	135	31	52	2	4
13	商丘至亳县	38	27	38	1	33		
14	洛阳至博爱	94	27	94	3	70	2	4
15	孟县至新乡	119	27	119	7	36		
16	开封至郑州北线	120	27	120	3	10		
17	商丘至砀山	75	27	75	1	17		
18	开封至安阳	166	27	166	5	57		
19	焦作至晋城	38	27	38	7	74		
20	郑州至永城	306	27	306	19	58		
21	明港至潢川	158	27	158				
22	鹿邑至商丘	70	27	70				
23	淮阳至亳县	80	27	80				
24	洛阳至郑州郑登段	91	30	91	3	88		
25	洛阳至潼关南线	315	33	315	56	511	4	8
26	洛阳至郑州登洛段	80	33	80	6	28	1	2
27	洛阳至郑州北线	140	33	140	3	60	1	2
28	洛阳至潼关北线	247	33	247	28	65		
29	许昌至禹县	55	33	55	6	26		
30	襄城至鲁山	75	3	75	18	31		
31	临汝至襄城	86	33	86	21	52		
32	鄢陵至周家口	84	33	84	1	50		
33	叶县至界首	236	33	236	1	11		
34	唐河至驻马店	150	33	150	6	71		
35	周家口至驻马店	210	33	210	18	73		
36	新蔡至汝南	70	33	70	5	62		
37	郑州至禹县	91	33	91	12	24		

(续表)

38	张茅至华阳	142	33	142	6	80		
39	洛阳至嵩县	80	33	80	9	35		
40	许昌至南阳	175	33	175	54	120	3	6
41	洛阳至叶县	176	33	176	36	226	1	3
42	南阳至黄渠河	87	33	87				
43	卢氏至西坪	120	33	120				
44	鲁山至赵村	50	33	50				
45	大东马至铁沟口	2	33	2				
46	阌底至华阴	18	33	18				
47	南阳至界牌	172	34	135	80	286	1	3
48	南阳至孟家楼	92	34	92	21	76		
49	邓县至内乡	54	34	54	8	100		
合计		5890		5853	818	4014	18	31

资料来源:河南公路局:《河南公路专刊》1947年,转引河南交通厅史志编纂委员会编《河南公路史》第1册,第256～257页。

由表7—9可知,随着战争的发展,日军对河南占领区的扩大,河南公路的破坏也愈严重,河南49条主要路线计5890公里几乎全部遭到不同程度的破坏,仅有37公里完好无损的线路。且有818座桥梁、4014处涵管、18处渡口、37支渡船被毁,河南公路几乎损失殆尽。另据国民政府交通部统计,至1944年,河南共有公路里程6858公里,沦陷或破坏里程6408公里,现有通车里程450公里,如结合1945年破坏的公路计算来看,能通车之里程更短,与表7—9所统计的公路破坏程度相符。与其他省份相比,河南公路是破坏最严重的省份之一。①

与此同时,河南境内的平汉、陇海铁路也都遭到巨大破坏。1938年2月18日,郑州黄河铁路大桥被炸,平汉线无法完全通车。平汉线北平至新乡段,仅1940年,即"被破坏约一千次"②。抗战期间,安阳至黄河

① 《全国公路里程表》,中国第二历史档案馆:《中华民国史档案资料汇编》第5辑第2编,财政经济(十),江苏古籍出版社1997年版,第149页。

② 中央档案馆等:《华北经济掠夺》,第498页。

以北沦陷7年半，信阳以南沦陷近7年，郑州至信阳荒芜5年多沦陷1年多，全线设备损失殆尽。① 陇海路“亦不时被我游击队破坏”②，1938年5月，日军侵占兰封、内黄，拆毁铁路，劫夺滞留于东段的机车79台、车辆1200余辆。6月，开封失守后，“国民党军队扒开黄河花园口大堤，陇海线中牟、白沙、古城3个车站被黄水淹没。1939年国民党军队将郑州至洛阳间全部路轨、器材和10余座桥梁（桥墩被炸毁）拆除西运入陕”。其中，“陇海线开封以东破坏较轻，郑州以西特别是洛阳至潼关间224公里破坏最重”。另外，道清线被日军于1939年初拆除71.4公里。③ 国民革命军及政府、群众对铁路、公路的破坏，虽不利于交通运输，但对阻止日军的侵略起到了一定的作用。

二、日伪对交通线的修复与统制

（一）日伪对铁路、公路的修复

由于国民党军队撤退仓促，日军迅速占领豫北、豫东等大片领土，故在撤退时虽对交通进行了破坏，但“对交通之破坏不重”④，所以，日军占领河南大片领土后，铁路、公路得以迅速恢复，如日军占领安阳以西40里的水冶镇后，1938年1月拟实行西犯计划，现正赶修由安阳至水冶镇轻便铁路，以利军运。由安阳至梅元庄一段约十里，业已修竣。⑤ 同月，“平汉线敌方票车，已直达安阳”。军车每日亦向南开一两次。⑥ 据不完全统计，日军占领豫北、豫东后，除恢复平汉铁路（北京至新乡段）、陇海铁路（连云港至开封段）外，还新修了汴新铁路（开封至新乡，1939年5月初通车）。修复旧有公路豫北有10余条，具体情况见表7－10。

---

① 河南省地方史志编纂委员会：《河南省志·铁路交通志》，河南人民出版社1991年版，第15页。

② 中央档案馆等：《华北经济掠夺》，第482页。

③ 河南省地方史志编纂委员会：《河南省志·铁路交通志》，第24页、第25页、第42页。

④ 中央档案馆等：《华北经济掠夺》，第479页。

⑤ 陈传海、徐有礼等：《日军祸豫资料选编》，第188页。

⑥ 《盘踞安阳敌军布置坚固工事》，《新华日报》1938年1月26日。

表 7—10　河南日伪政权修复豫北旧有公路表

路线名称	经过地点	里程(公里)
濮阳济南线	范县、寿张、香山、宫庄、齐河	286
新乡濮阳县	汲县、道口、滑县、濮阳	
安阳内黄线		
林县安阳线		
新乡原武线		
原武延津线	阳武	
延津新乡线		
武陟孟县线	博爱、沁阳	
博爱温县线		
修武武陟线		
晋博线	晋成至博爱	约百里

资料来源:陈传海、徐有礼等:《日军祸豫资料选编》第 192 页;《修复旧有公路表》,中央档案馆等:《华北经济掠夺》,第 486～487 页。

由表 7—10 可知,在抗战初期,豫北主要公路线已基本修复,铁路也开始通车,豫北交通运输逐步恢复。

在豫东,日军对交通特别重视,至 1940 年,商丘县至四面八方的公路有 12 条,即"商永(城)、商柘(城)、商鹿(邑)、商宁(陵)、商曹(县)、商考(城)、商单(县)、商虞(城)、商夏(邑)、商亳(县)、商民(权)和商马(牧集)公路。商亳公路铺筑过灰砂卵石路面,其余是土面公路"①。可以说豫东公路也基本恢复。与此同时,1938 年开封至商丘(195 公里),开封至濮阳(163 公里)等地的公路亦先后恢复通车,并开始试办公路旅客运输。②

在恢复旧有公路的基础上,1939 年春,伪河南省政府建设厅指令豫北、豫东伪县政府,强迫村民,无偿为其修建公路,并限期完成对路基的

① 商丘县志编纂委员会编:《商丘县志》,第 180 页。

② 开封市交通志编纂委员会:《开封市交通志》,第 87 页。

培修、桥梁的修复。至1941年5月，恢复公路1593公里。其中国道712公里，由"伪建设总署拨款修建"；省道881公里，由"伪河南省公署修建"。① 除恢复、修建的1593公里国道、省道外，日伪政权还新修了一些线路，主要有：焦作博爱线、修武焦作线、水冶观台线、安阳临漳线、安阳水冶线、安阳楚旺线、黎豫公路（由黎川至河南）。② 另外，各县修复县道1982公里。至此，沦陷区公路大致达到战前各区公路通车水平。③ 这样就在河南沦陷区基本形成了铁路、公路网，把河南与河北、山东、平津、安徽、江苏等省市联为一体，以便将河南陷区的劳动力及物资外运。

（二）日本对河南交通的掌控

日军占领豫北、豫东及豫南部分地区后，局势稍一稳定，即分别对交通严加管理。首先，建立管理机关。关于铁路，"作战期间军方管理的铁路，委托满铁经营"④。华北交通公司成立后交由华北交通公司经营，"铁路定为公司所有"，但"得由中华民国临时政府及日本方面之适当机关行使必要之监督权"⑤，监督华北交通公司的运营情况。根据1939年4月14日《关于设立华北交通公司谅解事项》之规定，华北交通公司对河南境内的"京汉线干线及其支线"，"陇海路干线及其支线"拥有管辖权。⑥ 1939年4月17日，日人成立华北交通株式会社，开始了华北铁路、公路、水路的运营，华北交通的经营权大部掌握在华北株式会社手中。⑦ 1940年，华北交通公司在开封设铁路局及水运部、汽车部，掌握河南陷区之铁路、公路、水运，"使水陆运输连成一气，并分别缓急，以统制货运"⑧。在交通局的各主要部门，"日人均为机要职务，如各部首领司

① 河南省交通厅史志编纂委员会编：《河南公路史》第1册，第279页。

② 《新修之公路》，中央档案馆等：《华北经济掠夺》，第489页。

③ 河南省交通厅史志编纂委员会编：《河南公路史》第1册，第279页。

④ 中央档案馆等：《华北经济掠夺》，第455页。

⑤ 中央档案馆等：《华北经济掠夺》，第457页。

⑥ 中央档案馆等：《华北经济掠夺》，第458页。

⑦ 《华北株式会社运营情况》，中央档案馆等：《华北经济掠夺》，第462～472页。

⑧ 陈传海、徐有礼等：《日军祸豫资料选编》，第194页、第197页。

机及工程电气等技术人员"①。陷区交通运输实为日人掌握。

与华北交通公司并存的还有河南交通管理部门,开始由伪河南省政府建设厅管理,1940年8月,伪"河南省公路管理处"在开封成立,作为沦陷区公路管理的领导机关。处内设总务课、工程课、养路所、材料厂、运输所等部门。但交通的具体经营由华北交通公司独自进行,建设厅仅负责公路的养护、维修等,建设厅成了华北交通公司的"总务处"②,日人不仅得以通过交通掠夺陷区财富,还达到了"以华治华"之目的。

日军在占领河南的过程中,将陷区铁路、公路等据为己有,从七七事变至1941年7月,敌人先后占有的铁路有平汉路(北平前门—小冀间及附带线在内)815余公里,道清路184余公里,陇海线502余公里。③ 日军在豫东强占的公路有20余条路线,主要有开封淮阳线、开封菏泽线、开封通许线、永城杞县线、永城夏邑线、夏邑砀山线、夏邑商丘线、商丘砀山线、商丘亳县线、商丘鹿邑线等。④

日伪在控制了铁路、公路等航运权后,1939年4月起,"日本商人先后在归德(今商丘市)、开封、新乡、彰德(今安阳市)四城市开办了日新运输公司,北支运输公司、华北交通株式会社等,在各地设立自动车营业所,都拥有大批汽车,除经营民间客货运输业务外,更重要的是为日军作战和经济掠夺提供大量的交通工具"⑤。如1939年4月,日本商人在归德(今商丘市)开办日新运输公司,除经营民间客货运输业务外,还为日军作战和经济掠夺服务。不久,朝鲜商车队和伪军张岚峰部汽车队也在商丘成立。"朝鲜商车队有汽车10余辆,客货均运,主驶县城至邻近各县线路。"张岚峰伪军车队主要是军运和走私。⑥ 在新乡,日本侵略军于1938年设立汽车营业所,"经营3条线路:新乡至浚县,长100公里;新

---

① 陈传海、徐有礼等:《日军祸豫资料选编》,第194页。

② 《河南新建设》(日伪),1940年,转引河南省交通厅史志编纂委员会编:《河南公路史》第1册,第278页。

③ 陈传海、徐有礼等:《日军祸豫资料选编》,第194页。

④ 《敌伪强占河南路线表》,陈传海、徐有礼等:《日军祸豫资料选编》,第196~197页。

⑤ 陈传海、徐有礼等:《日军祸豫资料选编》,第201页。

⑥ 商丘地方志编纂委员会编:《商丘县志》,第182页。

乡经阳武（今原阳东南）至封丘，长80公里；新乡经延津至封丘，长65公里，客货兼营”①。日军占领开封后，曾以载货汽车试办公路旅客运输，运行线路有二，一是开封—商丘，全程195公里；二是开封—濮阳，全程163公里，均为单开。两日往返一次，由于战事频发，路断人稀，前后运营不及1年。② 至1939年年底，“华北汽车运输路线共16条，计1762公里，其中开封至濮阳138公里，开封至商丘150公里，陈留至通许25公里，杞县至考城（今兰考东）60公里，清化镇至沁阳20公里，安阳至楚旺25公里，安阳至水冶33公里，新乡至浚县100公里，安阳至汤阴22公里，新乡至封丘65公里，新乡至辉县20公里，修武至武陟22公里，杞县至商丘159公里，商丘至柘城50公里，封丘至新乡80公里，商丘至亳县65公里。此外，开封、商丘城内还办了市内公共汽车，营业18公里”③。

除汽车运输外，日伪政权还经常组织民间运输力量来为侵华战争服务。“1938年已开始组织马车跑开封到濮阳、东明、商丘、通许、中牟等路线。1940年伪省府建设厅对豫北豫东28个县的运输工具统计，共有载重汽车29辆，大客车5辆，小客车4辆，骡马大车60315辆，骡马轿车927辆。”④其中开封市“常年参加长途货运的汽马车已有三四百辆之多”⑤。

三、利用交通对沦陷区物资的掠夺

在日伪统制交通的过程中，河南陷区大批劳动力和粮棉油等物资被外运，如日军占领安阳不久，设“北支棉花协会”，“将汤阴、林县（今林州市）、临漳（今属河北省）棉花集安阳，火车运天津；另集新乡，火车运天津”⑥。据华北派遣宪兵队调查，1942年8月以前，仅从开封火车站运出

---

① 新乡市地方史志编纂委员会：《新乡市志》上册，第660。
② 开封市交通志编纂委员会编：《开封市交通志》，第87页。
③ 陈传海、徐有礼等：《日军祸豫资料选编》，第201页。
④ 陈传海、徐有礼等：《日军祸豫资料选编》，第201页。
⑤ 开封市交通志编纂委员会编：《开封市交通志》，第95页。
⑥ 陈传海、徐有礼等：《日军祸豫资料选编》，第201页。

的收缴物资即有主食品(粮食等)11288吨、盐9814吨、燃料品2400公斤(汽油等)、军需品632吨、日用品2520吨。① "日军占领商丘后,粮食会社一年收买小麦21400吨,杂谷1600吨,花生、芝麻、大豆共1500吨,大都被运往日本。"而这些粮食主要通过陇海铁路及其他交通工具运出。② 汴新铁路建成后,在1939年5月5日至1945年8月15日的6年零102天时间里,就运输煤炭达500万吨之多。③

另外,日本侵略者还通过铁路和公路,将大批陷区劳动力运到日本或东北等地做苦工。在豫北,"博爱敌七月份抓壮丁六千余名,经道清铁路转平汉路北运"④。开封敌于1945年初强征壮丁几千名,运送关外充作苦工。⑤ 在豫东虞城,仅1942年就有上千人被日军运往关东或日本充当苦工,"绝大多数被摧残致死"⑥。据悉1944年8月至1945年8月,华北政务委员会就下达分配劳工动员计划,其中河南省豫北道8000人,豫东道3000人,共11000人,有3000人被分配去日本。这些劳工大多通过铁路运往华北、东北和日本。⑦ 总之,日伪政权在统制河南陷区交通过程中,通过铁路、公路、水运等将陷区大批物资和劳动力运往日本或其他地区,以达到掠夺河南人力资源和物质资源的目的。

第五节 日伪金融体系的确立及对法币的破坏

一、日伪在豫金融体系的确立

河南陷区伪金融体系是随着伪中国联合准备银行在陷区的逐步建立而确立起来的。"1938年2月11日'联合准备银行'在北平宣告成

① 《收缴物资一览表》,中央档案馆等:《华北经济掠夺》,第1103～1106页。
② 李可亭等著:《商丘通史》上册,河南大学出版社2000年版,第250页。
③ 新乡市地方史志编纂委员会编:《新乡市志》上册,第585页。
④ 《博爱敌捕壮丁六千余》,《解放日报》1941年9月5日。
⑤ 《敌寇又拉壮丁,运到关外去作苦工》,《新华日报》1945年3月7日。
⑥ 虞城县志编纂委员会:《虞城县志》,第393页。
⑦ 《华北政务委员会各省市动员劳工计划表》,居之芬:《1933年9月～1945年8月日本对华北劳工统制掠夺史》,中共党史出版社2007年版,第306页。

立，并于当年3月10日正式营业。”①中国联合准备银行股本总额5000万元，伪政府认购2500万元，为其第一大股东。“政府对于中国联合准备银行赋与货币之铸造及发行之特权。”“政府得令中国联合准备银行监督一般金融机关，及行使政府对于其他金融事项应行权限之一部。”②中国联合准备银行实为华北之中央银行。伪联银设总裁、副总裁各一人，顾问1人。从其成立到覆灭的7年里，汪时璟一直担任总裁一职，顾问一职由日本人阪谷希一担任。后设由日人组成之顾问室，操纵伪联银实权。③

与设立伪河南省政权相配合，1938年4月20日，伪联合准备银行在省会开封设河南省分行，在开封市和豫东、豫北道所在地商丘、新乡设支行，各县设立营业所。省分行和开封市支行在一处联合办公，市支行经理由当时省分行经理王墉兼任。但组织相互独立，业务各成体系，省分行和市支行各有正式员工30多名。新乡、商丘支行稍小于开封支行，“豫北的安阳、焦作、清化、沁阳，工商业也较发达，联银在这些地方也设有支行，但组织更小，每处不到20人。此外，较大的县设有营业所，各有职员10人上下；小县设分所，业务由邻近的大县管理。全省联银系统的正式职员，有五六百人”。伪河南联银系统“规定对内外一切重要活动，必须先经日本顾问许可，一切文书、合同，必须有经理与顾问联合签署方可生效，主要大权全为日本人所把持”④。除伪联银外，1940年8月1日在开封还成立了河南实业银行，董事长魏经伯。该行在商丘设分行。“在新乡、安阳、郑州、商丘设办事处，在清化设驻庄。”1943年存款总额17287000元，放款总额10428000元。⑤ 业务遍及陷区各主要城市。河

① 谢忠厚、田苏苏、何天义：《日本侵略华北罪行史稿》，社会科学文献出版社2005年版，第446页。

② 中央档案馆等：《华北经济掠夺》，第855页、第856页。

③ 中央档案馆等：《华北经济掠夺》，第888页。

④ 邢汉三：《日伪统治时期的河南金融》，《河南文史资料》第27辑，1988年8月，第181～182页。《日本帝国主义在开封的金融掠夺》，陈传海、徐有礼等：《日军祸豫资料选编》，第251页、第252页。

⑤ 河南省地方史志编纂委员会：《河南省志·金融志》，河南人民出版社1992年版，第37页；中央档案馆等：《华北经济掠夺》，第880～881页。

南实业银行“名为商业银行、股份有限公司性质,然其一百万元资本中联合准备银行占股本近五十万元,行内业务人事,完全为联合准备银行所限制,无异于联银分号”①。另外,朝鲜银行、伪中央储备银行等也在陷区设有办事处,但无商业业务。

根据日伪政府规定,凡陷区内完粮纳税、商品交易,必须使用伪“联银券”。另外,河南分行还代理省金库,“伪公署财政厅、市公署财务科、省盐务局、统税局、禁烟局、新民会、合作社以及各级伪组织中的公款,都必须存入联银;对外汇款,必须由联银承办。商民存款和汇兑,必须有联银办理。当时开封市内的较大商号,都和联银有来往,有的商号经许可可以透支,多数商号都能抵押贷款。一般公教人员和市民在联银存款的也不乏其人”②。这样,在河南陷区形成了由联银管理金融业务、缴纳税粮、存放贷款及汇兑的伪金融体系。

二、伪币的发行及对河南金融业的破坏

(一)发行伪币

1938年3月10日伪联银发行中国联合准备银行券(简称联银券),确定联银券(日军占领华北后,开始使用货币混乱,有军用券、联银券等,见图7—2、图7—3)为日伪统治区华北法币。关于联银券的发行情况,据统计,1938年3月至12月,中国联合准备银行共发行联银券788527千元,1939年至1944年分别发行3778405千元、6976498千元、9088744千元、12888495千元、28031678千元和93162227千元,1945年1月至8月发行380202787千元。③ 由1938～1945年联银券发行情况可知,联银券发行在初期较为稳健,1938年发行额788527千元,而其贵重金属准备方面,有向朝鲜银行借的白银350万元,1938年夏日本向正金银行及伪满中央银行购得白银850万元,向英美烟草公司兑得约值

① 陈传海、徐有礼等:《日军祸豫资料选编》,第252页。

② 邢汉三:《日伪统治时期的河南金融》,中国人民政治协商会议河南省委员会文史资料研究委员会编:《河南文史资料》第27辑,第182页。

③ 联银券发行数量根据《抗战时期联银券发行额(1938～1945)》计算得出,林美莉著:《抗战时期的货币战争》,第173～174页。

法币 500 万元之外汇，年底，又以法币 700 万元套取相当数目的外汇收入。此外并向民间购取部分存银。① 1939 年 12 月，联银券发行额为 4 亿多元②，其准备金据兴亚院称有“黄金二千八百万元，白银一千六百万元，共计四千四百万元，亦即纸币价格之百分之十一”③。说明开始联银发行伪币还是有所准备，以大量准备金为基础的。但到后期，发行伪币以掠夺为目的，导致伪币大量发行，通货膨胀，加深了陷区经济危机。如 1945 年 1～8 月货币发行额为 380202787 千元，是 1938 年 3～12 月发行额的 482.19 倍弱，此时的联银券已失去其货币之价值。

图 7—2　大日本帝国政府军用手票壹钱券
图片来源：林美莉著：《抗日战争时期的货币战争》。

在河南沦陷区，联银券的流通亦是由平稳到剧增。法币 1939 年底在河南陷区禁止流通，联银券为唯一可流通货币，全省发行约为 20 亿元。当时由于战局相对稳定，日本侵略者经济实力比较雄厚，货币发行适中，“直到 1942 年，各种物价一直比较稳定，一般日用品、工业品和农副产品，价格与沦陷前大致相同。按当时规定，每 1 元联银券，可兑换银元 1 枚或白银 7 钱，不管首饰业或一般商民，均可自由买卖，不加限制”④。太平洋战争爆发后，特别是 1942 年、1943 年大灾荒后，物价飞

① 林美丽著：《抗战时期的货币战争》，第 172 页。

② 《抗战时期联银券发行额（1938～1945）》，林美丽著：《抗战时期的货币战争》，第 173 页。

③ 《华北之币制战争，日方完全失败》，《大美晚报》（上海），1940 年 2 月 25 日。

④ 邢汉三：《日伪统治时期的河南金融》，中国人民政治协商会议河南省委员会文史资料研究委员会编：《河南文史资料》第 27 辑，第 184 页。

图 7—3　中国联合准备银行伍元券

涨,联银券发行量随之大增,“在日本人控制下,各银行竞相利用发行纸币、吸收存款方式,大力搜刮民间资财,服务于战争的需要”①。1945 年日本投降前夕,在开封流通的联银券“就达 295600 余万元”②,是 1939 年底河南沦陷区联银券流通总额 20 亿元的 1.45 倍。“由于货币币值不断下跌,商品一天几次涨价,日本投降前夕,商民手中不敢存钱,钞票一到手就到市场抢购东西。”夏邑县“有个京货商李俊臣第一天收入伪币一蓝子准备去徐州购货,第二天只买回一件旧大衫”③。伪币已失去了应有之价值。

(二)日伪对河南金融业的破坏

1. 贬抑法币币值,禁止法币流通

在 1938 年 3 月联银券发行之初,“敌伪……规定对伪政府缴纳租税须用伪钞,法币拒绝接受”④。规定须用联银券完粮纳税,实含强制推行联银券之意。与此同时,日伪还规定外出乘坐汽车、火车亦须用联银券购买,且可打折使用。据报道,“在敌区内及乘坐敌汽车火车之购票,非

---

① 陈传海、徐有礼等:《日军祸豫资料选编》,第 252 页。

② 开封市地方志编纂委员会:《开封市志》第 12 卷,北京燕山出版社 1999 年版,第 471 页。

③ 《日伪货币在夏邑流通情况》,陈传海、徐有礼等:《日军祸豫资料选编》,第 254 页。

④ 貊菱:《河南省战时金融》上,中国人民政治协商会议河南省委员会文史资料研究委员会编:《河南文史资料》1996 年第 2 辑,第 174 页。

用联银券不可，近在新乡、焦作、博爱、沁阳等地，为推行计，以对折派给商民使用，甚以倒六、倒七之折扣”①。这样既可推行联银券，又可使联银券升值。之后，日伪强迫贬抑法币价值，“在二十七年八月法币在开封、新乡等地九折行使，二十八年二月六折流通，即一元法币含伪钞六角，三月十日华北敌伪更明令禁止法币流通”②。

从1939年开始，日伪当局严禁法币流通，使法币陷入在沦陷区无法光明正大购物之窘境，迫使法币迅速贬值。1939年1月18日，伪华北临时政府公布《华北临时政府禁用法币条文》，规定法币“流通期间规定自三月十日为止，自三月十一日以后绝对不准与联银券兑换”③。3月11日公布《扰乱金融暂行处罚法》，规定：凡“有扰乱金融之行为者”，凡“持有或搬运不属中国联银发行之货币而希图流通或便其流通之行为者”，“处无期徒刑或十年以下或一月以上之有期徒刑，抑或一万元以下五百元以上之罚金”。“凡供犯罪之用或企图供犯罪之用及由犯罪行为所得之物件，应将其全部或一部没收，如不能没收者，得追缴其相当之金额。”④处罚相当严厉。

1939年6月，伪河南省政府订立《河南省政府取缔法币流通纲要》和《河南省政府扰乱金融治罪法》，规定：豫北道区治安已恢复各县，自6月1～10日，民间流通法币，须自动封存，不准再行流通。“六月十一日起至二十日止在日本宪兵莅场之下，由中国警察分区分户检查之。如发现旧货币，立即封锁或交与县政府寄存。并于检查终了之后，将旧货币种类及额数汇列报告表呈报省署核夺。”豫东道区陇海沿线治安已恢复之各县（即中联票达到之区域）“自六月一日起至七月三十一日止，为兑换期间”，“由八月一日起至十日止，为检查封锁期间”。8月11日以后，

① 国史馆、财政部档案257/900，中央调查统计局特种经济调查处，经济情报经情字第359号，1939年11月30日。转引林美莉著：《抗战时期的货币战争》，第182页。

② 貊菱：《河南省战时金融》上，中国人民政治协商会议河南省委员会文史资料研究委员会编：《河南文史资料》1996年第2辑，第174页。

③ 中央档案馆等：《华北经济掠夺》，第861页。

④ 中央档案馆等：《华北经济掠夺》，第862页。

法币不准流通,取缔方法与豫北道同。"纲要"还规定日本人和其他外国人不准使用法币之办法,不准外国人在豫使用法币。关于对使用法币者的治罪,与华北政务委员会3月11日公布之《扰乱金融暂行处罚法》相同。①

在具体执行过程中,往往比条文规定还要严厉。如1939年3月,"新乡敌不时搜索法币,少则焚毁,多则没收,只有伪币流通市面"。4月,"修武敌布告,即日起严禁行使法币,嗣后如查有私存法币五百元以上者枪决,其不满五百元者没收治罪"②。在开封,"敌发现人民持一元法币者,即行没收。六十元以下者,处以徒刑并罚款,六十元以上者死刑"③。随着法币的严禁流通,河南主要城市法币与联银券价值之比发生巨大变化,1939年6月前高于100元。如1939年4月,"开封伪钞跌价一半"。联银券对法币仅为五折。同时,"新乡敌钞及伪钞仅值对折,法币则畅行异常"。"彰德(今安阳市)方面每百元法币,可兑伪钞百二十元。"④从1940年9月开始,就沦陷区主要城市开封、新乡、安阳、焦作的价值比价看,法币大幅贬值,法币每百元含联银券数最高为75,最低为6.66。具体情况见表7—11。

表7—11 1940～1945年河南主要城市联银券与法币比价区域变化值资料表

单位:法币每百元含联银券数

日　期	豫　北	新　乡	安　阳	焦　作	开　封	郑　州
1940年9月		50.00	65.00	75.00		
1940年10月		45.00	60.00	31.00		
1942年5月					17.50	
1942年8月				13.33		
1942年12月	13.330					
1943年2月	10.00					

① 秦孝仪:《中华民国重要史料初编——对日抗战时期》第6编,傀儡组织——叁、汪伪组织,第1209～1212页。

② 秦孝仪:《中华民国重要史料初编——对日抗战时期》第6编,傀儡组织——叁、汪伪组织,第1012页。

③ 许涤新:《敌寇经济政势演变》,《群众》第7卷第24期,1942年12月30日。

④ 秦孝仪:《中华民国重要史料初编——对日抗战时期》,第6编,傀儡组织——叁、汪伪政权,第974页、979页。

（续表）

1943 年 3 月	33.33				20.00	
1943 年 5 月					16.67	
1943 年 7 月					8.33	
1943 年 9 月					6.66	
1944 年 8 月						12.50
1944 年 9 月						20.00

资料来源：《抗战时期联银券与法币的比价区域变动》（1940～1945 年），林美莉著：《抗战时期的货币战争》，第 227 页。

2．伪造法币

为贸易之需要，在法币不易取得的情况下，日伪便大量伪造法币作为交易媒介，以便获得敌后物资和破坏中方通货的信誉。日方曾多次仿制法币投入市场。开始日伪仿制技术不很成熟，对敌后危害尚小，后来“日方从德军方手中获得了缴获的美国专门为国民政府制造的印钞板，仿真能力大为提高，使得假币一时难辨真伪”①。迫使国民政府紧急改换印钞工艺。在陷区市场流通时，日伪“更有以整把假票混入本币整捆内，或以几张混入本币一把内。一般民众对假票认识不清，因为假票种类繁多，连经济机关工作人员亦模糊无以辨认，致使假票容易混流”②。这样，假币作为日伪破坏法币的手段，不仅使法币信誉受损，严重影响豫省金融体系，而且还在敌后掠走我大量财物。

3．分化法币，制造大小票问题

法币为中国唯一通货，原无地域、版别、大小票区分，皆依其面额十足行使。日伪为破坏法币信誉，“在我沦陷区内，则故施伎俩，将法币加以地域、版别、花色及大小钞之区分，破坏其信用”③。为制造大小票问题，日伪在制定金融法律条文时，故意抬高小票，如伪华北政务委员会 1939 年 3 月制定的《扰乱金融暂行处罚法》一方面严禁法币在华北陷区

① 孟国祥：《民国时期的中日假币战》，《民国春秋》1992 年第 2 期。

② 河南省财政厅、河南省档案馆：《晋冀鲁豫抗日根据地财经史料选编》（一）河南部分，档案出版社 1985 年版，第 487 页。

③ 貊菱：《河南省战时金融》上，《河南文史资料》第 2 辑，1996 年 3 月，第 173 页。

流通,另一方面又规定“由小额通货整理办法公认其流通之小额通货……不在此限”①。伪河南省政府制定的《河南省政府扰乱金融治罪法》也做了同样规定。② 小额法币不受流通限制,无形中抬高了小额法币的地位,致使人们竞相存储小钞。商人赴河南陷区购货时,“敌伪复故意拒用大钞,而于小钞中又特别对中央银行钞票之‘菊花心’、中国银行钞票之‘绿钢皮’、‘宝塔牌’以及交通银行之‘红交通’、‘火车头’等二十六年以前老版法币乐于接受,其次中国农民银行之‘农忙票’亦较受欢迎。至于中、中、交、农四行战后新发行之法币,则故意歧视,使其信用动摇,与战前发行之法币发生差价”。日伪以大小钞、版别把法币分化,造成大钞在陷区不便使用,“商民赴沦陷区购货,多在后方搜罗老版法币,不惜贴水”③。于是便在河南等后方地区产生了大小票问题,且逐渐发生小票荒。

大后方出现小票荒首先发生于 1938 年 10 月的成都,而后是在重庆,接着不断在后方蔓延开来。在河南,辅币(小票)缺乏之痛苦,“陕州、灵宝一带首先感到,随之普遍各地”④。由于小票被人为囤积,造成小票缺乏,随之而来便是大票对小票贴水的产生。在河南各地,饭馆及商店均拒用大票,到“钱摊”兑换大票,每百元贴水十六元,若直接使用大票,卖方则会提高物价百分之二十左右。⑤ 在洛阳,“新版法币兑老版法币贴水最高额增(曾)达每千元贴水 300 元左右,而尤以大钞兑小钞贴水为普遍”⑥。1940 年 8 月汝南十元券须贴水六角,五元券贴水三角,新蔡五

---

① 中央档案馆等:《华北经济掠夺》,第 862 页。

② 秦孝仪:《中华民国重要史料初编——对日抗战时期》第 6 编,傀儡组织——叁、汪伪政权,第 1211 页。

③ 貊菱:《河南省战时金融》上,中国人民政治协商会议河南省委员会文史资料研究室委员会编:《河南文史资料》1996 年第 2 辑,第 173 页。

④ 貊菱:《河南省战时金融》上,中国人民政治协商会议河南省委员会文史资料研究室委员会编:《河南文史资料》1996 年第 2 辑,第 181 页。

⑤ 史政局档案 0181·4/9822,中央调查统计局特种经济调查处:《经济情报经情字第 2202 字》,转引林美莉著:《抗战时期的货币战争》第 59 页。

⑥ 杨达:《民国年间河南发行的纸币》,中国人民政治协商会议河南省委员会文史资料研究室委员会编:《河南文史资料》1993 年第 2 辑,第 99 页。

元券兑换单元券(一元券)贴水五角。此中原因固在单元券发行过少，而奸人操纵亦有重大关系。① 大钞贴水与南北钞区别的结果，一是影响商品交易，不利于商业贸易的正常进行；二是使人们不敢保存法币，利于伪钞发行及在市面之流通；三是由于法币贬值，陷区物价升高，利敌到大后方抢购物资，以资敌手，同时造成后方物价高涨，严重影响人民生活，这种情况在太平洋战争后尤明显。

三、通过金融手段掠夺人民财物

日伪在河南陷区金融体系的确立，为其掠夺沦陷区人民提供了极其便利的条件。首先，人为贬值法币币值，对陷区与接近陷区的民众进行掠夺。关于日伪人为贬抑法币的情况，前边已有交待，此处不再赘述。日伪在豫兑换联银券数额虽无法统计，但通过兑换有不少法币落入敌伪之手确是事实。特别是1939年6月1日后，河南日伪政权强行查收民众手中法币，又有一些法币无偿被敌人劫夺。而这些被劫之法币，日伪政府并未销毁，而是拿到上海、香港套取外汇，派人到敌后采购生产资料，致使洛阳地区棉花大批被“运往鄢陵、郾城、界河等处，转往游击区域出售”，尔后运往陷区，“将棉花源源资敌”。② 故日伪人为查禁法币及打折对换法币，然后再用廉价得来之法币套购外汇和抢购物资，实为日伪对陷区人民用金融手段进行的首轮掠夺。

其次，发行联银券，确立其在华北法币之地位，使中国人民的财富变为联银券这一不可兑换的纸币。日伪占领华北后，联银券开始比较平衡，但随着战局的发展对日本越来越不利，敌伪开始大量发行联银券，且不断增加。巨额联银券有大批流入河南，抢购物资。如“敌在豫东各县用伪准备银行钞票大量向民间收买杂粮如黑大豆、谷子、高粱、豌豆、小麦等，定价每元伪钞购杂粮十四五斤、小麦十一二斤，现正向民间迫令出售”。还“在豫东大批收买棉花，均运商丘、开封等处，致棉花价格较去年

① 貊菱：《河南省战时金融》上，中国人民政治协商会议河南省委员会文史资料研究室委员会编：《河南文史资料》1996年第2辑，第181页。

② 秦孝仪：《中华民国重要史料初编——对日抗战时期》第6编，傀儡组织——叁、汪伪政权，第1135页。

涨三倍”①。在开封,日伪“先后派遣大批伪浪人分赴乡村强迫购买民间粮食,以补充敌军给养。……又强购豆类食物如黄豆、青豆等充作食品。敌规定价格黄豆每市斗二元四角,青豆每市斗二元三角五分,较市价低廉二分之一,民众恨之刺骨”②。日本战犯古海忠之说得好:“日本帝国主义就是这样利用废纸夺走数亿中国人的财富,然后再去用这些财富攫取物资。”③河南人民当然也不能幸免。

本章结语

“七七事变”后,日军入侵河南,开始在进攻中大肆烧杀抢掠,其后在其占领区实施经济控制和劫夺,使河南经济遭受巨大破坏。农产品是日本掠夺的重点,太平洋战争爆发前,日军利用各级政府及合作组织,强购粮、棉、油等农产品,价格不及市场粮价的二分之一。之后日伪政府在各地的粮、棉征购往往超过粮食产量,且少有付款。这种竭泽而渔的掠夺方式,导致河南沦陷区农民大量出逃,土地荒芜,农业生产严重衰退。沦陷区主要工矿企业被日军强行霸占,六河沟煤矿、中福公司、卫辉新华纱厂、新乡电灯厂等20余家工矿企业被霸占后实施军事管理,大量矿藏、工业品被掠夺。在日军的进攻中,河南商业损失居各业之首,由于日伪政府推行商业统制政策,商品流通性不够,除开封、商丘等少数城市因走私猖獗而畸形繁荣外,其他地区商业萧条。日本利用华北交通公司掌控沦陷区交通运输业,通过铁路、公路将陷区物资和劳动力运往日本或其他日军占领区。另外,日伪政府在开封、商丘、新乡等地设立华北联合准备银行河南省分行和支行,确立了日伪在河南沦陷区的金融体系,发行伪币(联银券),破坏法币,运用金融手段掠夺人民财物。在日伪政权的统治下,河南沦陷区人民生活在水深火热之中,正如原伪河南省省长萧瑞臣在呈文中所言,整个陷区“民同惊弓之鸟,户乏净土之居。田园荒芜,收获毫无”。

---

① 秦孝仪:《中华民国重要史料初编——对日抗战时期》第6编,傀儡组织——叁、汪伪政权,第1100页。

② 陈传海、徐有礼等:《日军祸豫资料选编》,第211页。

③ 中央档案馆等:《华北经济掠夺》,第889页。

第八章　解放战争时期的国统区河南经济

第一节　农业生产

一、发展农业生产的措施

（一）增加农贷，加强水利建设

抗战胜利后，河南金融贷款“多有改进”，在省合作管理处协助下，农贷数额增加，对农业生产和改善人民生活多少带来一些好处。1946年，河南省仅大型水利贷款即达355120000元。① 最终完成湍惠渠（邓县）、公光渠（伊川）、中和渠（鲁山）等大型农田水利工程，直接受益田地151860亩。② 1947年，为完成河南灵惠渠水利工程，四联总处又增加大型水利贷款7亿元，使灵惠渠得以当年竣工，农田受益面积达12万亩。③ 另外，1947年国家和地方银行还贷款11894264000元，支持河南农村经济建设，其中普通农贷477170000元、绥靖区农村合作贷款234240000元、黄泛区复耕贷款1280800000元、匪旱灾区贷款

---

① 《河南省历年大型农田水利贷款》（1940至1946年），河南省统计学会等：《民国时期河南统计资料》下册，第56页。

② 《本年完工各渠工程概况》（1946年），河南省统计学会等：《民国时期河南统计资料》下册，第56页。

③ 中国第二历史档案馆：《中华民国史档案资料汇编》第5辑第2编，财政经济（八），第51页。

634000000元、棉花产销贷款8693854000元、特产品产销贷款540000000元、其他贷款34200000元。① 由此可知,河南省当局为河南农业发展在资金上作了一定努力,尤其在水利建设和棉花产销、黄泛区复耕等方面花费资金最多。

(二)筹设农业推广辅导区,推广良种

河南省遵照农林部颁辅助各省设置农业推广辅导区办法纲要,“设立郑洛及许昌农业推广辅导区各一处,辅导各县发展各项农业推广事业”,“并补助经费五五〇〇〇〇〇元”。另在辅导区各县设立农业推广所,示范农业生产及经营方法,推广良种、防治病虫害。② 河南农业改进所通过科学实验,筛选出优良品种,供各地播种,其中小麦有虞城小白、汲县七号、砀山白麦等;杂粮为:高粱有散马红、开封一号,大豆为临汝大豆及武功414号等品种。良种选出后,由辅导区各县农业推广所推广,据统计,1947年农业改进所“经选购优良小籽白麦三三四八〇市斤,早熟种红芒白麦一八四一五一市斤,分别在开封广武(今荥阳市东北)两县贷放,共为五五八户,种植面积五一八二五市亩,又经本所各场圃与开封、商丘、南阳三县农民换种三八四六九市斤,种植面积三八四七市亩”。棉花推广,“计贷出棉种一五四九九一二九市担(疑有错,但原文如此),种植一五九七〇五亩,较去年增加棉田一七〇余亩(全省棉田四百卅余万亩),其收成虽因灾害低减,犹能增产二十六万七千余市担”③。

(三)发展合作事业

抗战胜利后,河南省合作管理处积极组织农业合作社,合作社组织和业务得到了恢复和发展。据统计,到1946年底,全省共有各种合作社15135个,计乡镇社787个,保合作社4927个,专营社9421个,基层社

---

① 《三十六年度河南各种农贷数目表》,支应抡:《一年来之河南农村经济》,河南省农业改进所河南农讯社编:《河南农讯》第2卷,第1、2期合刊,1948年3月,第29页。

② 冀光昌:《一年来之河南农业推广》,河南省农业改进所河南农讯社编:《河南农讯》第2卷,第1、2期合刊,第30页、第31页。

③ 支应抡:《一年来之河南农村经济》,河南省农业改进所河南农讯社编:《河南农讯》第2卷,第1、2期合刊,第28页。

数在全国排第四位。① 1947 年，据合管处统计，新成立各种合作社共 580 所，个人社员 85111 人，社员社 75 所，连前总计本省现有合作社 14905 所，个人社员 1490662 人。② 1948 年 10 月底，国民党统治区共有入册社员 165.3 万人，社员股金 7386900 万元。③ 从上述合作社数量和人数看，河南省合作社基本保持稳定。如果从中共建立的解放区不断扩大看，国统区合作社是有所发展的。各地合作社的相继成立，不仅有利于农民贷款和农民间之互助，而且对各地土特产的外运起到了积极作用。如在“豫西豫北之棉产区，许襄烟产区，密鲁等县之棉织区，荥汜之（此字不清晰）猪区，开封中牟之花生，镇平鲁山南召之丝绸等均为本省特产”，各县合作社皆分别筹款收购，外运他处。④

二、农业生产

（一）粮食作物的生产

关于粮食作物的生产，各种统计资料不甚一致，据《民国时期河南省统计资料》统计，在河南 111 县，1946 年全年粮食作物种植面积比 1945 年大幅增加，增幅为 2.054 倍弱，1947 年比 1946 年略有减少。全年粮食产量基本稳定，亩产以 1945 年最高，但总体低于 1936 年水平，具体情况见表 8－1。

表 8－1　1936 年及 1945～1947 年河南省历年农作物种植面积及产量

面积：千市亩 产量：千市担 产额：市斤/市亩

年度	全年粮食作物			夏收粮食作物			秋收粮食作物		
	种植面积	产量	产额	种植面积	产量	产额	种植面积	产量	产额
1936	135210	211045	156	78673	135815	173	56537	75230	133

① 河南省地方史志编纂委员会：《河南省志·供销合作社志》，河南人民出版社 1993 年版，第 29 页。

② 支应抡：《一年来之河南农村经济》，河南省农业改进所河南农讯社编：《河南农讯》第 2 卷，第 1、2 期合刊，第 29 页。

③ 河南省地方史志编纂委员会：《河南省志·供销合作社志》，第 17 页。

④ 支应抡：《一年来之河南农村经济》，河南省农业改进所河南农讯社编：《河南农讯》第 2 卷，第 1、2 期合刊，第 29 页。

（续表）

1945	60667	102563	169	36592	54494	149	24075	48069	200
1946	124593	140302	113	80613	65366	81	43980	74936	170
1947	107941	155553	144	57318	75892	132	50623	79661	157

资料来源:河南省统计学会等:《民国时期河南统计资料》下册,第18、20页。

由表8—1可知,战后河南农作物种植面积保持基本稳定,产量、产额除1946年亩产较大幅度下降外,其他年份与1936年基本持平,秋粮作物亩产量均超过1936年水平,但总体看与战前仍有较大差距,以1947年为例,全年粮食作物种植面积107941千市亩,比1936年减少27269千市亩,产量比1936年减少55492千市斤,亩产量减少12市斤。说明仍有不少耕地被抛荒,农业生产不论从总产量或亩产量均未恢复到战前水平。

时人报道和各地方志资料记载,不如《民国时期河南省统计资料》的统计乐观,据河南省田粮处统计,河南85县1946年耕亩及产量数字为"冬作物亩数为四〇六〇五〇〇五市亩,夏作物亩数为三二七八六八八〇市亩,总产量为七四〇〇三四七八市担,内中小麦占三〇六五一二〇四市担,稻谷三五九五六〇二市担,余为杂粮,益以输入之大米及军粮,就复员后全省人口二八三二〇八〇八口之消费量来讲,食粮问题,尚可勉强维持"①。河南省田粮处对85县的统计应为国统区所辖县份,数字更为真实,根据省田粮处的统计计算,1946年85县耕亩总数为73394885市亩,总产量为74003478市担,亩产1.008市担强(1市担为100市斤),即亩产为100.8市斤,不及《民国时期河南统计资料》统计的113市斤。另据《1914～1947年河南省小麦生产情况表》统计,1946年河南省小麦平均亩产38公斤。② 比表8—1 1946年夏粮亩产量少2.5公斤。

关于1947年的粮食产量,从多方资料看该年国统区不论是总产或亩产都不如1946年,而不是《民国时期河南统计资料》中所统计的好于1946年。支应抡在《一年来之河南农村经济》中说:"本年度(1947

① 支应抡:《一年来之河南农村经济》,河南省农业改进所河南农讯社编:《河南农讯》第2卷,第1、2期合刊,第25页。

② 河南省地方史志编纂委员会:《河南省志·农业志》,第71页。

年——引者注）各县耕地面积比诸上年无大增减，惟产量因各地农村，迭受军事及灾害影响，农作物总产量，比上年减少两千二百余万担，加以管制无方，游资作祟，以致造成全省粮荒的结局。”①具体情况见支应抡统计数字如下表：

表 8—2　1947 年度河南省冬夏作物种植面积、生产数量统计表

项目	稻谷	高粱	玉米	大豆	甘薯	小麦	大麦	豌豆	扁豆	合计
种植面积（市亩）	2917148	7390345	6223078	4748759	3489309	30447803	6764943	2953681	438628	73391935
生产数量（市担）	2516921	3808795	2842403	2269035	11856089	21455842	2783123	1756426	85672	51802135

资料来源：《卅六年度河南省冬夏作物种植面积、生产数量统计表》，支应抡：《一年来之河南农村经济》，《河南农讯》第 2 卷，第 1、2 期合刊，第 25～26 页。

说明：1. 该表为河南 85 县统计数字，豫北中共统治区未统计在内。2. 原表合计有误，种植面积与生产数量合计应为 65373694 市亩和 49374306 市斤。

表 8—2 统计数字，基本反映了 1947 年国统区粮食生产情况，夏粮生产以小麦为主，占冬作物种植面积的 74.98%强，生产数量的 82.26%强，秋粮以高粱、玉米为主，以甘薯生产量最高，但农作物种植面积和产量不如冬作物那样集中于小麦。至于亩产量，冬作物平均亩产为 0.6423 市担强（每市担 100 市斤），即亩产 64.23 市斤强，夏作物平均亩产 0.7845 市担弱，全年粮食平均亩产 0.70 市担强。需要说明的是甘薯的亩产量未折合成粮食，如进行折合，亩产量还会有所降低。即便如此，时人对 1947 年河南粮食的统计远不如政府统计数量、产量高。全年粮食产量支应抡统计亩产为 70 市斤，政府统计为 144 市斤，政府统计粮食亩产量高于支应抡统计的 2 倍多。另据鲁山县对 1947 年农作物种植面积、产量统计，该年共种粮食作物 112.5 万亩，总产量 4657.3 万公斤，其中夏粮亩产 39.15 公斤，秋粮亩产 43.4 公斤。②《河南省志·农业志》亦有记载：“1937～1947 年间粮食总产量下降 26.3%，油料下降

① 河南省农业改进所河南农讯社编：《河南农讯》第 2 卷，第 1、2 期合刊，第 25 页。

② 《1947 年农作物播种面积、产量统计表》，鲁山县地方史志编纂委员会：《鲁山县志》，中州古籍出版社 1994 年版，第 330 页。

18.1%,棉花下降71.6%。"①由此看来,支应抡的统计数字虽然有些保守,但基本符合河南省的粮食亩产情况。故此,抗战胜利后的河南国统区粮食生产,应处于徘徊不前状态,乃至呈逐年递减趋势,尽管递减幅度不大。

(二)经济作物的生产

经济作物的种植在河南农业生产中占有重要地位,其中尤以棉花、烟草、芝麻和花生为著名。现将上述主要经济作物的生产情况列表如下:

表8-3 1936年、1945~1948年河南省棉花种植面积、产量

年别	种植面积(千市亩)	产量(皮棉)(千市担)	产额(市斤)
1936	5619	1600	29
1945	1869	413	22
1946	2574	670	26
1947	3847	916	24
1948	2118	637	30

资料来源:《主要棉产省区棉田种植面积》、《主要棉产省区皮棉产量》、《主要棉产省区皮棉产额》,许道夫:《中国近代农业生产及贸易统计资料》,第209~213页。

由表8-3可知,1945~1947河南棉花种植面积、产量、产额总体呈增加趋势,1947年棉花亩产量比1946年每亩下降2市斤,但高于1945年2市斤。1948年种植面积比1947年下降1/3以上,亩产量却比1947年增加25%,是抗战后亩产量最高的一年,也高于战前水平。但总体来看仍未超出战前水平。

烟草是河南主要经济作物之一,烟叶质量上乘,种植主要集中于许昌地区。战后河南省烟草种植情况无系统统计资料,但通过许昌地区烟草的生产可基本了解河南的烟草生产状况,具体情况见表8-4。

表8-4 1937年、1946~1948年许昌地区烟草面积产量表

面积:市亩 产量:万公斤

县别	1937年		1946年		1947年		1948年	
	面积	产量	面积	产量	面积	产量	面积	产量
许昌县	209788	1573.41	13611	64.33	161509	1211.31	161509	1211.31
襄城县	243599	1522.49	130000	650	205471	1541.03	220000	1650
禹县	91731	687.98	59200	266.4	87059	652.94	300000	2250

① 河南省地方史志编纂委员会:《河南省志·农业志》,第3~4页。

（续表）

长葛县	50399	518.99	2400	10.8	33623	252.17	42015	336.6
郏县	139513	1116.25	51000	153	115990	869.92	8100	500
临颍县	20000	150	1500	6	7707	57.8	87000	652.5
舞阳县	55738	418.04	8424	100.9	34836	261.27	40000	300
郾城县	5444	48.99	2850	13.75	2367	17.75		
叶县	3450	20.7	1924	12.5	2300	17.25	5000	37.5
鄢陵县			210	1.57			60000	415
宝丰县			3600	14.4			32127	240.95
鲁山县	77		1120	5.6				
合计	819757	6056.85	275839	1299.25	650862	4881.44	1028651	7593.86

说明：该表合计有误处为：1937 年面积合计应为 814295；1947 年产量合计应为 4851.44；1948 年面积合计应为 955751。

资料来源：《1931～1949 年许昌烟区部分年份烟草面积、产量表》，《许昌烟草志》编委会：《许昌烟草志》，第 69 页。

从许昌地区战后烟草种植面积、产量情况看，1946～1948 年总体趋势是恢复和发展的，1948 年达到顶峰，超过 1937 年之水平。

河南油料作物以芝麻、花生、大豆、油菜等为主，其中芝麻居全国首位。战后河南省上述主要油料作物的种植面积和产量呈增加趋势，1946 年达到顶峰，1947 年略低于 1946 年，高于 1945 年。且大豆、芝麻产量和产额均超过战前水平。具体情况见表 8－5。

表 8－5　1936 年、1945～1947 年河南省油料作物种植面积、产额、产量

种植面积：千市亩 产量：千市担 产额：市斤/亩

年度	大豆			花生			芝麻			油菜籽		
	种植面积	产量	产额	种植面积	产量	产额	种植面积	产量	产额	种植面积	产量	产额
1936	10811	10304	96	2386	5087	214	5687	3794	67	2380	1846	78
1945	3133	3838	123	704	1424	202	4335	3737	86	1232	727	59
1946		12527			3733			5897			1473	
1947	7006	9108	130	1443	2929	203	7035	4643	50	2480	1219	50

资料来源：《油料作物各省种植面积、产量及产额（1914～1949）》（河南省），许道夫：《中国近代农业生产及贸易统计资料》第 163 页。

综上所述,河南省及各地政府在抗战胜利后为农业发展做了较大努力,但由于战乱不断和国民党税赋沉重等原因,河南农业在战后的3年里虽与战时相比有所恢复,但一直徘徊不前,且农作物种植总面积、总产量、亩产量始终未达到战前水平,经济作物除烟草、芝麻外,亦都不及战前,这种状况一直伴随着国民党政权在河南的瓦解而结束。

第二节 工 商 业

一、国民政府的经济接受

抗战胜利后,国民党政府下发接受敌伪产业的处理规定如下:(1)"凡属国人或盟邦人民产业被敌伪强占或强买者,一俟人民申请,均予查明发还或赎还。"即凡战前为中国人民的工矿企业均应查明后归还原主人。(2)"凡属纯粹伪产业而其性质合于国营条件者,分别交由资源委员会中纺公司、中蚕公司或其他主管机关接办经营。"即日伪经营的工矿企业收归国有。(3)"纯属敌伪产业而其性质合于民营条件者,则由各特派员办公处尽量以标售方式交予民营。"①政府主张除各方合乎国营条件的企业外,尽量交由私人经营之。

河南地方军政当局在接受过程中并未按中央政府之规定,尽快将人民财产交予人民,而是尽力将私有企业化私为公,或在私人企业主花费大量人力、物力、财力后始交还他们,许多民营企业在接收过程中蒙受巨大损失。如开封普临电灯公司,为魏子青、杨少泉、杜秀升等于1910年2月创办的河南第一个商办电厂。日军占领开封后,"军管了该公司,定名为十七工场开封电厂"。"抗战胜利后,国民党政府以有敌产为名,接管该厂,改为官商合办。后经资方力争,并贿赂宴请,于一九四六年春赎回敌产,才又发还商办。"②开封天丰面粉公司和益丰面粉公司,始建于

① 中国第二历史档案馆:《中华民国史档案资料汇编》第5辑第3编,财政经济(一),江苏古籍出版社2000年版,第19页。

② 开封市工业志编辑室:《开封工业拾遗》内部资料,1986年印刷,第7~8页。

1918年和1912年，为开封三大面粉企业中的两个，皆为民族工厂。战后国民党政府“接收”，由河南省建设厅派贾尔琢等人负责接管。后经上述二企业原负责人陈叔初等各方面奔走，经过一年多时间，花费大量钱财把公司要回，于1946年10月复工生产。① 战后接收实为政府收钱财，人民遭祸灾。

创立于1922年的新乡市卫辉华新纱厂是隶属于周学熙资本集团的骨干企业。1945年10月29日，国民政府军政部首先派员接收卫辉华新纱厂。军政部开封特派员周熹文将工厂易名为“军政部开封区卫辉纱厂”，查封物资，将棉纱、棉花、布料、汽缸油、白呢、长毛绒等价值4亿元的大批物资运往郑州。1946年3月1日，军政部正式将卫辉华新纱厂移交经济部接收。于1947年3月5日发还原业主，此时价值4亿元的物资已被瓜分一空。② 比河南省建设厅的“接收”更加令人心寒。

安阳大和恒面粉厂为安阳主要面粉企业之一。战后，安阳的原皇协军第一路军汉奸李英摇身一变改名为“中央先遣军第一路司令”。“李派人来到大和恒以检查仓库为名，强行劫去面粉9000余袋、煤炭400余吨，连一纸收据也不给开。”不久，安阳县长孙子青、第三区专员赵质宸又带人索取1500袋和200袋面粉。并以大和恒与日本人有联系为由定为日伪企业，大和恒总经理韩星久及主要人员张子纲、崔岳安等被列为战时大汉奸，后经多方奔走，被专员赵质宸和军统特务勒索1200余万元后，于1947年秋方把大和恒面粉厂发还韩星久，此时已无法生产，大和恒在基本未生产的情况下，即走向了破产。③ 面对此种“接收”，时人叹曰：“满眼荒唐事，一把辛酸泪。都云胜利好，谁解其中味？”道出了时人对国民党政府“接收”的真实感受。④ 为此，河南省参议会参议员杜秀升、曾昭星等10余人曾在河南省临时会议第三届第四次会议上提出议

---

① 开封市工业志编辑室：《开封工业拾遗》，内部资料，1986年，第9～12页。

② 孙武：《卫辉华新纱厂接收案始末》，《中州今古》1989年第5期，第48～50页。

③ 《安阳大和恒面粉厂述略》，《文史资料存稿选编》，经济（上），中国文史出版社2002年版，第1035～1037页。

④ 孙武：《卫辉华新纱厂接收案始末》，《中州今古》，1989年第5期，第50页。

案,恳请“经济部、军政部、一五战区司令长官及河南省党政接受委员会应遵照中央所颁布之接受法令,查明系统划清范围,不得各持命令,互不相让,扫除目下此种你争我夺之情势”①。反映了民族资本家的心声和对战后政府接受混乱的不满。

二、工矿业

河南工矿业在政府的努力下,战后部分行业如卷烟、纺织等有所恢复,但均未达到战前水平。就工厂数量及各行业生产情况看,抗战结束后,由于美货大量倾销和内战的爆发,河南工业更加陷于破产境地。据国民政府经济部1947年6月底统计,河南省现有工厂数共计58家,资本额1189420千元,皆为民营企业,占已统计38个省市工厂总数11877家的0.49%强,资本总额222303263千元的0.53%强,均不及全国的1%。② 即使最称发达的河南棉纺织业,也出现严重衰退的局面,1946年有纱锭5.48万枚,仅有战前10.93万枚纱锭的1/2,全国的2%,织布机1936年有588台,1946年竟无一台。③

关于各地工业生产情况,大都经历了由恢复到迅速衰败的过程。如许昌卷烟生产,在抗战胜利后,被日军破坏的烟厂“纷纷开业”,“但为时不久,国民党政府发动全面内战,工商业者不堪其苦,一些烟厂被迫停产歇业。1947年7月,全区卷烟厂仅48家”。为1941年兴盛时“全区烟厂230家”的1/5强。④ 在商丘,抗战胜利后,最盛时有85家从事棉织业加工,1946年后逐步走下坡路,至1948年,一些丝棉织厂先后停办,缫丝业先后关门歇业。县城较大的私有工业仅剩“豫鲁、工农、大兴烟厂和豫华、大昌、大兴铁工厂及大有丰酱菜厂”等数家工厂。⑤ 在安阳,解放

① 《河南省临时参议会第三届第四次大会汇编》,第152页,该书无编者、出版日期,藏河大图书馆。

② 中国第二历史档案馆:《登记之工厂及资本》(续),《中华民国史档案资料汇编》第5辑第3编,财政经济(四),江苏古籍2000年版,第134～135页。

③ 程有为、王天奖:《河南通史》第4卷,第566页;《河南省战前纺织工业基本情况》(二),河南省统计学会等:《民国时期河南省统计资料》下册,第68～69页。

④ 《许昌烟草志》编委会:《许昌烟草志》,第193页、第188页。

⑤ 商丘县志编纂委员会编:《商丘县志》,第160页、第158页、第154～155页。

前夕,“全市仅有8家工厂断续生产,130余户小商小贩开门营业。工商业处于沉寂萧条状态”①。

在开封,丝织工业在战前发展到40余家,织机200多架。抗战胜利后仅恢复到18家,但不足半数能维持生产。② 重工业在战后曾有一定发展,1946年先后有34家小铁厂建立。“后来由于国民党政府的苛捐杂税,1948年仅剩下22家,从业人员309人。”③服装工业在“抗战胜利后有所恢复,但由于苛捐杂税和各种摊派繁多,歇业户日增。1948年6月市内尚有服装加工40家,到10月开封第二次解放时仅剩13家”④。开封作为河南省省会,战后工业恢复较好,但工厂规模小,资金匮乏,以小手工业生产为主。据1949年初统计,“当时全市私营工业行业42个,共4017户,其中小手工业者就占90%以上。且资金短缺,原料不足,销路不畅,技术和设备更差”⑤。

南阳地区为河南丝绸的主要产区,战后虽有所恢复,但又很快步入衰退。如镇平县在“抗日战争胜利后,二六柞丝绸生产有所恢复”。随即由战争影响而逐步衰退,“民国37年(1948年),解放前夕,全县有织机700多张,年产柞、桑丝绸1.6万多匹”。仅为1938年产丝绸19.3万匹的8.29%强。⑥ 南召丝织业发达,最高年产丝754000斤,占全省总产量的37.3%,曾得“召半省”之美称。“到一九四九年四月,茧产量已由一九三一年的七万担下降到四千五百担,大有绝迹之势”,丝织业也一落千丈。⑦ 从战后河南各地区工业发展历程考察,战后河南工业的恢复,是在战争严重破坏后的恢复,仅相对日军破坏时来说有所恢复,这种恢复水平是十分低下的,不仅达不到战前水平,甚至与抗战时期的相持阶段相比,亦相去甚远。

河南矿业的开采以煤炭为主,其他矿石开采量甚少。战后煤炭产量有所恢复,但均未达到战前水平。具体情况见表8－6。

---

① 中共河南党史资料丛书:《历史性的胜利》,河南人民出版社1991年版,第2页。

② 开封市地方史志编纂委员会:《开封简志》,第49页。

③ 开封市地方史志编纂委员会:《开封简志》,第56页。

④ 开封市地方史志编纂委员会:《开封简志》,第70页。

⑤ 开封市地方史志编纂委员会:《开封简志》,第60页。

⑥ 镇平县地方史志编纂委员会:《镇平县志》,第489页。

⑦ 郭鹏:《南召的养蚕及丝织业》,《中州今古》1985年第5期,第46页。

表8—6 民国时期河南省部分年份煤产量

年份	产量(1)公吨	产量(2)吨	全国总产量(公吨)
1936	2427300	3191600	—
1945	50000	732200	5238000
1946	1000000	902500	18158000
1947	470000(上半年)	550400(全年)	9674000(上半年)

资料来源:产量(1)1936年见《河南省战前煤炭工业基本情况》(一),河南省统计学会等:《民国时期河南省统计资料》(下册)第67页;产量(1)其他年份和全国总产量,见《全国煤炭产量》,中国第二历史档案馆:《中华民国史档案资料汇编》第5辑第3编,财政经济(四),第189页;产量(2),见《1911～1948年河南省煤矿煤炭产量》,河南省地方史志编纂委员会:《河南省志·煤炭工业志》,第289～290页。

说明:产量(1)和全国总产量中,原表单位为公吨,产量(2)原表为吨,这是同一重量单位的不同称呼。

由表8—6可知,不管是产量(1)或产量(2),河南煤炭生产1946年都得到了恢复,1947年未继续发展,且有所下降,以产量(1)计算,1945年、1946年、1947年三年河南煤炭开采量分别占全国的总产量的0.95%强、5.51%弱和4.86%弱,三年开采量平均数约为1936年煤炭开采量的20.87%。以产量(2)计算,三年分别占全国煤炭总产量的13.98%弱、4.97%强和5.69%弱(以河南全年产量计算),三年煤炭产量平均量约为1936年煤炭产量的22.82%。不管河南煤炭开采得到如何恢复、均未达到战前水平的23%。

与政府统计资料相比,其他资料的记载,河南各地方煤炭产量在战后显得更加不尽人意。作为河南产煤的主要地区焦作,1945年煤炭产量为60万吨、1946年15.6万吨、1947年15万吨、1948年13万吨。①呈逐年下降趋势,不仅未达到战前水平,亦未达到战时水平。在洛阳地区,"一九四四年,日本侵入本区后,所有煤矿几乎全部停产。一九四五年日军投降后,部分煤矿逐步恢复,部分煤矿因破坏严重未能恢复。恢

① 《焦作煤矿1906—1949年历年煤炭产量表》,河南省总工会工运史研究室编:《焦作煤矿工人运动史资料选编》,第109～110页。

复的煤矿，也因沦陷时日本人的破坏而产量大为减少，如陕县观音堂‘民生煤矿公司’原拥有工人二千七百人，日产量高达七百吨。到一九四七年只有工人一千人，日产减少为一百六十吨；临汝的‘东公盛煤矿’沦陷时损失锅炉二部，卷扬机一部，原日产三十吨，战后只剩七吨；‘复兴煤矿公司’，沦陷时损失卷扬机、锅炉各一部，原日产煤三十吨，战后日产二十吨”。① 煤炭产量均未达到战时水平，且相距甚远，恢复最好的复兴煤矿公司达到了战时的66.67%，民生和东盛两公司仅为战时的22.86%和23.33%，另有大批煤炭公司根本没有恢复。由此可见，河南矿业在战后的恢复只是相对于破坏最严重1944年来说的，如与抗日时期相比，实际上是大幅度地衰退了。

三、商业

抗战胜利后，迁徙他处的国民党河南各地政府先后迁回原地，随着各地政府的回迁、学校的回归、国共和谈与河南省内局势的暂时稳定，河南商业得以迅速恢复，在某些行业出现繁荣景象。不久，国民党挑起内战，河南再次成为战争中心与前沿，复速不久的河南商业迅速走向萧条。

在省会开封，战后“国民政府的党政要员纷至沓来，官商士绅于餐馆之内弹冠相庆，各家餐馆应接不暇，大小饭铺发展到587家，呈现出一时的畸形繁荣”。随着内战的爆发和通货膨胀加剧，“至1947年解放前夕，有门面的大小餐馆尚存207家”②，约为战后587家的35.26%。百货业在“日本投降后，初期国民党军政人员云集，回汴劫收，该业一度兴旺，但好景不长，由于物价飞涨，普遍赚钱赔货。国民党败逃前的‘八·一九’限价，业户损失惨重，如同丰表面上赚钱20多亿元，而商品减少三分之一以上，相国寺内大户永大胶鞋店（经理赛德宽，人称赛老胖）损失折合胶鞋500多打（每打12双），直到解放后，所欠上海双线胶鞋厂的货款，未能还清”③。开封解放前夕，绸布业全行业资本折合实物，由1936年

① 洛阳地区地方史志总编辑室：《洛阳地区概要》，内部资料，第235页。

② 王命钦：《开封商业志》，中州古籍出版社1994年版，第282页。

③ 马致远：《开封市解放前私营商业概况》，中国人民政治协商会议河南省开封市委员会文史资料研究委员会编：《开封文史资料》第19期，2003年4月，第5页。

的3万匹左右下降到9000匹,年销售量由战前的2.5万匹到2.8万匹之间下降到1.5万匹,从业人员由战前的720余人减至310人。① 其他行业如颜料业、皮行业、榨油业、药材业等都经历了由迅速复苏到迅速萧条的过程。

在洛阳,日本投降后,洛阳的商行,有的又迁到南大街一带。使"南关一带的商行业又发展兴盛一时"②。化工染料行业在1946年后"由少到多,由小到大,很快发展起来,出现了一批专营商店,以当时洛阳县城内的南大街和东大街为主,形成了化工颜料销售中心,南大街以批发为主,从南门口到十字街共有化工商店30余家,东大街以零售商店为主,从东门口到十字街共有化工商店20余家。1948年,洛阳解放后,私营染料业由1家到1949年发展到7家,从业人员120人"。说明化染料业到1948年洛阳解放前夕,仅剩一家染料商店,该行的衰败达到空前程度。③ 洛阳为豫西重要药材市场,由于战争影响,"西北药材大部直去郑州、禹县集散,那时洛阳全市仅四五家药材批发店。到去年(1947年——引者注)年底,因蒋匪苛杂奇重,被迫全部关门"④。饮食业在战争影响下日趋萧条,私营大饭店由1938年的116家,从业人员1200人,到洛阳解放前夕,饮食业仅有44户,从业人员128人。⑤ 洛阳的商业状况与开封一样,经历了从复苏到萧条直到关门歇业的过程。

南阳地区的商业,在国民党挑起内战后迅速走向萧条。据《豫西日报》记载,在十三绥靖区司令王凌云驻扎南阳时期,为了防共,王凌云命令关闭城门,赶集的人被赶到东、西两关外,商业交易变得冷冷清清。特别是国民党的限价令发布后,"什么东西都限价,不管你赔本赚钱,非按他的官价卖不行,如果价钱提高了,就说你破坏限价,送特种刑庭,如果

① 马致远:《开封市解放前私营商业概况》,中国人民政治协商会议河南省开封市委员会文史资料研究委员会编:《开封文史资料》第19辑,第6页。

② 洛阳市第一商业局等合编:《洛阳市商业志》,光明日报出版社1990年版,第89页。

③ 洛阳市第一商业局等合编:《洛阳市商业志》,第319页。

④ 《洛阳市药材、骡马业日趋发展》,《豫西日报》1948年9月8日。

⑤ 《洛阳市饮食业历年网点人数变化表》,洛阳市第一商业局等合编:《洛阳市商业志》,第334页、第329页。

亏本后关门，就按罢市论罪，如果不卖货就说你囤积居奇……张口就是'奸商'，福康号绸缎庄的掌柜的就被无故加了个'通匪'罪名，拉出去敲了(即打死了)"①。故战后南阳商业，因"国民党挑起内战，造成通货膨胀，物价飞涨，加之'洋货'充斥市场，南阳除时货、白酒等行业尚可维持经营外，其他多数行业经营艰难，甚至倒闭"②。粮、油贸易是南阳商贸的主要行业，"其中南阳县城年外销汉口、洛阳、西安麻油 30 万公斤，1946 年上升到 70 万～75 万公斤"。比常年增加 2 倍多。③"1946～1948 年的国内战争期间，国民党第十三绥靖区数万官兵驻守南阳，各县城驻守保安团队，官商粮行，囤集粮食，控制县城市场，抬高粮价，吸收四方粮食进城。纯商业粮行大部停业。"④

总之，战后河南商业大体经历了由复苏到萧条的过程，最终由于物价暴涨而走向崩溃。如"1945 年抗日战争胜利后，美货涌入省内，大至金属、机器、车辆，小至袜子、牙刷充斥市场"，商业出现畸形繁荣景象。但随着物价上涨，1946 年，省内主要日用工业品产量下降，市场衰落。"1948 年后，货币贬值，物价暴涨，产销和供求关系趋于混乱，省内市场终致崩溃。"⑤即使有些行业在战争中继续经营，看似一片繁荣，实际上是赚钱赔货，为虚假繁荣而已。如前述开封同丰商行、相国寺鞋商大户赛德宽表面生意兴隆，实际赔货即为商业虚假繁荣的真实写照。正如许涤新、吴承明所总结，战后商品交易频繁的现象，"是一种虚假繁荣，是由通货膨胀所引起的虚假购买力造成的；这种购买力是重复交易，而非实销，因为实物商品是减少的"⑥。这样交易的最终结果是大多商店歇业倒闭，市场走向崩溃。

---

① 乔建元：《解放后的南阳》，《豫西日报》1948 年 12 月 14 日。

② 南阳县地方志编纂委员会：《南阳县志》，第 336 页。

③ 马彬：《南阳地区粮食志》，第 278 页。

④ 马彬：《南阳地区粮食志》，第 275 页。

⑤ 河南省地方史志编纂委员会：《河南省志·商业志》，第 54 页。

⑥ 许涤新、吴承明：《中国资本主义发展史》第 3 卷，第 681 页。

第三节 战后财税

一、战后财税政策的调整

抗战胜利后,国民政府为将战时财政收支系统酌予变更,“中央遂又于卅五年六月,召开全国财政粮食会议,决定全国财政恢复中央省县三级制”①。财政收入的具体划分办法为:“土地税收入,划归省者占百分之二十,划归县(市)者百分之五十,划归院辖市占百分之六十。”河南无院辖市,土地税(田赋)收入归省20%,县市50%,中央30%。② “营业税全部划归地方,省县各占百分之五十”;契税的全部和遗产税的30%,原有的五种地方自治税捐和一些零星收入项,属县级收入项目。③ “中央所保持之税源,仍为直、货、关、盐四项及独占等专卖收入,其余均归还地方,实已完全恢复战前状态。”④国民政府将财税政策调整到战前状态,说明国统区战时财政体制的结束。河南省政府根据中央财政会议精神,实行三级财政管理体制,按中央精神进行税费征收。

另外,国民政府为严密控制税源,保证财政收入,对税务征收机构进行调整,国民政府财政部将直接税和货物税分开,成立直接税和货物税管理机关,管理全国税收事务。在河南省区设直接税局和货物税局,在开封、洛阳、南阳、新乡等地设分局,县设税务查征所,巡回查征县区税收情况。粮食征收由省田粮处负责,各县县长负责催征。经过战后一年的调整,河南省在税务和粮食征收方面逐步建立了各级管理机构。

各地税收机构和粮食征收机关的建立,有利于河南省政府对各地财

---

① 孟昭瓒:《河南财政检讨》,1946年10月,第15页。

② 中国第二历史档案馆:《中华民国史档案资料汇编》第5辑第3编,财政经济(一),第510~511页。

③ 中国第二历史档案馆:《中华民国史档案资料汇编》第5辑第3编,财政经济(一),第511~512页。

④ 中国第二历史档案馆:《中华民国史档案资料汇编》第5辑第3编,财政经济(一),第168页。

税、粮食的征收，但由于政局不稳和工农业的衰退，税源不足，河南财税收入与支出差额甚巨，从而造成财政严重赤字。据时任河南省财政厅长的孟昭瓒称，河南省财政收入1946年下半年预计为营业税5亿元、土地税22.5万市石。“按各地平均市价，每市石以二万元估计，应折价五十一亿元，本年下半年应为二十五亿五千万元，又本年奉令附收省县级公粮三成，约为三十八万市石，省级一成五，按每市石二万折价，半年应合国币十九亿元，七八九三个月中央补助款四十八亿五千万元，其他杂项收入约二千万元，以上五项，共九十八亿二千万元。”①在98.2亿元的财政收入中，有中央补助款48.5亿元，占财政总收入的49.39%，这一方面说明河南财政已成为补贴财政，另一方面从侧面反映了河南工农业的不景气。至于支出，“按本年度（1946年——引者注）上半年中央核准本省预算数伸算，下半年经常支出为一百一十二亿三千万元”，如加上省自卫团队补助费、灾区及黄泛区救济费、补助各县的其他开支等“共为八十一亿四千万元，与经常支出合并计算，共为一百九十三亿七千万元”。②省财政收入不及支出的1/2，相差95.5亿元，赤字相当严重。如按战前与1946年物价指数比例计算，孟昭瓒认为1946年下半年的财政收入仅为1936年的二十七分之一。③ 河南省战后财政收入比战前大幅减少。

县级财政的收支失衡情况，更甚于省财政。据河南省对各县自治税捐实征统计，1946年河南各县共征收房捐、屠宰税、营业牌照税、使用牌照税、筵席娱乐税等共计2838458194元，配征粮食2210710市石。④ 如按孟昭瓒折算“每市石以二万元估计”，2210710石，应为44214200000元。⑤ 据中央规定田赋50%归县，1946年各县财政应得22107100000元，两项合计24945528194元，如加上其他捐费，应超过此数。据孟昭瓒估计，河南省1946年对各县各项税、赋、捐等征收估计数略高于实际

---

① 孟昭瓒：《河南财政检讨》，第2～3页。

② 孟昭瓒：《河南财政检讨》，第3页。

③ 孟昭瓒：《河南财政检讨》，第6页。

④ 《河南省各县自治税捐实征数》、《河南省各县赋额暨配征实物数》，河南省统计学会等：《民国时期河南省统计资料》下册，第100页、第107页。

⑤ 孟昭瓒：《河南财政检讨》，第2页。

征收数。具体情况见表8—7。

表8—7 河南省各县1946年度收支对照表估计 单位:元

科目	收入	备考	科目	支出	备考
田赋	14434160000	按平均价格每市石2万元计算	各机关经费	7315177020	
县级公粮	4329900000		生活补助费	154268389300	按本籍基本数4万5千元
营业税	1040500000		团警公役服装费	1073670000	外籍基本数5万5千元加
契税	184875000		囚粮	660240000	成数240倍计算
自治税捐	4073000000		自卫队经费	59194382432	
国税划拨部分	15126799	包括遗产税、印花税财产租赁出卖所得税等	预备金	3170000000	
公有款产租息	3387529563				
其他收入	23820477				
收入合计	27488911839		支出合计	225681858752	
收支差额	198192946913				

资料来源:《河南省各县三十五年度收支对照表估计》,孟昭瓒:《河南财政检讨》,第17~18页。

由表8—7和前述实际征实数字可知,1946年法定收入为250~275亿元之间,支出2250亿元,收支相差1981亿余元。说明县级财政收支差额远大于省级财政收支差额,财政赤字更加严重。表8—7还告诉我们,河南各县财政收入以田赋收入为主,田赋占税收总数的50%以上,财政支出以补助行政公职人员的生活费为主,占财政支出总数的68%以上,其次为自卫队经费,再次为团警公役服装费,地方支出主要用于军事和行政事业的运行,很少用于经济建设,说明河南行政军事及公用事业人员的膨胀和战争对河南经济建设的影响严重。

二、财税收入结构的不尽合理

战后河南省不仅财政收入锐减,财政收入的结构也不甚合理。首先，在所有税收中，田赋占主要部分。如前所述，1946 年下半年省财政收入除去中央补助 48.5 亿元，共 49.7 亿元，而田赋及公粮款分别为 25.5 亿元和 19 亿元，二者相加占河南省实际各种税捐数额的 89.53% 强。① 1946 年在河南各县税收中，房捐、屠宰税等共计 2838428194 元，田赋配征实物 2210710 石(50%归县)，以当时物价每石 2 万元计算，各县共 221.071 亿元，田赋占各种税收的 88.62%强②，县级农业税收所占比重比省级农业税所占比重与省级财政基本相同，这一方面说明河南财税收入以农业为主，另一方面说明税收结构不尽合理。

其次，在工商税收中，烟税所占比例太高。据财政部河南区直接税局统计，1946 年河南省直接税查征数总计 3977469439.34 元，其中综合所得税 11209928.00 元，分类所得税 831274642.85 元，过分所得税 513339101.91 元，遗产税 76436675.50 元，印花税 655024225.32 元，契税 855422180.68 元，营业税 1032905713.95 元，惩罚及其他收入 1856971.13 元。③ 据河南省区货物税局统计，1946 年河南货物税税收共计 18481400732 元，其中卷烟税 8381165083 元，熏烟税 8245679041 元，土烟税 550671206 元，三者相加约占统税税收总数的 92.94%。④ 卷烟、熏烟所占比重太高，一方面说明河南卷烟、熏烟等行业发达，另一方面说明其他工业的落后和萎靡不振，同时也告诉我们河南税收结构与工业结构的不合理，这种情况，不利于河南工商业的发展。

1947 年，各地税收中以卷烟、熏烟为主的状况仍未有任何改变。以郑县(今属郑州)、信阳为例，1947 年 1～3 月郑县分局税收情况如下：1 月税收中卷烟税 27743500 元、熏烟税 265604962 元，占税收合计 300331188 元的 97.67% 强；2 月卷烟税 58658000 元、熏烟税

① 孟昭瓒：《河南财政检讨》，第 2～3 页。

② 《河南省各县自治税捐实征数》、《河南省各县赋额暨配征实物数》，河南省统计学会等：《民国时期河南省统计资料》下册，第 100、107 页。

③ 《财政部河南区直接税务类税收征纳》表及(续 1、续 2)、河南省统计学会等：《国民时期河南统计资料》下册，第 115～116 页。

④ 《货物税各类税收》，河南省统计学会等：《民国时期河南省统计资料》下册，第 117 页。

170718404元,占税收合计241942652元的94.81%弱;3月卷烟税4014400元、熏烟税843694450元,占税收合计911918528元的96.92%强。① 3个月卷烟、熏烟税收合计约占3个月税收总额的96.47%。信阳税务分局1947年1月卷烟税22518040元、土烟税1203569元、熏烟税347500元,占各项货物税收合计31796818元的71%弱;2月卷烟税47826220元、土烟税3674970元、熏烟税642500元,占2月税收合计60275238元的86.51%弱;3月卷、土、熏烟税分别为71406970元、5365718元、2405500元,占税收合计95211355元的83.16%强。② 3个月卷、薰、土烟税额约占信阳分局3个月货物税收总额的81.79%,且烟税比例呈增加趋势。总之,烟税在各项税收中所占比重居高不下的情况没有多大变化,且1947年1～3月份烟税所占比重不断增加,再次证明河南税收结构的不合理。

三、税捐的繁重及其影响

在中央及各地政府收支严重失衡的情况下,滥发纸币(国民政府在法币失去使用价值后,1948年8月开始发行金圆券,且币值越来越大,见图8－1)和征收重税苛捐成为中央及地方选择的手段。河南地方行政当局没有发行货币的权力,只能不断增加税捐,以满足其各项开支,各种苛捐、摊派等大量增加,严重阻碍了河南工农业生产的发展与人民生活水平的提高。

国民党捐税的沉重,首先表现在税率的提高。如1931年,洛阳地区矿产税为2%,1946年改为3%。③ 营业牌照税,抗战时期征收按12级征税,其中资本额30万元征收1500元,为第1级;5000元以下至2000元者征收10元,为第12级。如此计算,战时营业税税率按资本额计算

① 《卅六年度元至三月份本局暨所属各单位税收明细数目表》,《河南货物税月刊》1947年,第11～12页。

② 《三十六年度元至三月份本局及所属税收数目统计表》,《河南货物税月刊》1947年,第14～15页。

③ 洛阳市地方史志编纂委员会:《洛阳市志·财政·税务·金融志》,第193页。

图 8—1　中央银行发行部分金圆券

片来源：季长佑：《金圆券币史》，江苏古籍出版社 2001 年版。

在 0.2%～0.5%之间。抗战胜利后，依据《河南省各县市营业牌照税征收细则》（修正）规定，日常必需品税率最高不超过其资本总额的 2.5%，奢侈品等税率最高不超过其资本总额的 3%。① 营业牌照税率高出战时 6～10 倍。烟酒税为货物统税中的大宗税收品。1941 年 7 月，烟酒税实行由产地从价一次征收。税分烟叶、烟丝两种，分别征税 30%和 50%；酒类按照产地完税价格征收 40%。1946 年提高烟叶税率为 50%，酒类税为 80%。② 货物税税率整体呈增加趋势。

其次，苛捐杂税及摊派的增加。河南省政府为满足其战争需求，不

① 洛阳市地方史志编纂委员会：《洛阳市志·财政·税务·金融志》，第 197～198 页。

② 开封市税务局：《开封市税务志》，中州古籍出版社 1993 年版，第 67 页。

断增加捐税。1946年,河南省"田赋征实、征借达154万担,而各种摊派数额高于正赋的2倍以上"①。抗战胜利后,"洛阳暨各县杂捐猛增"。"各种杂捐达186种之多"。② 在开封,"据文字记载,由国民党的省、县政府公开向商民摊派的苛捐杂税达24种之多"。"加上物价暴涨,商民苦不堪言。"③在登封,各种商业捐税有行贴、房捐、户口费、血税(屠户),共有22种之多。④ 在商丘,国民党政府横征暴敛,税收项目"有土地改良物税、屠宰税、营业牌照税、使用牌照税、筵席税、娱乐税、土地税、遗产税、营业税、契税、罚款、没收金……24项,全年财政收入38.96亿元(法币)(其中田赋附加达22.9亿元,超过田赋正税的8.3倍),约占实征额的30%"⑤。随着战争的蔓延,国民党所征的税捐也越来越多。

孟昭瓒在谈到各地摊派时说:"本年度(1946——引者注)因国军进驻华北收复政权,多由本省经过,军事征用赔价特多,连同修建国防工事黄河堵口工料价款,及最近构筑由商丘至郑州陇海路两侧护路工事,因无正确统计数字,估计平均每县在二十亿元左右,按开封县三十四年九月至三十五年十月间,共支木柴、马草麸料豆料赔价九亿元,国防工事工料费三十七亿元,黄河堵口价七亿元,共五十三亿元,其他各县平均当在开封县负担之下,全省合计又不下二千亿余元,似此巨大供应,除于预算之外,以摊派方式,向人民征集外,实别无他途。"⑥由此看来,河南摊派重于他省,至少不低于全国其他省份。

国民党的苛捐杂税和种种摊派,严重地阻碍了农工商业的发展和人民生活水平的提高。"抗战胜利后,国民党政府加紧掠夺,捐税苛重,社会经济破产。全省抛荒耕地2727万亩,占总耕地面积20.7%。"再加上

① 河南省地方史志编纂委员会:《河南省志·财政志》,第3页。

② 洛阳市地方史志编纂委员会:《洛阳市志·财政·税务·金融志》,第250页。

③ 王命钦:《开封市商业志》,第6页。

④ 《大金店征收营业税,商民均感轻快,国民党统治时期,苛杂多至二十二种》,《豫西日报》1948年12月1日。

⑤ 商丘县志编纂委员会:《商丘县志》,第250页。

⑥ 孟昭瓒:《河南财政检讨》,第19页。

通货恶性膨胀，“中小商户大批破产倒闭”①。在商丘县娄店乡温李庄有一家农户，共6口人，有40亩地，2头牛，年收粮食2300公斤，本应是富裕的人家，但在1947年至1948年，因苛捐杂税所迫而逃荒要饭。② 据报道，在洛阳地区徐阳村，国民党来后，“捐税谁也说不清有多少；公粮、代购、强购、征借、粮款、保公所的伙食费、零用费、办公费……一个月顶少也得派四五次，往往是这款还未交，那款又派下了，平均每亩地每年要拿一百五十斤粮食，买壮丁的钱还不在内，农民劳动了一年，打下的粮食，还不够交国民党匪帮的捐款。……刘福贵的娘被逼得跳井死了，要饭的满街喊着。留下来的靠担菜苟延残喘”③。

在豫北，由于天灾人祸，“又值大军云集，供应浩繁，各县因代购粮刍烧柴而贴偿者不下一万亿元之巨。目前（指1945年底1946年初——引者注）已十室十空，粮荒大起，春荒即届，势将军民交困，殊堪顾虑，极待食物救济”④。各种税捐和摊派已使许多原本殷实的家庭无法生存，这势必造成大批人员外流，土地荒芜，农业衰败。河南财政厅长孟昭瓒不无担忧地说：“以各省田赋附加，漫无限制，以土地为对象之征派，日益加重，□（此处一字不清晰）至农村经济，渐有崩溃之虞；各项地方捐税，亦嫌过于苛细，有碍工商业之发展。”⑤孟氏对战后农村经济的担忧，道出了河南农村经济衰败的实情。

苛捐杂税的激增，不仅影响农业的进步，也有碍工商业之发展。卷烟、熏烟等产业是河南税收大户和较为发达的产业，在战争与政府的横征暴敛下，同样难逃衰亡的命运。许昌全区原有私营卷烟厂230家，1947年7月，全区卷烟厂仅48家。到1947年底，许昌城关开工生产的仅有大新、华通、兴亚、博大、大德、裕生6家。⑥ 在开封，战后“机制卷烟

① 河南省地方史志编纂委员会：《河南省志·商业志》，第2页。

② 李可亭等著：《商丘通史》上编，第243页。

③ 李香振等：《徐阳村活了》，《豫西日报》1948年12月17日。

④ 中国第二历史档案馆：《中华民国史档案资料汇编》第5辑第3编，财政经济（六），第279页。

⑤ 孟昭瓒：《河南财政检讨》，第11页。

⑥ 《许昌烟草志》编委会：《许昌烟草志》，第192～193页。

有较大发展,先后有40余家私营卷烟厂建立"。由于税率提高和物价飞涨,到开封解放前夕,尚存24户私营烟厂,且"规模都很小"①。"抗战胜利后,郑州市机制烟厂增加到30家"。"但后来,国民政府规定卷烟生产要向当地烟酒专卖局领取执照以后及原料要通过烟行购买等限制措施,1948年郑州卷烟业降为23家,其中开业的只有利民、华兴、豫丰、同心、龙兴、宏兴、天中、协城等烟厂。"②河南最发达的烟草工业,到河南解放前夕,已大部关门停产,这与政府的高额税率有密切联系。其他行业的生产,与烟草工业的命运基本相同。

第四节 交通运输业

一、交通线路的修复与破坏

(一)交通机构的恢复

铁路方面,抗战胜利初期,汉口至郑州由武汉区铁路局管辖,郑州至安阳由平津区开封铁路局管辖。1946年3月,平汉全线和新焦支线归平汉区铁路管理局管辖,局址设汉口,夏光宇任局长。河南境内设郑州、新乡、信阳3个办事处,下辖56个车站。③ 国民政府交通部接管陇海路初期,郑州以西由陇海区铁路管理局管理,以东由平津区开封铁路局管辖。1946年3月,全线复归陇海区铁路管理局统一管理,局址仍设西安。在徐州、郑州、天水三地设办事处。河南境内共有开封、商丘、洛阳、郑州等54个车站。④ 河南省内的铁路机构由交通部统筹安排,仅设4个办事处,统辖省内各车站,河南省铁路交通枢纽的位置并未显现。

公路方面,河南省公路局于1945年底迁回开封。为恢复正常工作,1946年5月,省建设厅任命王力仁为公路局长,章光彩为路局总工程

① 开封市地方史志编纂委员会:《开封简志》,第50页。

② 河南省地方史志编纂委员会:《河南省志·烟草工业志》,河南人民出版社1995年版,第39页。

③ 河南省地方史志编纂委员会:《河南省志·铁路交通志》,第225页。

④ 河南省地方史志编纂委员会:《河南省志·铁路交通志》,第226~227页。

司。下辖总务课、车务课、工务课、会计室、视察室等。1947年3月，根据国民政府组织法之规定，省公路局的机构扩大为三课六室。即总务课、工务课、运务课、会计室、秘书、总工程司室、视察室、人事室、统计室。课、室下设股，分管具体事项。全局职工115人，全省公路系统职工844人①。与此同时，水路航运，邮政机构也先后建立。河南省交通机构建立后，为发展生产和国民党发动内战之需要，组织人力、物力积极抢修被破坏的铁路、公路，修筑新公路，使河南交通运输业得以迅速恢复。

（二）交通线路的修复与破坏

根据国民政府及交通部的要求，河南省交通部门迅速组织人力、物力抢修铁路、公路等主干线。铁路方面，“敌降以后，即于十月间着手修理洛潼段。本年（1946年——引者注）一月间，先将阌灵段五十八公里修通。灵陕间二十五公里，则拆运会兴镇轨料西铺，于二月上旬到达陕州。……六月六日，接通至观音堂，六月十五日展至八号桥头，六月底潼郑之间全线开通”②。从日军投降至1946年6月底，陇海线郑州至潼关段全线贯通。陇海线郑州以东路段至9月23日才得以恢复通车。“其后虽不免零星破坏，但均随坏随修，不误行车。”③平汉线在抗战期间破坏严重，后经国民政府交通部修复，平汉路干线1213公里，至1945年通车1000公里，1946年底，通车956公里，支线33公里。④ 通车里程缩短，主要因1946年6月国民党发动内战铁路再遭破坏所致。总之，平汉路经国民党交通部组织抢修，得以勉强通车。

抗战胜利后，河南省公路管理局择其重要干线，制订了分三期修复公路的计划。1946年由交通部公路局核定补助款20亿元，第一期修复洛阳至潼关北线，第二期修复南阳至西坪公路，第三期为洛阳至开封、开

---

① 河南省交通厅史志编纂委员会：《河南省公路史》第1册，第284～286页。

② 中国第二历史档案馆：《中华民国史档案资料汇编》第5辑第3编，财政经济（七），江苏古籍出版社2000年版第304页。

③ 中国第二历史档案馆：《中华民国史档案资料汇编》第5辑第3编，财政经济（七），第305页。

④ 《三十四、五年年底各铁路通车里程》，中国第二历史档案馆：《中华民国史档案资料汇编》第5辑第3编，财政经济（七），第330～331页。

封至孟家楼以及洛阳至界首等公路。① 经过各方努力,至1946年底共完成公路2701公里,通车里程1491公里。具体情况见表8—8。

表8—8 河南省公路路线里程(1946年底) 单位:公里

干线别	完成里程	通车里程
新洛潼路	315	—
旧洛潼路	253	253
洛郑北路	130	130
洛郑南路	164	—
洛叶路	172	172
许南路	177	177
叶界线	236	236
开许路	120	120
南坪路	172	172
南老路	92	92
邓内路	55	—
信潢路	102	—
开考路	92	—
潢小路	66	—
开新路	110	110
罗宣路	57	—
开砀路 开邱路	29	29
潢商路	63	—
开商路	176	—
开郑路	120	—
总计	2701	1491

资料来源:《河南省公路路线里程》,河南省统计学会等:《民国时期河南省统计资料》下册,第79页。

说明:未列通车里程之路线系公路局无行车。

① 河南省交通厅史志编纂委员会:《河南公路史》第1册,第286页。

由表8—8可知，至1946年，河南省主要公路干线已基本修复，且有50%以上恢复通车。因未列通车里程之路线仅系公路局无行车，其他单位或私营车辆或许早已通行，故通车里程应远大于50%。在修复公路干线的同时，各市县还大力修筑县道、乡道，以利通行，具体情况见表8—9。

表8—9　河南省通车县道及乡道里程（1946年底）　单位：公里

行政区别	县　道	乡　道
第一区	830.00	818.00
第二区	861.20	387.60
第三区	774.00	455.30
第四区	591.00	619.30
第五区	562.50	706.00
第六区	987.20	1885.70
第七区	522.00	526.50
第八区	843.50	610.00
第九区	549.00	552.00
第十区	718.00	616.00
第十一区	396.00	309.00
第十二区	354.60	240.50
共计	7989.00	7725.90

资料来源：《河南省通车县道及乡道里程》，河南省统计学会等：《民国时期河南省统计资料》下册，第79页。

由表8—9可知，在河南省公路干道修复的同时，各县、乡道路都有不同程度的修复。1946年后，河南省政府继续修筑公路，完成公路里程和通车里程都有大幅增加，到1947年5月，共修复干线公路4233公里，县、乡道路15000多公里，是战后通车里程最长的年份①，河南公路的恢复首先利于国民党调兵遣将、发动内战，也有利于农工商业的发展。

① 河南省交通厅史志编纂委员会：《河南公路史》第1册，第290页。

随着内战的爆发,河南铁路再次遭到破坏。陇海铁路徐州至开封段,1946年8月被中共军队破坏达180公里,“其间车站、号志、岔道、给水设备等,除商丘、黄口外,其余各站被毁殆尽,沿线钢轨被拆毁百分之八十强,且多运走或埋藏,枕木及电杆被焚在百分之九十以上,其他配件电线等,悉被运走无遗,路基桥梁破坏均剧”①。另有陇海路洛阳以东41公里遭到破坏。以后随着刘邓大军千里跃进大别山及豫东战役的开展、陈谢兵团越过陇海路洛阳西段南下,陇海路基本无法正常运行。平汉线战后也不同程度遭到破坏,1945年抗战胜利后被中共军队破坏198公里,仅修复4公里。② 1947年,陇海、平汉两路路轨分别遭到破坏125次和577次,且有50%以上的轨道、桥梁、车站无法修复而通车受阻。③

公路方面,主要干线受破坏程度也随着战争的扩大日益严重。在这些被破坏的公路中,前期为中共阻止国民党军队进攻所破坏,后期为国民党军队阻止中共军队的凌厉攻势将路面、桥梁等炸毁。据国民政府交通部统计,1947年中共军队在河南共破袭公路计有洛阳—潼关247公里、西坪—内乡97公里、尉氏—老河口374公里、金乡—商丘86公里等。④ 另据1947年5月统计,河南主要公路干线有5890公里,阻车路线1657公里,占主干公路总长度的28.13%。⑤ 随着解放战争的接近尾声,驻豫国民党军队开始有计划地破坏公路。如新乡至河口公路147.1公里、新乡至长垣公路92公里,在新乡解放前夕,均遭破坏。⑥ 在开封,公路交通原本畅通,“至民国三十七年(1948年)解放止,只留下开封至

---

① 中国第二历史档案馆:《中华民国史档案资料汇编》第5辑第3编,财政经济(七),第305页。

② 《铁路复路工程进度表》,中国第二历史档案馆:《中华民国史档案资料汇编》第5辑第3编,财政经济(七),第48页。

③ 《卅六年度关内各铁路破坏抢修情形》,中国第二历史档案馆:《中华民国史档案资料汇编》第5辑第3编,财政经济(七),第201页。

④ 《共军破坏公里里程》(卅六年度),中国第二历史档案馆:《中华民国史档案资料汇编》第5辑第2编,财政经济(七),第202~203页。

⑤ 《河南公路阻车路线》,河南省交通厅史志编纂委员会:《河南公路史》第1册,第290~293页。

⑥ 新乡市地方史志编纂委员会:《新乡市志》上册,第642页。

杞县、开封至尉氏、开封至柳园口3条土公路(实际仍是大车路)”,其他线路均被国民党军队破坏。① 河南公路历经战争沧桑,在河南解放前夕,绝大多数公路再遭到破坏,据统计,“当时仅有郑州至商丘、郑州至许昌两段共长328公里,勉强可以通行轻载汽车”②。河南公路几乎全遭毁坏。

二、交通运输业的恢复与衰落

抗战胜利后,交通运输业随着铁路、公路的修复有所恢复和发展。在运输业中,铁路运输恢复较慢,运量也不如战前。如平汉铁路河南段,经国民政府交通部组织抢修,勉强维持通车。1946年货物列车每列仅挂20多辆,时速10余公里,全线完成的货运量仅为1936年的27%。③陇海线在抗战胜利后成为国民党发动内战的主要运输工具,1946~1948年,平均每月运送国民党军队14万人,军品4.5万吨。1936年,平汉、陇海(连云港至西安)两线完成货运发送量914万吨,1946年两线全线(陇海线连云港至宝鸡)货物发送量只有310万吨。④ 1946年为1936年的33.92%弱。而1948年陇海线货运周转量仅为1936的22.4%。⑤说明铁路运输随着战争的扩大在逐步衰落,当然也包括河南境内的铁路运输。

公路运输的恢复要好于铁路。河南公路局迁回开封后,即开始河南公路运输的恢复工作,至1946年,主要公路干线已恢复运输业务。据统计,仅开许线即有开封市公用车7辆,开许线、开新线、许南线、洛潼线、叶界线、洛叶线、洛郑线等线路共有货车48辆,负责货物运输。⑥ 如公、私汽车加在一起,应远大于上述汽车的统计数量。抗战胜利后,省公路

---

① 开封市地方史志编纂委员会:《开封简志》,第168页。

② 河南省交通厅史志编纂委员会:《河南公路史》第1册,第300页。

③ 河南省地方史志编纂委员会:《河南省志·铁路交通志》,第15页。

④ 河南省地方史志编纂委员会:《河南省志·铁路交通志》,第25页、第124页。

⑤ 河南省地方史志编纂委员会:《河南省志·铁路交通志》,第25页。

⑥ 《河南省公路车辆》(民国三十五年(1946年底)),河南省统计学会等:《民国时期河南省统计资料》下册,第80页。

局从接收的281辆日伪汽车中选出了75辆，另外，陕豫联运处、省政府、交通部公路总局共拨出30多辆汽车，由公路局调度，在开封—许昌、开封—周口、开封—新乡、洛阳—郑州、许昌—南阳、新乡—焦作等26条线路上运营，营运里程约3412公里，营运车站96个，使公路局的运输力量大增。另外，还有逃往外地的商车相继返豫，各地共有私人汽车共220辆。这些私车主要采用自由营运的方式，根据货源变化，辗转各地进行运输。如1947年许多私人汽车都集中到漯河至驻马店线运送烟草。①

从河南公路运量的不断增加也可看出运输业的恢复和发展。具体情况见表8—10。

表8—10　河南省公路运量（1946年）

月份	客运		货运	
	人数	延人公里	吨数	延吨公里
总计	265380	29173908	70402.60	1516729.81
1月	12186	1205172	5.20	4.17
2月	6806	1137485	—	—
3月	4806	695745	5.77	2253.72
4月	23264	2534468	6.59	1098.45
5月	25828	2816204	4.32	406.90
6月	24285	2740676	20.80	2089.92
7月	23206	2449826	15.92	1508.06
8月	19259	3489351	1.97	162.84
9月	20572	2316725	63853.00	46728.83
10月	31725	2995013	1865.56	292183.50
11月	28696	2546850	2121.24	658092.27
12月	44553	4246383	2502.23	512210.15

资料来源：《河南省公路运量》（根据建设厅资料编制），河南省统计学会等：《民国时期河南统计资料》下册，第80页。

由表8—10可知，河南省公路运量，无论是人数或吨位数，在1946

① 刘世永、解学东主编：《河南近代经济》，第264～265页。

年1～12月间，尽管有起伏，但总体呈上升趋势，进一步说明河南公路运输业的恢复和发展。

河南交通运输业在战后较快恢复，但因战争扩大对运输业影响颇巨，1947年下半年后，交通运输业逐渐走向衰败。如在开封，1946年尚有9辆汽车在开封—许昌、开封—菏泽、开封—周口等线路上进行客运，1947年随着刘邓大军南下，战争在豫东、豫南、豫西展开，“长途汽车无路可跑，公营汽车客运从此收场”①。货运汽车也无货可运，有的私营汽车偷偷溜走，有的变卖，到开封解放前夕，只剩下30余辆汽车，总载重80多个吨位。②“民国36年(1947年)2月以后，开封所有公、商汽车，几乎全部停运。”③在新乡，主要交通线新乡—河口(147.1公里)、新乡—长垣(92公里)等线路在新乡解放前夕先后被国民党军毁坏，交通运输被迫停止。④在商丘，抗战时期有朝鲜商车队10余辆，张岚峰汽车队38辆，至1948年冬，全县仅有汽车2辆。⑤运输力量大幅下降，河南交通运输业逐步走向衰落。

第五节　畜　牧　业

畜牧业为构成农村经济的重要一环，直接间接影响于人民生活者至大，河南“农民利用牛马以事耕驾，饲禽养畜，以广收益，诚为典型的‘有畜牧业’地带”⑥。但由于战乱不止，河南民众负担沉重，人民流离失所，畜牧业遭到严重破坏。“十年战乱(1937～1947年，引者注)……牲畜损失达六百余万头。”⑦抗战胜利后，尽管河南省政府作了较大努力，以恢

① 开封市交通志编纂委员会:《开封市交通志》，第88页。

② 开封市交通志编纂委员会:《开封市交通志》，第97页。

③ 开封市地方史志编纂委员会:《开封简志》，第171页。

④ 新乡市地方史志编纂委员会:《新乡市志》上册，第642页。

⑤ 商丘县志编纂委员会:《商丘县志》，第182页。

⑥ 汪万春:《改进河南畜牧事业之商榷》，河南省农业改进所河南农讯社编:《河南农讯》第1卷第3期，第5页。

⑦ 汪万春:《改进河南畜牧事业之商榷》，河南农业改进所河南农讯社编:《河南农讯》第1卷第3期，第5页。

复河南畜牧业,但仍与抗日战争前相距甚远。

一、发展畜牧业的举措

抗战胜利后,为恢复河南畜牧业,1945 年建设厅第一科配有 1 名畜牧人员,各专署和县建设科皆未配专管畜牧行政的业务人员。各地畜牧事项主要由河南农业改进所进行指导。1945 年底,河南农业改进所下设畜牧兽医组,技正兼主任赵安波。① 河南省建设厅及农业改进所主管畜牧兽医的业务人员,在种畜改良、牲畜瘟疫防治等方面作了较大努力,取得一定成果,主要措施如下。

(一)制定奖励耕牛保育及繁殖办法

耕牛主要包括黄牛和水牛。为促进耕牛保育及繁殖,以作农村耕作动力,倡导家庭副业起见,河南省农业改进所于 1947 年制定《河南省奖励耕牛保育及繁殖办法》。第一,要求各县设置奖励耕牛保育及繁殖委员会,由有关机关指定专人兼任,聘请当地热心士绅及农民分任职务,办理奖励耕牛保育及繁殖事宜。但一律为义务职务。第二,调查各地耕牛饲养情况,对农户繁殖耕牛具有优良成绩者,如种公牛体高在 145 公分以上,具有高强配种能力者,公母牛发育良好者,每牛生产力强大者分别进行奖励。第三,倡导农户组织耕牛合作社,向银行贷款选购优良母牛及公牛,大量繁殖。第四,各县于农闲时期举办耕牛比赛会,延请专家及热心之士绅进行评定,对获得评定等级的良种牛农户,酌给奖金或奖状,并报省府备查。② 耕牛保育及繁殖办法的颁布与实施,对河南耕牛品种改良和繁殖起到了积极的作用。

(二)进行种畜改良,改进原有家畜品种

河南农业改进所畜牧兽医组成立后,在种畜改良,改进原有家畜品种等方面,努力工作,取得了一定的成绩。1946 年繁殖纯种荷兰牛 2

---

① 河南省地方史志编纂委员会:《河南省志·畜牧志》,河南人民出版社 1994 年版,第 202 页。河南农业改进所河南农讯社编:《河南农讯》第 1 卷第 2 期,1947 年 10 月出版,封二。

② 《河南省奖励耕牛保育及繁殖办法》,河南农业改进所河南农讯社编:《河南农讯》第 1 卷第 2 期,第 31 页。

头，推广来航鸡种卵408个，荷兰牛与民间母牛配种90次。① 1948年繁殖荷兰牛第一代杂种公牛1头，纯种短角牛母牛1头。开封配种站荷兰种用公牛与民间母牛配种6次，并于开封文庄一带寄养短角种公牛2头，扩大配种业务。生产来航鸡种卵469个，以25个进行种鸡卵育并以321个从事推广。② 另外，河南农业改进所还于1947年繁殖乳牛2头，且发育良好。由上述情况看，河南种畜改良及推广与我们的要求相去甚远，但这是河南人自己繁殖纯种荷兰牛和荷兰牛第一代杂种公牛的开始。利用荷兰牛与民间母牛配种，"农民极为欢迎"③。

（三）成立防疫机构，防治兽疫流行

为防治河南省兽疫流行，尊奉农林部命令，1947年9月，河南省兽疫防治委员会成立，会同各地政府，专注牲畜防疫事项。首先，为防治牛瘟流行，同年9月，河南农业改进所与"行总河南分署洽领机器苗五000公撮，先将本所乳牛役牛廿头，施以预防注射，并在本省省会农业示范区农家注射二三〇头"。其次，调查各地疫情情况，指导防疫工作。1947年8月，农业改进所派畜牧兽医组主任赵安波带人前往洛阳、伊川等县，由农业改进所各机关分别派员赴开封、许昌、郾城、信阳、潢川等县从事调查。④ 经调查，河南家畜传染病有马、骡、驴流行性感冒，主要分布荥阳、洛阳、虞城、鄢陵、临颍等县；牛有牛瘟、犊牛白喉症、传染性胸膜炎等，主要分布荥阳、洛阳、唐河、泌阳、光山、罗山、南阳、鄢陵等县；猪有猪瘟、肺炎、炭疽、霍乱肺疫等病症，主要分布伊川、泌阳、获嘉、荥阳、登封、夏邑、南阳、虞城、偃师、巩县、鲁山、辉县、开封、郾城等县。河南辖区"因

① 《一年来之河南畜牧兽医》，河南农业改进所河南农讯社编：《河南农讯》第2卷第1、2期合刊，1948年3月，第20页。

② 《本所元至三月份工作简报》，河南农业改进所河南农讯社编：《河南农讯》第2卷第3期，第24页。

③ 《一年来之河南畜牧兽医》，河南省农业改进所河南农讯社编：《河南农讯》第2卷第1、2期合刊，20页。

④ 《一年来之河南畜牧兽医》，河南农业改进所河南农讯社编：《河南农讯》第2卷第1、2期合刊，第22页。

兽疫流行而死亡家畜达五十余万头,若以时价估计,其损失数字至堪惊人"①。在得到疫情严重的情报后,河南省政府及农业改进所相当重视,一面将各地疫情编制成表,制定防治对策;一面派员到各地实施预防注射,给群众讲解防治疫情的知识。1948 年 2 月,农业改进所"派员赴开封南柴屯一带举办牛瘟防疫注射,因值年关,牛只集中不易,仅注射六头,但牛瘟防治意义对农民解说至详细"②。由于战乱频仍,河南省政府没有防止疫情蔓延,故造成家畜大量死亡。但河南农业改进所的防治疫情工作,对防治疫情的蔓延还是起到了一定作用。

二、畜牧业由恢复到衰败

抗战胜利后,河南畜牧业在受到重创后,1945 年、1946 年稍有恢复,随着内战的再起和疫病的流行,又迅速走向衰败。如日本投降后,由于开封周围各县畜牧业的恢复,牲畜市场呈现出一时繁荣,牲口行由 5 家猛增至 48 家。③ 日军侵占温县期间,畜牧业遭到严重破坏,"牲畜家禽已寥寥无几,1945 年温县解放之初,全县耕畜仅存数百头"。抗战胜利后略有恢复,中共解放温县后,至"1948 年底,畜牧业基本恢复到战前水平,据调查统计:耕畜总数为 7243 头。其中:牛 2444 头、驴 4549 头、骡 195 头、马 55 匹,养猪 3187 头、羊 1475 只"④。抗战期间,汝南共损失牛 18943 头、驴 8745 头、骡 3603 头、马 5752 匹,畜牧业破坏严重。⑤ 战后家畜数量有所增加,"民国 35 年(1946 年)(含平舆县)有牲畜 120200 头,其中牛 58225 头,驴 60560 头,马 1126 匹,骡 289 匹"⑥。而 1946 年

① 汪万春:《改进河南畜牧事业之商榷》,河南农业改进所河南农讯社编:《河南农讯》第 2 卷第 3 期第 7 页、第 6 页。

② 《本所元至三月份工作简报》,河南农业改进所河南农讯社编:《河南农讯》第 2 卷第 3 期,第 24 页。

③ 王命钦:《开封商业志》,第 228 页。

④ 温县志编纂委员会:《温县志》,光明日报出版社 1991 年版,第 291 页。

⑤ 《抗战期间河南省各县牲畜损失情况》(二),河南省统计学会等:《民国时期河南省统计资料》下册,第 53 页。

⑥ 汝南县地方志编纂委员会:《汝南县志》,中州古籍出版社 1997 年版,第 378 页。

河南省共有黄牛2302千头、水牛35千头、马183千头、驴1344千头、骡250千头，共4114千头。① 汝南大家畜约占全省总数的3%，畜牧业得到恢复和发展。关于河南省畜牧业的具体情况见表8—11。

表8—11　1936年、1944年与1946、1947年河南省家畜数量统计　单位：千头

年度	水牛	黄牛	马	驴	骡	山羊	绵羊	猪
1936	86	3243	684	2377	902	2400	1310	3457
1944	34	1405	118	722	131	539	264	1169
1946	35	2302	183	1344	250	1010	590	2316
1947	57	2420	225	1403	277	1032	546	2569

资料来源：上述统计数字根据国民党政府中央农业试验所调查所得，见《河南省历年家畜统计》，河南省统计学会等：《民国时期河南省统计资料》下册，第50页。

由表8—11可知，抗战胜利后的1946年和1947年，除水牛增长较快外，其他家畜增长缓慢，与1944年相比有所恢复。1946年家畜数量比1944年增幅较大，主要因为1944年为河南国统区的统计数量，1946年为河南全省统计所致，考虑到1944年河南因豫湘桂战役国土大面积沦陷，1946年的家畜数量比1944年就无甚增长了。至于当时报刊资料的统计和地方史志的记载，还不如中央农业试验所的调查统计。如1947年中央农业试验所统计河南有大牲畜4382千头（根据表8—11统计计算得出），而同年河南农业改进所调查统计，“偃师内黄阌乡鲁山辉县确山宁陵汲县等卅八县，其中黄牛经统计为四〇六九七〇头，水牛为一一七七五头，骡为四二九八　头，驴为二三五四一七头，猪为七九〇七〇三只，羊为三三四六八四只，马为三一四七六匹，鸡为三二七　　七一只，其他县份因奸匪窜扰，资料尚付缺如”②。上述38县为河南相对稳定县份，畜牧业应好于处在战乱中的县市。以其统计计算，38县有黄牛406970头，仅为河南1947年2420千头17%弱；有水牛11775头，为全省的20%强；骡、驴、马为全省的17%强、15%弱、17.2%。当时河南有

① 《河南省历年家畜统计》，河南省统计学会等：《民国时期河南省统计资料》下册，第50页。

② 赵安波：《一年来之河南畜牧兽医》，河南农业改进所河南农讯社编：《河南农讯》第2卷第1、2期合刊，第24页。

111县,38县占全省县份的34%强,也就是说中国农业试验所的统计数字高出河南农业改进所统计数字近50%。由此可知,河南省畜牧业的真实情况,没有中央农业试验所的统计数字好,尽管中央农业试验所的统计数字已差强人意。

另外,从各地的其他资料也可窥知解放战争时期畜牧业的逐渐衰败。在商丘,“从1938年商丘沦陷至1948年商丘解放,兵匪横行,抓车拉夫,抢劫牲口,每年失去牲口的农民达3000户以上”。1948年11月商丘解放前夕,“有40%的农户缺乏牲口”,每头役畜负担耕地35.6亩。① 1949年内黄县共有大家畜30857头(包括老弱幼畜),平均35亩地耕畜1头。② 如除去不能耕作的老弱幼畜,内黄县比商丘更加缺乏大家畜。1947年,黄河堵复口后的黄泛区20余县,大家畜十分紧缺,据时人估计急需补充水牛70千头、黄牛175千头、马104千头、骡92千头、驴244千头,共计685千头。③ 豫皖苏党委、中央局在解放军占领豫东各县(包括黄泛区诸县)后,于1948年1月、8月和1949年初,先后多次下发指示,要求各地政府严禁宰杀耕牛,并规定宰杀耕牛以违背土地法大纲论。为解决畜力困难,指示指出:“在泛区(黄泛区)、水灾区及战灾区……应提倡人拉犁子、拉耧及用铁铣挖地。”④从侧面可知1948年、1949年战争、灾荒给河南畜牧业造成的危害及河南耕畜的匮乏。

解放战争时期河南畜牧业之所以出现稍有恢复即迅速衰退的局面,主要原因是战争连绵不断所致。从1946年6月30日国民党军队进攻中原解放区开始,河南就成了内战的主要战场,战争不仅给河南人民造成巨大痛苦,而且使河南畜牧业倍受摧残。其次,疫病流行,是河南畜牧业遭受重创的又一原因。据调查统计,抗战胜利后牲畜疫情不断,特别

① 商丘县志编纂委员会:《商丘县志》,第125页。

② 史其显:《内黄县志》,中州古籍出版社1993年版,第299页。

③ 汪万春:《改进河南畜牧事业之商榷》,河南省农业改进所河南农讯社编:《河南农讯》第2卷第3期,第6页。

④ 河南省档案馆、河南省社科院历史研究所:《豫皖苏边区革命历史档案资料选编》(1945~1949年),1984年2月,第76页、第80页、第167~168页、第244页。

是 1947 年的兽疫流行，几乎波及全省，“死亡家畜达五十余万头”，损失数字惊人。① 而这一切皆因“本省（河南省——引者注）各县次第受奸匪窜扰，兽疫情报无由建立，兽医人员缺乏，工作无法配合”②。另外，政府重视不够与财政投资甚少，也是阻碍河南畜牧业发展的重要原因。总之，由于日军入侵，内战不断，加之水旱灾害严重，兽疫流行等，最终使河南畜牧业遭受破坏，走向衰落。

本章结语

解放战争时期，战争频仍，国民党在豫之统治仅有 3 年多时间，且统治区域从 1947 年后愈来愈小，河南省及各地政府，虽有发展经济之举措，但却难于实施。故这一时期河南经济在抗战胜利后稍有复苏即迅速走向衰亡。农业生产与抗战后期相比略有恢复，以后徘徊不前，始终未达到战前水平。工矿业在国民政府接收过程中损失巨大，短暂复苏后迅速走向破产，特别是矿业产量，尚未达到抗战时期的水平。商业曾因各地政府先后迁回原地与河南局势的暂时稳定而出现繁荣景象，开封餐饮业“呈现出一时的畸形繁荣”。随后快速步入萧条，大多商店歇业倒闭，市场走向崩溃。战后国民党政权对战时财政政策进行调整，恢复中央、省、县三级财政体制，严控税源，提高税率，但财政收入仍逐年减少，且 49.39%来自补助款。交通运输因战争影响受害最为严重，几乎陷于停顿状态，直到战争结束。畜牧业受创更深，至 1949 年新中国成立前夕，牲畜数量不及抗战前的 50%。河南国统区经济在连绵不断的战争中走向衰亡。

---

① 汪万春：《改进河南畜牧事业之商榷》，河南省农业改进所河南农讯社编：《河南农讯》第 2 卷第 3 期，第 6 页、第 7 页。

② 《一年来之河南畜牧兽医》，河南省农业改进所河南农讯社编：《河南农讯》第 2 卷第 1、2 期合刊，第 24 页。

第九章　河南解放区的经济

第一节　曲折进行的土地改革

一、从减租减息到土地改革

抗日战争胜利后，河南各解放区在中国共产党的领导下，继续实行了减租减息政策。中共中央于1945年11月7日颁发了《减租和生产是保卫解放区的两件大事》的指示，要求不失时机地开展减租和生产两件工作，"务使整个解放区，特别是广大的新解放区，在最近几个月内(冬春两季)发动一次大的减租运动，普遍地实行减租，借以发动大多数农民群众的革命热情"①。豫北地区大部分是新解放区，由于日伪长期统治，土地有些被伪顽人员霸占，有些在荒年时被贱价兼并，中农、贫农丧失了大量土地。根据中共中央指示，长垣、浚县、博爱、武陟、沁阳、修武、温县等各新收复区首先开展了反奸清算、诉苦复仇斗争，成千上万的群众参加了斗争，将罪大恶极的汉奸分子和恶霸地主逮捕归案，没收其财产分配给贫苦农民。在此基础上，及时地转入了减租减息运动。通过斗争，广大贫苦农民在经济上减轻了剥削，从汉奸、恶霸、地主手中收回了土地、耕牛、农具、粮食等生产和生活资料，提高了农民的经济地位。比较而言，老解放区经过抗战时期的减租减息斗争，农村的剥削势力已大大减

① 《毛泽东选集》第4卷，人民出版社1991年版，第1172页。

弱，土地关系也发生了重大变化。例如，据滑县70个村的统计，从1944年4月到1945年1月，原1066个佃户由人均1.5亩地增加到2.4亩，增长38%；原809户贫农中，有227户上升为中农；地主普遍出卖土地以赔偿群众的损失。① 所以，老解放区主要是复查减租减息工作，调整不合理的租佃关系和土地关系。

1946年5月4日，中共中央发布了《关于清算、减租及土地问题的指示》(简称"五四指示")，明确提出："坚决拥护群众在反奸、清算、减租、减息、退租、退息等斗争中，从地主手中获得土地"，"使各解放区的土地改革，依据群众运动发展的规模和程度，迅速求其实现"。② 从此，各解放区开始由减租减息向逐渐没收分配地主土地的新阶段过渡。根据"五四指示"精神，晋冀鲁豫区在除了接近国统区的少数边沿地区外，都开展了土地改革运动，约有1/3的地区1000万人口进行了分田。③ 到全面内战爆发时，滑县、清丰、南乐等县，已初步解决了无地少地农民的土地问题。9月20日，晋冀鲁豫中央局指出，在新解放区要"进行普遍深入的翻身大检查"，检查群众是否翻透了身，是否有地主假卖假分、欺瞒群众的现象等，要按家检查，"抽多补少，抽肥补瘦，实行一次填平补齐运动"。对已实行土改的地区，以发展生产为主，对于解决土地问题不彻底和地主有反攻倒算的地区，则根据实际情况进行"填平补齐运动"。④ 根据该指示，1946年冬到1947年春，豫北各解放区开展了轰轰烈烈的土改运动。经过"土地还家"、"翻身大检查"和"填平补齐"运动，到1947年7月全国土地会议召开前，林县(今林州市)、辉县(今辉县市)、汤阴等地，"基本上消灭了封建，据9个典型村材料，在我未去前，地主占全人口9.74%，占全耕地30.55%，五四前(指'五四指示'发布前——引者注)

---

① 冀鲁豫边区革命史工作组：《冀鲁豫边区革命史》，山东大学出版社1991年版，第522页。

② 《中共中央关于土地问题的指示》，《中国土地改革史料选编》，国防大学出版社1988年版，第248页。

③ 《中共晋冀鲁豫中央局为贯彻"五四"指示彻底实现耕者有其田的指示》，中共河南省委党史工作委员会编：《河南解放区的土地改革》，河南人民出版社1991年版，第10页。

④ 《河南解放区的土地改革》，第15～16页。

只占耕地19.25%,现在仅占5.91%,今天保留其原有地18.65%,富农在我未去前,占全人口7.11%,占全耕地12.7%,五四前只占全耕地8.3%,现在仅占全耕地6.66%,今天保留其原有地52.5%”。① 太岳区也在反奸反霸与减租清债、退租退息的基础上,进行了土改运动。仅据士敏(属山西省)、王屋(今属济源)、济源3县统计,在3个月的土地改革中,农民即收回土地87159.9亩,房19132间,牲口1700头。其中济源县“果实分配面为80%至90%,土地分配面50%”②。

从1947年2月开始,豫皖苏区的土地改革运动也全面铺开。该区在不同地区采用了不同的方针,如在睢县、杞县、太康、通许等老游击根据地,采取一下子改革彻底的方针,力求做到分后不再重分;在鹿邑、太康等新区,则先以反贪污反恶霸为主,使农民取得土地和一部分动产,对一般小地主暂时不动;对通许、扶沟、西华、淮阳等黄泛区,由于土地多被淹没,流落他乡归来的群众迫切要求恢复生产,因此实行按口授田的办法,每人授田5至10亩,为尽快恢复生产,劳动力多的多分一些,鳏寡孤独也适当予以照顾;已经过土地改革的老区如商丘、夏邑、永城等县,因1946年解放军一度退出,农民所得土地大部分被地主要回,农民被杀500多人,此次采取申冤复仇,要回土地的方针,对未向农民倒算的地主,则予以奖励。截至6月,土改运动已获显著成绩。据不完全统计,睢县、杞县、太康等老区,有335个村庄进行了土地改革,农民收回土地48569亩,得地农民1.97万人;扶沟、通许黄泛区分配土地8万亩,约1.3万农民受益;在永城、商丘等老区,据仅知统计材料,农民要回土地3000余亩。③

1947年7月,人民解放军由战略防御转入战略进攻,为了调动广大农民的革命和生产积极性,支援解放战争,中共中央决定彻底解决农民的土地问题。为此,10月10日,中共中央颁布了《中国土地法大纲》,明

① 《中共太行区党委关于太行土地改革报告》,《河南解放区的土地改革》,第258页。

② 《中共太岳区党委关于太岳四分区土地改革的基本总结》,《河南解放区的土地改革》,第328、333页。

③ 《豫皖苏土地改革经验》,《河南解放区的土地改革》,第383～384页。

确宣布“废除封建性及半封建性剥削的土地制度，实行耕者有其田的土地制度”①。这是一个彻底消灭封建土地制度的土地纲领。为了贯彻《中国土地法大纲》，河南各解放区根据自身的实际情况，制定了相应的政策。如中共豫陕鄂前委指出：“将农村中全部土地、山林、水利，平均以村为单位，除少数的主要反动分子本身外，不分男女老幼，在数量上（抽多补少），在质量上（抽肥补瘦）平均分配。”同时指出，“地主、富农所得的土地、财产不超过也不低于农民所得的”，同时给地主、富农生活出路，要区分地主与富农，采取不同政策，“对于真正没有封建剥削的富农，群众不痛恨，在没有打倒地主时可以不动”。② 中共晋冀鲁豫中央局于10月2日至12月26日，也召开了全区土地会议，决定坚决执行《中国土地法大纲》，并根据本区的实际情况，制定了《晋冀鲁豫边区政府施行中国土地法大纲补充办法（草案）》。③ 豫北各县为贯彻土地法，都抽出一批区、村干部，组成工作队，深入乡村，帮助进行土改。

在土改深入进行的同时，一些地方出现了“左”倾问题，“主要的偏向是急性病，不讲究策略，某些政策观点上的左的偏向以及要求快，并助长了包办代替与命令主义”④。有的地方不顾新解放区的特殊情况，简单照搬老解放区的经验，主观上力求一步到位。如桐柏区提出了“半年之内赤化桐柏”的口号，有一个干部一天走马分浮财20余村。⑤ 另外，还严重扩大了打击面，一是忽视了联合中农的重要性，甚至严重侵犯了中农利益。如规定“农会委员会有个别中农积极分子参加也可以，最好是

① 《中国土地法大纲》，《河南解放区的土地改革》，第7页。

② 《中共豫陕鄂前委关于贯彻全国土地会议精神的指示》，《河南解放区的土地改革》，第423～424页。

③ 《晋冀鲁豫边区政府颁布施行中国土地法大纲补充办法（草案）》，《人民日报》，1947年12月31日。

④ 《中共豫陕鄂前委扩大会关于土改运动的总结》，《河南解放区的土地改革》，第432页。

⑤ 《桐柏区工作情况》，王礼琦编：《中原解放区财政经济史资料选编》，中国财政经济出版社1995年版，第23页。

与贫农团一致起来,也就是说最好不要中农参加”①。桐柏区在分田时曾提出“‘只要大家表决,中农没有意见,就是同意’,所以实际上就是强制执行了”②。这些做法违背了中共联合中农的政策,造成“中农一部依靠敌人,一部离开我们,彷徨观望”③。二是出现了斗争地主、富农的过火行为。有的地方规定“对少数大的土豪劣绅、恶霸反对〔动〕头子应允许群众扫地出门”,“只要不影响联合中农的政策,只要能保持百分之几十就可放手大干,就不怕犯冒险的病”。④ 还有的地方曾规定给地主富农留坏地⑤,对地富的房屋、家具、树木等等,也“作了相当普遍的严重的破坏”⑥。这就助长了在斗争地主、富农时的过火行为,如桐柏区“在分田分浮时期,最严重的是在逼浮财与逼枪中,乱打乱杀”,仅 1948 年 3 月份就“杀了 1000 余人,打了许多佃户和狗腿。有一次曾经为了逼问一支枪打了 36 人”。⑦

造成这种在历史上被称为“急性土改”的错误的原因是多方面的。客观上,主要是由于 1947 年 10 月以后,国民党军队以优势兵力围攻中原解放区,敌情严重,形势紧张,各地试图以土改来发动群众,以使解放区得以巩固和发展。主观上,主要是解放军初到新区,在政策和策略上犯了严重的“左”倾急性病。一些地方干部“不是从新区的客观实际出发,而是从主观的愿望出发”,“不调查,不研究,简单地抱着半年完成土改的意愿,不管敌情是否许可,不管群众的和干部的准备程度,忽视了群

① 《中共豫陕鄂前委扩大会关于土改运动的总结》,《河南解放区的土地改革》,第 427 页。

② 《桐柏区工作情况》,王礼琦编:《中原解放区财政经济史资料选编》,第 24 页。

③ 《鄂豫区工作总结》,王礼琦编:《中原解放区财政经济史资料选编》,第 19 页。

④ 《中共豫陕鄂前委关于贯彻全国土地会议精神的指示》,《河南解放区的土地改革》,第 423 页。

⑤ 《中共豫陕鄂前委扩大会关于土改运动的总结》,《河南解放区的土地改革》,第 427 页。

⑥ 《邓小平文选》第 1 卷,人民出版社 1994 年版,第 113 页。

⑦ 《桐柏区工作情况》,王礼琦编:《中原解放区财政经济史资料选编》,第 24 页。

众工作的艰苦性”。[①] 诚如邓小平给中央的报告中所说：“我们南进后，由于对此斗争认识不够，对此估计不足，企图迅速完成土改，确立根据地，五个月的成绩甚微，确有急性病毛病。”[②]

针对土改中存在的问题，1948 年 2 月 15 日，中共中央发出党内指示，提出新区土改“不要性急”；应分两个阶段进行；严禁乱杀；严格注意保护工商业等。[③] 为落实中央指示和切实纠正错误，当月，太行区先后发布了《中共太行区党委关于今后土改方针与步骤的指示》和《补充指示》，针对不同地区的土改现状提出了不同的方针和政策，并特别强调不论哪种地区“土地法均必须坚持实现”，要求“对中农错订成分的要一律改正，如已分了他们的东西，须尽可能地给以补偿”。[④] 3 月 25 日，中原局也发出指示，对中原解放区土地改革的经验教训进行了总结，强调指出，首先必须划分两个策略阶段，第一阶段集中打击和孤立为广大群众所痛恨的大地主和恶霸，但“应保持不惊动富农大多数的方针”。第二阶段在“清查地主隐瞒分散的土地财产、平分一切封建阶级的土地时，再全部动富农”。其次，必须“充分发动占人口 70%的贫雇农，团结 20%的中农，达到团结 90%以上，而打击面总的说来一般不要超过 10%”，提出“应该明确规定中农（包括富裕中农）土地财产不动的政策，不要把中农的土地打乱平分”。其三，规定了严格的补救措施。如纠正干部和积极分子“多占果实、脱离群众和刺伤中农的现象”；对逃亡地主、富农，“宣传宽大不杀、不抄家、同样分地、分错者改正的政策”；对受打击的中农道歉，“并给以退还补偿”。[⑤] 这些规定为党在农村中团结和依靠绝大多数农民进行土改提供了保证。其他解放区也作出了类似的要求，对土改中

① 《中共中原局关于执行中央 5 月 25 日指示的指示》，王礼琦编：《中原解放区财政经济史资料选编》，第 288 页。

② 中央档案馆编：《解放战争时期土地改革文件选编（1945—1949）》，中共中央党校出版社 1981 年版，第 231 页。

③ 《新解放区土地改革要点》，《毛泽东选集》第 4 卷，第 1283～1284 页。

④ 《中共太行区党委关于今后土改方针与步骤的补充指示》，《河南解放区的土地改革》，第 321～325 页。

⑤ 《中共中央中原局关于发动群众进行土地改革的指示》，《河南解放区的土地改革》，第 57～62 页。

出现的“左”的倾向进行了纠正,规定了今后土改的工作方针、纲领和具体政策等。这些政策和措施,有利于土地改革有步骤有计划地顺利发展。

二、新解放区从土改到减租减息

从1948年夏季到新中国成立前,中共中央根据新解放区的实际情况,对新解放区的土地政策进行了重新调整,决定在中原及其他新解放区停止土地改革,而实行减租减息。这种政策的转变,是根据客观历史条件作出的:第一,在新解放区进行土改的条件还不成熟。当时国共双方在军事上的激烈争夺,很难为土改提供一个较稳定的环境。土改不断受到国民党及地方土匪势力的破坏,农民分到的土地又常常被地主夺回去,加之农民对土改持观望态度。因此“要实行土地改革必须有适当的环境与充分的准备工作,这个准备工作,主要是农民在思想上有高度的政治觉悟与革命胜利的信心,在组织上真正形成雇、贫、中农自己的核心领导人物”,然而,这些条件中原等新解放区“很明显是没有做好”。① 第二,急于在新区实行土改,很难收到预期的效果。中原解放区除豫皖苏部分区域为老区外,豫鄂、桐柏、豫陕鄂(豫西)等区大部分属于新区。三支大军经过近一年作战,到1948年6月,在中原地区开辟了近2000万人口的控制区和1000万人口的游击区,并在大约400万人口的地区分配了土地。但由于土改的条件尚不具备,“农民在组织上思想上几乎毫无发动,许多形式上的贫农团、贫农组等组织,实际是成差务之办公组织”②。因此,出现了分给土地不敢要的现象或造成土地荒芜。如桐柏区的唐南张湾村就因耕种差造成歉收者500亩,荒地50亩。泌西古城乡7个村庄共有379亩地,其中200亩因无人耕种而荒芜。③ 第三,土

① 《停止新区土改实行减租减息》,《河南解放区的土地改革》,第439～440页。

② 《中共桐柏区党委关于调整土地工作的初步小结》,《河南解放区的土地改革》,第528页。

③ 《中共桐柏区党委关于调整土地工作的初步小结》,《河南解放区的土地改革》,第527页。

改不仅不能给广大农民带来实际利益，反而加重他们的负担，影响了农民的生产积极性。由于土改后按分田出负担，不仅造成“社会财富的过早分散和大部浪费”①，而且实际上更增加了农民的负担②，因此，“不少农民埋怨说，翻身翻穷了‘翻到沟里了’，‘你们要粮我根本就没收粮’（地主收了），甚有‘分地地主穷了，穷人也穷了’的呼声”③。土改也影响了农民的生产积极性，部分农民“误认为平分土地，就是打乱平分，现在虽是自己的地，将来说不定分给谁。于是就不积极生产，该上粪的不上粪，该犁耙的不犁耙，该栽树的不栽树”④。豫皖苏区“土改区贫农地权未确定，中农被侵犯，逃亡地主回来未安定；非土改区则各阶层都等待分地，因此均是惶惶不安”⑤。总之，在新区过早实行土地改革，不仅不能发展农村生产，反而造成动荡的土地关系，破坏了农村经济；也不利于团结一切社会力量，建立反对国民党政府的统一战线。而如果实行较为和缓的减租减息政策，既能限制地富剥削，减轻农民负担，又能缓和因分配土地造成的紧张阶级关系，争取更多阶层的支持。

根据新解放区土改出现的问题，1948年5月24日，毛泽东在发给邓小平的电报《新解放区农村工作的策略问题》中指出：“新解放区必须充分利用抗日时期的经验，在解放后的相当时期内，实行减租减息和酌量调剂种子口粮的社会政策和合理负担的财政政策……而不是立即实行分浮财、分土地的社会改革政策。”⑥次日，中共中央又颁发《1948年的土地改革工作和整党工作》，指出进行土地改革的解放区必须同时具备

---

① 《中共中原局关于执行中央5月25日指示的指示》，王礼琦编：《中原解放区财政经济史资料选编》，第289页。

② 《中共豫西区党委关于白象店的调查报告》，《河南解放区的土地改革》，第476页。

③ 《中共桐柏区党委关于调整土地工作的初步小结》，《河南解放区的土地改革》，第528页。

④ 《冀鲁豫行署布告》，中共冀鲁豫边区党史工作组财经组编《财经工作资料选编》（上），山东大学出版社1989年版，第379～380页。

⑤ 《豫皖苏边区征粮工作、货币斗争与生产工作》，王礼琦编《中原解放区财政经济史资料选编》，第217页。

⑥ 《毛泽东选集》第4卷，第1326页。

三项条件:“第一,当地一切敌人武装力量已经全部消灭,环境已经安定,而非动荡不定的游击区域。第二,当地基本群众(雇农、贫农、中农)的绝大多数已经有了分配土地的要求,而不只是少数人有此要求。第三,党的工作干部在数量上和质量上,确能掌握当地的土地改革工作,而非听任群众的自发活动。”文件还进一步指出,在华北等各解放区的接国统区和中原局所属江淮河汉区域的绝大部分地区,因尚不具备第一个条件,应当“实行减租减息和酌量调剂种子食粮的社会政策和合理负担的财政政策”。① 这两个文件是新解放区土地政策的一个转折点。

根据中央指示,中原局于1948年6月6日发布了《贯彻执行中共中央关于土改与整党工作的指示》(简称“六六指示”),要求“全区应即停止分土地,停止打土豪、分浮财,停止乱没收,禁止一切破坏,禁止乱打人、乱抓人、乱杀人等等现象”。《指示》还将中原解放区划分为控制区、游击区、崭新区三种类型,提出了调整各方面工作的具体意见。② 随后,中原局又先后制定和颁布了《中原局减租减息纲领》和《中原局关于发动群众贯彻减租减息政策的指示》,进一步纠正各地在土地政策上的“左”倾错误,并具体规定了减租减息的标准:“所有地主、旧式富农及一切公田、学田、祠堂、庙宇、教会所租之土地,不论任何租佃形式,一律实行‘二五减租’,即按原租额减去二成半”;凡“过去农民向地主、旧式富农所借旧债,一律按月利分半计算清偿”,即“利倍本(即借本百元已还息达一百元者),停息还本;利二倍于本(即借本百元已还利息达二百元者),本息停付”。这与抗战时期减租减息的标准是完全一致的。关于前一阶段土改时已经分配的土地和财产,处理办法是:凡地主、富农已被分配的土地与财产,一律不得倒算,但应保证他们“分得与农民同等之土地,不足者设法补足之”;已分得土地的农民,如双方自愿改为租佃关系者,经向政府登记后,可以改变;凡农民(包括富裕中农)土地、财物被错分者,应劝分得户自动退还。③ 这些规定既承认了土改后新确立的土地关系,保证分

① 《毛泽东选集》第4卷,第1329～1330页。

② 《邓小平文选》第1卷,第108～123页。

③ 《中原局减租减息纲领》,中共河南省委党史工作委员会编:《中原解放区》,河南人民出版社1987年版,第108～110页。

得土地的农民的所有权，又在农民自愿的原则下，贯彻了减租减息的政策。对实行双减的程序，中原局指出，减租减息是一个较长期的社会改革工作，为避免急性病的发生，“不应采取普遍动手的方法，而应选择重点……创造经验，影响他区群众，然后逐步推广”①。

中原局的“六六指示”和减租减息纲领颁布后，在鄂豫、豫西、桐柏、豫皖苏等各战略区，农村工作的重点迅速转入了调整土地和减租减息。从10月至年底，中原全区还普遍开展了整党运动，检查了在理解和执行党的土地政策上存在的各种偏向，检讨了过去领导强迫命令的作风，对中农的损失进行了补偿，逐渐消除了因强制分田所造成的领导与群众的隔阂，推动了减租减息运动的顺利开展。晋冀鲁豫解放区也对土改中出现的“左”的错误进行了纠正，并对被侵犯的中农给予补偿。如根据对济源145个村统计，共有2730户被斗中农获得了财物补偿，占被斗总户数的70％。②

中共在新解放区土地政策的转变，使河南各解放区一直动荡、混乱的土地关系暂时趋向稳定。经过调整土地和减租减息，“一方面安定了人心，稳定了生产情绪，一方面打下了依靠贫雇、团结中农新式富农、中立旧富农及中小地主，孤立和打击恶霸分子和地主当权派的有利条件”③。农民被广泛地组织动员起来，在参加民兵、参军、参战及边地游击战争中，都表现积极。至1949年6月，河南省大部分地区完成了减租减息，各新解放区也得到巩固和发展，从而为解放全中国创造了条件。

① 《中原局关于发动群众贯彻减租减息政策的指示》，《中原解放区》，第126页。

② 济源市地方史志编纂委员会编：《济源市志》，河南人民出版社1993年版，第34页。

③ 《中共桐柏区党委关于调整土地工作的初步小结》，《河南解放区的土地改革》，第528页。

第二节　恢复与发展中的农业生产

一、恢复和发展农业的措施

由于战争影响及过去执行政策上的某些偏差，特别是“急性土改”，侵犯了农民的利益，一些解放区出现了农民生产情绪不高的现象，严重影响了农业生产。据1947年秋调查，冀鲁豫区有些地区荒地竟达60%以上。① 豫皖苏区“土改区贫农地权未确定，中农被侵犯，逃亡地主回来未安定；非土改区则各阶层都等待分地，因此均是惶惶不安”②。豫陕鄂区也曾出现“地主富农不敢经营土地，佃户也有些观望，分得土地的农民亦有观望者”③的现象。因此，稳定各阶层的生产情绪，提高积极性，成为一项重要工作。为了打破群众顾虑，中共适时地调整了土地政策，由土地改革转变为减租减息。在土改区，凡已分土地的村庄，即明白宣布不再平分，只进行局部的调整和抽补工作，中农被侵犯的，给予补偿；对地富分得应有的一份土地财产，使其同样能够生活。在非土改区，广泛宣传实行双减政策的目的是为了团结一切可能团结的力量，不要等待分地，要努力生产。1948年5月，晋冀鲁豫解放区明确决定在土改已经彻底的地区中，“公开宣布土改已经结束，颁发土地证，确定地权，废除农业统累税，实行按土地常年应产量的比例征收制。所有这些地区，均以生产为主，民主、建政、支前为辅”④。这些政策的转变，逐渐消除了农民的恐慌心理，有利于恢复和调动农民的生产积极性。

为扩大耕地面积，政府鼓励农民开垦荒地。冀鲁豫行署于1947年3

---

① 《冀鲁豫行署关于春耕生产的指示信》，《财经工作资料选编》(上)，第378页。

② 《豫皖苏边区征粮工作、货币斗争与生产工作》，王礼琦编：《中原解放区财政经济史资料选编》，第217页。

③ 《中共豫陕鄂前委关于土改与春耕的指示》，王礼琦编：《中原解放区财政经济史资料选编》，第280页。

④ 薄一波：《关于晋冀鲁豫地区纠正“左”倾及发展生产情况的综合报告》，《中国土地改革史料选编》，第542页。

月规定当年生产工作总的任务是“普遍做到耕地不荒”①。次年3月，再次要求：“不管农民或地主富农，任何人不准荒废一寸土地！”②为解决分地与生产的矛盾，1948年3月，豫皖苏区要求各分区“动员雇贫农合作抢种地主荒地，提出种后即分的号召，组织部队及党政民干部以劳动力协助群众春耕”③。为了消灭荒地，各解放区一般都制定了开熟荒免1年负担，开生荒免3年负担，谁种谁收等鼓励开荒的政策。1948年下半年，中共中央华北局将原来的“统一累进税”改变为“比例税制”后，又规定“垦种熟荒地免税1年，垦种生荒地免税2年，修滩地免税3年”。④这些政策大大地提高了农民开荒的积极性。仅1947年5月，济源县农民在生产运动中，就消灭熟荒1.5万亩。⑤

解放区政府还十分重视农作物品种、农业技术的改良与推广工作。在改良品种上，普遍推广“169”小麦、“金皇后”玉米、“八一”谷子、美棉（斯字棉、脱字棉）等优良品种，这对提高农作物产量起了重要作用。1945年太行区推广“金皇后”玉米和“169”小麦，成效显著，只要土地适宜，比一般老品种能多收1/4到1/3。⑥1947年，冀鲁豫行署决定在中心区普遍建立农场，进行示范、育种和推广工作，“与附近农民紧密结合，大力支持种植增产作物与经济作物及与农业有关的副业”，把农场逐步建成“附近一切农民经营农业之有力组织核心”。⑦为使农场更好地为农业生产服务，1949年春，中原临时人民政府要求农场应在旧有基础上增加棉、麦及花生种子的改良实验；林场要按各地需要增加培植各种树苗。

---

① 《冀鲁豫行署关于颁布今年生产工作方案的训令》，《财经工作资料选编》（上），第366页。

② 《冀鲁豫行署布告》，《财经工作资料选编》（上），第379页。

③ 《刘瑞龙、吴芝圃关于土改工作给郑华的信》，《河南解放区的土地改革》，第405页。

④ 《关于华北区农业税暂行税则（草案）的说明》，《戎子和文选》，中国财政经济出版社1991年版，第171页。

⑤ 《济源市志》，第33页。

⑥ 《抗战胜利后边区的经济和财政工作》，《戎子和文选》，第120页。

⑦ 《冀鲁豫行署关于颁布今年生产工作方案的训令》，《财经工作资料选编》（上），第367页。

由于各地区主要农作物不同，各地农林场的实验亦应有所偏重，如洛阳、南阳应以实验棉、麦为主；开封、郑州应增加实验花生；许昌、邓县应以实验麦、烟叶为主。①

为帮助农民解决生产困难，政府发放农业贷款，积极支持农业生产。如1946年上半年，晋冀鲁豫边区发放了14.1亿元生产贷款后，下半年决定再发放低利贷款10亿～15亿元。1946年3月，太岳第四专署分给济源、王屋两县春耕贷款781万元(冀钞)，帮助农民恢复生产。② 1949年，中州农民银行有针对性地发放了春季生产救灾贷款18000万元(中州钞，下同)，花生种贷款5200万元，烟农贷款1亿元，贷放小麦670万斤，贷放柞蚕种茧950万粒(约折合人民币3亿元)。③ 这些贷款的发放，部分解决了群众生产资金的困难。

由于长期处于战争环境，水井、河道多年失修，许多水田不但不能享受水利，反而遭受水害。济源、温县等地政府带领群众从1949年正月十五前后，开始动工进行水利建设。经过3个月的努力，仅济源就修复浇地河8条，增浇地16002亩，费工48448个，贷粮34982.5斤；挑撤水河63条，用人工2.2万个，贷粮98910斤，撤出水地2.6万亩。④ 豫东黄泛区通沙河、涡河之水，大部淤塞，每年泛滥成灾，西华、扶沟各县人民很多被迫逃亡，土地荒芜。豫皖苏区党政军干部号召并组织群众趁农忙空隙，积极浚河修堤战胜水患。凡灾情严重、工程浩大的地区，政府还贷给粮款进行帮助。到1948年7月，豫皖苏行署已给黄泛区划拨200万斤粮食⑤，用作兴修水利、恢复农业。其他洼湿地的开渠导水防患，凿井灌溉，各县也纷纷根据当地群众要求与条件进行。

解放战争时期，解放区农村出现了劳力、牲畜严重短缺的问题。据

① 王礼琦编:《中原解放区财政经济史资料选编》，第316页。

② 《济源市志》，第31页。

③ 《1949年河南农村贷款总结》，王礼琦编:《中原解放区财政经济史资料选编》，第648～649页。

④ 《太岳区三专农业科水利工作总结(节录)》，山西省农业科学院编写组编:《太岳革命根据地农业资料选编》，山西科学技术出版社1991年版，第662页。

⑤ 《刘瑞龙在豫皖苏区土地会议上对今后财经任务的发言》，王礼琦编:《中原解放区财政经济史资料选编》，第189页。

1947 年统计，冀鲁豫区战勤、治黄两项支付了 7000 万工左右，对生产影响很大，锄地普遍减少一遍至两遍。① 据滑县蔡营村调查，1947 年全年公粮负担并不重，但由于“过去工作只顾开大会，不顾农忙而影响生产，减低了收获量”。从牲口及人力负担看，“牲口每头合地 67 亩 7 分，每人合地 25 亩。牲口又小，劳力又经常出差”，所以地很难种好。② 与战前比较，1948 年冀鲁豫区每头耕畜负担耕地 55 亩，而战前每头负担 30 亩左右，比战前减少耕畜约 45.5%。③ 据 1948 年 8 月统计，太岳区的济源县每个男全劳力平均年耕作量为 12 亩，然而当年实际平均耕地量为 35.4 亩，从耕作量看劳力缺乏 66.1%。如果把半劳力算进去，按半劳力 2 个折合全劳力 1 个计算，则每个劳力平均负担 26.84 亩地，缺乏比例仍高达 46.8%。孟县每头牲口按一般耕作量计算为 35 亩，而当年每头牲口实际平均负担达到 50 亩，缺乏量为 30%。④

为了解决劳动力、畜力不足的问题，各解放区政府采取了一些措施：一是减轻支差负担，并要求在农忙时节，后方机关、部队抽出一定人力、畜力帮助群众生产。1947 年，晋冀鲁豫中央局强调，“必须减轻人民支差负担，实行精确计算，节约民力。参战动员、民兵作战、担架运输，尽量不违农时，要求做到每战役不超过一兵一伕”，“反对无计划和浪费民力的现象”。⑤ 1948 年，中原局也要求“除战争需要外，在耕地种麦期间，各军队、各机关 30 里地以内运粮及磨面等勤务，应自行解决，停止动用人力畜力；并应通知所有部队、机关抽出牲口帮助耕种。自己运输者，公

① 《冀鲁豫区经济工作基本情况及 1949 年计划草案》，《财经工作资料选编》(上)，第 252 页。

② 《中共冀鲁豫区党委关于群众负担概况调查(摘录)》，《财经工作资料选编》(上)，第 929 页。

③ 《冀鲁豫区经济工作基本情况及 1949 年计划草案》，《财经工作资料选编》(上)，第 252 页。

④ 重远：《如何解决劳力困难及参战与生产的矛盾》，山西省农业科学院编写组：《太岳革命根据地农业资料选编》，山西科学技术出版社 1991 年版，第 800 页。

⑤ 《中共晋冀鲁豫中央局关于开展生产运动的指示》，《财经工作资料选编》(上)，第 361 页。

家可酌给运输费"①。1949年春,中原临时人民政府要求"党政军民各机关在春耕期间,必须抽出一定人力、畜力,帮助当地贫苦农民春耕。在春耕农忙时,除支援大军南下勤务外,禁止其他一切支差"②。二是在农民中开展生产互助,组织起来,提高劳动效率。这一点下文将专门论述。三是发动妇女、儿童参加农业生产。如太岳区约有女劳力50万以上,能参加农业劳动的约有1/4,其中比例最大的是济源、孟县、沁阳3县,可达到60%。③ 四是鼓励农民饲养牲畜。各解放区政府普遍提倡繁殖和添购牲畜,要求各县根据具体条件饲养牛、马、骡、驴等牲口,在征收农业税时一般都要扣除牲口消耗,如1949年河南省在制定负担政策时规定,"凡参加农业生产的牲畜,每头扣除200斤(麦),以示奖励"④。通过以上这些措施,在一定程度上解决了农业生产中劳力、畜力不足的问题。

二、开展农业互助合作

开展农业互助合作是解放区解决劳动力不足、提高生产率的最有效的方法。根据抗战时期的经验,河南各解放区政府积极引导广大农民在自愿互利的基础上发展劳动互助组织,以克服农业生产中的实际困难,提高生产水平。1947年春,晋冀鲁豫中央局指出:"必须普遍实行劳动互助变工换工,把一切劳动力(全劳动力半劳动力辅助劳动力和畜力)组织起来。参加生产,改变旧的生产形式,在个体经济的基础上,建立集体劳动的生产形式。在组织集体劳动时,要根据实际情况,注意等价交换自愿结合民主领导的原则,反对形式主义和强迫命令。"⑤晋冀鲁豫各解放区普遍开展了农业劳动互助合作运动。不少乡村,将全村的人力、畜

① 《中共中原局关于秋耕种麦的指示》,王礼琦编:《中原解放区财政经济史资料选编》,第309页。

② 《中原临时人民政府关于恢复和发展农业生产的指示》,《中原解放区》,第436~437页。

③ 《太岳区农业生产基本情况》,《太岳革命根据地农业资料选编》,第18页。

④ 《李副主席在河南省财政会议上的总结》,王礼琦编:《中原解放区财政经济史资料选编》,第1067页。

⑤ 《中共晋冀鲁豫中央局关于开展生产运动的指示》,《财经工作资料选编》(上),第362~363页。

力统一组织起来，分别编成青壮年队、老年队、妇女队等，实行前后方全村大变工，保证前方完成战勤任务，后方不荒一块田地。太行区的合作社组织，是在抗战时期发展起来的。到解放战争时，已发展到5000多个村庄，社员74万人，资金发展到几十亿元。1946年，太行区在农业副业中组织起来的劳动力，已占劳动力总数的78%，57%的妇女和老弱辅助劳力也组织起来了。① 据该区20个县的统计，平均每县42095人，比1944年增加了3倍多，比1945年增加了1倍多。② 冀鲁豫区也广泛开展了农业劳动互助。据对豫北农业互助情况的调查，到1949年，滑县的路寨胄保、南留店、副草坡后街3个村子，共521户，参加互助劳动者442户，占总户数的85%。其中个别户在收种时，也采用了临时互助。再如长垣县刘寨村200来户，仅4户未参加互助。③

各种群众性的合作互助组织，有效地解决了因参军参战造成的农村劳动力不足的问题，大大提高了生产力。1947年，太行区普遍干旱，有些地方还有雹、水、虫、风、霜等灾情，受灾区有26个县，灾民73万余人，由于党和政府大力领导和组织农民进行互助合作和生产自救，使生产增长了2300万斤小米，按每人每日1斤计，73万灾民可吃一个多月。④ 互助组织将分散的个体农民组织起来，不仅克服了劳力、畜力、农具、技术缺乏的困难，提高了劳动生产率，而且通过劳动生产培养了人们的集体观念和互助合作精神，对于发展生产，打破经济封锁，支援革命战争，起了极为重要的作用。如在1949年夏抗旱生产运动中，长垣县在落雨后，除组织牲口拉耧外，还组织人力拉耧，共组织了拉耧小组136个，参加995个劳力，内有妇女劳力175人，顺利完成了抢种任务。另外，根据高陵（今内黄县南部）、滑县、长垣、曲河（今属封丘）、封丘5个县及卫南（今

① 《太行革命根据地史稿》，第291页。

② 刘彦威：《解放战争时期解放区的农业》，《农业考古》2001年3期，第124页。

③ 《冀鲁豫行署关于豫北的农业互助调查》，《财经工作资料选编》（上），第243页。

④ 孙健：《中国经济史——近代部分（1840—1949）》，中国人民大学出版社1989年版，第759页。

属滑县)4个区、延津3个区、浚县几个村统计,在1949年5、6、7三个月内,共打新砖井165眼、土井3890眼,修理砖井575眼,淘井925眼。根据滑县、曲河、封丘3县及长垣3个半区、延津6个村、卫南4个村统计,共种红薯153262.9亩,小苗11580.3,抢种小苗1117293.9亩。① 这些成绩绝大部分是依靠劳动互助取得的。

三、生产度荒工作

抗战胜利后,豫北各地除1945年和1946年的年景比较好外,此后连年均发生不同程度的旱、涝、虫、雹等自然灾害。太行区1947年春耕播种以后,旱情十分严重,全区遭受旱灾地区的人口在200万以上,林县是受灾最严重的地区之一。4、6、7三个月又连续遭受严重的雹、蝗、虫灾害。1948年、1949年干旱更加严重。1949年蝗灾也很严重,这年6月初,在安阳、新乡等26个县的2800个行政村发现蝗虫,并迅速蔓延。根据各地灾情,太行行署组织全区人民展开了战胜灾荒的斗争。据不完全统计,在1949年抗旱斗争中,太行区修渠675条,打井3115眼,增加水浇地499000余亩,增买和修理水车1470辆。从6月5日起,各地还掀起了大规模的剿灭蝗虫的斗争,参加人数达到90多万。经过18天的紧张战斗,40万亩青苗被救②,剿蝗运动取得了重大胜利。

1947、1948年,冀鲁豫区也连续遭受各种灾害。1947年入春后,一直未下透雨。5月,冀鲁豫区党委发出指示,要求民众组织起来,"克服等待心理,立即进行挑水点种,分苗锄草,准备下雨后及时抢种,准备即将到来的麦收工作","保证不荒一寸土地"。③ 1948年春,全区大部分又出现旱灾或水灾。灾荒最严重的是四分区的高陵、长垣、滑县、浚县的全部,曲河、卫南、延津的一部分以及八分区的内黄、卫河(其辖区现分属清丰、内黄和南乐3县)、南乐、濮阳、清丰等县。重灾村无粮户占1/2或

① 《冀鲁豫行署关于豫北的农业互助调查》,《财经工作资料选编》(上),第444~445页。

② 《太行革命根据地史稿(1937—1949)》,第346~347页。

③ 《中共冀鲁豫区党委关于生产节约防旱备荒的指示》,《财经工作资料选编》(上),第369~370页。

1/3，灾民主要靠伐树卖柴过日，如内黄县桑村即砍掉11000棵枣树，而卖孩子、买卖婚姻关系、脸肿等现象不断发生。区党委根据各地灾情，于3月28日发出指示，要求灾情较重的四、八分区把生产救灾作为中心任务。同时在全区发放41亿元作为生产、种子等贷款，仅四、八分区即贷款107050万元，发放救济粮41万斤，豆粉、干青粉等约55万斤，贸易公司提供1400万斤物质如棉、盐、杂粮、现金、炭（约310万斤）等支持生产贸易，又拿出30亿吸收生产成品、土布、硝、碱等。① 救灾重点放在组织和支持生产上，组织运粮、运炭，收购硝、碱、土布及发展农村中编业、磨粉、做豆腐等副业，使农民基本上度过了春荒。

1948年，太岳区普遍发生麦子黄、黑疸病以及水、风、雹、虫等灾害。全区以济源最为严重，该县受灾土地面积达138700亩，占总麦地的25.5%，造成减产118000石。② 3月24日，太岳第四专署拨小米1600石救济济源春荒，支援春耕和生产自救。③ 济源县政府也借给群众小米20万斤，又发放救济粮100多万斤；县贸易公司还拿出小米约25万斤，棉花2万斤，实行以工代赈，组织加工，收换土布，扶持贫弱户进行生产。④

中原解放区由于旱涝灾荒、匪灾、农副产品销路困难等多种原因，也时常发生大面积的灾荒。如1949年的春荒，受灾人口大约在300万以上，发生了逃荒讨饭、拔食麦苗、吃树叶等现象。⑤ 据郑州分区不完全统计，约15万人食粮接不到麦收，4万人吃树叶。商丘阎集470户即有200户是半饥饿的状态。洛阳分区灾情较严重的占全区户数40%（其中

① 《中共冀鲁豫区党委关于生产救灾的报告》，《财经工作资料选编》（上），第382～387页。

② 《太岳区农业生产基本情况》，《太岳革命根据地农业资料选编》，第22页。

③ 《济源市志》，第34页。

④ 中共焦作市委党史办公室：《中共焦作历史（1925—1949）》，中共党史出版社1995年版，第319～320页。

⑤ 《中原临时人民政府关于生产节约渡过春荒的指示》，《中原解放区》，第445页。

有15%没有饭吃),较轻的占20%。① 许昌分区的临颍全县90%以上是水灾区,个别村出现群众饿死的现象。② 许多地方群众逃荒出卖耕牛,宝丰一区全区由3316头牛减到1537头,个别地区有平均1头牛须耕100亩地的严重现象。③ 为渡过春荒,中原临时人民政府提出了"生产节约渡过春荒"的任务,发动并扶植群众进行生产自救,组织群众运输粮、盐、煤、棉等,发动群众发展卷烟、榨油、纺织、烧瓷、熬盐、卡帽辫等手工副业;还发放无息贷粮371万斤,贷款20500万元,以扶植群众生产;号召所有机关部队养成艰苦朴素作风,开展节约运动;在易发生水患区挖河打坝,拨粮400万斤,以工代赈等。④ 银行也贷出18000万元中州钞,其中许昌分区6100万元,南阳分区8000万元,陈留分区2000万元,商丘分区1000万元,其他分区零星贷放约900万元⑤,用以灾农生产救灾。

四、农村副业的发展

解放区各级政府根据群众的生产条件和副业生产的经验,鼓励发展畜牧、运输、养蚕、养蜂、刨药材、编织、打油、粉坊等副业以及纺织手工业生产等,奖励有益于发展生产的特种农作物。在制定负担政策时,一般都规定农村小规模副业,如织布、编器、养羊、运输、小商业等,均不负担。

冀鲁豫边区政府根据本地区特点,要求大力发展手工业和副业生产,平原养猪,山地养羊,有纺织传统的地区大力发展纺织业,普遍发展榨油、染布、造纸等,积极组织恢复各地的传统特产,如清丰、南乐一带的

① 《河南省委5、6月份综合报告》,王礼琦编:《中原解放区财政经济史资料选编》,第104页。

② 《豫西区党委关于许昌、洛阳二分区生产借贷渡荒情况简报》,王礼琦编:《中原解放区财政经济史资料选编》,第328～329页。

③ 《河南省委5、6月份综合报告》,王礼琦编:《中原解放区财政经济史资料选编》,第104页。

④ 《中原临时人民政府关于生产节约渡过春荒的指示》,《中原解放区》,第445～446页。

⑤ 《1949年河南农村贷款总结》,王礼琦编:《中原解放区财政经济史资料选编》,第648页。

草帽辫，以增加农民收入。内黄县四区北胡村是沙区最穷的村，全村一共148户，其中贫农128户，中农19户，主要收入为红枣和花生，群众的生活大部分以糠秕野菜果腹。该村周围全是沙地，沙地2亩才能收6斗红粮，还得上粪加劳力，并且费半年时光。为了帮助该村农民解决贫困问题，1947年底，边区政府一次就为该村贫雇农发放贷款190万元，主要帮助贫雇农的副业生产。该村共组织了10个铲茅草组，3个运输组，3个粉房组，2个馍坊组，1个打烧饼组，1个木匠组（打织布机子），1个做豆腐组，1个喂猪组，4个小贩，13个妇女纺织组。① 这笔贷款，帮助贫雇农建立了副业，解决了一个冬天和春天两季的生活困难，同时也保住了群众赖以维持生活的枣树不继续被卖。

1947年春，豫北贸易公司贷棉25万斤，扶持济源县开展春季纺织运动，全县6万余名妇女开展纺织，形成热潮。② 修武县一区王官村共185户，971人，耕地2766亩。1947年被水淹2270亩，是个严重的水灾区。1949年春荒，该村只有7户54口人有粮食吃。为开展生产自救，该村组织了运输、纺织等副业生产，仅运输一项，4月份一个月就赚米28石，每人半月平均得小米5.1斗，大多数村民的吃粮问题得到了解决。③

河南柞蚕为全国三大产区之一，产于鲁山、南召、方城、南阳、镇平、内乡、嵩县等地，1902～1931年为最盛期，产丝最高额达200万斤。1931年后，因外受帝国主义经济危机影响，内受重重剥削，蚕农生活日益困苦，再加上战争影响，丝绸销路减少，东北、山东蚕种来源隔断，本地蚕种病毒多，柞蚕产量大减，年产量不到最盛时的5%。为了恢复柞蚕产量，1949年，中州农民银行河南省分行派专人协同农业所赴东北采购优良品种，购回柞蚕种茧950.3万粒，约折合人民币3亿元，分别贷给南召342万粒，方城70.5万粒，南阳37.5万粒，镇平32.5万粒，鲁山

① 张捷三：《冀鲁豫内黄四区北胡村发放冬贷经过》，《冀鲁豫边区金融史料选编》下册，中国金融出版社1989年版，第136～137页。

② 《济源市志》，第32页。

③ 《中共焦作历史（1925—1949）》，第320页。

467.8万粒。每千粒折丝1斤半,收获后归还,不另出息。① 这次蚕种贷款,使养蚕业得到了初步的恢复。

解放战争时期,河南各解放区副业生产取得了显著的成绩,产棉区的纺织、养鸡、养猪等都得到了恢复,有些还有发展。其中冀鲁豫区副业生产大体上有100多种,这些副业生产的收入,1946年占农业收入的12%,1948年等于农业收入的15%。② 太岳区1948年仅食油、麻皮、花生、山货药材、黄丝、丝织、鸡蛋、肉类、木料、山果(梨、柿饼、核桃、红果)、粉(皮条)等副业收入即占全区农业收入的7.05%,相当于61.5万亩土地的收入;如果加上运输、小手艺、编织等副业收入,估计约占农业收入的10%以上。③

总之,尽管有战争的严重破坏、农村劳动力严重短缺和连年发生各种自然灾害等困难,河南各解放区的农业生产仍然得到了一定的恢复和发展。例如,太行区在解放战争初期,继续发扬自力更生、艰苦奋斗的精神,深入开展农业大生产运动。1945和1946年,粮食生产都有较大的提高,经济作物也有了一定的发展。1946年植棉面积达129万亩,棉花总产达3000万斤以上④,除了满足本区人民需要外,还拿出1700多万斤支援战争。1947年虽然全区灾情严重,但仍获得了较好收成。全区军民不仅战胜了困难,保证了军需民食,还大力支援了解放战争。据不完全统计,在4年解放战争中,太行区仅粮食一项即贡献了178000多万斤,同时还保证了成千上万民兵的供应。⑤中原解放区对解放战争,特别是在淮海战役、大军南下等重大战役中,也作出了重大贡献。据不完全统计,仅从1949年初到11月底10个月时间里,中原解放区人民就供应

① 《1949年河南农村贷款总结》,王礼琦编:《中原解放区财政经济史资料选编》,第648～649页。

② 韩哲一:《冀鲁豫区生产会议总结报告》,《财经工作资料选编》(上),第241页。

③ 《太岳区农业生产基本情况》,《太岳革命根据地农业资料选编》,第26～27页。

④ 陆仰渊、方庆秋主编:《民国社会经济史》,中国经济出版社1991年版,第870页。

⑤ 《太行革命根据地史稿》,第347页。

粮食 4.80241293 亿斤，烧柴 3.22788208 亿斤，马草 1.18193268 亿斤，马料 7546.9 万斤。① 但是，由于战争破坏、劳畜力缺乏、耕作水平降低、自然灾害的侵袭以及生产领导上的一些失误，河南各解放区的农副业生产并没有恢复到抗战前的水平。如 1948 年冀鲁豫区农业产量与抗战前相比，约降低 33%。② 副业生产中猾子皮减少了 75%，草帽辫减少了 94.5%③，太岳区抗战前粮食常年产量每亩约为 1.08 石，1948 年每亩产量平均 0.86 石，约达战前的 8 成，也即是说每亩平均减少了 20%。因 1948 年雨水较为顺调，增加了收成，如以常年计，每亩只能收粮 0.81 石，约合战前的 7.5 成，即少了 25%。另外，棉花减产了 30.7%，麻减产了 20%。粮食减产最严重的是小麦，其次是豆子、高粱、杂粮，较少的是谷子、玉茭。④

第三节 整顿与建设中的工商业

一、政策上的纠偏

解放战争时期，为迅速恢复工商业经济，中共中央制定了保护民族工商业不受侵犯，实行营业自由与公平交易的政策。1946 年中共中央在“五四指示”中强调：“除罪大恶极的汉奸分子的矿山、工厂、商店应当没收外，凡富农及地主开设的商店、作坊、工厂、矿山，不要侵犯，应予以保全，以免影响工商业的发展。”“有些地方将农村中清算封建地主的办法，错误地运用到城市中来清算工厂商店，应立即停止。”⑤在 1947 年 10

① 邓子恢：《中原临时人民政府近一年来施政工作报告》。转引自林风：《重建中原解放区的历史地位和作用》，《华中师范大学学报》1997 年第 7 期。

② 韩哲一：《冀鲁豫区生产会议总结报告》，《财经工作资料选编》（上），第 240～241 页。

③ 《冀鲁豫区经济工作基本情况及 1949 年计划草案》，《财经工作资料选编》（上），第 254 页。

④ 《太岳区农业生产基本情况》，《太岳革命根据地农业资料选编》，第 14～15 页。

⑤ 《中国土地改革史料选编》，第 249 页。

月的《中国土地法大纲》中,又明确规定:“保护工商业者的财产及其合法的营业,不受侵犯。”①但河南解放区不少地方在土地改革中,由于犯了“左”倾急性病,对地主、富农的工商业进行了没收。特别是在新解放区的创建过程中,一些地方发生了“左”的错误倾向,斗争工商业以及乱打乱杀等,造成一部分城镇的工商业一度陷于停顿和混乱状态,损失较大。如 1948 年 5 月之前,豫皖苏区一些地方“取消与合并集市,建立贫农团包办的交易所,取消私人行店,让贫农团统治市场”,甚至“对群众采用武装包围驱逐,强迫取消”。② 由于把土改中斗争地主的方法搬用到工商业上,破坏了农村市镇工商业的发展。豫西鲁山县也发生了乱没收乱斗争工商业的错误偏向,“在乱没收的过程中,大商逃跑,中商观望,有的资本分散,由门面变为摊贩,摊贩变为不干”③,造成市场萧条,贸易死滞,工业破产。

烟草是豫西解放区的重要特产,过去每年出口量达 25 万包至 30 万包(每包 220 斤)④,除供应本地区外,还销往上海、汉口、郑州、开封、西安、襄阳、樊城及湖北部分地区,不仅为烟农一大收入,而且政府依靠烟草出口,对外可换回大批军用品及日用必需品,并且获得巨额的烟草税收。1947 年大军过河后,“大部烟厂被摧毁,有的将机子给没收搬走”,其生产秩序与销路被打乱。直到次年 4 月 1 日豫西行署颁布恢复工商业布告后,大部分地区才停止了对烟草业的破坏,有的将机器退还原主,但“有个别县(如舞阳向新亚公司借款要烟)尚在向烟厂借款要烟等现象,尚在破坏着(现已停止)。各地卷烟业者对我政策尚在怀疑,有的不敢恢〔复〕业或无力恢〔复〕业,有的恢〔复〕业不敢扩大,这种现象普遍存

① 《河南解放区的土地改革》,第 9 页。

② 《豫皖苏三分区恢复工商业的概况(节录)》,王礼琦编:《中原解放区财政经济史资料选编》,第 352～354 页。

③ 《鲁山县工商业退还与赔偿错没收的情形》,王礼琦编:《中原解放区财政经济史资料选编》,第 389 页。

④ 《豫西行政公署关于管理烟草出口及管理烟行的命令》,王礼琦编:《中原解放区财政经济史资料选编》,第 356 页。

在”。①

工商业遭受破坏引起了中共高层的注意，1948年1月18日，中共中央发出《关于目前党的政策中的几个重要问题》的指示指出：“必须避免对中小工商业者采取任何冒险政策”；“地主富农的工商业一般应当保护，只有官僚资本和真正恶霸反革命分子的工商业，才可以没收。这种应当没收的工商业，凡属有益于国民经济的，在国家和人民接收过来之后，必须使其继续营业，不得分散或停闭”。② 2月27日，中共中央要求迅速纠正“某些地方的党组织违反党中央的工商业政策，造成严重破坏工商业的现象”③。鉴于一些地方对于官僚资本和民营企业的界限没有作出严格区分，4月8日，也即豫西重镇洛阳第二次解放后的第3天，中共中央发给洛阳前线指挥部的电报特意强调：“对于官僚资本要有明确界限，不要将国民党人经营的工商业都叫做官僚资本而加以没收”；“对于小官僚和地主所办的工商业，则不在没收之列。一切民族资产阶级经营的企业，严禁侵犯”。④

根据中共中央指示，各解放区采取了对工商业进行保护的相应措施。1948年6月6日，中原局要求各解放区“必须坚决执行保护城市、保护工商业的政策”，“过去城市乡村的工厂、作坊、商店和副业遭到了严重的破坏，党和政府要用很大力量组织各种专门机构（吸收工商业主、技师和工人参加），研究方法，使之迅速恢复生产。凡是没收错了的私人工商业的生产资料，如果是军队和政府机关保存的，应无条件地全部退还；如果已分给群众，则应说服群众归还，或由政府用其他东西从群众手中换回发还。凡是应该没收的生产资料，亦应或由政府、或租给私人、或组织群众恢复生产，不得搁置不用，妨害生产”。⑤ 9月，中原局又专门发出

① 《豫西区各地工矿业材料》，王礼琦编：《中原解放区财政经济史资料选编》，第359～360页。

② 《毛泽东选集》第4卷，第1269页。

③ 《关于工商业政策》，《毛泽东选集》第4卷，第1285页。

④ 《再克洛阳后给洛阳前线指挥部的电报》，《毛泽东选集》第4卷，第1323～1324页。

⑤ 《贯彻执行中共中央关于土改与整党工作的指示》，《邓小平文选》第1卷，第120～121页。

《关于进一步恢复工商业的指示》,指出:“在今后乡村的农民运动中,没收已经政府判决的某些大恶霸罪犯财产时,其中如有工商业部分,应不没收,留给其家属经营,或将此项财产作价,让他分期偿还。对于已经破坏或错行没收、错行分配之工商业,必须坚决实行适当补偿,不得有所动摇。”①10月,中原局在“减租减息纲领”中,再次规定“凡没收地主、旧式富农及工商业者之工商业,应设法退还或另行设法弥补之”。② 1948年4月29日,晋冀鲁豫中央局也发出《关于工商业政策的指示》③,检查了过去侵犯工商业者利益的错误,宣布“保护一切工商业(包括地主富农工商业在内)”,并无条件退还在反奸清算斗争中所侵占的工商业财物。晋冀鲁豫和晋察冀两大解放区合并后,华北局又多次强调:“必须保护工商业者的财产所有权,经营自由权,及正当的营业利润。”④

根据上述指示精神,河南各解放区党和政府结合各地实际情况,都对侵犯私人工商业的问题进行了坚决纠正,采取了保护工商业的措施。1948年3月,豫陕鄂边区行署发出布告:“凡私人经营之工厂、商店,向政府进行登记,政府发给营业证后,即保障其财产及其合法营业”;“对小型手工业、作坊、家庭副业和肩挑小贩,除给以政策法令保护外,并以低利贷款扶持,帮助其技术工具提高改良,及解决其他各种困难”;“除政府依法没收之官僚资本外,禁止任何机关团体没收及向工商业借款。凡已搬运私人经营之机器及生产工具,均须归还原主,如原主不在者,应暂交政府保管,俟原主回来仍行归还”。⑤7月,豫西区党委、行署要求对破坏的工商业按不同情况,区别处理,“凡属于群众点火之损失,如系工厂之工具、原料,未失散者,坚决说服农民或贫民退还,房屋亦然;公家所没收者,同样退还”。“如系商业之日用品,业已被消费者,无法退还,也无法

① 王礼琦编:《中原解放区财政经济史资料选编》,第346页。

② 《中原局减租减息纲领》,《中原解放区》,第110页。

③ 《冀鲁豫边区金融史料选编》下册,第184~188页。

④ 《中共中央华北局金融贸易会议综合报告摘要》,《冀鲁豫边区金融史料选编》下册,第198页。

⑤ 《豫陕鄂边区行政公署恢复工商业的布告》,王礼琦编:《中原解放区财政经济史资料选编》,第336~337页。

全部赔偿，只能在禁用蒋币后，予以适当的贷款，并减免其营业税。土匪抢劫者，我们在政治上不能负责，如必要时，亦可予以贷款。部队食用粮店之粮食，如有条据，而考察属实者，应按数归还；如数目过大，可分数期归还”。① 同年11月，豫皖苏召开城市工作会议，分析了私营工商业遭受侵犯的几种原因：(1)地方和军队错误地当做官僚资本没收（如许昌等）；(2)军队作战时临时借用商号和粮行作了给养用（如许昌）；(3)群众嗡的（如淮阳等）；(4)并行并集影响了货物交易（如淮阳）；(5)为了防范漏税实行重罚。会议要求各市必须对被侵犯的工商业进行坚决而适当的补偿；同时根据本地特点，有重点地组织生产，恢复和发展工商业，如发展淮阳的制席、黄花菜，许昌的烟叶、铁业，周口的铜铁业、牛羊皮油、制革等。② 以上保护工商业的方针措施，切实纠正了损害工商业的错误倾向，对于解除工商界存在的种种疑虑，调动工商业者的积极性，促进工商业的迅速恢复和发展，无疑起了重要作用。不仅原逃离解放区的商人、地富纷纷返回，重操旧业，而且还吸引了一些外地商人向解放区迁移。

随着战争的胜利发展，中原地区开始从战争向建设转变。1949年3月，中原临时人民政府作出了《关于经济机构变更与干部配备的决定》，决定撤销原豫皖苏、豫西、桐柏三个区的工商分局、贸易分公司及中原烟叶管理局与其所属各分局等，在河南省境内分别成立下列机构（各地烟草管理事宜，归各级工商机关直接办理）：中原临时人民政府财经部内设第三处（工商处），河南省境内各专县设工商科。开封、郑州、洛阳、许昌、南阳、漯河、淮阳、周口、汝南、确山、襄城、禹县（今禹州市）、朱集③等市

① 《豫西区党委、行署致一地委、专署的指示》，王礼琦编：《中原解放区财政经济史资料选编》，第341页。

② 《中共豫皖苏中央分局城市工作会议记录（节录）》，王礼琦编：《中原解放区财政经济史资料选编》，第379～380页。

③ 现辖区属商丘市。1948年11月6日，商丘县城关和朱集镇解放。中共豫皖苏中央分局第一地委于18日建置商丘市，辖商丘县城关和朱集镇。1949年3月，商丘市建制撤销，在朱集镇建置朱集市。1950年5月，又在商丘城关镇建置商丘市。当年8月，朱集、商丘两市合并，称商丘市。参见商丘市志编纂委员会编：《商丘市概况》，河南人民出版社1988年版，第1页。

县设工商市、县局,各县较大之集镇,如舞阳之北舞渡、南阳之社旗镇、沈丘之槐店、唐河之源泽等地设工商事务所。处、科、局、所,均为各该级政府之组成部分。成立中原贸易公司河南省分公司,并于洛阳、陕州、许昌、南阳、郑州(回郭镇)、陈留、商丘、淮阳、确山各区成立以地为名的贸易公司。省分公司在业务上受中原贸易总公司直接领导,同时又领导河南省境内各级贸易公司或商店,开封、郑州两市贸易公司,归省分公司直接领导。为加强对外贸易及掌握对外重要物资,设立对外贸易公司及烟草、棉花、桐油、花生四个专业公司,归中原贸易总公司直接领导。① 这些机构的调整,更好地明确和完善了领导关系,加强了对工商业等各项经济工作的领导。

1949 年 5 月,河南省人民政府成立,决定经济工作的方针是"重点恢复,稳步前进",也即以恢复有利于国计民生的商业和公营企业为重点,对私营企业予以适当扶持,合作经济重点放在城市,主要是组织供销和消费合作社。② 根据省委和省政府确定的工作任务和方针,当月,省工商厅召开全省经济工作会议,分析了河南经济的基本情况,明确提出:首先从商业着手,沟通对外贸易及内地物资交流,打破经济死滞,大力恢复工业原料的特种农作物生产,为有重点地恢复工业打下基础。会议通过了发展公营企业计划和扶持私营企业计划等方案。6 月,中原临时人民政府主席邓子恢在开封市各界代表会上作了《怎样走向经济繁荣的道路》的报告,详细阐明了搞好内外、城乡关系使土产外销货畅其流、正确执行公私兼顾和公私两利方针、实现劳资两利等政策③,为进一步全面贯彻执行党的工商业政策指明了方向。

二、老解放区的工商业

在全面内战爆发前,晋冀鲁豫区城市工商业得到了恢复和发展。以濮阳等为中心,先后建立或恢复了机器、火柴、肥皂、卷烟、面粉、纺织等

① 《中原解放区》,第 423～429 页。

② 中共河南省委党史研究室编:《城市的接管与社会改造(河南卷)》,河南人民出版社 2000 年版,第 371～372 页。

③ 邓子恢:《怎样走向经济繁荣的道路》,《中原解放区》,第 477～486 页。

工厂，其中纸烟、肥皂、纺织做到全部自给，火柴自给很大一部分。在商业上，统一了全区对外贸易和对内调剂，建立了草帽辫、皮毛等土产商店。由于市场有了销路，并沟通了对大城市的出入口贸易，皮毛、草帽辫、乌枣、瓜子等土产能够大量出口，内地货物交流也比较活跃。不仅公营工商业得到了发展，手工业作坊在解放区政府积极扶植下也得到了发展，濮阳城在抗战前坐商约 429 家，人口近 2 万。① 从日伪手中收复时仅有大小商号 369 家，到全面内战爆发前，大小商号、手工业作坊增至 629 家(小商贩不在内)，其特点是手工业作坊、土特产店、杂货店等发展很快，如卷烟过去只有 1 家，新发展 250 家，花店新发展 8 家。② 晋冀鲁豫区的农村手工业，尤其是手工棉纺织业也得到发展。1946 年，全区已有纺织妇女 300 万人，除木质布机外，还有宽面铁轮织布机 1000 余架。全区年产布 5000 余万斤，太岳区大部分自给，太行区全部自给，冀鲁豫区自给有余。③

但内战开始后，城乡工商业受到了战争的严重打击。特别是在内战中许多城镇中共反复得失数次，加上对外贸易断绝，物价波动，战勤繁重，使乡村手工业及副业遭到严重破坏，城市公、私营工商业也都得不到正常发展。除了这些原因，“左”的工商业政策也造成了工商业的破坏。因此，1947 年后，滑县、牛市屯、内黄、濮县等集市大部分垮台，其特点是坐商剩下很少；濮阳、清丰、南乐、长垣、井店、辛庄、范县、道口等则处于萧条状态，其特点是大商号减少，小商号生意不好，市面萧条。④ 南乐、清丰的草帽辫，过去行销南洋、英、美等地，获利丰厚。由于实行统制垄断政策，造成产品卖不出去，辫业垮台。安阳水冶镇手工卷烟原本非常

---

① 《冀鲁豫区工商业报告(节录)》，《冀鲁豫边区金融史料选编》下册，第 171 页。

② 《冀鲁豫区工商业报告(节录)》，《冀鲁豫边区金融史料选编》下册，第 173 页。

③ 李占才主编：《中国新民主主义经济史》，安徽教育出版社 1990 年版，第 296 页。

④ 《冀鲁豫区工商业报告(节录)》，《冀鲁豫边区金融史料选编》下册，第 177 页。

发达,但在实行纸烟专卖后,也全部关门。①

经过一年多的整顿和建设,濮阳等城镇公营工商业有所恢复,但私营工商业因受"左"的土改政策影响,仍处于萧条状态。如濮阳城除机关生产外,较为大点的私人买卖就是药铺、酱菜园、铸铁炉、旱烟店,在土改后有的被没收,大部分变成群众和私人合营,有的全部没收归群众经营。② 表9—1是冀鲁豫区几个市镇1947年工商业状况统计。

表9—1 1947年几个主要城镇不同性质的工商业数量比较表

地 点	坐 商	较大商号	机关生产	群 营	私 营
濮 阳	465	37	23	11	3
清 丰	171	24	6	11	7
辛庄集(现属范县)	63	6	4	2	
井店集(现属内黄)	143	17	5	12	

注:较大商号资本都在50万以上。

资料来源:《冀鲁豫区工商业报告(节录)》(1948年3月),《冀鲁豫边区金融史料选编》下册,第175页。

从表9—1可以看出,市镇中私人资本数目很小(包括群众经营的)。到1948年初,濮阳大小商号共861家,其中资本在50万以上的共26家,约占总数的3%;资本在10万以下的小商小贩729家,约占总数的84.7%;资本在10万以上的中等商号106家,占总数的12.3%。机关生产14家(国营商店2家除外),资本总数在5亿以上(仅永丰、恒生冒两家就有资本3亿多)。全濮阳城私商资本共约7150万元,公私资本之比为8∶1。在抗战前濮阳城有煤油公司2家,洋布有10家,总资本在10万以上,合麦子10000石。而1948年初全城私人资本才合麦子1000石,与抗战前相比还没一家洋布庄资本多。土改以后,濮阳城工商业户数虽然增多,但是资本都不大,"原因是不愿做大生意,怕财帛露水,所以

① 《中共晋冀鲁豫中央局关于工商业政策的指示》,《冀鲁豫边区金融史料选编》下册,第186页。

② 《冀鲁豫区工商业报告(节录)》,《冀鲁豫边区金融史料选编》下册,第175页。

逐渐走向分化，以大变小，以少变多”。新添商号有3种类型：一种是群众合作社，一种是群众合营，一种是翻身群众新建小商号。① 这种现象的出现，说明当时解放区的工商业政策的确存在一定的问题。

在中共中央出台纠正“左”的工商业政策后，各地工商业有了一定的起色。冀鲁豫边区在纠“左”的过程中，通过公营工厂和商店赊货、银行贷款等办法，使各城市的工商业大多恢复或有所增加，中小商人和手工业者的生产情绪普遍提高，纷纷修建工厂及铺面、筹集资本、扩大生产和营业，市场逐渐呈现繁荣气象。1948年3月到8月濮阳恢复与增加工商业40多家。② 公营商店德丰玉，将运来的海盐交由宏昌货栈代售，每百斤增加2斤的损耗，每万元抽手续费250元，从6月28日到7月22日，计25天，共售盐206348.9斤，计61335040元，获得手续费1533376元。宏昌货栈是新开张的，建设、招待伙食等费用较大，共花出455020元，但仍净得100多万元。公营新华烟厂也扶持了30余家小商人，其办法是先赊给烟作本钱，长期不收回，以后用现钱购烟。过去错斗的工商业，经过退还以后，也安心经营和扩大经营了。如南街复濮酱菜园在1947年曾被清算，在经过退还工商业后，又吸收新股金220万元。土改前每年做酱10缸，豆腐乳3缸，醋5缸；被清算后做酱2缸，豆腐乳1缸半，醋3缸；退还后，做酱16缸，豆腐乳5缸，醋14缸。其他咸菜调料较前也均有增加。③

中原解放区的工商业在纠“左”之后也逐渐得到了恢复和发展。1948年5月，豫皖苏三分区召开了县局长会议，决定扭转过去的错误政策，允许被取消集市全部由群众自由恢复；团结工商小贩，尤其是贫苦运输贩子，组织当地运输业向合作社的方向发展；规定各阶层群众均有营业自由权，允许群众在不用法币、不反对土改、不做敌探的条件下自由成

① 《冀鲁豫区工商业报告(节录)》，《冀鲁豫边区金融史料选编》下册，第175～176页。

② 薄一波：《关于晋冀鲁豫地区纠正“左”倾及发展生产情况的综合报告》，《中国土地改革史料选编》，第543页。

③ 《濮阳公营工厂商店银行有力扶植私人工商业》，《冀鲁豫边区金融史料选编》下册，第263～264页。

立行店,政府保障其财权人权不受侵犯,并发给营业证;取消限制贸易自由的内地购运证。这些措施实行后,在6月一个月中,101个集市全部恢复,“大部分贫农也能自由组行,中农、富农、地主、中小商人、小商贩均纷纷成立行店”,市场呈现一种新气象,“运输事业发展了,物资交流了,东线食盐大批内运,使内地食盐由800元跌到500元或400元”。另外,从6月份起,豫皖苏三分区还下大力气把恢复酒锅工作作为恢复整个工商业的突破口。在短短3个月中,使停业的150个大酒锅很快恢复了66个,其余84个也正在准备恢复中。① 为了切实保障工商业者的利益,豫皖苏区各地建立了包括中小商人、工业作坊主、厂主、贫苦摊贩、地富商人等在内的工商业联合会,让工商业者自己管理自己,大大提高了工商业者的积极性,推动了工商业的发展。如睢县,1948年从8月至10月仅县城东关就增加了30个商店。另据三分区6个县58个市场统计,截至8月20日,各种行业、作坊已由原来的2193家,发展到4950家,增加了2757家②,基本上克服了工商业的混乱局面,大商小贩来往不断,市场日益繁荣。

豫西在纠正过去乱没收乱斗争工商业的错误偏向,并对受侵犯的工商业进行赔偿之后,至1948年底,各地工商业大部分得到了恢复。如洛阳工商业的数目超过了解放前;襄城烟行增加到70多户;新安城关在7月份前坐商82户、摊贩25户,到7月底坐商即增加了46户,摊贩增加了42户;渑池城关7月前坐商193户,月底即增加到286户;西峡口从6月的371户,增加到12月的456户。③ 鲁山县原在国民党统治时期有商号504户,在端正政策赔偿后,摊贩515户,坐商517户,共1032户,增加了528户。④

---

① 《豫皖苏三分区恢复工商业的概况(节录)》,王礼琦编:《中原解放区财政经济史资料选编》,第353～354页。

② 《豫皖苏三分区恢复工商业的概况(节录)》,王礼琦编:《中原解放区财政经济史资料选编》,第354～355页。

③ 河南省税务局、河南省档案馆编:《中原解放区工商税收史料选编》(上),河南人民出版社1989年版,第557页。

④ 《鲁山县工商业退还与赔偿错没收的情形》,王礼琦编:《中原解放区财政经济史资料选编》,第389页。

三、新解放城市的工商业

随着解放战争的胜利，许多城市陆续解放。由于国民党旧的统治机构土崩瓦解了，新秩序尚未建立，因此，新解放的城市出现了市场萧条、工人失业、工商业凋敝的现象。解放区政府为恢复和发展各个新解放城市的工商业，重点采取了以下几项措施。第一，贯彻政策，消除思想顾虑。接管城市后，解放区各级政府贯彻执行中共中央的三大经济纲领，对官僚资本进行了没收。对于接收过来的厂矿，成立工厂管理委员会，负责组织领导生产。除了一般性地宣传保护工商业的政策外，还召开工商业者的会议和各行业的会议，进一步阐明政府保护和扶助工业生产、准予自由贸易的政策。在秩序基本稳定后，很快转向有计划地组织群众恢复和发展生产。如新乡市解放后，军管会"在劳资两利、公私兼顾原则下，有步骤地解决了工人福利问题，慎重地接收与没收，严格约束各生产部门，不准强占和强租市房，及发放生产贷粮等"①，以便恢复和促进工商业的发展。除了采取保护政策外，还对一些旧的工商业提出恢复改造（转业或改变营业方针），使它们转向新的行业，如郑州市"12 户银钱业转入铁工业者 2 户，棉织业 1 户，杂货业 2 户，盐业 4 户，其他原为四大家族服务的行业也逐渐转向以农村及广大市民为对象"②。经过政策教育与采取适当的扶助等措施，消除了工商业者的思想顾虑，使其能够安心生产和经营。

第二，对于经营有困难的公私营工厂商号，帮助解决恢复生产的资金、原料、销路等实际困难。1948 年 12 月，中州农民银行郑州分行发放了 2600 多万元贷款用于恢复工商业，其中获得工业贷款的有 130 户，占该市全部工业户数的 1/3 以上。开封分行自 11 月 15 日到年底发放了 2200 多万元贷款主要用于粮食、煤炭的运销和电气、面粉、印刷、铁器等工业的恢复和发展。洛阳市行从 9 月到 12 月发放了 1900 万元工商业

---

① 《新乡市入城以来的工作初步总结》，《城市的接管与社会改造（河南卷）》，第 105 页。

② 《郑州市人民政府一年来工作报告》，王礼琦编：《中原解放区财政经济史资料选编》，第 112 页。

贷款,扶植了棉、盐、土布、粮食、铁货等的运销,以及纺织、面粉、铁工、弹花等工业的恢复和发展。① 郑州市自 1948 年 12 月到 1949 年 9 月底,共有 2130 户公私营工厂商号获得了贷款,数额达 31 亿多(折合人民币数)。贸易公司也以原料换成品及代销成品等方式解决了许多原料供应、成品推销的问题。自 1949 年 1 月至 8 月郑州市贸易公司共订购药布 5000 斤、牙粉 70 万包、油布 2104 匹、军鞋 270265 双,以棉纱 6855 捆换药布 62521 斤,扶植了 148 部棉织机开工生产(占全市棉织机的 78%)。② 新乡生产弹花机的维新铁工厂得到了 30 万元(冀鲁豫币)贷款,最先恢复了生产。③ 这些有关军需民用的工业迅速恢复生产,对支援战争、发展生产,起到了重要作用,在商业上对盐、粮、煤、棉与外来军需用品的供销也起到了积极作用。

第三,用合作社的办法组织城市个体工商业恢复生产。1948 年 10～11 月,洛阳组织了 6 个街的合作社,社员 1300 多人。④ 到次年 2 月,共建立合作社 18 个,5000 多人,主要是供给军需生产,如做鞋、衣服等。⑤ 郑州解放后一年间,共建立了消费合作社 21 个,社员 27999 人,其中各业工人占 47.13%,其他劳动群众占 62.87%;供销合作社 1 个,社员 25 个;生产合作社 3 个,社员 99 个。其中消费合作社供应粮食有 4613256 斤,盐 1114603 斤,香油 51231 斤,肥皂 22355 条,土布 2450 匹;供销合作社共销给社员洋纱 84 捆,又以纱 356 捆换布 4297 匹,毛巾 1254 条,

① 《郑汴洛三行 1948 年存放款业务的检讨》,王礼琦编:《中原解放区财政经济史资料选编》,第 583～586 页。

② 《郑州市人民政府一年来工作报告》,王礼琦编:《中原解放区财政经济史资料选编》,第 112～113 页。

③ 新乡市地方史志编纂委员会编:《新乡市志》(中册),生活·读书·新知三联书店 1994 年版,第 89 页。

④ 周季方《洛阳市 11 月份工作报告》,王礼琦编:《中原解放区财政经济史资料选编》,第 64 页。

⑤ 《洛阳解放以来的城市工作总结》,《城市的接管与社会改造(河南卷)》,第 89 页。

袜子 1457 双。① 这些合作社在促进生产与保证群众的生活上起了积极作用。

以上这些措施，对新解放城市工商业的迅速恢复和发展起到了重要作用。据不完全统计，郑州市在 1948 年 10 月 23 日解放前，全市共有私营工商业 2970 户，实际营业的户数 1867 户。到 1949 年 9 月底，工商业已发展到 3375 户（其中商业 1904 户，机器工业、手工业 1471 户）。其中粮、棉、盐、煤炭、运输、旅栈、五金、颜料、干果、皮毛、药材、商行、木材等都比解放以前的户数有所增加。接收的公营工厂计有郑州发电厂、南阳铁工厂、久丰面粉厂、利民烟厂、大众烟厂等 5 个单位，“其中绝大部分是破烂不堪，或未安装机器工具，除利民烟厂与发电厂于解放前勉强维持半开工外，其余均已倒闭”，当时 5 个厂全体职工共 135 人。经过清理整顿，使这些工厂的生产得到了恢复和发展。如电力公司刚接收时，仅一部 15KW 柴油机输电，1949 年 1 月租用豫中打包厂锅炉安装 125KW 发电机输电 168.5 匹马力，到 9 月份增加到 261.7 匹马力。与接收时比较，增加了 16 倍以上②，初步解决了郑州市动力问题，奠定了工业生产的基础。经过采取多种扶助与保护措施，郑州市工商业很快度过了萧条期，日益走向繁荣。据税务局的统计，棉花从 1949 年 1 月份的 65 万斤，增加到 5 月份的 75 万斤，又发展到 8 月份的 231.9384 万斤；食盐从 1 月的 93 万斤发展到 8 月的 380 万斤；粮食从 1 月的 102 万斤、5 月的 338 万斤增加到 8 月的 560 万斤；油 1 月份为 6 万斤，5 月份为 23 万斤，到 8 月份为 28 万斤；煤炭 1 月为 118 万斤，5 月为 88 万斤，8 月提高到 159 万斤；8 月份骡子 4700 头、烟丝 71 万斤、皮毛 23054 张，均比 5 月份增加近 2 倍。③ 安阳市在 1949 年初，市区仅存留个体手工业 50 余户及 9 家小织布厂、4 家铁工厂，还有土顽军的几家小修械所。5 月解放后，

① 《郑州市人民政府一年来工作报告》，王礼琦编：《中原解放区财政经济史资料选编》，第 112 页。

② 《郑州市人民政府一年来工作报告》，王礼琦编：《中原解放区财政经济史资料选编》，第 110～111 页。

③ 《郑州市人民政府一年来工作报告》，王礼琦编：《中原解放区财政经济史资料选编》，第 113 页。

经过半年的恢复和建设,到1949年底,市区已有工业企业87家,个体手工业12个行业,工业、手工业职工及从业人员5212人。其中全民所有制企业9家1823人;集体所有制企业6家45人;私营企业及个体手工业1262户,从业人员3344人。①

到1949年底,河南省几个主要城市的工商业恢复情况已超过各个城市解放前的水平,如表9—2。

表9—2 开封、郑州、漯河、朱集、周口5市工商业恢复比较表

城市	项目、类别 数量	商业						工业						合计			
		户数	指数	资本	指数	交易	指数	户数	指数	资本	指数	产值	指数	户数	指数	资本	指数
开封	抗战前	278	100	1268.6	100	7355.9	100	84	100	1344.5	100	9805	100	362	100	2613.1	100
	解放前	498	178	712.8	55.6	2386.2	32.5	144	171	1597.5	119	4485.6	45.7	642	180	2301.3	88
	1949	1146	412	482.4	83	11934.9	162	265	315	487	36.3	2275.1	23.2	1411	392	969.4	37.1
郑州	抗战前	1950	100	7500	100	11152.4	100	507	100	13807.6	100	10864	100	2457	100	21307.6	100
	解放前	1246	62.3	1350.4	18.1	3810.2	32.43	547	109.13	4399.5	31.86	644.7	5.86	1793	72.3	5750	27
	1949	1971	101.2	2395.7	31.9	5994.4	53.75	1424	284.8	6626.5	47.95	2486.6	23.04	3395	137	9022.2	42.3
漯河	抗战前	341	100	5354	100	360970	100	12	100	2054	100	2337.6	100	353	100	7408	100
	解放前	405	118.7	1386.1	25.9	461741	127	25	208.3	1341.8	65.8	1516	64.9	430	116	2727.9	36.8
	1949	699	205	1896.3	35.41	142272	39.4	45	375	863	42.01	2610.4	111.5	744	210	2759.3	37.0
朱集	抗战前	38	100	720	100			24	100	129	100			38	100	720	100
	解放前	154	405.26	215.2	29.9			37	154.1	180	146.5			178	468	344.2	47.8
	1949	316	831.20	140.2	19.47									353	926	320.2	44.4
周口	抗战前	917	100	6270.6	100	9108.6	100	665	100	1202.3	100	251.3	100	1582	100	7472.9	100
	解放前	746	81.36	768.4	16	288.9	24.03	697	104.8	422.7	35.15	76.8	30.6	1443	91	1191	15.9
	1949	1329	144.9	491.8	7.80	1380.4	15.15	1102	165.7	491.1	40.8	145.4	57.8	2341	154	982.9	13.1
合计	抗战前	3524	100	21113	100	388586.9	100	1268		184083.5	100	23257.9	100	7492	100	39521.5	100
	解放前	3049	87.1	4432.9	21	470526.3	120.5	1437	115	7890.5	43	6723.1	29	4486	93.3	12323.4	31.18
	1949	5461	156	5406.4	26.1	161581.6	44	2873	225.4	8947.6	74	7517.4	32.3	8334	174	14054	35.5

原表说明:1. 材料来源郑州、周口两市包括全市材料,开封、漯河、朱集系一部分,有的是调查,有的是老商人座谈,不一定精确,但可作参考。2. 资金、交易量、生产量均以小麦一市斤为单位折算。3. 漯河市商业交易量数字特别大,材料可能过于夸张,工业生产量高主要是抗战前没有烟厂。4. 朱集市抗战前没有工商业材料,故以国民党时期为

---

① 河南省安阳市地方史志编纂委员会编:《安阳市志》第2卷,中州古籍出版社1998年版,第644页。

基期表现是上升的。

资料来源:《朱集淮阳周口漯河郑州开封等城市工商工作检查总结报告》(1950年1月),王礼琦编:《中原解放区财政经济史资料选编》,第440～441页。

从表9－2所列几个城市的工商业户数与资金数可以看出,到1949年,户数比抗日战争前以及抗战结束后国民党统治时期均普遍有所增加,但是资金数却比抗战结束后国民党统治时期增加不明显,有的还有所减少,如与抗战前比较则还相差很远。从中可以得知,由于中国共产党执行了保护工商业的政策,各城市的工商业者已经敢于向工商业投资,恢复营业,经济死滞情形已经渡过,但还不敢作大规模的生产经营,商业上多半还限于流转较快且规模较小的买进卖出。以抗战前为基数,几个主要城市工商业恢复情况大致为,郑州40％弱,漯河次之38％强,开封再次37％,周口24％。① 诚如1949年6月邓子恢在开封市各界代表会上所言:"3个月来,开封各界人民在市委与政府的领导下,大家共同努力的结果,面粉、榨油、电灯等大大小小的工业和手工业,都有很大的恢复,三万失业工人有了工作,工商业界也有了经营兴趣,运输工人在政府贷盐贷款帮助下,组织起来搞运输,也赚了钱。但失业或半失业的人还不少,生产的恢复还只是开头。"②开封的情况很有代表性,大体上反映了当时新解放城市工商业的总体状况,即整个工商业处于上升的趋势,但仍处于恢复的阶段,还没有大的发展。

第四节 财政税收的整理和统一

一、财政收入

在河南解放区,财政收入主要来自于以下三个方面。

(一)没收、借粮以及战争缴获

在解放区开辟初期,由于中共地方政权机构和地方武装尚未普遍建

① 《朱集淮阳周口漯河郑州开封等城市工商工作检查总结报告》,王礼琦编:《中原解放区财政经济史资料选编》,第436页。

② 邓子恢:《怎样走经济繁荣的道路》,《中原解放区》,第478页。

立,军队处于机动作战状态,群众尚未充分发动,因此,没收、借粮和战争缴获成为财政收入的主要途径。1947年初,冀鲁豫行署等制定了新收复区借粮暂行办法,对借粮的对象、原则、手续及偿还问题等进行了具体规定,如其中规定,借粮由当地县、区政府负责进行;以纵队为单位,由随军办事处及部队供给部门抽出一定数量的干部组成工作队,负责帮助借粮;借粮对象为地主,富农、中农、贫农除在县区政府正式进行征收时交纳公粮外,绝不许向其借支粮食。借粮原则为:“对逃亡地主,除留其家属必须生活费外可全部借出”;“未逃亡而在敌占期间曾向群众倒粮之地主除留其生活必须外,可借其全部或大部粮食”;“在敌占期间,未向群众倒粮或已倒而已全部交还群众,及未逃亦未向群众倒粮之地主,对其借粮时,除其生活所必须外,所借数不得超过其所余粮食之1/3”。① 三路大军南下初期,部队每到一处,即“发动群众分浮财(当天到当天分)”,中原局曾规定“地主的浮财必须以70%以上分给贫农,部队只取其中少数的必需部分”。② 11月,豫陕鄂区规定:“对战争罪犯、大地主、官僚地主、官僚资本、贪官污吏、土豪劣绅、恶霸等为群众所深恶痛绝者,其财产应即实行没收。其没收中之大宗金银、货币、花布等及其他军需品,均应作为军费之用;其房屋、土地、生产工具、牲畜、日常用具等,即分给当地贫苦农民”;“对于中小地主,一般只准借粮食。如个别中小地主,有大宗金银、货币、花布等,为军队所需要之物品,经旅以上政治机关批准,除按一般生活水平酌留一部分外,其余亦可根据军队需要借用,以作军费”;“缴获敌人之粮食及物资,必须保证交出,作为军费,不能再使浪费”。③ 1948年4月,豫陕鄂规定先向大地主借粮,如借不到再向中小地主借粮。④ 这些规定代表了中原解放区开辟初期关于借粮和没收问题的一

---

① 《冀鲁豫行署、冀鲁豫区后方总指挥部关于公布冀鲁豫新收复区借粮暂行办法的通令》,《财经工作资料选编》(上),第883~884页。

② 《中共中原局、中原军区关于放手发动群众创造大别山解放区的指示》,王礼琦编:《中原解放区财政经济史资料选编》,第4页。

③ 《中共豫陕鄂前委财政工作暂行办法草案》,王礼琦编:《中原解放区财政经济史资料选编》,第760~761页。

④ 《中共豫陕鄂前委借粮会议决定事项》,王礼琦编:《中原解放区财政经济史资料选编》,第771页。

般政策和基本原则。

（二）征收公粮

在中共建立了政权的解放区，主要通过征收公粮的办法解决财政问题。

关于征粮的原则。各解放区仍沿袭抗日根据地的原则，实行合理负担，基本内容有：一是“负担有定量”。根据军需民食双方的需要，以及人民实际收入的多少，规定负担的轻重，不能无限制地向群众征收。二是“交纳有定时”。根据农业收获的季节，实行一年两征制度，此外不得再征或预征。三是有农业收入的土地有负担，没有农业收入的土地，如房屋、场地、山荒、坟地、水塘等不负担。四是“累进负担”。按收入量分级累进，收入少的负担的成数少，收入多的负担的成数多。五是区分巩固区与游击区。在游击区，群众负担量要比基本区低，负担面要广。如桐柏区1948年夏征时规定游击区公粮负担比巩固区减轻1/4。① 以上这些原则使征收工作从实际情况出发，有利于保障军民双方需要并发展解放区经济。

关于征收对象。在中原解放区建立初期，征收工作中曾出现负担面过窄的现象，有些地方规定佃户全免公粮，主要征收对象是地主、富农，其次是中农。如豫陕鄂前委曾规定“一般贫雇农不应负担，由中农以上群众负担，佃农中如为贫雇农者，亦不负担。负担面，一般不应超过50％以上。”②这无疑增加了中、富农与地主负担，甚至使中小地主无以为生。豫西区1948年夏征时实际负担面“窄到20％，最宽70％～80％，一般到40％～50％”，造成地富不满，隐瞒产量、土地到一半以上。③ 针对这种情况，1948年秋征前，中原局规定，“农村负担公粮的人口力求广泛，一般免税人口不要超过15％～20％，特殊乡村例外”，“佃户亦应负

---

① 《桐柏行政公署关于征收田赋公粮的布告》，王礼琦编：《中原解放区财政经济史资料选编》，第777页。

② 《中共豫陕鄂前委财政工作暂行办法草案》，王礼琦编：《中原解放区财政经济史资料选编》，第761页。

③ 《豫西区专县联席会议录（节录）》，王礼琦编：《中原解放区财政经济史资料选编》，第238页。

担一部分”。① 比较而言,晋冀鲁豫老解放区的负担面要广得多。如1947年5月和1948年5月,冀鲁豫行署曾两次对抗战期间即1943年3月10日公布的简易合理负担办法进行修订,其中均规定:“负担人口以县为单位,应达到全人口90%以上。”②

关于征收标准。解放战争前期,晋冀鲁豫解放区仍以累进的办法来计算公粮征收量。1948年12月25日,华北人民政府公布了《华北区农业税暂行税则草案》,实行新税制,将原有的“统一累进税”改变为“比例税制”,规定以“标准亩”为各类土地产量的统一计算单位,以“负担亩”为征税计算单位;凡常年产10斗谷的土地为一个“标准亩”,所有农业人口不分男女老幼,每人扣除1标准亩,作为免征点,再扣除牲口消耗(牛、驴4斗,骡、马7斗)后,下余为“负担亩”,每1“负担亩”征小米25斤。“比例税则”与过去的累进税相比,首先是免税点减低了,过去免税点一般为1石2斗至1石5斗,现统一改为1石;其次是扩大了负担面,新税制施行后,纳税人口可达到100%或95%以上。③

从整体上看,解放战争时期晋冀鲁豫边区人民的负担量每年呈上升趋势。1947年人均负担为5斗4升,占其总收入的14%;1948年人均负担6斗5升,占其总收入的17%。说明人民的负担在加重,为什么会出现这种情形呢?边区政府主席杨秀峰指出:“第一,由于战争形势的发展,以及人民解放军的不断壮大,人数增多;第二,由于我们现在进行的战争是大规模的,比较近代的战争,从运动战到阵地战与坚攻战,消耗大。”④可见,内战爆发后,解放区缩小,而解放区军队数量又迅速增加,开支浩大,再加上收入没有明显增加,而地方粮款、战勤贴垫和各种社会负担却有所增加,导致了人均负担的加重。

① 《中共中原局关于秋季征收公粮的指示》,王礼琦编:《中原解放区财政经济史资料选编》,第817页。

② 《冀鲁豫行署关于颁布修正简易合理负担办法的通令》、《冀鲁豫行署关于二次修正简易合理负担办法》,《财经工作资料选编》(上),第891、924页。

③ 《关于华北区农业税暂行税则(草案)的说明》,《戎子和文选》,第170页。

④ 《晋冀鲁豫边区政府主席杨秀峰在华北临时人民代表大会上的政府工作报告(摘录)》,《华北革命根据地工商税收史料选编》第1辑,河北人民出版社1987年版,第267页。

中原解放区大部分是属于未实行土改的新解放区，仍然沿用农业累进税制。在1948年夏征时，中原区借鉴老解放区的做法，规定凡已平分了土地的地区，基本上采取平均负担办法；凡部分分配了土地及未分配土地的地区，采取分等累进负担办法。各地在执行时，根据当地的实际情况，具体做法又有不同。如桐柏区是根据每人平均占有土地多少亩，分九级征收①；而豫陕鄂区是根据每人实际收入的粮食数，分为十八等进行累进，每差五斗定为一等；由于各地人民的生活情形不尽相同，各县根据实际情况规定了不同的免征点，但最低不能少于五斗，最高不能超过一石。② 豫皖苏区在"未土改区，每人不足一亩地的免征，每人三亩以下的，除半亩免征地，每人三亩一分以上的，均按亩均摊不累进，不除免征地"③。在实际操作过程中，累进税率"不但事实上办不到，且易被坏分子利用此复杂税率去愚弄农民"④。因此，各地在具体执行时采取了较为简便易行的办法。6月，豫皖苏区又指示说："原办法在目前群众与干部条件下，难以做到，因时迫任巨，为缩短时间完成任务，可以县区与片村为单位，按本年麦季大致产量分配任务，各村按土质产量（因施肥加工而增产量不增添负担）粗分三等办法，较易执行。"⑤7月中原局也指出："公粮征收税率，可分为三等，最多分五等征收，力求简单，不可繁复。一般征收率不要超过人民实际收获量20%～25%，最低不要少于5%。"⑥在实际征收中，有些村庄是民主摊派，有些村庄则以公粮应征数

---

① 《桐柏行政公署关于征收田赋公粮的布告》，王礼琦编：《中原解放区财政经济史资料选编》，第777页。

② 《豫陕鄂边区征收夏季公粮办法》，王礼琦编：《中原解放区财政经济史资料选编》，第779页。

③ 《豫皖苏边区农业税负担暂行办法》，王礼琦编：《中原解放区财政经济史资料选编》，第775页。

④ 《中共中原局关于秋季征收公粮的指示》，王礼琦编：《中原解放区财政经济史资料选编》，第817页。

⑤ 《豫皖苏边区行政公署指示》，王礼琦编：《中原解放区财政经济史资料选编》，第796页。

⑥ 《中共中原局关于秋季征收公粮的指示》，王礼琦编：《中原解放区财政经济史资料选编》，第817页。

的一半照田亩均摊,另一半则由地富加摊。[①] 1949年,中原区征收公粮的办法仍然是累进负担,规定无论土改区与非土改区、崭新区与较老区,每人收250斤以下者为贫农,征收最高不得超过8%;收550斤以下者为中农,最高征收18%;收700斤以下者为富农,最高不超过25%;收入700斤以上者为地主,最高不超过35%。[②]

从公粮征收来看,农业税仍是主要财政收入。如据统计,晋冀鲁豫边区1947年农业税收入占总收入的83%,其他收入仅占17%。[③] 中原解放区的豫皖苏区粮食收入曾占其财政总收入的95%以上。[④] 到1948年11月,中原各区公粮收入仍占总收入的80%。[⑤] 公粮仍是解放区民众的主要负担,如1948年,河南夏季负担人口共1700万,负担任务50000万斤;秋季负担人口2700万,负担任务55000余万斤。[⑥] 夏季每人负担约30斤,秋季每人平均20斤,全年人均负担公粮达到50斤。

(三)工商税收

解放区的工商税包括货物税、出入口税、烟酒税、营业税、屠宰税等。1946年6月,晋冀鲁豫解放区颁发了《晋冀鲁豫边区货物税暂行条例》,开始征收货物税,规定除毒品、赌具外,其余货物均准予自由贸易,照章纳税。国共内战爆发后,为加强对敌贸易斗争,保护和发展解放区经济,又将货物税改为出入口税,于1947年初重新恢复奖励与限制出入口货物的税则,其总的原则是奖励过剩的日用产品和土产出口,奖励支援战争及发展工农业生产的必需品入口;禁止粮食、棉花等必需品出口资敌,

① 《邓子恢同志关于中原区四个月来的财经工作给中央的综合报告》,王礼琦编《中原解放区财政经济史资料选编》,第246页。

② 《中原区1949年度公粮合理负担暂行办法(草案)》,王礼琦编:《中原解放区财政经济史资料选编》,第1057页。

③ 中央档案馆等编:《中共中央在西柏坡》,海天出版社1998年版,第418页。

④ 《刘瑞龙在豫皖苏区土地会议上对今后财经任务的发言》,王礼琦编:《中原解放区财政经济史资料选编》,第186页。

⑤ 《邓子恢同志关于中原区四个月来的财经工作给中央的综合报告》,王礼琦编:《中原解放区财政经济史资料选编》,第245页。

⑥ 《李副主席在河南省财政会议上的总结》,王礼琦编:《中原解放区财政经济史资料选编》,第1067页。

限制与禁止非必需品入口。另外，还颁布了《烟酒征税暂行办法》、《晋冀鲁豫边区工商业营业税暂行办法》，规定坐商和行商实行两种不同的课税标准和税率。1946 年，对交易税进行了调整，大致可分为牲畜交易税和斗秤交易税（以斗量、秤衡物品交易征收的税）两类，但征收办法各地并不一致。

华北人民政府成立后，1948 年 11 月下旬至 12 月上旬，召开了华北首届税务工作会议，讨论制定了 14 种暂行税法草案①，颁布了《华北区酒业管理暨征税暂行办法（草案）》、《华北解放区烟业管理暨征税暂行办法（草案）》、《华北区营业牌照税暂行办法（草案）》、《华北区临时营业税暂行办法（草案）》、《华北区交易税暂行办法（草案）》、《华北区牲畜屠宰税暂行办法（草案）》等一系列暂行税法。1949 年，又先后颁布《华北区进出口货物税暂行办法》（3 月 15 日）和《华北区货物税暂行条例（草案）》、《华北区工商业所得税暂行条例（修正草案）》、《华北区印花税暂行条例（草案）》（均为 4 月 15 日颁布）等税收条例，除将出入口税改为货物税之外，又增加了印花税等税种。5 月，在华北第二届税务会议上，讨论决定了 18 种税法呈核稿。② 华北各解放区的财税工作渐渐实现了统一。

中原解放区出产大量烟叶、棉花、粮食和药材等，税源丰富。从 1948 年下半年开始，中原局不断加强了税收工作。一是加强了进出口税的征收工作，努力切实掌握河流口岸，建立了税收武装，抽出 1 个团的兵力加强了漯河警备，并控制三河尖，使沙河通航烟叶能够出口；二是设立了九县烟草管理局，由中原区财经办事处直接管辖，统一了豫中烟叶产销税和出口税；三是决定于 1949 年春办理税契与征收田赋及屠宰税；四是普遍开征营业税，但只限于城市及 5000 人口以上之大市镇，一般市

---

① 见《华北区首届税务工作会议总结报告》，《华北革命根据地工商税收史料选编》第 1 辑，第 380 页。

② 见《华北二届税务会议讨论决定之十八种税法呈核稿及九种手续法》，《华北革命根据地工商税收史料选编》第 1 辑，第 450 页。

镇不征收。① 1948年10月，中原局要求增加税收，出入口税（包括过境税）、产销税（包括烟酒税）、营业税、屠宰税4种税收的税款比额，各地区在原有基础上一律扩大1倍。② 关于各税的征收办法，中原局规定营业税“只采取民主摊派制，不规定繁杂之累进税率”③。其他税种在最初征收时，由于缺乏经验，没有制定出一套完善的办法来，也主要采取民主评议方式。如1948年下半年鄂豫区的税收项目除了出入口税外，还有矿厂产销税、烟叶税、油榨税、屠宰税、烟酒税等项，大部分是按量计算包税认交。④ 各城市解放之初，由于对新解放城市的税收工作没有经验，政策上又不十分明确，也不是采取定章征收，而多以民主评议作为过渡时期办法。如郑州市解放初期，废除了国民党统治时的保甲摊派与一切苛捐杂税。为使工商业得到休养生息，在短时间内没有开征税收。后来逐步征收了出入口税、烟酒税、卷烟产税、牲口交易税、屠宰税、影剧业营业税等，征税办法多是召集厂商共同讨论决定。⑤ 随着解放战争的进展和局势日益稳定，中原解放区的税收开始走向统一和规范。1949年1月，中原解放区颁布了《出入口货物暂行征税办法》、《出入口货物税目税率表（草案）》、《卷烟、水旱烟征税暂行办法（草案）》、《酒税征收暂行办法》、《营业税征收暂行办法》、《屠宰税征收暂行办法》以及《行商管理暂行办法》、《出入口贸易管理暂行办法草案》等一系列暂行税法和征收管理办法。2月，参照华东、华北的从量征税，根据中原区的实际情况，经请示中央批准，决定中原区纸烟税按价征收40%～50%。⑥ 5月，中原

① 《邓子恢同志关于中原区四个月来的财经工作给中央的综合报告》，王礼琦编：《中原解放区财政经济史资料选编》，第248页。

② 《中原解放区工商税收史料选编》（上），第350页。

③ 《邓子恢同志关于中原区四个月来的财经工作给中央的综合报告》，王礼琦编：《中原解放区财政经济史资料选编》，第248页。

④ 《鄂豫区四个月来的财政工作报告》，《中原解放区工商税收史料选编》（上），第537页。

⑤ 《郑州市财政局税务处解放后（1948年10月至1949年4月）各种税收工作报告（节录）》，王礼琦编：《中原解放区财政经济史资料选编》，第1080～1082页。

⑥ 《中央关于同意纸烟税按价征收40%～50%的批示》，《中原解放区工商税收史料选编》（下），第122页。

临时政府决定成立河南省税务局，并建立健全了各专区、市、县税收机构。同时，在制度上也提出了全区统一领导的要求，如统一税率，统一票照税花等。6月6日，省税务局发出命令指出，为了恢复与发展生产，迅速打通内外贸易，便利土产品输出，对出入口税取消征收，把烟叶税列入货物税内征收。① 河南税收逐步走上了正轨。

总的来看，因河南各解放区工商业落后，所以所征各税占财政总收入的比例很小。如1948年下半年，豫皖苏区税收只占总收入20%，豫西区占25%，桐柏区占20%。② 到解放战争后期，随着战争的胜利发展和一些大中城市的相继解放以及解放区政府执行平衡农工商业负担的政策，工商业等税收在整个财政收入中的比重才逐渐有所提高。

二、财政管理与财政支出

（一）财政管理

解放战争时期，解放区的财政管理是在抗日战争时期管理体制的基础上不断完善和加强的。河南各解放区主要实行了预决算、金库等财政管理制度和对粮食的保管工作。

1. 预决算制度。中原财经办事处规定，经营收入款项的各机关，每年度均须编造收入预决算。收入预算，须在每个会计年度开始前一个月；收入决算，不得迟于会计年度终了两个月内编造完成，呈送中原财办或各行政区财办审核。③ 同时规定各机关各系统不论经常与临时开支，事前均须有预算，事后必须造决算，厉行报销手续。

2. 金库制度。金库分总金库、分金库、支库、县库，由各级银行代理各级金库，分库以下之各级金库直属其上级金库领导。中原财经办事处规定："中原地区各级政府、各征收机关、各业务部门、一切向人民征收之

---

① 《河南省税务局关于立即停征出入口税的命令》，《中原解放区工商税收史料选编》(下)，第208页。

② 《邓子恢同志关于中原区四个月来的财经工作给中央的综合报告》，王礼琦编：《中原解放区财政经济史资料选编》，第248页。

③ 《中原财经办事处关于公布〈中原区财政收支暂行程序〉的通知》，王礼琦编：《中原解放区财政经济史资料选编》，第864页。

各种税款、粮草代金、特种收入、贸易盈余、各项公营事业收入，司法、行政、公安收入及其他一切收入等，皆须解交金库。”凡属县级以下者，均分别由各主管县政府及县经征机关汇集解库，如该县未设金库，可汇解上一级金库接收；县级以上政府、机关的一切收入，则直接解同级金库核收。各级机关向金库解款时应填具5联解款书。收款金库收到解款时，应先核查是否与解款书所列数目相符，再由收款金库主任会同会计人员于解款书各联注明收讫年月日，并签名盖章。①

3．粮食保管工作。解放战争开始后，由于是大兵团作战的运动战，粮食的保管保护工作显得极为重要。各解放区刚开辟时，公粮保管采取高度分散、秘密埋藏的办法，实行县、区、村、户各级负责的制度，一般以村为单位分二、三处集中，各村建立粮食保管委员会，具体负责指导农民藏粮。但分散藏粮的办法很难掌控，加上国民党军队所到之处强抢公粮和民粮，使各解放区公粮损失严重。后来，随着解放区局势稳定后，开始建立县、区、村仓库。仓库地点一般选择在交通要道易于集中和运输的地方，如铁路、公路干线及河流旁。粮食进行集中管理，既可减少损失，又便于及时供应大军需要。各村征收公粮后即向县库或县库指定的分库运送归仓。在保管上，由粮食保管村组织公粮保管小组，选择可靠的群众组成。对仓库人员有较高的道德要求，如必须廉洁奉公，爱惜公粮，出入公平，不得大秤入小秤出，不得私自买卖和挪用公粮等。

（二）财政支出

1．建立审计制度。解放区规定，各部门的财粮经费预决算须经同级审委会或同级政府财科(股)审查，如有不符合实际需要或应予节省的情况，审查机构有权提出从减或拒绝报销。如豫西区规定：“有编制之各机关单位每月所必需之粮食、菜金、津贴、公杂(包括文具、纸张、印刷书报、邮票、灯油购置、修理、杂费等)、旅费、马草、马料、招待、医药、生理服装、鞋袜等开支，均属于经常费。此项费用，一律不造预算，由各机关单位第一个月经过审计借支40天的经费粮食，以后每月终了造计算一次，

① 《中原财经办事处关于公布〈中原区财政收支暂行程序〉的通知》，王礼琦编：《中原解放区财政经济史资料选编》，第864～866页。

于下月5日前向政府报销具领，开支数不能超过编制数及供给制度上的规定。"①审计制度的建立，表明财政开支逐步走向规范化。

2. 完善开支原则和手续。解放区的财政开支坚持以保证战争供给为重点的原则，一般规定"野战军第一，地方军第二，地方机关第三，不管在任何情况下，必须是首先解决了野战军的问题，才能解决地方军的问题，最后再解决地方机关的"②。关于开支手续，中原财办规定任何机关、部门或个人，无论其经手与否，非经中原财办财政处或行署财政处签发支付命令，均无权向金库或税收机关自行支付款项。③也即是说，分区及县级金库无签发支付令的权力，金库一旦收到领款机关交来的由中原财办财政处或行署财政处签发的支付书，即须照数支付，并于命令及通知二联上注明付讫年、月、日，加盖章记，以支付命令一联留存，以支付通知（报核）一联随同金库收支报表送中原财办财政处或行署财政处备查。

3. 实行供给制度。解放战争时期财政供给主要包括两部分，一是军务费，一是政务费。军务费是财政首要保障供给的，特别是转入反攻后，财政工作任务是集中一切力量，保障战争供给。1947年6月5日《华北财政经济会议决议》指出，"只要保证了部队的必要供给（衣服、粮食、菜金、弹药、医药、通讯器材及炮兵、工兵的建设费用）及必要的生产建设费用，就算是完成了财政任务。其他工作可不办的不办，可缓办的缓办，降低生活待遇，提倡艰苦奋斗"，"军费开支可占财政开支总数的85%，地方费占15%"。④政务费也称党政民经费，主要包括解放区党政机关、群众团体及治安、司法部门的人员生活费、业务费和其他行政开支，一律实

① 《豫西区财政工作制度》，王礼琦编：《中原解放区财政经济史资料选编》，第806页。

② 《豫西区财政工作制度》，王礼琦编：《中原解放区财政经济史资料选编》，第814页。

③ 《中原财经办事处关于公布〈中原区财政收支暂行程序〉的通知》，王礼琦编：《中原解放区财政经济史资料选编》，第864页。

④ 《华北财政经济会议决议》，张志平主编：《中共中央在西柏坡文献选编》，河北教育出版社1996年版，第37～38页。

行供给制。如1948年10月豫皖苏区制定了地方党政供给标准。①1949年初，为克服财政困难，豫皖苏区又实行专、县、区三级财政党政分级包干制，“按级建立‘多可不退’(转下半年度用)，‘少也不补’(即要各级自己预先扣发或不发)的制度”②。总之，通过以上措施，河南各解放区基本上克服了财政困难，保障了战争的供给，不仅有力地支援了中原解放战争，促进了河南各解放区的政治、经济的发展，也有力地支援了全国解放战争。

第五节 金融和货币斗争

一、金融机构和货币的发行

(一) 晋冀鲁豫金融机构和货币的统一

晋冀鲁豫解放区的金融机构是在抗日根据地金融机构的基础上建立的。1945年11月，中共晋冀鲁豫中央局决定，太行、太岳、冀南、冀鲁豫四个行署区的货币实行统一发行、统一管理、等值流通。根据这一精神，晋冀鲁豫边区政府于12月1日发出指示，规定四区的银行由冀南银行总行统一领导，各区的信贷资金由总行统一下拨，冀南银行在边区内发行的各种版别的纸币，包括加印“平原”、“太岳”字样的冀南银行钞和鲁西银行钞，自1946年1月1日起在四区一律等价流通。1946年1月1日，冀鲁豫区的鲁西银行并入冀南银行，设立冀南银行冀鲁豫区行，鲁西银行钞和冀南银行钞均作为本币在市场上流通。1947年12月，冀南银行冀鲁豫区行在河南的机构有：第四分行辖滑县、浚县、延津、高陵(今内黄县南部)、原阳、卫南(今属滑县)、长垣、封邱、曲河(今属封丘)支行；第八分行辖清丰、南乐、内黄、濮阳、昆吾(今属濮阳县)、卫河(其辖区现分属清丰、内黄和南乐3县)、尚和(今属濮阳县)支行；第九分行辖范

① 《豫皖苏区军政联合财经办事处关于颁发豫皖苏区地方党政供给标准的通令》，王礼琦编：《中原解放区财政经济史资料选编》，第844～847页。

② 《豫皖苏区财经办事处关于经费分级包干办法的通知》，王礼琦编《：中原解放区财政经济史资料选编》，第1051～1052页。

县支行。①

抗日战争结束后，太行区行在河南省设立了两个分行：一是焦作分行，管辖清化、武陟、温县、获嘉、沁阳、修武和焦作支行；二是临淇分行，管辖汤阴、林县（今林州市）、新乡、汲淇（今分属卫辉市和淇县）、辉县、安阳支行。1948 年 6 月，太行区行管辖河南省境内的分支行有：第四分行，辖博爱、武陟、温县、沁阳、修武支行；第五分行，辖林县、汤阴、安阳、辉县（今辉县市）、邺县（今属安阳县）、汲县（今卫辉市）支行。1947 年，太岳区的王屋县制撤销，王屋县支行合并于济源县支行。从此，太岳区行在河南的机构只有济源和孟县两支行，直至太岳区行撤销。

为促进物资交流，统一解放区的金融市场，1948 年 4 月 15 日，冀南银行与晋察冀边区银行联合办公，按冀钞 1 比边币 10 的固定比价，互相自由流通。10 月 1 日，原冀南银行和晋察冀边区银行实行合并，改名为华北银行。② 当月，“华北总行所属各级组织，自收到通知之日起，改名为各级华北银行（照华北总行通令秘字第五号第五项各级行名称）对外，一切债权债务完全由华北银行负责与承受”③。12 月 1 日，又在华北银行、北海银行和西北农民银行的基础上，合并组成了中国人民银行，同时发行中国人民银行钞票作为华北、华东、西北三区的本位币，统一流通。“所有公私款项收付及一切交易，均以新币为本位货币。新币发行之后，冀币（包括鲁西币）、边币、北海币、西农币逐渐收回。”其中，中国人民银行钞票与冀南银行钞票的比价是1∶100。④ 最终实现了华北解放区的货币市场的统一。

（二）中州农民银行和中州钞

中州农民银行是解放战争时期中原解放区建立的金融机构。1948

---

① 《冀鲁豫边区金融史料选编》（下册），第 99 页。

② 《华北人民政府关于成立华北银行的布告》，《冀鲁豫边区金融史料选编》（下册），第 294 页。

③ 《华北银行总行关于华北银行成立的通函》，《冀鲁豫边区金融史料选编》（下册），第 313 页。

④ 《华北人民政府关于成立中国人民银行发行中国人民银行币的布告》，《冀鲁豫边区金融史料选编》（下册），第 345 页。

年8月23日,中州农民银行总行在宝丰县的商酒务村正式成立,经理为陈希愈,银行基金为73000万元。11月12日迁至禹县(今禹州市),25日又迁至郑州,次年5月迁至武汉。总行建立之前,中原各解放区已先后设立了区行、分行、县行或办事处等分支机构,这是中原解放区金融工作的特点之一。中州农民银行豫皖苏、豫西、桐柏三区的区行于1948年6月份相继成立,经理分别为何幼琦、李绍禹、许子威。到1948年底,豫皖苏区行下辖8个支行,52个县、市支行;豫西区行下辖6个支行,38个县、市支行;桐柏区行下辖3个支行。为了统一银行名称,7月29日,中原局曾规定:"区党委一级称分行,地委级称支行,县设办事处。"①洛阳市行于1948年6月创设,郑州分行、开封分行则是11月创设。郑、汴两市分行直属总行建制,一切业务的进行、干部的调动、会计单位等,均归总行领导。洛阳、许昌、商丘三市行则属于分行建制,资金分配、干部配备调动、经费预决算等由分行领导;有关政策性的业务指导,比价、利息之规定,则由总行领导。城市银行只作市区业务,不领导农村。农村工作另成立县行,如县与市合并时,市行增设农贷科,人数报分行批准实行。②

解放区刚刚开辟时,由于经济组织初步建立,干部也十分缺乏,所以一开始银行和工商管理局是一套班子,两个名称。如豫皖苏区党委规定,工商和银行"机构合一,领导合一,名义并存";"目前工作以对敌经济斗争为主,对内对外除银行业务用银行名义外,一般行政、开支报销、会议集合、刊物文件,均用工商局名义"。③后来随着形势发展,工商、银行、贸易单一领导的状况逐渐不适应工作的需要。为了加强各部门工作领导,中原财办于1948年10月28日规定各行署分设工商局、银行分行、贸易公司,分别受中原临时政府工商部、中州农民银行总行、中原贸易总

---

① 《中共中原局给豫西区党委的指示》,王礼琦编:《中原解放区财政经济史资料选编》,第469页。

② 见《郑汴洛许商五城市行联席会议综合记录》,王礼琦编:《中原解放区财政经济史资料选编》,第580页。

③ 《豫皖苏边区区党委关于工商银行部门组织与领导问题的决定》,王礼琦编:《中原解放区财政经济史资料选编》,第338页。

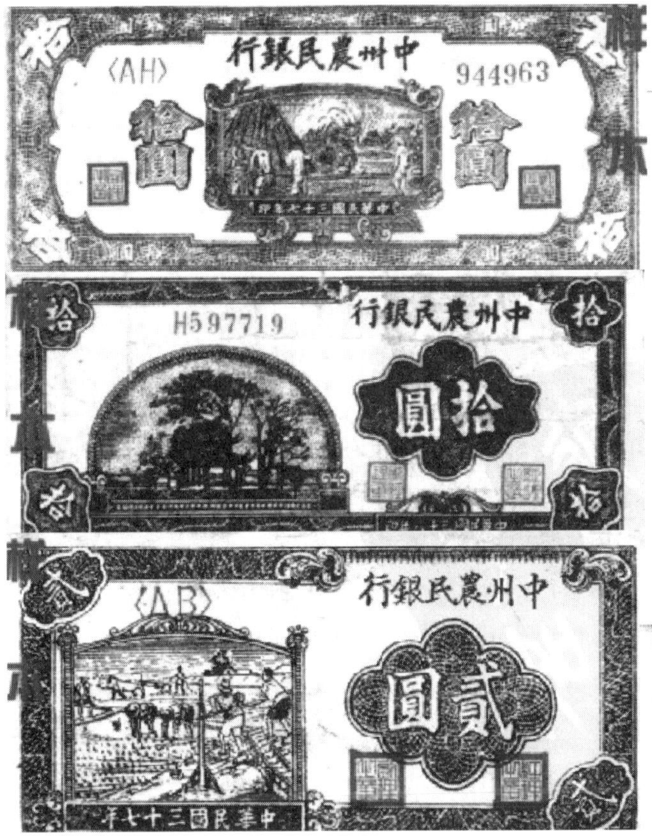

图 9—1　解放战争时期中州农民银行发行的部分钞票(样本)

图片来源:熊建秋:《中国人民货币钞币图录》,四川大学出版社 2002 年版。

公司的直接领导。鉴于各地工作发展的不平衡及干部条件的限制,上述二部门机构的分立先从豫西、豫皖苏两行署开始,其他地区一俟各项条件成熟,再行分立机构。①

1949 年 3 月,为加强经济建设,进一步理清领导关系,中原临时人民政府对经济机构进行了调整,决定撤销豫皖苏、豫西、桐柏 3 个区的银行分行,在河南省境内成立中州农民银行河南省分行,经理为李绍禹。各专署设支行(如中州农民银行洛阳支行),除郑州、陈留、确山分区外,

① 《中原财办关于工商银行贸易机构的决定》,王礼琦编:《中原解放区财政经济史资料选编》,第 377 页。

支行与当地市行合并,一套机构,两个名义,并于各重点县成立县行。重点选定:豫西为新安、嵩县、巩县、新郑、临汝、襄城、禹县、宝丰、鲁山、舞阳、漯河(市行)、镇平、南召、方城、新野、邓县、唐河;豫东由各专署自行选定,呈报中原临时人民政府备案;其他县份如已有银行干部,也可成立县行,暂由各该县府工商科长兼任各该县行经理。省分行的业务受总行直接领导,同时又领导河南省境内各级银行,原开封、郑州两分行均改为市行,受省分行直接领导。① 与此同时,中州农民银行总行兼理中国人民银行中原区行业务,中州农民银行各地分支县行兼理中国人民银行各地分支县行业务,各级中州农民银行经理兼任各级人民银行经理的职务。从此,中州农民银行由一个地区性银行变成了全国性银行的一部分了。至1949年年底,中州农民银行正式结束。

中州农民银行发行的货币是中州农民银行钞票,简称为中州钞,亦称"中钞"或"中票",是中原解放区的本位币。1948年5月20日中州钞开始发行。中州钞最初发行时,中原解放区银行机构并未建立,而是由部队各纵队、旅及独立作战的团、营设随军兑换所,并兼做发行工作。早在1948年1月25日,中原局就作出了《关于发行中州农民银行钞票的决定》,对发行中州钞做了一系列原则性的规定,指出,"中州钞在若干集镇站稳以后,即应迅速争取在一个区一个县内完全占领市场,禁止蒋币流通","当中州钞未在全区取得决定性的胜利以前,应准许银元、铜元流通,并积极利用之,以支持本币打击蒋币"。② 从各地实际情况来看,中州钞发行的步骤大体可分为三个阶段:第一步为本币开始发行,确定与银元联系,准许兑现,准允银元流通;第二步是本币已取得群众信用,法币已经排除,并有了一定物资力量支持本币,即禁止银元流通;第三步是停止兑现,进一步肃清银元市场,取缔银元黑市,使本币与银元脱钩,以实现独立自主的本币市场。

中州钞最初发行时主要依靠军队,兑换也靠军队。发行途径主要

---

① 《中原临时人民政府关于经济机构变更与干部配备的决定》,《中原解放区》,第424页。

② 王礼琦编:《中原解放区财政经济史资料选编》,第448页。

有：1.贷款发行。采取贷款、投资发行，使中州钞与群众经济生活密切结合。2.兑换发行。首先是兑换白银，其次是兑换蒋钞。3.经费发行。各部门经费一律发中钞并以中钞为记账单位。

随着根据地的扩大和证券的稳定，中州钞主要以粮食等作为发行和流通的基本物资准备。中州钞发行后，每区经常保持一定数量的粮食出售。如豫皖苏区曾布置每区准备3000到5000石粮食，以出卖粮食来支持中州钞。① 有的交粮行代卖，遵照政府牌价限收中钞；在农村较小集市，银元兑换无法普及的地方，由公营商店或委托私人商店按照政府的规定抛售粮食和其他物资，均可起到标明中钞币值的作用。后来接收开封、郑州等大城市的经验也说明，解放军在入城之前，准备足够数量的本币和大量的城市人民生活必需品（如粮食、煤、油、盐等），入城之后，立即吞吐物资，市场缺时即适当放出，市场多时则适当吸收，就能很快地占领货币市场，驱逐法币，并保证本币物价稳定。另外，麦征、税收、出入口及金融管理等各方面工作，也均以全力支持中钞。在麦征时，随粮带征中州钞。豫皖苏区曾采取公粮每斤带征中钞1元②，豫西征收1/10代金③的办法，推动农民使用中钞；坚持税收只收中州钞和友币，拒收法币和银元；在发行初期，坚持重点兑现白银，用现洋标明中钞币值并稳定币值，管制银洋出口，严禁银钱贩子的投机活动；在豫皖苏区还取消牙行，组织交易所，规定非中州钞不准交易等等。这些办法对巩固中钞的固定比值，扩大中钞的流通范围，都起到了重要作用。当然，在发行中钞的过程中，坚决地打击法币，驱逐法币，是支持中州钞最直接的办法。至1949年3月全国统一货币——中国人民银行钞票（简称“人民币”）在中原区正式发行时，中州钞即停止发行。

---

① 《豫皖苏边区征粮工作、货币斗争与生产工作》，王礼琦编：《中原解放区财政经济史资料选编》，第211页。

② 《豫皖苏边区征粮工作、货币斗争与生产工作》，王礼琦编：《中原解放区财政经济史资料选编》，第211页。

③ 《中共中原局关于货币问题的指示》，王礼琦编：《中原解放区财政经济史资料选编》，第486页。

(三)人民币的发行

经过不到一年的时间,中原区的货币工作取得了巨大成绩,建立了独立自主的货币体系。至1949年3月,中州钞的流通范围已扩展到了4000万人口以上,而且币值比较稳固,物价比较稳定,为在中原发行全国性的新币——人民币奠定了良好的基础。1948年12月下旬,为了便利平津解放后大军南下时使用新钞,华北、中原二区银行负责人在郑州举行会议,拟订了"华北中原统一货币方案",商定于1949年2月15日在中原正式发行人民币。① 会议之后,中原各地人民政府先后发布通告,决定准许人民币在中原区市场上"按照自然比价与本币混合流通"②。

当时,由于中原区支前负担重,财政赤字太大,发行太集中,缺乏物资调剂,加之特务造谣,奸商投机操纵,又受华北区发行新钞后物价波动等多种因素影响,从1949年1月份开始,郑州、开封、洛阳、许昌、商丘等城市物价上涨,出现了全区性的物价大波动。在不到两个月的时间中,物价上涨了两倍多。所以,中原区不能按计划在2月15日正式发行新钞。为了平抑物价及压缩与取缔金银黑市,保障新钞的顺利发行,中原局于2月17日制定了13条紧急措施。③ 在中原贸易总公司和中州农民银行总行统一指挥下,全区展开了一场平抑物价的斗争,从2月25日起,郑州、开封、洛阳、许昌、商丘、漯河、南阳等城市以及这些城市附近的县份,一起行动,在同一时间大量抛售粮食。不出半个月,终于打退了物价涨势,使农产品、外来品价格普遍回跌了30%。

在淮海战役、平津战役胜利结束之后,中原、华北、华东三大解放区已连成一片,交通运输日益畅通,经济联系日趋繁密,中原区又是进军江南的走廊及供应基地,为便于沟通贸易,发展生产与支援战争,发行统一

---

① 《华北中原统一货币方案》,王礼琦编:《中原解放区财政经济史资料选编》,第562页。

② 《拥护新的货币措施,支援革命战争到底》,王礼琦编:《中原解放区财政经济史资料选编》,第573页。

③ 《中共中原局关于平定物价及压缩与取缔金银黑市紧急措施之决定》,王礼琦编:《中原解放区财政经济史资料选编》,第589~590页。

货币成为当务之急。经中共中央批准并征得华北局同意，中原局决定于3月10日在中原解放区正式发行中国人民银行钞票，按中州钞3元比人民币1元的固定比值发行。人民币发行不到一个月，从城市到乡村，各地均能通用，于是停止发行中州钞，但可与人民币混合流通，而且仍以中州钞为记账单位。不久，开始以1∶3的固定比值逐渐收回中州钞。在人民解放军渡过长江，解放了南京和武汉之后，中州钞开始大量退出市场。至1949年12月，中州钞全部退出，由人民币完全统一了中原市场。

二、货币斗争

（一）与法币的斗争

发行中钞是与排除国民党法币是同时进行的。从1948年4月，中原解放区开始了逐步肃清法币的斗争。对法币的斗争分为两步进行，先是限制流通，适当打击；再是禁止流通，直到彻底肃清。如桐柏区在发行中钞时规定："蒋币暂准流通，其比值由银行随时挂牌规定，基本上按市价或比市价略低，但不可过分压低，以免引起物价上涨，反于中钞不利，到一定时候即采取适当步骤禁止蒋币流通，变混合市场为独占市场。"①各地打击法币的方法主要有：(1)广泛宣传国民党政府滥发法币，造成恶性通货膨胀，掠夺人民财产的反动性质，激发群众对法币的仇视和憎恨，并由政府出示布告，宣布法币非法，号召人民拒用法币。(2)以村镇为单位组织群众集中封包盖章将法币推到国统区，换回物资，以免法币贬值和作废而遭受损失。(3)在本币筹码不足的情况下，起用银元、铜元和发行小额地方流通券等，解决市场交易需要。(4)根据市场情况，有步骤地压低法币币值，缩小法币市场。通过采取这些办法，为进一步禁用和肃清法币打下基础。

要排除法币，必须有充足的本币和小票用于市场流通，以便停止内地兑现，加速本币占领市场的时间。1948年8月4日，中原局决定在全区普遍发行小额流通券，并规定：流通券以专署名义发行，仍由各级银行

① 《桐柏区党委关于发行中州农民银行钞票的指示》，王礼琦编：《中原解放区财政经济史资料选编》，第457页。

管理。[①] 7 日,中原局在给豫西区党委的指示中再次要求"责成各县市政府立即印发流通券,标明某某县市流通券,票面只限 1 元、2 元两种,发行额以全县人口计算每人 1 元为限,市可照人口数每人 2 元或 3 元。为求迅速起见,用石印报纸或厚麻纸均可,与中州钞等价使用,但不兑现。规定 6 个月内由县市政府负责收回,除成本外,其余额作财政收入解库"[②]。小票问题解决后,中原局就开始在全区禁止法币流通。

由于国统区财政经济危机空前严重,物价每月上涨几倍,币值下降速度惊人,法币已日益失去作为货币的基本职能。为了挽救危机,1948 年 8 月 19 日,国民党政府决定进行"货币改革",用金圆券代替法币,规定金圆券 1 元兑换法币 300 万元,并限 11 月 20 日前兑完,同时不准流通和保存金银。对此,中共中原局于 8 月 27 日发文,号召各解放区人民"加紧排挤旧法币,务于 9 月底排尽,否则变成废纸,遭受重大损失,同时应宣布禁止新金币(指金圆券——引者)进口,吸收金银白洋及物资回来,以贸易斗争支持货币斗争"[③]。为防止国民党采取高价政策,套买解放区物资,以及投机商人大量存货存银洋,引起物价波动,早在国民党货币改革前,各解放区就开始加紧了肃清法币的行动。1948 年 7 月 1 日,豫皖苏区行署发出紧急指示,规定排除法币按宣传期、检查期、禁绝期三期步骤,务必于 8 月 20 日前完全禁用。[④] 在此之前,豫皖苏区除一分区及其他若干小块是单一冀钞市场外,基本上是法币市场。经过开展货币斗争,豫皖苏货币市场发生了根本变化,法币在大部分市场上被驱除。到 1948 年 9 月,豫皖苏的 1385 个集市中,本币市场 598 个,占 43.18%;混合市场 360 个,占 26%;法币黑市 83 个,占 6%;法币市场 344

① 《中共中原局关于发行小额流通券问题给各区党委的指示》,王礼琦编:《中原解放区财政经济史资料选编》,第 473 页。

② 《中共中原局关于印发中州票辅币给豫西区党委的指示》,王礼琦编:《中原解放区财政经济史资料选编》,第 474 页。

③ 《中共中原局研究蒋府"货币改革"后的对策的初步意见》,王礼琦编:《中原解放区财政经济史资料选编》,第 500 页。

④ 《豫皖苏边区行政公署关于货币斗争的紧急指示》,王礼琦编:《中原解放区财政经济史资料选编》,第 463 页。

个，占 24.8%。① 豫西区驱逐法币大体上分为两个阶段：第一阶段是宣传动员，组织出口，加快法币跌价。洛阳自 8 月 10 日后一个月，法币比本币由 2 万、3 万、4 万一直跌至 6 万（合 1200 万比 1 元银币），仅经工商局登记出口的法币就有 559 亿。第二阶段是检查市场，彻底肃清残存的法币。经过 6～9 月四个月的斗争，豫西区货币形势也发生了根本的变化，在新安、渑池等 25 个县内肃清了法币；镇平、内乡等 16 个县为法币、银洋、本币混合流通。由于环境动荡，只有灵宝、阌乡（今属灵宝）、新郑、长葛 4 个县本币不能畅达流通，法币独占市场。②

由于中国共产党在军事和政治上的不断胜利，特别是中原区各级党和政府运用了正确的策略步骤，使中原区发行中钞和排除法币的工作，到 1948 年 9 月底，取得了决定性的胜利。从货币流通区域看，全区约有 1320 万人口的地区，肃清了法币，发行了中钞，变法币市场为本币单一的市场或与友币（主要是冀钞）混合流通的市场。其中豫皖苏 27 个县约 420 万人口、豫西 25 个县约 630 万人口、桐柏 7 个县约 50 万人口的地区均已成为本币市场。另外，豫皖苏 17 县约 250 万人口、豫西 16 县约 280 万人口、桐柏 10 县约 100 万人口的地区，已变法币市场为中钞与法币所共占，但以中钞为优势的混合市场。③这一胜利，不仅沉重打击了法币对中原人民的掠夺，保护了中原人民的利益，并进一步加深了国统区的经济崩溃，而且还通过排除法币，换回了大批物资。如西华县群众排出法币 150 亿，换回牲口 200 头，香油 846 斤，盐 5233 斤，粮食 1644 斤，烟叶 637 斤。④ 这对维持解放区的经济秩序，恢复和发展工农业生产，保障战争供给等，都具有重要意义。

---

① 《豫皖苏边区征粮工作、货币工作与生产工作》，王礼琦编：《中原解放区财政经济史资料选编》，第 208 页。

② 李绍禹：《豫西区四个月（6 月至 9 月）货币斗争概况与目前存在的问题》，王礼琦编：《中原解放区财政经济史资料选编》，第 533～535 页。

③ 《关于中州钞发行工作的总结（草案）》，王礼琦编：《中原解放区财政经济史资料选编》，第 568 页。

④ 《豫皖苏边区征粮工作、货币工作与生产工作》，王礼琦编：《中原解放区财政经济史资料选编》，第 208 页。

(二)对银元的政策

中原区在发行中州钞时采取了联系银元、以银元标价,到一定阶段再摆脱与银元联系,禁止银元流通的策略。其全部过程大体分两个步骤:第一步是用银元兑换支持,并允许银元和本币混合流通,稳定本币200元比银元1元的比价。1948年1月25日,中原局在《关于发行中州农民银行钞票的决定》中就指出,“法定价格为每中州钞200元合银洋1元”①,这就确定了中州钞与银元联系的方针。这一策略至少有三方面的意义:一是借用银元在群众中的信用和价格观念,为中州钞标价,建立本币信用;二是通过兑换,争取时间,安排好银行、工商各级机构,为改用物资力量支持中钞做好准备;三是暂时允许银元流通,可以缩小法币流通的范围和数量,为推行中州钞开辟道路。

第二步是在本币比价确定之后(以本币200元能普遍买到相当于1元银元的物资为标志),立即宣布禁止银元流通,同时用足够物资力量支持本币物价,使本币摆脱与银元的联系,争取本币币值稳定,实行本币一元化。1948年8月13日,中原局根据实际情况,向各区党委发出指示,指出“在发行初期采取银元兑现的办法是正确的,而且是必要的,但这种办法不能长期继续”,而应积极创造有利条件,准备好一切应做的工作,如驱逐法币,印刷辅币及流通券,建立银行、工商机构与配备干部,准备与掌握可以利用来支持本币的物资后,即可逐渐停止兑现与禁止银元流通,“争取大部分地区在9月实行停兑”。② 为贯彻这一指示,豫西行署于9月12日颁布布告,宣布禁止银元流通。③ 豫皖苏区也从9月开始,由点到面禁用银元,到10月份,逐步做到了全面禁止流通。

由于事先有充分准备和大批物资支持本币,所以禁银工作十分顺利。如豫西区禁止银元流通之后,宝丰、鲁山等地物价均未发生波动,兑现减少95%,许昌、襄城等地均有大批金银入口,商人普遍赞成货币单

---

① 王礼琦编:《中原解放区财政经济史资料选编》,第448页。

② 《中共中原局关于货币问题的指示》,王礼琦编:《中原解放区财政经济史资料选编》,第485页。

③ 《豫西行政公署关于禁止银洋流通的布告》,王礼琦编:《中原解放区财政经济史资料选编》,第505页。

一化，支持禁用银元，认为这样生意才能好做。① 豫皖苏区颁发禁用银元布告后，群众争先持银元兑换中州钞，中钞发行面加速推向农村，本币信用更高。这说明，禁银斗争取得了初步胜利。从10月至12月底，也即停兑与冻结金银后的三个月中，中原区“本币币值与物价一般尚称稳定，平均物价指数只上涨了59%，从而大体上已完成了使中钞成为中原区独立自主的单一本位币的第一个步骤”②。

三、银行业务

河南各解放区银行的业务是随着战争和经济建设的需要而逐步发展起来的。概括地说，银行业务主要有发行本币，开展与法币的斗争，使本币成为市场上的唯一通货；代理金库，执行财政上的统筹统支制度；管理“外汇”和金银，稳定物价；开展反假票斗争，稳定金融秩序；接收官僚资本银行，管理私营银钱业；开展汇兑、存放款业务，吸收社会游资，扶植解放区经济发展，支援革命战争。由于处于战争形势下，在1948年底以前基本上是以货币斗争为主要工作，其他业务处于辅助地位。

（一）汇兑

1946年，晋冀鲁豫边区内各银行之间均可通汇，但只有票汇，免收汇水，手续费按路途远近收取5‰～10‰。1948年7月以后，济源、孟县、沁阳等行与中州农民银行洛阳市行建立了通汇关系。中州农民银行成立之初，部分行即开办了汇兑业务。洛阳市行在成立后的第二个月，即1948年7月即与晋冀鲁豫太岳区的济源建立了通汇关系，8月与山西晋城通汇，9月与孟县通汇，此后又先后与沁阳以及山西长治、运城、垣曲等地通汇。到12月底，共汇出冀钞152000多万元，汇入冀钞189000多万元。③

---

① 《中原财办关于金融问题的指示》，王礼琦编：《中原解放区财政经济史资料选编》，第520页。

② 《中原货币工作概况》，王礼琦编：《中原解放区财政经济史资料选编》，第594页。

③ 《洛阳市行汇兑工作的经验教训》，王礼琦编：《中原解放区财政经济史资料选编》，第576页。

为发展工商业贸易,促进各地物资交流,便利商民,1948 年 9 月,豫西区行决定,开展区内汇兑业务,规定洛阳、临汝、回郭镇(巩县)、鲁山、襄城、禹县及各分行等共 12 处为通汇地点,“在各通汇行可采取互汇形式,就是说,每一通汇地点,可以向其他 11 处之每一处进行汇兑”。同时规定,一律使用汇票,不收汇水,按路途远近、汇兑性质收取 5‰~10‰的手续费。①

1948 年 11 月 20 日,中原解放区和华北解放区达成了两区货币工作协议,决定成立华北银行、中州农民银行联合办事处(简称联办),其任务是“组织中冀钞兑换汇兑工作,争取比价相对稳定,以达到便利两区物资交流,发展生产,大力支援战争之目的”。在郑州、洛阳、开封各设一分办,负责“办理汇兑,组织调剂基金,掌握牌价”。两区还对具体的汇兑地点及汇兑极度额、汇兑办法、汇价与汇水、利息、清算期等问题作出了规定。② 从此,两区间的汇兑业务进一步扩大。

1948 年下半年,中原解放区大多已连成一片,城乡贸易日趋繁多,开展各区间汇兑业务的条件越来越好。12 月,中州农民银行总行制定区内汇兑办法,确定郑州、洛阳、开封、襄城、南阳及总、分行所在地为甲类通汇点,周口、禹县、鲁山、源潭(今属唐河)、新野为乙类通汇点,根据业务量大小确定不同的汇款最高限额。当月,总行还下达了《关于开展汇兑工作的指示》,就建立通汇点、汇差清偿、汇兑基金、汇差利率、汇水及手续费等问题作了详细规定。③ 从此,汇兑业务不断发展,由少到多,由近及远。1949 年 1 月至 5 月仅郑州、开封、洛阳、许昌、商丘、漯河 6 个城市即汇出中州币 7.9 亿元,汇入 7.2 亿元;6 月至 7 月共汇出 44.3 亿元,汇入 22.4 亿元。汇兑地点到 5 月份时省内有 10 处,省外 16 处;

① 《豫西区工商管理局、中州农民银行豫西区行关于区内汇兑工作的指示》,王礼琦编:《中原解放区财政经济史资料选编》,第 519 页。

② 《华北解放区、中原解放区货币工作协议》,王礼琦编:《中原解放区财政经济史资料选编》,第 548~550 页。

③ 《河南省志·金融志》,河南人民出版社 1992 年版,第 43 页。

到9月份时，已增至省内23处，省外73处。①

（二）存、放款

在放款问题上，解放区银行曾出现一些“左”的偏向，主要是存在恩赐和救济的观念，没有从解决群众生产中的困难与需要出发，而是从解决生活困难出发，因而在贷款对象上，1948年下半年以前特别强调贫民路线。如1947年，冀鲁豫区曾规定“赤贫贫农是贷款的基本对象”；对中农贷款，“要通过贫农讨论，采取个别照顾，不能普遍发放”。② 在城市贷款方面，同样存在“左”的偏向，如冀鲁豫区曾规定，“城市贷款的主要对象，是贫苦市民，作坊摊贩，手工业者”③。由于强调贫雇路线，1947年上半年，据冀鲁豫区四、六、八3个分区和二分区的范县、寿张④两个县统计，在发放的全部贷款中，贫农在户数上和款数上都占到90%以上（土改中分到土地后才上升的新中农在内）。⑤

关于存放款的利率，一开始也存在两个主要问题：一是利率过低。忽视了货币不断贬值的实际情况，利息跟不上物价上涨的幅度，严重限制了银行存放款业务的开展；二是放款时从救济观念、阶级成分出发制定利率。比如有的地方对城市贫苦市民放款，不问其用途如何，一律规定月息1分，甚至无利贷给；有的规定资本多、经营规模大者利息要高，资本少规模小者利息要低。这种低利政策，往往变成了不能保值的蚀本政策。1947年冀鲁豫区贷款资金折合小米6000万斤，两年赔本4700

---

① 《河南省分行第二次支市行经理会议总结》，王礼琦编：《中原解放区财政经济史资料选编》，第630页。

② 《冀鲁豫区一九四七年上半年贷款统货工作总结与下半年工作意见》，《财经工作资料选编》（下），第104～105页。

③ 《冀鲁豫区一九四七年上半年贷款统货工作总结与下半年工作意见》，《财经工作资料选编》（下），第105页。

④ 寿张原属山东省，1964年撤销寿张县，以金堤为界，划南部的8个公社归河南省范县。1978年置台前县，所辖区域原属寿张。

⑤ 《冀鲁豫区一九四七年上半年贷款统货工作总结与下半年工作意见》，《财经工作资料选编》（下），第100页。

万斤。① 这种情况不但不能推动生产,调动群众的生产积极性,反而助长了群众的依赖心理,降低了生产热情。

1948年上半年解放区政府纠正了农村土改和工商业政策中的“左”倾错误以后,从下半年开始,对贷款中的恩赐救济和片面照顾贫雇农的观点也进行了纠正,明确指出,发展生产是贷款的唯一目的,贷款对象是从事生产的劳动人民。10月,华北人民政府在关于冬季生产贷款的指示中指出:“贷款的对象是一切积极生产的劳动人民,乡村中一切人民,不论其阶级成分如何,只要进行生产,都有获得贷款的同等权利,如贫农、中农、手工业工人和土改彻底地区的转入劳动的地富等。”②1948年冬季农副业贷款工作,冀鲁豫区切实克服了过去的错误偏向,使积极从事生产的中农及地富也都能得到贷款的帮助。如濮阳冬季农副业贷款共贷出2124459.57元,折米695533斤。从成分上看,贫农占总贷户的31%,中农占67%,地富占2%③,改变了过去贫农占绝对优势的情况。同时贷款大部分用到了农业生产上,其中牲口占主要部分,为55.4%,麦种占5.4%,其他还有铁炉、粉坊、油坊,绝大部分贷的是实物,少部分为订货,贷现款寥寥无几,也打破了实物行不通的观念。④

针对利率的偏差,1948年12月,中州农民银行总行颁发指示,指出“存放款利率之高低,应根据工商业利润之大小来确定,即是以利率占平均利润的适当比例为原则(华北规定商业放款利率不超过平均利润30%～40%,工业不超过25%,我们可以参考)”;“各种放款利差掌握,应从贯彻工商业政策出发,根据贷款者之经营性质及用途确定利息差别,一般商业应当高于工业,生产战争、供应人民生活必需品者低于生产

① 韩哲一:《冀鲁豫区生产会议总结报告》,《财经工作资料选编》(上),第242页。

② 《华北人民政府关于冬季生产贷款的指示》,《冀鲁豫边区金融史料选编》(下册),第309页。

③ 《中国人民银行冀鲁豫分行一九四八年信贷工作总结》,《冀鲁豫边区金融史料选编》(下册),第518页。

④ 《濮阳县支行1948年工作报告(摘录)》,《冀鲁豫边区金融史料选编》(下册),第385页。

一般日用品者”。① 指示没有规定具体的利率，只是界定了一定的范围，各地可以根据当地工商业利润与金融物价情况，在规定范围内自行浮动。这种规定对社会经济与银行发展都是有利的。

1949 年以前，因为利率较低，物价不稳，以及私营工商业者怕暴露资本，所以私人向银行存款很少。同时由于中原解放区是新解放区，农民尚未充分发动，因此，一般的农业贷款也很少，贷款主要对象是城市私营工商业者。以业务量较大的郑、汴、洛三行为例，可以看出当时存放款的大致情况。开展银行主要业务，洛阳市行是 1948 年 9 月开始的，开封与郑州分行是 12 月开始的。②到 12 月底，三行共吸收存款 60000 万元，其中郑州 12000 万，开封 36000 万，洛阳 12000 万。其来源大部分是工商税收款、公营企业的间歇资金、采购机关的短期往来款项，如郑州分行公家存款占该行存款总数的 99%，开封分行占 98%。在同一时期内，三行共计才贷出 6700 万元，而且平均约 95%以上系贷给私人工商业。③造成放款业务不能迅速展开的原因是多方面的，除了营业时间较短，宣传工作差，干部业务不熟悉之外，还因为受战争影响和时间的限制，当时公营经济机构微弱，经济力量单薄，银行贷款的对象，主要还只能是私人工商业和贫民小生产者。针对公存私贷的现象，中州农民银行决定采取在“公私兼顾，公私两利”的方针下，“用充分的力量扶持公营经济及合作经济，壮大国家资本及有效地打击投机商人”④的贷款政策。在调整政策后，开封、郑州、许昌、洛阳、商丘、漯河 6 市行，1949 年 2 月至 6 月存款总额 36439383000 元（中州币，下同），其中军政机关及公营企业 34873063000 元，占总存款额的 95.7%，私人 1566320000 元（其中包括合作社存款 133207000 元），占 4.3%。私人存款数及所占比例均有了

① 《中州农民银行总行关于利息政策的指示》，王礼琦编：《中原解放区财政经济史资料选编》，第 563 页。

② 《郑汴洛三行 1948 年存放款业务的检讨》，王礼琦编：《中原解放区财政经济史资料选编》，第 583 页。

③ 陈希愈：《端正国家银行的贷款政策》，王礼琦编：《中原解放区财政经济史资料选编》，第 580～581 页。

④ 陈希愈：《端正国家银行的贷款政策》，王礼琦编：《中原解放区财政经济史资料选编》，第 582 页。

明显的增加,如表9—3。

表9—3　郑、汴、洛、许、商、漯6城市行2～6月私人存款概况

月　　份	2	3	4	5	6
私人存款额(元)	171051000	145371000	220131000	390978000	633789000
占该月总存款数百分比	15.53	31.2	3.55	6.87	31.2

资料来源:《华中区金贸会议信贷工作综合记录》(1949年9月),王礼琦编:《中原解放区财政经济史资料选编》,第622页。

在放款方面,上述6市行2至6月放款总额为2752205000元①,占同时期存款总额的7.55%,存款积压现象仍比较严重。1949年上半年,中州农民银行河南省分行发放的贷款中,公营占73.2%,私营占21.8%,合作占5%。另据河南省9城市全年放款统计,工业占25.3%,商业占43.2%,合作占4.4%。② 从这些数字可以看出,公营企业已逐渐成为放款的主要对象,贷款工作基本上贯彻了大力扶助公营的方针,并且适当照顾了商业。另外,银行通过采取适当提高利息或实物贷款的办法也求得了"保本",壮大了国家资本,真正实现了"公私兼顾,公私两利,发展经济,支援战争"的目的。

本章结语

河南数十年间,兵连祸结,历遭日寇蹂躏、战争破坏、灾荒侵袭,以至农业生产力严重下降,工商业破产。为了支援解放战争和改善民生,各解放区在发动农民开展土地改革和减租减息运动时,始终把农业生产作为经济建设的首要任务,使农业得到了一定的恢复和发展。同时,还采取多种措施扶助与保护工商业,纠正了"左"的工商业政策,使工商业很快度过了萧条期,日益走向繁荣。

① 《华中区金贸会议信贷工作综合记录》,王礼琦编:《中原解放区财政经济史资料选编》,第623页。

② 《河南省分行1949年工作简要报告》,王礼琦编:《中原解放区财政经济史资料选编》,第665页。

河南省是解放军渡江作战的前进基地，财政税收以保证战争需要为主要任务。经过加强制度建设，逐步克服了初期制度紊乱，各自为政的状态，由分区自筹自给，过渡到统筹统支，确立了财经工作的正常秩序。中原解放区金融工作的一个重要特点是中州钞发行在先，银行机构建立在后，是发行工作推动了金融机构及其业务的建立和发展。通过开展与敌人的货币斗争，河南解放区内部的货币逐渐统一，银行日益强大。河南各解放区为解放战争的胜利作出了巨大贡献。

参考文献

一、报刊部分

B

《本省手工业概况》,《河南政治》第7卷第3期,1937年3月。

河南省财政厅:《办理河南财政报告书》,《民国日报》1931年3月14日。

《汴敌暴行——贩盐妇变作敌狗嘴内肉》,《河南民国日报》1941年1月11日。

《博爱敌捕壮丁六千余》,《解放日报》1941年9月5日。

《本所元至三月份工作简报》,《河南农迅》第2卷第3期,1948年4月。

《本月份政务纪要》,《河南政治》,1942年8月。

C

罗从豫:《裁厘后各省财政概况》,《中行月刊》第2卷第8期,1931年2月。

王天奖:《从单产看近代河南的农业生产》,《史学月刊》1991年第1期。

陈珂:《从地方志书看20世纪10～30年代华北的植棉业》,《平原大学学报》2005年第6期。

林风:《重建中原解放区的历史地位和作用》,《华中师范大学学报》1997年第7期。

光华:《长垣县沦陷纪实》,《河南民国日报》1938年4月3日。

D

《敌寇在开封强征壮丁,运到关外去作苦工》,《新华日报》1945年3月7日。

《敌在豫东强征壮丁》,《解放日报》1943年6月19日。

《敌人侵豫后一笔血债》,《河南民国日报》1938年8月18日。

闰东超:《敌伪搜刮物资概要》,《河南民国日报》1944年1月8日。

《大金店征收营业税,商民均感轻快,国民党统治时期,苛杂多至二十二种》,《豫西日报》1948年12月1日。

许涤新:《敌寇经济政势演变》,《群众》第7卷第24期,1942年12月30日。

E

黄正林:《二元经济:社会转型时期的地方金融体制研究——以1912～1937年的河南省为例》,《史学月刊》2009年第10期。

《二十一年豫省农产工业统计》,《中行月刊》第6卷第1、2期合刊,1933年2月。

《二十四年份河南工业统计引言》,《河南统计月报》第3卷第5期,1937年5月。

《鄂豫皖边区劳苦群众的奋斗》,《红旗周报》第15期,1931年9月7日。

朱正业、杨立红:《鄂豫皖革命根据地的土地改革及其历史经验》,《农业考古》2007年第6期。

许庆贺:《鄂豫皖革命根据地粮食政策评述》,《许昌学院学报》2008年第4期。

刘森:《鄂豫皖根据地货币论略》,《中国钱币》1988年第4期。

刘华实:《鄂豫皖苏区合作社及其运动》,《档案管理》2008年第2

期。

庞良举:《鄂豫皖苏区经济公社刍议》,《安徽史学》1988年第4期。

刘华实、薛毅:《鄂豫皖苏区经济公社初探》,《河南社会科学》2008年第5期。

赵学禹:《鄂豫边区建设银行与边区经济建设》,《武汉大学学报》1985年第3期。

F

《废除苛捐杂税之推行·河南省》,《农村复兴委员会会报》第2卷第4号,1934年9月。

树勋:《冯玉祥统治下的豫省东南部》,《红旗》第14期,1929年2月21日。

G

《改组各县林业合作社》,《中国建设》第5卷第3期,1932年3月。

《巩县一瞥》,《河南政治》第2卷第11期,1932年11月。

《各地方金融机关·洛阳》,《中央银行月报》第2卷第2、3号合刊,1933年2月。

谢丰:《贯彻减租与扶持群众运动》,《边区政报》第46期,1945年2月6日。

黄正林、刘常凡:《公路建设、汽车运输与社会变迁——以1927~1937年的河南省为中心》,《河南大学学报》2010年第1期。

汪万春:《改进河南畜牧事业之商榷》,《河南农迅》第2卷第4期,1948年4月。

卫明:《关于新解放城市工商工作的几点经验》,《冀鲁豫日报》1945年9月24日。

H

《河南省的今昔比较研究》,《新华日报》1945年4月3日。

《河南安阳林县淇县浚县一带地下水调查简报》,《农村复兴委员会会报》1934年第9号。

《河南近年之植棉业》,《大公报》(天津)1920年11月11日。

《河南之花生生产》,中美新闻社开封通信,《申报》1919年10月30日。

《宏豫铁矿公司收股展期广告》,《政府公报》第1069号,1919年1月14日。

杨训渠:《河南中福两公司合资之经过》,《河南政治》第3卷第7期,1933年8月。

李文浩:《河南中原煤矿公司之过去现在与将来》,《河南中原煤矿公司汇刊》第1期,1931年2月。

袁中金:《河南近代铁路建设与经济发展》,《史学月刊》1993年第4期。

天倪:《河南省各县地方财务行政机关之沿革》,《河南政治》第6卷第10期,1936年10月。

天倪:《河南省各县地方财务行政机关之沿革(二)》,《河南政治》第6卷第11期,1936年11月。

天倪:《河南省各县地方财务行政机关之沿革(三)》,《河南政治》第6卷第12期,1936年12月。

常文熙:《河南农村金融之调查》,《社会经济月报》第2卷第11～12期合刊,1935年12月。

《河南省地方银行之进行》,《银行月刊》第3卷第3号,1923年3月25日。

《河南省银行推行纸币计划》,《银行月刊》第3卷第6号,1923年6月25日。

《河南省银行纸币之近况》,《银行月刊》第5卷第2号,1925年2月25日。

《河南省银行发行巨额纸币》,《银行月刊》第3卷第10号,1923年10月25日。

《河南省银行纸币停止兑现》,《银行月刊》第4卷第11号,1924年11月25日。

《河南省银行一时尚难复业》,《银行月刊》第5卷第1号,1925年1月25日。

《河南省银行挤换风潮纪实》,《银行月刊》第5卷第12号,1925年12月25日。

《河南币制与汇兑事业》,《申报》1919年9月18日。

《河南金融之现状》,《申报》1921年4月8日。

张静愚:《河南建设之回顾与前瞻(续)》,《中国建设》第13卷第2期,1936年2月。

《河南省农村合作事业报告》,河南省农村合作委员会《合作月刊》第6卷第11、12期合刊,1934年12月。

《河南省农村合作委员会各县主任指导员第一次工作讨论会议记录》,《河南农村合作月刊》第1卷第6期,1934年11月。

张静愚:《河南农村合作运动的回顾与展望》,《农村合作》第1卷第1期,1935年8月。

《河南各县社会调查·方城》,《河南统计月报》第2卷第9期,1936年9月。

《河南各县社会调查·林县》,《河南统计月报》第3卷第1期,1937年2月。

《河南各县社会调查·中牟》,《河南统计月报》第1卷第2、3期合刊,1935年3月。

《河南各县社会调查·襄城》,《河南统计月报》第1卷第4期,1935年4月。

《河南各县社会调查·陕县》,《河南统计月报》第1卷第4期,1935年4月。

《河南各县社会调查·巩县》,《河南统计月报》第2卷第2期,1936年2月。

《河南各县社会调查·叶县》,《河南统计月报》第2卷第12期,1937年1月。

《河南各县社会调查·汝南》,《河南统计月报》第1卷第8期,1935年8月。

《河南各县社会调查·民权》,《河南统计月报》第2卷第6期,1936年6月。

《河南各县社会调查·尉氏》,《河南统计月报》第1卷第2、3期合刊,1935年3月。

《河南各县社会调查·洧川》,《河南统计月报》第1卷第2、3期合刊,1935年3月。

《河南各县社会调查·洛阳》,《河南统计月报》第1卷第6期,1935年6月。

《河南各县社会调查·信阳》,《河南统计月报》第1卷第8期,1935年8月。

《河南各县社会调查·开封》,《河南统计月报》第1卷第2、3期合刊,1935年3月。

《河南各县社会调查·通许》,《河南统计月报》第1卷第1期,1935年1月。

《河南各县社会调查·淮阳》,《河南统计月报》第1卷第4期,1935年4月。

《河南各县社会调查·睢县》,《河南统计月报》第1卷第9、10期合刊,1935年10月。

《河南各县社会调查·武陟》,《河南统计月报》第3卷第4期,1937年5月。

《河南各县社会调查·禹县》,《河南统计月报》第2卷第4期,1936年4月。

《河南各县社会调查·沁阳》,《河南统计月报》第2卷第1期,1936年1月。

《河南各县社会调查·温县》,《河南统计月报》第2卷第10期,1936年10月。

《河南各县社会调查·汤阴》,《河南统计月报》第2卷第1期,1936年1月。

《河南各县社会调查·孟县》,《河南统计月报》第3卷第3期,1937年4月。

《河南各县社会调查·郑县》,《河南统计月报》第1卷第1期,1935年1月。

《河南各县社会调查·新乡》,《河南统计月报》第1卷第5期,1935年5月。

《河南各县社会调查·永城》,《河南统计月报》第1卷第7期,1935年7月。

《河南各县社会调查·滑县》,《河南统计月报》第1卷第6期,1935年6月。

《河南各县社会调查·舞阳》,《河南统计月报》第1卷第6期,1935年6月。

《河南各县社会调查·邓县》,《河南统计月报》第1卷第7期,1935年7月。

《河南各县社会调查·商丘》,《河南统计月报》第1卷第9、10期合刊1935年10月。

《河南各县社会调查·西华》,《河南统计月报》第3卷第4期,1937年5月。

《河南各县社会调查·辉县》,《河南统计月报》第2卷第2期,1936年2月。

《河南各县社会调查·上蔡》,《河南统计月报》第3卷第2期,1937年3月。

《河南各县社会调查·考城》,《河南统计月报》第3卷第1期,1937年2月。

《河南各县社会调查·淇县》,《河南统计月报》第3卷第3期,1937年4月。

《河南各县社会调查·渑池》,《河南统计月报》第3卷第4期,1937年5月。

《河南各县社会调查·唐河》,《河南统计月报》第3卷第1期,1937年2月。

《河南各县社会调查·太康》,《河南统计月报》第2卷第4期,1936年4月。

《河南各县社会调查·商水》,《河南统计月报》第3卷第6期,1937年6月。

《河南各县社会调查·鄢陵》,《河南统计月报》第3卷第6期,1937年6月。

《河南各县社会调查·桐柏》,《河南统计月报》第2卷第8期,1936年8月。

叶瑜:《河南省整理水道改良土壤委员会两年来工作概况》,《河南政治》第6卷第9期,1936年9月。

张静愚:《河南省政府建设厅及农村合作委员会最近工作概况》,《河南政治》第6卷第5期,1936年5月。

《河南农林统计引言》,《河南统计月报》第2卷第8期,1936年8月。

张锡昌:《河南农村经济调查》,《中国农村》第1卷第2期,1934年11月。

《河南省各区林务局改设计划及进行情形》,《中国建设》第5卷第3期,1932年3月。

《河南省模范林场概况》,《中国建设》第5卷第3期,1932年3月。

陈世民:《河南荥阳的柿子》,《农村合作》第2卷第4期,1936年11月15日。

吴耕民、屠鄂:《河南灵宝之枣》,《西北农林》创刊号。

《河南省地质调查所恢复计划及进行情形》,《中国建设》第5卷第4期,1932年4月。

张人鉴:《河南矿产概况》,《河南政治》第7卷第1期,1937年1月。

《河南工业概况》,《中国建设》第5卷第4期,1932年4月。

《河南省工业现状一斑》,《河南政治》第2卷第9期,1932年9月。

《河南省修筑省道第一期计划》,《中国建设》第5卷第2期,1932年2月。

《河南省各县县道修筑计划及进行情形》,《中国建设》第5卷第2期,1932年2月。

《河南省道路进行概况》,《中国建设》第5卷第2期,1932年2月。

《河南全省长途电话整理计划及进行情形》,《中国建设》第5卷第3期,1932年3月。

尹任先:《河南财政之现况》,《河南政治》第7卷第1期,1937年1月。

《河南上蔡田赋捐超过正税五倍》,《中行月刊》第6卷第5期,1933年5月。

邵蘅:《河南省政府合署办公后整理赋税概述(一)》,《河南政治》第7卷第3期,1937年3月。

《河南驻马店市面情形一般》,《中行月刊》第5卷第4期,1932年10月。

李汉珍:《河南农工银行一年来之回顾与前瞻》,《河南政治》第7卷第1期,1937年1月。

《河南省农村合作事业报告》,《合作月刊》第6卷第11、12期合刊,1934年12月。

《河南省通用货币概况》,《中央银行月报》第5卷第8号,1936年8月。

贾贵浩:《河南近代农作物种植结构的调整与商品化发展》,《南都学刊》2005年第3期。

陈松峰:《河南烤烟种植时间及地点新考》,《中国农史》1985年第1期。

徐有礼等:《河南植棉发展考略》,《中州古今》2001年第3期。

张俊英:《河南沦陷区农民负担浅析》,《平顶山师专学报》2003年第6期。

王士花:《华北沦陷区棉花的生产与流通》,《清华大学学报》2008年第5期。

王士花:《华北沦陷区粮食的生产和流通》,《史学月刊》2006年第11期。

《河南工商业在风雨飘摇中》,《新华日报》1944年2月21日。

《华北之币制战争,日方完全失败》,《大美晚报》(上海)1940年2月25日。

《河南省奖励耕牛保育及繁殖办法》,《河南农讯》第1卷第2期,1947年10月。

河南省政府秘书处:《河南省各县自治税捐征收组织规程》,《河南省政府公报》复刊第3期,1945年12月21日。

《河南省各县市筵席及娱乐税征收规则》,《河南省政府公报》复刊第3期。

《河南省各县市屠宰税征收细则》,《河南省政府公报》复刊第3期。

《河南省各县市营业牌照税征收细则》,《河南省政府公报》复刊第3期。

汪克检:《河南黄泛区工作特述》,《河南善救分署周报》第100期,1947年12月31日。

《华北棉产改进会三十年度十一月份工作概要》,《华北棉产汇报》第4卷第3、4期合刊,1942年4月。

萧瑞臣:《河南省公署呈秘字第五四四号》,《河南省公报》,河南省秘书处文书科印行,1938年12月30日。

J

王天奖:《近代河南租佃制度述略》,《史学月刊》1989年第4期。

陈珂:《近代北京政府时期豫北民族实业区域特色》,《天中学刊》2005年第8期。

项斌:《晋冀鲁豫抗口根据地的对敌经济斗争》,《经济经纬》1985年第4期。

花瑜:《晋冀鲁豫抗日根据地的减租减息运动》,《平原大学学报》1994年第2期。

张文杰:《冀鲁豫抗日根据地的民主民生斗争》,《中州学刊》1986年第5期。

李全喜:《解放前的商丘电厂》,《商丘市志通讯》1984年第3期。

《解放后的南阳》,《豫西日报》1948年12月14日。

冷水:《介绍晋冀鲁豫边区》,《解放日报》1942年3月23日。

《晋冀鲁豫边区副主席报告财政建设》,《解放日报》1941年8月9

日。

《晋冀鲁豫边区政府颁布施行中国土地法大纲补充办法(草案)》,《人民日报》1947年12月31日。

戎子和:《晋冀鲁豫边区财政工作的片段回忆(八)》,《中国财政》1984年第8期。

刘彦威:《解放战争时期解放区的农业》,《农业考古》2001年第3期。

K

《开封社会调查(七)》,《河南统计月报》第1卷第9、10期合刊,1935年10月。

蒋晔、叶春风:《抗战前的河南烟草业》,《河南经济》1985年第4期。

张俊英:《抗日战争时期河南沦陷区农民徭役负担考》,《平顶山师专学报》1999年第3期。

任峰:《抗日战争时期鄂豫边区的农业生产》,《河南大学学报》1984年第6期。

毛锡学:《抗战时期晋冀鲁豫边区的对敌经济斗争》,《许昌师专学报》1986年第4期。

《寇军在开封肆虐》,《新华日报》1938年7月2日。

黄如桐:《抗战时期国民党政府外汇政策概述及评价》,《近代史研究》1987年第4期。

张泰山:《抗日战争时期鄂豫边区农民对减租减息的心态》,《华中科技大学学报》(社会科学版)2005年第2期。

L

《漯河商务调查报告》,《中行月刊》第5卷第5期,1932年11月。

牛宝祥:《陇海路上之三县农村经济》,《中国农民银行月刊》第1卷第2期,1936年2月。

贾贵浩:《论1912～1937年河南租佃制度的特点》,《河南大学学报》2006年第3期。

薛世孝:《论英国福公司在中国的投资经营活动》,《河南理工大学学报》2005 年第 5 期。

徐有礼、朱兰兰:《略论花园口决堤与泛区生态环境恶化》,《抗日战争研究》2005 年第 2 期。

魏宏运:《论华北抗日根据地的合理负担政策》,《历史教学》1985 年第 11 期。

岁有生、张雷:《论道清铁路对沿线社会经济的影响》,《华北水利水电学院学报》2005 年第 3 期。

M

《民国二十五年全国合作事业调查》,《农情报告》第 5 卷第 2 期,1937 年 2 月 15 日。

《民国二十六年十六省合作事业调查》,《农情报告》第 6 卷第 12 期,1938 年 12 月 15 日。

《民国二十年林务进行计划大纲》,《中国建设》第 5 卷第 3 期,1932 年 3 月。

邢振:《民国豫北植棉业的增长及其特点》,《今日湖北》2007 年第 5 期。

王天奖:《民国时期河南的地权分配》,《中州学刊》1993 年第 5 期。

王全营:《民国中期的地权分配与农业经营——以中原地区为例》,《信阳师范学院学报》2004 年第 6 期。

孟国祥:《民国时期的中日假币战》,《民国春秋》1992 年第 2 期。

《孟沁济三县敌屠杀焚劫》,《新华日报》1938 年 7 月 1 日。

《孟县沦陷两日记》,《河南民国日报》1938 年 5 月 16～17 日。

N

纪彬:《农村破产声中冀南一个繁荣的村庄》,(天津)《益世报》1935 年 8 月 17 日。

《农村破产中农民生计问题》,《东方杂志》第 32 卷第 1 号。

《农商部布告第三号》(1919 年 4 月 29 日),《政府公报》第 1164 号,

1919 年 5 月 2 日。

刘常凡:《南京国民政府时期河南公路法规研究(1927～1937)》,《三门峡职业技术学院学报》2008 年第 4 期。

郭鹏:《南召的养蚕与丝织业》,《中州今古》1985 年第 5 期。

P

《盘踞安阳敌军布置坚固工事》,《新华日报》1938 年 1 月 26 日。

安铁:《濮阳城关收复后的工商工作》,《解放日报》1945 年 1 月 10 日。

Q

本会统计室:《全国棉纺织厂调查报告》,《棉业月刊》第 1 卷第 7 期,1937 年 7 月。

《杞县开办美棉场》,《申报》1919 年 10 月 24 日。

许檀:《清代河南赊旗镇的商业》,《历史研究》2004 年第 2 期。

《杞县灾情严重》,《河南民国日报》1938 年 8 月 27 日。

R

《日趋繁荣之郑县》,《河南政治》第 2 卷第 5 期,1932 年 5 月。

刘世永:《日本侵略者对河南沦陷区的经济掠夺》,《河南大学学报》1988 年第 1 期。

曾业英:《日伪统治下的华北农村经济》,《近代史研究》1998 年第 3 期。

曾业英:《日本对华北沦陷区的金融统制与掠夺》,《抗日战争研究》1994 年第 1 期。

张利民:《日本对华北铁路的统制》,《抗日战争研究》1998 年第 4 期。

《日寇劫后的豫北》,《解放日报》1944 年 9 月 14 日。

S

解学东:《试论民国时期河南工业经营发展的特点》,《史学月刊》1992年第1期。

张静愚:《三年来之河南建设》,《河南政治》第3卷第10期,1933年11月。

张静愚:《四年来之河南建设》,《河南政治》第4卷第10期,1934年10月。

李文浩:《三年来之河南财政》,《河南政治》第3卷第10期,1933年11月。

解学东:《试析民国时期河南的工业》,《河南大学学报》1992年第5期。

《苏北运河沿岸敌伪通贴诱降标语》,《解放日报》1943年8月30日。

冯华熙:《兽蹄下的安阳》,《新华日报》1938年9月26日。

T

《田赋附赋税及摊派·河南省》,《农村复兴委员会会报》第12号。

程丕祯等:《谈豫皖苏边区货币》,《中国钱币》1991年第1期。

卢郁文:《田赋改征实物后河南省粮食储运及征购》,《河南政治》7月号,1942年10月。

《太行去年生产成绩伟大　记该区生产展览会》,《解放日报》1945年1月2日。

田酉如:《太行抗日根据地研究综述》,《党史通讯》1987年第7期。

W

唐启宇:《我国土地垦殖指数与耕地指数》,《实业部月刊》第1卷第4期。

徐有礼:《"五卅"前后英美烟公司在河南的活动及其影响》,《商丘师院学报》2004年第6期。

君平:《宛南农村的经济现状》,《新华日报》1940 年 7 月 15 日。

孙武:《卫辉华新纱厂接收案始末》,《中州今古》1989 年第 5 期。

X

张翰才:《许昌附近烟叶调查》,《中行月刊》第 12 卷第 5 期,1936 年 5 月。

《新乡农工业概况》,《河南政治》第 2 卷第 3 期,1932 年 3 月。

李香振等:《徐阳村活了》,《豫西日报》1948 年 12 月 1 日。

《修武之敌横征暴敛》,《河南民国日报》1943 年 9 月 19 日。

《信阳分局业务推进概况》,《河南货物税月刊》1947 年。

Y

《豫当局查封省银行》,《银行月刊》第 6 卷第 2 号,1926 年 8 月 25 日。

《豫东花生业发达》,《中行月刊》第 9 卷第 6 期,1934 年 12 月。

《豫农合会提倡合作社植树造林》,《农村合作月刊》第 1 卷第 8 期,1936 年 3 月 15 日。

《一月来之建设·公路》,《河南政治》第 4 卷第 7 期,1934 年 7 月。

涂自强:《豫省电话之概况与展望》,《河南政治》第 7 卷第 1 期,1937 年 1 月。

《豫省府核减丁地附加税》,《中行月刊》第 8 卷第 5 期,1934 年 5 月。

明洁:《英美烟公司和豫中农民》,《中国农村》第 2 卷第 7 期,1936 年 7 月 1 日。

《豫省各项工业概况》,《中行月刊》第 5 卷第 5 期,1932 年 11 月。

王流海:《豫皖苏革命根据地货币探疑》,《中国钱币》1999 年第 4 期。

黄天弘:《英国福公司对豫北近代经济的影响》,《郑州轻工业学院学报》2006 年第 2 期。

《豫北民众武装歼敌》,《新华日报》1938 年 3 月 2 日。

《豫北敌又强征我青年入伍》,《解放日报》1942 年 9 月 1 日。

《豫北棉织遭殃,毁于日寇统治政策》,《新华日报》1944 年 10 月 23 日。

曹仲植:《一年来河南金融》,《银行通讯》第 1 卷第 12 期,河南农工银行经济调查室编行,1940 年 4 月 21 日。

支应抡:《一年来之河南农村经济》,《河南农讯》第 2 卷第 1、2 期合刊,1948 年 3 月。

冀光昌:《一年来之河南农业推广》,《河南农讯》第 2 卷第 1、2 期合刊。

赵安波:《一年来之河南畜牧兽医》,《河南农讯》第 2 卷第 1、2 期合刊。

《豫鄂边区部队机关展开生产节约运动》,《解放日报》1944 年 5 月 25 日。

《豫北卫辉狮豹头减租》,《解放日报》1945 年 1 月 26 日。

李占才:《豫皖苏边抗日民主根据地的经济财政建设》,《铁道师院学报(社会科学版)》1995 年第 3 期。

Z

《郑州棉业试验场之成绩》,《申报》1922 年 12 月 8 日。

《郑州金融机关》,《中央银行月报》第 2 卷第 11 号,1933 年 11 月。

《中国大事记》,《东方杂志》第 18 卷第 4 号,1921 年 2 月 25 日。

《郑州及其邻境之调查》,《大陆银行》第 2 卷第 8 号,1924 年 8 月 25 日。

《直鲁豫汽车路近况》,《道路月刊》第 9 卷第 3 号,1924 年 5 月 15 日。

《整理郑汴水道初步计划》,《整理水道改良土壤会刊》第 2 期。

徐秀丽:《中国近代粮食亩产的估计——以华北平原为例》,《近代史研究》1996 年第 1 期。

《左右山河之汲县》,《河南政治》第 2 卷第 10 期,1932 年 10 月。

柳如祥:《中国之加工蛋业》,《中行月刊》第 1 卷第 5 期,1930 年 11

月。

张斐然:《最近两月来本省建设工作概况》,《河南政治》第2卷第8期,1932年8月。

《中国农民银行之沿革及其推行农村合作之概况》,《农村合作月报》第1卷第12期,1936年7月。

《郑州农村合作社发达》,《农村复兴委员会会报》第2卷第6号,1934年11月。

莫洛耕:《中国农产运销的新趋势》,《中国农村》第1卷第4期,1935年1月。

《中国农民银行民国24年度各省之农村合作事业》,《农村合作月报》第1卷第6期,1936年1月31日。

黄正林:《制度创新、技术变革与农业发展——以1927～1937年河南为中心》,《史学月刊》2010年第5期。

程少明:《中原解放区的财政建设》,《黄冈师专学报》1996年第2期。

程少明:《中原解放区的减租减息运动》,《黄冈师范学院学报》2005年第5期。

程少明:《中原解放区税收初论》,《黄冈师专学报》1995年第1期。

杨科:《中原解放区豫西、桐柏、皖西地方流通券初探》,《中国钱币》1992年第3期。

马俊林:《战后中原解放区的善后救济》,《理论月刊》2004年第10期《怎样进行战地的法币封锁》;章长赓:《战时经济》(汉口)第1卷第5期,1941年5月1日。

《郑县分局业务推进概况》,《河南货物税月刊》1947年。

二、档案

K

开封市档案馆:《开封县合作社联合会报告书》,旧3－1－48。

Q

开封市档案馆:《淇县业务实施状况报告书》,旧 3—1—148。

开封市档案馆:《杞县政府请求书》,旧 3—1—148。

三、资料汇编

C

中共河南省委党史研究室编:《城市的接管与社会改造(河南卷)》,河南人民出版社 2000 年版。

中共冀鲁豫边区党史工作组财经组编:《财经工作资料选编》(上、下),山东大学出版社 1989 年版。

E

湖北省档案馆、湖北省财政厅编:《鄂豫皖革命根据地财经史资料选编》,湖北人民出版社 1989 年版。

《鄂豫皖革命根据地》编委会编:《鄂豫皖革命根据地》(1～4),河南人民出版社 1990 年版。

河南省税务局等编:《鄂豫皖革命根据地工商税收史料选编》,河南人民出版社 1987 年版。

G

中国社科院经济研究所中国现代经济史组编:《革命根据地经济史料选编》(中),江西人民出版社 1986 年版。

H

《河南省临时参议会第三届第四次大会汇编》,出版单位和日期不详,藏河南大学图书馆。

孟昭瓒:《河南财政检讨》,1946 年 10 月。

《河南省战时贸易委员会二十九年度五月至十二月工作概况》,1941

年1月编印。

河南省政府秘书处:《河南省政府年刊》(1936年),1937年印行。

河南省政府秘书处:《河南省政府年刊》,1933年印行。

中央档案馆、河南省档案馆编:《河南革命历史文件汇集(1928年)》甲3,1984年内部发行。

中央档案馆、河南省档案馆编:《河南革命历史文件汇集(1925年~1927年)》甲2,1984年内部发行。

中央档案馆、河南省档案馆编:《河南革命历史文件汇集(1927年~1934年)》,甲8,1986年内部发行。

中共河南省委党史资料征集委员会:《河南(豫西)抗日根据地》,河南人民出版社1988年版。

河北省税务局等编,《华北革命根据地工商税收史料选编》第1辑,河北人民出版社1987年版。

江苏省财政厅等编,《华中抗日根据地财政经济史料选编》第2卷,档案出版社1986年版。

鄂豫边区财经史编委会等编:《华中抗日根据地财经史料选编——鄂豫边区、新四军五师部分》,湖北人民出版社1989年版。

中共河南省委党史工作委员会编:《河南解放区的土地改革》,河南人民出版社1991年版。

河南省财政厅:《河南省财政法规汇编》,1933年印行。

日本防卫厅战史室编、天津市政协编译组译:《华北治安战》(下),天津人民出版社1982年版。

J

河南省建设厅:《建设法规汇编》第1辑,1934年印行。

杨大金:《近代中国实业通志》,中国日报印刷所1933年版。

中国人民银行金融研究所等编:《冀鲁豫边区金融史料选编》(上、下),中国金融出版社1989年版。

张文杰、孙建岭主编:《冀鲁豫抗日根据地》(二),河南人民出版社1993年版。

中央档案馆编:《解放战争时期土地改革文件选编(1945～1949)》,中共中央党校出版社1981年版。

河南省财政厅、河南省档案馆编:《晋冀鲁豫抗日根据地财经史料选编(河南部分)》(第1～4册),档案出版社1985年版。

河南省总工会工人运动史研究室编:《焦作煤矿工人运动资料选编》,河南人民出版社1984年版。

K

《开封市工商业调查统计汇编》,1951年元旦出版。

中国现代编辑委员会翻印:《抗战中的中国经济》,1957年。

财政部财政科学研究所:《抗日根据地的财政经济》,中国财政经济出版社1987年版。

李学文、彭富臣:《开封之最》,中州古籍出版社1994年版。

M

河南统计学会等:《民国时期河南统计资料》(下册),内部资料,1986年7月。

交通部公路总局编印:《民国三十五年公路统计年报》,1947年10月。

张研、孙燕京:《民国史料丛刊》经济·农业,第551册,大象出版社2009年版。

Q

全国农会联合会:《全国农会联合会第一次纪事》,1913年5月印行。

中国银行经济研究室:《全国银行年鉴》,1937年印行。

中国银行经济研究室:《全国银行年鉴》,1936年印行。

R

中央档案馆等:《日本帝国主义侵华档案资料选编》华北经济掠夺,

中华书局2004年版。

陈传海、徐有礼等:《日军祸豫资料选编》,河南人民出版社1986年版。

《近代史资料》编辑部等:《日军侵华暴行实录》(一),北京出版社1995年版。

S

黄立人、林威熙:《四联总处史料》(上),中国档案出版社1993年版。

T

山西省档案馆:《太行党史资料汇编》第1卷,山西人民出版社1989年版。

山西省档案馆:《太行党史资料汇编》第4卷,山西人民出版社1994年版。

山西省档案馆:《太行党史资料汇编》第7卷,山西人民出版社2000年版。

中共河南省委党史资料征集编纂委员会:《太行抗日根据地》(1～2),河南人民出版社1986年版。

中共河南省委党史资料征集编纂委员会:《太行抗日根据地》(3),河南人民出版社1989年版。

山西省农业科学院编写组:《太岳革命根据地农业资料选编》,山西科学技术出版社1991年版。

W

中共河南省党史工作委员会:《五四前后的河南社会》,河南人民出版社1990年版。

X

杨大金:《现代中国实业志》,(长沙)商务印书馆1938年版。

马洪武等编:《新四军和华中抗日根据地史料选》(七),上海人民出版社 1987 年版。

Y

上海社会科学院经济研究所:《英美烟公司在华企业资料汇编》,中华书局 1983 年版。

中共河南省委党史资料征集编纂委员会:《豫鄂边抗日根据地》,河南人民出版社 1986 年版。

中共河南省委党史资料征集编纂委员会:《豫皖苏抗日根据地》(一),河南人民出版社 1985 年版。

中共河南省委党史工作委员会:《豫皖苏抗日根据地》(二),河南人民出版社 1990 年版。

Z

农商部总务厅统计科编:《中华民国五年第五次农商统计表》,上海中华书局 1919 年版。

章有义主编:《中国近代农业史资料》第 2 辑,三联书店 1957 年版。

许道夫:《中国近代农业生产及贸易统计资料》,上海人民出版社 1983 年版。

河南省整理水道改良土壤委员会:《整理水道改良土壤会刊》,1936 年 6 月出版。

陈真等编:《中国近代工业史料》第 2 辑,生活·读书·新知三联书店 1958 年版。

罗元铮:《中华民国实录》(文献统计)第 5 卷(上),吉林人民出版社 1998 年版。

彭泽益:《中国近代手工业史资料》,中华书局 1962 年版。

农商部总务厅统计科:《中华民国四年第四次农商统计表》,上海中华书局 1917 年版。

中国第二历史档案馆等编:《中华民国工商税收史料选编》,南京大学出版社 1999 年版。

农商部总务厅统计科:《中华民国四年第七次农商统计表》,1922 年

2月刊行。

国民经济建设运动委员会总会:《中央暨各省市经济建设事业一览》,1937年2月印行。

实业部中国经济年鉴编纂委员会:《中国经济年鉴》,商务印书馆1934年版。

《中国劳动年鉴(第一次)》,1928年印行。

《中国年鉴》,1928年。

中国人民银行金融研究所:《中国农民银行》,中国财政经济出版社1980年版。

《中国经济年鉴续编》,商务印书馆1935年版。

章有义:《中国近代农业史资料》第3辑,三联书店1957年版。

中共冀鲁豫边区党史工作组办公室等编:《中共冀鲁豫边区党史资料选编》第2辑,文献部分(上、中、下),河南人民出版社1988年版。

《中国的土地改革》编辑部等编:《中国土地改革史料选编》,国防大学出版社1988年版。

中央档案馆等编:《中共中央在西柏坡》,海天出版社1998年版。

张志平主编:《中共中央在西柏坡文献选编》,河北教育出版社1996年版。

中共河南省委党史工作委员会编:《中原解放区》,河南人民出版社1987年版。

王礼琦编:《中原解放区财政经济史资料选编》,中国财政经济出版社1995年版。

河南省税务局、河南省档案馆编:《中原解放区工商税收史料选编》(上、下),河南人民出版社1989年版。

中国人民银行金融研究所等编:《中国革命根据地货币》下册,文物出版社1982年版。

秦孝仪:《中华民国重要史料初编——对日战争时期》第六编,傀儡组织——叁,汪伪政权,中国国民党党史委员会、中央文物供应社,1981年9月。

秦孝仪:《中华民国重要史料初编——对日抗战时期》第四编,中国国民党党史委员会编印(台北),1988年10出版。

中国第二历史档案馆:《中华民国史档案资料汇编》第五辑第二编,财政经济(一),江苏古籍出版社2001年版。

《中华民国史档案资料汇编》第五辑第二编,财政经济(四),江苏古籍出版社1997年版。

《中华民国史档案资料汇编》第五辑第二编,财政经济(五),江苏古籍出版社1997年版。

《中华民国史档案资料汇编》第五辑第二编,财政经济(六),江苏古籍出版社1997年版。

《中华民国史档案资料汇编》第五辑第三编,财政经济(七),江苏古籍出版社2000年版。

《中华民国史档案资料汇编》第五辑第二编,财政经济(八),江苏古籍出版社1997年版。

《中华民国史档案资料汇编》第五辑第二编,财政经济(十),江苏古籍出版社1997年版。

宓汝成:《中华民国铁路史资料(1912～1949)》,社会科学文献出版社2002年版。

四、地方志

A

河南省安阳市地方史志编纂委员会:《安阳市志》,中州古籍出版社1998年版。

C

翟爱之纂修:《重修上蔡县志》,1944年石印本。

陈鸿畴修,刘盼遂纂:《长葛县志》,1931年铅印本。

方廷汉修,陈善同纂:《重修信阳县志》,1934年铅印本。

李峰修、胡元学、刘文林纂:《重修襄城县志》,1936年抄本。

陈伯嘉修,李成钧纂:《重修汝南县志》,1938年石印本。

马子宽修,王蒲园纂:《重修滑县志》,1932 年铅印本。

刘月泉修,陈全三纂:《重修正阳县志》,1936 年铅印本。

长葛县志编纂委员会:《长葛县志》,生活·读书·新知三联书店 1991 年版。

F

姚家望、黄荫柟:《封丘县续志》,开封新豫印刷所 1937 年版。

范县地方史志编纂委员会:《范县志》,河南人民出版社 1993 年版。

G

光山县税务局税务志编辑室:《光山县税务志》,内部发行 1986 年。

晏兆平编:《光山县志续稿》,1936 年铅印本。

王国璋修、刘莲青纂:《巩县志》,泾川图书馆 1937 年刻本。

H

刘景向总纂:《河南新志》,中州古籍出版社 1990 年版。

时经训:《河南地志》,商务印书馆(出版年不详)。

郑康侯修,朱撰卿纂:《淮阳县志》,1934 年铅印本。

高延璋、胡荃修,蒋藩纂:《河阴县志》,1924 年石印本。

河南省地方史志编纂委员会:《河南省志·商业志》,河南人民出版社 1993 年版。

《河南省志·供销合作社志》,河南人民出版社 1993 年版。

《河南省志·烟草工业志》,河南人民出版社 1995 年版。

《河南省志·金融志》,河南人民出版社 1992 年版。

《河南省志·煤炭工业志》,河南人民出版社 1991 年版。

《河南省志·农业志》,河南人民出版社 1993 年版。

《河南省志·铁路交通志》,河南人民出版社 1991 年版。

《河南省志·财政志》,河南人民出版社 1994 年版。

《河南省志·畜牧志》,河南人民出版社 1994 年版。

辉县史志编纂委员会:《辉县市志》,中州古籍出版社 1992 年版。

获嘉县粮食局:《获嘉县粮食志》内部资料,1985 年 7 月。

J

济源市地方史志编纂委员会:《济源市志》,河南人民出版社 1993 年版。

K

耿占云、任书安:《抗战时期的洛阳》内部资料,2005 年 12 月。

开封市地方史志编纂委员会:《开封简志》,河南人民出版社 1988 年版。

《开封市志》第 12 卷,北京燕山出版社 1999 年版。

开封交通志编纂委员会:《开封交通志》,人民交通出版社 1994 年版。

王命钦:《开封商业志》,中州古籍出版社 1994 年版。

开封市税务局:《开封市税务志》,中州古籍出版社 1993 年版。

开封工业志编辑室:《开封工业拾遗》内部资料,1986 年 9 月。

L

临颍县史志编纂委员会:《临颍县志》,中州古籍出版社 1996 年版。

洛阳地方史志编纂委员会:《洛阳市志》,中州古籍出版社 1996 年版。

贾毓鹗、王凤翔:《洛宁县志》,1917 年铅印本。

王泽溥修,李见全纂:《林县志》,1932 年石印本。

洛阳地区地方史志总编辑室:《洛阳地区概要》,1985 年 9 月印刷。

洛阳市第一商业局等合编:《洛阳市商业志》,光明日报出版社 1990 年版。

M

封丘县地方史志编纂委员会:《明清民国封丘县志》(整理本),中州古籍出版社 1999 年版。

渑池县志编纂委员会:《渑池县志》,汉语大辞典出版社 1991 年版。

民权县地方史志编纂委员会:《民权县志》,中州古籍出版社 1995 年版。

N

内黄县志办公室整理:《内黄县志》,中州古籍出版社 1987 年版。

南召县史志编纂委员会:《南召县志》,中州古籍出版社 1995 年版。

孙国文主编:《内乡民俗志》,中州古籍出版社 1993 年版。

内乡县地方史志编纂委员会:《内乡县志》,三联书店 1994 年版。

马彬:《南阳地区粮食志》,中州古籍出版社 1991 年版。

王明聚:《南阳地区农业志》,中州古籍出版社 1992 年版。

南阳县地方志编纂委员会:《南阳县志》,河南人民出版社 1990 年版。

鲁山史志编纂委员会:《鲁山县志》,中州古籍出版社 1994 年版。

P

濮阳县地方史志编纂委员会:《濮阳县志》,华艺出版社 1989 年版。

Q

张缙璜纂修:《确山县志》,1931 年铅印本。

R

汝南县地方史志编纂委员会:《汝南县志》,中州古籍出版社 1997 年版。

S

欧阳珍修,韩嘉会纂:《陕县志》,1936 年铅印本。

田金祺修,赵东阶、张登云纂:《汜水县志》,1928 年上海世界书局铅印本。

徐家璘修,杨凌阁纂:《商水县志》,1918 年刻本。

邱应欣主编:《社旗县志》,中州古籍出版社 1997 年版。

商丘县志编纂委员会:《商丘县志》,生活·读书·新知三联书店 1993 年版。

社旗县志编纂委员会:《社旗县志》,中州古籍出版社 1997 年版。

商城县地方史志编纂委员会:《商城县志》,中州古籍出版社 1991 年版。

商丘市志编纂委员会:《商丘市概况》,河南人民出版社 1988 年版。

T

林鸿宾修,刘盼遂纂:《太康县志》,1933 年铅印本。

唐河县地方史志编纂委员会:《唐河县志》,中州古籍出版社 1993 年版。

桐柏县地方史志编纂委员会:《桐柏县志》,中州古籍出版社 1995 年版。

汤阴县志编纂委员会:《汤阴县志》,河南人民出版社 1987 年版。

W

黄觉修,韩嘉会纂:《阌乡县志》,1932 年铅印本。

X

王秀文修,张庭馥纂:《许昌县志》,1923 年石印本。

方策、王幼侨修,裴希度、董作宾纂:《续安阳县志》,1933 年铅印本。

李庚白、李希白纂:《新安县志》,1938 年石印本。

萧国桢修,蕉封桐纂:《修武县志》,1931 年铅印本。

张县、张晨、张炘、卢以洽纂:《荥阳县续志》,1914 年铅印本。

凌甲烺、吕应南修,张嘉谋纂:《西华县续志》,1938 年铅印本。

韩世勋修,黎德芬纂:《夏邑县志》,1920 年石印本。

《许昌烟草志》编委会:《许昌烟草志》,河南科学技术出版社 1993 年版。

浚县地方史志编纂委员会:《浚县志》,中州古籍出版社 1990 年版。

新乡市地方史志编纂委员会:《新乡市志》,生活·读书·新知三联书店1994年版。

新乡市志编纂委员会:《新乡市志资料选》第2辑,1984年4月。

Y

窦经魁、耿愔:《阳武县志》,1936年铅印本。

车云修、王棽林纂:《禹县志》,1931年铅印本。

虞城县志编纂委员会:《虞城县志》,三联书店1991年版。

永城县地方史志编纂委员会:《永城县志》,新华出版社1991年版。

靳蓉镜修,王介纂:《鄢陵县志》,1936年铅印本。

禹州市志编纂委员会:《禹州市志》,中州古籍出版社1989年版。

乔荣筠等:《偃师县风土志略》,1934年石印本。

信阳地区金融志编纂委员会编:《信阳地区金融志》,河南人民出版社1989年版。

《新县志》编纂委员会:《新县志》,河南人民出版社1990年版。

Z

萧德馨修,熊绍龙纂:《中牟县志》,1936年石印本。

镇平县地方史志编纂委员会:《镇平县志》,方志出版社1998年版。

柘城县志编纂委员会:《柘城县志》,中州古籍出版社1991年版。

五、专著

A

王迎喜:《安阳通史》,中州古籍出版社2003年版。

D

《邓小平文选》第1卷,人民出版社1994年版。

林传甲:《大中华河南省地理志》,北京武学书馆1920年版。

《道清铁路旅行指南》,道清铁路管理局总务处文书课,1933年印行。

沈醉、文强:《戴笠其人》,文史资料出版社1980年版。

E

《二十一年度陇海铁路全路调查报告》,出版年不详。

刘五书:《二十世纪二三十年代中原农民负担研究》,中国财政经济出版社2003年版。

中共河南省委党史研究室、中共安徽省委党史研究室编:《鄂豫皖革命根据地史》,安徽人民出版社1998年版。

新县文管会编写组、河南大学编写组编:《鄂豫皖根据地首府新县革命史》,河南人民出版社1985年版。

胡菊莲主编:《鄂豫皖革命根据地货币史》,中国金融出版社1998年版。

谭克绳等主编:《鄂豫皖革命根据地财政经济史》,华中师大出版社1989年版。

周质澄、吴少海:《鄂豫皖革命根据地财政志》,湖北人民出版社1987年版。

G

中共固始县委党史资料征编委员会编:《固始县革命史》,河南人民出版社1991年版。

H

行政院农村复兴委员会:《河南省农村调查》,商务印书馆1934年版。

毛继周主编:《河南经济地理概论》,测绘出版社1988年版。

周锡桢:《河南碱地利用之研究》,成文出版有限公司、(美国)中文资料中心1977年印行。

赵晋:《河南土地整理问题》,成文出版有限公司、(美国)中文资料中心1977年印行。

崔宗埙:《河南省经济调查报告》,京华印书馆 1945 年版。

吴世勋:《河南》,中华书局 1927 年版。

程有为、王天奖主编:《河南通史》第 4 卷,河南人民出版社 2005 年版。

韩启桐、南钟万:《黄泛区的损害与善后救济》,行政院善后救济总署 1948 年印行。

河南省实业厅:《河南全省棉业调查报告书》,河南官印局 1925 年印行。

刘世永、解学东主编:《河南近代经济》,河南大学出版社 1988 年版。

郑合成:《淮阳太昊陵庙会概况》,出版年不详。

帖毓岐:《河南田赋概况》,成文出版有限公司、(美国)中文资料中心 1977 年印行。

河南省交通史志编纂委员会:《河南公路史》第 1 册,人民交通出版社 1992 年版。

河南省交通史志编纂委员会:《河南公路运输史》第 1 册,人民交通出版社 1991 年版。

河南省政府建设厅:《河南建设概况》,1934 年印行。

河南省政府:《河南省建设述要》,1935 年印行。

华北棉产改进会调查科:《华北棉花事情》,1939 年印行。

河南省棉业改进所:《河南棉业》,1936 年 12 月印行。

实业部国际贸易局:《花生》,商务印书馆(出版年不详)。

《河南棉产改进所概览》,1937 年 4 月印行。

河南省地质调查所:《河南矿业报告》,1934 年 4 月印行。

程有为、王天奖:《河南通史》第 4 卷,河南人民出版社 2005 年版。

河南省交通厅史志编审委员会:《河南航运史》,人民交通出版社 1989 年版。

申志诚:《河南抗日战争纪事》,河南人民出版社 1995 年版。

中共河南省委党史研究室:《河南抗战简史》,河南人民出版社 2005 年版。

《河南抗战史略》编写组:《河南抗战史略》,河南人民出版社 1985 年版。

刘跃光、李倩文主编:《华中抗日根据地鄂豫边区财政经济史》,武汉大学出版社1987年版。

J

李金铮:《近代中国乡村社会经济探微》,人民出版社2004年版。

王黼炜等:《交通纪实》,1916年出版(出版者不详)。

袁德宣:《交通史略》,北京交通丛报社1927年印行。

冀鲁豫边区革命史工作组:《冀鲁豫边区革命史》,山东大学出版社1991年版。

K

张宪文主编:《抗日战争的正面战场》,河南人民出版社1987年版。

林美莉:《抗战时期的货币战争》,国立台湾师范大学历史研究所,1996年10月。

河南地方史志编纂委员会等:《抗日战争时期的河南》,内部发行,1985年8月。

L

宓公干:《论典当》,商务印书馆1936年版。

《历史性的胜利》,中共河南党史资料丛书,河南人民出版社1991年版。

M

《毛泽东选集》(1～4卷),人民出版社1991年版。

《毛泽东选集》卷5,东北书店1948年版。

贾士毅:《民国续财政史》,上海商务印书馆1932～1934年版。

贾士毅:《民国财政史》,上海商务印书馆1917年版。

徐建生:《民国时期经济政策的沿袭与变异(1912～1937)》,福建人民出版社2006年版。

朱斯煌:《民国经济史(上)》,(台北)文海出版社 1985 年版。

国民参政会华北慰劳视察团:《国民参政会华北慰劳视察团报告书》,1940 年 4 月印行。

陆仰渊、方庆秋:《民国社会经济史》,中国经济出版社 1991 年版。

N

实业部统计处:《农村副业与手工业》,1937 年印行。

冯紫岗、刘瑞生:《南阳农村社会调查》,黎明书局 1934 年版。

P

陈伯庄:《平汉铁路沿线农村经济调查》,交通大学研究所 1936 年印行。

Q

河南省党委党史工作委员会:《淇水滔滔》,河南人民出版社 1991 年版。

R

《戎子和文选》,中国财政经济出版社 1991 年版。

谢厚忠等:《日本侵略华北罪行史稿》,社会科学文献出版社 2005 年版。

邢汉三:《日伪统治河南见闻录》,河南大学出版社 1986 年版。

S

河南省建设厅编:《十九年度河南省建设概况》,1931 年印行。

李可亭:《商丘通史》(上册),河南大学出版社 2000 年版。

中共商城县委党史资料征编委员会编:《商城革命史》,河南人民出版社 1988 年版。

T

太行革命根据地史总编委会:《太行革命根据地史稿(1937～1949)》,山西人民出版社1987年版。

W

张国焘:《我的回忆》,东方出版社2004年版。

X

李永文、马建华主编:《新编河南地理》,河南大学出版社2006年版。

Y

宋致新:《1942:河南大饥荒》,湖北人民出版社2005年版。

金陵大学农学院农业经济系:《豫鄂皖赣四省之租佃制度》,1936年印行。

金陵大学农学院农业经济系:《豫鄂皖赣四省之典当业》,1936年印行。

居之芬:《1933年9月～1945年8月日本对华北劳工统制掠夺史》,中共党史出版社2007年版。

齐武编著:《一个革命根据地的成长》,人民出版社1957年版。

李占才:《豫皖苏边抗日民主根据地史略》,河南大学出版社1988年版。

Z

杨文洵等编:《中国地理新志》,中华书局1940年版。

貊琦主编:《中国人口·河南分册》,中国财政经济出版社1989年版。

胡荣铨:《中国煤矿》,商务印书馆1935年版。

周志骅:《中国重要商品》,上海华通书局1931年版。

汪敬虞主编:《中国近代经济史(1895～1927)》,人民出版社2000

年版。

中国经济情报社编:《中国经济论文集》,生活书店 1934 年版。

孙佐齐:《中国田赋问题》,出版社不详,1935 年。

王振先:《中国厘金问题》,上海商务印书馆 1917 年版。

张锡昌:《战时的中国经济》,科学书店 1943 年版。

周葆銮:《中华银行史》,上海商务印书馆 1919 年版。

白寿彝:《中国交通史》,上海商务印书馆 1937 年版。

张心澄:《中国现代交通史》,上海良友图书印刷公司 1931 年版。

葛绥成:《中国之交通》,上海中华书局 1929 年版。

曾鲲化:《中国铁路史》,1924 年印行。

赵曾珏:《中国之邮政事业》,上海商务印书馆 1946 年版。

严中平:《中国棉纺织史稿》,科学出版社 1955 年版。

张嘉璈:《中国铁道建设》,上海商务印书馆 1946 年版。

刘世仁:《中国田赋问题》,上海商务印书馆 1935 年版。

王孝通:《中国商业史》,商务印书馆 1936 年版。

冯次行:《中国棉业论》,上海北新书局 1929 年版。

《近代中国农村经济史论文集》,(台北)中央研究院近代史研究所编,1989 年 12 月。

《中国社会科学院经济研究所集刊》第 7 集,中国社会科学出版社 1984 年版。

徐涤新、吴承明:《中国资本主义发展史》第 3 卷,人民出版社 2004 年版。

军事科学院军事历史研究部:《中国抗日战争史》(下),解放军出版社 1994 年版。

龚古今、唐培吉:《中国抗日战争史稿》,湖北人民出版社 1984 年版。

郭铁民、林善浪:《中国合作经济发展史》(上),当代中国出版社 1998 年版。

李占才:《中国新民主主义经济史》,安徽教育出版社 1990 年版。

姜宏业:《中国地方银行史》,湖南出版社 1991 年版。

顾龙生:《中国共产党经济思想发展史》,山西经济出版社 1996 年版。

孙健:《中国经济史——近代部分(1840～1949)》,中国人民大学出版社1989年版。

中共焦作市委党史办公室:《中共焦作历史(1925～1949)》,中共党史出版社1995年版。

七、学位论文

E

陈珂:《二十世纪前期豫北近代工业投资环境研究(1900～1936)》,华中师范大学中国近现代史硕士论文,2006年。

朱兰兰:《20世纪初至30年代英美烟公司与河南烟草业》,郑州大学专门史专业硕士论文,2004年。

H

王新峰:《河南农工银行研究》,河南大学中国近现代史专业硕士论文,2008年。

M

陈宝宏:《民国时期河南省典当业研究》,河南大学中国近现代史专业硕士论文,2008年。

S

贾滕:《试论二十世纪前三十年华北的棉花商品化发展》,河南大学中国近现代史专业硕士论文,2004年。

T

宋谦:《铁路与郑州城市的兴起(1904～1954)》,郑州大学中国近现代史专业硕士论文,2007年。

Y

贾贵浩:《1895～1937年河南集市研究》,河南大学中国近现代史专业硕士论文,2006年。

李鸿亮:《1895～1937年河南庙会研究》,河南大学中国近现代史专业硕士论文,2008年。

张红峰:《1912～1937年的河南烟草业》,河南大学中国近现代史专业硕士论文,2007年。

董建新:《1927～1937年河南田赋研究》,河南大学中国近现代史专业硕士论文,2007年。

李宁:《1927～1937年河南县级财政研究》,河南大学中国近现代史专业硕士论文,2009年。

八、文史资料

A

《安阳大和恒面粉厂述略》,《文史资料存稿选编》经济(上),中国文史出版社2002年版。

B

陆衣波:《"巴拿马万国赛会"获奖者——秀才实业家梁子期先生》,《孟津文史资料》第1辑,1987年。

C

阎理之:《从颖布颖绸谈到竹木柳金铁》,《漯河文史资料》第5辑,1993年。

徐怀民:《称道口为"小天津"的由来》,《滑县文史资料》第1辑,1986年。

杨怀钧:《从减租减息到土地改革》,《范县文史资料》第3辑,1987年1月。

D

《单拐兵工厂》,《清丰文史资料》第1辑,1987年11月。

E

《鄂豫皖经济公社第六分社旧址》,《商城文史资料》第3辑,1995年。

孙克新:《二战时期固始县的土地革命》,《固始党史资料》第2辑,1986年10月。

F

周道隆、李天德:《方城的春会、庙会、行业会》,《方城文史资料》第8辑,1991年。

张福祥:《风雨春秋八十年——漯河市牛行街牲畜贸易市场见闻》,《漯河文史资料》第2辑,1988年。

G

刘德忠:《光山县土地革命的发展》,《光山党史资料》1986年第1期。

张保友、阎峻:《固始县苏维埃政权的建立与发展》,《固始党史资料》第2辑,1986年10月。

H

李福辰:《河南省华新棉纺织厂的创建》,《卫辉文史资料》第3辑,1991年。

貊菱:《河南省战时金融》(上),《河南文史资料》1996年第2辑。

貊菱:《河南省战时金融》(中),《河南文史资料》1996年第3辑。

貊菱:《河南省战时金融》(下),《河南文史资料》1996年第4辑。

《〈红日〉报社及印刷厂旧址》,《商城文史资料》第3辑,1995年。

J

许继彬:《焦作中福煤矿简史》,《河南文史资料》1992 年第 1 辑(总第 16 辑)。

刘静轩:《旧商会与工商业联合会》,《内黄文史资料》第 3 辑,1989 年。

刘式武:《浚县浮丘山古庙会盛况》,《浚县文史资料》第 5 辑,1994 年。

董纯熙:《近代洛阳商业漫谈》,《洛阳文史资料》第 2 辑,1987 年。

艾荣来:《钱钞和钱摊》,《许昌文史资料》第 14 辑,年代不详。

王华农:《"景文洲"与开封汴绸业》,《开封文史资料》第 7 辑,1988 年。

《解放前新乡蛋厂发展情况》,《河南文史资料》第 5 辑,1981 年。

K

高正格:《开封的第一条公路》,《河南文史资料》第 2 辑,1994 年。

白晴峰:《开封老宝泰酱园纪闻》,《河南文史资料》第 3 辑,1996 年。

王静波口述,沈毅整理:《开封晋阳豫南华庄简史》,《河南文史资料》第 20 辑,1986 年。

高秀峰:《开封的文具业与京古斋》,《开封文史资料》第 7 辑,1988 年。

马致远:《开封解放前私营商业概述》,《开封文史资料》第 19 期,2003 年。

L

董纯熙:《洛阳商会概述》,《洛阳文史资料》第 15 辑,1994 年。

M

陈成名、牛中岳:《民国时期河南省级行政机关历史沿革(二)》,《河南文史资料》第 1 辑,2005 年。

茅寄生:《民国年间河南农村合作事业》,《河南文史资料》第1辑(总第45辑),1993年。

孟昭社:《民国年间河南合作事业之回顾》,《河南文史资料》第24辑,1987年。

周得京:《民国时期洛阳工矿交通纪实》,《洛阳文史资料》第15辑,1994年。

N

王炳申:《南阳解放前的行帮与商会会长》,《南阳文史资料》第5辑,1989年。

Q

王天奖:《清末至民国年间河南民族资本主义工矿企业》,《河南文史资料选辑》第3辑(总第79辑),2001年。

阎理之:《清末、民国时期的临颍商会》,《漯河文史资料》第5辑,1993年。

黄方聪:《清末民国时期漯河金融业简介》,《漯河文史资料》第5辑,1993年。

R

邢汉三:《日伪统治河南时期的河南金融》,《河南文史资料》第27辑,1988年。

T

殷时学:《汤阴庙会今昔》,《安阳文史资料》第5辑,1989年。

郝殿青、李庆中:《太康县公路运输事业发展的艰难历程》,《太康文史资料》第1辑,1995年。

W

李蕤:《无尽的死亡线——一九四二年豫灾剪影》,《河南文史资料》

第13辑,1985年。

周联奎:《我在信南县从事税收工作的回忆》,《信阳文史资料》第2辑,1986年12月。

X

聂长宏:《许昌烟草简述》,《许昌文史资料》第7辑,年代不详。

杨恒珊:《许昌人民遭受英美烟公司盘剥二三事》,《许昌文史资料》第7辑,年代不详。

李耕五:《许昌英美烟公司与许昌烟区》,《河南文史资料》第13辑,1985年。

陶连生:《新野商会及商业片段》,《新野文史资料》第7辑,1991年。

张道明:《夏馆手工业、商业历史概论》,《内乡文史资料》第5辑,1987年。

Y

包书亮:《英美烟公司对许昌烟市的垄断及烟行街的形成》,《许昌文史资料》第7辑,年代不详。

徐有礼、程淑英:《一九〇二年至一九三五年河南工矿企业资料》,《河南文史资料》第2辑,2002年。

王子官:《一九四二年大旱灾之汜水》,《河南文史资料》第19辑,1986年。

杨修齐:《一个老解放区的兵工厂》,《濮阳文史资料》第2辑,1986年9月。

Z

张名金:《郑州第二棉纺织厂》,《郑州文史资料》第16辑,1994年。

孙樾崎:《中福煤矿的坎坷道路》,《焦作文史资料》第3辑,1991年。

张学厚:《郑州棉花业的兴衰》,《郑州文史资料》第5辑,1989年。

张炎卿:《郑州花行旧闻》,《河南文史资料》第4辑(总第44辑),1992年。

郑幼池:《郑州银钱业的一鳞半爪》,《郑州文史资料》第5辑,1989年。

杨达口述,杨蕙兰整理:《民国时期郑州的银行机构》,《郑州文史资料》第13辑,1993年。

彭大海:《周口航运纪略》,《周口文史资料》第8辑,1991年。

后　　记

2005年5月，我受聘到河南大学历史文化学院任教。刚到这里不久，程民生教授就张罗人马，主持编写一部“河南经济通史”，并希望我组织班子完成近代河南经济史（民国部分）的研究与撰写。我在组织研究与写作班子时，并没有找那些熟知民国时期河南经济史的专家，而是在历史文化学院中国近现代史教研室物色人选，目的是想通过这个课题带动同仁研究近代河南的兴趣。由张艳、宿志刚、马晓燕和我组成课题组，分工是马晓燕负责北洋政府时期，黄正林负责南京国民政府前十年时期，张艳负责中共苏维埃、抗日根据地和解放区各个时期，宿志刚负责抗战时期的国统区、沦陷区和解放战争时期的国统区。马晓燕因故未能参加到底，北洋政府时期由黄正林负责完成。

从2007年开始，我与课题组的几位老师先后去河南省地方志馆、省委党史研究室、省图书馆、开封市档案馆查阅与收集资料。就我个人而言，初来乍到，对民国时期河南经济研究领域两眼抹黑。为了完成自己承担的任务，不得不放下了我的博士论文修改和承担的国家社科基金项目，专心于民国河南经济史的研究和写作，先后赴中国社会科学院近代史研究所、国家图书馆查阅民国时期的报纸杂志，拍了数万张资料照片，收集了数百万字的民国河南经济史资料。其他老师也同样十分努力，尤其他们并不专做经济史，在经济史领域算是白手起家，其中的困难和艰辛可想而知。经过三个寒暑往来，终于拿出了“河南经济通史”民国时期的稿子。初稿70余万言，足见大家下了很大工夫。为了照顾到全书的整体布局，应主编的要求，删掉了部分内容，形成了眼前这部稿子，算是比较成熟了。

本书各章研究与写作的分工是：

黄正林教授全面负责本卷的统稿工作，并撰写了绪言和第一、二、三章；

张艳博士撰写了第四、六、九章；

宿志刚副教授撰写了第五、七、八章。

在写作过程中，"河南经济通史"课题总负责人、主编程民生教授自始至终关注着本卷的进展，并经常给予指导性意见和建议，使本卷日臻完善。在两次审稿时，大课题组的其他成员提出了许多中肯的意见，使本卷增色不少。原课题组成员马晓燕因学院另有重要工作，无暇顾及，退出课题组后，将其收集的有关北洋政府时期的资料贡献出来，为本书顺利完成尽了一份力量。研究生刘常凡提供了1927～1937年南京国民政府公路交通方面的初稿，研究生王闯、耿磊、鲍梦隐等帮助搜集了部分资料。所有这些，在此一并表示感谢。

黄正林

2010年6月25日

河南大学仁和小区驽马书屋